보호관찰
제도론

정동기 | 이형섭 | 손외철 | 이형재

Probation
&parole

박영사

서 문

저자가 보호관찰제도를 접한 것은 검사 시절인 1985년 9월 일본의 아시아극동범죄방지연수소(UNAFEI)에 연수를 갔을 때이다. 이때 연수의 주제는 「소년사법의 운용을 위한 유엔 최저표준규칙」(The United Nations Standard Minimum Rules for the Administration of Juvenile Justice)이었는데, 이 연수과정을 통하여 각국의 보호관찰제도를 접하게 되었다. 그 당시 우리나라에는 소년법상 보호처분의 하나로 명목적인 보호관찰 처분이 규정되어 있었을 뿐이다. 필자는 외국의 제도를 파악하고 커다란 충격을 받았다.

그 뒤에 소년보호제도를 담당하고 있던 법무부 보호과에 검사로 근무하게 되었다. 마침 이때 보호관찰제도의 도입 논의가 제기되고 법무부에 보호관찰제도 도입연구반이 만들어졌다. 저자는 주무과인 보호과 검사로서 이 기초 작업을 직접 담당하게 되었다. 이렇게 시작된 보호관찰제도 도입 노력은 1988년에 「소년법」의 전면개정, 「보호관찰법」의 제정, 그리고 「소년원법」의 일부 개정을 통하여 입법화되었고, 1989년부터 소년범죄자와 비행소년을 대상으로 실시되게 되었다. 당시 법조계와 학계에 극히 일부만 개념 정도 알고 있었던 사회봉사명령제도를 보호관찰 제도와 함께 도입한 것은 커다란 실험이었다. 필자는 이후 법무부 보호국장, 법무부차관을 역임하면서 이 제도의 발전에 직·간접적으로 기여해 왔고, 이 점에 대하여 커다란 자부심을 느끼고 있다.

이 보호관찰제도는 16세기 영국의 보통법상의 관행에 그 기원을 두는 학자들이 있지만, 미국 보호관찰의 아버지이자 최초의 보호관찰관으로 불리는 존 오거스트(John August)라는 선구자에 의하여 150여년 전에 입법화되어 시행된 후, 각국에 전파되어 현재는 세계 대다수의 국가에서 활용되고 있다. 보호관찰제도는 형사사법의 각 단계에서 구금형의 대안이나 범죄자에 대한 지역사회내 관리감독 방안으로 다양하게 활용되고 있는 것이다.

초기의 보호관찰은 수용시설의 과밀화를 해결하기 위한 형벌의 대안으로서 주로 위험성이 낮고 비폭력적 범죄를 저지른 범죄자에 대하여 '또 한 번의 기회를 주는' 선도적 조치로 이해되었다. 그러나 보호관찰의 형벌적 기능을 강조하는 소위 형사정책의 강경화 기조에 따라 보호관찰도 점차 고위험 범죄자에 대한 '특단의 범죄억제책'으로서의 성격이 부각되고 있는 추세이다. 특히 '형기 종료 이후 보호관찰 및 전자감독제도' 등과 같이 구금형에 더한 추가적인 사회내 제재수단으로 그 운영의 중심이 이동하고 있기도 하다.

이에 따라 현재의 보호관찰제도는 구금형과 더불어 가히 '형사정책의 양대 핵심축'으로서 기능하고 있다. 더구나 최근 이 제도는 풍부한 외연적 발전가능성을 증명하고 있다. 발전된 정보통신기술을 적용한 '위치추적 전자감독제도'나 생체·의학적 기법을 접목한 '성충동 약물치료'와 같은 전혀 새로운 차원의 보호관찰프로그램까지 등장하게 된 것이다.

이렇게 보호관찰제도가 빠르게 변화하며 거듭 성장하고 있는 상황에서, 이 제도의 개념을 명확히 정의하고 최근에 제·개정된 관련입법 내용, 현행 제도의 운영현황 등을 알기 쉽게 정리하여 이 분야의 전공학생과 관련종사자에게 제시하는 것은 매우 시의적절한 일이 될 것이다.

특히 다른 세계 주요국가의 보호관찰제도 운영사례를 점검하고 우수한 점을 벤치마킹하는 것은 우리나라의 현행 제도의 발전방향을 모색하는데 있어서 매우 의미 있는 작업이라고 할 수 있다. 또한 우리나라 보호관찰현장의 재범방지 기능을 제고하기 위하여 범죄자의 개인적 특성과 문제 상황을 고려한, '실제적인 대상자 처우기법'을 정리하여 제시하는 것도 매우 긴요한 일이다.

이런 점을 고려하여 저자들은 이 제도를 소개할 개론서를 공동으로 집필하는데 쉽게 뜻을 모을 수 있었다. 저자는 보호관찰제도의 도입 당시 초기 제도연구와 입법과정에 직접 참여한 경험을 바탕으로, 그리고 다른 공동 저자들은 다년간 보호관찰현장에서 실무에 종사하면서 앞서 언급한 문제의식을 누구보다 깊게 느끼고 있었기 때문이다. 특히 공동저자 이형섭 소장은 이 저서의 기획에서부터 마무리에 이르기까지 가장 주도적인 역할을 수행해 왔고, 같은 손외철 소장과 이형재 과장도 영미 등 외국사례와 국내의 주요 제도·정책에 대한 자료수집 및 집필에 커다란 노력을 기울여 왔다.

그러나 집필의 과정은 결코 순탄하지 않았다. 국내에서는 최근 10년간 이 제도를 본격적으로 다룬 개론서가 전무한 상황이어서 참고할 문헌이 부족하였고,

나아가 제도 운영과 관련된 여러 자료들에도 접근하기 용이하지 않았기 때문이다. 이런 측면에서 관련자료 수집과 정리에 도움을 준, 김병철 책임관, 황동욱·신혜영·문성훈 주무관 등 범죄예방정책국 관계자 여러분에게 깊은 감사의 말씀을 드린다. 또한 이 책자가 나오기까지 원고의 교정과 출판을 지원해주신 박영사 안종만 대표와 강상희 과장, 한두희씨에게도 사의를 표하는 바이다.

부디 이 부족한 책자가 우리나라 보호관찰제도 발전의 밑거름이 되고, 이를 통하여 대한민국의 형사정책과 사회내처우가 한 단계 발전하는데 조금이나마 기여할 수 있게 되기를 바란다.

2016년 3월

저자대표 정동기

차   례

제6장 아시아의 보호관찰제도

제**1**부

보호관찰제도의 기본적 이해

보호관찰의 의의

제1장에서는 범죄자처우 중에서 현대적으로 가장 주목받고 있는 사회내처우, 즉 보호관찰제도의 의의를 다룬다.

우선, 보호관찰의 개념과 유형에 대하여 살펴본다. 이를 위하여 '보호관찰'이라는 용어의 유래와 법률용어로 사용되기 시작한 과정에 대하여 자세히 알아보고 이를 바탕으로 보호관찰의 개념에 대하여 협의, 광의, 그리고 최광의의 차원에서 각각 정의하도록 한다.

이어서 보호관찰의 대표적 유형에 대하여 그 법적 성질에 따라 구분하여 살펴본다. 제1장의 마지막 부분에서는 보호관찰의 법적 성격에 대하여 규명한다. 이를 위하여 기존의 관련 학설을 충실하게 소개하고 정리하여 보다 명확히 논증하도록 한다.

1. 보호관찰의 개념 및 유형

1) '보호관찰'이라는 법률용어의 유래와 사용

가) '보호관찰'이라는 용어의 유래

한자어인 **保護觀察**(보호관찰)이라는 용어는 원래 주로 영미법계의 여러 나라에서 발전한 두 가지 유사한 제도를 묶어서 지칭하는 것으로서 일본에서 조어되어 사용하기 시작한 것[1]을 우리나라에서 받아들인 것이다. 위에서 두 가지 유사한 제도라 함은, 시설 수용전의 '프로베이션'(probation)과 시설 수용후의 '퍼로울'(parole)을 말한다.[2]

'프로베이션'(probation)은 범죄자를 시설에 수용하는 것을 일시적으로 유예하고 조건을 붙여 사회내에서 감독하고, 만약 그 조건을 위반하면 시설에 수용한다는 심리강제(心理强制)를 부여함으로써 범죄자의 사회복귀를 촉진하는 것이다. 프로베이션(Probation)이라는 용어는 라틴어의 'Probatio'에서 유래된 것으로 '시험을 거친, 또는 검증된'(Tested or Proved)이라는 의미가 있다.[3] 이러한 프로베이션은 영미법계 국가에서 형의 유예제도와 결부 활용되어 왔다. 나아가 최근에는 강화된 형태의 프로베이션이 등장하여 수용을 대체하는 수단이 되고 있다.

한편 '퍼로울'(parole)은 시설수용 이후 가석방된 사람에 대하여 감독을 부과하는 것으로서, 그 사람의 사회복귀를 용이하게 하는 것이다. 이는 유권적 보호관찰부 가석방을 뜻하는 것으로 단순히 조건부 석방만을 뜻하는 **조건부 석방**(Conditional Release)이나 **조건부 사면**(Conditional Pardon)과는 개념상 구분된다.

프로베이션과 퍼로울을 비교할 때, 가장 큰 차이점은 발생사적으로 프로베이션이 시설수용을 회피할 목적으로 탄생한데 비하여 퍼로울은 연혁적으로 가석방이라는 교정정책에 감독을 부과하면서 발전한 것이라는 점이다. 그러나 양자는 사회내에서 범죄자를 처우하고 감독한다는 매우 큰 공통점이 있다. 따라서 마크 앙셀(Marc Ancel)이나 일본의 단도 시게마쓰(団藤重光) 교수는 실제로 양자를 구별하는 본질적인 차이점은 존재하지 않는다고 주장하였다.[4] 이러한 점을 반영하여 일본에서는 '보호관찰'(保護觀察)이라는 용어를 양자의 구별 없이 단일한 용어로 사용하고 있고, 이에 영향을 받은 우리나라의 법률에서도 유사한 사용례를 보이고 있다.

그러나 이에 대해서는 입법론적으로 의문이 있다. 앞서 살펴본 바와 같이 양

---

1) 菊田幸一, 「犯罪學」, 成文堂, 1998, p. 510.
2) 보호관찰제도를 비교적 늦게 도입한 대륙법계 국가, 특히 독일의 경우에는 형의 집행유예나 가석방에 수반되는 보호관찰(Bewährungshilfe), 법률에 규정된 범죄에 한하여 형의 집행종료 후에 적용되는 행장감독(Führungsaufsicht), 주로 미성년자에게 적용되는 보호감독(Schutzaufsicht) 등의 용어가 사용되고 있다.
3) 차용석, "보호관찰제도의 효율적 시행방안", 「청소년범죄연구」 제7집, 법무부, 1989, p. 8.
4) 菊田幸一, 앞의 책, p. 511. 참조.

자의 발달사적 상이함이 존재하며 그 목적에서도 차이가 있으므로, 장기적으로는 양자를 구별하는 법률용어를 제시하여 적용할 것을 검토할 필요가 있다고 본다.[5]

나) 법률용어로서의 '보호관찰'의 사용

앞서 언급한 것처럼, 한자사용권 국가에서 '보호관찰'이라는 용어를 처음 사용한 것은 일본인데, 법률용어로서 공식적으로 최초 사용된 것은 1922년 「일본소년법」의 관련규정에서 유래한다.[6]

우리나라는 1943년 「조선사법보호사업법」과 「사법보호관찰규칙」이 제정 실시되면서 이 용어가 법적으로 사용되기는 하였으나 내용상 본래적 의미의 유권적 보호관찰이 아닌 임의적이고 자선적인 것이었다. 우리나라의 경우, 본래적 의미에서 이 용어를 사용하게 된 것은 1958년 제정·공포된 「소년법」(법률 제489호)에 소년범죄인에 대한 보호처분의 하나로 '보호관찰'을 규정한 것이 최초이다. 그러나 이 규정은 실시여건의 미비로 오랫동안 사문화되어 있다가 1989년에 이르러서야 비로소 정식으로 시행되기 시작하였다.

한편 1961년 제정된 「갱생보호법」에서는 '관찰보호'(觀察保護)라는 용어를 사용하기도 하였다. 이는 내용상 임의성을 띠고 있어 본래적 의미의 유권적인 보호관찰과는 의미적 차이가 있다. 이후에도 1975년 제정된 「사회안전법」(법률 제2769호), 1980년 제정된 「사회보호법」(법률 제8286호) 등에서도 '보안관찰' 또는 '보호관찰'이라는 용어가 채택 사용되어 왔다. 그러나 이들 법률에서 사용되어진 보호관찰은 일부 특정한 범죄인만을 대상으로 하고 있고 그 실시목적과 내용에 있어서도 상당히 제한적이었다.

우리나라에서 현재의 사회복귀 및 재범방지를 위한 포괄적인 지도감독을 의미하는 것으로서, '보호관찰'이라는 용어가 사용되기 시작한 것은 1989년부터라고 할 수 있다. 1988년 보호관찰에 관한 제반 사항을 규율한 「보호관찰법」(법률 제4059호)이 제정되고, 1989년부터 시행되면서 그동안 단편적이고 제한적이었던 보호관찰제도가 본래의 모습을 찾아 통일적으로 운영되기 시작하였다. 나아가

---

5) 다만, 보호관찰이라는 용어는 이미 수십 년간 사용되어 왔고 제도적으로도 완전히 정착되어 있으므로 쉽게 새로운 용어를 개발하여 사용하는 것은 매우 어려운 일이다. 특별한 대안이 제시되지 않은 현재의 상황에서는 양자를 모두 지칭하는 것으로서 이 용어를 사용할 수밖에 없다고 보며, 이 책도 이에 따르기로 한다.

6) 那須宗一, 「犯罪統制の近代化, ぎょうせい」, 1976, p. 150.

1995년에는 「갱생보호법」이 보호관찰법에 흡수되어 「보호관찰 등에 관한 법률」
로 정비되면서 현재에 이르게 되었다.

2) 보호관찰의 개념 정의

앞서 살펴본 바와 같이 '보호관찰'이라는 법률용어는 서로 이질적인 제도들
을 동시에 표현하는데 사용되고 있다.[7] 나아가 우리나라에서는 '사회내처우제도'
의 전반을 지칭함에 있어서도 보호관찰이라는 용어를 사용하고 있는 등[8] 다양한
사용례에 따른 혼란이 가중되고 있다.

따라서 이하에서는 '보호관찰'이라는 동일한 용어가 각 상황에서 어떻게 서
로 다른 내용을 의미하는지를 정리하여 보고, 이를 바탕으로 협의, 광의 그리고
최광의의 보호관찰에 대한 개념을 각각 정의하도록 한다.

가) 협의의 개념

보호관찰을 가장 좁은 의미로 해석한다면, 이는 형벌 또는 보호처분에 의하
여 유죄나 비행성이 인정된 범죄자나 비행소년에 대하여 교정 및 보호시설에 수
용하지 않는 대신, 사회내에서 보호관찰관에 의하여 행하여지는 지도·감독과 원
호를 주된 내용으로 하는 처분이라고 할 수 있다.[9] 이들에게는 일정한 준수사항
을 부과하여 이를 지키도록 하고 사회복귀를 위하여 지도와 감독, 그리고 필요한
원호 등의 조치를 취하여 재범방지와 사회보호를 도모하게 된다.

'준수사항'이라 함은 법률의 규정 또는 법원 및 보호관찰심사위원회(이하 '심사
위원회'라 한다.)가 판결 또는 결정으로 범죄인이나 비행소년의 형의 유예, 보호처
분, 가석방 등의 조건으로 부과하는 것이다. 현행 「보호관찰 등에 관한 법률」은
이러한 개념에 입각하여 '보호관찰'이라는 법률용어를 일관되게 사용하고 있다(같
은 법 제1조, 제3조, 제4조, 제14조, 제20 내지 제53조 등 참조).

---

7) 정동기, 「사회봉사명령제도의 연구」, 한양대학교 대학원 법학박사 학위논문, 1997, p. 9.

8) 우리나라와 사정이 비슷한 일본에서는 강학상의 '사회내처우'라는 용어를 법률적으로, 또는 행정
   실무적으로 지칭할 경우, '갱생보호제도'라는 용어를 사용하여 가급적 구분하고 있다. 물론 이 때
   의 갱생보호는 우리나라에서처럼 출소자의 사회복귀를 위한 숙소지원 및 취업알선 등의 복지적
   서비스만을 지칭하는 것은 아니다.

9) 정동기, 앞의 논문, pp. 9-10. 이 개념은 「형법」상 선고유예 및 집행유예의 부수처분이나 「소년
   법」상 보호처분의 일종인 '보호관찰'에 의하여 실제로 행하여지는 지도·감독과 원호활동 자체를
   일컫는 것이다. 여기에는 가석방자나 임시퇴원자, 가종료자 등에 대하여 행하여지는 지도·감독
   및 원호활동이 포함된다.

보호관찰의 구체적 실시방법을 살펴보면. 보호관찰에 관한 전문적 지식을 갖춘 보호관찰관이 일정기간 동안 보호관찰을 받는 사람(이하 '보호관찰대상자'라 한다)을 지속적으로 접촉하고 신상변동을 확인하며 지도감독, 분류처우, 원호 및 응급구호 등의 방법으로 그들의 사회복귀를 촉진하기 위한 필요한 조치를 취하는 것이다(같은 법 제33조 내지 제35조 참조).

나) 광의의 개념

보호관찰은 넓은 의미로는 보호관찰소에 의하여 보호관찰대상자에 대하여 행하여지는 제반활동, 예컨대 법원의 처분에 의하여 행하여지는 사회봉사명령이나 수강명령[10] 등을 포함하는 것이라고 할 수 있다.

보호관찰은 우선 보호관찰대상자에게 주어진 준수사항의 이행여부를 지도하고 감독하는 활동 및 그들의 개선·교화를 위하여 필요한 원호 등의 조치를 취하는 것이 기본적이지만, 보호관찰대상자들에 대하여는 법원에 의하여 사회봉사명령이나 수강명령 등이 따로 부과될 수도 있다.[11]

이러한 광의의 보호관찰에는 「특정 범죄자에 대한 보호관찰 및 전자장치 부착 등에 관한 법률」에 의한 '**전자장치 부착**(명령)'[12]도 포함된다. 또한 「소년법」 제32의2 제2항에 의한 **외출제한명령** 등도 여기에 해당된다. 나아가 보호관찰관의 선도를 조건으로 한 기소유예처분(선도위탁), 법무부의 행정지침인 「기소유예된 성구매자 교육(존스쿨) 실시에 관한 지침」에 의한 '**존스쿨 교육**' 등도 넓은 의미의 보호관찰의 범주에 포함된다.

통상적으로 '**보호관찰제도**'라고 표현할 때는 이러한 광의의 개념에 입각하고

---

10) 사회봉사명령과 수강명령은 집행유예의 조건으로 부과되는 자유제한적 보안처분이다. 보호관찰과 달리 가석방이나 가종료의 조건으로 부과되지는 않으며, 각각 법원에서 정한 일정시간의 무보수 봉사활동(사회봉사명령)이나 범죄성개선을 위한 교육 및 치료프로그램(수강명령)을 이행하여야 한다.

11) 정동기, 앞의 논문, p. 10. 특히 「소년법」상 보호처분의 경우, 사회봉사명령과 수강명령이 과거에는 보호관찰의 부수처분이었지만, 최근의 법 개정으로 인하여 보호관찰처분(제32조 제1항 제4호 및 제5호)과는 별개의 독립된 보호처분의 그 법적 성격이 바뀌었다(제2호 및 제3호).

12) 2007년 4월 「특정성폭력범죄자 위치추적 전자장치 부착 등에 관한 법률」이 제정됨으로써 2008년 9월부터 위치추적 전자감독제도가 시행되기 시작하였다. 이 법은 재범위험성이 높은 특정 성폭력범죄자의 재범방지와 성행교정을 위하여 그의 행적을 추적하여 위치를 확인할 수 있는 전자장치를 신체에 부착하는 부가적인 조치를 취함으로써 성폭력범죄로부터 국민을 보호함을 목적으로 제정되었다. 이후 수차례의 개정을 거치면서 그 적용대상이 미성년자 유괴범과 살인범에게 확대되었고 이 법 시행 이전에 범죄를 저지른 사람들에게도 소급하여 적용되기에 이르렀다. 특히 2014년 6월부터는 강도범에게 적용이 확대되는 한편, 형기 종료 이후에도 추가적인 보호관찰이 규정되어 시행되었다.

있다고 볼 수 있다. 한편 법률의 규정을 살펴보면, 「보호관찰 등에 관한 법률」 제
16조 및 제18조에서 사용된 '보호관찰'이라는 용어는 넓은 의미로 사용되었다고
볼 수 있다. 보호관찰관은 협의의 보호관찰담당자이자 동시에 사회봉사명령 및
수강명령의 집행담당자이다(같은 법 제31조 및 제61조). 따라서 같은 법 제16조에서
보호관찰관에 대하여 "그 밖에 보호관찰에 필요한 전문적 지식을 갖춘 사람"이라
고 할 때의 '보호관찰'은 넓은 의미로 사용되었다고 보는 것이 타당하다. 같은 맥
락에서 같은 법 제18조(범죄예방 자원봉사위원) 제1항의 '보호관찰활동'도 넓은 의미
로 사용되었다고 할 수 있다.

다) 최광의의 개념

'보호관찰'이라는 용어가 가장 넓은 의미로 사용될 때는 지역사회 내에서 이
루어지는 범죄자처우 전반을 지칭하는 경우이다. 이러한 의미의 보호관찰은 제
도로서의 개념으로, 우리가 '사회내처우제도'라고 할 때의 개념과 일치하는 것이
다.13) 이는 시설내처우와 대비되는 범죄자처우의 한 유형을 의미하는 것이기도
하다.

결국 최광의의 보호관찰은 "범죄자에게 사회생활을 허용하면서 지역사회 내
에서 이루어지는 모든 처우제도 및 프로그램"을 의미한다.

이 경우에는 자유형의 형기가 종료되어 교정시설에서 출소한 사람들에게,
그들의 신청에 의하여 경제적·정신적 지원을 하는 임의적 **갱생보호제도**를 포함
한다. 현행 「보호관찰 등에 관한 법률」의 규정체제와 편제는 이러한 취지를 반영
하고 있다. 1995년 이전에는 보호관찰대상자에 대한형벌 또는 보안(보호)처분의
집행을 위한 공권적인 「보호관찰법」과 출소자에 대한 임의적 사회복귀서비스에
관한 「갱생보호법」이 분리되어 있었다. 1995년 1월 5일 법률 제4933호로 전부 개
정된 「보호관찰 등에 관한 법률」은 이들 법률을 통합한 것이다. 당시 개정문에서
는 개정의 이유에 대하여 다음과 같이 밝히고 있다.

---

13) 보호관찰의 확장된 개념인, 미국의 **사회내교정**(community correction)이나 영국의 **사회내형벌**
(community sentence) 등은 바로 이러한 최광의의 의미를 가진다고 할 수 있다. 특히 오늘날 미
국에서는 과거 전통적인 프로베이션(Probation)과 퍼로울(Parole)로 대별되던 보호관찰제도가
보다 광범위한 구성요소들을 포섭하면서 '사회내교정'(Community Corrections)의 개념으로 재정
립되고 있다. 미국에서 사회내교정의 핵심적인 요소는, ① 다이버젼과 기소전 석방(Diversion
and Pretrial release), ② 다양한 보호관찰 프로그램, ③ 중간적 제재들(Intermediate Sanctions),
④ 조기석방(Early Release)/가석방(Parole) 등이다. 이형재, 앞의 논문, pp. 235-236 참조.

"현재 2원화되어 있는 출소자 사후관리법령을 통합하여 체계적이고 효율적인 재범 방지업무 추진기반을 조성하며, (중략) 출소자에 대한 효율적인 사후관리를 도모하려는 것임"

이러한 개정이유를 살펴볼 때, 당시의 개정배경에는 보호관찰이 이러한 갱생보호사업을 포괄하는 '사회내처우'라는 입법자의 의도를 반영하고 있는 것으로 볼 수 있다. 한편 〈보호관찰소〉라는 기관 명칭에서 사용된 '보호관찰'이라는 용어도 이러한 최광의의 개념을 반영하고 있다. 왜냐하면 보호관찰소의 관장사무는 협의의 보호관찰, 사회봉사명령 및 수강명령 등 광의의 개념뿐 아니라 갱생보호와 범죄예방활동 등을 포괄하고 있기 때문이다(같은 법 제15조 참조).

3) 보호관찰의 유형[14]

가) 법적 성질에 따른 구분

보호관찰은 이를 법적 성질[15]에 따라 ① 종국처분으로서의 보호관찰, ② 프로베이션(probation)형의 보호관찰, ③ 퍼로울(parole)형의 보호관찰, ④ 형의 집행종료 후의 보호관찰 등 네 가지 유형으로 구분해 볼 수 있다.[16]

(1) 종국처분으로서의 보호관찰

종국처분으로서의 보호관찰은 다른 형벌이나 처분과는 별개로 부과되는 독립된 형벌이나 보호처분의 일종으로서의 보호관찰이다.[17] 이 유형으로는 「소년법」

---

14) 이하 정동기, 앞의 논문, pp. 9-13 참조.

15) 보호관찰은 시설내처우, 즉 구금형의 대안으로서의 성격을 가지고 있다. 따라서 시설내처우를 기준으로 어떤 방향에서 대안으로 기능하는지에 따라, '정문형 대안'(front door alternative) 또는 '전단 전략'(front-end strategy)과 '후문형 대안'(back door alternative) 또는 '후단 전략'(back-end strategy)으로 구분할 수도 있다. Champion, D. J., *Probation, Parole, and Community Corrections* (3rd ed), New Jersey, Prentice Hall, 1999, pp. 37-38. 그러나 이는 지나치게 시설내처우에 의존하는 구분방법이다. 보호관찰의 유형 구분에 있어서는 그 고유한 발전과정이나 제도적 특징면에서 살펴보는 것이 바람직하다. 위의 논문, pp. 9-10.

16) 위의 논문, p. 10. 같은 견해로는 大谷實, 「刑事政策講義」, 第2版, 東京: 弘文堂, pp. 312-314.; 森下忠, 「刑事政策大綱 Ⅱ」, 東京: 成文堂, 1985, pp. 316-319. 한편 오가와 타로오 교수는 보호관찰을 ① 기소유예자에 대한 보호관찰, ② 형사소송을 정지하여 부과하는 보호관찰, ③ 선고유예에 부수한 보호관찰, ④ 집행유예에 부수하는 보호관찰, ⑤ 가석방자에 대한 보호관찰, ⑥ 자유박탈보안처분으로서의 가출소자에 대한 보호관찰, ⑦ 형의 종료자에 대한 보호관찰 등으로 보다 세분화하여 제시하고 있다(小川太郎, 「自由刑の展開」, 東京: 一粒社, 1964, pp. 190-192).

17) 이때의 종국처분으로서의 보호관찰은 서구적 개념으로 볼 때 프로베이션(probation)에 해당하는 것이고, 형의 집행 종료 후의 보호관찰은 퍼로울(parole)에 해당하는 것이므로, 형태적 측면에서 고찰할 때는, 크게 프로베이션형과 퍼로울형으로 양분할 수도 있다.

상의 장기 및 단기 보호관찰(제32조 제1항 제4호 및 제5호)이나 수강명령(제2호), 사회봉사명령(제3호) 등 소년보호처분이 대표적이다. 또한 「가정폭력범죄의 처벌 등에 관한 특례법」 제40조에 의한 보호처분 중에서 사회봉사·수강명령(제4호)과 보호관찰(제5호), 「성매매알선 등 행위의 처벌에 관한 법률」 제14조에 의한 보호처분 중에서 보호관찰(제2호)과 사회봉사·수강명령(제3호) 등도 여기에 해당된다.

이외에도 보호처분은 아니지만 「성폭력범죄의 처벌 등에 관한 특례법」 제16조와 「아동·청소년의 성보호에 관한 법률」 제21조에 의하여 벌금형에 병과되는 **성폭력치료 프로그램 이수명령**,[18] 「성폭력범죄자의 성충동 약물치료에 관한 법률」 제8조에 의한 **성충동 약물치료명령**[19] 등도 독립된 종국처분에 해당한다.

이러한 유형은 종국처분이기 때문에, 만약 보호관찰대상자가 준수사항을 위반할 경우 원처분(주로 구금형)을 부활시켜 집행하는 것이 아니라, 별도의 새로운 처분으로 변경하거나 이행지시불응죄[20] 등으로 의율하게 된다.

(2) 프로베이션(probation)형의 보호관찰

프로베이션(probation)[21]**형의 보호관찰**이라는 것은 선고유예나 집행유예의 조건으로서 행하여지는 보호관찰로서 전통적인 영미형의 보호관찰을 말하며, 우리 현행법상으로 광범위하게 인정되고 있다.[22] 경미한 범죄자에 대하여 검찰단계에서 다이버전하는 **보호관찰소 선도조건부 기소유예제도**, 성구매자 존스쿨 교육 및

---

18) 벌금형에 병과되는 이수명령은 보호관찰소에서 집행하기 때문에 넓은 의미의 보호관찰에 포함된다고 할 수 있으나, 징역형에 병과되는 이수명령은 교정시설에서 집행하고 있고 시설내처우에 수반되는 부수처분이라고 할 수 있기 때문에 보호관찰제도와는 관련이 없다고 본다.

19) 성충동 약물치료명령은 사람에 대하여 성폭력범죄를 저지른 성도착증 환자로서 성폭력범죄를 다시 범할 위험성이 있다고 인정되는 19세 이상의 사람에 대하여 법원이 검사의 청구에 의하여 15년의 범위에서 치료기간을 정하여 판결로서 선고하는 것이다.

20) 「성폭력범죄의 처벌 등에 관한 특례법」 제50조 제5항과 「아동·청소년의 성보호에 관한 법률」 제65조 제5항은, 벌금형에 병과되는 이수명령을 부과 받은 자가 보호관찰소장의 이수명령 이행지시에 불응한 경우 각각 5백만원과 1천만원 이하의 벌금형에 처하도록 규정하고 있다.

21) **프로베이션**(probation)은 구금형에 대한 '정문형 대안'(front door alternative)으로서, 유죄인정절차와 선고절차가 분리된 영미법계에서 발전하였다. 일단 유죄를 인정한 후에 형의 선고를 유예하고 일정한 조건을 부과하여 방면하면서 보호관찰관의 감독 하에 두는 것에서 유래한다. 영국에서는 이미 13세기부터 보통법의 관행으로 성직자의 특혜와 선행의 서약제도를 두고 있었고, 미국의 경우에는 1841년 최초의 보호관찰관인 존 어거스터스(John Augustus)의 노력으로 현대적 제도로 발전하게 되었다.

22) UN의 사회방위국은 '프로베이션'(probation)에 대하여 ① 범죄행위가 있었던 것에 의심할 여지가 없으며, 그러한 사실이 재판절차를 통하여 확립되어 있을 것, ② 프로베이션의 방법은 범죄자 개인에 대한 조사에 근거하여 선택되는 개별화된 방법일 것, ③ 범죄자의 관찰 및 원조의 조직은 자격 있는 특별한 직원을 사용하여 행하여질 것 등의 요건을 정하고 있다. United nations, *Probation and Related Measures,* 1951, p. 4(菊田幸一, 앞의 책, p. 510에서 재인용).

아동·청소년이용 음란물 소지자 재범방지교육 등 교육조건부 기소유예제도 등도 여기에 포함된다고 할 수 있다.

이러한 유형의 보호관찰에는 「형법」 제59조의2에 의하여 형의 선고를 유예하는 경우에 명할 수 있는 보호관찰, 같은 법 제62조의2에 의하여 형의 집행을 유예하는 경우에 명할 수 있는 보호관찰 및 사회봉사·수강 등이 대표적이다. 「성폭력범죄의 처벌 등에 관한 특례법」과 「아동·청소년의 성보호에 관한 법률」 등에 의하여 형의 집행을 유예할 경우에 병과되는 '강화된 수강명령'[23]도 여기에 해당된다. 또한 「특정 범죄자에 대한 보호관찰 및 전자장치 부착 등에 관한 법률」 제28조 내지 제30조의 규정에 의하여 특정 범죄자[24]에게 형의 집행을 유예하면서 보호관찰을 명할 때 부과하는 전자장치 부착명령도 여기에 포함된다.

프로베이션형의 보호관찰은 형의 유예의 조건으로 부과되는 것이기 때문에 보호관찰대상자가 준수사항을 위반할 경우, 유예된 원처분을 집행(또는 선고, 기소)하게 된다.

(3) 퍼로울(parole)형의 보호관찰

퍼로울(parole)[25]형의 보호관찰은 가석방자이나 임시퇴원자 또는 치료감호법상의 가종료자[26] 등을 대상으로 구금시설로부터 조기석방하면서 부과하는 부수처분으로서의 보호관찰을 말한다.[27]

---

23) 「형법」 상의 수강명령은 최대 200시간까지 부과가 가능하나, 이러한 특별법에 의한 수강명령은 최대 500시간까지 부과될 수 있다.

24) 여기서 '특정 범죄'라 함은 성폭력범죄, 미성년자 대상 유괴범죄, 살인범죄 및 강도범죄를 말한다 (같은 법률 제2조 참조).

25) 퍼로울(parole)은 구금형에 대한 '후문형 대안'(back door alternative)으로서, 자유형의 만기 이전에 가석방하면서 보호관찰을 부과하는 것이 대표적이다. 가석방제도는 1790년경 영국의 식민지였던 오스트레일리아에서 수형자 중 행장 및 작업 성적 우수자에 대한 보상차원에서 조건부사면(Conditional Pardon)을 실시한 것에서 비롯되었다. 1854년에는 아일랜드의 누진제도에서 가석방이 채택되고 가석방된 자에게 민간인 관찰자(Civil Inspector)에 의한 지도와 가족방문 등이 실시되어 현대적 의미의 보호관찰부 가석방이 나타나게 되었다. 1864년에는 가석방자 보호협회가 발족되고 그 협회의 구성원으로 하여금 가석방된 자를 지도하고 감독하도록 하였다. 오늘날 퍼로울(Parole)이라는 용어는 교정시설에 수용된 자가 가석방 등으로 사회에 복귀하게 될 경우 일정기간 유권적 보호관찰에 부친다는 뜻으로 사용되고 있다. Tappan, P., *Crime, Justice and Correction*, 1960, pp. 712-714.

26) 여기에는 (구)「사회보호법」상의 보호감호처분을 받아 경과조치에 의하여 가출소된 사람들도 포함된다.

27) UN에서는 첫째, 퍼로울은 형벌개별화의 한 방법으로서 수형자가 출소후에 충분히 사회에 적응할 수 있다고 판단된 때에 가석방하여 그 취소의 가능성을 가지고 출소후의 행동을 절제하도록 유도하는 것, 둘째, 어떤 수형자도 교도소라는 부자연스러운 사회로부터 나온 때에는 지도와 원조가 필요하며 퍼로울이라는 단계를 통과하지 않으면 안 된다는 것을 강조하고 있다. United

이러한 유형의 보호관찰에는 「형법」 제73조의2에 의하여 가석방된 자가 가석방기간 중에 받아야 하는 보호관찰, 「보호관찰 등에 관한 법률」 제25조에 따라 임시퇴원된 사람이 받아야 하는 보호관찰, 「치료감호법」 제32조에 따른 가종료자에 대한 보호관찰 등이 대표적이다.

이외에도 「특정 범죄자에 대한 보호관찰 및 전자장치 부착 등에 관한 법률」 제22조에 의하여 보호관찰심사위원회가 형의 집행 중 가석방되어 보호관찰을 받게 되는 특정 범죄자에 대하여 보호관찰심사위원회가 전자장치를 부착시키는 경우도 포함된다. 마찬가지로 같은 법률 제23조에 의하여 특정 범죄자로서 가종료 또는 치료위탁되는 피치료감호자나 보호감호의 집행 중 가출소되는 피보호감호자 중에서 치료감호심의위원회가 전자장치를 부착시키는 경우에도 여기에 해당된다.

퍼로울형의 보호관찰은 가석방, 임시퇴원, 가종료 등의 조건으로 부과되는 것이기 때문에 보호관찰대상자가 준수사항을 위반할 경우, 가석방 등이 취소되고 수용 또는 보호시설에 다시 구금된다.

⑷ 형 집행 종료 후의 보호관찰

2012년 12월 18일 「특정 범죄자에 대한 보호관찰 및 전자장치 부착 등에 관한 법률」의 개정으로 소위 '형 집행 종료 후 보호관찰제도'가 본격적으로 시행되었다. 비록 성폭력, 미성년자 유괴, 살인 및 강도 등 특정범죄를 저지른 자 중에서 그러한 범죄를 다시 범할 위험성이 있다고 인정되는 사람만을 대상으로 하고 있지만, 만기석방자나 형의 종료자에 대한 새로운 유형의 보호관찰제도가 도입된 것이다(같은 법률 제21조의2 참조). 한편 「아동·청소년의 성보호에 관한 법률」 제61조 제1항은 검사가 아동·청소년대상 성범죄를 범하고 재범의 위험성이 있다고 인정되는 사람에 대해서 이러한 형 집행 종료 후의 보호관찰명령을 법원에 의무적으로 청구하도록 규정하고 있다.

그러나 형의 집행을 종료한 사람에 대한 넓은 의미의 보호관찰은 이미 2007년 「특정 성폭력범죄자에 대한 위치추적 전자장치 부착에 관한 법률」의 제정과 함께 시작되었다고 보는 것이 정확하다. 같은 법률 제5조는 검사가 일부 고위험 성폭력범죄자에 대하여 유기징역형의 전부 또는 일부의 집행을 종료하거나 집행이 면제된 후에 전자장치 부착명령을 법원에 청구할 수 있도록 규정하였다.

---

nations, *Parole and After-Care*, 1954, p. 1(菊田幸一, 앞의 책, pp. 510-511에서 재인용).

형 집행 종료 후의 보호관찰명령이나 전자장치 부착명령을 부과 받은 자가 준수사항을 위반할 경우에는 보호관찰기간의 연장,[28] 준수사항 추가 및 변경[29] 등의 불이익 조치를 취할 수 있고 나아가 준수사항위반죄[30]로 처벌할 수 있다.

나) 처분유형에 따른 구분

보호관찰은 그 처분유형에 따라 크게 형사처분으로서의 보호관찰과 보호처분으로서의 보호관찰로 구분할 수도 있다.[31] 그러나 치료감호 가종료 보호관찰이나 특정범죄자에 대한 형 집행 종료 후의 보호관찰 등은 보호처분이 아니라 보안처분이라고 하는 것이 보다 적확하다.[32] 보호처분을 보안처분의 일종으로 볼 수도 있으나 현재에는 양자의 법적 성격을 구분하여 보는 견해가 우세하다.[33] 양자는 목적, 연혁, 주요 활동내용 등에 있어서 차이가 있기 때문이다.[34] 따라서 이하에서는 위의 두 가지 유형에 '보안처분으로서의 보호관찰'을 추가하여 살펴보도록 한다.

28) 「특정 범죄자에 대한 보호관찰 및 전자장치 부착 등에 관한 법률」 제21조의7 제1항 제1호 및 「아동·청소년의 성보호에 관한 법률」 제6조 제1항.
29) 「특정 범죄자에 대한 보호관찰 및 전자장치 부착 등에 관한 법률」 제21조의7 제1항 제2호.
30) 「특정 범죄자에 대한 보호관찰 및 전자장치 부착 등에 관한 법률」 제39조 및 「아동·청소년의 성보호에 관한 법률」 제66조.
31) 한영수, "보호관찰, 사회봉사명령, 수강명령의 독립적 형벌화에 관한 연구", 법무부 연구용역보고서, 한국보호관찰학회, 2003, pp. 18-24.; 송광섭, "현행 보호관찰제도의 문제점과 개선방안", 원광법학 제25권 제4호, 2009. 참조.
32) 현행법상 '보호처분'은 가정폭력사범이나 성매매사범 등의 경우에도 적용되지만 주로 소년사법과 관련하여 논의되고 있다. 보호처분은 형벌보다는 처벌적 요소가 약하며 교육적·복지적 조치의 성격이 강하다. 보호처분, 특히 소년보호처분이 반사회적 소년의 장래 위험성을 제거하기 위한 처분으로 시행된다면 넓은 의미의 보안처분에 포함된다고 할 수 있다. 그러나 보호처분은 소년보호의 이념 아래 비행소년의 환경조정 및 보호육성이라는 복지정책적 요청에서 발달한 것이기 때문에 보안처분과 구별되는 사회복지적 성격도 가지고 있다고 할 수 있다. 신진규, 「범죄학 겸 형사정책」, 법문사, 1987, p. 165; 정영석·신양균, 「형사정책」, 법문사, 1997, pp. 333-334.
33) 보호처분의 법적 성격을 어떻게 이해할 것인가에 대해서는 형사법을 전공하는 학자들 사이에서 견해의 다툼이 있다. 종래에는 보호처분은 보안처분의 일종으로 보는 견해가 다수의 입장이었으나 최근에는 통상의 보안처분과 구분하는 경향이 우세한 듯하다. 김용우·최재천, 앞의 책, pp. 241-242.
34) 구체적으로 양자의 차이는 ① 보안처분은 사회방위를 목적으로 하지만 소년의 개선·보호를 목적으로 하고, ② 보안처분은 장래의 범죄에 대한 사전적 예방활동을 강조하지만 보호처분은 교육적·복지적 활동을 강조하며, ③ 보안처분은 대륙법계 국가들에서 형벌의 보완장치로 발전한 반면, 보호처분은 영국의 형평법적 이론인 '국친사상'(parens patriae)에 입각한 것이라는 차이점이 있다. 따라서 양자를 하나의 정형적 카테고리에 묶어 판단하는 것은 무리가 있지만 양자 모두 형벌의 보충적·대안적 수단으로 고안되었고 보호처분도 어디까지나 사법적 판단에 의한 처분이라는 점에서 중복·교차되는 부분이 많이 있다. 위의 책, pp. 242-243.

다만 여기서는 전체적인 내용을 조감해보는데 그치고 자세한 논의는 제7장 '현행보호관찰제도의 개관'에서 다시 다루도록 한다.

(1) 형사처분으로서의 보호관찰

형사처분으로서의 보호관찰은 적용되는 형사사법절차의 단계에 따라, ① 형사소추단계의 보호관찰, ② 형의 선고단계의 보호관찰, ③ 형의 집행단계의 보호관찰 등으로 다시 세분할 수 있다.[35]

(가) 형사소추단계의 보호관찰

형사소추단계의 보호관찰로 대표적인 것은 '보호관찰소 선도조건부 기소유예제도'를 들 수 있다. 이는 1995년 1월 5일 전부개정된 「보호관찰 등에 관한 법률」 제15조 제3호에서 보호관찰소의 관장사무의 하나로 "검사가 보호관찰관의 선도를 조건으로 공소제기를 유예하고 위탁한 선도의 실시"를 정한 바에 따라 시행하는 것으로서, 실무현장에서는 '선도위탁'이라고 불리고 있다.

이는 1981년부터 검찰청에서 「검찰사건사무규칙」에 근거하여 자원봉사자(법사랑위원)에게 직접 선도를 위탁하여 실시하는 선도조건부 기소유예제도와는 유사하지만 서로 다른 제도이다. 자원봉사자에의 선도위탁제도는 2007년 12월 31일 소년법의 개정으로 법적 근거를 가지게 되었다(제49조의3 제1호).

한편 최근에는 경미한 범죄를 저지른 사람들에게 4~20시간의 각종 교육을 조건으로 기소를 유예하는 '교육조건부 기소유예제도'가 활성화되고 있다. 우선 2005년부터 성구매자에 대하여 재범방지교육을 조건을 기소를 유예하는 '존스쿨' 제도가 시행되고 있으며, 2012년부터는 단순 음란물 소지 및 배포·전시자 중 초범에 한해 음란물 재범방지 교육을 실시하고 있다. 또한 2013년부터는 경미한 가정폭력가해자 및 성범죄자 재범방지 교육을, 2015년부터는 아동학대 행위자 및 인터넷 악성 댓글 행위자 재범방지 교육을 기소유예 조건부로 실시하고 있다. 이외에도 보호관찰소는 저작권법위반, 도로교통법위반 등 검사의 교육조건부 기소유예 처분을 받은 대상자에 대해 범죄사실에 따라 집단을 구성하여 다양한 재범방지 교육을 실시하고 있다.

---

35) 한영수, 앞의 책, pp. 20-24 참조.

(나) 형의 선고단계의 보호관찰

형의 선고단계의 보호관찰은 앞서 법적 성질에 따른 구분에 있어서 '프로베이션형의 보호관찰'과 대체로 그 범위가 일치한다. 따라서 「형법」 제59조의2에 의한 선고유예부 보호관찰 및 같은 법 제62조의2에 의한 집행유예부 보호관찰과 사회봉사·수강명령, 「성폭력범죄의 처벌 등에 관한 특례법」 등에 의한 강화된 집행유예부 수강명령, 「특정 범죄자에 대한 보호관찰 및 전자장치 부착 등에 관한 법률」에 의한 집행유예부 보호관찰 및 전자장치 부착명령 등이 여기에 해당된다.

이외에도 프로베이션형의 보호관찰은 아니지만 「성폭력범죄의 처벌 등에 관한 특례법」 등에 의하여 벌금형에 병과되는 **성폭력치료 프로그램 이수명령**도 형의 선고단계의 보호관찰에 포함된다고 본다.

(다) 형의 집행단계의 보호관찰

형의 집행단계의 보호관찰은 앞서 법적 성질에 따른 구분에 있어서 '퍼로울형의 보호관찰'과 중복되는 부분이 있다. 특히 「형법」 제72조에 따른 가석방 보호관찰이 대표적이며, 「특정 범죄자에 대한 보호관찰 및 전자장치 부착 등에 관한 법률」 제22조에 의한 가석방자 보호관찰 및 전자장치 부착의 경우도 여기에 포함된다.

한편 벌금형의 집행에 있어서 벌금 미납자가 환형처분(노역장유치)을 대신하여 사회봉사를 할 수 있도록 특례를 규정한 제도도 형의 집행단계의 보호관찰이라고 할 수 있다.

(2) 보호처분으로서의 보호관찰

보호처분으로서의 성격을 가진 보호관찰은, ① 소년법상 소년보호처분의 하나인 보호관찰(「소년법」 제32조 제4호 및 제5호), ② 성매매청소년에 대한 보호관찰(「아동·청소년의 성보호에 관한 법률」 제28조 제1항 제1호), ③ 가정폭력가해자에 대한 보호관찰(「가정폭력범죄의 처벌 등에 관한 특례법」 제40조 제1항 제5호), 성매매자에 대한 보호관찰(「성매매알선 등 행위의 처벌에 관한 법률」 제14조 제1항 제2호) 등이 있다.[36) 이 가운데 대표적인 것은 소년보호처분의 하나인 보호관찰이다.

한편 임시퇴원자에 대한 보호관찰은 소년보호처분의 하나인 소년원 수용처분에 의하여 파생된 것이기 때문에 보호처분으로서의 보호관찰에 해당된다고 할 수 있다.

---

36) 송광섭, 앞의 논문, p. 277.

(3) 보안처분으로서의 보호관찰

앞서 법적 성질에 따른 보호관찰의 구분에 있어서 '형 집행 종료 후의 보호
관찰'에 해당하는 것들은 그 명칭과 관계없이 보안처분으로서의 보호관찰로
보는 것이 타당하다. 따라서 「특정 범죄자에 대한 보호관찰 및 전자장치 부착
등에 관한 법률」에 따른 '형 집행 종료 후의 보호관찰 및 전자장치 부착명령'과 「아
동·청소년의 성보호에 관한 법률」에 따른 '형 집행 종료 후 보호관찰' 등은 보안처
분으로서의 보호관찰로 보는 것이 타당하다.

또한 원처분이 보안처분인, 「치료감호법」에 따른 가종료 보호관찰이나 「특
정 범죄자에 대한 보호관찰 및 전자장치 부착 등에 관한 법률」 제23조에 의한 가
종료자 보호관찰 및 전자장치 부착 등도 여기에 해당된다.

다) 보호관찰 유형의 정리

법적 성질 및 처분유형 등 보호관찰 유형구분의 기준을 현행 각 주요제도와
연결하여 정리하면 아래의 〈표 1-1〉과 같다.

┃표 1-1┃ 보호관찰 유형구분에 따른 현행 주요제도의 정리

		종국처분형	프로베이션(probation)형	퍼로울(parole)형	형 집행 종료 후
처분유형에 따른 구분	형사처분	• 벌금형 병과 이수명령	• 기소유예 조건부 보호관찰 • 선고유예부 보호관찰 • 집행유예부 보호관찰, 사회봉사·수강명령	• 가석방 보호관찰	
	보호처분	• 소년보호처분 • 가정보호처분 • 성매매보호처분		• 임시퇴원자 보호관찰	
	보안처분	• 성충동 약물 치료명령		• 치료감호 가종료 보호관찰 및 전자장치 부착	• 특정범죄자 형 집행 종료 후 보호관찰 및 전자장치 부착명령

법적 성질에 따른 구분

2. 보호관찰의 법적 성격

　　보호관찰제도는 각 국가의 형벌체계, 제도운영의 목적 등에 따라 운영형태가 매우 다양하기 때문에, 그 법적 개념도 일정하지 않고 복합적이다. 이러한 보호관찰은 유죄나 비행성의 인정과 같은 엄격한 절차를 거쳐 선고·부과되고, 구금을 수반하는 형벌 또는 보호처분의 선고나 처분 또는 그 집행을 유예하고 엄격한 준수사항이나 부수처분을 부과하여 대상자의 자유를 일정부분 제약하면서 이에 위반하는 경우 구금수단의 사용과 같은 제재수단을 확보하고 있다는 점에서 형벌적 성격을 내재하고 있다. 한편으로는 대상자에게 지도·감독 및 원호와 같은 교정처우를 제공한다는 점에서 사회복귀적 성격도 내재하고 있는 것이다. 따라서 이는 범죄에 대한 '**형벌과 교정처우의 타협물**'이라고 하겠다.[37]

　　이러한 보호관찰제도의 혼성적 사회제도(hybrid social institution)의 성격으로 인하여 그에 대한 법적 성격에 관해서는 ① 보호관찰은 법원에 의한 형의 유예에 불과하다는 **법적처분설**, ② 보호관찰대상자는 법관의 행위에 의한 조건부특권을 누린다는 **은사설**, ③ 보호관찰은 일종의 형벌이고 보호관찰대상자는 이를 준재소자(quasi‒prisoner)라고 하는 **형벌방법설**, ④ 보호관찰은 하나의 행정과정이라고 하는 **행정과정설**, ⑤ 보호관찰은 보호관찰관이 사회사업적 기초 위에서 행하는 치료수단이라고 하는 **사회사업적 처우설**, ⑥ 사회사업적 처우와 행정과정과의 결합이라고 하는 **결합설**, ⑦ 보호관찰이 보안처분의 한 종류라고 하는 **보안처분설** 등의 견해의 대립이 있었다.[38]

　　그러나 최근에는 형벌집행의 한 변형이라는 견해, 보안처분이라는 견해 및 독립된 제재수단이라는 견해가 주로 논의된다. 이하에서는 이러한 주요 학설을 중심으로 살펴보도록 한다.

가) 주요 학설

(1) 형집행변형설

　　이는, 보호관찰이 형의 집행을 유예하거나 중단하고 그 대신에 사회내에서의 지도·감독을 통하여 형의 집행과 같은 효과를 얻게 되는 것으로서 형벌집행

---

37) 차용석, 앞의 논문, p. 9.

38) 위의 논문, pp. 9‒10.; 박영수, "한국소년보호관찰제도의 운영실태 및 운영상의 문제점", 법무부, 「청소년범죄연구」 제9집, pp. 240‒241.

의 변형된 형태라고 보는 것이다.39) 따라서 이를 자유형의 변형(Modifikation der Freiheitstrafe) 또는 형벌집행의 변형(Modifikation der Vollstreckung)이라고 하는 것이다. 이런 의미에서 이 견해를 '자유형변형설' 또는 '변형된 형벌집행설'이라고도 한다.

형의 집행을 마치고 나오는 만기출소자 등에 대하여 보호관찰을 시행하는 경우에는 보안처분의 일종이 되겠으나, 보호관찰은 일반적으로 형의 선고나 집행을 유예 받은 자와 가석방자 등에게 시행되는 것이기 때문에 이는 보안처분이라고 보기보다는 형벌집행의 한 변형이라고 보는 것이 타당하다는 것이다.

보호관찰이 집행유예에 부수하는 경우, 그 기간을 집행유예 기간 이내로 하고 있고 준수사항을 위반하면 그 집행유예를 취소하고 그 유예된 자유형을 집행하게 된다. 또한 가석방에 부수하는 보호관찰의 경우에도 보호관찰 기간이 그 잔형기간과 일치하게 하고 있고, 준수사항을 위반하면 취소하여 재구금한 후 남은 형기를 집행하도록 하고 있다. 이러한 점을 고려하여 보호관찰은 형벌의 집행방법을 변형한 것으로서 수용처분과 자유로운 상태의 중간 형태인 '자유형의 변형'이라고 보는 것이 타당하다는 것이다.40)

그러나 이 견해는 형 집행 종료 후의 보호관찰이나 전자장치 부착(명령), 가출소 및 가종료 보호관찰 등 순수한 보안처분적 성격이 있는 다른 종류의 보호관찰을 설명하는 데는 한계가 있다.

(2) 보안처분설

이 견해는 보호관찰이 특별예방적 고려에서 장래의 범죄를 예방하기 위한 수단이므로 보안처분이라고 주장한다. 이 견해는, 보호관찰에 대하여 보안처분 가운데 가장 의미 있고 오랜 역사를 가진 제도라고 하면서 이를 자유를 제한하는 보안처분으로 분류하고 있다.41)

이 견해에 의하면 특별예방을 목적으로 하는 보안처분에는 치료감호와 같은 자유박탈적 처분이 있는 한편, 보호관찰과 같이 **자유제한적 보안처분**이 있다고 한다. 이 견해는 특히 보호처분이 보안처분의 한 종류라는 입장에 입각하고 있다.

39) 정동기, 앞의 논문, p. 14; 차용석, 앞의 논문, p. 10; 신진규, "보호관찰제도 도입의 기본방향", 법무부, 「청소년범죄연구」 제9집, 1988, p. 12.
40) 차용석, 앞의 논문, p. 10; 함영업, "보호관찰제도의 도입필요성에 관한 연구(상)", 「검찰」, 제1집, 1981, p. 162; 정진운, "갱생보호에 관한 연구 – 전부개정된 보호관찰등에관한법률을 중심으로 –", 「교정연구」 제15호, 한국교정학회, 1995, p. 208.
41) 김일수, 「새로쓴 형법총론」, 제5판, 서울: 박영사, 1997, pp. 722–724.

그 근거로는 ① 보호처분이란 형벌 이외에 형벌을 대체 또는 보충하기 위한 처분이라는 점, ② 보호처분은 범죄위반을 원인으로 하여 행위자의 위험성을 방지하기 위하여 자유박탈 또는 제한을 내용으로 하는 처분을 의미한다는 점, ③ 보호처분의 존재이유도 범죄로부터의 사회방위와 범죄자의 사회복귀라는 두 개의 목적이 있으며 그 특징으로는 단순한 법익의 박탈 외에 교육·치료 등의 방법을 시행하는 점, ④ 보호처분의 경우에도 본인의 사회적 위험성이 존속하는 동안 구속등을 계속 가한다는 점 등을 근거로 들고 있다.[42] 따라서 이 견해에 의하면, 소년법 제32조에 의한 보호처분의 일종인 보호관찰의 법적 성격은 보안처분의 일종으로 보는 것이 타당하다.

그러나 이에 대해서는 보호관찰과 보안처분이 기능적, 연혁적으로 차이가 있는 제도라는 비판이 있다. 우선 기능적으로 살펴볼 때, 보안처분제도의 목적은 책임무능력자에 대한 사회방위처분이지만 보호관찰제도는 범죄자의 갱생과 사회복귀를 목적으로 하기 때문에 양자는 구별되어야 한다는 것이다. 또한 보안처분은 시설내처우를 원칙으로 장래에 위험성이 있는 자를 대상으로 하는데 비하여 보호관찰제도는 사회내처우를 원칙으로 하여 범죄 행위자를 대상으로 한다는 점에서도 차이가 있다고 한다.[43] 또한 연혁적으로도 대륙법계의 보안처분제도는 형법상의 특례로서 사회방위수단으로 발전해 온 것임에 비해, 보호관찰제도는 주로 영미법계에서 교정이념에 따른 적극적인 사회내처우수단으로서 발생한 것인데, 영미법에서는 보안처분이라는 개념조차 존재하지 않는다는 것이다.[44]

(3) 독립적 제재수단설

이는 보호관찰이 자유형의 변형도 아니고 순수한 보안처분도 아니며 형법상 독립된 재재수단의 지위를 가진다는 견해이다.[45] 보호관찰은 보안처분과 형벌의 성격을 동시에 지니고 있는 독특한 제도 또는 '**형법상 제재의 제3의 길**'(ein dritter Weg der kriminalrechtlichen Sanktion)이라고 파악하는 것이 타당하다고 한다.[46]

만일 보호관찰제도를 단순히 자유형의 변형으로 본다면 이는 고유한 본래

---

42) 정영석·신양균, 앞의 책, p. 365; 박영규, "현행보호관찰제도에 관한 소고", 「교정교화」 제3호, 한국교정교화사업연구소, 1991, pp. 25-26.

43) 이재상, 「사회보호법론」, 서울: 경문사, 1981, p. 176; 박상기 외, 앞의 책, p. 356.

44) 신진규, 앞의 책, p. 612.

45) 오영근, "보호관찰제도의 활성화방안", 「형사정책」 창간호, 한국형사정책학회, 1986, p. 200.

46) 박영수, 앞의 논문, p. 241.

의미의 보호관찰이라 할 수 없으며 보호관찰에 의해 자유형이 변형되는 것이 아니라 전혀 내용이 다른 제도로 대체되는 것으로 보아야 한다. 따라서 보호관찰제도는 형벌도 보안처분도 아닌, 교정시설수용이나 형벌로부터 분리된 독립성을 갖는 제3의 형법적 제재방법이라 한다.[47] 보안처분의 성격을 기본으로 하되 보조적으로 형벌적 성격도 동시에 지니고 있다고 보는 견해,[48] 형벌과 교정처우가 결합된 제3의 독립된 제재수단이라는 견해[49]도 여기에 속한다.

나) 판례의 입장

우리나라 대법원판례는 보호관찰에 관한 법률적 성질에 관하여 보안처분이라는 입장에 있다. 즉 "보호관찰은 형벌이 아니라 보안처분의 성격을 갖는 것으로서, 과거의 불법에 대한 책임에 기초하고 있는 제재가 아니라, 장래의 위험성으로부터 행위자를 보호하고 사회를 방위하기 위한 합목적인 조치임으로, 그에 관하여 반드시 행위이전에 법으로 규정되어 있어야 하는 것은 아니며 재판시의 법 규정에 의하여 보호관찰을 받을 것을 명할 수 있고 이 같은 해석이 형벌불소급의 원칙 내지 죄형법정주의의 위배되는 것이라고 볼 수 없다."고 판시하였다.[50]

다) 결 론

우리 법상 보호관찰제도는 다양한 형태를 취하고 있어 그 법적 성격을 일률적으로 논하기는 곤란하다. 우선 우리 보호관찰의 대상자는 「형법」이나 「소년법」에 의한 형(刑) 또는 보호처분을 부과 받은 자뿐만 아니라 보호감호 가출소

---

47) 이재상, 앞의 논문, pp. 150 – 151. 1965년 스웨덴(Sweden) 형법에서는 유예제도에 부수하지 않는 독립적인 보호관찰제도를 신설하였다(1965년 스웨덴형법 제4장 제1조), 오영근, 앞의 논문, p. 200 참조.

48) 박형남, 「사회봉사·보호관찰제도해설」, 법원행정처, 1997, p. 15; 박영수, "한국 소년보호관찰제도의 운영실태 및 운영상의 문제점", 「청소년범죄연구」(제9집), pp. 240 – 241.

49) 유석원, "한국 성인범 보호관찰의 운용현황과 발전과제", 세계범죄학대회 발표자료, 1998, p. 8. 보호관찰제도는 소년법상 보호처분으로서 뿐만 아니라 형법상 선고유예 또는 집행유예, 가석방 등과 결합하여 활용되고 있다. 이러한 보호관찰은 형사재판의 절차를 거쳐 선고·부과되고, 보호처분의 선고나 처분 또는 집행을 유예하고 엄격한 준수사항이나 부수처분을 부과하여 대상자의 자유를 일정부분 제약을 가하면서 이에 위반하는 경우 구금수단의 사용과 같은 제재수단을 확보하고 있다는 점에서 형벌적 성격이 내재하고 있다. 한편으로는 대상자의 사회복귀를 위하여 지도·감독 및 원호 등을 제공하는 교정처우의 성격도 함께 가지고 있다. 따라서 이는 범죄에 대한 형벌과 교정처우의 타협물이라고 하겠다. 그러나 우리 법상 보호관찰제도는 다양한 형태를 취하고 있어 이를 일률적으로 파악하기에는 곤란한 점이 있다.

50) 대법원 1997. 6. 13. 97도703호.

자·치료감호 가종료자까지 포함한다. 이런 다종다양한 대상자에 적용되는 보호
관찰을 일률적으로 그 법적 성격을 규정하는 것을 불가능할 뿐 아니라, 그 논쟁
자체도 큰 의미는 없는 것으로 보인다.51) 따라서 그 성격을 다원적으로 파악하는
것이 무난하다고 보인다.

　굳이 그 성격을 규정한다면, 기왕의 보안처분인 보호감호 및 치료감호의 가
출소·가종료에 부가하는 보호관찰은 성격상 보안처분이라고 아니할 수 없다. 그
러나 이는 연혁적으로 보아 순수한 보호관찰의 확장에 불과하고 이를 보호관찰
의 법적 성격을 규정하는 근거로 사용할 수는 없다. 현대사회에 있어 형벌과 보
안처분의 목적상 구별이 모호한 까닭에 보호관찰에 사회복귀적 측면이 강하게
결합되어 있다는 점을 들어 기본적으로 사회방위에 중점을 두고 있는 보안처분
의 일종이라고 속단할 수도 없다. 보호관찰의 연혁적 이유를 배제하고 보안처분
과 형벌의 성격을 공유한다는 점만을 가지고 이를 독립한 제3의 제재수단이라고
하는 것도 타당하지 않다.

　따라서 보호관찰은 이를 연혁적인 이유에서 고찰할 때 형벌의 한 변형 또는
자유형의 대체수단이라고 하는 견해가 타당한 것으로 보인다.52)

---

51) 정동기, 앞의 논문, p. 15; 차용석, 앞의 논문, p. 10; 이태언, 「보호관찰의 이론」, 서울: 형설출판사,
　　1988, pp. 20-21.
52) 정동기, 앞의 논문, p. 15.

제2장

보호관찰의 역사

제2장에서는 보호관찰제도의 역사에 대하여 다루도록 한다.

본격적 의미에서의 보호관찰은 '존 어거스터스'(John Augustus)의 선구적 활동이 시작되었던 1840년대를 그 출발점으로 볼 수 있다. 그러나 이미 17세기부터 보호관찰제도의 모태가 되는 범죄인 및 비행청소년에 대한 복지적 원조활동들이 나타나기 시작하였다. 한편 1970년대 이후 보호관찰제도의 세계적 경향은 전반적인 형사정책 강경화의 영향에 따라 복지적 원조를 강조하는 전통적 접근방식이 많은 비판을 받으며, 감시와 통제를 강화하는 방향으로 변화를 겪게 된다.

우리나라에서는 1989년이 되어서야 보호관찰제도가 최초로 실시되었다. 그러나 그 이전에도 '보호관찰'에 대한 관련규정이 일부 법률에 편입되었으며 몇몇 유사보호관찰제도가 시행되었던 역사적 경험이 있다. 한편 불과 4반세기 정도의 짧은 역사를 가지고 있는 우리나라의 보호관찰제도는, 그동안 양적·질적으로 빠른 성장을 거듭해왔으며 그 실천적 지향에 있어서도 통제와 원호 사이에서 급격한 변화를 보여 왔다.

이하에서는 우선 보호관찰제도의 세계사적 전개과정을 먼저 알아보고 이어서 우리나라에의 도입 및 발전과정에 대하여 살펴보도록 한다.

1. 보호관찰의 기원과 역사적 전개

1) 보호관찰의 태동

가) 감옥개량운동과 석방자보호사업

(1) 감옥개량운동

영국에서는 이미 에드워드 6세(1537-1553) 때 교회목사를 비롯한 사회지도자들은 감옥의 개선필요성을 주장하면서 '감옥개량운동'의 모태가 형성되었다.[1] 1699년 설립된 〈기독교지식향상협회〉 소속 '감옥개량위원회'에서는 토마스 브레이(Thomas Bray, 1656-1730)가 위원장으로 선출된 이후, 1701년부터 2년간 전국적 감옥실태에 대한 조사를 실시하였다. 당시의 감옥은 영국교회나 개인의 소유인 경우가 많았으며, 채무를 불이행한 경우에도 투옥시키는 사례가 많아 그 폐단이 적지 않았다고 한다.[2]

그렇지만 본격적인 감옥개량운동의 시작은 이 운동의 창시자로 불리는 존 하워드(John Howard, 1726-1790)의 활동에서 비롯되었다. 1777년 출간된 하워드의 저서 「영국 교도소의 상태」(State of Prisons in England and Wales)는 당시의 많은 교도소를 방문하여 파악했던 사정을 기술하고 그 개선방안을 논의하고 있다.[3]

(2) 석방자보호사업

미국에서는 자선사업가 리차드 휘스터(Richard Whister)가 1776년 필라델피아에서 〈석방자보호회〉를 설립하여 출소자들의 사회정착을 위한 복지적 지원활동을 전개하였다. 그는 필라델피아감옥 인근에 거주하면서 매일 감옥에서 석방된 사람들의 용모와 태도를 보고 "그들을 비참한 지경에서 구원하고자 수단"으로 이 단체를 조직하게 되었다고 한다.[4]

한편 독일에서는 범죄인을 원조하는 것은 민간부분에서 시작되었는데, 당시 제공되었던 지원은 기독교적 인도주의 원조에 뿌리를 두고 있다. 이 원조는 1826년 처음으로 시작된 민간단체들의 설립을 통해 사회전반에 파급되었으며 주로

---

1) 지윤, 「사회사업사」, 서울: 홍익재, 1985, p. 156.
2) 위의 책, p. 4.
3) 김용우·최재천, 앞의 책, 2006, p. 21; 홍봉선, 「교정복지론」, 서울: 공동체, 2007, p. 35.
4) 지윤, 앞의 책, p. 157.

석방된 수형자들의 사회복귀를 지원하였다.[5]

나) 비행청소년 보호활동

(1) 초기의 비행청소년 보호활동

19세기 초부터는 방임소년을 위한 사설 양호학교(feeding school)나 빈민학교(ragged school)가 설립되기 시작하였다. 미국에서 가장 오래된 범죄소년 처우시설은 1825년 뉴욕에 설립된 요양보호소(House of Refuge)인데, 당시 이러한 시설은 사립자선단체가 운영하였다.[6]

범죄소년 처우시설은 1852년 킹스우드 교정원(Kingswood Reformatory)이 처음이었다.[7] 또한 1870년대부터는 부모가 자녀의 비행이나 행동상의 장애로 인하여 공적 기관을 통해 사회복지사들로부터 도움을 받았다고 한다.[8]

한편 공립시설로는 1845년 설립된 메사추세츠 주의 리만소년원(Lyman School of Boys)이 최초이다.[9]

(2) 아동구제운동

본격적인 의미에서의 비행청소년 및 아동에 대한 복지적 원조활동은 19세기말 '아동구제운동'의 전개와 더불어 시작되었다고 할 수 있다. 이 운동은 형사사법 및 교정체계에서 아동과 소년의 복지와 교정에 정열을 쏟는 사심 없는 개혁가들에 의하여 추진되었다.

이 운동의 목적은 아동과 소년을 감옥으로부터 구제하고, 소년을 위한 인도주의적인 사법제도와 교정처우제도를 발전시키며 경제적·정치적 착취에 대해 빈민층을 옹호하는 것이었다.[10]

이러한 아동구제운동의 결과로서 1899년 미국 일리노이주는 「소년법원법」(Illinois Juvenile Court Act)을 제정함으로써, 현대적인 의미의 소년법원을 창설하였다. 이러한 소년법원의 취지는 다음과 같다.[11]

---

5) Mutz, J., "The role of probation in the criminal justice system of Germany."「세계 속의 보호관찰 그 성과와 과제」(보호관찰제도 도입 20주년 기념 국제세미나 자료집). 법무부, 2009 참조.
6) 지윤, 앞의 책, p. 253.
7) 김용우·최재천, 앞의 책, p. 579.
8) 문선화, "사회복지적 측면에서의 보호관찰"「보호관찰제도의 회고와 전망」(보호관찰시행10주년 세미나자료집), 1999, pp. 25-41.
9) 지윤, 앞의 책, p. 253; 김용우·최재천, 앞의 책, p. 580.
10) 한인섭, 「형벌과 사회통제」, 서울: 박영사, 2006, p. 240.
11) 위의 책, pp. 238-239.

첫째, 비행소년이 성인범죄자와 별도의 법원에 의해 비공식적 절차를 통해 별개의 처우를 받도록 하자는 것이다.

둘째, 소년범죄와 소년범죄인의 교정을 위하여 법원과 보호관찰관이 협력하여 일종의 '법적 치료사'(Judical therapist)로 기능하는 것이다. 이는 마치 의사 또는 상담자가 특정 환자의 상태를 진단, 처방하는 것처럼 법관과 보호관찰관이 비행청소년과 일대일 관계 형성을 통하여 범죄원인의 치료자로서 기능해야 한다는 것이다.

2) 보호관찰제도의 발전

가) 최초의 보호관찰관: 존 어거스투스

미국에서는 잘 알려진 존 어거스투스(John Augustus)의 활동이 범죄인에 대한 복지적 원조활동의 기원이 된다. 동시에 그는 '보호관찰의 아버지'(The Father of Probation) 혹은 '최초의 보호관찰관'(The First Probation officer)이라는 영예로운 칭호도 함께 갖고 있다. 존 어거스투스는 〈워싱턴절대금주협회〉(Washington Total Abstinence Society)의 일원이었으며, 보스턴 법원 인근에서 제화점을 운영하고 있었다. 그는 51세가 되던 1841년부터 사망할 때인 1859년까지 약 1,946명(남자 1,152명, 여자 794명)의 알코올중독자, 부랑인, 노숙자, 성매매여성 등을 인수하여 선도하였는데, 이 중에서 단 10여명만이 재범하였다고 한다.[12]

보호관찰 탄생의 순간

1841년 8월의 어느 아침, 나는 법정에 있었다. 그때 유치장으로 통하는 문이 열리면서 거기에서 법정관리가 나타났고, 이어서 남루한 행색에 비참한 얼굴을 한 남자가 나타나 피고인석에 앉았다. 나는 그 피고의 겉모습을 보고, 그의 범죄가 주류에 대한 욕망을 이기지 못

---

12) 존 어거스투스의 선구적 활동에 이어 이를 계승한 사람들은 해스킨(George Haskin) 신부와 쿡 (Rufus Cook) 판사 등이 있다. 해스킨 신부는 1951년에 소년보호시설을 설립하고 법원으로부터 범죄소년을 인수하고 훈육하고 교화·개선하는데 노력하였다. 1864년에는 약 3,000명에 대한 생활보고서를 법원에 제출하는 등 사회내처우와 소년법원제도 발전에 기여하였다. 한편 쿡 판사는 보스턴시 법원의 판사로 재직하면서 해스킨 신부와 협력하여 그가 지도감독할 것을 보증할 때에는 범죄소년에게 보호관찰을 부과하였다. Champion, D. J., *Probation, Parole, and Community Corrections*(3rd ed), New Jersey, Prentice Hall, 1999, p. 40.; 한인섭, 앞의 책, p. 237.

▲ 존 어거스투스

한 죄일 것이라고 짐작하였다. 나의 예상은 적중하였다. 법원서기가 그 남자에 대하여 상습주취(常習酒醉) 혐의의 소장을 낭독하기 시작하였기 때문이다. 사안은 명백하였다.

그러나 형이 선고되기 전에 난 그와 잠깐 대화해 보았다. 겉모습과 안색으로만 보면 누구도 그가 다시 제구실을 하는 사람이 될 것이라고 생각할 수는 없었지만, 이야기를 나누어 본 결과, 나는 그가 아직 개선의 희망을 상실하지 않았음을 알게 되었다. 그는 나에게 만약 교정원(House of Correction) 행으로부터 구제된다면, 다시는 술을 입에 대지 않을 것이라고 말했다. 그의 어조에는 진실성이 있었고 그의 눈빛은 확고한 결의를 보여주고 있었다. 나는 그를 도와주기로 결심했다. 나는 법원의 허가를 받고 그의 보석보증인이 되었다. 그는 형의 선고를 받기 위하여 3주 후에 법정에 출두할 것을 명령받았다. 그는 서약서에 서명하였고, 법원을 나와 금주를 실행하였다. 이 유예기간(probation)이 종료된 후 나는 그를 데리고 법정에 갔다. 그의 모습은 완전히 달라졌다. 누구도 그가 1개월도 채 되기 전에 피고석에서 몸을 떨며 울고 있었던 사람이라고는 믿지 못했다. 판사는 그 남자에 대하여 내가 보고한 내용에 크게 기뻐하면서 통상의 형벌 –교정구금– 대신에 1센트의 벌금과 3달러 76센트의 소송비용 납부를 명하는 판결을 선고하였다. 위의 금액은 즉시 지불되었다. 그 남자는 그 후에도 근면한 생활과 금주를 계속했으며, 의심할 여지없이, 그 처분에 의하여 술주정뱅이의 막장으로부터 구해진 것이다.

출처: 일본법무성(1988). 존 어거스투스 – 최초의 보호사 –. pp. 5-6.[13]

나) 보호관찰의 최초 입법

1878년 미국의 매사추세츠 주법에서는 세계 최초로 보호관찰에 관한 내용을 성문화하였는데, 이 법률은 'probation'이라는 용어를 공식화하였고, 유급 보호관찰관의 채용과 활동근거를 명시하였다.[14]

---

13) 원전:「불운한 사람들을 돕기 위한 최근 10년간의 존 어거스투스의 사업 보고서」(A report of the labors of John Augustus, for the last ten years, in aid of the unfortunate), Boston: Wright & Hasty Printers, 1852.

14) 근대 이후 형벌체계는 인신구속을 통한 자유박탈을 내용으로 하는 자유형, 즉 시설내처우 중심이었다. 그러나 자유형의 인신구속은 범죄인의 탈사회화를 촉진하는 부작용이 있었다. 사회와 절연된 억압된 환경에서의 시설내처우는 기존 사회생활의 단절, 범죄성의 습득 등의 이유로 범죄자에 대한 사회내처우의 필요성이 제기되었다. 이런 의미에서 1878년 미국의 매사추세츠 주법은 "범죄 및 범죄자에 대한 형사 사법적 통제 또는 처벌을 보완하여 범죄자 스스로 반성하고

한편 영국에서의 보호관찰은 복음주의적, 인본주의적 기원을 가지고 있다.[15] 이미 영국 보통법(common law)에서 '예방적 사법'(preventive justice)의 전통, 즉 법원이 선행의 조건으로 범죄인을 석방하는 것은 14세기 이래 오래된 전통이었다.[16] 19세기 후반 런던에서는 '경찰법원선교사'(The Police Court Missionary)들이 주로 알코올남용자에 대하여 신병을 인수하고 지도감독을 하는 자원봉사활동을 펼쳤다. 이들의 활동은 좋은 평가를 받아 이후 실시지역이 런던 이외로 확대되고 그 대상도 알코올중독자 외에 소년범 등으로 범위가 넓어졌다.[17]

다) 보호관찰제도의 세계적 확산

1887년에는 영국에서는 「초범자보호관찰법」이 제정됨으로써 초범자에 대한 보호관찰이 법적으로 규정되기에 이르렀다. 하지만 이법은 미국 매사추세츠 주의 보호관찰 입법에 영향을 받은 것으로서 보호관찰관에 의한 지도감독으로 공식화하지 않았다는 점에서 불완전하였다.[18] 따라서 본래적 의미의 보호관찰제도는 양자의 결합, 즉 선행서약에 의한 범죄인 석방과 전문적 원조활동이 결합된 것은 1907년 「범죄자보호관찰법」(Probation of Offender Act)에 의하여 사회복지사(social worker)를 유급의 보호관찰관으로 채용하면서 시작되었다.[19]

자발적인 개선 의지를 갖게 하는 수단"으로서 보호관찰제도를 세계 최초로 규정했다는 역사적 의의를 가지고 있다. 법무부, 「열정과 희망의 발자취: 한국보호관찰 20년사」(보호관찰제도 20년 기념자료집), 2009. pp. 66-67. 참조.

15) Nash, M., "Public Protection and the Transformation of the English and Welsh Probation Service." 「세계 속의 보호관찰 그 성과와 과제」(보호관찰제도 도입 20주년 기념 국제세미나 자료집), 법무부, 2009, pp. 49-84.

16) 보호관찰제도 발달에 직접적 기초를 준 것은 1360년 법률에 정해진 선행서약(recognizance)의 관행이라는 것이 일반론이다. 이전에도 영국에서는 성직자의 특혜(Benefit of Clergy)라는 것이 있었다. 이는 성직자가 범죄를 범한 경우에도 교회 측의 요구가 있으면 선행의 서약이라는 관행으로 일반 법원의 재판권 행사 없이 성직자를 석방해주던 관행이었다. 그러나 이러한 관행이 법제화되기 시작한 것은 1879년 「약식재판법」(Summary Jurisdiction Acts)이 제정된 이후의 일이다. Nellis, M., "Humanising justice: the English Probation Service up to 1972." In Gelsthorpe, L., & Morgan, R.(eds), *Handbook of Probation*, Cullompton: London., 2007

17) 日本 法務省, 「諸外國の更生保護制度(1): 聯合王國の更生保護」, 保護觀察資料第27号. 法務省保護局., 1997, p. 3.

18) 1887년에 제정된 「초범자 보호관찰법」(Probation of First Offender Act)은 앞서 언급한 '경찰법원선교사'의 활동과 미국 매사추세츠 주의 입법에 영향을 받았다. 이 법률에 의하여 법원은 초범자인 경우 범죄인의 성격, 범죄유발적 환경, 범죄경력 등을 고려하여 유예기간을 정하여 석방할 수 있게 되었다. 그러나 이 단계에서 석방된 범죄인의 지도감독은 법령에 근거한 것이 아니라 경찰법원선교사들에 의한 임의적 자원봉사활동이었다. 위의 책, p. 3.

19) 이 시점이 '전문적 실천'이라는 의미에서 보호관찰의 출발점이라고 할 수 있다. 이와 같이 역사적으로 영국의 보호관찰은 사회복지실천의 한 영역으로 지속적 전문적 관계에서 성장해 왔으며,

　　이런 이유로 보호관찰서비스는 1869년 미국 매사추세츠 주에서 최초로 입법화된 이후 영국(1878년), 스웨덴(1918년), 일본(1949년), 독일(1953년) 등 많은 국가에서 법제화되었으며, 우리나라에서는 1989년부터 실시하고 있다. 한편 보호관찰과 관련되는 제도나 병합되는 특별명령(준수사항)들, 예를 들면 판결전조사제도, 사회봉사명령, 수강명령, 통행금지(curfew), 원상회복(restitution), 전자감독(electronic monitoring), 성충동 약물치료 등이 속속 창안되어 형사사법체계에 적용되어 왔다.[20]

라) 보호관찰제도의 변화와 보호관찰의 위기

(1) 전통적 보호관찰실천에 대한 비판

　　보호관찰 초기의 실천은 기독교적 도덕주의 사명으로부터 발전되어 심리학과 케이스워크의 기법을 적용한 치료모델(treat model)로 발전되어 왔다.[21] 이에 따라 영미의 오랜 전통은 보호관찰관이 순수 자원봉사자-유급 자원봉사자-사회복지전문직의 순으로 채용되거나 활동하는 것이었다.[22]

　　이처럼 종래 영국에서는 보호관찰(probation)을 전통적 케이스워크(casework)의 일환으로 보는 견해가 일반적이었으나 1970년대 중반 이후 이러한 주장을 재조정하자는 논의가 부각되었다.[23] 이러한 비판론의 배경에는 치료모델에 입각한 전통적 보호관찰 모델의 효과성에 대한 의문이 자리 잡고 있다. 또한 이러한 비판론은 단지 보호관찰제도뿐 아니라 교정처우 전반에 대한 것이기도 하다.

　　이로 인하여 원조와 보호, 그리고 전문적 접근이 가능한 것이었다. 문선화, 앞의 논문.

20) 이형재, 한국 보호관찰제도의 발전과 향후 과제, 보호관찰 제12권 제2호, 2012, p. 108. 이렇듯 보호관찰제도는 19세기 영미 법원에서 창안된 형의 유예제도(probation)가 재범통제 및 사회복귀에 효과적임이 입증되면서, 20세기에 세계적으로 확산된 것이다. 보호관찰서비스는 기존 형사사법의 통제기능에 더하여 범죄인의 자발적 개선의지를 존중하는 인본주의적 취지를 추가하였다.

21) Raynor, P. and Vanstone, M., *Understanding Community Penalties*. Buckingham: Open University Press, 2002.

22) 문선화, 앞의 논문; 조흥식, 사회복지적 측면에서 보호관찰제도의 20년 고찰, 한국보호관찰학회 2009년 춘계학술대회 자료집, 한국보호관찰제도 시행 20주년 기념 보호관찰제도의 회고와 전망, 2009, pp. 41-51.

23) 그 이유는 다음과 같다. 첫째, 보호관찰은 국가 형사정책의 일환으로 범죄방지를 목적으로 하는데 비하여 케이스워크는 개인의 개선·복지를 목적으로 한다. 둘째, 보호관찰관이 케이스워크의 원리, 즉 ① 개별화(individualization), ② 감정표현의 허용(allowing expression of feelings), ③ 통제된 정서적 관여(controlled emotional involvement), ④ 수용(acceptance), ⑤ 비심판적 태도(non-judgemental attitudes), ⑥ 대상자의 자기결정(client self-determination), ⑦ 비밀유지(confidentiality) 등을 사실상 실현하기 곤란하다. 셋째, 대상자의 욕구(needs)를 충족시킬 수 없어서 직면한 경제적·사회적 문제해결에 도움이 되지 않는다. 이무웅, 「보호관찰제도론」, 서울: 풍남, 1991, p. 18.

한편 미국의 경우에도 1970년대 중반까지는 이러한 사회복지적 지향이 보호
관찰 지도감독에 있어서 주류적인 입장이었다.[24] 그러나 1970년대 중반 이후 전
통적인 교정처우의 사회복귀적 이상에 입각한 프로그램의 효과성에 대한 의문이
제기되면서, 보호관찰을 포함한 교정정책의 목적이 치료(treatment)와 사회복귀
(rehabilitaion)에서 감시(surveillance)와 통제(control)를 강조하는 방향으로 크게 바뀌
게 되었다.[25] 사실 보호관찰을 대표하는 보호관찰실천의 두드러진 특징은 보호
(care)와 통제(control) 또는 멘터링(mentoring)과 모니터링(monitoring), 이 양자의 지속
적인 긴장상태이다.[26]

(2) 형사정책 강경화와 보호관찰의 위기

1990년대를 통틀어 영국의 형사사법 분야에서 '공공보호'라는 정책의제의 정
치적 중요성은 빠르게 증가하였다.[27] 공공보호에 대한 강조는 사회적으로 큰 반향
을 일으킨 일부 흉악한 아동성폭력범죄자의 등장으로 한층 격화되었다.[28] 이렇게
강경화된 형사정책과 형사사법절차의 세계에서 "범죄자와 함께 하는" 그리고 그들
의 복지에 헌신하는 보호관찰의 초기 이념은 점차 입지를 잃어가게 되었다.[29]

강경화의 경향은 원조와 지지보다는 통제와 감시의 역할을 보호관찰관에게
보다 더 많이 요구하게 되었다. 이러한 '경찰유사적' 보호관찰을 지칭하기 위하여
'폴리베이션(polibation)'[30]이라는 용어도 등장하였다. 특히 영국에서는 1990년대

24) Taxman, F. S., "Supervision-Exploring the Dimensions of Effectiveness." *Federal Probation*, 2002.

25) Cohn, A. W., "Managing the Correctional Enterprise-The Quest for What Works." *Federal probation*, September, 2002.

26) Home Office, *Report of the Departmental Committee on the Work of the Probation Service*(The Morison Report), Cmnd 1650, London: HMSO, 1962; Burnett et al., "Assessment, supervision and intervention: fundamental practice in probation." In Gelsthorpe, L., & Morgan, R.(eds), *Handbook of Probation*, Cullompton: London, 2007.

27) 영국의 교정처우 분야에 있어서 1990년대는 변화의 10년이었다. 1990년대에는 더욱 다양한 보호관찰기법들이 생겨나면서 보호관찰 행정의 책임성과 효과성이 강조되기 시작하였다. 이에 따라 더욱더 강도 높은 사회적, 정치적 통제가 뒤따르기 시작했다. 전통적으로 전문가 집단으로서 보호관찰관이 누려온 자치권과 재량권은 비록 완전히 무너지진 않았다 하더라도 상당한 제약을 받기 시작했다. 중앙집권화와 경영이념이 보호관찰행정을 강타하였다. Nash, M., *Public Protection and the Criminal Justice Process*. OXFORD University Press, 2006.

28) Nash, 앞의 논문, pp. 52-53.

29) Burnett et al., 앞의 책, 2007.

30) 이 용어는 영국의 Mike Nash가 2000년대 중반부터 주장한 용어이다. 경찰(police)과 보호관찰(probation)의 합성어로 공공보호의 이념 하에 이루어지고 있는 경찰유사적 보호관찰의 신경향을 지칭하는 용어이다. Nash, 앞의 논문 참조.

초기부터 보호관찰 서비스에 대한 정부의 정책은 보호관찰을 사회복지에서 분리하려고 하는 경향이 강화되기 시작하였다.[31]

이에 따라 영국에서는 1990년대 중반 이후, 보호관찰관의 채용정책에 있어서, 과거 사회복지실천의 일반적 학위에서 보호관찰에 관한 별도의 전문학위를 요건으로 하는 것으로 변경되기 시작하였다. 이러한 보호관찰학위의 주요 내용은 인간의 인지, 행동에 대한 이해와 그 변화에 관한 사회복지실천의 전문적 지식과 기술을 바탕으로 형사사법적, 범죄원인론적 지식을 가미한 것이다.[32]

(3) 보호관찰 위기에 대한 평가

영국에서 1980년대 이후 범죄학에서의 억제이론 독트린의 영향으로 그동안 정설로 받아들여져 왔던 재활이념이 쇠퇴하기 시작하였다. 이러한 변화는 범죄 피해자에 대한 새로운 관심과 범죄자에 대한 공공대중의 분노와 관련되어 있다.[33] 보호관찰은 특히 범죄에 대한 공공대중의 회의적인 비판에 가장 주요한 표적이 되는 '처우(treatment)' 지향의 형사정책이다.[34]

그러나 여전히 보호관찰 역사 전반에 있어서 지도감독의 중심적인 사상은 보호관찰관이 범죄자에게 "조언하고(advice), 지지하고(assist) 그리고 친구가 되어주는(befriend)" 것이다.[35] 보호관찰을 비롯한 보호관찰적 처우의 중요한 목표는 범죄자 각 개인의 행동을 변화시키는 것이었다. 보호관찰 전문가로서 보호관찰관은 대상자와 개인적인, 즉 '일대일의 관계'를 통해 일하며 이러한 관계는 변화과정에 영향을 미치는데 있어서 필요불가결한 것으로 간주되어 왔다.[36]

---

31) 이처럼 '법과 질서를 위한 형벌의 정치학(punitive politics of law and order)'은 보호관찰을 사회복지 실천에서 분리하려는 경향을 강화하였으며, 보호관찰서비스는 그 목적(purpose), 가치(value), 기술(skills), 형식(forms) 등에 있어서 사회복지 실천과는 거리가 있는 것으로 재정의되었다. Nellis, M. and Chui, W. H., "The end of Probation." in W. H. Chui and M. Nellis (eds), *Moving Probation Forward: Evidence, Arguments and Practice*. Harlow: Pearson Education, 2003; Smith, D., "Probation and Social Work." *British Journal of Social Work*, 35, 2005, pp. 621-637.

32) Nash, 앞의 논문, pp. 49-84.

33) Burnett et al., 앞의 책, 2007.

34) Fielding. N., *Probation Practice-Client Support under Social Control*. Hampshire: Gower Publishing Company Limited, 1984.

35) 영국에서 이러한 보호관찰 활동은 1907년 「범죄자 보호관찰법」(Probation Act, 1907)에 최초로 규정된 이래, 적어도 1980년대 초반까지 영국 보호관찰을 이끄는 중심적인 사상이 되어왔다.

36) Burnett, R., "One-to-one ways of promoting desistance: in search of and evidence base", In Burnett, R., & Roberts, C. (eds). *What Works in Probation and Youth Justice: Developing Evidence-Based Practice*. Cullompton: Willan, 2004.

따라서 지도감독에 있어서 법집행자의 역할을 강화하는 방향으로 일어나는 일련의 변화들에도 불구하고, 여전히 보호관찰관들이 범죄인들을 보호관찰 서비스에 참여시키고 건설적으로 변화하도록 돕는데 중요한 것은 결국 사회복지 이론과 실천에서 나온 아이디어와 기술들이다.[37] 범죄인들이 자신들의 주요한 변화를 일으키는 요인으로 확인한 것[38]도 바로 이러한 전문적 실천의 관계이다. 이처럼 보호관찰관들은 대상자들의 변화가능성과 그러한 변화를 위한 전문적 실천의 가치를 계속하여 믿어왔고, 이러한 사회복귀적 이상(rehabilitative ideal)이 실천가에게 지속적으로 동기를 부여하여 왔다.

2. 대한민국 보호관찰의 도입과 발전

1) 대한민국 보호관찰의 태동

가) 대한민국 보호관찰제도의 기원

(1) 일제강점기의 갱생보호활동

우리나라의 보호관찰제도 기원은 일제강점기의 유사 보호관찰제도에서 찾아볼 수 있다. 이는 1911년 서울에 재단법인 〈사법보호회〉가 설립되면서 갱생보호활동을 전개한 것으로 비롯된다고 할 수 있다.[39] 그 후 1943년 「조선사법보호사업령」, 「사법보호위원회령」, 「사법보호관찰규제」 등이 제정되어 본래적 의미의 보호관찰제도에 보다 더 근접한 갱생보호활동이 전개되었다.[40]

(2) 소년법의 제·개정과 '보호관찰' 근거규정 편입

우리나라에서는 1942년 「조선소년령」과 「조선교정원령」의 시행으로 보다 체계적이고 근대적인 의미의 소년보호제도가 실시되었다.[41] 그러나 소년범의 처우

---

37) Smith, 앞의 책, pp. 621–637.

38) Rex, S., "Desistance from offending: experiences of Probation". *Howard Journal*, 38(4), 1999, pp. 366–83; Barry, M., "The mentor/monitor debate in criminal justice, 'what works' for offenders." *British Journal of Social Work*, 30, 2000, pp. 575–95.

39) 권순영·허주욱,「행형학」, 서울: 일조각, 1962, p. 115.

40) 이무웅, 앞의 책, p. 137.

41) 이에 따라 1942년 3월에 경성소년재판소(현 서울가정법원의 전신)와 경성교정원(현 서울소년원의 전신)이 창설된다. 그 후 1945년 광복과 더불어 미군정에 의하여 1945년 11월에 대구소년심리원 소년원, 부산소년심리원 소년원, 광주소년심리원 소년원이 설립되었다. 그러나 이러한 특별처우는 소년을 한정책임능력자로 보고 사회의 비난가능성이 적다는 윤리적 측면에서 관대한 처분을 하였을 뿐이었지, 적극적인 의미에서의 건전한 소년의 육성이라는 근대적 소년보호의 사

에 있어서 획기적인 법제도적 발전은 무엇보다 소년법의 제·개정에 따른 것이다.

　우리나라 소년법은 1958년 7월 24일 법률 제489호로 처음 제정된 이래 1963년 7월 21일 법률 제1376호로 1차 개정되었다. 이 개정법에서는 소년범죄자에 대한 보호처분의 하나로 보호관찰처분을 할 수 있도록 규정하여 처음으로 보호관찰이라는 용어가 법문화되었다. 그러나 이에 관한 절차 및 내용 등을 규제하는 보호관찰법이 제정되지 않았고, 이에 따라 법원은 보호관찰처분을 소년법 제32조에 의한 조사관의 관찰보고에 관한 규정을 활용하여 실시하였다.[42]

　그러나 이 보호관찰에 처하는 처분은 진정한 의미의 보호관찰제도라고 보기는 어렵다. 그것은 이 당시 「소년법」상 채택된 보호관찰제도는 지도감독 및 원호 등 보호관찰 실시방법과 세부적 시행규정이 마련되지 못해 보호관찰법이 제정될 때까지 사실상 그 실현을 보지 못하였기 때문이다.[43]

(3) 유사보호관찰제도의 도입

　우리나라에서 1975년 「사회안전법」을 제정하고, 1989년에는 이 법을 「보안관찰법」으로 개칭하였다. 같은 법에서는 현재의 보호관찰제도와 유사한 '보안관찰'을 규정하였다. 그러나 이는 명칭만 유사할 뿐이지 범죄자의 교화개선과 사회복귀를 도모하는 본질적 의미의 보호관찰이라기보다는 사회 안전만을 강조하는 순수한 보안처분제도였다. 1980년에는 「사회보호법」이 제정되어 보안처분의 종류로서 보호관찰을 규정하였지만, 이 역시도 같은 명칭만을 사용할 뿐이지 사실상 누범자, 심신장애자 등 범죄 위험성이 짙은 자들을 대상으로 실시되고 있다는 점에서 범죄의 위험성이 적고 경미한 범죄인을 대상으로 하는 본래적 의미의 보호관찰과는 거리가 먼 것이었다.

　이후 1978년에는 광주지방검찰청이 소년에 대한 '선도조건부 기소유예제도'를 창안하여 실시한 결과, 그 반응이 매우 좋다고 판단되어 1981년 1월 20일 법무부 훈령 제88호로서 소년선도보호지침을 제정하여 전국에 확대 실시하게 되었다.[44]

　　상에서 나온 것은 아니었다. 김종원, "소년보호제도의 몇 가지 문제", 법무부, 청소년범죄연구, 제1집, 1983, 285면.

42) (구)「소년법」제32조 제1항은 "소년부 판사는 조사관에 의한 감호상황의 보고 또는 의견진술의 내용을 참작하여 적당하다고 인정한 때에는 결정으로써 보호처분을 변경 또는 취소할 수 있다." 고 규정되어, 조사관 활용의 근거가 되었다.

43) 신창언, "보호관찰제도에 관한 연구", 「저스티스」, 제14권 제1호, 한국법학원, 1976, p. 155.

44) 김종원, "소년보호제도의 몇가지 문제", 「청소년범죄연구」, 제1집, 1983, p. 286; 곽영철 "소년범 선도보호제도의 운용현황과 개선방향", 「청소년범죄연구」, 제1집, 1983, p. 15.

┃ 표 2-1 ┃   보호관찰제도 도입 이전 유사제도

제도명	주요 내용
(구)「갱생 보호법」상 **관찰보호**	1961년 9월 30일 제정된 「갱생보호법」(법률 제730호)은 출소자 등 범법자들의 자활과 재사회화를 목적으로 하는 갱생보호사업의 방법으로 관찰보호와 직접보호를 규정하였다. 대상자에 대한 취업알선과 숙식제공 등 경제구호를 내용으로 하는 직접보호와 달리 '**관찰보호(觀察保護)**'는 통신·면담·방문에 의하여 선행을 지도, 장려하고 주거와 교우 등 환경을 조정하는 것을 의미하였다. 관찰보호는 일정한 지도감독의 의미를 내포하고 있어 보호관찰과 유사한 측면이 있었으나, 법적 성격상 임의적 보호인 점에서 유권적 처분인 보호관찰과는 구분된다.
(구)「소년법」상 **보호관찰**	1963년 7월 개정 「소년법」은 제30조 제1항 제6호에 보호처분의 한 종류로 '**보호관찰에 부할 것**'이라는 조항을 신설하여 우리나라에서 처음으로 보호관찰제도를 입법화하였다. (구)「소년심판규칙」에서는 소년부 판사가 보호관찰에 부하는 결정(제6호처분)을 할 때에는 소년보호자 또는 수탁자에 대하여 소년보호에 관한 필요사항을 지시하고, 기간을 정하여 가정법원 조사관으로 하여금 보호상황을 관찰보고할 것을 명하도록 하였다. (구)「소년법」상 보호관찰은 나름대로 유권적 보호관찰로서의 성격을 지니고 있었으나, 별도의 집행기관을 두지 않는 등 세부절차 미비로 명목상 제도에 그쳤다.
(구) 가퇴원자 **추수지도**	1980년 9월 15일부터 시행된 「소년원생수용지침」(법무부훈령 제87호)과 (구)「소년원처우규정」(대통령령 제10716호) 등은 실무상 '**추수지도**'라고 하는 가퇴원생 사후지도를 규정하였다. 「소년원처우규정」 제80조는 "원장은 가퇴원된 자에 대하여 가퇴원 기간 중 통신·방문·본인의 출석·기타 적당한 방법으로 가퇴원생을 지도하여야 한다."고 규정하였다. 이 제도는 가퇴원한 소년에게 준수사항을 부과하고 그 위반여부를 관찰하는 점에서는 보호관찰의 성격을 띠고 있지만, 임의적 성격에 그친 점에서 유권적 보호관찰과는 구분되는 제도이다.
(구) 가석방자 단속 규정상 **감호**	1989년 보호관찰제도 도입 이전에는 「가석방자단속규정」에 따라 모든 가석방자는 가석방 기간 동안 경찰관서의 '**감호(監護)**'를 받도록 되어 있었다. 가석방된 자는 관할 경찰서의 감호를 받으며, 주거지를 이전하거나 10일 이상 여행을 하고자 할 때에는 관할 경찰서의 허가를 받도록 하였다. 감호는 일종의 Parole형 보호관찰의 성격을 띠고 있지만, 감호의 성격이 강하였고 일반범죄예방기능을 주로 하는 경찰서에서 특별범죄예방기능까지 담당하기에는 한계가 있었다.
(구)「사회 안전법」상 **보호관찰처분**	1975년 7월 16일 제정된 (구)「사회안전법」(법률 제2769호)은 특정범죄를 다시 범할 위험성을 예방하고 사회복귀를 위한 교육개선이 필요하다고 인정되는 자에 대하여 보안처분의 한 종류로서 '**보호관찰처분**'을 규정하였다. 보호관찰처분을 받은 자는 주거지 관할경찰서장에게 신고하고 그 지시에 따라 보호관찰을 받아야 했다. 보호관찰처분은 특정범죄에 대한 사회방위를 주목적으로 하는 보안처분이라는 점과 집행업무를 경찰서장이 담당하였다는 면에서 보호관찰과는 명칭만 같을 뿐 성격은 상이하였다.
소년선도 보호지침상 **선도위탁**	1978년 광주지방검찰청에서 소년범에 대해 '**선도조건부 기소유예제도**'를 처음 창안하여 실시한 결과 효과가 좋다고 판단되자 1981년 1월 20일 「소년선도보호지침」(법무부훈령 제88호)이 제정되고 전국에 확대 실시되었다. 선도조건부 기소유예제도는 기소단계에서 이루어지는 다이버전의 한 형태로 시행 초기 민간자원봉사자인 소년선도위원에게 지도가 위탁되었으나, 1995년 「보호관찰법」의 전면 개정으로 보호관찰소 선도조건부 기소유예 제도가 추가되면서 법적 근거를 가진 사회내처우의 한 형태로 발전하였다.

이 제도는 우리나라 특유의 비행소년 선도보호대책으로서 그 내용은 보호관찰과 유사하지만 본질적 의미의 보호관찰과는 다른 유사한 보호관찰이라고 할 수 있다. 그러므로 1989년 보호관찰법이 제정되어 본격적으로 시행되기 이전에는 보호관찰제도가 변형된 형태로 운영되어 왔다고 할 수 있다.

이외에도 우리나라에 본래적 의미의 유권적 보호관찰제도가 도입되기 이전 관찰보호, 감호, 추수지도 등 보호관찰과 유사한 제도가 상당 수 시행되었다. 그러나 이러한 제도들은 대부분 명목상으로 법규에 편제된 것에 그치거나, 시행된 경우에도 임의적 성격을 가진 것에 불과하거나, 아니면 경찰관서 등에 의한 감호 위주의 실시로 본래적 의미의 보호관찰제도와는 차이가 있었다. 그럼에도 불구하고 이러한 유사제도들이 보호관찰제도 태동에 일정한 밑거름이 되었다는 점에서는 일정한 의의가 있다.

나) 1982~1987년: 보호관찰제도의 출범 준비

(1) 보호관찰제도 도입연구

우리나라에서는 일제강점 시대부터 다양한 형태의 유사 보호관찰제도가 시행되기는 하였지만 현대적 의미의 보호관찰제도에 대한 논의는 1950년대 중반부터이다. 그러나 보호관찰제도 도입연구가 본격화된 것은 1981. 1. 9. 법무부 보호국이 신설되고, 1982년도 법무부 주요업무 계획으로 보호관찰제도 전면도입 연구가 채택되면서부터이다.

1982년 1월 보호국내에 보호관찰제도연구반이 편성되어 국내외 자료수집, 외국제도 비교·분석, 보호관찰 유사제도 연구·분석 등의 활동을 하였다. 연구반은 1982년 말경 도입방향에 대한 종합보고서인 보호관찰제도 도입요강(안)을 제출하였다. 요강(안)에 의하여 보호관찰법 제정과 관계법령 개정 작업, 보호관찰 시범실시, 보호관찰 조직구성안 등이 제안되었다.

(2) 보호관찰 시험실시[45]

(가) 보호관찰 시험실시의 경과

보호관찰제도 도입에 대한 법무부의 방침이 확정되면서 제도도입에 앞서 보호관찰시험실시 필요성이 대두되었고, 1983. 1. 27. 자로 보호관찰시험실시 지침

---

45) 이하 법무부, 「소년보호관찰제도론」, 미발간보고서, 2001, pp. 27-28; 이형재, "한국 보호관찰제도의 발전과 향후 과제", 「보호관찰」 제12권 제2호, 2012, pp. 110-115 참조.

이 제정되었다. 보호관찰 시험실시 지침에 따르면 시험실시 대상은 가석방자 중 갱생보호법에 의한 관찰보호 대상자로서 보호관찰이 필요하다고 인정되는 자이 며, 그 관장 기구를 갱생보호회 지부장으로 하면서 갱생보호회 직원 또는 갱생보 호위원이 담당자로 지정되어 보호관찰 업무를 담당하게 하였다.[46] 1984. 9. 1.부 터는 대상자를 기존의 가석방자뿐 아니라 가퇴원자에게까지 확대 실시하였고, 1985. 3. 8.에는 전담검사 및 집단처우제를 신설하였다.

한편 1982년 12월 31일 제정된 「소년심판규칙」(대법원규칙 제823호)은 소년에 대한 보호관찰처분의 실시와 관련해 제35조, 제36조, 제37조의 3개 조문을 규정 하였다. 실무에서는 소년부 판사가 보호관찰처분을 한 후 3−6개월의 기간을 정 하여 조사관으로 하여금 대상소년을 매월 1회 소환하여 반성문을 작성하게 하고 일기검사 등을 한 후 이를 소년부 판사에게 보고하도록 하는 방식으로 운영하였 다. 대상소년이 조사관의 소환에 불응하는 경우 2−3회 더 소환해 본 다음 불출 석을 이유로 보호관찰을 종결하는 것이 일반적이었다. 더욱이 이러한 보호관찰 을 실제 담당하는 소년 조사관은 1988년 당시 서울의 8명을 비롯하여 전국에 21 명뿐이어서 이와 같은 보호관찰은 사실상 단지 정기출석의 의무를 부과하는 것 에 불과한 것이었다.[47] 1983년부터 1988년에 걸친 시험실시 결과, 법무부는 보호

┃ 표 2-2 ┃　**보호관찰제도 시험실시 경과**

시 기	내 용
1981. 1.	법무부내 보호국 신설
1982. 1.	보호국내 보호관찰제도연구반 설치
1982. 12.	보호관찰제도도입요강 발표
1983. 1.	부산지검 관내 보호관찰 시험실시
1984. 3.	전국 확대 시험실시
1988. 3.	보호관찰제도도입위원회 구성
1988. 12.	보호관찰법 국회 본회의 통과, 제정공포
1989. 1.	보호관찰실시준비위원회 구성
1989. 5.	법무부 직제 개정
1989. 7.	보호관찰제도 본격 실시

46) 보호관찰 시험실시는 처음에는 부산, 김해, 마산, 진주교도소에서 가석방되어 부산지방검찰청 관 내에 거주하는 자로서 보호관찰이 필요하다고 인정되는 자에 대해서 갱생보호회 부산지부장이 실 시하였다. 1983년 9월 1일부터는 대전지방검찰청 및 전주지방검찰청 관내까지 확대 실시하였고, 1984년 1월 27일에는 시험실시 지침 개정을 통해 동년 3월 1일부터 전국으로 확대 실시하였다.
47) 김영환·오영근·조준현·최병각, 「사회봉사명령제도에 관한 비교법적 연구」, 한국형사정책연구

관찰처분이 재범률을 낮추는 것으로 분석하였다.

(나) 보호관찰 시험실시의 현황

보호관찰 시험실시 대상자는 가석방 또는 임시퇴원 되기 전에 지정된 갱생보호회 직원 또는 갱생보호위원의 사전 환경조사를 거쳐 최종 결정되었다. 보호관찰이 개시된 이후에는 담당 보호위원이 월 1회 이상 피보호관찰자와 통신 또는 면담하여 일반준수사항과 특별준수사항의 이행여부를 확인하였다. 또한 갱생보호회 지부장으로 하여금 담당 보호위원과 관계기관, 단체 등의 협력을 얻어 피보호관찰자들을 소집하여 준법정신 함양을 위한 정신교육과 사적지 답사, 야영훈련 또는 사회봉사 활동을 통한 사회성 훈련 등 집단지도를 실시하도록 하였고, 준수사항 위반자에 대해서는 가석방 또는 임시퇴원 취소절차를 밟도록 했다.

보호관찰 시험실시는 1983년부터 1989년 보호관찰소 정식 개청 전까지 전국적으로 총 14,515명에 대해 실시되었다.

2) 대한민국 보호관찰의 도입

가) 1987~1988년: 보호관찰의 법제화

(1) 보호관찰제도 도입 대선공약

보호관찰제도는 우리나라 제6공화국과 더불어 출발하였는데, 이는 당시 민주정의당 대선공약의 하나로 발표되었기 때문이다. 1987년 12월 발행되었던 대선공약 책자 「밝은 미래와의 노태우 약속 : 13대 대통령 선거공약」에서 보호관찰제도 도입관련 공약내용은 다음과 같다.

┃ 표 2-3 ┃   보호관찰제도 도입관련 공약내용

---

2. 국민의 기본권의 완벽한 보장

　가. (생략)

　나. (생략)

　다. 보호관찰제도의 대폭도입

　　• 범죄인을 구금시설에 수용하는 대신 일정기간 일반사회에서 국가기관 등에 의한 원조·지도·감독을 하는 보호관찰제도를 대폭 도입하여 범죄인의 교화와 재범방지를 도모한다.

　　• 보호관찰관에 의한 **선행장려, 자립지원, 환경개선, 체계적 관리**로 범죄자의 갱생을 도모한다.

출처: 법무부(2009). 「열정과 희망의 발자취: 한국보호관찰 20년사」 보호관찰제도 20년 기념자료집, p. 74.

원, 1992, p. 162.

여기서는 보호관찰관의 역할로 '원조·지도·감독'으로 제시하고 있으나, 구체적인 내용에 있어서는 선행장려, 자립지원, 환경개선, 체계적 관리를 제시하고 있다. 또한 당시 대통령은 보호관찰제도 도입 직후 1990년 1월 법무부 새해 업무보고에서 비행청소년들에게 보호관찰제도를 적극적으로 활용해 처벌보다는 선도를 우선하도록 지시하였다.[48]

(2) 보호관찰법의 제정

1988년 3월에는 보호관찰제도 도입준비위원회를 구성하여 보호관찰법 제정을 위한 본격적인 작업에 들어갔다. 그러나 이미 수년전부터 법무부에서는 보호관찰 시험실시와 함께 보호관찰법의 제도적 도입을 추진하여 왔다. 1983년 12월 가칭 "보호관찰법 요강"을 작성하고 1984년 1월에는 보호관찰제도 입법계획을 수립하기에 이르렀다. 1984년 6월에는 보호관찰법안과 보호관찰법 시행령안이 작성되었고, 그 후 수년간 법안에 대한 연구와 심의를 거듭하여 온 것이다.

법무부는 1988년 5월부터 보호관찰제도 도입방안에 관한 세미나 등을 개최하여 사회 각계각층의 의견을 수렴하여 1988년 11월 10일 「보호관찰법」에 대한 국무회의의 의결을 거쳤다. 이렇게 하여 우리나라 최초의 「보호관찰법」(법률 제4059호)이 1988년 12월 15일 국회의 의결을 거쳐 같은 해 12월 31일 공포되었다.

나) 1989년: 대한민국 보호관찰의 공식출범

(1) 보호관찰소의 개청

1988년 12월에는 「보호관찰법」이 제정되고, 1989년 1월 20일에는 보호관찰 실시 준비위원회가 구성되었다. 이어서 같은 해 5월 26일에는 보호관찰소 및 보호관찰 심사위원회 설치에 관한 내용을 포함하는 법무부 직제가 개정되었으며, 6월 23일에는 「보호관찰법」 시행령이 제정되었다. 이와 같은 준비과정을 거쳐, 1989년 7월 1일부터 「보호관찰법」이 시행되면서 우리나라에 본격적으로 보호관찰제도가 시작되었다.

그러나 최초의 「보호관찰법」은 소년범에 한하여만 전면적으로 적용되었고, 성인범에 대하여는 1989년 3월 25일 개정된, (구)「사회보호법」에 의하여 보호감호소 가출소자, 가석방자, 치료 위탁자 등에 대하여 한정적으로 보호관찰이 시행되었다.

---

48) 법무부, 앞의 책, 2009, p. 75.

1989년 7월 1일은 한국의 보호관찰기관이 공식적 업무를 개시한 날로서, 전국 12개의 본소와 6개의 지소 등 총 18개의 보호관찰소가 개청되었다. 1989년 6월부터 전직시험에 최종합격한 개청요원 140명은 보호관찰소 임대청사를 마련하는 것부터 개청준비에 박차를 가하였고, 7월 1일을 기준으로 전국 12개소가 동시에 개청하였다.[49]

(2) 초기 보호관찰의 특징: 교육과 상담 중심

1989년부터 1995년에 이르기까지 우리나라 초창기 보호관찰의 특징은 한마디로, 소년대상자에 대한 활발한 교육활동이다. 갱생보호회를 통한 임의적이고 제한적인 보호관찰 시험실시를 제외한다면 보호관찰관 직무·활동에 대한 선례가 전혀 없는 상황에서 전국 보호관찰소 및 직원들에게 의도적으로 강조되었던 직무 중 가장 두드러진 것은 보호관찰 청소년에 대한 교육활동의 전개, 특히 토요교실의 운영이었다.[50]

한편 개청 이후 인력증원은 제자리인 가운데 대상자는 매년 큰 폭으로 증가하였다. 보호관찰기관도 전국의 대도시에 집중되어서 대상자가 보호관찰소에 출석하여 면담하려면, 2~3시간의 거리를 이동해야 하는 일도 비일비재하였다. 하지만 당시에는 이러한 열악한 상황에서도 교육적 조치와 선도활동을 강조하면서 대상자와의 인간적 접촉과 면담에 대한 관심이 많이 있었다.

---

49) 1989년 6월 3일에 보호관찰소 전직희망자를 대상으로 선발시험이 치러졌다. 시험 과목은 심리학과 형사정책을 중심으로 치렀고, 곧이어 면담시험을 이어졌다. 치열한 경쟁을 뚫고 당시 전직 및 개청요원 140명은 보도직(71명)·교정직(57명)·출입국관리직(5명)·행정직(4명)·검찰직(3명)에 이르기까지 법무부 소속 각 직렬이 다양하게 모인 일종의 '연합군'이었다. 보호관찰소 개청 당시에는 교도소·소년원 등 수용시설에 근무하던 법무부 공무원들은 개방적인 환경에서 근무한다는 것에 큰 기대감을 가졌다. 당시에는 보호관찰직으로 전직을 희망하는 인원은 폭주하였으나 희망자 모두를 받아들일 수 없어 추천 인원조차 각 기관당 직급별 1명으로 제한하였고, 공정한 추천을 위해서 자체시험과 평가를 치르기도 하였다. 법무부, 앞의 책, 2009, pp. 70-79.

50) 보호관찰소 토요교실을 비롯한 각종 교육상담활동은 보호관찰소 직무내용을 일반인들에게 소개하는 효과를 거두었다. 보호관찰 청소년에 대한 전폭적인 교육활동을 통하여 낯설고 생소한 보호관찰소를 널리 알리는 홍보 효과가 높았다. 이처럼 소년 대상자들에 대한 교육적 활동은 보호관찰소의 위상을 세우고 정체성을 형성하는데 기여하였다. 위의 책, pp. 78-79.

3) 대한민국 보호관찰의 발전

가) 1995~1997년: 성인보호관찰제도의 도입 및 정착

(1) 성인보호관찰제도 도입배경[51]

1988년 「소년법」 개정과 보호관찰법의 제정으로 도입된 우리나라의 초기 보호관찰제도는 소년범에 대한 보호처분 중심으로 운영되었다. 이후 소년범 재범률 감소에 효과가 있다고 분석되어 소년법원에서 소년범죄대책으로 선호하면서 급속도로 발전하기 시작하였다.

소년범 중심의 보호관찰제도 도입 이후 법무부 보호국에서는 1992년부터 성인보호관찰제도 확대준비반을 가동하여 연구와 법안 준비를 병행하면서, 성인 가석방자 중 적합한 자를 선정하여 보호관찰을 시험실시하는 것을 골자로 하는 성인보호관찰시험실시규정을 마련하고 1994년 1월부터 시행하였다.

당시 성인에 대한 보호관찰은 예외적이었는데, 1993년 12월에 제정된 「성폭력범죄의 처벌 및 피해자보호 등에 관한 법률」은, 성범죄자 성인에게 선고유예나 집행유예를 할 때는 일정기간 보호관찰을 받을 수 있도록 규정하고 있었다.[52]

(2) 형법의 개정

1995년 형법 개정에 따라 일반 성인형사범에 대한 보호관찰제도가 1997년 1월 1일부터 본격적으로 시행되기에 이르렀다.[53] 법원 형사부에서 재판하는 성인대상자에게 집행유예 또는 선고유예의 조건으로 보호관찰, 사회봉사 및 수강

---

51) 이하 유석원, "한국 성인범 보호관찰의 운용현황과 발전과제", 세계범죄학대회 발표자료, 법무부(미발간보고서), 1998, 2-3면; 이형재, 앞의 논문, pp. 159-167 참조.

52) 성인 성폭력사범에 대한 보호관찰은 1994년 1월 5일 제정된 「성폭력범죄자 처벌 및 피해자보호 등에 관한 법률」이 시행되면서 시작되었다. 동법에서는 선고유예·집행유예 또는 가석방된 성폭력사범에 대하여 필요적 또는 임의적으로 보호관찰 실시가 가능하도록 규정되었다. 이에 따라 성폭력사범 전담 보호관찰관 지정, 다양한 성폭력예방 및 치료프로그램 개발·실시, 체계적 사후관리 등의 시책을 전개하였다. 또한 성폭력사범을 집중보호관찰대상자로 선정하여 밀착감독과 불시 현장방문 등 엄격한 보호관찰을 실시하였다. 한편, 같은 법률에는 사회봉사·수강명령 부과 근거는 없었고 단지 보호관찰만을 부과할 수 있었다. 그러나 미성년자를 대상으로 하는 성폭력범죄가 빈번하게 발생하는 등 그 심각성이 부각되어 성폭력범죄를 효과적으로 예방·처벌하고 피해자를 보호하고자 하는 취지에서 법률이 개정되기에 이르렀다. 즉 1997년 8월 22일 개정되고 1998년 1월 1일부터 시행된 위 법률은 그 제16조를 개정하여, 기존의 보호관찰 외에 사회봉사·수강명령을 부과할 수 있도록 하였다.

53) 1995년 12월 제14대 국회에서 5년 동안 끌어온 형법 및 형사소송법 개정안이 통과되었다. 전체 성인형사범에 대해서도 형의 집행을 유예하는 때에 보호관찰, 사회봉사·수강명령 등을 명할 수 있게 하고, 가석방 또는 선고유예시 보호관찰을 명할 수 있게 하였다. 형법에 범죄자에 대한 사회내처우 근거를 규정한 것은 형사사법의 연혁 상 의미가 큰 사건이었다.

명령을 부과할 수 있도록 형법의 일부개정이 이루어진 것이다. 형법 제62조의2 제1항은 "형의 집행을 유예하는 경우에는 보호관찰을 받을 것을 명하거나 사회봉사 또는 수강을 명할 수 있다."고 규정하고 있으며, 같은 법(률) 제62조의2 제2항은 "제1항의 규정에 의한 보호관찰의 기간은 집행을 유예한 기간으로 한다. 다만, 법원은 유예기간의 범위 내에서 보호관찰기간을 정할 수 있다."고 규정하고 있다. 한편, 같은 법(률) 제59조의2의 제1항은 "형의 선고를 유예하는 경우에 재범방지를 위하여 지도 및 원호가 필요한 때에는 보호관찰을 받을 것을 명할 수 있다."고 규정하고 있으며, 제2항은 그 기간을 1년으로 하도록 규정하고 있다. 각 경우에 피고인의 동의요부에 관한 규정은 없으며, 필요하지 않는 것으로 해석되고 있다.

　　법무부의 법안 준비단계에서는 사회봉사명령과 수강명령을 보호관찰에 종속되는 병과명령의 형식으로 도입하려고 예정하였으나, 법안의견조회 및 국회심의 과정에서 법원의 요구로 각각 보호관찰과는 독립적인 처분으로 격상되었다. 결국 1995년 12월 30일 「형법」이 개정되면서 성인형사범에 대해서도 형의 선고 유예 또는 집행유예자에 대해 보호관찰, 사회봉사 또는 수강을 명하거나, 가석방자에 대한 필요적 보호관찰을 부과하도록 규정하게 되었고, 동 개정 법률에 의한 보호관찰은 1997년 1월 1일부터 시행되었다.

　　(3) 「보호관찰 등에 관한 법률」의 개정

　　형법에의 보호관찰 관련규정 편입에 맞추어, 형의 유예자들에 대한 보호관찰관의 지도·감독에 관한 사항을 규정하기 위하여 1996년 12월 12일 「보호관찰 등에 관한 법률」이 전부개정되었다. 종전의 「보호관찰법」과 「갱생보호법」이 통합되고 보호관찰, 사회봉사 또는 수강명령의 집행절차 등을 보완하여 「보호관찰 등에 관한 법률」(법률 제5178호)로 전면 개정된 것이다.

　　법 개정을 통하여 사회봉사명령과 수강명령의 집행절차 등에 대한 명확한 규정을 갖게 되었고 모든 성인형사범에 대해서 보호관찰이 확대 실시되는 획기적 발전을 이루게 되었다. 즉 그동안 사회봉사·수강명령 부과근거와 집행담당자에 대한 규정이 「소년법」에만 한정되었던 것을 일반 성인형사범에 대한 형사절차상 하나의 판결수단으로서 명실상부한 지위를 갖게 된 것이다. 개정된 「보호관찰 등에 관한 법률」은 제59조부터 제64조까지 제4장 「사회봉사 및 수강」을 신설하고, 제59조에 사회봉사·수강명령의 상한시간을, 제61조는 사회봉사·수강명령의 집행담당자가 보호관찰관 임을 규정하였으며, 제62조 이하에서는 사회봉사·

수강명령대상자의 준수사항과 종료절차를 규정하였다.[54] 또한, 당시 형법개정초안(법무부안)에는 판결전조사제도의 성인형사범에 대한 확대를 규정하였으나, 국회 법사위 심사단계에서 당시 법원행정처의 강한 반대로 동 규정이 삭제되면서 미완의 과제로 남게 되었다.

　　보호관찰제도에 대한 주요한 법적 기본 틀은 이때 개정된 「보호관찰 등에 관한 법률」에 의하여 구체화된 것으로 평가할 수 있다. 이는 범죄방지를 위한 여러 기관의 협력과 범죄를 감소시키기 위한 지역사회차원의 협력적인 접근을 촉진하는 사회내처우가 주된 형사정책의 하나로 자리 잡은 것을 의미한다.

　(4) 제재조치의 중점추진

　　보호관찰제도가 도입 시행된 지 5년여가 지난 1995년부터는 보호관찰 실시에 있어서 준수사항위반자의 제재조치를 중점적으로 강화하기 시작하였다. 1997년 성인형사범에의 보호관찰제도가 확대실시를 앞두고 재범억지력 제고를 위하여 엄정한 법집행을 강조하게 된 것이다.

　　이에 따라 1996년부터 약 2년간 보호관찰 담당 공무원의 제재조치 실적이 전국적으로 평가·비교되는 등 단기간에 집중적으로 제재조치 강화정책이 시행되었다. 그동안 개청 이래 소년범을 대상으로 활발한 교육활동을 전개하던 보호관찰소의 업무내용과 직장분위기가 급변하게 되었다.

　나) 1998~2005년: 보호관찰제도의 급속한 성장

　　1995년 개정 형법에 따라 집행유예선고를 받게 되더라도 보호관찰 또는 사회봉사명령이 선고되는 사례가 속출하였고, 보호관찰대상자가 날로 급증하였다. 보호관찰대상자가 소년범 중심이던 1996년까지 한해 최고 6만여 건에 이르렀으나 성인범이 접수된 1997년 한해 무려 10만 건을 상회하였다. 가장 많은 증가비율을 보인 것은 사회봉사명령 분야로 1996년 1만여 건 정도가 1997년에 3만 건을 상회할 정도였다. 이후 보호관찰사건은 연평균 14만－15만 건을 유지할 정도로 폭주하였고, 직원 1인당 실시인원은 평균 300－400명을 기록하였다.[55]

---

54) 법안 의견조회과정에서 법원행정처로부터 법원에 의한 사회봉사명령과 수강명령의 집행내용감독규정을 삽입해 달라는 강한 요구가 있었고, 이에 대해 법무부는 같은 법(률)안에 집행에 대한 점검과 집행상황에 대하여 보호관찰소장의 통보 규정을 보완하는 것으로 조정하였고, 이와 관련하여 법원과 보호관찰소간의 협의 통로를 가질 필요가 있다고 보아 소위 '보호관찰협의회'를 정례화 하는 합의에 이르게 되었다. 이형재, 앞의 논문, p. 160.

55) 법무부, 앞의 책, 2009, pp. 85－88.

이어서 1998년 7월에는 가정폭력사범, 2000년에는 성판매청소년사범, 그리고 2004년에는 성매매사범에 대한 보호관찰이 각각 실시되기 시작하였다. 2005년에는 성구매사범, 즉 성을 구매한 남성들에 대한 '존스쿨'(John School)[56] 교육제도가 새롭게 도입되어 시행되었다.

한편 이 시기에는 불우 보호관찰대상자의 사회정착 지원을 위한 취업알선, 복학주선, 진로지도 등 원호조치가 크게 강조되었고, 이에 따라 관련 실적도 급격히 신장되었다.

(1) 가정폭력사범에 대한 보호관찰 도입

가정폭력사범에 대한 보호관찰은 1998년 「가정폭력범죄의 처벌 등에 관한 특례법」이 시행되면서부터이다. 그동안 가정폭력이 그 심각성에도 불구하고 가정 내의 문제로 치부되어 사회적으로 방치되어 왔으나 최근 가정폭력이 다른 사회적 폭력보다 지속적이고 상습적으로 행하여지고 있다는 우려가 제기되면서 가정폭력에 사회와 국가가 적극 개입하여 해결하여야 한다는 여론이 증가하였고, 이와 같은 시대적인 요구에 따라 1997년 12월 13일 법률 제5436호로 「가정폭력범죄의 처벌 등에 관한 특례법」을 제정·공포하였고, 이듬해인 1998년 7월 1일부터 시행하였다. 그럼에도 가정폭력에 대해 형사처분에 의한 개입이 가정와해문제를 조장할 수 있다는 우려를 참작하여, 보호처분에 의한 개입을 실시하는 제도로 도입되었다.

(2) 성매매 청소년에 대한 보호관찰 도입

소년의 성을 사는 행위, 성매매를 조장하는 중간매개행위 및 청소년을 대상으로 하는 성폭력 행위자들을 강력하게 처벌하고, 성매매와 성폭력행위의 대상이 되는 청소년을 보호·구제하고자 「청소년의 성보호에 관한 법률」이 2000년 2월 3일 법률 제6261호로 제정·공포되었고, 부칙에 의거 2000년 7월 1일부터 시행되었으며 이후 10차례의 개정을 거쳐 현재에 이르고 있다. 최초 시행된 「청소년의

---

56) '존스쿨'이라는 용어는 미국에서 성을 구매한 남성들이 체포된 이후 자신의 이름을 가장 흔한 남자이름인 '존(John)'이라고 밝히는 것에 착안하여 1995년 샌프란시스코 시민단체 세이지(SAGE)가 성매매 재발예방 프로그램의 이름을 '존스쿨'로 명명한데서 유래한다. 현재 이 제도는 우리나라를 비롯하여 미국, 스웨덴 등 세계 10여개 국가에서 실시되고 있다. 법무부, 앞의 책, 2009, p. 372. 2005년 8월부터 시행된 이 제도를 통해, 성을 구매한 사람이 초범일 경우 기소유예처분을 받는 대신 보호관찰소에서 실시하는 성 구매자 교육프로그램 참여하여 교육과정을 이수하게 되었다. 성 구매자 교육 프로그램은 1일 8시간 집단 강의식으로 운용되고 있다. 법무부, 앞의 책, 2009, pp. 372-377.

성보호에 관한 법률」에서 처벌의 대상이 된 성인은 최고 5년 이상의 유기징역형을 규정하였지만, 소년은 선도보호 및 재활을 위하여 「소년법」에 의한 보호사건으로 처리하도록 규정하였다.

한편 보호관찰, 수강명령 또는 사회봉사명령의 부과와 관련된 다른 법률은 수강명령이나 사회봉사명령을 같이 부과할 수 있으나, 「청소년의 성보호에 관한 법률」은 수강명령만 부과할 수 있을 뿐이고 사회봉사명령에 관한 규정은 없다.

(3) 성판매 여성에 대한 보호관찰 도입

성개방화와 이로 인한 성매매·성매매알선 등 행위 및 성매매 목적의 인신매매를 근절하고, 성매매 피해자의 인권을 보호함을 목적으로 하는 「성매매알선 등 행위의 처벌에 관한 법률」이 2004년 3월 22일 법률 제7196호로 제정 및 공포되고 2004년 9월 23일부터 시행된 「성매매알선 등 행위의 처벌에 관한 법률」 제14조 등에서, 판사는 심리의 결과 필요하다고 인정할 때에는 결정으로 보호관찰, 사회봉사명령 또는 수강명령을 부과할 수 있도록 하였다. 이 경우 사회봉사 또는 수강명령은 100시간을 초과할 수 없도록 규정하였는데, 다만, 법원은 검사·보호관찰관 등의 청구가 있는 때에는 결정으로 1회에 한하여 변경가능하되 종전의 처분시간을 합산하여 200시간을 초과할 수 없도록 하였다. 성판매 사범의 경우피해자로서의 성격도 가지고 있어 이들이 유사행위를 할 가능성을 차단하고 사회적응을 유도하도록 자립지원 시설에의 중개, 피해 상담소와의 연계 등의 활동을 주요 보호관찰 내용으로 상정했다.

(4) 성구매자에 대한 교육조건부 기소유예 (존스쿨) 도입

이 제도는 기소전 단계에서 검사가 성매매와 관련된 일정한 교육을 조건으로 기소를 유예하는 처분을 말한다. 성구매자 교육조건부 기소유예(존스쿨)는 성매매를 조장하는 사회분위기를 타파하고 성판매 여성을 만들어내는 사회구조적 문제를 해결하기 위하여 성구매자도 처벌하여야 한다는 인식을 배경으로 하고 있다. 다만 성매매에 대한 그릇된 인식전환에 주안점을 두어 일정한 교육처분을 실시하는 것을 주된 내용으로 하고 있다. 현재 성매매행위에 대한 이러한 형사적 대처는 성구매자에 대한 소위 '형사사법망의 확대'(net-widening)의 부작용을 최소화하면서도 성의식교육을 실시하여 왜곡된 성문화를 개선하고자 하는 의미 있는 형사정책수단이기도 하다. 2005년부터 2011년까지 총 111,128명이 존스쿨 교육을 이수하였다.

(5) 원호실적의 급격한 신장

1998년 '국민의 정부'가 들어서면서, 보호관찰소의 제반 정책도 '연성화(軟性化)'되는 경향이 있었다. 당시 국민의 정부는 '생산적 복지'를 주창하였고 보호관찰정책의 주요한 정책결정자들은 보호관찰제도를 여기에 연결 짓기 위하여 노력하였다. 2000년 2월 이후 한국산업인력공단 산하 직업전문학교와 노동부 지방사무소의 협조를 받아 매월 **직업설명회**를 개최하여 대상자 진로지도를 중점적으로 추진하였다. 이 역시 국민의 정부가 21세기 국정목표로 추진한 '생산적 복지'와 연결 짓는 정책이었다. 전국적인 규모로 직업훈련, 복학주선, 취업알선의 열풍이 불어 닥쳤다. 특히 경찰협조를 받는 '**지명수배제도**'가 도입되면서 보호관찰관이 직접 대상자의 소재추적과 검거를 하는 부담도 사라짐으로써. 제재조치 업무에 부담이 크게 경감되었다. 그러나 이러한 원호실적 강조는 또 다른 부작용을 만들어냈는데, 일부 지역에서는 '실적 부풀리기' 현상도 나타났다.

한편 보호관찰대상자에 대한 원호조치를 넘어서, 지역사회를 연결고리로 보호관찰제도를 통하여 일반 지역주민에게도 기여하고자 하는 정책이 추진되었다. 그래서 등장한 정책적 슬로건이 '**국민에게 봉사하는 보호관찰**'이었다. 이러한 정책 기조를 구체화한 것이 '**지역사회봉사센터**'[57]와 '**전산정보교육센터**'[58]라는 보호관찰소 내에 한시적으로 설치되었던 임시조직이다. 이러한 정책추진의 이념적 배경으로는 '범죄인의 사회재통합'과 보호관찰이 지역사회를 기반으로 하는 형사정책이라는 점을 내세워졌다.

---

57) 2000년 7월부터 서울보호관찰소를 비롯한 5개 보호관찰소에 '**지역사회봉사센터**'가 설치되었다. 이는 저소득 소외계층과 지역주민의 복리증진을 체계적으로 지원하고, 사회봉사명령 대상자에게는 긍지와 보람을 경험하도록 하기 위한 것이었다. 현재는 '지역사회봉사센터'라는 표지는 사라졌지만, 사회봉사명령 집행의 방향을 제시하였다는 점에서는 의의가 있다. 이전에는 집행의 용이성 때문에 공공행정기관 업무지원이나 도로변 청소 등 대규모 집체작업을 통한 집행이 많았는데, 지역사회봉사센터 이후로는 영세민 주거환경 개선봉사활동, 장애인 관광 도우미 활동 등 소외된 지역주민에 복지증진에 기여하는 방향으로 집행하는 분위기가 형성되었다.

58) '**전산정보교육센터**'는 보호관찰대상자뿐만 아니라 지역주민을 대상으로 한글, 문서작성, 인터넷, 엑셀 교육 등 정보화 교육을 실시하기 위하여 서울을 비롯한 3개 보호관찰소에 개설되었다. 미국 마이크로소프트사 빌 게이츠 회장이 13억 원 미래기금의 출연을 약속함에 따라 서울을 비롯한 3개 보호관찰소에 전산정보센터가 개관되고, 이후 정부의 기금으로 수 군데의 센터가 추가로 개청되었다. 이 역시 당시 국민의 정부의 '지식정보화사회 추진'에 연결 짓기 위하여 구상되었다. 하지만 얼마 지나지 않아 재정적 지원이 중단됨에 따라 연차적으로 폐쇄되었다.

다) 2006~2012년: 보호관찰의 강화와 새로운 유형의 제도 도입

2000년대 중반 이후 우리나라에서는 외국과 유사하게 '**보호관찰의 통제기능 강화**'의 경향이 나타났다. 특히 2006년 보호관찰 중인 가출소자에 의한 '한나라당 국회의원 피습사건'을 계기로 전국적으로 '고위험군 전담팀'이 구성되고 **집중보호 관찰제도**가 강화되었다. 한편 당시 사회적 이슈가 되었던 수건의 아동성폭력사건의 영향으로 2008년에는 특정 성폭력범죄자 위치추적제도(속칭 '전자발찌제도')가 도입되었다.

위와 같은 보호관찰의 통제지향적 성향의 강화는, 제도 시행 초기 소년범에 대한 교육선도(원조 강조), 1990년대 중반 제재조치 중점추진(통제 강조), 그리고 2000년대 초반 원호실적 중점추진(원조 강조) 등에 이어 다시 통제를 강조하는 방향으로 보호관찰의 정책기조가 변화한 것을 의미한다. 이렇듯 보호관찰의 역사는 통제와 원조 사이에서 마치 '진자운동과 같은 변동성'을 보이는 것으로 특징지을 수 있다.

(1) 야당대표 피습사건과 재범고위험군 전담팀 편성

2006년 보호관찰 중인 가출소자에 의한 '한나라당 대표 피습사건'[59]을 계기로 전국적으로 '재범 고위험군 전담팀'이 구성되고 집중보호관찰제도가 강화되었다.

당시의 한나라당 대표는 4주간의 치료를 요하는 상처를 입었는데, 이후 각종 언론보도들은 보호관찰제도가 부실하며 허술하게 운영되고 있다는 비판의 논조가 연속되었다.[60] 이에 대한 대응으로 법무부는 「보호관찰의 실효성 및 신뢰성을 강화하기 위한 종합대책」을 세웠다. 종합대책의 세부내용의 하나로서 집중보호관찰대상자, 추적조사대상자 등 재범위험성이 높은 대상자의 밀착적인 감시감독을 위한 재범고위험군 전담팀 신설방안이 포함되었다.[61]

또한 「보호관찰대상자 분류·감독 지침」이 개정되어 재범위험성에 따른 대

---

59) 가출소 보호관찰대상자인 지충호는 2006년 5월 20일 19시경, 서울특별시 서대문구 창천동 소재 현대백화점 앞에서 지방선거 서울시장후보 지원유세를 나온 당시 한나라당 박근혜 대표의 안면부에 소지하고 있던 흉기(커터칼)로 4주간 치료를 요하는 상처를 입혔다.

60) 2006년 5월 22일 한국일보, 사회면 기사, "겉도는 보호관찰제 재범 무방비" 참조.

61) 재범 고위험군 전담팀은 3~6명 규모의 직원으로 한 팀을 구성하였으며, 2006년 8월부터 규모가 큰 기관을 중심으로 편성되기 시작하여 2007년 8월에는 전국의 19개 보호관찰소로 확대·설치되었다.

상자별 감독방식이 차별화됨과 동시에, 재범고위험대상자 지정범위가 확대되고 접촉빈도가 강화되었다. 이에 따라 보호관찰관은 집중보호관찰대상자에 대하여 주거지 등 현지출장 위주로 월 4회 이상 접촉하며 강도 높은 보호관찰을 실시하게 되었다.[62]

우리나라의 이러한 변화는 외국에 있어서 1980년대 보호관찰제도의 강화 경향과 유사한 것이다. 미국이나 영국에서도 보호관찰대상자의 재범률 증가와 함께 특정 대상자가 사회적 이슈를 야기하는 중범죄의 저지르면서 집중보호관찰제도(ISP: Intensive Supervision Program)가 도입되었던 것과 궤를 같이 하는 것이다.[63]

(2) GPS 위치추적 전자감독제도의 시행

2008년 9월 1일은, 1년 6개월 전 국회를 통과한 「특정 성폭력범죄자에 대한 위치추적 전자장치 부착에 관한 법률」의 시행으로 우리나라에 전자감독제도가 최초로 개시된 시점이다.[64]

이보다 수년 전인 2005년 초 서울 용산구에서는 11세의 여자 초등학생이 인근주민에게 납치되어 성폭행 당하고 살해·암매장되는 사건이 발생하였다. 이 사건을 계기로 같은 해 4월 야당인 한나라당의 대표가 국회연설에서 "성폭력범죄자에게는 '전자팔찌'라도 채우자."라는 제안을 했다. 불과 2달 후에 같은 당의 의원 95명의 명의로 관련 법률안이 국회에 제출되었다.

이미 1998년부터 법무부에서는 외국에서 운용 중인 전자감독제도를 도입하자는 논의를 꾸준히 제기하여왔다. 그러나 전자감독제도에 대한 여론은 인권침해적 소지가 크다는 방향에서 '전자 족쇄', '사이버 감옥시대'라는 표현으로 부정적인 편이었다.[65] 이처럼 전자감독에 대한 반대여론이 우세하던 상황에서 사회적 충격을 준 아동 성폭력 및 살해범죄의 발생은 분위기를 반전시켰다. 특히 2007년과 2008년 안양초등생 유괴살해 사건 및 일산초등생 납치 미수사건 등 사

---

62) 한편 재범위험성이 낮은 대상자는 비대면 감독방식을 적용하는 등 선택과 집중의 원리를 적용하였다. 이를 종합적으로 반영하기 위하여 보호관찰 기관평가 및 팀제평가지침이 개정됨으로써 '현장출장횟수'가 주요한 평가기준으로 도입되었다.

63) 이형섭, 앞의 논문, p. 53. 이하 참조.

64) 특정 성폭력범죄자에 대한 위치추적 전자감독제도의 도입 이외에도, 2008년 이후 일련의 '성폭력범 형사사법적 특별대책'은, ① 소아성기호증 등 정신성적 장애를 가진 성폭력범죄자를 최장 15년까지 선 치료 후 잔형기를 집행하는 내용의 치료감호 강화, ② 성도착 범죄자에 대한 성충동 약물치료(소위 화학적 거세)제도의 도입, ③ 성폭력범에 대한 징역형 상한을 최고 50년까지 상향한 형법개정, ④, 성폭력범에 대한 신상정보 등록 및 공개제도 등이 있다.

65) 법무부, 앞의 책, 2009, p. 94.

회의 시선을 집중시킨 성범죄가 연이어 발생하고 이에 대한 재범방지를 통한 사회보호 요구가 더 높아졌다. 성폭력 범죄자에 대한 보호관찰의 실시에 있어서도 효과적인 재범방지를 위한 위험성 차단과 적극적인 개입·치료의 필요성이 제기되었다. 이에 따라 성폭력범죄에 대한 형사정책의 큰 변화가 이루어졌는데, '위치추적 전자감독제도'(속칭 '전자발찌제도')를 도입하는 법안이 제정된 것이다.

외국에서도 아동성폭력범죄자들이 출소 후에 재범을 계속하여 사회적으로 큰 파장을 일으켰고, 미국 등에서는 이러한 범죄자들에 대하여 24시간 동선을 감독하는 GPS 위치추적을 막 적용하기 시작한 상황이었다.

이 제도는 특정 성폭력범죄자에 대한 24시간 감시체제를 가동케 하는 목적으로 도입된 것이었다. 이에 따라 전담직원의 배치와 비상대기조 구성 등은 보호관찰관의 근무형태에도 커다란 변화가 일어나게 되었다.

(3) 새로운 유형의 보호관찰제도 도입

위치추적 전자감독제도 도입 이후에도 2009년 9월에는 벌금미납자에 대한 사회봉사 대체제도가, 2011년 4월에는 성인 대상 성폭력범에 대한 신상정보 등록 및 공개제도, 2011년 7월에는 16세 미만의 피해자 성폭력범 중 성도착자에 대한 '성충동 약물치료'(일명 '화학적 거세')가 도입되는 등 보호관찰제도의 외연은 지속적으로 확장·심화되어 왔다.

(가) 벌금 미납자 사회봉사 대체제도의 도입[66]

벌금 미납자에 대한 환형처분(노역장유치)의 대안으로 사회봉사를 집행하도록 하는 제도는 2009년 3월 25일 「벌금 미납자의 사회봉사 집행에 관한 특례법」이 제정되고 같은해 9월 25일부터 시행됨으로써 도입되었다.

이 제도는 종전에 벌금을 납입하지 아니할 경우 일률적으로 노역장에 유치하고 있어 벌금 납입의사가 있으나 경제적 능력이 없어 납입하지 못하는 경우 경제적 불평등이 형벌의 불평등으로 이어지고 있다는 반성에 의한 것이었다. 이에 따라 「형법」 제69조 제2항에 대한 특례를 마련하여 경제적 무능력을 이유로 벌금을 납입하지 못한 사람에 대하여 노역장 유치에 앞서 미납벌금을 사회봉사로 대체하여 집행할 수 있도록 한 것이다. 이 제도의 장점 내지 운영취지는 노역장 유치에 따른 범죄 학습, 가족관계 단절, 구금시설 과밀화 등의 문제점을 해소하거나 최소화하는 동시에 벌금 미납자에 대한 편익을 도모하려는 것이다.

---

66) 이 제도의 구체적인 내용에 대해서는 제8장에서 자세히 다루도록 한다.

(나) 성충동 약물치료명령의 도입[67]

2010년 7월 23일, 성폭력범죄자에 대하여 성충동 약물치료를 할 수 있는 법적 근거를 마련함으로써 성폭력범죄의 재범을 방지하고 잠재적 피해자들을 보호하기 위하여 법률 제10371호로 「성폭력범죄자의 성충동 약물치료에 관한 법률」이 제정되었으며, 1년 후인 2011년 7월 24일부터 시행되었다. 제정 당시에는 성폭력범죄자에 대한 '성충동 약물치료'(화학적 거세 등)가 16세 미만을 대상으로 범한 성폭력 범죄자에 대해서만 실시되었다.

그러나 이후에도 연이은 부녀자를 대상으로 하는 성폭력 강력범죄가 연이어 발생함에 따라 '화학적 거세'가 필요한 성충동 범죄자를 축소하여 운영할 필요성이 적다는 여론이 우세하였다. 이에 따라 2012년 12월 18일 같은 법률의 일부 개정(2013년 3월 19일 시행)을 통하여 16세 미만의 사람을 대상으로 하였는지를 불문하고 성폭력 범죄자가 성도착증 환자인 경우에는 이 법에 따른 치료명령 등을 할 수 있도록 개정되었다.

(다) 성폭력범죄자 신상정보 등록 및 공개·고지제도의 도입

2011년부터 시행 중인 성인피해자 대상 성폭력범죄자의 신상정보 등록 및 공개·고지제도는 특정 강력범죄자에 대한 사회내의 강화된 관리감독 수단이라는 점에서 보호관찰제도와 연관성이 있다. 특히 전자감독이나 보호관찰 중인 성폭력범죄자들의 상당수가 신상정보 등록 및 공개·고지의 대상이다.

원래 신상정보의 등록 및 열람제도는 2006년부터 「아동·청소년의 성보호에 관한 법률」 제33조 제1항에 의하여 13세 미만 아동·청소년을 대상으로 한 성폭력범죄자에 국한하여 실시하였으며, 관리주체도 국가청소년위원회·보건복지부·여성가족부 등이었다.[68] 이후 2010년에는 같은 법률에 의거한 신상등록 및 공개대상이 19세 미만 미성년자에 대한 성폭력범죄자로 확대되었으며, 2011년에는 「성폭력범죄의 처벌 등에 관한 특례법」에 의하여 성인을 대상으로 성폭력범죄를 저지른 사람에 대해서도 그 정보를 인터넷에 등록·공개하고 해당 성범죄자의 정보를 19세 미만의 자녀가 있는 인근 주민에게도 고지하도록 하였다(같은 법률 제32조

---

67) 이 제도의 구체적인 내용에 대해서는 제8장에서 자세히 다루도록 한다.

68) 동제도는 2006년 6월 30일부터 시행되었으며, 원래 입법취지가 아동·청소년의 성보호를 강화하기 위한 것으로서, 당시 아동·청소년에 대한 복지 및 보호업무를 담당하는 국가청소년위원회의 소관업무이었다. 이후 2008년부터 2009년까지는 보건복지부의 소관업무가 되었으며, 이후 2010년부터는 정부조직의 개편에 따라 여성가족부에서 등록·공개 및 열람업무를 관장하였다.

내지 제42조).

2012년 12월 18일에는 종전 신상정보 등록 및 공개 관련규정이 위와 같이 두 개의 법률에 각각 나누어져 있고 이를 담당하는 소관부처도 중복되었던 문제를 해결하기 위하여 「성폭력범죄의 처벌 등에 관한 특례법」이 개정되었다(2013년 6월 19일자 시행). 이에 따라 등록에 관한 사항은 법무부장관이 집행하도록 하고 신상정보의 공개와 고지는 여성가족부장관이 집행하도록 하여 통일적인 업무처리가 가능하도록 하였다.

(라) 보호관찰제도의 지속적 내·외연 확대

앞서 열거한 주요제도 이외에도 음성감독을 활용한 외출제한, 특정장소에의 출입금지, 피해자접근금지와 같은 특별준수사항이 개발·적용되었고, 성인범에 대한 판결전조사제도의 확대, 위치추적전자장치(전자발찌) 청구전 조사 등 보호관찰의 사법보좌적 기능도 지속적으로 확장되어 왔다.

1989년 당시 8천여 건에 불과했던 보호관찰 등 실시사건수가 2014년 말 기준 약 18만 6천 건으로 늘어나 보호관찰제도 도입 이후 23배에 이르는 업무량 폭증 현상에 비추어 본다면 우리나라에서 보호관찰제도의 확대된 역할을 짐작할 수 있다.

뿐만 아니라, 도입초기 소년범 등 경미한 범죄자를 주된 대상으로 실시되었던 보호관찰제도는 현재는 성폭력, 강도, 살인 등 강력범에 대한 제범통제 기능을 수행하게 됨으로써 형사사법정책의 틀 내에서 그 역할과 기능의 중요성이 크게 강화되었다.[69]

┃표 2-4┃ 2000년대 중반 이후 새로운 유령의 보호관찰제도 도입 주요연표 정리

- 2005년 외출제한명령제도 도입
- 2008년 성폭력범죄자 위치추적 전자감독제도 시행
- 2009년 벌금미납 사회봉사 도입
- 2011년 성충동 약물치료제도 및 성범죄자 신상정보 등록·고지제도 도입
- 2012년 위치추적 전자감독제도 적용범위 확대(소급적용 및 살인죄 추가)
- 2014년 위치추적 전자감독제도 강도죄에 확대적용

---

69) 이형재, 앞의 논문, p. 109.

(4) 「보호관찰 등에 관한 법률」의 정비

「보호관찰 등에 관한 법률」은 시행 이후 총 14회에 걸쳐 개정되었는데, 관련 법령의 개정에 의한 경우를 제외하고 주요 개정 사례는 총 7회였다. 이 중 주요한 개정사항은 다음과 같다.

첫 번째 주요 개정은 1995년에 이루어졌는데, 개정 취지는 당시 이원화되어 있던 출소자 사후관리법령을 통합하여 체계적이고 효율적인 재범방지업무 추진기반을 조성하며, 보호관찰제도의 미비점을 보완하고 갱생보호제도를 활성화하여 출소자에 대한 효율적인 사후관리를 도모하려는 것이었다.

두 번째는 1995년 12월 「형법」 개정으로 성인 형사범으로 보호관찰이 확대 실시됨에 따라 1996년 12월에 전면 개정이 이루어졌으며, 성인범에 대한 보호관찰제도 전면 실시에 맞추어 관련 규정을 정비·보완하였다.

세 번째는 2008년 12월 26일 이루어졌는데, 동 개정은 실무상으로 보편화되어 실시되고 있던 성인 형사범에 대한 판결전조사에 대한 법적 근거를 마련하고, 보호관찰이 정지된 임시퇴원자에 대한 보호관찰종료 규정 등을 신설하였다.

네 번째는 2009년 5월 28일 개정되었으며, 보호관찰대상자에 대한 특별준수사항 부과 명문화 등을 주요 내용으로 하였다.

다섯 번째는 2014년 1월 7일 개정되었으며, 별정직공무원인 보호관찰 심사위원회 상임위원을 임기제공무원으로 변경하고, 개인이나 단체가 기탁하는 금품을 보호관찰소의 장이 접수할 수 있는 법적 근거를 마련하는 것 등을 주요 내용으로 하였다.

여섯 번째는 2014년 5월 20일 개정되었으며, 한국법무보호복지공단이 시행하고 있는 출소예정자 사전상담, 주거지원, 창업지원, 가족지원, 심리상담 및 치료, 사후관리 보호사업에 대한 법적 근거를 마련하는 것을 주요 내용으로 하였다.

일곱 번째는 2014년 12월 30일 개정되었으며, 보호관찰 대상자의 구인(拘引)기간 및 유치(留置)기간의 기산점을 인치(引致)한 때 또는 유치허가를 받은 날에서 각각 구인한 때 또는 구인한 날로 변경하는 한편, 살인범죄·성폭력범죄 등을 저지른 가석방자의 보호관찰 종료 사실 등을 경찰관서의 장에게 통보할 수 있도록 하는 것을 주요 내용으로 하였다.

‖ 표 2-5 ‖ 보호관찰 등에 관한 법률 주요 제·개정 내용

제·개정일 (시행일)	주요 제·개정 내용
제정 1988. 12. 31. (1989. 7. 1.)	• 법률명: 「보호관찰법」 • 보호관찰, 사회봉사·수강명령 등 부과 대상 및 기간, 실시절차 등 제반 규정 • 보호관찰심사위원회 및 보호관찰(지)소 설치
1995. 1. 5. (1995. 1. 5.)	• 「보호관찰법」에 「갱생보호법」을 흡수(법률명: 「보호관찰등에관한법률」) • 보호관찰소의 분장사무에 갱생보호업무 및 기소유예자 선도실시업무 추가 • 보호관찰정지제도를 가퇴원자 중 소재불명자에게 확대 • 갱생보호회의 명칭을 한국갱생보호공단으로 개칭하고 법인관계규정 대폭 보완
1996. 12. 12. (1997. 1. 1.)	• 보호선도위원과 갱생보호위원을 범죄예방자원봉사위원으로 통합 • 성인가석방자에 대한 보호관찰 필요여부는 보호관찰심사위원회에서 심사 • 준수사항 위반 보호관찰대상자에 대한 긴급구인 제도 도입 • 개정 「형법」에 의한 사회봉사명령·수강명령의 집행시간 및 절차에 관한 규정 신설
2008. 12. 26. (2009. 3. 27.)	• 보호관찰심사위원회의 서면 의결 가능 규정 신설 • 판결 및 결정전조사제도(성인형사범에 대한 판결전조사, 보호소년 결정전조사) • 보호관찰이 정지된 임시퇴원자에 대한 보호관찰 종료 규정 신설 • 한국갱생보호공단 명칭을 한국법무보호복지공단으로 변경
2009. 5. 28. (2009. 11. 29.)	• 판결문 송부기한 개선 • 보호관찰대상자의 특별준수사항 명문화 • 보호관찰 분류처우 근거 규정 마련 • 보호장구 사용 근거의 명문화 • 갱생보호시설 설치 근거 마련
2014. 1. 7. (2014. 1. 7.)	• 보호관찰심사위원회 상임위원 임기제공무원 변경 • 보호관찰소장의 기부금품 접수 근거 마련
2014. 5. 20. (2014. 11. 21.)	• 한국법무보호복지공단의 사업다각화 법적 근거 마련
2009. 5. 28. (2009. 11. 29.)	• 보호관찰대상자 구인 및 유치 기산점 변경 • 특정범죄 가석방자의 보호관찰 종료사실 경찰서장에의 통보 규정

제3장

보호관찰의 이념 및 기능

제1장에서는 보호관찰의 의의에 대하여 살펴보았고, 제2장에서는 보호관찰의 세계적 전개와 우리나라의 제도 도입 및 발전의 역사에 대하여 알아보았다. 이 장에서는 보호관찰제도의 기본이념과 형사정책적 기능에 대하여 다루도록 한다.

범죄대책에 관한 두 가지 상반된 관점, 즉 자유주의적 관점과 신보수주의적 관점에 따라 보호관찰 이념의 방향성(orientation)을 달리한다. 여기서는 우선, 이 두 가지 관점에 따른 보호관찰 이념과 그 변화양상에 대하여 살펴보도록 한다.

한편, 보호관찰의 형사정책적 기능과 관련해서는 시설내처우의 대안으로서의 기능뿐 아니라, 사회내처우의 고유한 필요성이라는 측면에서 보호관찰이 왜 필요한지에 대하여 알아보도록 한다.

1. 보호관찰의 이념

1) 보호관찰에 관한 두 가지 상반된 관점

범죄대책 또는 범죄자처우와 관련하여 **사회복귀 지향**(전문적인 원조 및 치료 조치를 통한 재활)과 **엄정한 법집행 지향**(신속·정확한 처벌을 통한 범죄억제) 중에서 어느 것이 바람직한 지에 대한 질문의 답은 대단히 복잡하고 어려우며, 관점에 따라 상이한 결론에 도달하기도 한다.

이와 같이 형벌이나 형사사법제도의 이념과 관련하여 오래된 논쟁점은 범죄 방지대책의 중점을 어디에 두어야 하는지에 있다. 보호관찰제도에 대해서도 형 벌 및 형사사법에 관한 두 가지 상반된 시각, 즉 **자유주의적 관점과 신보수주의적 관점**에 따라 그 이념을 달리할 수 있다. 여기서는 이러한 두 가지 관점에서 보호 관찰제도의 정당성에 대하여 어떻게 바라보는지를 살펴봄으로써 보호관찰의 이 념에 관한 논쟁을 정리하여 소개하도록 한다.

가) 자유주의적 관점

(1) 고전적 보수주의 형벌관의 대안

자유주의 관점(Liberal Perspective)은 보수적 시각에 대한 대안으로서 대두된 실 증주의 학파로부터 출발하였다. 형벌이나 형사사법제도의 법집행과 관련된 **보수 적 관점**(Conservative Perspective)[1]은 가장 오래된 전통을 가지고 있어서, 그 기원은 함무라비 법전과 같은 고대 법전까지 거슬러 올라간다.[2] 이러한 고전적 관점의 가장 큰 장점은 운용이 용이하고 공정한 법집행을 강조하는 법적 절차를 수립했 다는 점이다.[3]

18세기 계몽주의시기에 이르러서 이러한 보수적 관점에 중요한 변화가 나타나 기 시작한다. 범죄자를 처벌할 때에는 덜 잔인한 처벌방식들을 채택하는 한편, 처 벌의 목적이나 이념에 있어서도 '**처벌에 대한 공리주의적인 접근**'(utilitarian approach to punishment)[4]이 본격화되었다.

---

1) 범죄방지대책에 대한 이러한 보수적 관점은 고전주의 범죄학파의 범죄원인론 및 형벌관을 반영 한 것인데, 이는 다음과 같은 세 가지 주요한 특징이 있다.: ① 범죄의 원인과 관련하여 **인간의 자유의지와 합리적 선택**임을 강조한다. ② 형벌을 부과할 때의 주안점은 범죄자가 아니라 **범죄행위** 그 자체에 있다. ③ 처벌의 정도에 있어서는 부과된 처벌의 고통이나 비용이 범죄로부터 얻을 수 있는 혜택보다는 커야 한다. 또한 범죄는 **처벌의 확실성과 신속성**을 확보함으로서 억제될 수 있다.
2) '눈에는 눈, 이에는 이'라는 표현을 사용했던 것처럼, 함무라비 법전에서 나타난 응보(retribution) 와 복수(vengeance)를 중심으로 한 처벌의 개념은 그리스 로마 시대를 거쳐 중세에 가지 지속되 었다. Welch, M., *Corrections: A Critical Approach*, McGraw-Hill, 1996, 참조.
3) 그러나 범죄의 외부적 요인을 의도적으로 외면함으로써, 근본적인 범죄원인 해결보다는 형사 법제도의 강력대응을 강조하는 강성 분위기를 조성하여 형사정책의 보수회귀 현상을 초래하였 다. 이로 인해 형량 및 구금이 강화되고, 그로 인한 형사사법제도 전반의 과잉업무와 비효율성, 교정비용의 증가, 재범률 및 구금비율의 증가 등의 문제가 발생하였다. 위의 책, p. 83.
4) 범죄자에 대한 직접적인 처벌이나 처벌의 위협을 통해 범죄를 억제하고 사회를 보호한다는 형벌 의 원리가 발견된 것은 이러한 공리주의적 틀 속에서였다. 즉 이러한 형벌관은 그 당시 국가의 형사사법 기관들이 필요 이상으로 범죄자에 대해 잔인하고 과도한 공권력을 남용하였던 관행에

보수주의자들과 마찬가지로 실증주의자들도 계몽주의 운동에 의해 영향을 받았으며, 그 중에서도 가장 중요한 진전은 범죄문제의 연구에 과학적인 방법을 사용하였다는 점에 있다. 고전적 보수주의적 형벌관은 범죄의 원인을 범죄자의 자유의지에 두고 있는 반면에, 자유주의적 형벌관은 정신적 결함이나 열악한 사회 환경과 같은 다양한 요인들에 의해 범죄행동이 결정된다고 보았다. 또한 보수주의 범죄학자들이 접근하는 방식은 주로 이성에 의존하는 경향이 강한 반면에, 자유주의 범죄학자들은 과학적 방식을 고수하기 위해 전념하였다.[5)]

(2) 자유주의 형벌관의 특징

실증주의 범죄학자들은 인간이 생물학적·환경적 요인에 의해 영향을 받는 존재라는 점을 인식하면서 범죄행위가 복합적인 다양한 요인에 의해서 결정된다는 점을 강조하였다. 따라서 이들의 주요한 관심사는 과학적 방법에 의해 범죄행위의 원인을 실증적으로 규명하는 것에 있고, 개별 범죄자에 대한 **과학적 연구**에도 관심을 둔다.[6)]

실증주의자들에게 있어서 범죄에 대한 '**사회적 책임**'(social responsibility)을 강조하였다. 즉 범죄는 개인의 자유의지에 의한 합리적 선택이 아니며, 개인의 선택권을 벗어나서 생물학적·심리학적·환경적 제반요인들에 의해서 결정된다는 '**결정론**(determinism)**적 관점**'에 입각하여 범죄행위에 대한 책임도 개인보다는 사회에게 있다고 주장한 것이다.

이러한 실증주의 형벌관에 기초하여 범죄자처우 및 교정정책의 이념으로 제안되어 20세기의 가장 오랜 기간을 주도해 왔던 것이 바로 '**사회복귀모델**'이다. 사회복귀모델에 의하면, 처벌은 범죄자가 처한 어려움을 악화시킬 뿐이기에 형사사법시스템은 범죄자의 문제점을 과학적으로 발견하여 치료(treatment)하고 각종

대해 문제를 제기하며 적법한 절차에 의한 합리적인 처벌을 제시하였다.

5) Welch, 앞의 책, pp. 91-92.

6) 초기의 실증주의 범죄학은 롬브로소(Cesare Lombroso: 1835-1909)[1)], 페리(Enrico Ferri) 그리고 가로팔로(Raffaele Garofalo)의 연구에 주로 기초하고 있다. 그들의 관점은 비범죄자와 범죄자를 구분하는 일련의 요인이 분명히 존재한다는 믿음에 기초하고 있다. 한편 쉘든(Sheldon)이나 글룩(Glueck) 부부와 같은 현대적 실증주의자들도 이러한 기본적 관점을 유지하고 있다. 다만 그들은 인간이 완전한 자유의사를 갖지 못한다고 해서 인간행동이 그를 둘러싼 사회적 조건이나 대인관계를 그대로 반영하는 것도 아니라고 주장한다. 단지 이러한 조건이나 영향들은 범죄의 근저에 있는 참 원인이 범죄행위로 현재화되어 나타날 수 있는 가능성을 변경해 줄 따름이라고 주장하였다. Wolfgang, Marvin E., "Cesare Lombroso." in Herman Mannheim, ed., *Pioneers in Criminology*, N.J.: Patterson Smith., 1973.

문제해결을 도와주는 방식으로 집행되어야 한다. 따라서 이 모델에 의한 주요한 양형정책으로는 부정기형 제도를 들 수 있다. 또한, 구금위주의 자유형제도를 점차 탈피하여 범죄자의 사회복귀를 용이하게 하는 다양한 사회내처우 프로그램을 활용하는 것이 강조된다.[7]

나) 신보수주의적 관점

(1) 신보수주의 형벌관의 등장

20세기 초중반까지 사회복귀에 주안점을 두는 형벌관이 주류를 이루었으나, 1970년대 중반에 들어서면서부터 범죄학자들은 나날이 심각해지는 범죄문제에 직면하여 다시 고전주의 범죄학에 관심을 가지기 시작하였다.

이에 따라 1970년대 후반에는 '억제모델'이 다시 부상하였고, 1980년대 초에는 '무능화모델'이 대두되었다. 따라서 1980년대 후반부터 자유주의 진영은 전통적인 자유주의자들과 신보수주의자로 불리는 '정의모델'(justice model) 주창자들로 양분되었다.[8] 이중에서 신보수주의자들은 범죄자의 사회복귀에만 매달리기보다는 범죄자에 대한 처벌과 그로 인한 사회보호라는 형벌의 고전적 개념을 재도입하는 것이 바람직하다고 주장하였다.

(2) 신보수주의 형벌관의 변화

신보수주의에 입각한 정의모델은 18세기 고전주의 범죄학파에 의해 주창된 '공리주의적인 처벌철학'에 입각하고 있다. 이 모델에서 제시하는 공평성과 정의 등의 개념은 전통적인 자유주의자들과 보수적인 자유주의자들 모두에게 매우 호소력이 있는 개념으로서 오늘날 이 모형은 좋은 대안으로 부상하였다.

그러나 80년대 이후의 신보수주의적 범죄학은 범죄를 감소시키기 위하여 범죄자에 대한 처우방법을 개선하고 그들의 범죄성(criminality)을 치유하여 사회복귀를 시키기 위한 대안을 제공하기보다는 상습적인 범죄자를 가려내어 그들을 통제하는 수단을 개발하는데 더 많은 관심을 보이게 되었다. 따라서 많은 범죄학자들은 범죄를 근원적으로 줄이고자 하는 시도를 하지 않는 신보수주의식 접근방식에 대해 비판을 제기하기 시작하였다.

---

7) 예를 들면, 보호관찰(probation)이나 가석방(parole), 선시제도(good time), 사회봉사명령(community service order), 배상(restitution), 기소유예, 가택구금 등이 그것이다.

8) Gottfredson, M., and Hirschi, T., "Career Criminals and Selective Incapacitation." in *Controversial Issues in Crime and Justice*, edited by J. E. Scott. and T. Hirschi, SAGE Publications, 1998, pp. 199-200.

2) 보호관찰 이념의 변화

가) 보호관찰의 제1이념: 사회복귀

(1) 자유주의 관점과 사회복귀이념

가장 빠르게 변화하고 있으며 외연적으로 확장되고 있는 현대적 형사정책인 보호관찰은 자유주의적 형벌관의 등장과 함께 태동하였다. 보호관찰의 변하지 않는 핵심적 철학인 'probatio', 즉 '입증이나 시험과 용서의 기간'(a period of proving or trial and forgiveness)은 자유주의적 형벌관과 사회복귀모델의 이상을 대변한다.

사실 역사적으로 살펴보면, 1841년 존 오거스터스(John Augustus)가 최초의 보호관찰대상자를 자신의 집으로 데려왔을 때, 그 목적은 사회복귀와는 조금 다른 용어인 '교화개선'(reform)이었다. 오거스터스는 자신이 죽기 전까지 무려 2,000여 명의 범죄자를 지속적으로 개선시켰다. 오늘날, 교화개선은 보호관찰이 계속 사용되는 이유 중의 하나로 남아 있다. 이러한 교화개선의 이념은 얼마 지나지 않아 조금 다른 용어인 '사회복귀'(rehabilitation)로 대체되었다.

한편, 미국에서 어거스터스(Augustus)가 보호관찰을 시작하기 4세기 전 이미 영국교회에서 'probation'이라는 용어를 다른 종교적 신념을 가진 비국교도들을 개종시키는 수단으로 사용하였다. 여기서 유추할 수 있듯이 보호관찰은 '제2의 찬스'(the second chance)를 주려는 분명하고도 뚜렷한 철학적 바탕을 가지고 있다. 이처럼 보호관찰의 가장 기본적인 목적은 범죄인에게 법을 준수하여 사회내에서 갱생할 수 있다는 사실을 증명할 수 있는 '새로운 기회'를 부여하는 것이다.

(2) 사회복귀이념에 대한 비판론과 옹호론

앞서 살펴본 것처럼 보호관찰이 지닌 특별한 이념에 대한 모든 논쟁의 중심을 흐르고 있는 기본 개념은 무엇보다도 '사회복귀'(rehabilitation)라고 정리할 수 있다. 그렇다고 해서 보호관찰의 이념에 대하여 오로지 '사회복귀'만을 강조한다면, 이는 지나친 단순화이며 모든 사람들이 이에 동의하는 것도 아니다.

(가) 비판론

범죄대책에 대한 자유주의적 관점에 입각하여 제시된 사회복귀이념은 장기간에 걸쳐 많은 논쟁의 대상이 되어 왔다. 먼저 사회복귀에 대해 부정적으로 평가하고 비판하는 입장에서는 주로 다음의 세 가지 논거를 제시하고 있다.[9]

---

9) Clemens Bartollas, *Correctional treatment: Theory and Practice*. New York: Prentice-Hall,

① **자유의지와의 상충**: 자유주의적 관점에 입각한 사회복귀이념은 이론적 가정들이 기본적인 인간의 가치와 상충된다. 즉, 처우라는 미명하에 참여자의 의지와는 상관없이 강제적인 사회복귀(compulsory rehabilitation)를 강요한다는 비판이다.

② **효과성에 대한 부정적 평가**: 사회복귀이념은 재범률을 낮추는데 비효과적이라는 비판이다. 이러한 관점에 입각한 범죄자의 사회복귀프로그램들이 효과가 없거나 적어도 현재의 처우환경에서는 효과가 없다는 비판이 제기된다. 마틴슨(Martinson)은 'nothing works'라는 표현을 사용하면서 이 모델에 입각한 수많은 범죄자처우프로그램들에 대하여 대체로 부정적인 평가를 내리고 있다.

③ **실질적 처벌성과 인권침해**: 사회복귀이념에 입각한 실천에 있어서 실행상의 부작용으로서 범죄자처우의 철학은 결과적으로 처우(treatment)보다는 처벌을 낳았다. 처우라는 미명하에 국가는 범죄자의 삶을 큰 제약 없이 합법적으로 프로그램화 할 수 있게 되었다는 비판이다.[10]

(나) 옹호론

사회복귀이념에 대한 여러 비판에도 불구하고 이 이념은 다음과 같은 논거로 옹호를 받고 있다.

① **효과성에 대한 긍정적 평가**: 처우효과에 대한 부정적인 평가로서 "nothing works"라는 표현에 대해서, 다른 연구결과에 의하면 교화개선의 효과가 전혀 없는 것은 아니며, 개별상담, 집단상담, 지역사회에서의 개별적 심리요법, 집중보호관찰 등은 일부 범죄자에게는 매우 효과적이었다.[11]

② **인간에 대한 배려와 원조**: 사회복귀는 국가가 한명의 인간으로서 범죄자를 배려하고 그들에게 필요한 도움을 제공하도록 의무화하는 유일한 이념적 틀이며, 만약 범죄자처우에 있어서 사회복귀가 포기된다면 아마도 국가는 범죄자에

1985, p. 34.

10) 특히 부정기형제도는 수용의 장기화를 초래하였고, 때로는 적법한 절차를 완화하여 오히려 형벌의 비인간화를 초래할 수 있다. 바로 이런 점 때문에 사회복귀를 위한 처우가 도움이 아니라 처벌로 받아들여진다. 부정기형과 개별화된 처우라는 이름하에 폭넓게 허용되고 있는 재량권은 이러한 부정적인 면을 더욱 악화시킬 수 있다.

11) 특히 팔머(Palmer)는 마틴슨(Martinson)의 연구가 사회복귀의 효과측정에 있어서 중요한 영향을 미치는 세 가지 요소, 즉 범죄자의 특성이 처우형태보다 더 중요하며, 교정처우가 이루어지는 환경과 여건이 중요한 변수이며, 범죄자처우를 담당하는 전문종사자의 자질과 열의, 전문적 성향 등이 재범률 감소에 중요한 영향을 미친다는 점을 도외시하고 있다고 반박하였다. 따라서 교정처우가 유능한 전문가에 의해서 성실하게 적절한 대상에게 제대로 행해진다면 범죄예방과 재범감소에 효과적일 수 있다고 주장하였다. Ted Palmer, *Correctional Intervention and Research: Current Issues and Future Prospects*. Lexington, Mass Heath, 1978, pp. 18-19.

대하여 더욱 억압적이며 비인간적으로 대할 수밖에 없다.

③ **범죄원인의 근본적 치유:** 범죄원인의 이면에는 해당 범죄자의 유년기부터 현재까지 전체적 삶의 이력과 경험이 반영된 경우가 많다. 실제로 많은 범죄자들은 범죄원인의 치유를 위해 전문가의 심층적인 도움을 필요로 한다. 이들이 과거의 문제를 그대로 안고 사회로 복귀된다면 결과적으로 그 피해자는 전체 사회가 될 것이기에, 사회복귀이념에 입각한 전문적 범죄자처우는 반드시 필요하다.

나) 신보수주의 관점과 보호관찰의 이념 변화

(1) 신보수주의의 대두와 사회복귀이념의 위기

신보수주의적 형벌관의 대두와 함께, 보호관찰의 제1목표가 범죄자의 범법행동을 통제하는 것이라고 주장하는 사람들이 늘어났다. 또 다른 사람들은 공공의 안전이라는 개념을 강조하기도 하였다. 이들은 보호관찰의 기본적인 철학적 목표로서 응보적 정의(just desert), 처벌, 공정성, 그리고 절차적 정당성을 주로 언급한다.

보호관찰의 고유한 이념을 분명히 하는데 있어서 가장 큰 어려움은 일반대중과 전문가들 사이에서 보호관찰이 무엇이며, 무엇이 되어야 하는지에 대하여 다양하지만 때로는 서로 상반된 인식을 가지고 있다는 점이다.[12]

(2) 범죄자 통제의 강조

신보수주의적 형벌관과 정의모델이 주류적 위치를 차지하면서, 현대 보호관찰의 지배적인 철학적인 목표의 하나로 '범죄자통제'가 강조되기 시작하였다. 만약 우리가 범죄자를 사회복귀시킬 수 없다면, 적어도 그들이 보호관찰을 받는 동안 이들을 관리하는 보다 효과적인 수단을 고안할 수 있다. 결과적으로 몇 가지 대안적인 처벌의 개발이 있었는데, 이는 증가하는 범죄자 감독 및 통제와 직접적으로 연관이 된다.

수많은 지역사회 교정프로그램들은 각기 다른 유형의 범죄자들에 적용하기 위하여 수립되어 왔다. 그리고 이러한 새로운 프로그램의 대부분은 보다 집중적인 감독을 통한 효과적인 대상자 관리를 강조하고 있다.

그러나 문제는 보호관찰관들의 업무량이 과다하고 직원이 부족하여 자신의 보호관찰대상자의 모든 활동들을 감독하기가 사실상 불가능하다는 점이다. 보호

---

12) David J. Levin, Patrick J. Langan, and Jodi M. Brown, *State Court Sentencing of Convicted Felons, 1996.* Washington, DC: Bureau of Justce statistics, 2000.

관찰의 또 다른 문제점은 흔히 보호관찰소에 근무하는 사람들이 보호관찰대상자
들을 직접적으로 상대하는 것보다 문서작성 및 처리, 기관의 행정업무, 그리고
교육훈련 등 자신의 직업적 경력개발에 더 많은 시간을 투자할 수밖에 없다는 것
이다.13)

　　요약컨대, 너무도 많은 보호관찰대상자들이 있으며 이에 비해 보호관찰관의
수는 너무도 적고, 필요한 것을 실행할 수 있는 예산도 충분하지 않다.14) 이 때문
에 보호관찰의 사회복귀라는 목표는 아직까지 포기되지 않고 있지만, 이는 빠르
게 증가하는 보호관찰정책 우선수위 항목에서 재배치되고 있다.15)

2. 보호관찰의 형사정책적 기능

　　보호관찰제도의 형사정책적 기능은 크게 다음과 같은 세 가지 측면에서 논
의될 수 있다.

　　첫째, 범죄자의 사회복귀 측면에서 보호관찰은 ① 처우의 개별화와 전문화,
② 처우의 다양화, ③ 지역사회 재통합 등 나름대로의 고유한 형사정책적 기능을
수행하며 발전하여 왔다.

---

13) Randall W. Duncan, John C. Speir, and Tammy Meredith, "An Overlay of the North Carolina
Structure Sentencing Guidelines on the 1996 Georgia Felony Offender Population." *Justice
Research and Policy* 1, pp. 43-59.

14) 챔피온(Champion)에 따르면, 보호관찰담당 부서(probation departments)는 주정부와 연방정부
(state and federal government)가 할당한 전체 교정비용(correctional expenditures) 중 겨우 약 10%
만을 받고 있다는 것이다. 대부분의 예산은 시설내처우를 운영하는 비용(operating expenses for
institutions)으로 사용되고 있다. 그러나 보호관찰관들(probation officers)은 시설내교정
(institutional corrections)과 비교할 때 3배가 넘는 범죄자를 지도감독하고 있는데, 이에 따라 보
호관찰 담당부서는 전체 범죄자의 2/3 이상을 지도감독하기 위해 상대적으로 빈약한 예산을 사
용하고 있을 뿐이다. Champion, D. J., "Probation in the United States." 「보호」, 통권13호, 2001,
pp. 79-84.

15) 보호관찰의 사회복귀이념을 위협하는 것은 형벌관과 범죄자 처우모델의 변화만이 아니다. 점점
더 능률화되고 관료화되어가고 있는 현대 보호관찰행정의 변화도 보호관찰의 이념을 변화시키
는 원인 중의 하나이다. 각종 행정지침이나 업무매뉴얼에 따른 일처리 부담으로 인하여, 대상자
들에게 생필품을 지원하거나 심리정서적 욕구까지 살펴주는 정도로 그들에게 관심을 가지는 보
호관찰관은 상대적으로 많지 않다. 어떠한 보호관찰관도, 마치 존 어거스터스처럼 범죄자 개인
에 대한 관심과 보호에 자신의 모든 열정을 쏟거나 대상자의 행위에 대한 전적인 책임을 떠맡으
려 하지 않을 것이다. 오늘날, 보호관찰관들은 자신의 업무를 보호관찰대상자의 수와 보호관찰
관 당 대상자 비율이라는 관점에서 정의한다. 많은 문서작성업무가 각각의 케이스마다 요구되
며, 이는 보호관찰관의 업무시간의 과반수를 차지한다. 만약 현대 보호관찰의 이념적 경향이 오
거스터스의 본래 의도인 사회복귀에서 방향을 상실한 것이라면, 이는 아마도 관료편의주의 때문
일 것이다.

둘째, 보호관찰제도는 시설내처우의 제한점을 극복하는 대안으로서, ① 범죄성 심화차단, ② 낙인오명 회피, ③ 과밀수용 완화 등의 형사정책적 기능도 수행하고 있다.

셋째, 보호관찰은 현대 형사정책의 주요 이슈와 관련해서도, ① 효과적 범죄통제(억제), ② 비용효과성, ③ 범죄피해자정책 등의 측면에서도 그 기능의 수행하고 있으며 향후 이러한 기능의 강화가 더욱 요청되고 있다.[16]

가) 사회복귀이념에 따른 기능

비록 자유주의적 관점에 입각한 사회복귀이념이 많은 한계와 문제점이 있지만 그에 못지않은 긍정적 측면이 있으므로, 이를 수정하고 보완하여 범죄자처우의 기본적 철학으로 유지해야 할 필요성이 있다. 범죄자처우의 다양한 유형 가운데에서 '사회복귀(rehabilitation)의 이상'을 이념적 출발점으로 한 것이, 바로 보호관찰제도이다. 따라서 이러한 사회복귀이념을 실현하는데 있어서 보호관찰은 ① 처우의 개별화와 전문화, ② 처우의 다양화, ③ 지역사회 재통합 등 나름대로의 고유한 형사정책적 기능을 수행하며 발전하여 왔다.

(1) 처우의 개별화와 전문화

오늘날 사회복귀모델은 새로운 변화를 모색하고 있다. 우선 사회복귀의 개념이 범죄자의 성격이나 태도, 행위유형 등을 변용하여 범죄성향을 줄이기 위한 노력 이외에도 범죄자가 환경에 보다 잘 대처하는 것을 돕는 방향으로 확대되고 있다. 바로 여기서 처우의 개별화와 전문화의 필요성이 강조되고 있는데, 역사적으로도 이러한 범죄자처우의 발전을 모색하는 과정에서 탄생한 것이 보호관찰제도인 것이다.

지역사회에 성공적으로 복귀되는 사람들은 범죄의 원래 원인들, 예들 들면, 범죄경력자들과의 교제, 약물·알코올 의존, 직업훈련·교육 부족과 그에 따르는 미숙련 기술, 미약한 사회적·정신심리적 적응 등의 문제를 극복한 것이라 할 수 있다. 이러한 문제의 해결을 위해서는 범죄자에게 개별적이고 전문적인 처우를 제공하여야 하는데, 보호관찰제도는 대상자의 생활의 기초를 유지하면서도 위와

---

16) 챔피온(Champion)은 보호관찰의 주요 기능에 대하여 ① 범죄통제, ② 지역사회 재통합, ③ 사회복귀, ④ 처벌 ⑤ 억제 등을 제시하고 있다. Champion, 앞의 논문, pp. 78-79; 이성칠, 「한국보호관찰의 현황과 과제」, 한국형사정책연구원, 2003, pp. 44-47. 한편, 미국에서 인정받고 있는 사회내교정의 임무(tasks) 또는 목표(goals or objectives)를 종합해 보면, 1) 사회보호, 2) 비례의 원칙, 3) 재활 및 재통합, 4) 원상회복적 정의, 5) 비용효과성 등을 들 수 있다. 이형재, 앞의 논문, p. 64.

같은 처우를 제공함으로써 그 사회복귀를 도모하는 큰 장점이 있는 것이다.[17]

(2) 처우의 다양화

보호관찰을 받고 있는 범죄자들은 준법적인 생활을 영위하기 위하여 자신의 다양한 문제를 극복해 나가는데 필요한 처우를 제공받을 수 있다. 특히 보호관찰 대상자들은 자신의 보호관찰관으로부터 다양한 형태의 원호를 받을 수 있다. 보호관찰관은 대상자에게 직업훈련의 기회를 제공하거나 새로운 취업에 도움을 주거나 심리치료나 카운슬링 등과 같은 사회심리적 서비스에 보다 잘 접근할 수 있도록 해준다.

최근 각종 신종범죄가 발생하고 재범률도 증가하면서 전체 형사사법체계에 대한 불신감이 팽배하고 있을 뿐 아니라 사법제도의 업무량과 운영경비가 급증하고 있다. 이러한 문제해결을 위해서는 그동안 다양한 전환(diversion) 프로그램과 중간처우(intermediate treatments) 프로그램을 제공하는 '처우의 다양화'가 범죄자의 재범방지와 사회복귀에 효과적이라는 인식이 확산되어 왔다. 보호관찰은 다양한 처우프로그램과 접목할 수 있는 개방성과 확장성이 있는 제도로서 위와 같은 처우의 다양화를 실현하는데 매우 적합하다.

(3) 지역사회 재통합

보호관찰은 범죄자들이 비범죄자들과 보다 쉽게 재통합(reintegration)되도록 해준다. 범죄자를 그들의 지역사회에 두는 것은 그들이 직업을 찾아 종사하고 피부양자를 부양하며 자신의 행위에 대한 책임을 수용할 수 있게 한다. 이를 통하여 대상자들은, 만약에 구금되었더라면 얻지 못할 수 있는 긍정적인 자아관념을 발달시킬 수 있다.

특히 사회복귀의 이념에 입각한 범죄자처우에서 고려해야 할 핵심적 사항 중 하나는 **지역사회조직과의 협력체계**를 긴밀하게 구축하는 일이다. 여기서의 '지역사회조직'(community organizations)이란 가정, 학교, 종교단체 및 각종 시민단체, 경찰·검찰·법원·지자체 등 관련 공공기관을 포함한다.[18] 범죄자의 효과적인 사

---

17) 보호관찰제도는, 적절한 감독과 함께 개별적이고 전문적인 처우와 다양한 사회복귀서비스를 제공하여 범죄자가 지역사회에서 생활하고 활동하며 가족을 부양하고 나아가 자신의 범죄로 인한 피해자나 지역사회에 변상하도록 노력하게 할 수 있는 등 범죄자의 사회복귀를 촉진하는데 유리하다. 染田 惠, 앞의 책, pp. 22-24 참조.
18) 공공이나 민간이 운영하는 각종 복지기관들(welfare agencies)이나 청소년서비스 기관(youth-serving agencies), 지역주민의 자원봉사단체(neighborhood groups), 민간 기업(business and commercial organization) 등도 모두 포함된다.

회복귀를 위해서는, 종전의 획일적인 처우 방식으로부터 탈피하여 지역사회 내의 가용한 다양한 조직·시설들을 총체적으로 활용한 체계적 처우를 제공할 필요가 있다. 이런 측면에서 사회내처우인 보호관찰제도는 사회복귀의 이상을 실현시키는데 가장 적합한 형사정책 수단이라고 할 수 있다.

나) 시설내처우의 대안으로서의 기능

죄형균형, 사회 안전의 확보, 범죄자의 격리 및 무해화 등의 차원에서 중대범죄자, 성폭력범죄자, 재범위험성이 높은 폭력범죄자 등에 대한 시설내처우는 그 필요성 인정된다.[19] 그럼에도 불구하고 격리된 시설에 구금·수용하는 시설내처우는 기존 사회생활의 단절, 범죄성의 심화, 낙인오명 등의 제한점이 있다. 따라서 보호관찰제도의 기능은 그 자체로서 논증될 수도 있지만, 시설내처우, 즉 구금형과의 대비를 통하여 논의를 전개하는 것이 보다 명확하다.[20]

보호관찰제도는 이러한 '시설내처우의 제한점'을 극복하는 대안으로서의 기능을 수행하고 있다. 이러한 기능은 크게 ① 범죄성 심화차단, ② 낙인오명 회피, ③ 과밀수용 완화 등이다.

(1) 범죄성심화 차단

보호관찰을 사용하는 주된 이유의 하나는, 이것이 교정시설 과밀수용에 대한 '전후방 해결책'(front-end solution)이라는 점이다. '해결책'(solution)이라는 의미는 범죄자의 처벌로 구금형이 필요할 때 대안적으로 고려될 수 있는 양형수단이라는 것이다.

구금형의 집행으로 인하여 범죄자는 이전의 생활환경에서 강제적으로 격리되면서, 하던 일이나 학업을 지속하기 어렵다. 또한 정도의 차이는 있지만, 가족부양에 문제가 발생하며 석방 후의 주거장소나 생계수단에 타격을 입게 되는 경우가 많다.

특히 직업을 잃게 된 경우에는 생활전반에 미치는 부정적 파급효과의 영향

---

19) 일정한 정도 이상의 심각한 범죄를 저지른 자에 대해서는 구금형을 적용하는 것은 죄형균형(罪刑均衡) 차원에서 정당화 될 수 있다. 또한 시설내처우는 제한된 장소에서 개별 범죄자의 다면적인 범죄원인에 대하여 집중적인 처우가 가능하다는 점에서 그 필요성이 인정된다. 시설내처우가 불가피한 경우는 ① 중대범죄를 발생시킨 것에 대한 죄형균형이 필요한 경우, ② 성폭력범죄자 등 범죄자가 가지고 있는 특정한 범죄유발요인에 대한 집중적·구조적 처우를 실시할 필요가 있는 경우, ③ 재범위험성이 높은 심각한 폭력범죄자 등 사회보호의 차원에서 격리가 필요한 경우 등이다.

20) 이하 染田 惠, 「犯罪者の社會內處遇の探求」, 成文堂, 2003, pp. 16-22 참조.

력이 더욱 심각하다. 수형과 실업의 관계에 관한 여러 실증적 연구에 의하면, 수형생활은 실직의 원인이 되거나 취업에 부정적 영향을 주며 이는 또한 출소 후에도 재범 및 이로 인한 재수용의 촉진요인이 된다는 점이 밝혀졌다.[21]

또한 구금형에 처해진 사실은 많은 법률에 있어서 각종 자격제한이나 결격사유가 되는데, 이는 분명 범죄자의 재사회화를 저해하고 범죄성을 심화시키는 요인이 될 수 있다.[22]

보호관찰은 사소한 범죄로 유죄판결을 받은 사람들을 교정시설이라고 하는 범죄유발적 환경(criminogenic environment)으로부터 보호한다. 많은 범죄자들에 있어서, 특히 초범자나 비폭력적인 경미한 범죄자를 교정시설에 구금하는 것은 이들의 사회복귀에 역효과를 가져올 수도 있다.[23] 교정시설은 수용자들이 사회복귀되는 곳이라기보다는 효과적인 범죄기술을 습득하는 범죄학교(college of crime)로 여겨지기도 한다. 사실상, '교도소화'(prisonization)를 통하여 많은 범죄자들은 나중에 더욱 유능한 범죄자가 되어 교도소를 나온다고 한다.[24]

(2) 낙인오명 회피

교정시설 수용자에 대한 부정적 반응은 세계의 모든 지역에서 공통된 현상일 것이다. 석방 후에도 '출소자'라는 낙인(stigma)이 찍혀서 범죄자 자신뿐 아니라 그 가족도 일반사회로부터 소외되는 문제가 발생한다. 그 결과, 사회에의 재통합을 포함한 범죄자의 사회복귀는 한층 곤란해질 가능성이 있다.

보호관찰은 죄를 범한 자들이 범죄자라는 낙인의 오명을 피할 수 있도록 도와준다. 몇몇 권위자들은 일단 비행자 또는 범죄자로서 낙인이 찍히게 되면, 그 사람은 연속된 범행을 저지르는 역할을 수행하게 될 것이라고 믿는다. 따라서 보

---

21) 津富宏, "嚴罰化の時代に", 「犯罪の被害とその修復」, 敬文堂, 2002, pp. 93-116(위의 책, p. 19에서 재인용). 이들 연구에서는 특히 석방 이후의 충분한 사후관리(aftercare)가 되지 않을 경우 많은 출소자들이 석방 후 단기간에 다시 범죄를 저지르게 된다는 점이 강조된다.

22) 법률적으로 의사, 변호사 등 전문직뿐 아니라 경비원이나 각종 법인의 직원에 이르기까지 구금형의 집행을 결격사유로 규정한 것은 수없이 많다. 染田 惠, 앞의 책, pp. 18-20.

23) 이는 또한 범죄로 유죄판결을 받는 모든 사람들이 구금될 필요가 없다는 것을 의미한다. 덜 중대하고 비폭력적인 범죄를 저지른 많은 사람들, 특히 초범인 범죄자들을 교정시설에 구금하는 것은 이들의 사회복귀에 역효과를 가져올 수도 있다. 범죄자들을 이들의 지역사회와 같은 비구금적인 환경에 두는 것은, 이들이 보다 숙련된 범죄자들과 교제하는 것을 차단하기 위해서도 필요하다. 교정구금시설에 수용될 수 있다는 사실을 법과 질서를 준수하게 하는 강력한 동기가 된다. Champion, 앞의 책, 1994, p. 44.

24) Rex, S., "Dessistance from Offending: Experience from Probation." *Howard Journal of Criminal justice* 38, pp. 366-383.

호관찰은 범죄자를 지역사회로 통합시키고 준법적인 생활을 유지하는 것을 촉진시키는 기능을 수행한다.

(3) 과밀수용 완화

근대 형사사법에 있어서 형벌체계의 중심에는 구금형(자유형)과 재산형이 있다. 근대 시민혁명에 의하여 확립된 기본적 인권사상은 생명형과 신체형을 쇠퇴하게 만들었고, 결과적으로 구금형에 대한 과도한 의존을 불러왔다.

특히 1980년대 이후 미국에서는 범죄자를 가능한 장기간 교도소에 수감함으로써 그들을 사회로부터 격리하여 무능화(incapacitation)할 것이 주장되었다. 문제는 이러한 강경대응 일변도의 정책이 충분한 효과를 거두지 못하고 있다는 점이다. 지난 30년간 이러한 정책으로 인하여 미국의 교도소 재소자 수는 지속적으로 증가하였다.[25] 그럼에도 불구하고 여전히 범죄문제의 심각성은 완화되지 않고 있고, 과밀수용(over crowding)에 따른 교정환경 악화와 함께 시설운영경비 증가 등 문제점이 부각되었다. 국가의 교정비용이 큰 폭으로 증가했음에도 불구하고 '더 많은 교도소'(build more prisons)는 '더 많은 재소자'(more prisoners)를 양산할 뿐이라는 평가를 받고 있는 것이다.[26]

구금형의 강화는 일견 사회를 안전하게 만들 수 있다는 희망을 일으키지만, 이러한 기대는 대부분의 범죄자가 다시 출소하여 사회로 돌아오고 있는 현실을 간과한 일면이 있다.[27] 이때 지역사회와 시설내처우의 완충지대 역할을 하는 사회내처우제도가 불충분하거나 준비되어 있지 않은 경우에는 범죄자의 사회복귀를 촉진하고 재범을 방지하는데 곤란을 겪게 된다.

보호관찰은 교정시설의 과밀수용이라는 문제를 해결하는 실용적인 수단이다. 보호관찰을 사용하는 이유 중 하나는 이것이 교정시설의 과밀수용에 대한

---

25) 오바마 행정부 출범이후 범죄에 대한 보다 완화된 대책을 내세우기 이전인 2009년까지는 재소자의 증가세가 단 한 차례도 멈추지 않았다. 1978년 307,276명이던 연방교도소의 재소자 수는 매년 증가하여, 2009년 정점을 찍으며 1,615,487명을 기록하였다. Lauren E. Glaze and Erika Parks, "Correctional Population in the United States 2011", NCJ 23997, *Bureau of Justice Statistics Bulletin*, November 2012. 그러나 2010년 이후 3년간은 연속적으로 재소자의 수가 감소하였는데, 2011년 1,598,783명에서 2012년 1,571,013명으로 약 1.7%의 감소비율을 보였다. Erica Goode. "U. S. Prison Populations Decline, Reflecting New Approach to Crime", *The New York Times*, July 25, 2013.

26) Petersilia, J., Introduction of chapter 4 in *Community Corrections: Probation, Parole, and Intermediate Sanctions*(ed by Joan Petersilia), New York: Oxford Univ, 2009.

27) 또한 시설의 수용정원이나 재정적 부담으로 인하여 무한정 시설수용을 확대할 수도 없다. 이러한 이유로 인하여 결국 범죄자는 시기의 차이만 있을 뿐이지 사회로 다시 돌아오게 된다.

'전후해결책'(front-end solution)이라는 점이다. 보호관찰이 구금의 전후해결책이 되는 근거는 범죄로 유죄판결을 받은 모든 사람들이 구금될 필요성이 없다는 점에 기인한다.

다) 형사사법체계의 주요 이슈와 보호관찰의 기능

최근 빈발하고 있는 각종 신종범죄나 아동·청소년 성범죄 등과 같은 흉악범죄에 대한 보다 실효성 있는 억지수단을 모색하는 것이 현대 형사정책의 주요한 과제이다. 여기서 '실효성 있는 억지수단'이라 함은 강력한 억제력을 가지고 범죄를 통제하여야 함은 물론, 그 비용효과 측면에서도 이점이 있어야 한다. 한편 이러한 범죄로 인하여 피해를 당한 사람들의 형사사법적 지위와 그들에 대한 형사정책적 배려 등도 주요한 이슈로 등장하고 있다.

보호관찰제도는 이러한 현대 형사사법체계의 주요 이슈와 관련해서, ① 효과적 범죄통제(억제), ② 비용효과성, ③ 범죄피해자정책 등의 측면에서도 그 기능의 강화가 요청되고 있다

(1) 효과적 범죄통제

범죄통제는 보호관찰대상자를 감독하는 보호관찰의 주요한 목표이자 기능의 하나이다. 보호관찰대상자의 행위와 생활실태를 적절하게 감독하면, 그들이 재범할 가능성이 줄어든다. 보호관찰대상자는 보호관찰 준수사항을 충실히 이행하여야 하며, 이러한 준수사항을 잘 따르지 못하면 보호관찰이 취소되어 구금될 수 있다. 이렇듯 보호관찰대상자들은 항상 제재조치의 가능성에 노출되어 있는데, 이는 보호관찰의 처벌적 성격을 의미한다. 이러한 처벌적 성격은 일정 정도 범죄자의 재범충동에 대한 억제력을 가지고 있다고 볼 수 있다.

특히 보호관찰관이 보다 집중적으로 관리감독하는 범죄자들은 보다 준법적일 생활을 할 것이며, 그들의 재범 위험성도 더 낮아질 것으로 기대된다. 범죄발생의 취약시간대인 야간에 외출을 제한하는 '야간외출제한명령'이나 대상자의 위치행적으로 하루 24시간 감독하는 '전자감독제도' 등은 이러한 집중적 관리감독의 대표적인 프로그램이다.

경우에 따라 보호관찰대상자들은 성충동 약물치료를 받거나 마약 등 금지약물에 대한 시약검사에 응하여야 한다. 범죄자들의 재범을 억제하기 위한 이러한 특단의 조치는 효과적 범죄통제의 한 수단으로 도입되어 운영되고 있다.

(2) 비용효과성

보호관찰제도는 시설내처우에 비하여 **운용비용이 저렴**하다는 장점이 있다. 미국의 여러 실증적 연구들은 비용편익분석(cost benefit analysis)을 통해 일반적으로 사회내처우가 시설내처우의 10분의 1의 비용으로 범죄자들을 관리할 수 있음을 주장하고 있다.[28] 이와 같은 현상은 일본의 경우에도 마찬가지로서, 2005년 기준 일본의 범죄자 1인당 시설내처우의 1일 비용은 약 76.25달러인데 비하여 보호관찰의 1일 비용은 약 7.79달러로서 약 10분의 1의 수준이다.[29]

그러나 이러한 운용비용상의 장점에도 불구하고 사회보호와의 균형을 도모하는 관점에서, 특정한 고위험범죄자에 대해서는 시설내처우를 적용하는 것이 불가피하다. 따라서 비용대비 최대의 효과를 도모하기 위해서는 범죄자의 재범위험성 정도와 개별 범죄자가 가지고 있는 '범죄유발요인'(criminogenic needs)에 관한 적절한 사정(assessment)을 철저하게 하는 것이 중요하다.

(3) 피해자정책 친화성

피해자정책의 관점에서 시설내처우에 비하여 보호관찰의 활용이 보다 유리하다. 외국에서는 '회복적 사법'(Restorative Justice)[30]의 차원에서 피해자의 관점을 중시하는, 새로운 보호관찰프로그램을 활발하게 운영 중에 있다. 영미에서 회복적 사법은 주로 소년, 성인에 대하여 사법절차의 각 단계에 있어서 다이버전의

---

28) Petersilia, 앞의 책, p. 20. 1982년부터 2010년까지 미국의 전체 주정부의 교정비용을 살펴보면, 주 교도소나 작업석방(work release)거주시설(개방교도소)에 소요된 비용이 연평균 약 11.2억~41억 달러의 비용이 소요되었다. 이는 전체 교정비용의 73%에서 80%의 범위를 차지하는 것이다. 집행유예보호관찰(probation), 가석방보호관찰(parole), 중간적 지역사회교정(community correction), 중간처우시설(halfway house) 등 사회내처우 전반과 전체 교정기관의 행정 및 교정공무원의 교육훈련비용을 모두 합산한 것이 나머지를 차지라는데, 같은 기간 동안 3.8억~12.9억 달러의 비용이 소요되었다. 이는 전체 교정비용의 약 20.4%에서 27.3%의 비중을 차지하는 것이다. 자세한 내용과 연도별 추세에 관한 그래프는 Kyckelhahn, T., "State Corrections Expenditures FY 1982-2010." NCJ 239672, *Bureau of Justice Statistics Bulletin*, December 2012 참조.

29) 일본에서 2005년 회계연도의 시설내처우를 담당하는 법무성 교정국의 예산이 2,168억 6,000만엔(약 70%가 인건비)인데 비하여, 사회내처우를 담당하는 법무성 보호국의 예산은 195억 1,000만엔(이중 약 절반이 인건비)이다. 기결수형자 1인당 연간경비를 보면 약 334만엔으로서 보호관찰대상자 1인당 연간경비 약 34.1만엔의 10배가량이 된다. 위의 책, p. 21.

30) 미국을 시작으로 세계 80개국에서 다양한 행태의 회복적 사법의 프로그램을 실시하고 있다. 회복적 사법(Restorative Justice)은 범죄에 대한 새로운 사고방식의 틀로서 주목받고 있는데, 이는 원래 범죄에 의하여 발생한 욕구(needs)와 역할을 재검토하는 과정에서 시작되었다. 즉 회복적 사법은 종래의 전통적 형사사법제도와 달리 회복적 관점에서 피해자나 가해자, 그리고 범죄현상을 바라보는 것이다. 伊藤富士江, "アメリカにおける犯罪被害者支援",「司法福祉入門」(伊藤富士江 編,) 上智大學出版, 2010, pp. 333-350.

형태로서 도입되거나 법원의 판결로서 프로그램의 이행을 명령(보호관찰)하는 형태로 운영되고 있다.[31]

또한 우리에게 비교적 잘 알려진, 원상회복 또는 배상(Reparations)제도 역시 회복적 사법의 개념에 근거한 것이다. 회복적 사법은 초기에는 영미법계 국가에서 주로 소년사법에서 제도화되었는데 영국의 경우 피해변상명령(reparation order)의 형식으로 소년범에게 부과되었다.

한편 일본에서는 2007년 「갱생보호법」의 개정을 통하여 범죄인에 대한 사회내처우 분야에서 피해자지원을 본격적으로 시작하였다. 주된 내용을 살펴보면, 각 보호관찰소에 피해자를 전담하는 보호관찰관이 배치되고 가해자의 가석방·가(임시)퇴원의 경우에 피해자의 의견을 청취하도록 하는 제도를 두고 있다. 또한 보호관찰 중에 가해자에 대한 피해자의 감정을 전달하는 제도와 피해자에게 보호관찰상황 등 가해자에 대한 정보를 제공하는 정책도 시행 중에 있다. 피해자전담 보호관찰관은 경우에 따라서 피해자를 상담하고 지원하는 업무를 수행한다.[32]

---

31) 平山眞理, "修復的司法", 「司法福祉入門」(伊藤富士江 編,) 上智大學出版, 2010, pp. 351-353. 회복적 사법의 프로그램으로 가장 알려진 것 중의 하나는 피해자와 가해자간의 대화를 중심으로 한, '피·가해자 중재제도'(VOM: Victim Offender Mediation) 또는 '피·가해자 화해프로그램'(VORP: Victim Offender Reconciliation Program)이다. 이러한 프로그램은 영미를 중심으로 채택되어 운영되고 있다. '가족집단회의'(FGC: Family Group Conference)는 피해자와 그 가족, 가해자와 그 가족, 지역사회의 대표자 등 피해자나 가해자를 도와주는 많은 사람들이 한 곳에서 만나 서로 이야기를 나누는 것이다. 주로 오스트레일리아와 뉴질랜드에서 운영되고 있다. 특히 뉴질랜드에서는 「1989년 아동·청소년 및 그 가족법」에 의해, 이 법의 적용을 받는 사망사고 이외의 모든 케이스가 회복적 사법에 입각한 접근방법에 의해 처리되고 있다. 캐나다에는 유사한 프로그램이 '서클'(Circle)이라고 불리고 있다. 어떠한 프로그램이던 일반적으로 대화를 진행하는 중재자(facilitator 또는 mediator)에 의한 당사자 대면까지의 긴밀한 준비와 대화 중간에 중립적이고 공평한 개입이 중시된다.

32) 森 響子, "被害者支援の現場から", 「司法福祉入門」(伊藤富士江 編,) 上智大學出版, 2010, pp. 257-287 참조.

Probation and Parole in Korea

제2부

외국의 보호관찰제도

제4장

영미의 보호관찰제도

　　세계 각국 보호관찰제도를 소개함에 있어서 미국과 영국, 그리고 스코틀랜드, 뉴질랜드, 캐나다 등 영연방 국가들에 대하여 먼저 살펴보는 것이 타당하다. 이들 영미국가들은 보호관찰제도의 역사적 발전단계를 고려할 때, 이 제도의 초창기 성립과 발전에 있어서 가장 큰 영향을 미쳤던 나라들이기 때문이다.

　　한편 상이한 언어적, 정치적, 사회문화적 환경 아래에 있는 각국의 형사사법 시스템과 보호관찰제도는 그 문화적 차이를 고스란히 반영하고 있다. 따라서 종합적인 비교이해를 위하여 여기서는 일정한 틀을 적용하여 분석하는 것이 긴요하다. 이 책에서는 우선 역사적 발전에 대하여 고찰하고, 법률적 근거와 주요임무를 살펴본 후, 보호관찰조직 및 인력과 형사사법체계의 각 단계에서의 기능 및 역할을 알아보도록 한다. 마지막으로 각국에서의 보호관찰제도에 대한 평가와 최근 동향을 살펴보는 순서로 기술하도록 한다.

1. 미　국

1) 개관: 보호관찰의 아버지, 존 어거스터스의 나라

미국의 총인구수는 2013년 말 기준으로 약 3억 1천 7백 80만 명이며 교도소

수용인원은 인구 10만 명당 약 698명이다.[1] 현재 미국은 세계에서 가장 높은 구금률을 가진 국가 중 하나이며, 나아가 전 세계를 통틀어 보호관찰제도를 가장 많이 활용하는 국가이기도 하다.

　　현재는 '보호관찰의 아버지'라고 불리는, '존 어거스터스'(John Augustus)의 1841년부터 1859년까지의 선구적 활동에 힘입어, 1878년 미국 메사추세츠 주에서 세계 최초로 보호관찰에 관한 입법이 이루어졌다. 이후 보호관찰제도는 미국 중서부를 중심으로 전국적으로 급속히 확산되었다.

　　1970년대 이래, 미국의 전체 교정처우대상자는 지속적으로 증가하였으며, 보호관찰대상자의 숫자도 가장 최근 몇 년을 제외하고는 매년 기록적인 수치를 달성하였다. 또한 그 증가비율은 일반적인 미국 인구 증가율보다 훨씬 높은 수준이었다. 2011년 12월말 현재 미국에서 시설내처우와 사회내처우를 포함한 교정처우를 받는 범죄자는 약 698만 명에 이른다.[2] 이 중에서 보호관찰 등 사회내처우를 받고 있는 사람은 약 480만 명인데, 이는 미국 성인 50명 중의 한 명 꼴이다.[3]

　　이처럼 최근 30년간 교정처우대상자가 증가함에 따라 국가의 교정비용 부담도 크게 늘어났다. 1982년 미국 전역의 교정비용은 약 15억 달러였는데 비하여, 2010년에는 48억 5천만 달러로 약 3.2배 증가하였다.[4]

　　미국 보호관찰제도의 특징을 간략히 정리해보면 다음과 같다.:

　　① 많은 수의 보호관찰대상자가 매년 증가하고 있다.[5]

　　② 보호관찰대상자는 점점 위험해지고 있다. 이것은 교도소 과밀화로 인해, 매년 점증적으로 중범죄자가 보호관찰을 받고 있다는 것을 의미한다.[6]

　　③ 표준보호관찰은 모든 대상자의 85-90%에게 적용되고 있다.

---

1) 관련 링크: http://www.prisonstudies.org/map/northern-america
2) 이는 미국 성인 34명 중에 1명에 해당하는 수치이다.
3) Glaze, L. E., & Herberman, E. J. (2013). "Correctional Populations in the United States, 2012." In *Bureau of Justice Statistics Bulletin*, December 2013, NCJ 243936, U.S. Department of Justice Office of Justice Programs.
4) Kyckelhahn, T. (2012). "State Corrections Expenditures, FY 1982-2010." In *Bureau of Justice Statistics Bulletin,* December 2012, NCJ 239672, U.S. Department of Justice Office of Justice Programs.
5) 사실, 보호관찰대상자 수의 증가는 이들을 잘 관리할 새로운 보호관찰관의 수 증가보다 훨씬 빠르다.
6) 범죄에 대한 강경정책은 마약이나 성범죄자 및 상습범을 포함한 특정 범죄자들이 오랜 기간 동안 수용되었음을 의미한다. 현재 교도소 과밀화의 가장 유용한 대안 중 하나는 많은 수의 기결수를 사회내 교정프로그램(community corrections programs)이나 집중보호관찰로 대체시키는 것이다.

④ 전체 교정인력에서 범죄자 감독과 재활을 위한 보호관찰인력은 단지 15%에 지나지 않지만, 수용인원에 비해 3배나 많은 대상자를 감독하고 있다.

⑤ 미국에서는 장기적으로 보면 전체대상자의 500% 이상이 새로운 범죄를 저지르며, 특히 마약과 알코올의존 대상자의 재범률은 매우 높은 수준이다.

2) 역사적 발전

가) 미국 보호관찰의 기원

비록 영국에서 1700년대 중반에도 형의 유예 판결을 하였다는 증거[7]가 있지만, 지도감독과 결부된 본격적 의미의 보호관찰제도는 미국에서 약 200년 가까운 역사를 가지고 있다.

영국에서 이루어진 이러한 선구적 관행은 1700년대 말에서 1800년대 초까지 미국에서도 지속되었는데, 상당수의 판사들이 초범자나 상대적으로 경미한 범죄자에 대하여 구금형을 잠시 보류하는 유예(probation) 판결을 내리곤 하였다. 예컨대, 1830년에 보스턴시 법원 판사인 대처(Peter O. Thatcher)는 비폭력적 초범자들에 한하여 영국 판사들이 부과하던 것과 유사한 유예판결을 내렸다.[8]

이후 보스턴의 제화업자이자 자선가였던 존 오거스터스는 범죄자 관리와 감독의 본질을 궁극적으로 바꾸었던 역할을 수행하였다.[9] 그가 죽었을 때, 1841년부터 존 어거스터스가 사망한 1859년 사이에 그가 지도감독한 범죄자는 약 2,000명으로 추정되는데, 이들 중 단지 소수의 사람만이 재범을 하였다고 알려져 있다. 이러한 눈부신 업적으로 인하여 오늘날 존 오거스터스(John Augustus)는 '미국 보호관찰의 아버지'로 널리 추앙받고 있다.

---

7) 일부 영국 판사들은 징역형 선고를 유예하고 판사의 승인으로서 이들을 방면하기 시작하였다. 불행하게도, 1700년대 동안에 기록보존은 거의 안 되었으며 형의 유예를 승인받은 사람들이 보이는 재범률에 대하여 우리는 정확한 수치를 알 수 없다.

8) 사실상, 대부분의 미국 판사들은 1916년까지 경미한 일부 범죄자들에 대하여 구금대신에 형의 유예를 선고하였는데, 이때 미국 대법원은 이를 위헌이라고 선언하였다. 미국 대법원은 유예판결을 모든 범죄에 대하여 법을 제정하고 처벌토록 하는 주 입법자의 의도를 회피하는 수단이라고 여겼다. 따라서 이러한 유예판결의 관행은 중단되었다.

9) 1841년 존 오거스터스(John Augustus)는 보스턴 시법원 판사에게 알코올 중독으로 고발당한 사람의 신병을 인수하여 3주 동안 감독하고 알코올 중독을 치료하여 법원에 다시 데려오겠다고 약속하였다. 판사는 이에 동의하였고, 3주 후에, 존 오거스터스(John Augustus)는 그 사람과 함께 다시 법원에 나타났는데, 당시 그 범죄자는 술을 마시지 않고 있던 상태였고 준법적인 생활을 유지하였다. 판사는 그 사람의 새로운 모습과 태도에 강한 인상을 받았으며, 형을 유예하고 현재의 약 4달러에 해당하는, 당시 돈으로 1센트의 벌금과 법원비용을 지불토록 하고 방면하였다.

나) 초기의 발전

1878년 미국 동부의 메사추세츠 주는 「소년보호관찰법」(probation law for juveniles)을 제정함으로써 최초로 보호관찰제도를 입법화하였다. 이를 모델로 삼아 1898년 버몬트 주에서 소년보호관찰에 관한 입법이 이루어졌는데, 이를 시작으로 미국 전역에 보호관찰에 관란 입법이 급속히 확산되어 나갔다.[10]

한편 성인보호관찰(adult probation)은 1901년 뉴욕 주에서 최초의 입법이 이루어졌다. 1925년에는 「연방 보호관찰법(Federal Probation Act)」이 제정되었고,[11] 1940년 보호관찰을 표준화하기 위한 「성인 보호관찰 표준법(Adult Probation Law of the U.S.)」제정되었다.[12] 이후 1956년 미시시피 주를 마지막으로 미국의 모든 주에서 보호관찰제도에 대한 입법이 완료되었다.[13]

보호관찰제도 시행 초기에는 카톨릭이나 개신교 등 종교단체 구성원 중에서 민간의 '자원봉사보호관찰관'(VPO: Volunteer Probation Officers)이 선발되었다. 경찰관이나 지방자치단체의 공무원들 중에서 보호관찰관과 유사한 업무를 수행하는 경우도 있었다. 하지만 형사제재수단으로서 보호관찰의 개념이 정립되고 제재조치와 판결전조사의 필요성이 증가하면서 자원봉사자들은 유급의 전문직, 보호관찰관으로 전환되어 갔다.

다) 1980년대 이후의 개혁

1950년대와 1970년대 사이에 미국에서의 보호관찰은 그 내용이 상대적으로 애매하다는 점과 보호관찰서비스가 효과적이지 않다는 점에 대하여 호된 비판에 직면하였다. 이에 따라 1980년대의 미국 보호관찰당국은 한정된 자원으로 보호관찰서비스와 보호관찰대상자에 대한 지도감독방법을 개선하기 위해 많은 노력을 기울였다.

이와 같은 결과로 1980년대 이후 미국에서의 보호관찰은 과학적인 사정분류

---

10) 초기의 보호관찰제도는 미국 중서부에서 시작되어 발전한 '**소년법원운동**'(juvenile court movement)에 의해 미전역으로 확산되기 시작하였다.

11) 김신호, 「성인범에 대한 판결전조사제도 전면도입을 위한 연구」, 경기대학교 사회복지학, 박사학위논문, p. 21, 2008.

12) 최석윤, "판결전조사제도", 「형사정책」, 12. 2, 한국형사정책학회, 2000, pp. 57-77. 이 법률은 법원은 보호관찰을 부과하기 전에 반드시 보호관찰관이 작성한 판결전조사보고서를 검토하여야 한다는 내용을 규정하고 있다.

13) Harry E. Allen et al., *Probation and Parole in America*, 1985, p. 44.

체계가 보다 정교하게 발전하였으며, 집중보호관찰(ISP)과 같은 다양한 형태의 '중간적 제재수단'(intermediate sanctions)이 등장하였다. 보호관찰관의 역할도 전통적인 사회복귀 이념에 입각하여 원조적 접근을 하던 것에서 벗어나 감시·통제를 강조하는 방향으로 크게 바뀌었다. 또한 지금까지와는 전혀 새로운 형태의 여러 독창적인 보호관찰프로그램도 발전하였다. 예를 들면, 1983년에는 가택구금과 결합된 전자감독제도가 최초로 시행되었다.

3) 보호관찰의 조직 및 인력

가) 보호관찰의 조직

(1) 보호관찰조직의 운영형태

미국에서 보호관찰은 2,000여개가 넘는 독립된 기관(separate agencies)에 의해 시행된다. 미국에서는 각 주(state) 및 지방정부(local authority) 단위로 독자적인 제도를 운영하고 있으며, 이에 대하여 연방정부는 자료수집 및 평가·기술적 지원·예산지원 등을 수행하고 있다.

이에 따라, 미국의 보호관찰(probation)행정은 집행주체의 소속(행정부인가 사법부인가), 집행주체의 단위(주정부인가 하급지방정부인가), 그리고 예산동원방법 등에 따라 그 내용이 각기 상이하다. 미국의 성인보호관찰은 다음과 같이 개략적으로 5가지의 운영형태가 있다.14)

① **시(市) 보호관찰**(municipal probation): 주정부의 법률과 지침에 따라 하급법원 또는 기초자치단체가 독자적으로 보호관찰부서(probation unit)를 운영하는 것이다.

② **카운티 보호관찰**(county probation): 수개의 도시가 모인 카운티가 주정부가 규정한 법률과 지침에 따라 독립적으로 고유한 보호관찰기관을 운영하는 형태이다.

③ **주 보호관찰**(the state probation): 주정부가 주 전역에 걸쳐 통일된 형태의 보호관찰기관을 운영하는 체제이다.

④ **주 통합보호관찰**(the combined state probation): 이는 집행유예 보호관찰(probation)과 가석방 보호관찰(parole)이 주 전역에 걸쳐 한 개의 보호관찰부서에 의해 운영되는 형태이다.

---

14) 여기서의 보호관찰행정에 대한 설명은 가석방보호관찰, 즉 퍼로울(parole) 업무를 담당하는 조직을 제외하고, 집행유예 보호관찰, 즉 프로베이션(probation) 업무를 담당하는 조직을 중심으로 한 것이다.

⑤ **연방보호관찰**(federal probation): 연방지방법원행정처 산하의 보호관찰실(the Probation Division)에서 미전역에 걸쳐 통일적으로 관장하고 있는 형태이며, 이 경우 연방보호관찰관은 주 통합보호관찰과 유사하게 연방사범으로서 가석방된 자(parolee)에 대한 보호관찰까지도 담당한다.

개별 주의 경우 보호관찰소는 조직의 3/4이 행정부 소속으로 되어 있는데 이는 보호관찰이 본질적으로 행정적인 업무이기 때문에 사법부가 개입함은 부당하므로, 사법부와는 분리된 조직으로 운영해야 한다는 사고에서 기초한다. 그러나 이 경우에도 주 행정부는 보호관찰관에 대한 임명권과 예산의 책정권을 가질 뿐이며, 주법원 소속인 경우도 법원은 소장 임명에만 관여하고 운영과 예산 모두 법원으로부터 독립적으로 행해진다.

(2) 연방보호관찰조직

1925년 「연방보호관찰법」이 제정되어 연방차원의 보호관찰제도가 도입된 이후 1940년 보호관찰대상자에 대한 지도감독 및 판결전조사 등 보호관찰관의 통상적인 업무가 법원과의 긴밀한 협의 하에 이루어진다는 연방법원행정처의 강력한 주장에 따라 연방보호관찰업무가 연방법무성 교정국에서 연방법원행정처로 이관되었다.[15]

현재 미국 연방차원의 정책지원은 법원행정처 보호관찰실에서 맡고 있는데 보호관찰실의 정원은 50명이다. 한편 지방에서는 94개 지방법원 관할구역별로 설치되어 있는 530여개의 보호관찰소가 보호관찰과 판결전조사, 심리전 보호관찰업무를 담당한다.[16]

보호관찰관에 대한 임명권은 연방법원에 있지만 법원은 보호관찰관의 임면에 관여하고 보호관찰소 운영이나 예산 집행은 법원이 임명한 보호관찰소장이 독립적인 권한을 가지고 집행하고 있다. 한편 2003년 말 현재 연방 보호관찰관을 포함한 전체 연방보호관찰 직원은 대략 9,000여명 규모이다.

나) 보호관찰의 인력

(1) 보호관찰관의 선발

미국에서 보호관찰관의 선발은 선발제, 임명제, 그리고 양자의 절충제 등 다

---

15) 김일수, 「바람직한 양형조사 주체 및 조사방식에 관한 연구」, 대검찰청 연구보고서, 2009, p. 120 각주 참조.

16) U.S. Code collection(Cornell University Law School–§3602. Appointment of probation officers)

른 공무원의 선발과정과 기본적으로 유사하다. 또한 미국내 거의 대부분의 보호
관찰기관은 보호관찰관 지원자에게 사회학, 형사사법학, 법학, 심리학 또는 사회
사업학 등의 관련학과 전공의 최소 학사학위 이상을 요구하고 있다.17) 어떤 경우
에는 관련분야 및 상담분야 등에서 대학원 이상의 학력과 임상경력을 요구하기
도 할 뿐 아니라, 관련분야에서의 경력을 최고 2년의 범위에서 학력과 대체할 수
있도록 한다.

또한 주에 따라 자원봉사보호관찰관(VPO)이 보호관찰기관의 업무에 참여하
기도 한다. 자원봉사자가 참여하는 형태는 일대일모델(one-to-one model), 지도감
독보조모델(assistance of supervision model), 전문가모델(professional model), 행정모델
(administrative model) 등이 있다.

(2) 보호관찰의 인력 현황

(가) 보호관찰관의 수

1997년 1월 1일을 기준으로 보면, 미국의 성인과 청소년 교정분야 종사자는
모두 440,000명을 넘어섰으며, 그중 사회내처우를 담당하는 인력은 보호관찰관인
프로베이션 오피서(probation officer)가 12,411명, 퍼로울 오피서(parole officer)가 5,750
명, 프로베이션 앤드 퍼로울 오피서(probation and parole officer)가 12,018명 등, 감독
자 및 업무를 행정적으로 지원하는 직원을 포함하여 약 52,000여명이다.18)

비록 보호관찰관이 전체 교정분야 인력의 10에서 15% 정도의 비율밖에 차
지하지 못하고 있으나 그들이 담당하고 있는 범죄인의 숫자로 볼 때, 사회내처우
가 형사사법체계의 주요한 한 축이라는 점은 확실하다.19) 보호관찰관에 대하여
보다 구체적으로 살펴보면, 성별로는 52.3%가 넘는 자가 여성이며, 인종적으로는
69.7%가 백인이다.20)

(나) 보호관찰관의 1인당 업무량

보호관찰사건수를 살펴보면 1930년대에 전미보호관찰협회(National Probation

---

17) 미국교정협회(ACA: the American Correctional Association)는 보호관찰관의 최소자격요건으로
다음과 같은 사항을 요구하고 있다. 즉 보호관찰관은 "그 최소한의 자격요건으로 대학 학사학위
또는 그에 상응하는 실무경험, 훈련, 혹은 대학 학사학위에 준하는 학점을 이수한 단과대학 졸
업경력 등"을 필요로 한다(미국교정협회기준 #2-2041). Champion, 앞의 책, 1999, pp.
368-369.

18) 유석원, 미국의 사회내처우에 관한 연구; CJI, *Corrections Yearbook*, 1997, pp. 175-176.

19) Champion, 앞의 책, 1999, p. 363.

20) CJI, 앞의 책, p. 174.

‖ 표 4-1 ‖ 보호관찰관의 1년 간 대상자 대면담촉 횟수

보호관찰유형 / 보호관찰소의 유형	일반 (standard)	집중 (intensive)	전자감독 (electronic monitoring)	특별 (special)
집행유예전담 보호관찰소 (probation office)	13	76	98	48
가석방전담 보호관찰소 (parole office)	19	62	69	53
보호관찰소(probation and parole office)	30	141	115	67

Association)는 보호관찰관 1인당 50건의 담당사건수를 추천하였고 1967년 대통령특별위원회(the Presedent's Commission)는 적정담당사건수를 35건으로 제한하였다.

그러나 1997년 기준으로 전미 평균 담당사건 수는 80건을 넘어서고 있으며 시설내처우중인 교도소 복역인원(prisoners)과 사회내처우중인 보호관찰대상자간의 비율은 3 : 1의 비율이다.

1997년 기준으로 보호관찰관의 1인당 평균업무량을 구체적으로 살펴보면, '집행유예전담 보호관찰소(probation office)'의 경우 일반 집행유예보호관찰은 180건, 집중보호관찰은 27건, 집행유예자 전자감독은 24건, 그리고 기타 특별프로그램은 79건이다. 이에 비하여 '가석방전담 보호관찰소'(parole office)의 경우는 일반 가석방보호관찰이 69건, 집중 가석방보호관찰이 27건, 가석방자 전자감독이 25건, 여타의 특별프로그램이 43건이다. 일반보호관찰소(probation and parole office)의 경우에는 일반보호관찰이 91건, 집중보호관찰이 21건, 전자감독 보호관찰이 22건, 기타 특별프로그램이 37건이다.

이렇듯 일반 보호관찰에 비하여 집중 혹은 전자감독 보호관찰이 현저히 낮은 건수를 보이는 것은 보호관찰관과 대상자의 대면담촉의 횟수에서 차이가 있기 때문인데, 그 횟수의 자세한 내용은 〈표 4-1〉과 같다.

다) 보호관찰 예산

1982년 미국 전역의 교정비용은 약 15억 달러에서 2010년에는 48억5천만 달러로 약 3.2배 증가하였다. 한편 이러한 교정비용의 약 75%는 교정시설 증설과

운영에 소요되었다. 2011년 기준 교정시설 재소자 1인당 처우비용의 평균이 연간 2만 8천 달러를 넘어서고 있다.[21]

　　예산측면에서 미국의 보호관찰제도를 살펴보면 각주정부가 보호관찰에 대한 예산지원을 계속 증액하고는 있지만 여전히 다른 12개주에서는 일부 주정부의 예산지원을 받는다고 하더라도 주된 예산지원은 카운티(county)를 통해 이루어지고 있다.

　　「사회내교정법」(Community Corrections Acts)은 주교도소(state prison) 대신에 지방정부가 지역 실정에 맞는 '지방 고유의 제재수단'(local sanctions)을 육성하도록 주정부예산을 지원토록 하고 있으며, 1995년까지 18개의 주가 「사회내교정법」을 제정하여 시행하였다.

　　미국의 교정연감(Corrections Yearbook)에 따르면, 1997년 기준으로 미국에서 보호관찰대상자의 지도감독을 위해 대상자 1인당 사용되는 연간 예산액을 적게는 코네티컷 주의 보호관찰비용 156달러(한화 약 202,800원)에서 높게는 연방보호관찰비용 1,500달러(한화 약 1,950,000원)까지로 보고하고 있으며, 집계된 44개 주의 대상자 1인당 연간평균 보호관찰비용은 584달러(한화 약 759,200원)이다.

4) 보호관찰의 운영현황

가) 보호관찰 전체현황

　　2003년에 이미 미국의 전체 보호관찰 대상인원은 성인범만 4백 80만 명을 넘어 섰고, 소년보호관찰인구 64만여 명을 포함하면 5백 50만여 명 수준이 되었다.[22] 이후 2012년까지 10년간 미국의 보호관찰대상자 수는 큰 폭의 변화 없이 비슷한 수준을 유지하고 있다.

　　2012년 12월 말 현재 미국에서 시설내처우와 사회내처우를 합한 교정처우를 받는 범죄인의 숫자는 약 698만 명에 이른다. 이는 미국 성인 35명 중에 1명에 해당하는 수치이다. 시설에 구금되어 있는 사람의 비율은 미국 성인 108명 중 1명, 보호관찰 등 사회내처우를 받는 비율은 50명 중 1명 꼴이다.[23] 1982년에 약 40만

---

21) Kyckelhahn, T. (2012). "State Corrections Expenditures, FY 1982–2010." In *Bureau of Justice Statistics Bulletin*, December 2012, NCJ 239672, U.S. Department of Justice Office of Justice Programs.

22) 이형재, 「미국보호관찰제도연구」, 법무부 국외훈련보고서, 2012.

23) Glaze, L. E., & Herberman, E. J., "Correctional Populations in the United States, 2012." In *Bureau of Justice Statistics Bulletin*, December 2013, NCJ 243936, U.S. Department of Justice

| 표 4-2 | 1986년~2011년 미국의 성인 교정인구 추이

연 도	1986년	1995년	2003년	2012년
보호관찰대상자수 (Probationers & Parolees)	2,600,000	3,757,282	4,848,575	4,781,300
교도소 수용인원 (in Jail & Prison)	860,000	1,585,586	2,078,570	2,228,400
계	3,460,000	5,342,900	6,927,100	6,937,600

출처: Correctional Populations in the United States(Bureau of Justice Statistics Bulletin 2004. 7월, 2013. 12월), Probation and Parole Statistics(2003. 2013.)

명이었던 교정시설 수용인원은 2000년 약 194만 명으로, 그리고 2012년에는 약 224만 명으로 증가하였다.[24] 성인 보호관찰대상자도 같은 기간에 약 130만 명에서 480만 명으로 증가하였다.[25]

　　구체적으로 살펴보면, 2012년 12월 말 현재 약 4,781,300명의 범죄자가 보호관찰을 부과 받고 있는데, 이 중에서 집행유예(probation) 보호관찰이 3,942,800명이며, 가석방(parole) 보호관찰이 851,200명이다. 이는 미국에서 성인 교정처우를 받는 사람 10명 중의 7명의 비율이다. 이에 비하여 10명 중의 3명, 즉 2,228,400명이 교정시설 내에서 수용되어 있는데, 주 또는 연방교도소(state or federal prisons)에 1,483,900명이, 지방 구금시설(local jails)에 744,500명이 각각 수용되어 있다.

　　미국 법무통계국(BJS: Bureau of Justice Statistics)의 통계자료에 의하면, 가석방(parole)대상자를 제외한 순수 보호관찰대상자는 1986년 225만 명, 1995년에는 307만 명, 2003년에는 407만 명 수준으로 증가하다가 2012년에는 4,781,300명으로 감소하였다. 한편, 가석방 감독대상자는 1986년 약 36만 명, 1995년 약 68만 명, 2003년에는 약 77만 명으로 지속적으로 증가하였으며, 2012년에도 851,200명으로 증가세가 계속되고 있다.[26]

Office of Justice Programs.

24) Glaze, L. E., "Probation and Parole in the United States, 2001." In *Bureau of Justice Statistics Bulletin*, August 2002, NCJ 195669, U.S. Department of Justice Office of Justice Programs.; Glaze, L. E., & Herberman, E. J., 위의 자료 참조.

25) Maruschak, L. M., & Bonczar, T. P., "Probation and Parole in the United States, 2012." In *Bureau of Justice Statistics Bulletin*, December 2013, NCJ 243826, U.S. Department of Justice Office of Justice Programs.

26) 이형재, 앞의 논문; Glaze, L. E., & Herberman, E. J., 앞의 자료 참조.

가석방을 제외한 보호관찰대상자의 약 50%는 중범(felon)이며, 나머지는 경범이다. 2003년을 기준으로 볼 때 각 주에서는 Texas 주가 가장 많은 534,260명을, 다음으로는 California 주가 485,039명을 보호관찰하고 있다. 전체 보호관찰대상자의 20% 이상에 해당하는 100만 명 이상이 Texas 주와 California 주의 보호관찰대상자이다.

나) 일반보호관찰과 준수사항

(1) 일반보호관찰(Standard Probation)의 의의

미국에는 많은 종류의 보호관찰프로그램이 있다. 소위 '일반(또는 표준)보호관찰'이 가장 전형적인 것이다. 전체 보호관찰대상자 중 약 85% 이상이 일반보호관찰을 받고 있다. 보호관찰관이 대상자를 지도감독할 수 있는 권한은 보호관찰관의 임무에 관한 미연방법률의 규정[27]에서 연유한다.

(2) 미국 보호관찰의 준수사항

(가) 일반준수사항

일반적·표준적 준수사항은 보호관찰 중에 일반적으로 부과되어 모든 보호관찰대상자에게 적용되는 행동상의 요구사항이다. 보호관찰 기간 중에 일반적으로 부과되어 지도감독 하에 있는 모든 사람들에게 적용되고, 보호관찰관들에게 대상자를 감독하고 통제하는 권한을 제공하는 일반준수사항은 재범금지, 관할구역 이탈금지, 보호관찰관에 대한 정기적 보고, 보호관찰관의 지시사항 이행, 거주 및 직업변동사항의 즉각적 보고, 재범 및 그에 대한 수사상황의 즉각적 보고, 가족부양의무 이행, 합법적 직업 종사, 범법자와의 교제 금지, 음주절제 및 금지약물 복용 금지 등이다.

(나) 특별준수사항

특별준수사항은 보호관찰관에게 대상자에 대하여 추가적인 통제를 하고 교정처우를 행할 부가적인 권한을 부여한다.

미국의 연방법은 중범자에게 보호관찰 판결의 명백한 준수사항으로써 벌금, 피해배상, 또는 사회봉사를 부과할 것을 요구하고 있는데, 법원이 그런 준수사항이 특별한 사정에 비추어 분명히 불합리함을 발견한 때는 예외로 한다.[28] 또한

---

27) 18U.S.C.setion 3603-Duties of probation officers.
28) Title 18 U.S.C. section 3563(a)(2).

이러한 제재들은 지도감독부 가석방의 준수사항이 될 수도 있다.[29]

미국의 연방법은 유죄판결을 받은 범행의 원인이 되는 것(범죄자의 경력과 성격적 특성)을 고려하여 어떠한 다른 준수사항이라도 부과할 권한을 법원에 부여하고 있다. 또한 미국 연방가석방위원회도 유사한 권한을 가지고 있으며, 부과할 수 있는 준수사항에는 가택구금 등의 프로그램들이 포함된다.[30]

이외에도 미국연방의 법원과 가석방위원회는 압수·수색에 순응할 것, 재정상태를 공개할 것, 특정한 제3자의 '합리적으로 예측가능한' 신체적·재정적 손해를 방지하기 위하여 대상자의 여행·취업·사교 및 사업상 접촉을 제한할 것 등의 특별준수사항 설정할 수 있다.

또한, 대상자의 범죄원인 유형에 따라 마약 및 알코올 치료 프로그램의 이수, 정신과 치료 등을 특별준수사항을 부과할 수 있으며, 이러한 다양한 준수사항의 선택과 부과에 있어서는 판결전조사가 전제되어 있다.

(다) 준수사항의 변경

지도감독 기간 중 발생하는 예상치 못한 문제들을 해결하지 않고 남겨두면, 지도감독의 요구사항 내에서 활동할 능력과 욕구를 감소시키고 잠재적인 재범활동을 증가시키게 된다. 보호관찰관은 이러한 문제점들을 처리할 법적 의무가 있는데, 그 방법의 하나로 지도감독을 강화하거나 제재 또는 처우서비스를 추가하기 위한 준수사항변경이 포함된다. 반대로, 일반준수사항이나 다른 특별준수사항이 충족되었거나 더 이상 관련이 없을 때는 보호관찰관은 준수사항의 축소나 삭제를 위하여 법원이나 가석방위원회에 통보해야 한다.[31]

다) 다양한 중간적 제재수단

중간적 제재수단(Intermediate Sanction)은 일반(표준)보호관찰과 시설구금 사이에 놓인 '**조건부 지도감독프로그램**'(conditional supervision programs)을 의미한다. 이는 흔히 '**사회내교정**'(community-based corrections)과 동일시되기도 하는데, 사회 내에서 이루어지는 범죄자에 대한 교정처우를 통칭하기 때문이다.

이러한 중간적 제재프로그램은 보다 밀접하게 범죄자를 지도하고 감독했을 때 보다 낮은 재범률을 보인다는 가설에 기반하고 있다. 그러나 대부분의 연구자

---

29) Title 18 U.S.C. section 3583(d).
30) Title 18 U.S.C.section 4209.
31) 18 U.S.C. §3563(c), 3583(e), 4209(d)(1)

들은 표준보호관찰(standard probation)과 중간처벌(intermediate punishment)은 재범률 등에서 별다른 차이가 없다는 결론을 발표하고 있다.32) 그러나 이에 대한 반론 중 하나는, 밀착된 지도감독은 새로운 범죄발생을 감소시킬 수 있으나 이에 못지않게 야간외출제한 위반 등 프로그램의 기술적 준수사항위반(technical program infractions)을 상당한 정도로 양산하기 때문이라고 보는 견해이다.33)

중간적 제재수단의 대표적인 것으로는 집중보호관찰이 있으며, 이외에도 가택구금(home confinement), 전자감독(electronic monitoring), 단기병영체험캠프(boot camp), 충격보호관찰(shock probation), 사회봉사명령(community service), 배상명령(restitution), 일수벌금(day fine programs) 및 중간처우시설(halfway houses) 등이 있다.

(1) 집중보호관찰

집중보호관찰(ISP: Intensive Supervised Probation)은 중간적 제재수단 또는 중간처벌(intermediate punishments)의 하나로서, 보호관찰기관에 의해 사용되는 다양한 '지도감독전략'(supervisory strategies) 중의 하나이다.

다양한 형태의 집중보호관찰제도가 미국 내 모든 주에서 시행되고 있으나, 전체보호관찰대상자의 단지 약 6%만이 집중보호관찰을 받고 있다.34) 대부분의 주에서는 각각의 고유한 집중보호관찰프로그램을 운영하고 있지만 주된 공통점은 대상자와의 잦은 접촉을 통한 밀착감독에 있다. 예를 들면, 대부분의 집중보호관찰대상자는 수시 대면접촉(numerous face-to-face visits)과 야간외출제한(curfew checks), 불시 약물·알코올 검사 및 그 밖의 엄격한 집중보호관찰프로그램 준수사항을 이행하여야 한다. 일부 집중보호관찰대상자는 개별 혹은 집단 상담에 참가해야 하거나 (정신과)병원 통원치료와 같은 의료적 처우(medical treatment)나 심리치료를 받아야 한다.

모든 집중보호관찰의 또 다른 핵심적 특징은 보호관찰관 1인당 담당하는 대상자의 수가 적은 것이라고 할 수 있다. 대부분의 집중보호관찰프로그램에서는 보호관찰관이 20명 이하의 집중보호관찰대상자를 지도감독하고 있다.

32) 예를 들면, 표준보호관찰프로그램의 대상자와 집중보호관찰프로그램의 대상자간 각 프로그램의 효과성을 평가하기 위한 1년의 추적기간 동안의 재구속률을 비교해보면 별반 차이가 없음을 알 수 있다. 이러한 연구들에 따르면, 중간적 제재수단의 일반적 효과는 근본적으로 실재적(substantive)이기보다는 상징적(symbolic)인 것이라고 할 수 있다.
33) Petersilia, J., Introduction of chapter 4 in *Community Corrections: Probation, Parole, and Intermediate Sanctions*(ed by Joan Petersilia). New York, Oxford Univ, 1998.
34) Petersilia, 앞의 책, 참조.

(2) 가택구금과 전자감독

가택구금(home confinement)은 성서(bible)에 등장할 정도로 오랜 역사를 가진 제도이다. 그러나 이 제도는 1980년대 초반 미국에서 전자감독(electronic monitoring)과 결합되면서 현대적 의미의 형사정책으로 재탄생되었다. 이는 보호관찰의 강화된 형태로 도입되었으며, 본인의 집이나 거주지를 구금의 장소로 사용하는 것이다. 보호관찰대상자는 직장에 출퇴근하거나 필요한 의료처치를 받을 경우, 또는 지정된 재활프로그램이나 사회봉사에 참가하기 위한 경우 등을 제외하고는 자신의 집으로 체류범위가 제한된다.

한편 전자감독은 1960년대 중반부터 시험되었다. 이것은 보호관찰대상자가 착용한 **전자발찌**(electronic anklets)로부터 방출되는 전기적 신호를 특수 수신 장비를 사용하여 보호관찰관이 이를 감시하는 것을 말한다.[35] 이러한 신호들은 보호관찰관이 거주지에 보호관찰대상자가 체류하고 있는지를 확인할 수 있도록 한다.[36] 2000년까지는 미국의 전체 주에서는 이러한 가택구금과 전자감독을 시행하게 되었으며, 전체 보호관찰대상자 중 약 1% 정도가 이러한 강화된 제재수단의 대상자가 되었다.[37]

(3) 단기병영체험프로그램

단기병영체험프로그램(boot camp program)은 1980년대에 보편화되었다. 2000년 기준, 대략 35개 주에서 다양한 형태의 단기병영체험캠프가 운영되었으며, 같은 해 5,000여명 정도의 보호관찰대상자가 여기에 참가하였다.[38] 단기병영체험캠프는 90일에서 180일 기간 동안 운영되는 단기교정프로그램이다. 이는 범죄자에게 '군대와 유사한'(military-like) 엄격한 규율, 군사훈련, 육체노동 등을 주된 내용으

---

35) 과거에 사용되었던 장비 중에는 전화기를 이용하여 전자감독을 받는 보호관찰대상자가 주야간 어느 때든지 대상자가 위치한 장소를 전기적 신호로 확인하기 위해 임의적으로 전화선을 이용 확인하기도 하였다. 또한 보호관찰관은 보호관찰대상자의 거주지 근처에 위치한 자동차 안에서나 또는 특수 장비를 사용하는 등 보호관찰대상자가 착용한 발찌에서 방출되는 전기적 신호를 감지하여 감독하기도 하였다. 현재는 이동통신망의 구축과 GPS 위치추적기술의 발전으로 인하여 이러한 방법은 더 이상 사용되지 않고 있다.

36) 보호관찰관은 대상자가 발찌를 계속 착용하고 있는지 또는 그 조작여부를 확인하기 위하여 거주지를 방문할 수 있도록 하고 있다. 보호관찰대상자가 불법적으로 전자발찌를 제거하는 경우에는 구금되거나 벌금형을 부과 받는다.

37) Pastore, A. L., and Maguire, K., *Sourcebook of Criminal Justice Statistics*, 2001, Bureau of Justice Statistics, 2002.

38) Pastore and Maguire, 앞의 책 참조.

로 한다.

성공적으로 이러한 프로그램을 마치게 된 경우에 보호관찰대상자는 단기병영체험캠프에서 완화된 지도감독을 받는 사회내 시설(community-based facilities)로 이전되고 있다. 단기병영체험캠프는 주로 25세 이하의 연령이 낮은 범죄자를 대상으로 하고 있으나, 예외적으로 비교적 연령이 많은 성인범죄자를 대상으로 하기도 한다.

(4) 충격보호관찰(Shock Probation)

충격보호관찰은 1960년대 중반부터 보호관찰의 강화된 형태로 등장한 것이다. 이는 특정한 범죄자에게 30일에서 120일 기간 동안의 단기간 격리구금을 선고하여 복역하게 한 후 선고법원의 판사에게 재소환하여 보호관찰로 재선고(re-sentenced)하는 것을 말한다. 충격보호관찰은 '**복역의 충격**'(the shock experience of incarceration)은 장래 재범에 대한 억제로 기능한다는 이론에 근거하고 있다.

판결 선고 시에는 범죄자가 충격보호관찰로 석방될 것을 알지 못한다. 따라서 이러한 판결은 구금 중 예상 밖의 석방으로 인한 '**뜻밖의 기쁨**'(pleasant surprise)을 초래하게 된다. 이러한 충격보호관찰이 정확히 몇 개의 주에서 실시되고 있는지는 알려져 있지 않지만, 대략적으로 전체 보호관찰 대상자 중 1% 미만이 충격보호관찰을 선고받고 있다.

(5) 사회봉사명령, 피해배상 및 일수벌금

미국에서는 보호관찰대상자에게 **사회봉사명령**(community service)을 이행토록 하는 것이 점점 증가하고 있다. 이러한 사회봉사명령은 지방정부나 주정부의 공공프로젝트에 참여하는 것이 대표적이다.

경우에 따라서 보호관찰대상자는 범죄피해자에게 **피해배상**(restitution)을 하여야 한다. 대상자의 경제적 수입 중 일정액은 자신의 범죄피해자 신체적 손상(physical injuries) 또는 재산상의 손실(lost property)을 배상토록 한다. 그러나 다른 경우에서는, **일수벌금**(day fines)[39]이 사안에 따라 개별적으로 정해지거나 보호관찰의 특별준수사항의 일부로서 부과되기도 한다.

---

39) 일수벌금이라 함은 범죄의 경중에 따라 일수를 정하고 피고인의 재산 정도를 기준으로 산정한 금액에 일정 비율을 곱하여 최종 벌금액수를 정하는 방식의 벌금제도이다. 이 제도는 소득의 많고 적음에 따라 벌금을 달리 부과하여야 적절한 처벌효과 있다는 생각에서 나온 벌금제도의 하나로서 핀란드, 스웨덴, 덴마크, 독일, 멕시코, 마카오 등에서 시행하고 있다.

(6) 중간처우시설

중간처우시설(Halfway Houses)은 다양하고 특별한 원조의 필요성, 특히 범죄자에 대해 일시적인 숙식제공 등의 목적으로 지역사회에 여러 곳에 설치된 중간거주시설(transitional residences)이다. 중간처우시설은 1960년대부터 운영되었으며, 오늘날 많은 출소자들이 취업알선·사회복지서비스·상담치료 등을 이곳에서 제공받고 있다.

중간처우시설은 범죄자의 행동을 감독할 수 있는 유용한 방식이기도 한데, 중간처우시설에 거주하는 보호관찰대상자의 경우 야간외출제한, 약물 및 알코올 검사, 기타 특별준수사항의 이행여부를 관찰하는 것이 유리하다. 2000년 현재 미국 전역에서 약 20,000명의 범죄자가 중간처우시설에서 생활하고 있다.[40]

5) 미국 보호관찰의 최근 동향

가) 개혁을 위한 시도

오늘날 미국의 총 교정인구는 성인범 약 698만 명, 소년범 약 70만 명을 포함하여 총 758만 명을 상회하며, 그 중 70% 정도가 보호관찰을 중심으로 하는 사회내교정대상자이다.[41] 한편, 범죄로 인한 피해자는 1990년대 후반 이미 연간 320만 명 수준을 넘어서게 되었다.[42]

총 560여만 명의 보호관찰대상자가 형사사법제도를 운영하는 예산을 위해 세금을 지불하는 시민들 속에서 살고 있는 것이다. 보호관찰대상자의 재범통제는 세금부담자(tax payer)인 시민의 재산과 생명, 신체의 안전을 위해 필수적인 전제가 될 수밖에 없는 것이지만, 현실적으로 재범률은 30%를 상회한다.

그리고 1990년대 이후 미국은 전반적인 불황과 경기침체 속에 세수의 확보가 어려운 가운데, 많은 주가 부도사태 등 재정적인 위기에 직면하였다. 또한 많은 연구결과는 보호관찰을 포함한 교정프로그램의 비효과성을 비판하고 있다. 이에 따라 교정프로그램, 특히 보호관찰을 중심으로 하는 사회내교정에 대한 예

---

40) Camp, C,G, and Camp, G.M., *The 2000 Corrections Yearbook*. Middletown, Connecticut: Criminal Justice Institute. 2001.

41) Glaze, L. E., & Herberman, E. J., 앞의 논문; Maruschak, L. M., & Bonczar, T. P., 앞의 논문 참조.

42) Rennison, M.(1999). "Criminal Victimization 1998." *National Crime Victimization Survey*. Washington D.C.: Bureau of Justice Statistics.

산의 투입은 지난 10여년 간 정체되거나 오히려 삭감되었다.

이러한 보호관찰의 환경에서 1990년대 후반에 전미 보호관찰협회(American Probation and Parole Association-APPA)와 전미 보호관찰행정가협회(the National Association of Probation Executives-NAPE)[43]를 중심으로 보호관찰분야의 새로운 정책 대안과 전략을 수립하기 위한 노력이 있어 왔다.

학자와 보호관찰행정가 등 개혁적 보호관찰전문가들은 소위 〈보호관찰혁신위원회〉(Reinventing Probation Council)를 창설하고 개혁적인 보호관찰모델 개발에 착수하여, 1999년에 「깨어진 창문 보호관찰: 범죄방지의 다음 단계」(Broken Windows Probation: The Next Step in Fighting Crime)이라는 연구보고서를 발간하였다. 2003년에는 「리더십을 통한 보호관찰의 개혁: '깨어진 창문' 모델」(Transforming Probation through Leadership: The "Broken Windows" Model)이라는 보호관찰의 혁신전략에 관한 연구보고서를 발간하고 일선보호관찰기관에 대한 자문에 나서고 있다.[44]

나) GPS 위치추적 전자감독의 도래[45]

1980년대 초반부터 도입된 제1세대 전자감독은 대상자의 움직임을 감시하기 보다는 특정 장소에 가두어 두는 방식을 채택하였다. 그러나 1990년대 이후에는 전국적인 지상파(휴대전화)시스템과 미군 당국 소유의 GPS위성을 결합하여 범죄자 추적시스템을 개발하려는 시도가 시작되었다.[46] 1997년 플로리다에 기반을 둔 전자감독 관련회사인 프로테크(ProTech)가 결정적으로 GPS를 기반으로 범죄자 위치추적시스템을 개발하였고 곧 이 분야의 선두주자가 되었다.[47]

---

43) 이 협회는 전국의 수석보호관찰관들을 중심으로 구성된 조직으로써, 매년 전국회의를 개최하는 외에 계간의 학술지 'Executive Exchange'를 발간하는 등 미국보호관찰 정책모델 연구와 확산에 기여하는 단체로 유명하다.

44) 'Broken Windows'는 1982년에 Wilson과 Kelling이 쓴 지역경찰활동(Community Policing)에 관한 연구논문인 "Broken Windows: The Police and Neighborhood Safety."에서 유래한 개념으로 이는 조그만 무질서와 법에 대한 침해가 방치될 경우 시간이 지나면서 얼마나 큰 사회적 무질서와 심각한 범죄문제로 커질 수 있는지에 관한 연구이다.

45) 한영수·강호성·이형섭, 「전자감독제도론」, 2013, pp. 35-37.

46) 1970년대 말 이후에 GPS 위성의 민간 사용이 가능해 졌지만, 흥미롭게도 범죄자 교정의 맥락에서 위성을 사용하는 상상을 한 사람은 아무도 없는 듯 했다. 콜로라도의 보호관찰 직원인 맥스 윙클러(Max Winkler)는 '걸어 다니는 교도소'라는 전자 장비를 제안한 바 있고, 이는 위치추적의 출현에 일조한 것으로 사료된다(Lilly, J. R. & Nellis, M., "The limit of techno-utopianism: electronic monitoring in the United States of America." in M. Nellis, K. Beyens and D. Kaminish (eds), *Electronically Monitored Punishment: International and critical perspectives*, London and New York: Routledge, 2013, pp. 21-43).

47) 호센은 1995년에 위치추적 기술에 대한 최초의 특허권을 인정받지만, 그 이전인 1994년에 이

위치추적은 범죄자의 전반적인 동향을 감시할 수 있었다. 출입 금지 구역으로 지정된 장소, 예를 들면 피해자의 집이나 대상이 자주 범죄를 저질렀던 지역의 주위를 감시할 수 있기 때문에 가택구금 형태의 전자감독보다 뛰어나다고 평가 받았다.48)

2001년에 이르러 위치추적은 다수의 주에서 소규모의 범죄자 집단(대개 30명 미만)에게 적용됐으며, 전문가들은 계속해서 장비와 시스템의 품질을 개선해 나갔다.49) 플로리다 주 등에서 전자감독에 관한 평가연구50)에서는, 전자감독대상자들 사이에 범죄억제 효과가 나타난다는 설득력 있는 결과가 도출되었다. 이러한 연구결과들은 이후 다수의 주에서 도입을 추진하고 있던, '성범죄자 평생 GPS 위치추적제도'의 법제화의 뒷받침이 되었다.

9. 11 테러 이후 미국에서는 테러나 범죄에 대응하여 전자적 기술의 사용을 사용하는 것이 더욱 확대되어 왔다. 가정폭력을 위한 방안으로 피해자들과 범죄자들을 떼어 놓을 수 있는 '쌍방적 전자감독'이 추진되었다.51) 범죄자에 대한 GPS 위치추적은 9. 11사태 이전에도 가속화가 있었지만, 이후에는 더 심해졌다. 9. 11의 즉각적인 여파 속에서 범죄자의 개인 식별을 용이하게 할 수 있게끔 RFID 칩을 이식하는 가능성이 대두되었다.52) 무선주파수 방식을 기반으로 한 수감자

미 사법부로부터 자금 지원을 받은 웨스팅하우스(Westinghouse)와 모토롤라(Motorola) 뿐만 아니라 캐나다의 스트레티직 테크놀로지 사(Strategic Technologies Inc.)까지 상업적 경쟁에 뛰어들었다. 게다가 뉴멕시코 교정부는 캘리포니아의 샌디아 국립연구소(Sandia National Laboratories)에 실시간 위치추적 기술을 연구해 달라고 의뢰했고, 샌디아와 스펙트럼 사(Sandia and Spectrum Industries)는 이 장치를 시장에 출시할 뻔 하였다. 위의 책, p. 22.

48) 또한 대상자들을 단일한 장소(출입 허용 구역)에 제한하거나 전통적 형태의 전자감독에 결합한 형태로 감시할 수도 있다. 이 때문에 처음부터 수감생활을 마친 위험성이 높은 성범죄자들이 주요 대상으로 선정되었다.

49) 플로리다 주는 '크라임택스'(CrimeTax)라는 소프트웨어와 결합한 위치추적을 사용하기 시작하였는데, 이를 통해 컴퓨터시스템이 범죄자의 동향을 파악해 매일매일 발생하는 새로운 범죄 현장과의 일치여부를 확인할 수 있게 하였다.

50) Padgett, K., Bales, W., & Blomberg, T., "Under Surveillance: An empirical test of the effectiveness and consequences of electronic monitoring." *Criminology and Public Policy*, 5 : 1, 2006, pp. 61–92.; Bales, W., Mann, K., Blomberg, T., McManus, B. & Dhungana, K., "Electronic monitoring in Florida." *Journal of offender Monitoring*, 22 : 2, 2010, pp. 5–12.

51) Erez, M. Ibarra, P. R. and Lurie, N. A., "Electronic monitoring of domestic violence cases." *Federal Probation*, 68 : 1, 2004, pp. 15–20.

52) Nellis, M., "Implant technology and electronic monitoring of offenders: old and new qustions about compliance, control and legitimacy." in A. Crawford and A. Hucklesby (eds) *Legitimacy and Compliance in Criminal justice*, Cullompton: Willan. 2012.

위치추적 시스템은 교도소 내에서 사용되기 시작하였다.[53)]

다) 미국 보호관찰의 미래 대응전략

미국 보호관찰제도에 대한 많은 비판이 존재하고 있기 때문에, 범죄자의 진정한 사회복귀를 위한 유용한 시스템으로서 미국 보호관찰의 미래는 무엇인가라는 질문에 긍정적인 답변을 구하는 것은 쉽지 않다.

그럼에도 불구하고 미국보호관찰의 미래가 생각하는 것보다 그렇게 비관적이지 않다는 것을 시사해 주는 몇 가지 사례가 있다. 최근 확실하게 발전하고 있는 이러한 사례들이 그러한 발전적 흐름이 지속된다면, 미래 보호관찰의 사회복귀 기능과 가치는 더욱 강화될 것으로 확신을 가질 수 있다.

보호관찰의 사회복귀 가치를 증진시키는 이러한 미래 대응전략으로 주요한 것들은 다음과 같다.;

① 보호관찰당국은 능력 있는 보호관찰관을 영입하고 유용한 교육훈련프로그램을 개발하기 위한 예산증액에 노력하고 있다.[54)]

② 기관증설과행정 및 인력체계 개편 등 보호관찰기관의 조직개혁이 이루어지고 있다.[55)]

③ 마약대상자에게 적절한 처우개입이 이루어지도록 더 많은 주의를 기울이고 있다. 특히 약물(마약)법원은 마약범죄자에 대해 적절한 치료와 처우를 제공하기 위해 보호관찰을 부과하면서 다양한 사회기관들의 효과적인 연계를 도모하고

---

53) 이는 광범위하게 사용되지는 않았지만, 대안적 방안을 채택한 적이 한 번도 없었던 교정기관에서 전자감독이 활용되기 시작한 의미 있는 변화라고 말할 수 있다. Halberstadt, R. L. & La Vigne, N. G., "Evaluating the use of radio frequency(RFID) technology to prevent and investigate sexual assaults in a correctional setting." *The Prison Journal*, 91 : 2, 2011, pp. 227–249.

54) 증액된 예산으로 높은 학력과 최고 수준의 기법을 가진 우수한 보호관찰관을 영입할 수 있다면, 보호관찰관들은 더 나은 전문 집단으로 성장할 수 있으며 결과적으로 범죄자의 사회복귀를 촉진하는 기능이 강화될 것으로 기대된다. 미국교정협회와 미국보호관찰협회는 교육과 훈련수준을 높이기 원하는 보호관찰관을 지원하기 위한 프로그램을 만들어 왔다. 보호관찰관이 대상자에게 보다 높은 책임감을 지닌 전문가로서 스스로를 자각할 수 있도록 하기 위한 「직업윤리 및 책임강령」이 공포되었다. 보호관찰관이 대상자에 대한 직업윤리와 법적 책임을 더 습득하도록 지원하기 위하여 대학에서는 특별교육과정이 개설되었다.

55) 보호관찰소의 증설은 보호관찰 케이스로드를 줄이고, 대상자의 욕구와 보호관찰관의 전문성에 기초하여 할당하려는 노력이다. 마약이나 알콜, 심리적 문제를 지닌 대상자를 다루기 위해 전문적 기술을 지닌 보호관찰관이 더 채용되고 있다. 또한, 사회사업 전문지식과 성범죄관련 문제를 지닌 대상자를 전문적으로 치료하기 위해 새로운 보호관찰관이 채용되고 있다. 케이스 배당(caseload assignments)으로 점차적으로 단순한 수적 개념보다 지리적 사정에 기초하고 있다. 지리적 사정에 기초한 케이스 할당으로 보호관찰관은 대상자와 일대일 접촉에 더 많은 시간을 보내고, 멀리 떨어진 대상자 주거지를 방문하기 위해 들이는 시간을 줄일 수 있게 된다.

있다.[56)]

④ 회복적 사법에 대한 강조로 대상자의 책임이 강조되고 있으며, 피해자보상, 손해배상, 사회봉사명령, 일일벌금프로그램 등의 회복적 사법프로그램이 개발되어 활용되고 있다.[57)]

⑤ 집중보호관찰, 가택구금, 전자감독, 최근의 위성추적시스템과 같은 지역사회 내 교정프로그램에 대한 연구개발이 계속되고 있으며 그 활용이 증가되고 있다.[58)]

⑥ 미국교정협회나 미국보호관찰협회와 같은 전문기관들이 계속 지역사회 내에서 보호관찰관들이 지지받도록 조력하고 있고, 이에 따라 대상자 거주지역의 구성원과 관련기관의 긍정적인 개입이 촉진되고 있다.[59)]

⑦ 보호관찰당국은 공공안전을 최우선의 가치로 하여 지속적으로 '위험성에 따른 대상자 범주화 및 분류방법'을 연구·수정해오고 있다. 대상자 위험도, 더 중요한 대상자 욕구를 결정하는 향상된 분류표는 보호관찰당국이 대상자 욕구에 맞는 적절한 개입을 지향할 수 있도록 할 수 있다.[60)]

2. 영국(England & Wales)

1) 개관: 혁신을 거듭하는 유럽 보호관찰의 선두주자

영국(England and Wales)의 총인구수는 2016년 1월 기준으로 약 5,814만 명이며 교도소 수용인원은 인구 10만 명 당 약 147명이다.[61)] 영국은 미국과 함께 가장

---

56) 1980년대 중반, 미국은 마약과의 전쟁을 수행하였고, 이 전쟁의 결과로 수많은 마약관련자들이 체포·기소·시설수용 되었다. 1990년대 초반, 일부 주에서는 사법부 임무의 많은 부분을 담당할 특별법원인 '약물(마약)법원'이 설립되었고, 점차 다른 주로 확산되어 나갔다. 약물법원의 이러한 다각적인 접근의 결과는 상당히 고무적이라는 평가를 받고 있다.

57) 이를 통하여 대상자들은 자신의 행동에 대한 책임수용과 함께, 그들의 범죄로 인한 피해자를 더 상세히 인식하도록 배우고 있다.

58) 보호관찰관이 효과적으로 지도감독을 수행하기 위해, 이러한 기술개발과 구금전략들의 활용이 증가되고 있는 것이다. 케이스로드가 줄어들고 기술이 보호관찰관의 지도·감독을 지원할 수 있게 됨에 따라, 프로그램 참가기간 동안 재범률은 확실히 줄어들 것으로 기대된다.

59) 보호관찰관의 전문적 치료, 상담이나 직업알선 등을 필요로 하는 대상자가 거주하는 지역의 구성원과 관련된 전문기관의 긍정적인 개입이 촉진되고 있는 것이다. 이는 과거 보호관찰관의 역할로 특징지어진 수동적 측면에서 탈피한 중요한 이동을 의미한다.

60) 결론적으로, 밀착감독이 필요한 대상자에 한해 선택적으로 엄격한 보호관찰 프로자원을 투입하려는 노력들이 진행되고 있다. 따라서 선택적 무능화 같이, 대상자와 보호관찰관 모두의 이익이 최대화되고, 보호관찰 자원이 극대화되기 위해서 전략적으로 선택적 집중감독이 적용되고 있다.

61) 관련 링크: http://www.prisonstudies.org/map/europe

오랜 보호관찰제도의 역사를 자랑하고 있으며, 다양한 보호관찰프로그램을 운영 중에 있다. 특히 1990년대 이후 영국 보호관찰의 성격은, 범죄자 개인의 사회복귀를 지향하는 과거의 전통적인 모습과는 달리 공공보호의 중요성을 더욱 강조하는 방향으로 변화하고 있다.

영국은 자국 스스로를 형사정책과 그 실행의 선두주자라고 보고 있다. 미국이나 여러 유럽 국가들의 다른 주장에도 불구하고, 영국은 보호관찰제도의 창시국으로서 자국의 중요성을 강조하며 자부심을 드러내고 있다. 또한 소련의 붕괴에 잇따른 베를린 장벽 해체선언과 함께 동구권 국가들이 서구사회로 편입되면서, 많은 동구권 국가들이 보호관찰제도를 현대화하는데 있어 잉글랜드와 웨일즈의 학자들 그리고 보호관찰관들이 제시한 방법을 따르고 있다고 주장한다.[62]

영국은 특히, 2005년 이후 〈범죄자관리청〉의 출범시켜 시설내처우와 사회내처우의 연계와 일관된 범죄자관리시스템 구축을 위한 노력을 강화하고 있다.[63] 영국은 〈유럽보호관찰연합〉(CEP: Confederation of European Probation)의 설립멤버로서 1982년부터 참가하였다.

영국의 재판 이전 단계에서 보호관찰기관은 법원이 피고인에게 조건부로 보석을 허가하면서 석방할 때 전제조건으로 부과하는, 특정한 준수사항[64]을 이행하도록 하는 임무를 수행한다. 또한 공판에 앞서 보호관찰기관은 검찰과 법원에 보석에 대한 결정을 하는데 도움을 주는 확인된 정보를 제공하기도 한다. 그러나

---

62) Mair, G. & Nellis, M., "'Parallel tracks': probation and electronic monitoring in England, Wales and Scotland", in M. Nellis, K. Beyens and D. Kaminish (eds), *Electronically Monitored Punishment: International and critical perspectives*, London and New York: Routledge, 2013, pp. 63-81.

63) 영국 보호관찰제도와 관련된 웹사이트는 다음과 같다.
   ① 보호관찰기관에 대한 링크(Link to Probation Service)
      – www.probation.homeoffice.gov.uk/output/page1.asp (Probation Service);
      – www.justice.gov.uk/about/noms.htm (National Offender Management Service)
   ② 보호관찰관 및 보호관찰소장 협의회 링크
      – http://probationassociation.co.uk/ (Probation Association);
      – www.probationchiefs.org/ (Probation Chiefs Association);
      – www.napo.org.uk/ (NAPO–The Trade Union and Professional Association for Family Court and Probation Staff)
   ③ 기타 유관기관 및 통계관련 링크
      – www.justice.gov.uk/publications/prisonanprobation.htm/ (Home Office Probation Statistics);
      – www.crimeandjustice.org.uk/opus1756/probation_Resources._Staffing_andWorkloads_2001-2008_revised_ edition.pdf/ (Excellent England and Wales);
      – www.prisonersabroad.org.uk/(Prisoners Aborad).

64) 예전에는 주로 보호관찰호스텔(Probation Hostels)에 머물도록 하는 준수사항을 의미했다,

재판 이전 단계의 이러한 보호관찰제도와 관련된 입법규정은 아직까지 매우 제한적이다.

양형절차가 이분되어 있는 영국에서는 기소되어 유죄가 확정된 피고인에 대해서 법원이 양형에 도움을 받기 위하여 일반적으로 판결전조사(pre-sentence reports)를 요청한다.[65]

한편 보호관찰기관은 약물치료, 사회봉사, 심리치료, 거주지 제한, 전자감독 등의 12개의 준수사항을 포함할 수 있는 '지역사회명령'(Community Orders)을 집행한다. 적은 수의 범죄자들은 '형의 유예 감독명령'(Suspended Sentence Supervision Orders)의 대상이 된다.

영국의 출소자 애프터케어와 관련해서 특기할만한 점은, 이론상 보호관찰기관에서 12개월 미만 단기 자유형 복역 출소자에 대해서 원칙적으로 도움을 주도록 되어있으나 정부예산의 축소로 인하여 현재는 극히 예외적인 경우에만 도움이 제공되고 있다는 것이다.[66]

2) 역사적 발전

가) 영국 보호관찰의 기원과 최초 입법

영국 보호관찰의 기원은 범죄자에 대하여 법원이 추후 소환이 있을 경우 법정에 출두한다는 조건 하에서 방면했던, '서약방면'(recognizance)이라는 보통법(Common Law)의 관행에서 찾기도 한다. 그러나 보호관찰이 체계적으로 시작된 것은 1876년 런던의 한 경찰법원(police court; 현재의 치안법원)에서 〈**영국국교회 금주협회**〉(Church of England Temperance Society)의 '경찰법원 선교단'(Police Court Missionary)이 임명되면서 시작되었다.[67] 이들 선교사들은 과도한 음주, 빈곤, 개인적 좌절 등의 문제를 가

---

65) 이 보고서는 범죄행위, 범죄자의 범죄행위와 관련된 정보, 그리고 대상자의 재범 위험성의 측정 등으로 구성된다. 이러한 보고서들의 결론에는 양형에 관한 명백하고 현실적인 권고안이 포함되어야 한다.

66) 잉글랜드와 웨일즈의 몇몇 보호관찰 관할구역에서는 이 정책의 문제점을 인식해왔고 일정한 원조를 제공하는 것을 추진해왔다. 예를 들어 중서부 지역의 4개 보호관찰소에서는 단기 자유형을 선고받아 복역하고 출소한 사람들에 대하여도 지원과 조언을 하는 '연계프로젝트'(Connect Project)를 수립하여 시행하고 있다. 이러한 변화의 배경에는 2009년과 2010년에 시행된 이 분야에 대한 대규모 정부예산 삭감이 자리 잡고 있다. 이는 장기적 접근이 갈수록 어려워지는 현상을 반영하는 것으로서, 장기계획에서 단기계획으로 자원 재분배 결정이 이루어지고 있는 것이다.

67) 정동기, 「영국의 사회내처우제도: 최근의 개혁추진방향」, 영국 캠브리지대학교 해외연수귀국보고서, 1990, p. 10.

진 범죄자들의 반복적인 재범을 방지하기 위하여 금주 지원, 취업 및 숙소기회 제공 등의 활동을 활발하게 전개하면서 보호관찰에 관한 입법운동으로 발전하였다.[68]

보호관찰과 관련 최초의 영국 법률은 1887년 제정된 「초범자보호관찰법」(The Probation First Offenders Act)이다. 영국에서 '보호관찰(probation)'이라는 용어가 공식적으로 처음 사용되었던 이 법률에 의하여, 법원은 초범자의 환경적 요인과 범죄내용을 참작하여 보호관찰에 명할 수 있게 되었다.[69]

그러나 본격적으로 보호관찰제도가 시행된 것은 그로부터 20년이 지난, 1907년 「범죄자보호관찰법」(The Probation of Offenders Act)이 계기가 되었다고 평가할 수 있다. 같은 법률에서는 살인과 반역죄를 제외한 모든 범죄자에게 동의하에 보호관찰을 부과할 수 있게 하고, 유급의 보호관찰관제도를 도입하였다.[70] 이 법령은 보호관찰관의 기본적인 책무를 보호관찰대상자를 위해 '조언하고, 도와주며, 친밀한 관계를 유지할 것(advise, assist and befriend)'으로 규정하고 있었다.

나) 초기의 발전

보호관찰대상자와 보호관찰관의 수가 증가함에 따라 1912년에는 「보호관찰관 강령」(Principle Probation Officer)의 제정되고 〈전국보호관찰관협의회〉(National

---

68) 1876년 허트포드셔(Hertfordshire)의 편집인 프레더릭 레이너(Frederick Rainer)는 범죄자가 '반복적인 재판과 재범'이 이어지는 과정에 크게 놀라 〈영국국교회 금주협회〉(Church of England Temperance Society)에 돈을 기부하기 시작하면서 재범을 방지하기 위한 효과적인 방안을 모색하게 되었다. 금주협회에서는 범죄와 불가분의 관계가 있는 과중한 음주 그리고 가난과 절망에 대응하는 것이 그 방안이라 결론을 내리게 된다. 당시 빅토리아 시대에 노동자 계급의 도덕적 타락에 관한 사회적 관심이 증대되고 있던 시기여서 금주협회의 결론은 이러한 시대적 상황과도 일치하는 것이었다. 이를 담당했던 성직자들은 구금시설에서 이들과 면담한 이후 도움이 필요한 대상자를 선정하고 이들을 효과적으로 재활시키기 위한 구체적인 방법들을 법원과 협의하였다. 이 과정은 일정기간 동안 금주할 것, 적정한 숙소와 취업의 기회를 제공받고 성직자들의 지도에 따르겠다는 서약 후 시작되었고 이러한 과정은 반복되었다.

69) 정동기, 앞의 책, pp. 10-11.

70) 또한 재정은 지방자치단체가 부담하되 치안법원에 보호관찰관의 임명권을 주고, 별도로 행정의 수행을 위한 보호관찰위원회 설치 근거를 마련하는 등 제반 제도적 기반을 정비하였다. 비록 법원이 선별적으로 보호관찰관을 임명하도록 되어 있었지만 보호관찰 내용 면에서는 획기적인 법령이라 할 수 있다. 즉 보호관찰이 범죄자의 재활과 재범방지에 그 목적이었으며 보호관찰대상자의 동의가 필수 사항이었다. 보호관찰관은 대상자의 범죄내용과 배경에 관하여 법원의 질의할 수 있었고 재범을 막기 위한 준수사항을 부과하는 한편 음주와 관련된 범죄를 막기 위하여 금주를 명할 수 있었다. Mair, G., "Community penalties and the Probation Service." in M. Maguire, R Morgan and R. Reiner (eds), *The Oxford Handbook of Criminology*, 2nd edn. Oxford: Clarendon Press, 1997.

Association of Probation Officers)가 설립되었다.71) 1925년 「형사재판법」(The Criminal Justice Act 1925)이 제정되어 모든 치안법원에 보호관찰관이 상주할 것을 의무로 하였다. 한편 1936년에는 영국 내무성(Home Office)에 보호관찰 관련 조직이 설치되었으며, 1941년에는 모든 보호관찰기관이 국가기관이 되었고 모든 보호관찰관이 유급 직원이 되었다.72)

1948년 「형사재판법」(The Criminal Justice Act 1948)의 개정은 가히 '**영국 보호관찰제도 발전의 분수령**'이라고 평가할 만한 획기적 조치들을 포함하고 있었다.73) 이에 따라 보호관찰의 업무영역이 가석방74)으로 확대되고, 12-20세의 소년을 상대로 수강명령(Attendance centres)이라는 새로운 형태의 보호관찰제도가 도입되었다. 또한 이 법률 개정에 의하여 보호관찰관이 전문 사회복지사(case worker)로 충원되는 시스템이 정착되어 상급법원에도 보호관찰관을 배치하게 되었고, '**보호관찰호스텔**'(Probation Hostel)의 설치근거도 마련되었다.

다) 1950-80년대 구금전환정책

1950년 중반기부터 범죄자의 수가 급증하면서 심각한 교도소 과밀수용의 문제가 제기됨으로서 이후 30년간은 보호관찰의 '시설내처우 대안'(Alternative to custody)으로서의 역할이 강조되기 시작하였다.

1966년에는 교도소에서의 가석방자 등 출소예정자의 사회복귀 지원업무가 보호관찰관의 업무로 통합되었고, 1968년 가석방 보호관찰제도가 정식으로 도입되었다.75)

1972년 형사재판법령은 범죄자를 구금시설로부터 사회내처우로 전환시키기 위해 **사회봉사명령**(Community Service Order)제도를 도입하였다. 이처럼 1970년 중반기까지는 범죄자를 교도소로부터 보호관찰로 전환시키는 것이 보호관찰의 주요

---

71) 아울러 그 동안 〈영국국교회 금주협회〉(Church of England Temperance Society)의 직원에 불과했던 보호관찰관의 자질향상을 위해 전문적인 교육과정이 필요하다는 논쟁이 일기 시작하였다. 그동안 보호관찰에서 강조되어 왔던 '종교적, 성직자적 이념'이 '과학적, 진단적인 이념'으로 바뀌기 시작하였다. 이러한 원칙의 변화는 보호관찰관 교육과정에도 그대로 반영되었다.
72) 정동기, 앞의 책, p. 11.
73) 박수환, 「영국보호관찰」, 법무부 해외연수보고서, 2000.
74) 1948년 당시의 가석방기간은 고정적으로 1년이었으나 1982년 6개월로 단축되었다.
75) 1962년 영국 내무성에서는 보호관찰이 범죄자를 처우하는데 효과적이라는 사실을 전 국민에게 널리 인식시키기 위해 〈모리슨(Morrison)위원회〉를 설치하게 된다. 그 이후 1967년 형사재판법령은 가석방보호관찰(parole)의 개념을 도입함으로서 보호관찰소의 업무를 '보호관찰 그리고 출소자 사후지도(after-care)'로 정형화 시킨다.

역할이라는 인식이 보호관찰 실무적으로나, 정치인, 판사들 사이에 널리 확산되어 갔다. 그러나 구금시설로부터의 전환이 보호관찰의 주요목적이 되면서, 그동안 보호관찰의 주요 이념으로 여겨졌던 '사회복귀의 이상'(rehabilitation ideal)이 거센 도전을 받게 되기도 하였다.76)

한편, 1984년 영국 대처정부(Thatcherite Government)에서는 보호관찰사업의 우선순위를 정하고 행정의 책임성과 재원사용에 대한 관리적 측면을 강조하는 보호관찰행정의 개혁을 단행하였다.77)

라) 1990년대 이후의 공공보호 강조

영국 보호관찰에 있어서 1990년대는 변화의 10년이었다. 1991년에 「형사재판법」(Criminal Justice Act)78)은 정의모델(Just desert model)모델에 입각하여 '사회내처우의 처벌성'(punishment in the community)을 강조하였다.79) 즉 보호관찰을 통한 지역사

---

76) 미국의 마틴슨(Martinson)은 '교도소개혁 과연 효과가 있는가(What works? Questions and Answers about Prison Reform, 1974)'라는 논문에서 그동안 형사정책의 목표로 생각되어 왔던 재활이념(rehabilitation)에 의문을 나타내기 시작하였다. 2년 후 영국에서도 마틴슨과 그의 동료들은 훨씬 복잡하지만 같은 내용의 연구 결과를 발표한 바 있다. 더욱 중요한 것은 이때가 코헨과 스컬(Cohen and Scull)에 의해 사회내처우가 범죄자의 통제를 매개로한 사회통제 수단에 불과하다는 통제이론이 제기된 시점이었다는 것이다. 이는 사회내처우의 확대는 '형사사법망의 확대'(Net-widening)로 더욱 많은 수의 범죄자들이 형사사법절차내로 유입되는 결과가 되었다고 주장한다.

77) 1980년대 초의 대처정부(Thatcherite Government)는 법과 질서를 확립하고 재정적인 궁핍을 타개하기 위해 지금까지 보호관찰조직의 기능이 비효율적이었다고 간주하고 개선 필요성을 제기하게 된다. 즉 보호관찰은 범죄자의 개선과 교도소 과밀수용문제를 해결하는데 실패했고 실제로 엄벌에 처해져야 할 범죄자들에게 너무도 유연한(soft) 사회복지적인 가치를 실현하고자 했다는 비판이 제기 되었다. 이에 따라 1984년 영국 정부에서는 '보호관찰의 국가적 목적과 우선순위'(Statement of National Objectives and Priorities)라는 강령을 채택하고 보호관찰사업의 우선순위를 정하게 된다. 이는 보호관찰행정의 책임성을 확보하고 자원들이 어떻게 사용되었는지에 대한 관리적 측면을 강조하고자 하는 정부의 압력 때문이었고 이는 1990년 이후의 보호관찰 정책에 큰 변화를 가져왔다. Mair, G., 앞의 논문.

78) 1991년 「형사재판법」(Criminal Justice Act: CJA, 1991)은 폭력 및 성폭력 범죄자의 양형에 있어서 비례성 원칙의 일부 예외를 인정하였다. 이렇듯 공공보호에 입각한 초기의 정책은 보다 처벌을 강조하는 것이었으며, 특히 이 법률은 보호관찰을 형사사법체계 내의 핵심적 위치로 끌어올리면서, 사회내처우의 처벌성을 강조하고 있다. 이는 판결의 기본적인 이념을 응보주의(Just deserts)에 두고 범죄의 질에 상응한 처벌을 강조하면서 보호관찰을 구금형의 대안이 아닌 "그 자체로 하나의 형벌로서 인정(stand in its own right)한다."는 대원칙에 입각하고 있는 것이다. 이형섭, "영국 보호관찰의 효과적인 강력범죄자 관리방안", 「법조」 통권22호, 2010, pp. 75-86.

79) 1991년 「형사재판법」(Criminal Justice Act)은 방대하고 미래지향적인 내용을 담은 것인데 특히 보호관찰이 형사사법 체계 내에서 핵심적인 위치에 있게 한 것이 특징이다. 이 법령은 아마 1948년 법령이후에에형사정책 전반에 관한 가장 중요한 법령으로 그 내용은 교도소가 비효율적인 조직으로서 개혁되어야함을 강조하면서 죄를 지은 범죄자는 죄질에 상응하게 처벌한다는 이념 하에 '사회내처우의 처벌성'을 강조하고 있다. 한편 이 법령은 사회조사보고서(Social inqury

회 내에서의 처벌과 자유제한의 개념을 도입한 것이다. 구금형의 대체수단으로 보호관찰처분을 여기던 오래된 입장은 변화하여 보호관찰을 하나의 독자적인 판결형태인 '지역사회형벌'(community punishments)로 규정하게 되었다.[80]

1990년대부터 '공공보호'라는 정치적 의제에 관한 논쟁은 사회적으로 큰 반향을 일으킨 성폭력범죄사건으로 한층 격화되기 시작하였다. 특히 일부 흉악한 아동성폭력범죄자의 등장으로 공공보호를 강조하는 보수적 정책들이 속속 등장하였으며 보호관찰의 현장업무에도 많은 변화가 시작되었다. 1997년에는 「성범죄자법」(Sex Offenders Act: SOA, 1997)의 제정으로 '성범죄자 등록제도'가 실시되었고,[81] 2000년에는 경찰과 보호관찰 기관은 지역사회 내 성범죄자 등의 체계적 관리를 위한 '다기관공공보호협정'(MAPPA)의 책임기관으로 지정되었다.[82]

또한 이 시기에는 형사정책과 형사사법절차 전반에 있어서 강성화의 경향이 눈에 띄게 나타나게 되었다.[83] 또한 보호관찰행정에의 경영개념 도입과 민영화도 주요한 이슈의 하나로 부각되었다.

영국 보호관찰 분야에서 '공공보호' 이념의 강조는 최근까지 핵심적 주제(key theme)이며 결과적으로 '중요한 소수의 범죄자'에 대한 위험성평가와 다기관 협력체계(MAPPA)를 위한 공식적 절차를 증가시키는 결과로 나타나고 있다.[84] 한편 최

---

report)를 판결전조사서(Pre-sentence report)로 그 명칭을 바꾸었다. 전자가 주로 범죄자의 복지적 측면에서 그에 관한 기초적인사회적, 개인적 정보에 관한 내용을 담고 있는 반면 후자는범죄내용 그 자체에 초점을 두고 그것과 관련된 내용이라는 점에서 다소 차이가 있다.

80) 이는 모든 범죄자는 교도소로 가야하고 만약 범죄자가 보호관찰에 처해지는 것은 방면(let-off)되거나 너무 유약한 선택이라는 일반인의 그릇된 편견을 정면 부인하는 것이었다. 교도소의 수용인원이 증가하였던 이 기간 동안 보수적 관점에서 보호관찰의 역할은 재정적 관점에서 수용인원 및 교정비용의 절감을 위하여 사회내 형벌로 기능하는 것이었다. 양극화, 즉 위험한 범죄자(성폭력 및 폭력범죄자)는 더욱 무거운 형을 받지만 위험하지 않은 범죄자는 과거의 보호관찰보다 더 통제적이고 제한적인 형태의 보호관찰을 통해 지역사회 내에서 처벌받는다는 '처벌에 관한 양극화'(punitive bifurcation)는 보호관찰 지도감독에 관한 새로운 국가표준에 명시되고 실시되기에 이르렀다.

81) Nash, M., *Police, Probation and Protecting the Public,* London: Blackstone Press, 2001.

82) 2000년 「형사사법 및 법원조직법」(Criminal Justice and Court Services Act 2000)의 도입에 따른 것이다. 이는 아동보호나 정신건강의 문제를 가진 사례에 있어 다기관 협력체계를 구축하는 것이 최선의 방책이 될 수 있기 때문이었다. 추후에 「형사재판법」(Criminal Justice Act 2003)으로 교정기관이 이러한 협력과정에 추가되었다.

83) 예를 들어, 특정범죄에 대한 필요적 종신형 등 미국 로널드 레이건 정부의 '삼진아웃제'에 영향 받은 양형강화정책이 추진되었다. 이러한 강경화 경향의 이면에서는 "범죄자와 함께 하는" 그리고 그들의 복지에 헌신하는 보호관찰의 초기 이념은 점차 입지를 잃어가게 되었다. 비록 보호관찰관들은 전통적인 보호관찰의 가치를 계속 유지하고자 하였지만 일반대중이 범죄에 대한 강경정책을 선호하는 태도를 보였기 때문이다.

84) Criminal Justice and Court Services Act (CJCS), 2000; Criminal Justice Act, 2003; Home Office,

근에는 공공보호라는 가치를 추구함에 있어서 피해자의 입장이나 지역사회주민의 참여를 강조하는 '지역사회 보호모델'(Community Protection Model)과 '공공보건모델'(PHA: Public Health Approach)도 등장하였다.85)

3) 보호관찰의 조직 및 인력

가) 보호관찰의 조직

(1) 국가범죄자관리청(NOMS)의 창설

잉글랜드(England)와 웨일즈(Wales)86)에서 2000년에 설립된 〈국가보호관찰청〉(NPS: National Probation Services)은 정부조직이며, 이 기구의 설립과 함께 54개의 보호관찰 관할구역87)이 42개의 보호관찰지역으로 축소되었다.

2004년에는 시설내처우를 담당하는 교정시설과 사회내처우를 담당하는 보호관찰기관의 협력을 강화하고 향후 민간부분이 보호관찰업무의 주요한 운영자가 되는 것을 촉진하기 위하여 〈국가범죄자관리청〉(NOMS: National Offender Management Service)이 창설되었다.88) 이 조직은 2007년 5월 이래로 법무부의 산하기관이 되었

2004.

85) 현재까지 공공보호에 관한 논의는 경찰이나 보호관찰소 등 몇몇 핵심기관의 전문가들의 전유물이었고 공공대중과 피해자의 대부분은 배제되어 왔다. 고위험범죄자에 대한 효과적인 관리에 있어서 피해자의 입장을 강조하는 '지역사회 보호모델'이 다른 무엇보다 중요하다는 주장도 제기되었다. 또한 최근에 주장되고 있는 대안적인 모델인 '공공보건모델'(public health approach: PHA)은 공공대중의 인식과 교육적인 캠페인도 강조하고 있다. Connelly and Williamson, 앞의 논문, 참조.

86) 웨일즈 의회정부(The Welsh Assembly Government)는 웨일즈에서의 보호관찰제도 운영에 관한 직접적인 권한이 없다.

87) 과거 보호관찰구역은 런던을 제외하고는 1986년에 전국적인 규모로 정해졌으며 카운티(county)와 경계를 같이 하였다. 정동기, 앞의 보고서, p. 13.

88) 범죄자관리청(NOMS)은 2003년 패트릭 카터(Patrick Carter)에 의해 실시된 교정서비스의 광범한 재검토 후에 탄생하였다. 1997년 18년 만에 집권한 노동당 토니 블레어 정부는 미국식의 교정서비스를 교정보호 서비스로 통합하는 관심을 보이기 시작하였다. 전국보호관찰협의회(NPS)가 2001년 구성되었을 때 통합논의가 수면 아래로 가라앉았으나 2003년 패트릭 카터는 교정보호 서비스의 통합 임무를 맡게 되었다. 통합논의는 주로 정부 내부에만 있었을 뿐 아니라 거의 활성화되지도 않다가 2004년 1월 '카터보고서'가 발표되면서 교정보호의 급격한 재정비의 신호탄이 되었다. 특정 범죄관리자가 범죄로부터 사회를 방위하고 범죄자의 재범 감소를 위하여 각각의 범죄자를 담당할 책임을 지는 것이다. 이러한 목적을 달성하기 위하여 범죄 관리자는 다른 서비스의 공급자로부터 필요한 서비스를 위임받는다. 카터는 범죄자 관리 일원화 과정(end-to-end)을 위한 범죄자관리청의 창설을 권고하고, 수용시설에서 이루어졌던 발전으로 지역사회 내에서도 이루게 하여 재범률을 감소시키는 것을 최고의 우선순위에 두도록 하는 교정보호 서비스의 통합을 주장하였다. 또한 카터는 사회 내에서 범죄자의 관리와 교도소의 운영을 위하여 민간부문과 경쟁을 강조하였다.

는데, 영국정부는 협동과 경쟁을 통해 보호관찰제도가 더욱 효율적으로 운영되고 비용측면에서도 효과적일 것이라고 기대하고 있다.[89]

현재 범죄자관리청(NOMS) 산하 10곳에 광역범죄관리본부가 있고, 광역지역은 경찰청·법원·검찰청 관할구역과 일치하는 42개 중간권역으로 구분되며, 각 중간권역에는 보호관찰위원회가 설치되어 42개의 보호관찰 지역본부를 포함한 600여 개의 일선 보호관찰소를 관리하고 있다.[90]

(2) 보호관찰 민영화와 보호관찰신탁기관(Probation Trust)

과거 국가보호관찰청은 여러 〈보호관찰위원회〉(Probation Committee)로 조직되었으며 각각의 보호관찰위원회는 위원장과 위원 및 사무국 직원들로 구성된 합의제 의사결정기구이었다.[91] 위원장은 관할구역 내의 보호관찰소에 대한 재정지출, 각 보호관찰소에 수행된 모든 현안들, 정책제안 및 관련통계에 대한 책임이 있었다.[92]

2007년에 제정된 「범죄자관리법」(The Offender Management Act)에 의하여, 2008년부터 42개 권역의 보호관찰위원회(Probation Boards)와 연계된 중간권역 보호관찰 지역본부 중에서 35개 기관이 민영화되어 〈보호관찰신탁기관〉(Probation Trusts)으로 대체되었다.[93] 새로운 신탁기관은 지역단위에서 정책을 개발하는 더욱 많은 범위의 권한을 가지게 되었으나, 한편으로는 대상자들에게 서비스를 제공하는 데 있어서 자원봉사 및 민간 조직 분야와 경쟁에 직면했다. 그럼에도 불구하고 영국정부는 범죄자관리 분야를 여전히 공공영역에 남겨두는 것에 합의하였다.

2013년 현재 영국(잉글랜드와 웨일즈)에는 35개의 보호관찰 신탁기관이 있으며,

---

89) CEP, *Summary of Information on Probation in England and Wales*, 2009. 이전까지 내무부 (Home Office)에 같이 소속되어 있던 보호관찰과 경찰은 2007년 5월 이래로 다른 정부 부처에 소속하게 되었다. 보호관찰기관은 법무부 산하인데 비하여 경찰의 조직과 기능은 유럽의 내정업무를 담당하는 부서인 내무부(Home Office) 소관으로 남아있다.

90) 42개의 중간권역 보호관찰소마다 본부소장이 있고, 본부소장이 당연직 위원이 되는 보호관찰위원회가 별도 설치되어 있다. 보호관찰위원회에는 본부 소장 외에 비상임위원이 있으며, 예산, 관리, 보호관찰관 선발 및 훈련 등 업무를 수행한다.

91) 정동기, 앞의 책, pp. 13-14.

92) 2008년 이전에는 전국 42개 지역별로 보호관찰위원회가 설치되어 있으며, 위원은 판사, 교수, 교도소장, 지방정부 공무원 등으로 구성되어 있었다. 위원회는 보호관찰소장의 중요정책에 대한 설명을 듣거나 승인을 할 수 있는 권한이 있었다. 또한 위원회는 지역사회와 보호관찰소간의 가교역할을 하면서, 보호관찰관의 임명 및 급여지급 업무와 보호관찰소 사무실 경비 및 대상자 원조금 지급업무를 담당하였다. 한편 지방자치단체는 보호관찰소 예산의 20%를 부담하였는데, 위원 중 1-2인에 대해서는 지방자치단체에서 임명하는 것이 일반적이었다.

93) National Audit office, *Probation: landscape review*, 2014.

각 신탁기관의 산하에는 다양한 업무를 수행하는 여러 보호관찰소가 소속되어있
다. 이들 신탁기관은 각 관할구역에서 지역사회명령을 이행하고 개입프로그램에
참여하는 범죄자와 출소자를 관리하고 법원에 판결전조사보고서를 제공하는 업
무를 총괄하여 책임지고 있다.

(3) 기타 보호관찰 관련 조직 및 민간단체

〈**소년사법위원회**〉(YJB: Youth Justice Board)와 **소년범죄전담팀**(YOTs: Youth Offending
Teams)이 창설된 이래로, 보호관찰기관은 주로 성인들을 다뤄왔다. 그러나 대부분
의 소년범죄전담팀(YOTs)에는 보호관찰기관의 직원들이 포함되어 있다.

1975년에는 보호관찰관의 업무를 지원하는 자원봉사자들이 〈**자원조력자협회**〉
(SOVA: The Society of Voluntary Associates)라는 조직을 설립하였다. 이 협회는 범죄자
들을 대상으로 한 최선의 실천을 촉진하고 협력프로젝트나 교육훈련을 실시함으
로써 범죄자 지도감독분야에 자원봉사자가 활용되도록 지원한다.

이외에도 전국적 또는 지역적 단위의 많은 기관 및 단체가 보호관찰대상자
에게 특별한 서비스를 제공하는 역할을 수행하고 있다. 예를 들면, 성범죄자에
대해서는 〈루시 페이스풀 재단〉(Lucy Faithful Foundation), 호스텔 숙박알선과 관련해
서는 〈랭글리 주거신탁〉(Langley House Trust), 고용 및 숙소알선 분야에서는 〈범죄
자 보호 및 재정착 전국협회〉(National Association for the Care and Resettlement of
Offender), 그리고 약물남용 분야에서는 〈터닝포인트〉(Turning Point) 등이 활동하고
있다.

나) 보호관찰의 인력

보호관찰신탁기관이 설립되기 직전인 2007년에는 보호관찰기관에 종사하는
전체 직원의 수가 총 21,325명이었다.[94] 이중에서 고위 관리자급은 612명이고 보
호관찰대상자를 직접 다루는 직원은 14,654명이며 행정 및 기타 지원인력은 5,608
명[95]이었다.

2012년 9월 30일 기준으로 살펴볼 때도 잉글랜드와 웨일즈의 보호관찰신탁
기관에 근무하는 전체 인력은 19,196명이다. 이 중에서 정규직원은 16,710명이며,

---

94) CEP, 위의 자료 참조. 이 자료에 제시된 보호관찰인력은 전체 직원의 단순 인원수를 기준으로
하고 있으며 정규직(full time posts)만을 기준으로 할 경우에는 이보다 수가 더 적어질 것이라고
한다.
95) 행정 및 기타 지원인력에 대해서는 2006년 기준 데이터.

이들 정규직의 약 85.3%인 14,250명이 보호관찰관으로서 보호관찰대상자와 직접 관련된 업무를 수행하고 있다. 이들 보호관찰관들의 약 45%가 지역사회명령, 13%가 인증프로그램(accredited programmes), 9%가 무보수근로명령의 집행을 각 담당하고 있고[96] 3%가 판결전조사업무, 2%가 재정착지원업무를 담당하고 있다.

2011년 12월 기준으로 35개 보호관찰신탁기관에 의한 전체 집행예산은 연간 8억 2,000만 파운드[97]인데, 이는 2008년 9월 9억 1,400만 파운드로 정점을 찍은 이후에 꾸준히 감소한 수치이다. 자유형을 복역한 이후 출소한 범죄자 1인당 연간 평균 감독비용은 2,380파운드이고, 형의 유예나 지역사회명령을 받은 범죄자에 대한 연간 평균 감독비용은 4,315파운드이다. 또한 판결전조사보고서 1건을 작성하는데 있어서 드는 평균비용은 약 215파운드이다.[98]

보호관찰관의 연수과정은 통상 2년으로서, 1년은 대학의 위탁과정을 통하여 기초과목에 대한 이론적 학습으로 구성되며, 나머지 1년은 보호관찰소·법원 등에서 실습하는 것이 일반적이다. 보호관찰관 연수과목은 범죄학, 사법구조, 보호관찰 기초기술(상담, 그룹지도 등), 가치와 윤리, 법과 정책, 사회문제 이해, 사회내 프로그램 개발, 범죄위험평가 등이다.[99]

4) 보호관찰의 운영현황

가) 보호관찰 전체현황

2008년 기준, 영국의 전국 보호관찰기관에서는 일 평균 146,700명의 법원 명령대상자와 98,500명의 사전/사후 석방감독대상자에 대한 지도감독을 실시하고 있다. 또한 연간 약 216,353건의 판결전조사를 실시하여 법원에 보고하였다. 이 중에서 2008년 한해에 신규 접수된 사건 수는 법원의 명령대상자가 164,873명이며 사전/사후 석방감독대상자가 47,482명이었다.[100] 2012년 6월 기준으로 잉글랜

---

96) 지역사회명령은 우리나라의 보호관찰, 인증프로그램의 집행은 우리나라의 수강명령, 무보수근로명령은 우리나라의 사회봉사명령에 각 해당된다. MoJ Probation service workforce information summary report; quarterly 22012-13 http://www.justice.gov.uk/downloads/statistics/prison-probation/probation-workforce-stats/probation-workforce-report-q2-2012-13-staff.pdf

97) 2014년 5월 31일 환율기준으로 한화 약 1조 133억.

98) MoJ Probation Trusts Unit Costs 2011-12
http://www.justice.gov.uk/downloads/statistics/prison-probation/probation-workforce-stats/probation-trust-unit-costs-tables-11-12.pdf

99) 박수환, 앞의 책, pp. 28-30.

100) 2008년 기준 NOMS의 업무량통계(Caseload Statistics)와 NAPO가 발간한, 2001년부터 2008년까

드와 웨일즈 전역의 보호관찰신탁기관에서 관리 중인 사건 수는 총 230,736건이며, 이 중에서 120,323건은 법원의 명령에 의한 것이고 나머지 111,735건은 교정당국의 사전/사후 석방에 의한 것이다.[101]

나) 재판 이전단계의 보호관찰

보호관찰관이 법원에서 수행하는 일반 업무는 재판일정의 체크 및 판결전조사사건 확인, 법정에서의 판사나 검사 등으로부터의 질문에 대한 답변준비, 재판결과 일선 보호관찰소에 통보, 판사 및 법원직원과의 긴밀한 협조관계 유지, 보석정보보고서 작성 등이다. 여기서 보석정보보고서(Bail Information Schemes)는 치안검사(The Crown Prosecutor)에게 보석에 관한 여러 가지 정보를 제공하는 것이 있다.[102]

한편 영국의 「형사재판법」(Criminal Justice Act)에 의하면 법원은 사회내처우를 명령할 때 보호관찰관에 의해 작성된 판결전조사보고서의 내용을 참작하여야 한다고 규정하고 있다.[103] 이는 범죄자가 사회내처우에 적합한지 여부를 심사하기 위하여 범죄자 개개인의 인적특성과 사회적 환경을 파악할 필요성이 있기 때문이다.[104] 영국에서는 매년 평균 250,000건의 판결전조사건이 있는데 이중 약 60%는 지방치안법원(Magistrate Court)에서 그리고 나머지는 고등법원(Crown Court)에서 실시하고 있다.[105]

지의 보호관찰의 자원, 인력 및 업무량 관련통계 참조.

101) MoJ Offender Management Statistics Quarterly Bulletin (Apr-June 2012) http://www.justice. gov.uk/statistics/prisons-and-probation/oms-quarterly

102) 보석정보보고서에는 법원에서의 보석정보보고서와 교도소에서의 보석정보보고서 2가지가 있다. 법원에서의 보석정보보고서는 법원유치장에서 범죄자를 면담하고 보석에 반대한 경찰의견이나 범죄자의 범죄경력, 석방되는 경우 주거지, 공공에의 위험성, 가족에의 위험성 등에 대하여 조사하는 것 등이다. 교도소에서의 정보보고서는 첫 공판에서 구금명령이 결정된 때로부터 시작되고, 법원이 거절한 보석명령에 대하여 결정한 보석거부결정을 다시 번복할 가치가 있는지에 대하여 조사하는 것이다.

103) 판결전조사보고서(Pre-Sentence Report)에 관한 내무성 국가표준은 판결전조사보고서가 법원이 판결을 결정하고, 적정한 처분을 할 수 있도록 실질적인 내용을 포함하여야 한다고 하면서, 최소한 다음과 같은 내용을 포함하고 있어야 한다고 제시하고 있다. 필수적 포함내용으로는, ① 도입부(Introduction), ② 범죄분석(Offence analysis), ③ 범죄자와 관련된 정보(Relevant information about the offender), ④ 재범에 대한 공공의 위험(Risk to the public of reoffending), ⑤ 결론(Conclusion) 등이 있다.

104) 비록 1994년 「형사재판법」의 개정으로 사회내처우를 명할 때 실시되는 판결전조사(pre-sentence report)가 의무적 사항에서 선택적 사항으로 변했지만, 여전히 법원에서는 대부분의 보호관찰 등 지역사회형(community sentence)의 선고시 판결전조사를 요구하고 있다. 이는 범죄자의 지역사회 내에서 이루어지는 지역사회명령이 대상자의 일에 대한 대상자의 동기와 반응, 적격여부 등을 고려함이 없이 결정하기가 거의 불가능하기 때문이라 할 수 있다.

105) 영국에서 판결전조사보고서 한 건을 처리하는데 보통 3주가량 소요되며 최소한 2회 이상 면담

이는 범죄자가 사회내처우에 적합한지 여부를 심사하기 위하여 범죄자 개개인의 인적특성과 사회적 환경을 파악할 필요성이 있기 때문이다.[106] 영국에서는 매년 평균 250,000건의 판결전조사건이 있는데 이중 3/5는 지방치안법원(Magistrate Court)에서 그리고 나머지는 고등법원(Crown Court)에서 실시하고 있다.[107]

다) 지역사회형(community sentence) 집행 단계의 보호관찰

(1) 지역사회명령의 의의 및 유형

(가) 지역사회명령(Community Order)의 의의

과거 독립된 지역사회형벌로 규정되었던 보호관찰명령(Probation Order),[108] 사회봉사명령(Community Service Order),[109] 결합명령(Combination Order)[110] 등은 2000년

하게 되어 있는데 이중 한 번은 대상자의 가정에서 하도록 함으로써 가정 환경적 요인을 파악할 수 있도록 하고 있다. 보호관찰관의 조사와 작성 시 개인적인 편견이 개입하여 차별을 입지 않도록(anti-discriminatory practice) 특별히 규정하고 있으며 이는 특히 형사사법체계 내에서 흑인과 여성에게 끼칠 차별을 방지하기 위함이다. 손외철, 「영국과 비교한 한국 보호관찰제도 발전방향」(A Comparative Study of the UK and Korean Probation and Parole Services), 법무부 장기해외연수논문, 2003, p .27.

106) 비록 1994년 「형사재판법」의 개정으로 사회내처우를 명할 때 실시되는 판결전조사(pre-sentence report)가 의무적 사항에서 선택적 사항으로 변했지만, 여전히 법원에서는 대부분의 보호관찰 등 지역사회형(community sentence)의 선고시 판결전조사를 요구하고 있다. 이는 범죄자의 지역사회 내에서 이루어지는 지역사회명령이 대상자의 일에 대한 대상자의 동기와 반응, 적격여부 등을 고려함이 없이 결정하기가 거의 불가능하기 때문이라 할 수 있다.

107) 영국에서 판결전조사서 한 건을 처리하는데 보통 3주 가량 소요되며 최소한 2회 이상 면담하게 되어 있는데 이중 한번은 대상자의 가정에서 하도록 함으로써 가정 환경적 요인을 파악할 수 있도록 하고 있다. 보호관찰관의 조사와 작성 시 개인적인 편견이 개입하여 차별을 입지 않도록(anti-discriminatory practice) 특별히 규정하고 있으며 이는 특히 형사사법체계 내에서 흑인과 여성에게 끼칠 차별을 방지하기 위함이다. 손외철, 「영국과 비교한 한국 보호관찰제도 발전방향」(A Comparative Study of the UK and Korean Probation and Parole Services), 법무부 장기해외연수논문, 2003, p. 27.

108) 과거 보호관찰명령은 16세 이상 되는 모든 범죄자는 6개월에서 3년 이내의 기간 동안 보호관찰을 받을 것을 명할 수 있었다.

109) 영국에서의 사회봉사명령은 1970년 〈행형자문위원회〉(Advisory Council on the Penal System)의 권고에 의하여 1972년 「형사재판법」(Criminal Justice Act)에 의해 시험적으로 처음 도입되었다. 1973년 「형사재판법」은 지방법원과 소년법원(Youth Court)에서 16세 이상의 범죄자에게 40시간에서 240시간의 범위 내에서 선고할 수 있으며 1년 이내에 집행을 완료할 것을 규정하게 되었다. 이에 따라 같은 해 영국의 6개 보호관찰소에서 시험적으로 시행되었다. 이때의 사회봉사명령은 대상자의 동의하에 일정시간의 무보수로 봉사활동을 명하는 것으로서, 범죄자에게 부과되는 가장 단순하고 분명한 형벌 중 하나였다. 잠깐의 시험실시 이후 영국 내에서 형사사법의 중요한 수단으로 인식되면서 빠른 속도로 자리 잡아 나갔고 마침내 1975년 전국적으로 확대 실시되었다. 시행초기부터 이렇게 빠른 속도로 인기를 얻은 것은 비록 시행후기부터 처벌적인 기능이 강조되었지만 사회봉사명령이 배상(reparation), 사회복귀(rehabilitation), 응보(retribution) 등 여러 다른 판결의 기본이념을 모두 실현할 수 있는 포괄적인 형사제재수단이라는 인식 때문이었다. 제도 도입 이후 20년이 경과한 시점에서 사회봉사명령은 영국(England

「형사사법 및 법원조직법」(the Criminal Justice and Court Services Act)의 개정에 따라, 지역사회재활명령(CRO: Community Rehabilitation Order),[111] 지역사회처벌명령(CPO: Community Punishment Order),[112] 지역사회처벌 및 재활명령(CPRO: Community Rehabilitation and Punishment Order)[113] 등으로 명칭이 변경되었다.[114]

이러한 다양한 사회내처우의 독립된 형벌체계는 2005년 4월 4일 폐지되고 '지역사회명령'(Community Order)의 단일명령체계로 변경되었다. 기존의 보호관찰명령 등 독립된 사회내 형벌들은 12개의 지역사회명령 준수사항(requirements)으로 변경되어 새롭게 편성되었다. 이러한 지역사회명령은 처벌과 범죄자의 행동을 교정하며 때로는 범죄피해자에게 직접적으로 보상하는 것의 조화를 이루기 위한 것이다.

(나) 지역사회명령의 대상 및 기간

지역사회명령은 2003년 「형사재판법」(Criminal Justice Act) 제177조에 근거하고 있으며, 18세 이상의 범죄자를 대상으로 하고 있다. 한편 18세 이하의 소년범죄자

---

and Wales) 전체와 세계 각국으로 확대되어 40개국 이상이 이 제도를 받아들이고 있다. 이것은 2차 대전 이후에 가장 성공적인 형벌의 혁명이라고 볼 수 있다. 박수환, 앞의 책, p. 101 참조.

110) 1991년 개혁입법 이전에는 보호관찰명령과 사회봉사명령은 각각 독립적인 명령으로 사용되었기 때문에 결과적으로 하나의 범죄를 대상으로 서로 결합될 수는 없었다. 그러다가 1991년 「형사재판법」에서는 이러한 금지조항들이 삭제됨으로서 판결의 종류를 변경시킬 수 있는 새로운 가능성을 열었다. 이의 근본적인 목적은 지금까지 경미하지만 반복적인 범죄로 구금형이 불가피했던 재산범죄자에 대하여 사회내처우를 명하고자 하는데 있었다. 이 법령 하에서 법원은 12개월에서 36개월까지의 보호관찰과 40시간에서 100시간까지의 사회봉사명령을 병과할 수 있다. 법원이 차츰 이를 활용하는 데 익숙해짐에 따라 통계상으로 구금형에 가까운 범죄자(high-tariff offender)를 목표로 하고 있음을 알 수 있다. 손외철, 앞의 논문, pp. 30-31.

111) 이는 과거의 'Probation Order'에 해당한다.

112) 과거 'Community Service Order'가 명칭이 변경된 것이다. 사회봉사명령의 기원을 살펴보면 교도소에 구금될 정도의 중한 죄를 지은 자를 상대로 하여 구금의 대체형벌로서 발전하여왔다. 따라서 다른 사회내처우에 비하여 처음부터 처벌적인 성격이 강조되었던 것인데, 이러한 측면을 부각시킨 명칭의 변경이라고 할 수 있다. 원래 사회봉사명령은 크게 다음의 세 가지 목적을 중심으로 실시하고 있다. ① 처벌(punishment): 사회봉사명령은 대상자의 일정한 시간, 특정한 작업에 강제적으로 종사하게 함으로서 처벌적인 성격이 있다. ② 사회에의 보상(reparation): 사회적인 유익한 분야에 무보수로 종사하게 함으로서 범죄에 의한 사회의 손실을 보상한다는 의미가 있다(이상의 두 가지는 국가표준(National Standards)에 명백히 규정 되어 있다). ③ 대상자의 개선 및 사회복귀(rehabilitation): 일반사회봉사명령에는 대상자의 갱생에 관한사항을 규정하고 있지 아니하나 결합명령에서는 명문으로 사회봉사명령이 대상자의 갱생을 목적으로 한다고 규정하고 있다(1991년 「형사재판법」 제11조 제2항). 박수환, 앞의 책, p. 104; 손외철, 앞의 논문, p. 29. 참조.

113) 과거 'Combination Orders'가 명칭이 변경된 것이다.

114) 지역사회재활명령(CRO), 지역사회처벌 및 재활명령(CPRO)에는 15개의 상호 독립된 준수사항이 병과될 수 있었다. 영국에서는 이외에도 약물처우 및 검사명령(DTTOs: Drug Treatment and Testing Orders), 성인수강명령(Senior Attendance Center Order), 야간외출제한명령(Curfew Order) 등 지역사회 차원의 독립된 형벌이 별도로 운영되었다.

에 대해서는 과거에 소년지역사회명령(the Youth Community Order)을 부과하였으나, 이는 2009년에 소년지역사회재활명령(the Youth Rehabilitation Order)으로 대체되었다.

　　명령은 고등법원(Crown Court)이나 치안법원(Magistrates' Court)에 의하여 유죄가 확정된 자에게 선고된다. 이 경우 법원은 적어도 1개 이상의 준수사항을 부과하여야 한다(2003년 「형사재판법」 제177조 1항). 이때 대상범죄는 법정형에는 구금형에 해당하는 것이어야 한다(같은 법률 150조A). 법원은 해당범죄가 그러한 명령을 부과할 수 있을 정도로 충분히 심각한 경우에 부과할 수 있다(같은 법률 제148조 1항). 또한 범죄자에게 선고하기 이전에 법원은 지역사회명령이 그 범죄자의 개선에 도움을 줄 수 있는지, 범죄로 인한 피해로부터 공공의 안전을 보호할 수 있는지, 그리고 재범을 막을 수 있는지 등의 여부에 대하여 충분히 고려하여야 한다.

　　한편 지역사회명령의 최장기간은 3년이며, 지역사회명령의 준수사항은 명령 자체의 기간보다는 짧은 기간 동안 부과되어야 한다(2003년 「형사재판법」 제177조 5항). 또한 지역사회명령을 선고받기 이전의 미결구금 기간에 대해서는, 비록 법률에서는 그 기간의 산입을 고려하여야 한다고 규정하고 있지만(같은 법률 제149조), 통상적으로 당연히 그 기간이 산입되는 것으로 여겨지고 있다.

(다) 지역사회명령 준수사항

　　지역사회명령의 준수사항은 특정 범죄자에게 맞춤형으로 적용되어야 한다 (2003년 「형사재판법」 제148조 2항).

　　지역사회명령의 각 준수사항은 범죄의 원인이 되는 문제(예를 들면, 약물중독 등)에 대응하기 위한 것이다. 따라서 법원은 준수사항을 부과함에 있어서는 사건별로 개별적으로 접근해야 하는데, 이는 법원이 범죄자를 다루는 데에 있어서 어떠한 방법이 최선인지를 평가하여 결정해야 한다는 것을 의미한다. 법원은 서로 다른 준수사항을 조합하여 지역사회명령을 구성할 수 있는데, 이러한 준수사항은 다음의 〈표 4-3〉과 같은 것들이 있다.[115]

---

115) 지역사회명령의 준수사항의 적용은 일반적으로 다음과 같은 3가지 단계로 구분된다. ① 하급단계(Low level): 상습적인 경미범, 일부 공공질서 위반범, 상점절도범 등에게는 약 40-80시간의 사회봉사 준수사항과 수개월간 지속되는 낮은 수준의 야간외출제한 준수사항, 특정 활동의 금지 및 수강센터 준수사항 등이 적용된다. ② 중간단계(Medium level): 1,000파운드 이하의 장물을 취급하는 장물사범, 노상강도, 사기편취범, 차량절도범 등의 경우에는 80-150시간의 사회봉사 준수사항, 중간 단계(20-30일)의 특정 활동 준수사항, 5개월간 2-3일에 한 번씩 하루 12시간의 외출제한 준수사항, 5개월간 출입금지 준수사항, 특정 활동금지 준수사항 등이 적용된다. ③ 상급단계(High level): 초범인 주거침입강도 등 구금형을 선고할 것에 근접하는 범죄를 저지른 범죄자에 대하여는 150-300시간의 사회봉사 준수사항, 60일 가량의 특정 활동 준수사

┃ 표 4-3 ┃ 영국 지역사회명령(community order)의 준수사항

지역사회명령의 주요 준수사항

① 감독(Supervision): 이는 18세 이상의 범죄자에게만 적용되는 것으로서, 보호관찰관과 정기적인 면담을 하고 그의 지도에 따라 태도와 행동의 변화를 위한 활동을 수행하여야 하는 것이다. 과거의 보호관찰명령과 유사한 준수사항이다.

② 사회봉사(Unpaid work): 지역사회에서 20시간에서 300시간의 범위 내에서 사회 환원(Community Payback)이라고 알려진, 정신적·신체적 일을 무보수로 수행하는 것을 말한다. 이는 과거의 사회봉사명령과 유사한 준수사항으로서, 범죄자를 처벌함과 동시에 사회복귀를 돕기 위하여 마련된 것이다.[116]

③ 범죄행동프로그램(Offending behaviour programmes): 범죄에 기여하는 태도와 행동에 직면하고 이를 수정하도록 하는 집단 또는 개별프로그램을 이행하도록 하는 준수사항이다. 이러한 교육프로그램들은 주로 보호관찰소에서 이루어지는데 여기에는 수많은 전문기술과 지식을 가진 단체들 또는 개인이 연결되어 있다. 이들을 보호관찰소 협력자로서 파트너십(Partnerships)이라고도 하는데, 2000년에는 런던지역에만 150여 개 프로젝트를 파트너십으로부터 제공받았다.[117]

④ 약물재활(Drug rehabilitation): 최소 6개월의 기간 동안 약물에의 의존성 및 남용을 완화하거나 제거하기 위한 치료처우를 받도록 하고 정기적으로 약물검사를 받도록 하는 준수사항이다.

⑤ 알코올처우(Alcohol treatment): 최소 6개월의 기간 동안 알코올에의 의존성을 완화하기 위한 치료처우를 받도록 하는 준수사항이다.

⑥ 야간외출제한(Curfew): 18세 이상의 범죄자에게만 적용되며, 명령이 부과된 시점부터 최장 6개월의 기간 동안 특정 장소에서 하루 중 일정한 기간(2시간에서 12시간의 범위) 동안 머무르도록 하는 준수사항이다. 일반적으로 RF통신을 적용한 부착장치를 사용하는 전자감독을 받도록 하고 있다.[118]

항, 12개월의 출입금지 준수사항, 4-6개월간 매일 하루 12시간의 외출제한 준수사항 등이 적용된다.

116) 2003년부터 영국에서는 사회봉사명령을 보다 더 효율적으로 집행하고 실질적으로 사회봉사명령대상자의 사회적응력 제고를 통한 재범방지를 목적으로 '강화된 사회봉사명령(Enhanced Community Punishment)'을 시행하였다. 이는 사회봉사명령의 효과성을 높이고자 응보(retribution)나 배상(reparation) 등 법원판결의 엄정성을 손상함이 없이 대상자의 재활을 극대화하자는데 있다. 따라서 이는 무보수근로를 통해 지역사회에 속죄하는 역할뿐 아니라 대상자가 필요로 하는 부분을 충족시킴으로서 재범을 막는 효과를 거둘 수 있다. 이러한 강화된 사회봉사명령은 사회친화적 태도와 행동(pro-social attitudes and behaviors), 취업과 관련된 기술(Employment-related skills), 문제해결능력(problem solving) 등을 함양하도록 설계되었으며 고용이 곤란한 기술(poor employment-related skills), 반사회적 역할모델(anti-social role model), 빈약한 인간관계(poor interpersonal skills), 낮은 책임관리(poor self-management) 등을 제거하는 것이 목적이다. 손외철, 앞의 논문, p. 30.

117) 박수환, 앞의 책, pp. 85-97 참조. 이러한 보호관찰의 협력자들은 보호관찰대상자의 지도·감독에 결정적인 역할을 하고 있다. 이러한 파트너십 협력자들이 제공하는 프로그램은 자발적인 호스텔 시설제공, 약물 및 알콜 남용 중지 서비스, 교육개발, 고용훈련 프로젝트, 성범죄자나 가정폭력자를 위한 프로그램 등을 제공하고 있고, 소용되는 경비는 국가나 유럽사회기금(European Social Fund)으로부터 지원받고 있다.

118) 1991년 「형사재판법」에서는 법원이 독립명령으로 혹은 다른 보호관찰명령이나 벌금형을 부과하면서 이에 병과하여 16세 이상의 범죄자에게 하루 2시간에서 12시간까지 특정한 장소에 머물게 하면서 주거를 제한하는 명령을 내릴 수 있도록 하였다. 이와 관련된 조항들은 보호관찰

⑦ 특정 활동에의 참여(Participation in any specified activities): 교육 및 기초적 기술(skills)의 사정평가를 위한 데이센터(day centre) 참석에서부터 피해자 보상에 이르기까지 일련의 다양한 활동을 수행하는 준수사항이다. 법원은 최장 60일까지의 활동을 명령할 수 있다.

⑧ 특정 활동의 금지(Prohibition from certain activities): 3년 범위 내의 특정일 또는 특정 기간 동안 활동에 참여하는 것이 금지되는 준수사항이다. 금지되는 활동으로는 축구경기 관람, 아동과의 의사소통 등이 해당된다.

⑨ 출입금지(Exclusion): 2년의 범위 내에서 특정 장소에 출입하지 못하도록 하는 준수사항으로서, 일반적으로 전자감독이 병과된다.

⑩ 주거제한(Residence): 승인된 호스텔이나 개인의 주소지 등 특정 장소에서 거주하도록 하는 준수사항이다.

⑪ 정신보건치료(Mental health treatment): 범죄자의 정신적 상태를 개선하기 위하여 정신과 의사나 정신치료사의 지도 아래 일정한 치료처우를 받도록 하는 준수사항이다.

⑫ 수강(Attendance): 수강센터(attendance centre)에 출석하여 12시간에서 36시간의 범위 내에서 하루 1회, 1회당 최대 3시간의 범위 내의 수강을 받도록 하는 것이다. 18세 이상에서 24세 이하의 청년범죄자에게만 적용되는 준수사항이다.[119]

(2) 보호관찰의 실시방법

(가) 위험성평가

영국의 지역사회명령 집행과 관련하여, 보호관찰대상자를 지도감독 함에 있어서는 해당 대상자의 위험성평가는 필수적인 사항이다. 영국에서는 2002년 범죄자평가시스템(OASys: Offenders Assessment System)을 개발하고 2003년 상반기부터 실시하였다. 이는 보호관찰의 효과성을 평가하기 위한 경험연구결과들을 토대로 주요원칙은 위험성분류(Risk Classification), 욕구특정(Targeting Need), 책임성(Responsibility), 처우방법(Treatment Method), 프로그램 통합성(programme intengrity) 그리고 지역사회기반 프로그램(community-based programme) 등의 내용을 포함하고 있다. 따라서 영

관에 의해 전자감독(electric monitoring)의 부착장치(tagging)를 이용하여 감시하도록 하고 있다. 이는 원래 소년범죄자를 위한 지도감독의 일환으로 부과된 '야간통행금지(night restriction)'를 1982년 법령에 의해 성인범에 확대한데 기원하고 있다. 이는 야간 차량절도범이나 야간에 식당에서 소란을 일으키는 자 등 특정분야의 사범에 대해 특정장소에 출입을 금지시킴으로서 재범을 막는데 큰 효과가 있는 것으로 평가되고 있다. 손외철, 앞의 논문, p. 31.

119) 수강명령(Attendance Centre Order)은 1991년 「형사재판법」에 의하여 21세 미만의 청소년이나 청장년층을 대상으로 특정한 장소에 출석하여 교육을 받을 것을 명하는 것이다. 이 명령은 주로 경찰에 의해 매주 2번째 토요일에 신체훈련, 응급구호, 목공일, 차량유지요령 등의 교육적인 내용을 중심으로 집행되며, 범죄자의 범죄성을 치료하는 전문적인 처우프로그램과는 거리가 있다. 최대 36시간의 범위 내에서(16세 미만은 24시간) 주로 토요일 오후에 3시간의 교육을 받을 것을 명할 수 있다. 영국에서는 성인은 위한 출석명령은 소년과 비교하면 거의 활용되지 않는 것이 특징인데 매년 1,000명 정도의 대상자를 30여 군데의 재활센터에서 집행하고 있는 정도이고 1958년 처음 실시된 이후부터 법원의 활용률이 점차 감소하고 있는 추세이다. 손외철, 앞의 논문, pp. 31-32.

국의 모든 보호관찰대상자들은 철저히 이러한 위험성분석을 기초로 하여 처우방향이 결정된다고 할 수 있다.[120]

(나) 보호관찰 지도감독

한편 영국의 보호관찰 국가표준안(National Standards)은 보호관찰 업무의 핵심적인 요소이며 범죄자가 어떻게 지도되고 감독되는가를 보여준다.[121] 가장 최신판(2005)은 2003년 「형사재판법」의 '범죄자관리와 필수준수사항의 원칙'을 기초로 한다.[122] 국가표준은 1989년 사회봉사명령(Community Service)과 관련하여 처음 제기되었으며 보호관찰서비스에 대한 내무부의 지침이 발전된 것이다.[123]

지역사회명령이 선고되면 판결확정일로부터 5일 이내(가석방은 24시간 이내)에 보호관찰관이 대상자를 최초로 면담하게 된다. 5일 이내에 초기면담이 이루어지면, 다시 10일 이내에 지도·감독계획 수립하여야 한다. 일반적으로 초기에는 집중적 감독을 실시하고 있다.[124]

지역사회명령을 선고할 때 통상적으로 법원은 그 기간 동안 선행을 유지하고 일정한 직업을 가질 것을 준수사항으로 부과하고 있다. 기본적인 준수사항의 하나로서 보호관찰대상자는 보호관찰관과 정기적인 면담을 하여야 하는데 「국가표준안」(National Standards)은 처음 3개월간은 매달 12회, 다음 3개월은 6회 그리고

---

120) 손외철, 앞의 논문, p. 27.

121) 국가표준은 명령을 어떻게 집행하고 보호관찰 서비스로부터 기대하는 것이 무엇인가에 관하여 법원에 신뢰를 주면서 서비스의 질을 높이기 위하여 고안되었다. 그러나 국가표준은 어떤 증거에 기초하여 작성된 것이 아니고 이 규범에 따르는 것이 효과적인 방법이 되는 것만이 아니다. 연구에 의하면 고난이도의 업무를 수행할 때는 간혹 실수가 발생하는 것으로 보고되고 있다. 그리하여 이러한 국가표준을 활용함에는 몇 가지 주의할 점이 있다. ① 업무의 질과 양을 혼동하지 말아야 하지만, 동시에 업무의 양을 저평가 하지도 말아야 한다는 점이다. ② 국가표준 때문에 보호관찰관의 전문가적인 판단을 두려워하지 말아야 한다. 국가표준은 보호관찰관의 자유로운 판단을 구속하는 것이 아니다. 따라서 보호관찰관이 국가표준과 다르게 판단한다면 그렇게 할 수 있고, 다만 이 경우 반드시 다르게 판단하는 이유를 명시하여야 한다. 이런 측면에서 국가표준은 보호관찰관과 대상자를 동시에 지켜주는 안전장치와 같은 것이다. ③ 국가표준이 바로 보호관찰관에게 해답을 주는 것은 아니다. 그러나 의문에 대한 도움은 줄 것이라는 점이다. 박수환, 앞의 책, p. 61.

122) 과거 영국에서는 보호관찰명령(Probation Order)이나 사회봉사명령(Community Service Order) 등 보호관찰에 관한 전국적인 통일을 기하기 위하여 국가표준을 마련하여 시행하였다. 2005년 이후에는 이들 독립명령들이 지역사회명령(Community Order)으로 통합·정비되면서 일개 준수사항으로 격하되었지만, 아직도 실제 실무에서는 각 준수사항의 집행에 있어서 업무의 주요한 참고가 되고 있다.

123) 손외철, 앞의 논문, p. 29.

124) Home Office, National Standards for Supervision of Offender in Community, 1995.; 박수환, 앞의 책, p. 62.

나머지는 월 1회씩 면담하도록 하고 있다.

보호관찰관은 대상자의 사회복귀에 장애가 되는 요인들, 즉 교육과 기술의 부족, 숙소문제, 약물, 알코올 남용 등의 문제를 해결해주는데 최선을 다할 것을 요구하고 있다. 이는 개별 또는 집단지도를 통해 이루어지며, 보호관찰소에서 혹은 전문가에 위탁하기도 하는데 민간기구나 자원봉사자 조직과 연결하여 제공되는 약물, 음주남용방지 치료프로그램, 분노조절 프로그램 등을 포함한다. 각 프로그램에 배치되는 대상자를 선정할 때에는 '인지행동(cognitive behavioral)' 접근법으로 대상자의 일상적 환경적 요인 중 범인성(criminogenic), 비범인성(non-criminogenic) 요인을 고려할 것을 강조하고 있다.[125]

(다) 준수사항위반자 제재조치

원래 보호관찰에 관한 「전국표준안」(National Standards)의 근본 목적은 보호관찰대상자의 준수사항 이행을 촉구하기 위한 명백한 기준을 마련하는데 있었고 1995년 새로운 표준안은 공공의 안전을 보호하기 위해 준수사항위반자에 대한 강력한 조치를 취할 것을 요구하고 있다.

보호관찰관은 대상자가 정기면담이나 사회봉사명령 집행에 특별한 사유 없이 불참할 경우 2번의 경고 후에도 응하지 않으면 곧바로 '제재조치(Breach)' 절차에 들어가게 된다. 준수사항위반의 경우 법원은 더 엄격한 형을 부과하거나 다른 양형을 할 수 있다. 또한 원래의 명령을 그대로 둔 채 사회봉사명령의 시간을 연장하는 등 준수사항을 강화할 수도 있다. 원처분을 취소하고 구금할 수도 있으나 법원은 단순히 경고만을 하거나 벌금만을 부과할 수는 없다.

라) 석방 이후 단계의 보호관찰

(1) 석방 이후 보호관찰의 의의 및 연혁

여러 해 동안 영국 보호관찰소의 완전한 명칭은 '보호관찰과 애프터케어서비스(Probation and Aftercare Service)'이었다. 이러한 용어는 범죄자가 석방되었을 때 해야 하는 업무가 얼마나 중요한가를 나타내는 것이다. 영국의 국가표준은 모든 형태의 석방 이후 보호관찰대상자의 관리에 있어서 적용되는 중요한 목표로는,

---

125) 이는 대상자 자신들의 범죄에 대한 그들의 태도를 변화시키는데 그 목적이 있다. 이와 같은 모든 과정들은 보호관찰관에 의해 작성되는 공공안전의 보호를 위한 위험성분석(risk assessment)을 기초로 하여 이루어진다. 이는 공공의 안전을 보호하기 위한 체계적이고 지속적으로 예방적인 수단이라 할 수 있다. 손외철, 앞의 논문, p.28.

범죄자의 사회복귀, 범죄자로부터의 사회의 보호, 그리고 재범의 방지 등 3가지를 강조하고 있다.126)

　　교도소 등 수용시설에서의 보호관찰관(사회복지사) 임명은 1960년도 자문위원회 보고서에 의하여 시작되었다.127) 1966년에는 교도소 안에서의 이와 관련된 업무들이 보호관찰소의 업무로 통합되었다.128) 그리고 그로부터 2년 후인 1968년에 가석방 보호관찰(parole supervision)이 도입되어 12개월 이상의 형을 선고받은 모든 범죄자에게는 석방 이후 보호관찰이 부과되었다. 이후 1991년 「형사재판법」의 개정으로 1997년에는 조건부석방제도가 도입되었다.

　　(2) 조건부석방의 유형

　　조건부석방은 크게 장기형에 적용되는 '임의적 조건부석방'과 단기형에 적용되는 '자동적 조건부석방'으로 나눌 수 있다. ① **임의적 조건부석방**(DCR: Discretionary conditional release)은 과거에 가석방(parole)이라고 불리던 것으로서, 근본적인 측면에서 양자는 같은 것이다.129) ② **자동적 조건부석방**(ACR: Automatic conditional release)은 단기형(12개월-4년)의 재소자에게 적용되는 조기 석방제도이다. 그들은 형기의

---

126) 또한 이러한 목표를 달성하기 위하여 석방 이후 보호관찰대상자 관리에 있어서는 다음과 같은 원칙이 있다. ① 개인적인 타락을 최소화 시킬 것: 외부세계에 대한 현실적 감각을 갖게 하고, 범죄와 대항할 수 있도록 용기를 주어야 한다. ② 가족유대관계를 견고히 할 것: 가족관계가 파괴된다면 재범의 위험성은 매우 높다. ③ 실현가능한 현실적인 계획을 세울 것: 주거시설 제공, 고용, 복지혜택, 사회적 접촉 등에 관하여 현실적인 대책을 세운다. ④ 가정환경 보고서를 만들 것: 가택구금을 할 것인가, 석방하는 것이 안전할 것인가에 대한 중요한 정보를 가석방위원회와 교도소에 제공하기 위한 것이다. ⑤ 피해자를 위한 일을 할 것: 이것은 비교적 보호관찰소의 새로운 업무인데 선고내용, 교도소에서의 복역상황, 조기석방에 관한 사항, 범죄자 석방 후의 안전조치, 피해자 지원 시스템 소개 등의 정보를 제공하는 것이다.

127) 수용시설에 주재하는 보호관찰관의 역할은 구체적으로, ① 사회복지사로서의 역할, ② 석방 이후 사회에서의 직업에 중점을 두는 역할, ③ 외부와 관련된 사회문제의 통상적인 대화통로가 되는 역할, ④ 사후관리의 기획자로서 역할 등 4가지이다. 박수환, 앞의 책, pp. 145-146.

128) 과거 교도소에 소속된 사회복지사(social worker)는 교도소 조직의 구성원이었고, 교도소장에게 책임을 지고 있었다. 그러나 교도소에 파견된 현재의 보호관찰관은 보안과 규율 등 일상적 복무에 있어서는 교도소장의 통제 따라야 하지만, 수용자의 가족관계, 석방계획, 위험평가, 가석방위원회 보고 등 전문적 업무수행에 있어서는 보호관찰소장에게 지휘를 받는 등 이중적 지위에 있다. 또한 그들은 교도소 수용자에게 사회적서비스(a social work service)를 제공하고, 재범방지를 위한 실질적인 일을 가석방이 끝날 때까지 계속하여야 한다. 박수환, 앞의 책, pp. 147-151. 참조.

129) 가석방위원회(Parole Board)는 결정으로 4년 이상의 형을 받은 대상자에 대하여 신중한 위험성 판단과 엄격한 준수사항을 부과하여 조기 석방한다. 그리고 법원이 아닌 가석방위원회에 의하여 가석방이 취소되고 재수용될 수 있다. 이러한 절차의 차이로 인하여 실무에서는 아직도 'DCR'을 'Parole'이라고 부르기도 한다. 비록 DCR이 다른 가석방과 마찬가지로 석방된다고 하더라도 성공을 거두기 위해서는 매우 신중한 감독이 필요하다. 통상적으로 DCR의 90% 정도가 성공을 거두고 있다.

1/2이 되는 시점에 자동적으로 일정한 준수사항을 지킬 조건으로 석방되는데 형기의 3/4까지 보호관찰이 부과된다.

이외에도 보호관찰이 부과되지 않는 무조건부 조기석방[130]과 원래 형기보다 연장하여 보호관찰을 부과하고 지역사회 내에서 지도감독하는 연장감독 보호관찰도 있다.[131]

(3) 호스텔(Hostel)

호스텔 운영의 목적은 1995년 국가표준안에 정의되어 있다. 이에 따르면, "호스텔은 지역사회 내에서 보호관찰대상자나 보석으로 인한 석방자 등에 대한 감독을 강화하고, 유지하는 것을 목적으로 한다."고 규정되어있다. 호스텔 수용대상자는, ① 보호관찰의 조건으로서 호스텔 거주명령을 받은 자, ② 가석방의 조건으로서 호스텔 거주명령을 받은 자, ③ 보석으로 석방된 자, ④ 보석을 평가받기 위한 거주자, ⑤ 긴급 거주시설이 필요한자(5일 이내) 등이다.

호스텔은 오랜 역사를 가지고 있는데, 1820년대부터 재범의 주원인이 범죄자가 거주할 집이 없는데 있다는 생각에서 치안법원에서는 주거가 없는 범죄자

---

130) 1991년 영국의 「형사재판법」은 기존의 가석방제도를 대폭 개편하였는데, 우선 정기형의 조기석방제도는 자동적 무조건부석방(AUR), 자동적 조건부석방(ACR), 임의적 조건부석방(DCR) 등의 세 가지 유형이 있다. ① 자동적 무조건부 석방(Automatic Unconditional Release)은 12개월 이내 징역형 선고 시 형기의 1/2이 지나면 무조건 석방 되며 보호관찰 의무는 없다. ② 자동적 조건부석방(Automatic Conditional Release)은 12월 이상 4년 미만 징역형 선고 시 형기의 1/2 혹은 3/4이 경과 하면 가석방되나 형기 종료 시까지 보호관찰이 의무적으로 부과된다. ③ 임의적 조건부석방(Discretionary Conditional Release)은 4년 이상 징역선고 시 형기 1/2 혹은 3/4이 지나면 가석방심사 대상이 되며 가석방심사위원회에서 위험성평가에 따라 가석방을 결정하고 형기 종료 시까지 보호관찰이 의무적으로 부과된다.
한편, 무기형(Life sentence)의 조기석방제도는 강제적 무기형과 재량적 무기형의 두 가지가 있다. ① 강제적 무기형(Mandatory life sentence)은 21세 이상 살인 등 중범죄에 해당되며 가석방이 불허된다. ② 재량적 무기형(Discretionary life sentence)은 성폭력, 상습폭력 등 강제적 무기형보다 경하고 가석방 허가가 가능하나 가석방 시 평생 보호관찰이 의무적으로 부과된다.

131) 2003년 「형사재판법」(Criminal justice Act)에서는 성폭력범죄 등 사회적 위험성이 높은 범죄로부터 사회를 보호하는 데 중점을 둔 공공보호연장형(EPP: Extended sentence for Public Protection) 및 공공보호감호(IPP: Imprisonment for Public Protection) 등 새로운 형벌제도가 도입되었다. EPP는 법원에서 징역형과 더불어 8년의 범위 내에서 보호관찰을 부과할 수 있는 연장명령으로서, 가석방심사위원회는 위험성이 상존한다고 판단될 경우 법원에서 정한 만료 시까지 석방을 불허할 수 있고 보호관찰 중 준수사항을 위반하게 되면 연장된 기간 동안 재구금된다. 한편 IPP는 무기형(life sentence)과 같은 부정기형(Indeterminate sentence)으로 법원에서 정한 최소한의 구금기간이 경과하면 가석방심사위원회에서 가석방심사 결정을 한다. 가석방이 결정되면 평생 보호관찰을 받게 되며 이 기간은 최소 10년 이상이며 보호관찰 의무는 가석방심사위원회의 결정으로 해제 가능하다. 한편, 가석방심사위원회에서 석방 시 위험성이 상존한다고 판단될 경우 가석방을 불허하게 되는데 법원이 정한 최소한의 기간 내 가석방하는 경우가 없어 실제로 형기가 길어진 결과를 초래한다.

에게 임시 숙소를 마련해주는 방안을 마련하게 되었다. 이처럼 1820년대에 공식적인 호스텔이 최초로 설립되었는데 처음에는 21세 이하의 대상자들에게만 제공되었고, 그 비용으로 공적 자금이 투입되었다. 1971년에는 116개의 호스텔로 확장이 되었다.132)

보호관찰호스텔(Probation Hostel)은 우수한 자질의 직원을 채용하여 운영되고 있어서 지도체제가 잘 갖추어져 있다.133) 또한 호스텔의 규칙은 알기 쉽고, 명백하여야 한다. 일반적으로 호스텔의 규칙은, ① 폭력, 위협적이거나 파괴적인 언어나 행동 금지, ② 약물 또는 음주로 인한 위협적이고 무절제한 행동 금지, ③ 절도나 손괴 금지, ④ 호스텔 직원, 다른 거주자, 지역주민에게 범죄적인 행동 금지 등의 내용을 포함하게 된다. 또한 호스텔 거주자는 취업 또는 구직활동을 하여야하며 야간에는 반드시 시설에 거주하여야 한다.134)

5) 영국 보호관찰의 최근 동향

가) 통합적 보호관찰체계의 구축

최근 "처음부터 끝까지의 범죄자 관리"라는 개념의 등장은 범죄자관리와 개입사이에 구분을 짓고 이 업무를 바라보는 틀(framework)을 제공한다.135) 이러한 새로운 틀에 따르면, 범죄자관리는 범죄자에 대한 사정평가, 양형계획의 수립, 개

---

132) 박수환, 앞의 책, pp. 127-131 참조.

133) 호스텔의 운영에는 위험한 대상자를 관리하고 평가하는데 전문적인 기술이 필요하다. 대상자의 환경을 개선하고 감독을 강화하며, 범죄로부터 벗어나도록 돕기 위하여 호스텔의 직원은 다음과 같은 목표를 달성하여야 한다. ① 호스텔 거주자와 직원 간의 건설적인 관계를 만들고 유지할 것, ② 직업을 발견하기 위하여 기술을 개발하고 교육받는 것을 도울 것, ③ 여가를 유익하고 건전하게 사용하도록 도울 것, ④ 특히 지역사회의 여러 시설들을 이용할 수 있도록 할 것 등이다.

134) 호스텔 거주자는 직업을 가지는 것이 요망되며, 만약에 직업을 가지고 있지 않은 경우에는 지역사회에 있는 프로젝트나 직업훈련코스 등에 참가하여야만 한다. 또한 호스텔에는 야간(통상 오후 11:00-오전 07:00)에 반드시 거주하여야 하고, 아침 식사는 오전 7:30에 셀프 서비스로 하게 되며 저녁은 오후 5:00-6:00에 직원에 의하여 준비된다.

135) 이에 대한 초기의 구상은 1998년 7월 21일 영국 내무부장관 잭 스트로우(Jack Straw)는 범죄 감소를 위한 법무기관 사이의 통합대책에 관한 새로운 계획을 발표한 것에서 확인할 수 있다. 그는, 범죄에 효과적으로 대응하기 위기 위해서는 경찰뿐 아니라 지역관계기관, 보호관찰소, 치안법원이 함께 포괄적인 전략을 고안하여 대책을 마련하여야 한다고 했다. 또한 이 계획안에 의하여 보호관찰소와 교도소의 통합적인 업무 추진에 대하여 방안이 마련되었다. 이러한 통합적인 업무 추진이 목표로 하는 것은 다음과 같다. ① 범죄의 감소, ② 공공보호의 개선, ③ 효과적 범죄자 처벌, ④ 프로그램 및 관리의 비용효과성 증진 등이다. 이러한 보호관찰소와 교도소의 통합적, 연계된 업무추진은 범죄자의 관리가 단절되는 진공상태의 초래를 방지하고, 효과적인 범죄에 대한 대책을 수립하기 위한 것이다. 박수환, 앞의 책, p. 175 참조.

입에의 범죄자 동기부여, 과정평가 등에 관한 임무로 구성됨에 비하여, 개입은 보호관찰기관뿐 아니라 약물치료, 고용지원 등 법률에서 정한 다른 기관들과 자원봉사조직 등에 의하여도 실시되고 있는 것이다.

최근 보호관찰기관 및 보호관찰관의 역할에 있어서 주요한 변화는 공공보호와 위험한 대상자들 관리에 부여된 우선순위가 강화되었다는 것이다. 각 관할구역에는 기관간의 협력 및 정보공유 그리고 범죄자가 중범죄를 저지를 가능성을 줄이기 위한 전략에 대한 합의를 확실히 하도록 하는, '다기관공공보호협정' (MAPPA: Multi Agency Public Protection Arrangements)이라는 시스템이 있다.

지역사회명령과 형의 유예 명령의 대상자가 보호관찰기간 중에 재범하는 비율은 지속적으로 감소되고 있다. 2010년의 구성된 코호트집단의 분석에 있어서 재범비율은 34.1%였는데, 이는 12개월 이전 수치보다 0.3% 떨어진 것이며, 2000년 이래로 3.7%나 감소한 것이다.[136]

경찰 및 교정기관과 체계적으로 협력하는, 영국의 다기관공공보호협정(MAPPA)은 고위험범죄자에 대한 효과적인 관리체계로 국제적인 인지도와 명성을 얻고 있다. MAPPA에서 관리하는 범죄자 중에서 오직 1%만이 심각한 추가범죄를 저지른 것으로 나타나고 있다.[137]

나) 전자감독제도의 최근 경향

(1) 전자감독제도의 도입과 발전

잉글랜드와 웨일즈에서 전자감독을 도입하는 데 있어 미국에서의 전자감독제도 운영은 좋은 참고모델이 되었다.[138] 영국 언론의 논평과 미국 전자감독 장치 관련회사들의 로비도 제도 도입에 영향력을 미쳤다.[139] 또한 당시

---

136) MoJ Proven re-offending quarterly, Jan-Dec 2010
http://www.justice.gov.uk/downloads/statistics/reoffending/proven-reoffending-jan10-dec10.pdf

137) MoJ Multi-agency public protection arrangements annual report
http://www.justice.gov.uk/statistics/prisons-and-probation/mappa

138) 한 나라에서 혁신적인 정책 계획이 도입 되었다고 하여 타 국가에서도 이를 따라 도입할 것이라는 보장은 없지만, 미국과 캐나다의 4개 주에서 전자감독 장치를 사용함으로써 상당한 효과를 보이고 있어 유럽 쪽에서 전자감독 장치를 받아들이는 계기가 되었다. Mair and Nills, 앞의 논문.

139) 영국에서 전자감독이 크게 이슈로 부각되었던 첫 번째 계기는 톰 스테이시(Tom Stacy)라는 저널리스트가 구금을 대신할 방안으로 독자적으로 원격 감시를 고안해냈다는 것이다. 보수당 쪽 인사들을 잘 알고 지내던 스테이시 기자는 내무장관 윌리엄 화이틀로(William Whitelaw 1979~1983)와 후임자인 레온 브리튼(Leon Britton 1983~1985)이 전자감독에 관심을 가지게 하

영국 정부의 미래지향적 이념정향은 공공서비스 부문의 비용절감이었는데, 이를 위한 방안은 가능한 한 공공부문의 일자리나 절차를 민영화하는 것이었다.[140]

위와 같은 다양한 이유로 영국에서 전자감독제도가 연구되고 도입되었다. 1988년 위치추적 및 외출금지명령이 처벌적인 방법으로 제안된 정부의 견해가 발표되었고, 내무부는 1988년 상반기에 급히 전자감독 장치의 개발을 위한 시범사업에 들어갔다. 이 시범사업은 미결구금의 대체방안으로서 보석대상자에게 초점을 맞추었는데, 이는 별도의 입법 행위가 필요치 않았기 때문이었다.[141]

1995년에는 '가택구금 및 야간외출제한'(HDC: Home Detention Curfew)이 독립된 형벌로서, 시범적으로 보호관찰을 포함한 다른 사회내처우와 결합하여 사용할 수 있게 되었다.[142] 또한 1999년 1월부터는 일정한 요건을 갖춘 재소자에게는 야간외출제한, 가택구금을 부과하여 2개월 조기 석방이 가능하도록 되었다.[143] 이에 따라 2000년엔 총 15,500여명, 2001년엔 13,600명이 야간외출제한 등을 조건으

려고 노력했다. 비록 미국에선 성공하지 못했지만 스테이시의 노력 덕분에 전자감독은 생각보다 이른 시기에 정부의 이목을 충분히 끌 수 있었다. 두 번째로는, 당시 미국에 전자 장치를 제작하고 판매하는 기관에서 영국을 새로운 시장으로 여겼다는 것이다. 범죄 컨퍼런스에 참석한 내무부 연구계획과(RPU: the Home Office Research and Planning Unit)의 멤버들은 공개석상에서 자신들의 제품에 관하여 많은 얘기를 하였고, 고위 간부들은 내무부 관계자들을 만나 자신들의 조직에서 생산한 제품을 판매하려고 하였다. 내무부의 지대한 관심 덕분에 RPU는 북미 국가들과 함께 전자감독 사업을 공동으로 추진해갈 수 있었다. 그와 동시에, 보수 여당은 만원이 된 교도소 때문에 엄청난 압박을 받고 있었으므로 10~15년 동안 수감을 대체할 방안을 마련하기 위해 엄청난 노력을 기울였다. 수형자들의 수를 줄이면서도 형량을 강화하는 강력한 처벌의 대안으로서 전자감독이 적절하다는 것이 영국 정부의 주장이었다.

140) 당시 영국에서는 전자감독이 '지역사회형벌'(community sentence)이라고 알려진 체제에 민영화를 도입하는 방안으로 여겨졌으며, 이러한 변화는 영국 내외의 보안 및 전기통신 회사들에게 새로운 시장으로 각광을 받았다. 전자감독은 범법자들로 하여금 자택에 머물도록 하는 처벌을 시행하는데 있어 도움이 될 것으로 예상되었으며 북미에서도 이러한 목적으로 전자감독이 사용되었다.

141) 미국에서처럼 전자감독이 조기석방에 대한 형벌이나 조건으로 어떻게 적용되었는지에 대한 의회식 토론으로 많은 시간을 소모할 필요가 없었기 때문이다. 그러나 잉글랜드와 웨일즈에서 전자감독은 범죄율과 증가하는 재소자들의 수를 줄이기 위해 고심 끝에 내놓은 방안이라기보다는, 표를 얻기 위한 정치적 투표전략을 바탕으로 도입되었다는 비판도 제기되고 있다.

142) 영국에서의 전자감독 초기형태는 이러한 야간외출제한명령을 기술적으로 보완하기 위한 것이었다. 1995년 시행 이후 1998년 6월까지 3년간 약 1,400건이 선고되었다.

143) 가택구금 및 야간외출제한에 적합한 재소자는 3개월 이상 4년 이하의 징역을 선고 받은 재소자 중 위험 평가를 통과했으며 전자부착장치를 착용할 것을 동의한 자로서, 이들에 대해서는 형이 끝나기 약 60일 전에 교도소에서 나갈 수 있도록 하였다. 연간 약 3만 명의 재소자가 조기 석방되어 전자감독시스템의 이용은 급증하게 되었는데, 당시 전자감독의 전국적인 시행에 있어 실질적인 자극제가 된 것은 수형자 수의 급격히 증가였다.

로 석방되었다.[144]

전자감독의 전국적 시행 이후 불과 1년만인 2000년에는 지역사회재활명령(CRO)과 지역사회처벌 및 재활명령(CPRO)의 준수사항으로 전자감독이 도입되었다.[145] 한편 소년범과 보석 대상자, 그리고 벌금미납자에게도 전자감독의 적용이 확대되었다.[146] 결과적으로 1999년과 2011년 사이 잉글랜드와 웨일즈에선 760,000여 명 이상이 전자감독을 받았다.[147] 전자감독 건수는 2005년과 2006년 각각 60,000여명에서 2010년과 2011년 116,900명으로 증가하였다.[148] 2011년 중 일평균 전자감독 집행인원은 약 23,000명이었다. 이 중 34%는 보석 중이었으며, 52%는 사회

144) 즉, 당시 일평균 재소자 수는 1993년 44,566명에서 1998년 65,298명으로 50%나 증가하였고, 이를 해결할 방법으로 가택구금 및 야간외출제한이 제안된 것이었다. 가택구금 및 야간외출제한(HDC) 제도가 시행된 첫 번째 해에는 약 14,800명 정도가 전자감독을 받게 되었는데, 이는 적합한 요건을 갖춘 총 49,500명의 수형자 중 약 30% 정도만이 전자감독을 받는 조건으로 석방된 것이다. 이 같은 통계수치가 의미하는 것은 조기석방의 권한을 가진 교도소장들이 엄격한 주의를 기울여 재범의 위험성을 최소화하려고 노력한 것을 의미한다. 박수환, 앞의 책, p. 177; Mair and Nills, 앞의 논문 참조.

145) 2000년 「형사사법 및 법원조직법」(Crminal Justice and Court Services Act)의 개정을 통하여 전자감독은 범죄자들이 지역사회재활명령(CRO)과 야간외출제한을 포함한 지역사회처벌 및 재활명령(CPRO)을 준수하고 있는지 확인할 수 있는 수단으로 사용되었다. CRO는 우리나라의 보호관찰명령, CPRO는 보호관찰과 사회봉사명령의 병합처분에 각각 해당한다. 또한 같은 법은 가석방으로 출소한 자들에게도 전자감독 외출제한명령을 부과할 수 있도록 하였다.

146) 1997년까지 10세에서 15세 사이 소년범을 대상으로 하는 최장 3개월간의 전자감독 야간외출제한제도가 시범 실시되었고, 2002년 4월에는 전자감독을 조건으로 한 보석제도가 12세에서 16세 사이의 소년범을 대상으로 확대되었으며 그 해 7월에는 17세까지로 확대되었다. 또한 전자감독은 구금과 지역사회 내의 지도감독의 혼합 형태로 소년범들을 대상으로 활용되는 제도인 '구금 및 교육훈련명령'에도 도입되었다. 또한 야간외출제한명령은 죄질이 심각한 소년범들을 대상으로 한 '집중보호관찰 및 감시프로그램'(ISSP)과 17세에서 20세 사이의 청소년들을 대상으로 하는 '집중통제 및 사회교화프로그램'(ICCP)에도 적용되었다. 여기서 한 가지 흥미로운 점은 제도 도입 당시 영국 보호관찰관들의 대다수는 성인을 대상으로는 이러한 제도를 반대하였지만 청소년 대상으로는 적합하다는데 의견을 모았다는 것이다.

147) 나아가 2002년 가택구금 및 야간외출제한(HDC)의 사용을 늘리기 위한 세 가지 변화가 있었다. 첫 번째는 적용대상이 확대된 것인데, 과거 3년간 성폭력, 폭행 또는 마약범죄 혐의로 유죄판결을 받지 않았으며, 3개월에서 12개월 사이의 형이 내려진 재소자들에게 도입되었다. 두 번째로는 이 같은 변화가 있은 지 불과 수개월 이후 관련법의 개정으로 마약 소지로 유죄판결을 받은 재소자도 HDC의 적용대상에 포함되었다. 세 번째로는 최대 외출제한명령 기간이 60일에서 90일로 증가하였다. 결과적으로 2002년 HDC를 부과 받고 석방된 수형자의 수는 37%인 20,500명으로 증가하였다.

148) 2005년과 2010년 사이 지역사회명령에 대한 판결이 전자감독의 사용의 증가를 잘 반영하고 있다. 즉, 지역사회명령 중 전자감독이 선고된 경우는 2005년에는 3,209명에서 2010년 17,476명으로 늘었고 이는 전자감독 필요 대상자가 3%에서 8%로 증가함을 뜻한다. 그리고 전자감독 대상자로 형의 유예 판결을 받은 자가 2005년 526명에서 2010년 8,491명으로 증가하였고 이는 5%에서 9%로 전자감독대상자가 증가한 것이다. 이를 토대로 보면 전자감독의 등장으로 인하여, 지역사회명령을 선고하는 판결의 내용이 갈수록 엄격해지고 있으며, 국가범죄관리체제(NOMS)가 전자감독을 더 광범위하게 사용하도록 압력을 넣고 있다는 것을 알 수 있다.

봉사명령을 받았고 나머지 14%는 가석방대상자였다.[149]

(2) 전자감독제도의 최근 경향과 평가

영국에서의 전자감독제도는 최근에도 지속적인 입법을 통하여 다음과 같이 적용범위가 확대되고 있다. 우선, 2005년 제정된 「테러방지법」(Prevention of Terrorism Act)에서 테러 용의자에 대한 24시간 전자감독 가택구금을 도입하였다.[150] 다음으로 2007년엔 국가범죄자관리청(NOMS)의 보석숙박시설지원서비스가 시작되었는데, 이러한 서비스의 내용 중 하나가 무연고 출소자에 대한 가택구금 및 외출제한 명령을 실시하는 것이었다. 또한 2008 제정된 「형사사법과 이민법」(Criminal Justice and Immigration Act)은 차후 보석대상자에게 전자감독 사용 장려를 염두 해두고 많은 변화를 가져왔다. 하루 최소 외출금지시간은 9시간으로 정해졌다.

기술적으로는 GPS 위치추적 전자감독제도에 대한 시범실시와 법제화를 위한 노력이 계속되고 있다.[151] 2004년 영국 내무부는 맨체스터, 웨스트미들랜즈와 햄프셔에서 GPS 위치추적에 관한 시범실시를 시작하였다.[152] GPS 위치추적 전자감독제도의 개발전략은 법무부 외부에서도 추진되었다. 그중 하나는 임시퇴원한 정신병환자에 대한 모니터링 프로그램이고, 다른 하나는 경찰과 보호관찰소가 합동으로 수행하는 상습범관리 프로젝트였다.[153]

---

149) Mair and Nills, 앞의 논문.

150) 「테러방지법」(Prevention of Terrorism Act)은 유럽 인권위에 의해 영국 법원이 채포하지 못하는 테러 용의자에 대한 통제명령을 도입했는데 한층 더 논란에 휩싸였다. 이는 개인의 자유를 억압할 수 있는 구속적인 제약이 포함하고 있고 그 중 하나가 24시간 전자감독 가택구금이다.

151) 집중보호관찰 및 감시프로그램(ISSP)과 다기관공공보호협정(MAPPA)에 관해서는 통합적인 전자감독의 사용에도 불구하고, 범죄자들을 대상으로 하는 원격 위치확인은 분명히 기술적으로 보다 현대화될 것으로 예상되었다. 이러한 분위기가 계속되는 가운데 관련 기관에선 GPS 추적 기술이 특히 상습범과 성범죄자들을 다루는데 잠재성이 있다고 여겨졌지만, 결과적으로는 GPS 추적 기술이 실제적으로 발전될만한 요인은 별로 나타나지 않았다. Mair, G. & Nellis, M., "'Parallel tracks': probation and electronic monitoring in England, Wales and Scotland", in M. Nellis, K. Beyens and D. Kaminish (eds), *Electronically Monitored Punishment: International and critical perspectives*, London and New York: Routledge, 2013, pp. 63–81.

152) 모두 대상은 상습범이었고 멘체스터와 햄프셔에선 성범죄자와 집중보호관찰 중인 소년범들을 대상으로 하고 있다. 2년이라는 이상 연구한 결과 전자감독 평가는 아직은 현실도입에는 GPS 기기와 관련하여 많은 기술적 어려움이 많이 있을 뿐만 아니라 당시로썬 비용 효율적 개입이 아니라는 결론을 내렸다.

153) 즉 하나는 런던 남부에 있는 정신이상 수형자를 관리하는 정신감호시설에서 임시퇴원한 수용자를 모니터링하기 위한 것이었고, 다른 하나는 허트포드셔(Hertfordsire)에서 경찰과 보호관찰소가 합동으로 운영하는 '상습범 프로젝트'였다. 후자의 경우에는 특히 경찰의 위치추적에 대한 지대한 관심이 법무부의 지원을 받는데 도움이 되었다.

　　전체적으로 살펴볼 때, 지금까지 영국의 형사사법제도 속에서 전자감독의 활용은 매우 적절하였으며, 비교적 빠른 기간 내에 유럽에서 가장 규모가 큰 전자감독제도를 운영하게 되었다. 특히 가택구금 및 야간외출제한을 부과 받은 석방된 재소자들 중 불과 5%만이 준수사항을 위반하여 다시 교도소에 재구금되었다는 사실은 이 제도가 효과적이라는 것을 입증한다. 야간외출제한을 조건으로 석방된 재소자, 그들의 가족, 그리고 그들을 감시하는 보호관찰관 모두 이 제도에 대하여 긍정적으로 여겼다. 또한, 이 제도의 활용을 통하여 신규 교도소 건설 비용 약 3천 6백만 파운드를 절감할 수 있었다.154)

　　영국은 또한 민간 기업이 전자감독 사업을 위탁 받아 계속 진행함으로써, 보호관찰소와 분리 병행하여 제도를 운영하게 되었다.155) 또한 이를 통하여 민간 전자감독관이라는 새로운 직업이 창출되었다.156) 특히 잉글랜드와 웨일즈는 전자감독을 형사사법제도의 일환으로 사용함으로써 또 다른 발전을 추구하였으며 이를 통해 유럽 국가들에게 그 방향을 제시했다.157)

---

154) Marie et al., *The Effect of Early Release of prisoners on Home Detention Curfew (HDC) on Recidivism*, London: Ministry of justice, 2011.

155) 영국정부는 Securicor, Reliance, Premier 등 3개의 민간기업 그리고 나중에 G4S(Securicor가 다른 보안 회사인 Group4와 합병함)와 Serco(미국의 민영 교도소 공급사) 등과 추가적으로 계약하였다. 이들 민간기업은 5년마다 재입찰을 하는 조건으로 전자감독 서비스를 제공하는 의무를 맡고 있다.

156) 반면에 국립감사원(NAO) 보고서는, 공공 사법기관과 민간 기관이 서로 분리되어 소통하고 일하는 것이 매우 다루기 힘들고 복잡한 문제라는 사실을 지적하고 있다. 즉 전자감독이 가장 효과적이라고 해도 민관이 협력해야 한다는 사실 때문에 그 집행이 훨씬 더 복잡해졌다고 기술하고 있다. Nellis, M., "The 'complicated business' of electronic monitoring", in Taylor, R. et al. (eds) *Early professional development for Social Workers*, Birminham: BASW, 2011, pp. 293-302.

157) 일례로, 2000년에서 2006년 사이 모든 단기출소자들을 대상으로 연구한 종합적 통계연구에서 가택구금 및 야간외출제한(HDC)을 조건으로 석방된 재소자들은 대체로 12개월에서 24개월 사이 다시 범죄를 저지를 확률이 만기출소자들에 비해 낮았다. 이는 정치적으로도 상당히 고무적인 연구 결과이고 HDC가 비용 효율적이라는 것을 보여주고 있다. Marie et al., 앞의 책. 2006년 영국 국립감사원의 보고서에 의하면, 전자감독이 구금형에 비하여 훨씬 비용 효율적이라고 판단되었으며, 더욱이 교정시설에서 출소하는 여느 형태의 재소자들 보다 더 유죄판결을 다시 받을 확률이 확실히 낮을 뿐만 아니라 지역사회 명령을 선고받은 범죄자들 보다 더 유죄 판결을 받을 확률이 적었다. 내무부의 시각에선 이러한 연구결과가 전자감독의 사용을 정당화하는 데 충분하였다.

3. 기타 영연방국가

1) 스코틀랜드

가) 개 관[158]

2016년 1월 기준으로 스코틀랜드의 전체 인구는 약 538만 명이고 인구 10만 명당 교도소 수용인원은 약 142명이다.[159] 스코틀랜드 영연방의 일원으로서, 보호관찰제도 역시 영국(잉글랜드와 웨일즈)의 영향을 받아 형사사법절차의 전 단계에서 매우 다양하고 활발하게 활용되고 있다. 그럼에도 불구하고 스코틀랜드의 경우는, 잉글랜드와 웨일즈의 보호관찰제도와 비교할 때 사회복지적 전통이 훨씬 강하게 남아 있다. 또한 스코틀랜드의 보호관찰조직은 중앙 차원에서는 해산되었으며 지역단위에서 독자적으로 운영되고 있다는 점이 특징이다. 스코틀랜드는 비교적 늦은 2001년에 〈유럽보호관찰연합〉(CEP: Confederation of European Probation)〉의 회원으로 가입하였다.[160]

나) 보호관찰의 조직 및 인력

1968년 이래로 스코틀랜드의 보호관찰기관은 국가적인 조직으로는 해산되었고 대신하여 지역단위에서 지방자치정부에 통합되었다. 1991년부터는 주로 중앙정부의 직접적인 재정적 지원을 받는, 〈형사사법복지국〉(Criminal justice social work service)이 보호관찰제도 운영에 대한 책임을 지고 있다.

스코틀랜드의 총리는 내각과 법무장관을 통하여 형사사법 분야의 사회적 서비스를 포함한, 사회복지실천서비스(social work services) 전달에 대한 국가적 목표·우선순위·정책대상·기준 등을 수립할 책임을 지고 있다. 특히 〈국가자문단〉(National Advisory Body)은 보호관찰에 관한 장기적인 전략수립에 참여하고 있다. 8개 광역지방정부의 사법당국은 32개 지역사회와 해당지역 지방법원에 보호관찰

---

158) 이하의 내용은 온라인(www.cep-probation.org)에서 이용 가능한, *Summary of Information on Probation in Scotland.* 참조.

159) 관련 링크: http://www.prisonstudies.org/map/europe

160) 스코틀랜드 보호관찰제도 관련 웹사이트는 다음과 같다. Services:
   – www.sssc.uk.com(스코틀랜드 사회서비스 위원회)
   – www.cjsw.ac.uk(스코틀랜드 범죄정의사회 중앙 부서)
   – www.adsw.org.uk(사회복지 연합회)
   – www.basw.co.uk/rostrum(영국 사회복지사 연합)
   – www.scottishparoleboard.gov.uk(스코틀랜드 가석방위원회)

서비스를 전달하는 것과 관련된 전략적 계획을 제공하고 있다.

스코틀랜드의 지방정부에는 일반적 사회복지실천을 담당하는 사회복지부장 (Director of Social Work) 또는 수석사회복지담당관(Chief Social Work officer) 이외에 형사 사법 분야의 사회복지실천의 업무를 관장하는 형사사법복지국장(Head of Criminal Justice Social Work)이 있다. 형사사법복지국장은, 지방선거를 통하여 구성된 지방의 회가 선출하는 지방자치단체의 장이 임명하는 정무직 사회복지담당관에 대하여, 그 업무수행에 대한 책임을 진다.

2005년 기준으로 스코틀랜드의 보호관찰분야 종사자 수를 살펴보면, 전문직 과 준전문직 그리고 행정직원들을 포함하여 약 1,100명 이상이 형사사법복지국 에 고용되어 있다. 보호관찰관 1인당 일일 평균 관리인원은 약 20 – 40명이다. 농 어촌지역에 비하여 도시지역의 보호관찰관 1인당 평균 관리인원이 상대적으로 높은 경향이 있다.

한편 법원의 명령에 의하여 범죄자를 지도감독하는 업무에 있어서, 자원봉 사자들은 (비록 그들은 지도감독에 있어서 어떠한 공식적인 책임도 지지 않지만) 형사사법복지 국이 범죄자의 재범을 방지하기 위하여 기울이는 노력을 지지하고 있다.

더구나 중앙의 대규모 또는 지방의 소규모 자원봉사조직들(NGOs)은 범죄자와 그 가족들에게 서비스를 제공하기 위해 형사사법복지국의 팀들과 연계하여 업무 를 수행한다. 예를 들어, 이들 단체는 종종 숙소와 취업지원 약물 및 알코올 정신 건강서비스 등과 관련된 특정 프로그램을 제공한다. 특히 새크로(Sacro: Safeguarding Communities, Reducing Offending), 아동운동본부(Action for children and Apex) 등과 같은 많은 전국적 자원봉사단체들(NGO)은 법으로 정한 필요조건을 넘는 범위에서도 출소자 등과 그 가족에게 필요한 지원을 제공하고 있다.

다) 보호관찰제도의 운영현황

〈형사사법복지국〉(Criminal Justice Social Work)은 스코틀랜드 사법시스템의 거의 모든 수준에서 사회복지와 지역사회 안전을 증진하는 법적인 의무를 수행하고 있다. 형사사법복지국은 성인범죄자뿐 아니라 비행청소년에 대하여도 개입하고 있는데, 보호관찰제도는 일반적으로 형사법원에서 재판을 받는 16세 이상의 범 죄자를 대상으로 하고 있다.

스코틀랜드 형사사법복지국이 수행하는 이러한 법적 의무는 크게 다음과 같이 4가지로 구분할 수 있다.

　① 형사법원의 양형에 참고가 될 만한 조언과 사정평가의 제공

　② 대안적 형사제재수단 또는 공식적 사회 내 강제처분에 의거하여, 대상자의 변화를 위한 지도감독 및 원조 제공

　③ (교정시설에서) 조건부로 석방되어 지역사회로 복귀하는 수형자에 대한 지도감독 제공

　④ 다기관공공보호협정(MAPPA)의 일환으로, 지역사회에서 감독되도록 등록되어야 할 폭력 및 성폭력범죄자 등 고위험범죄자에 대한 위험성 사정평가 및 관리계획 수립 기여

　한편, 재판 이전 또는 다이버전 단계에서 형사사법복지국의 업무는, 검사를 위한 사회복지조사보고서(범죄자의 배경적 특성, 이전 범죄경력, 범죄자의 태도 등)와 소년심판(Children's Hearing)을 위한 사회복지조사보고서(가족 배경, 교육, 건강, 이전 범죄경력 등)를 준비하는 것을 포함한다. 소년범에 대한 소년심판제도 대안적인 조치로서, 연소한 범죄자로 하여금 소년심판을 받게 함으로써 정식재판 기소의 다이버전이 가능하다는 것을 의미한다. 나아가 형사사법복지국은 보석과 관련하여 법원에 3가지 유형의 서비스를 제공한다. 이러한 보석서비스는, ① 경찰서에 유치된 피고인에 대하여 법원에 출두하기에 앞서 정보를 제공하는 '보석정보제도'(Bail Information schemes), ② 불필요한 미결구금을 감소시키기 위하여 적당한 숙소를 찾아 원조를 제공하는 '보석숙소서비스'(Bail Accommodation service), ③ 조건부 보석으로 석방된 사람들을 감독하는 '보석지도감독'(Bail Supervision) 등이다.

　재판과 법집행단계에서는 형사사법복지국은 법원의 요청에 의하여 판결전조사를 제공하고 나아가 법원의 명령에 따른 지도감독업무를 책임지고 있다. 이러한 업무에는 사회봉사, 보호관찰명령, 조건부 석방/가석방, 야간외출제한, 약물치료 및 검사명령, 자유제한명령 및 기타 지역사회명령에 따른 지도감독이 주로 포함된다.

　수형자의 석방 이후 애프터케어와 관련해서 형사사법복지국은, 4년까지의 단기형을 선고받아 복역한 이후에 석방한 경우에는, 출소자의 요청에 의하여 해당 출소자와 그 가족들에게 원조를 제공할 법적인 의무를 갖는다.

라) 스코틀랜드 보호관찰의 최근 동향

2006년 4월, 8개 지역의 형사사법당국에 전문조직(Specialist Authorities)이 설립되었다. 이러한 전문조직은 해당 지역사회와 법원에 보호관찰서비스를 실시하기 위하여 의료기관, 경찰, 교정시설, 그리고 자원봉사단체의 협조를 요구하는 권한을 가졌다.

〈21세기 사회복지실천 비평그룹〉(The 21st Century Social Work Review group)이 발간한 보고서인, '변화된 삶'(Changing Live)에서는 사회복지사의 역량, 역할, 책임성을 증진시키는 방안을 제시하였다. 사회복지실천(Social Work)은 법적으로 등록된 용어이며, 필요한 자격요건을 갖추고 〈스코틀랜드 사회서비스위원회〉(the Scottish Social Services Council)에 등록되어 그 행동강령을 따르는 전문가들만이 사용할 수 있는 용어가 되었다.

한편, 중대한 폭력범죄자와 성범죄자에 대한 지도감독과 모니터링에 대한 중요한 발전도 이루어졌다. 2006년부터 스코틀랜드의 고등법원(the High court)은 '종신제한명령'(OLR: Order of Lifelong Restriction)에 따른 종신 지도감독을 부과할 수 있게 되었다. 종신제한명령(OLR)을 부과하기 위한 위험성사정평가는 스코틀랜드의 위험성평가당국(Risk Management Authority)에 의하여 훈련된, 등록사정관(registered assessors)만이 수행할 수 있다. 2006년에는 '다기관공공보호협정'(MAPPA)이 수립되었고, 범죄자 위험성평가 및 관리에 관하여 전문가 자문을 수행할 국가센터가 설립되었다.

2) 뉴질랜드

가) 개 관

2015년 6월 기준으로 뉴질랜드의 전체 인구는 약 460만 명이고 인구 10만 명당 교도소 수용인원은 약 194명이다.[161] 뉴질랜드는 영연방의 일원으로서, 1886년 미국, 영국에 이어 세계에서 세 번째로 보호관찰을 법제화하여 이 제도를 시행하였다.[162] 이 법제화는 1884년부터 1887년까지 뉴질랜드의 법무장관을 역임한 토울(Hon Joseph Augustus Tole)에 의하여 이루어진 것인데, 그는 당시에 "보호

---

161) 관련 링크 : http://www.prisonstudies.org/map/oceania
162) Dame Sian Elias, Blameless Babes speech, Annual Shirley Smith address, Victoria University, 9 July 2009, para 35

관찰은 범죄를 감소시키고 범죄자를 개선하는데 교도소를 건립하는 것보다 더 저렴하고 안전한 대책이다"라고 주장하였다.[163]

19세기와 20세기 초반에는, 보호관찰관에게는 범죄자의 "친구가 되어줄 것"이 요청되었다. 그러나 지역사회 내에서 관리되는 범죄자의 숫자가 증가하면서, 보호관찰관은 사회복귀를 위한 지원보다는 준수사항에의 순응에 보다 초점을 맞추게 되었다.[164] 현재 뉴질랜드 보호관찰기관의 최우선 사명은 '공공안전(public safe)'이라고 할 수 있다.[165]

뉴질랜드 보호관찰제도의 인상적인 특징은 감독, 집중감독, 지역사회구금, 가택구금 등 사회내 형벌(Community-based Sentence)제도가 단계별로 체계적으로 운영되고 있다는 점과 인구에 비하여 많은 보호관찰소가 설치되어 있다는 점을 들 수 있다.

나) 보호관찰의 조직 및 인력

뉴질랜드의 보호관찰기관(the Probation Service)은 뉴질랜드 교정부(the New Zealand Corrections Department)의 소속기관이다. 뉴질랜드 보호관찰조직은 전통적으로 법무부(Department of Justice)의 사회내교정국(Community Correction Service)에서 관장해 왔으나, 1995년 10월 1일 조직개편에 의하여 교정부(Department of Corrections)가 신설됨에 따라 교정부에 소속하게 되었다. 2010년 6월 현재, 뉴질랜드에는 전국적으로 120개의 보호관찰소가 있다.[166]

뉴질랜드 교정부 웹사이트에 따르면, 보호관찰기관은 2014년 6월 현재 36,001명의 범죄자를 지역사회 내에서 관리감독하고 있다.[167] 보호관찰관의 역할은 "보호관찰대상자로 하여금 그들의 삶에서 변화를 위한 동기를 부여하는 활동을 하는 것이다. 여기에는 폭력, 알코올과 약물 남용 그리고 음주운전 등에 대하

---

163) Blameless Babes speech, chief justice Dame Sian Elias, 9 July 2009, para 35.
164) 최근에는 보호관찰관의 역할이 상당히 변화하였다. 1907년 영국에서 「보호관찰법」이 시행될 때, 보호관찰관의 역할은 "범죄자에게 조언(advise)하고, 그를 지원(assist)하며, 그의 친구가 되어주는(befriend) 것"이었고, 이러한 이상은 뉴질랜드의 1954년 「형사재판법」(the 1954 Criminal Justice Act)에 계승되어 보호관찰관으로 하여금 "범죄자의 사회복귀를 지원하도록" 하였다. 그러나 21세기에는 "보호관찰관의 법적 기능에는 조언과 지원, 친구가 되어 주는 것 등의 명백한 언급이 더 이상은 없다"고 한다. Dame Sian Elias, Blameless Babes speech, Annual Shirley Smith address, Victoria University, 9 July 2009, Victorian University Law Review, p. 591.
165) In the community, Corrections website.
166) Community Probation Services in New Zealand, Change Programme 2009-2012, P. 9.
167) In the community, NZ Corrections website.

여 다루는 프로그램에의 참가가 포함된다."168)

　뉴질랜드의 보호관찰기관에는 보호관찰관, 임상심리사(psychologists), 프로그램운영자(programme facilitators), 사회봉사명령감독관(community work supervisors), 관리자 및 행정가(managers and administrators) 등 다양한 직종의 전문 인력이 근무하고 있으며, 중앙본부는 웰링턴에 위치하고 있다.169) 2003년부터 2012년까지 일선 근무인력은 약 143% 증가하였다. 2010년 6월 현재 뉴질랜드·전국의 보호관찰기관에는 2,311명의 직원이 근무 중에 있다.170)

다) 보호관찰제도의 운영현황

　뉴질랜드 보호관찰제도의 주요한 기능은 '감독(supervision)명령', '집중감독(intensive supervision)명령', '지역사회구금(community detention)명령', '가택구금(home detention)명령' 등 사회내형벌(Community-based Sentence)을 부과 받은 범죄자들을 감독하는 것이다. 또한 가석방된 수형자나 형기 종료단계에서 최장 6개월간 조건부로 석방된 수형자를 지역사회 내에서 관리하는 기능도 보호관찰제도의 주요 구성요소의 하나이다.

　'감독(supervision)명령'은 6개월부터 2년 사이의 기간 동안에 부과될 수 있으며, 보호관찰대상자는 보호관찰관의 지시에 따라 보고할 의무가 있다. 생활보고의 주기는 통상 매주 1회 정도이지만, 대상자가 순응적이면 매월 1회 정도로 보고주기가 완화된다. 대상자는 그들의 주거지와 직장에 대하여 보호관찰관에게 알려야 하고 '공범 등 특정인과의 교제 금지' 등과 같은 준수사항을 이행하여야 한다.171)

　'집중감독(Intensive supervision)명령'은 모니터링만을 중심으로 하는 일반적인 '감독(supervision)'과는 다르게, 대상자의 사회복귀(rehabilitation)에 초점을 두는 것이다. 이 명령에는 2년까지 부과될 수 있는데, 상담(counselling)·(필요한 경우) 입원치료(residential treatment)·기타 적절한 훈련프로그램(training programmes) 등에 참가하는 활동이 포함된다. 또한 이 명령을 부과 받은 대상자에 대해서는 정기적으로 법원에 보고할 것이 요구된다.172)

168) In the community, NZ Corrections website.
169) Corrections Official website, Community probation jobs.
170) Community Probation Services in New Zealand, Change Programme 2009-2012, P. 9.
171) Community-based Sentences in New Zealand, Ministry of Justice website.
172) Community-based Sentences in New Zealand, Ministry of Justice website.

'지역사회구금(Community detention)'은 2002년 「양형법」(the Sentencing Act of 2002)에 의하여 도입되었다. 이는 범죄자로 하여금 승인된 거주지에 특정 시간, 주로 야간 시간 동안 외출이 금지되는 조건 아래에서 지역사회에서 직업생활을 지속할 수 있도록 하는 조치이다. 이 지역사회구금명령은 14일부터 6개월 사이에 부과되며 범죄자는 전자발찌를 부착하고 전자감독을 받아야 한다.173)

'가택구금(Home detention)'은 2007년에 「가석방개정법」(the Parole Amendment Act)에 의하여, 이를 부과하던 권한이 종래 〈가석방위원회〉(the Parole Board)에 있던 것이 폐지되고 독립적 양형처분이 되어서 지방법원판사(district court judges)에 의하여 부과되는 것으로 변경되었다. 그러나 이러한 가택구금명령의 선고는 피고인에게 2년 미만의 구금형을 선고할 수 있는 경우에만 대안적인 조치로 부과할 수 있다. 가택구금명령을 부과 받은 범죄자는 전자발찌를 부착하고 승인된 주거지에서 24시간 감독을 받는데, 이 가택구금의 최장기간은 12개월이다.174) 가택구금대상자는 생업에 종사할 수 있지만 그들의 범죄원인을 다루는 사회복귀프로그램(rehabilitation programmes)도 이수하여야 한다. 생업종사, 프로그램 참석, 의료 등 기타 중요한 일정을 위하여 외출할 때에는 사전에 보호관찰관의 허가를 받아야 한다.

뉴질랜드에서는 2014년 현재 약 1,800명의 범죄자가 가택구금 중에 있다. 이들 가택구금대상자가 사건 허가 없이 주거지를 이탈하거나 가택구금의 규칙을 위반할 경우에는 교정시설에 재구금될 수 있다. 하지만 '위반(breaches)'과 관련하여 종종 발생하는 '신호실종(the signal drops out)'은 실제로는 그렇지 않았지만 마치 그들이 도주한 것과 같은 인상을 주기도 한다.175) 가장 중대한 위반은 전자발찌를 훼손하는 것이다. 뉴질랜드 교정부에 따르면 오직 1%의 가택구금대상자만이 그들의 전자발찌를 자르고 도주하며, 도주한 사람들도 거의 대부분 즉시 검거된다고 한다.176)

법원과 가석방위원회에 조언 및 권고를 하고 관련한 보고서를 작성하여 제출하는 것도 보호관찰관의 중요한 업무 중 하나이다. 범죄자를 지역사회 내에서 관리하는 업무 이외에도 보호관찰관은 양형절차 이전에 판사에게 필요한 정보와 일반적으로 '판결전조사서(PSRs: pre-sentence reports)'라고 불리는 보고서를 제출하

---

173) Corrections Department website.
174) Corrections Department website.
175) Home detention monitoring system criticised, Southland Times 31 August 2012.
176) NZ Herald, 20 February 2014

는 임무를 수행하고 있다. 판결전조사서(PSRs)는 범죄자의 배경정보, 그의 이전 판결 순응에 대한 이력, 특정 양형에 대한 권고 등의 내용을 포함한다. 보호관찰소는 법원에 매월 약 260건의 그러한 조사보고서를 제출하고 있다.[177]

뉴질랜드 법원의 판사는 범죄의 원인으로서 그러한 물질사용이 어느 정도 기여했는지를 확인하기 위하여 해당 범죄자에 대한 '알코올 및 약물문제 사정 (alcohol and drug assessments)을 의뢰할 수 있다. 이러한 사정평가는 판사로 하여금 의무적인 알코올 및 약물 상담에 참여하도록 하는 명령을 내리는 판결을 내리는 데 도움이 될 수 있다. 비록 80% 이상의 범죄자가 알코올이나 약물의 영향을 받아 범죄를 저질렀다고 추정되나 과거에는 약 5% 정도의 범죄자에게만 이러한 처분이 부과되었고 2010년에는 그러한 비율이 약 10% 정도로 상승하였다.[178]

보호관찰기관은 가석방 심사를 받게 되는 모든 수형자를 위하여 뉴질랜드 가석방위원회(Parole Board)에 보고서를 작성하여 제출하는 역할도 수행하고 있다. 이러한 보고서는 '가석방심사보고서(PARs: parole assessment reports)'라고 불린다.[179] 가석방심사보고서(PARs)는 가석방예정자의 교도소 내에서의 수용성적, 사회복귀 프로그램 이행여부, 수용 중 사건사고, 귀주예정지에 대한 평가 등의 내용을 포함한다. 보호관찰기관은 전국적으로 100여 명의 임상심리사(psychologists)를 채용하여 수용자에 대한 심리학적 위험성 사정평가를 실시하도록 함으로써 위원회가 석방 이후 재범위험성을 평가하는데 도움을 주고 있다.

라) 뉴질랜드 보호관찰의 최근 동향

보호관찰기관의 역할에 영향을 주는 요인 가운데 한 가지는 업무량의 급격한 증가이다. 2003년에는 전국 보호관찰소가 총 55,869건의 사건을 처리하였으나, 2009년에는 전국적인 사건처리 건수가 연간 105,430건까지 치솟았다.[180]

뉴질랜드 교정부는 서비스의 질이 늘어나는 업무량에 의하여 부정적인 영향

---

177) 뉴질랜드의 판사들은 이러한 조사서의 수준에 대하여 거의 불평하지 않았으나 2013년에 네빈 도슨(Nevin Dawson)판사는 〈오클랜드 보호관찰소〉(the Auckland Probation service)가 자신이 원하는 조사를 수행하지 못했다고 비판한 바가 있다. 그에 따르면 조사담당 보호관찰관이 경찰 헬리콥터에 레이저 광선을 쏘는 행위를 한, 두 명의 청년범죄자에게 가택구금을 고려하라는 그의 주문을 외면한 채 사회봉사(community service)만을 권고했다는 것이다. NZ Herald, Laser strike case: Judge takes aim at probation service. Mar 7. 2013.

178) Alcohol in our lives: curbing the harm, NZ Law Commission, April 2010.

179) Corrections Official website, Community probation jobs.

180) NZ Department of Corrections, Community Probation Services in New Zealand, Change Programme 2009－2012, p. 5.

을 받을 것을 인식하고, 2009년부터 '변화프로그램(Change Programme)'을 추진하며 보호관찰기관의 목적과 일하는 방식을 재정의하기 시작하였다. 당시의 보호관찰 국장 카트리나 케이시(Katrina Casey)는 새로운 초점은 "범죄자를 그들이 부과 받은 형이나 준수사항에 순응하도록 관리하는 것이며 그들의 재범위험성을 감고하고 타인에 대해 위해를 가할 위험성을 최소화하는 것이다"라고 언급하였다. 그녀는 보호관찰기관은 광범위한 업무지침을 교체함으로써 이러한 일을 수행할 것이라고 주장하였다.[181]

그러나 얼마 후 뉴질랜드 교정부의 감사관(the Auditor General)은 100개의 보호관찰기관의 대상자 관리실태를 점검하고 "사회내 형벌을 받는 범죄자 수의 증가는 현재 보호관찰관이 당면하고 있는 위기를 더욱 심화시킬 것"이라고 부정적인 보고서를 제출하였다. 이에 대하여 보호관찰당국은 더 많은 직원을 충원하고 직원들이 감독과 순응에 보다 초점을 맞추도록 절차를 집중하면서 이러한 상황을 잘 관리할 수 있다고 주장하였다. 2010년 10월 뉴질랜드 교정부는 "뉴질랜드 가석방자의 96%가 매우 잘 관리되고 있다"고 발표하였다.[182]

한편, 현재도 뉴질랜드 교정부의 가장 큰 사명은 재범률을 감소시키는 것이다. 범죄의 인과관계의 연결고리를 끊음으로서 범죄피해자의 숫자를 축소하고 보다 안전한 사회를 만드는 것이다. 뉴질랜드 정부는 이러한 목적을 달성하기 위하여 2017년까지 재범률을 25% 이상 낮추는 야심찬 전략을 추진 중에 있다.[183]

3) 캐나다

가) 개 관

2013년 9월 기준으로 캐나다의 전체 인구는 약 3,568만 명이고 인구 10만 명당 교도소 수용인원은 약 106명이다.[184] 캐나다는 영연방의 일원으로서, 보호관찰제도 역시 영국(잉글랜드와 웨일즈)의 영향을 받아 형사사법절차의 전 단계에서 매우 다양하고 활발하게 활용되고 있다.

---

181) Change has come-Probation practice redesign complete, Corrections News May-Jun 2012.
182) Dramatic improvement in monitoring of paroled prisoners". Morning Report. Radio New Zealand. 22 October 2010.
183) 뉴질랜드 교정부, Interventions delivered by probation staff, 뉴질랜드 교정부 홈페이지 2013년 8월 12일 게시자료.
184) 관련 링크: http://www.prisonstudies.org/map/northern-america

캐나다의 범죄자처우[185]는, 연방차원에서는 공공안전부(Ministry of Public Safety) 산하 독립청인 연방교정청(CSC: Correctional Service of Canada)이 담당하고, 각 주차원에 서는 법무장관(Solicit General) 산하 교정국(Corrections Department)이 담당하는 체계이다. 형기 2년 미만의 구금형 집행과 보호관찰의 집행은 지방정부(Provincial Government) 에서 관할하고, 2년 이상의 형 집행과 가석방보호관찰은 연방교정청이 담당한다.

캐나다 보호관찰제도의 운영상 특징은 보호관찰기관의 운영목표를 통해 간 접적으로 살펴볼 수 있다. 캐나다 연방교정청은 다음의 목표를 추구하는데, ① 업무의 가장 기본적인 관심을 공공안전에 두고, ② 범죄자를 통제 및 관리하며, ③ 연방관할 범죄자들이 준법시민이 되도록 지원하며, ④ 범죄자 재통합과정에 지역사회 및 조직들의 참여를 도모하고, ⑤ 감독조건부 석방을 통해 보다 안전한 사회를 만드는데 공헌하는 것 등이다.[186]

나) 보호관찰의 조직 및 인력

(1) 연방차원 조직 및 인력[187]

캐나다 연방교정청은 조직의 합리적인 관리를 위하여 본청, 5개 지방청과 일선기관의 단계로 편재되어 있다. 교정청장(Commissioner)은 전체 조직을 총괄하 며 부서 책임자와 지방교정청장들이 청장을 보좌하여 집행한다. 사회내 교정은 전 국 5개 지방청에 설치된 사회내 교정행정국장(District Director of Community corrections administrative office)이 담당한다.

교정청본부(National Headquarters)는 캐나다 연방교정과 관련한 정책수립, 연방 법무성 및 공공안전부의 거시적 형사정책을 보좌하여 수행하고, 다른 행정부처 및 입법부, 사법부와의 정책 조율을 행한다. 연방교정과 관련한 예규 입안, 전략 수립, 예산안의 수립 및 확보, 예산집행계획수립 및 배분, 여성과 장애인을 위한 특별 프로그램들을 기획하거나 인종 등에 따른 처우계획들을 수립·시행한다.

---

185) 2010 4월 현재 캐나다 총인구의 10.6%가 범죄기록을 보유하고 있고, 매년 성인 형사법원에서 대략 30만 건의 유죄판결을 선고하고 있다. 유죄판결의 3분의 2는 비구금 처분, 3분의 1은 구금 형을 선고하고 있다. 구금형을 선고 받은 범죄자 중 96%는 형기 2년 이하로서 그 중 70%가 보 호관찰처분을 받고 있다. 형기 2년 이상의 실형 선고자는 4.5% 수준이다. 이형재, "캐나다 성폭 력범에 대한 형사사법적 대응과 감독에 관한 연구", 법무부 해외연수보고서, 2012 참조.

186) 사회내 감독 기간 중 3% 이하의 연방관할 범죄자들이 폭력범죄를 범하였고, 연방범죄자들이 전체 보고된 범죄의 1% 미만을 점유하는 것으로 분석되며, 보호관찰 기간 중 재범률은 5.7% 수준이다. 이형재, 앞의 논문, p. 34.

187) 이하의 내용은 이형재, 앞의 논문, 2012, pp. 32-34. 참조

5개 지방교정청(Regional Headquarters)은 전국의 시설내 교정 및 사회내 교정을 나누어 통할한다. 국가 정책에 따른 예산 및 처우 계획들을 지방에 맞게 세부적으로 편성·시행하고 지역 내 교정시설 및 사회내 교정기관의 인력 및 회계에 관한 업무를 총괄한다.

캐나다 연방교정청 산하에는 58개의 교정시설(Institution)과 16개의 사회내 교정센터, 85개의 가석방보호관찰소(Parole Office)가 있고, 177개 사회내 거주시설(CRFs: Community residential facilities)을 운용하고 있다.[188] 캐나다 연방교정청의 총예산은 2011년 5월~2012년 4월 회계연도 동안 29억 8,000만 캐나다 달러이다.[189]

캐나다의 연방교정청 산하의 사회내 교정센터(CCC) 또는 사회내 거주시설(CRF)에서는 대상자의 사회통합을 지원하는 차원에서 지방자치단체와 협조하여 해당 시설에 거주하는 가석방 보호관찰대상자를 사회봉사활동에 참가하도록 하는 프로그램을 운영 중에 있다. 또한 가석방 조건으로 사회내 교정프로그램 참가, 심리상담, 정신치료 등 특별준수사항을 부과하는 것이 가능하고, 약 50%의 대상자가 이러한 준수사항을 부과 받고 가석방된다.

캐나다 연방교정청은 2011년 4월 현재 22,613명의 범죄자들을 관할하고 있는데, 그 중 14,221명(63%)은 교도소에 재소 중이고, 8,642명(37%)은 조건부 석방되어 감독 중이다. 이들 중 성폭력범은 2,215명으로 전체 대상자의 10% 수준이다.[190]

연방교정청의 인력규모는 정규인력 17,900명으로 교도관 7,160명, 보호관찰관·프로그램 전문가 2,680명, 간호사 720명, 심리전문가 310명 등이다. 약 5%는 소수민족, 약 3%는 장애인, 약 7%는 원주민(Aboriginal), 약 46%의 여성 직원으로 구성되어있다. CSC내 계약직 및 사회내 거주시설(CRFs)에 근무하는 범죄자 관리인력 6,200여 명을 포함하면 전체인력은 24,000여 명에 이른다.[191]

---

188) 이형재, 앞의 논문, 2012, p. 32.

189) 당시 환율 기준으로 한화 약 3조 5,000억 원인데, 그 중 인건비가 가장 많은 57.8%, 교정프로그램운영 및 정신치료 등 사업비가 24.8%, 시설증설·유지관리 등 자본투자가 17.5% 등이다. 이는 각 주의 교정예산을 제외한 연방교정 예산규모로 각 주의 교정예산을 포함할 경우 이보다 훨씬 많은 교정예산을 투입하고 있다고 할 수 있다. 이형재, 앞의 논문, p. 36.

190) Corrections and Conditional Release Statistical Overview-2011, Public Safety Canada.

191) 이를 구체적으로 살펴보면 다음과 같다. 연방 보호관찰관은 교정시설 내에서도 근무하는데, 전체 58개 연방교도소에 총 720명의 가석방전담 보호관찰관(Parole Officer)이 근무하고 있다. 이들은 수형자 인터뷰, 수형자의 교정계획 수립, 수형자개선보고서(progress report) 작성, 가석방 심사자료 준비 및 수형자 면담 등의 업무를 전담한다. 한편 가석방 보호관찰소(parole office)에는 795명의 가석방전담 보호관찰관(Parole officer)을 비롯하여, 사례관리 지원관(Case Management Assistant) 199명, 프로그램전문가(Program Officer) 72명, 임상심리사(Psychologist) 55명, 원주

(2) 주정부 차원의 조직 및 인력

각 주차원에서는 법무성 산하 교정국(Corrections Department)에서 2년 이하의 구금형의 집행과 사회내 교정을 담당하고 있다. 주정부 차원의 보호관찰제도는 각 주의 상황에 따라 차이가 있다. 브리티시 콜롬비아(British Columbia) 주의 경우, 보호관찰소는 ① 판결전조사의 실시 ② 보호관찰부 보석(Bail Order) 대상자 관리, ③ 보호관찰(Probation Order)대상자 감독 ④ 조건부판결(Conditional Sentence)의 집행, ⑤ 원상회복(Restitution)명령의 이행 감독, ⑥ 전자감독(Electronic Monitoring)의 집행, ⑦ 사회봉사의 이행감독 및 약물·성폭력사범 치료프로그램 운용 등의 업무를 담당한다.

캐나다 보호관찰관은 집행유예전담 보호관찰관(Probation Officer)과 가석방전담 보호관찰관(Parole Officer)으로 분류되며, 자격요건은 4년제 대학에서 범죄학(Criminology), 사회복지학(Social Work), 심리학(Psychology) 등 관련 전공분야의 학사학위 취득이다.[192]

2010년 4월 현재, 캐나다 각 주에서 총 110,368명이 보호관찰관의 감독(probation 또는 conditional sentence)을 받고 있고, 교정시설 수감자는 총 43,300명이다.[193] 한편, 지방을 포함한 전국의 교정 및 보호관찰직원은 45,000명에 이른다고 한다.[194]

참고로 브리티시 콜롬비아(British Columbia) 주 교정국은 산하에 13개의 교정시설과 55개 보호관찰소 및 중앙전자감독센터를 두고 있다. 브리티시 콜롬비아 주의 보호관찰대상자는 2010년 11월 현재 총 15,789명이다.

민법죄자 전담 영적지도자 등 45명, 정신전문 사회복지사 17명, 정신간호사 34명, 민간봉사자 전담직원 25명, 취업알선 전담직원 23명, 행정 및 예산 전담직원 313명 등이다. 그 외에도 계약직으로 정신과의 20명, 16개 사회내 교정시설(CCC) 보안요원 240명, 175개 갱생보호시설 거주 대상자 전담직원 510명 등 총 770명의 관련인력이 보호관찰업무 참여하고 있다. 이형재, 앞의 논문, 2012. pp. 34-37.

192) 이형재, 앞의 논문, p. 37.
193) Public Safety Canada, 앞의 자료.
194) 이형재, 앞의 논문, p. 32.

다) 보호관찰제도의 운영현황[195]

캐나다의 양형수단은 ① 구금형, ② 전자감독[196]과 병합명령,[197] 사회내 치료시설 입원 등 조건부 형벌(Conditional Sentence), ③ 보호관찰, ④ 원상회복(restitution) 등 대안적 조치 등이 대표적이다. 여기서 ②~④의 양형수단의 보호관찰제도와 관련되어 있다. 보호관찰제도의 영역에는 이외에도 재판전 단계에서 실시되는 보호관찰관의 감독조건부 보석인 보석명령(Bail Order)과 판결전조사제도가 포함된다.

사회봉사(Community Service Work)는 보호관찰 또는 조건부 형벌(CSO)의 특별준수사항으로 부과되며, 사회적 배상제도로 운용되고 있다. 우리나라와 같은 독립된 처분으로서의 수강명령은 없고, 성폭력·가정폭력·약물프로그램참가 등이 준수사항 형태로 부과 될 수 있다. 다만, 「소년사법법」(YCJA)은 소년범에 대한 비구금적 수강명령(Attendance Center Order)을 규정하고 있다.

(1) 보석명령(Bail Order)

캐나다의 모든 피의자는 구속수용 단계에서 법원에 보석심리(bail hearing)를 신청할 수 있다. 법원은 살인범 및 상습범 등 재범위험이 높은 범죄자가 아닌 경우 보석을 허가하는데, 위의 준법보석, 보호관찰부 보석(bail on probation order)을 허가할 수 있다. 준법보석은 보석금이 없으나, 감독조건부 보석의 경우에는 보석금이 부과될 수 있다. 보석석방의 조건은 보호관찰관의 정기적인 감독을 받을 것, 부모의 집에 거주할 것, 법원이 요구하는 기일에 법정에 출석할 것 등이고, 범죄내용에 따라 피해자와 대화하거나 소통하지 말 것, 피해자 또는 특정장소에 200m, 500m 또는 1000m 이내에 접근하지 말 것, 약물 또는 알코올을 사용하지 말 것, 치료프로그램에 참가할 것 등의 부가적 준수사항이 부과될 수 있다. 준수

---

195) 캐나다의 보호관찰제도는 그 운영에 있어서 가석방(parole)과 집행유예(probation)가 서로 분리되어 있다. 가석방 보호관찰은 연방정부나 주정부 차원에서 교정시설 운영업무와 통합되어 운영되고 있고, 집행유예 보호관찰은 지방정부 차원에서 법원에 관한 사무와 유기적 관계 속에서 운영되고 있다. 그러나 지방정부 차원의 보호관찰제도 운영 실태에 대해서는 각 주의 실상을 전부 파악하기가 매우 어렵다. 따라서 여기서는 주로 연방차원의 가석방 보호관찰을 중심으로 논의하도록 한다.
196) 전자감독(Electronic Monitoring)은 캐나다 「형법」 제731조 보호관찰(Probation) 또는 같은 법 742조의 조건부 형벌명령(CSO: Conditional Sentence Order)의 특별준수사항으로 부과되고, 통행금지(Curfew), 교정프로그램참가, 사회봉사 등의 준수사항이 병과될 수 있다.
197) 주로 구금과 보호관찰을 병합하는 것을 말하며, 주말구금 등을 포함하는 개념이다.

사항을 위반하면 구속재판을 받게 되며, 공탁한 보석금이 몰수되고, 법관의 양형에도 고려요소로 작용하여 불이익을 받는다.[198]

(2) 판결전조사

형사법원 재판관은 특별한 사유가 없는 경우, 배심원단의 평결 이후 2주 이내에 판결을 선고하여야 한다. 재판관은 양형에 있어 보호관찰관(Probation Officer)의 판결전보고서(Pre-sentence Report)를 참고하여 심사숙고하여 판결을 내린다. 판결전조사는 기본적으로 판사의 요구에 의해 보호관찰관이 조사하며, 판결전보고서의 목적은 법관의 양형결정(sentencing decision)을 보좌(assist)하는데 있다.[199]

(3) 보호관찰(Probation)

법관은 형기의 하한이 정해지지 않은 범죄를 범한 피고인에게 보호관찰명령을 부과할 수 있는데, 이 경우 기간은 3년을 초과하지 않는다. 보호관찰은 벌금 또는 2년 이하의 구금형과 함께 병과될 수 있고, 240시간 이내의 사회봉사가 부가될 수 있다. 보호관찰의 준수사항은 일반준수사항과 선택적 준수사항이 있다.

우선 캐나다의 일반준수사항에는, ① 법규를 준수하며 선행을 할 것, ② 법원의 요구가 있을 때 출두할 것, ③ 성명, 주소를 변경할 때는 사전에 보호관찰관에게 신고할 것, ④ 직장 및 직업을 바꾼 경우에는 즉시 보호관찰관에게 알릴 것 등이 있다.

캐나다의 선택적 준수사항(optional conditions)은 범죄자 개인에게 부과되는 맞춤형의 부가적 개별준수사항으로 우리나라의 특별준수사항에 해당된다. 이러한 선택적 준수사항으로는, ① 보호관찰명령을 받은 때로부터 2일 이내에 보고하고, 보호관찰관이 지시하는 경우 즉시 보고할 것, ② 보호관찰관이나 법원의 허가 없이 관할 구역을 벗어나지 않을 것, ③ 알코올이나 중독성 약물을 먹거나 사용하지 않을 것과 처방전 없이 약물을 복용하지 않을 것, ④ 무기를 소유하거나 소지

---

198) 이형재, 앞의 논문, 2012, pp. 13-15.

199) 판결전보고서를 준비하면서 보호관찰관은 범죄자 본인, 가족, 고용주 또는 교사, 관계인 등을 인터뷰하여야 하며, 동시에 경찰의 수사기록, 교정·보호관찰기록 등을 검토한다. 일반적으로 판결전보고서는 피고인의 교육정도, 가족력(family background)·성장과정(Life history), 가족의 지원정도, 사회적 관계, 직업력 및 고용정보, 재정상태, 정신적·정서적·신체적 건강상태, 약물중독(addictions) 여부, 범죄 및 수형경력, 피고인의 개선의지 및 책임인정 여부, 피해자 영향 등을 서술하고 재범위험성 진단 및 사회내처우 적합성 등 양형권고를 포함한다. 판사는 필요하다고 판단하는 경우 정신병적, 심리적, 의료적 또는 다른 특정 영역에 대한 별도의 조사보고(psychiatric, psychological, medical or others' reports)를 요구할 수 있다.

하지 않을 것, ⑤ 부양가족을 돌볼 것, ⑥ 240시간 이내의 사회봉사를 할 것,[200] ⑦ 정부에서 인증하는 치료·교육프로그램에 성실하게 참가 할 것, ⑧ 기타 법원이 부과한 준수사항을 따를 것[201] 등이 있다.[202]

(4) 조건부 형벌(Conditional Sentences)

캐나다 「형법」 제742조에 근거하여, 법원은 형기하한이 없는 기소범죄를 범한 범죄자에 대하여 그 사회적 위험성이 낮은 것으로 판단하는 때에는 실형을 선고하는 대신 2년 이내의 기간 동안 보호관찰관의 감독을 받는 것을 조건으로 사회내처우를 명할 수 있다. 이 판결에 의한 감독의 준수사항(Mandatory Condition)은 ① 법률을 준수하고 선행을 할 것, ② 법원의 출석요구에 응할 것, ③ 보호관찰관의 지시에 따를 것, ④ 허가 없이 관할 구역을 떠나지 않을 것, ⑤ 직장이나 직업을 변경할 때는 즉시 보고할 것, ⑥ 개명 또는 주소를 옮긴 때에는 사전에 보고할 것 등이다.

특별준수사항은 전자감독, 사회봉사, 치료프로그램 이수, 특정한 사람, 장소, 물건의 소지, 활동을 금하는 것 등이 부과될 수 있다. 이처럼 전자감독은 조건부 형벌 또는 보호관찰에 부가될 수 있다. 법원이 범죄자에 대하여 사회내 형벌(Community Sentence)인 보호관찰이나 조건부 형벌(Conditional Sentence)을 선고하는 경우에는 거의 대부분 가택구금(House Arrest)을 부과하는 것으로 나타난다.

(5) 원상회복(Restitution)

캐나다 「형법」 제738조 및 739조의 규정에 의하여 법원은 범죄자에게 범죄로 인한 피해자의 물적, 신체적·심리적 피해에 대하여 합리적인 수준의 원상회

---

200) 이때 사회봉사는 18개월 이내에 완수되어야 한다. 캐나다의 사회봉사는 독립적 처분이 아니고 보호관찰명령 부가처분이다.

201) 이에 해당하는 대표적인 것이 실무상 활용되고 있는 통행금지를 수반하는 전자감독이다.

202) 한편, 단체 또는 법인을 포함하는 조직체(organization)에도 보호관찰을 부과하여 처벌할 수 있는데(형법 제 732조의1 제3의 1항 및 2항 참조), 조직에 부과되는 특별준수사항으로는, ① 범죄로 인한 개인의 손해에 대한 원상회복(restitution), ② 당해 법인 또는 단체가 추가적인 범죄를 저지르지 않도록 정책, 표준 및 절차(policies, standards and procedures)를 만들 것, ③ 당해 법인 또는 단체의 대리인들과 정책, 표준 및 절차들에 대해 협의할(communicate) 것, ④ 그들 정책, 표준 및 절차들에 대해 법원에 보고할 것, ⑤ 그들 정책, 표준 및 절차들에 대한 이행을 책임지는 상급책임관을 지정(identify the senior officer)할 것, ⑥ 법원에 의해 특정된, 당해 조직체가 범한 범죄사실, 법원에 의해 부과된 판결 내용, 추가 범죄를 줄이기 위해 당해 조직체가 시행하고 있는 정책, 표준 및 절차를 포함하는 조치 등에 관한 정보들을 공중에게 제공할 것, ⑦ 법원이 당해 조직체의 추가적인 범죄를 예방하고, 당해 범죄로 인한 손해를 배상하기 위하여 부과하는 어떠한 합리적 준수사항에도 따를 것 등이다.

복에 필요한 금전적 배상을 명할 수 있다. 이를 위해 보호관찰관은 판결전보고서
에 범죄자의 금전배상의 재정적 능력을 조사 보고하여야 한다. 원상회복의 이행
여부는 보호관찰관이 감독하게 되고, 만약, 성폭력범이 사회내 판결을 선고 받게
되면, 원상회복은 보호관찰 또는 조건부 판결의 준수사항이 된다. 원상회복명령
의 우선순위는 몰수 및 벌금과 같으나, 법원은 원상회복과 벌금 또는 몰수를 부
과할 때에는 피고의 재정능력을 참고하여 원상회복을 먼저 고려하고 나서 벌금
또는 몰수의 부과를 고려할 수 있다. 원상회복 명령은 피해자에게 통보되며, 즉
시 이행되어야 하되 분할 집행할 수 있다. 그 불이행에 대하여는 민사상 강제이
행명령을 받은 것과 같은 효과를 갖는다.

라) 캐나다 보호관찰의 최근 동향

(1) 양형강화와 보호관찰의 강경화

최근 캐나다에서는 연방교정과 관련하여 여러 가지 새로운 입법들이 이루어
지면서 양형의 강화 및 가석방의 엄격화, 사회내 감독 강화 등의 변화가 주요 의
제로 대두하고 있는데, 주요한 법률적 변화내용은 다음과 같다.

첫째, 「신속한 가석방 심사의 폐지에 관한 법률」(the Abolition of Accelerated
Parole Review Act)이 2011년 4월부터 시행됨에 따라 연방범죄자에 대한 가석방심사
가 보다 엄격해 졌다.

둘째, 「폭력범죄 대응법」(Tackling Violent Crime Act)이 2008년부터 시행, 특정범
죄들에 대한 필수적인 최소 형기를 높이고 총기와 관련되는 새로운 범죄를 추가
하였다.

셋째, 「안전사회법」(Safe Streets and Communities Act)이 2011년부터 시행되면서,
마약범, 총기사용 폭력범 등에 대한 형기 하한을 높이는 등 보수적이고 강한 양
형제도를 도입하였다. 특히 성폭력범 중 흉기사용자(sexual assault with a weapon), 가
중성폭력범(aggravated sexual assault), 유괴범(kidnapping)에 대한 형기 하한이 4년으로
조정되었다.

위와 같은 법률 개정과 전반적인 양형 강화 추세에 따라 보호관찰 정책도
많은 영향을 받고 있다. 연방교정청에서는 공공안전의 강화를 위해 범죄자의 책
임성 고양을 강조하고 시설을 증설하는 한편, 마약사범 등을 대상으로 한 교정프
로그램과 개입을 강화하고 사회내 조건부 석방자에 대한 감독을 강화하는 정책

을 강구하고 있다.

보호관찰 강경화의 경향을 구체적으로 살펴보면, 교정시설 구금 중 강도 높은 치료프로그램의 적용, 의무가석방(Statutory release)203)을 통한 강한 사후통제, 가택구금형 전자감독의 확대, 형기종료 후 장기감독제도 도입,204) 위치추적형 전자감독의 도입 검토 등을 종합적으로 추진함으로써 성폭력범에 대한 재범통제와 치료, 사회복귀라는 목표를 동시에 달성하고자 한다.

(2) 전자감독제도의 확대 검토

브리티시 콜롬비아 주의 사례를 통해 캐나다 전자감독 운영 실태를 살펴보면, ① 가택구금(House Arrest)방식으로 도입하였고, ② 우리나라와 같은 GPS 위치추적방식(Tracking)은 실시하지 않고 있으며, ③ 현재의 가택구금방식으로도 효과를 거두고 있다고 분석하고 있어서 위치추적(Tracking)방식의 도입필요성에 대해서는 각 주 차원에서는 아직 구체적인 논의가 없는 상태이다.205)

한편 연방차원에서는 가택구금형 전자감독은 실시하지 않고 있고, 위치추적형 전자감독은 시험실시(PILOT)프로그램으로 도입하여 온타리오 주에서 2008년부터 2011년 4월까지 시험실시를 완료하고 2010년 9월 이에 대하여 분석보고서를 내고 전면 도입 여부를 검토하고 있다.206)

---

203) 의무가석방(Statutory release)은 캐나다의 「교정 및 조건부 석방 법률」(Corrections and Condition Release Act)에 규정된 조건부 석방의 한 유형으로서 주로 재범위험성이 높은 범죄자에게 적용하는 감독조건부 석방제도이다. 재범위험이 높은 수형자에 대하여는 일반적 가석방을 적용하지 않고, 형기의 2/3가 경과하면 가석방 보호관찰관(parole officer)의 사후감독을 조건으로 석방하는데 의무가석방자는 가석방 초기 6월간은 반드시 사회내 수용시설(CRF:community residential facility)인 중간처우시설(Halfway House) 등에 거주하여야 하고 집중감독과 함께 개별적 위험성과 필요(risk and needs) 수준에 따라 교정치료프로그램 또는 약물치료, 정신치료, 심리상담 등의 적용을 받는다.
204) 캐나다의 경우 조건부 석방 후에도 종신감독대상이 되는 살인범 등 무기수(lifer)를 제외하고 성폭력범, 강도범 등 사회적 위험성이 높은 범죄자에 대하여 법원의 판결로 형기종료 후 최대 10년까지 사후감독을 받는 장기감독명령(LTSO: long-term supervision order)을 도입하고 있다.
205) 브리티시 콜롬비아 주의 전자감독 운영을 살펴보면, 교정국 산하에 1개 중앙통제센터(Central Monitoring Unit)에서 전체 전자감독대상자의 개별기록을 통제하고 감시하는 중앙 컴퓨터를 관리하고 개별대상자의 전자감독 순응 여부를 점검한다. 전자감독장치의 설치 및 부착은 민간회사의 용역을 활용하는 미국의 다수 사례와는 달리 관할 보호관찰소의 전담관찰관이 담당하는 방식으로 한국과 유사하다. BC주 전역의 전자감독대상자는 2011년 2월 25일 현재 210명 수준으로 전체 조건부 양형(Conditional Sentence)의 10% 수준이며, 전체 사회내 감독사건(23,094건)의 1% 수준이다.
206) 전자감독 시험실시에 대한 중간 평가보고서는 CSC, 2009. "Evaluation Report: Electronic Monitoring Program Pilot"; http://www.csc-scc.gc.ca/text/pa/empp/index-eng.shtml#_Toc257800771 참조.

제5장

유럽대륙의 보호관찰제도

제5장에서는 유럽대륙 각국의 보호관찰제도에 대하여 알아본다. 유럽대륙에서 비교적 큰 나라에 속하고 우리나라 보호관찰제도에 주요한 형사정책적 시사점을 주는, 독일, 프랑스, 그리고 이탈리아의 제도에 대해서는 비교적 상세히 다루도록 한다.

독일의 보호관찰제도는 형사사법체계 내의 지방분권적 사회서비스로의 성격이 강하다. 프랑스의 경우는 시설내처우와 사회내처우가 유기적으로 결합되어 있고 이탈리아는 다양한 '후문형 보호관찰제도'(backdoor options)가 창안되어 활용되고 있다는 특징이 있다.

이외에도 유럽대륙에 소재하고 있는 EU의 회원국이며 유럽보호관찰연합(CEP)의 구성원인, 네델란드, 노르웨이, 덴마크, 벨기에, 스웨덴, 스위스, 스페인, 아일랜드, 오스트리아, 포르투갈, 핀란드, 헝가리 등 12개의 대륙국가(가나다 순)의 보호관찰제도에 대하여 개괄적으로 살펴보도록 한다.

1. 독 일

1) 개관: 형사사법체계 내의 지방분권적 사회서비스

2015년 8월 현재, 독일 전체의 인구는 약 8,145만 명이고, 인구 10만 명당 교도소 수용인원은 약 76명에 달한다.[1] 독일에서의 보호관찰은 형사사법체계에서의 사회적 서비스라는 성격을 가지고 있으며, 보호관찰행정에 있어서는 지방분권적인 특징을 보이고 있다.[2] 한편 독일은 〈유럽보호관찰연합〉(CEP: Confederation of European Probation)의 회원국으로 1982년에 참가하였다.

주마다 상이한 기능 때문에 독일에서 '보호관찰분야 종사자들'은 전통적으로 서로 다른 이름으로 명명되고 상이한 임무를 수행하여 왔다. 보호관찰관 (Bewaehrungshelfer, Probation Officer)은 주로 형의 유예, 조건부 석방 그리고 전자감독[3] 대상자들을 지도감독하고 원조하는 역할을 수행하여야 한다. 보호관찰 지도감독의 대상이 되는 경우를 구체적으로 살펴보면, ① 징역형의 집행이 유예된 성인범죄자, ② 잔형기가 유예된 성인범죄자, ③ 소년형의 집행이 유예된 소년범, ④ 소년형의 잔형기가 유예된 소년범, ⑤ 유죄가 선고되고 소년형의 유예가 부과된 소년범, ⑥ 교정 및 보호처우가 유예된 범죄자 등이다.

또한 보호관찰기관은 치료 및 보안감호처분 대상자에 대한 '행장감독'도 담당하고 있다. 보호관찰기관의 추가적인 업무는 주마다 상이한데, 사법보조관 (Gerichtshelfer, Court Assistants)은 검찰이나 법원의 요청에 의하여 범죄자의 인성과 사회적 관계에 대한 조사를 수행한다. 만약 이러한 조사가 판결전조사서를 작성하기 위한 것과 관련되면, 사법보조관은 피고인에게 판결전조사서 작성준비에 동의하는지 여부를 확인하여야 한다. 나아가 거의 대부분의 연방주에서 보호관찰기관은 사회봉사명령의 집행을 담당하며 가·피해자 화해중재제도에 관여하고

---

1) 관련 링크: http://www.prisonstudies.org/map/europe
2) 독일 보호관찰제도에 대하여 참고할 수 있는 웹사이트는 다음과 같다. 니더작센 주의 보호관찰과 관련된 정보는 www.justizportal.niedersachsen.de, 브란덴부르크 주의 보호관찰과 관련된 정보는 www.mdj.brandenburg.de 바덴–뷔르테른베르크 주의 보호관찰과 관련된 정보는 www.neustart.org 등에서 각각 얻을 수 있다. 한편 독일 보호관찰관협회의 홈페이지 주소는 wwww.bewaehrungshilfe.de이며 형사사법체계의 사회복지협회의 홈페이지는 www.dbh-online.de이고, 범죄예방과 범죄자지원 재단의 홈페이지는 www.praeventionstag.de이다.
3) 전자감독의 경우에는 2009년 현재 헤센(Hessen) 주에서만 시행하고 있으며, 2010년에는 바덴–뷔르테른베르크 주에서 시범실시를 시작하였다.

있다. 일부 연방주에서는 최근 들어 위와 같은 업무들의 구분을 더 이상 짓지 않고 보호관찰관의 명칭과 소속을 통일하고 있다. 예를 들면, 브란덴부르크 주나 니더작센 주에서는 통합된 보호관찰조직이 위와 같은 업무를 모두 담당하고 있다.

교정시설에서 근무하는 사회복지사들은 구금기간 동안에 재소자에 대한 사회적 지지와 사회복귀업무를 담당하고 있다. 출소 이후 애프터케어(aftercare) 업무와 관련해서, 대부분의 연방주에서 보호관찰기관의 임무는 대상자의 예정된 구금기간이나 비구금적 처분의 기간이 끝나게 됨과 동시에 종료하게 된다. 이후에는 이들에 대한 사회적, 재정적, 보건의료적 보호기능을 다른 기관(예를 들면, 보건복지부)에서 담당하게 되며, 전국단위의 비정부기구(NGO)에서 출소자에 대한 애프터케어를 제공한다. 이러한 역할은 출소자 본인의 요청에 의하여 일부는 정규직원, 다른 일부는 자원봉사자가 나누어 맡게 되는데, 이들 NGO에 대해서 일부 주(예를 들면, 바덴–뷔르테른베르크 주)의 법무부는 재정적 지원을 하고 있다.

2) 역사적 발전[4]

가) 독일보호관찰의 기원

독일에서 범죄자들을 원조하는 것은 민간 부분에서 시작되었다. 이 당시 제공되었던 지원은 기독교적인 인도주의 원조에 뿌리를 두고 있으며, 초기에는 재소자들의 요청에 의한 경우만을 중심으로 하였다. 이 원조는 1826년 처음으로 시작된 민간단체들의 설립을 통해 사회전반에 파급되었으며 이후 석방된 수형자들에게도 확대되었다. 초기단계에서는 범죄자들에 대한 자원봉사자들의 활동을 통한 민간의 원조만이 이루어지다가, 이후 이러한 원조가 전임 공무원의 전문적인 시스템으로 전환되었다.

현재의 공적 보호관찰체계는 1945년 이후 독일연방공화국의 민주주의 발전과 관련되어 있다. 영미법은 독일의 보호관찰제도 도입에 영감을 주었다. 정치적으로 환영받지 못하는 실형을 바로 선고하는 대신 적절한 경우 자유를 제한하고 감독하는 유예기간을 부과한다는 아이디어는, 현대적 사고를 가진 연방 법무부 공무원들과 일부 판사들이 범죄자들을 다루는 새로운 방법을 시도하도록 자극하

---

4) 이하의 내용은 Mutz, J., "The role of probation in the criminal justice system of Germany." 세계 속의 보호관찰 그 성과와 과제(보호관찰제도 도입 20주년 기념 국제세미나 자료집). 법무부, 2009, pp. 111–112 참조.

였다. 이들은 1951년 (사립) 보호관찰 협회를 창립하여 소규모 보호관찰 서비스기관의 최초의 전임직원으로 사회복지사들을 고용, 처음으로 독일의 5개 마을에서 업무를 시작하도록 하였다. 위와 같은 시범실시는 성공적이었다. 불과 몇 년 만에 사립협회의 보호관찰 종사자들은 주 정부의 공무원으로 채용되었다.

나) 독일보호관찰의 발전

독일연방공화국이라는 말이 의미하듯이 독일은 연방 국가이다. 국가 전반에 적용되는 헌법은 국가 형벌체계 내에서의 사회적 서비스의 임무와 기능을 규율하고 있는 중앙정부에 의하여 입법되었다. 가장 중요하다고 일컬어지는 「형법」과 「형사소송법」, 「행형법」, 게다가 「소년법원법」과 「마약중독자법」도 마찬가지이다.

훈련된 전문 보호관찰관에 의한 보호관찰시스템은 「소년법원법」에 의하여 1953년 10월 1일부터 소년범죄자들에게 최초로 시행되었고, 1954년 1월 1일부터는 「형법」 개정에 따라 성인형사범들에게도 적용되기 시작하였다.[5] 1969년에는 집행유예와 가석방의 활용가능성을 넓힌 형법의 전면개정에 따라 보호관찰제도는 질적으로나 양적으로 확장되었다. 1975년 1월 1일 형사절차법의 개정안에 의하여 (법원이) 보호관찰관에게 공판전 단계의 인적 조사보고서를 작성하도록 요청할 수 있는 권한이 성문화되었다. 같은 해에 '행장감독'(Supervision of Conduct)이라는 새로운 제도가 시행되었다. 1980년 이후에는 보호관찰관들에게 법에 의해서 새로운 업무가 부과되었다. 하나는 벌금미납자에 대한 노역장유치 대체 사회봉사명령제도의 도입이고, 다른 하나는 '피해자-범죄자 중재제도'(victim-offender-mediation)의 성문화이다.

1945년 공적 보호관찰시스템이 도입된 이후 60년이 지난 2014년, 독일에는 약 3000명의 보호관찰관이 보호관찰분야에서 일하고 있다. 한편 민간 원조는 범죄자들에 대한 정부 차원의 전문적인 케어를 보완하고 있다. 민간 자선 단체들과 보호관찰, 애프터케어, 그리고 범죄자원조 단체의 다양하고 복합적인 네트워크를 통하여 범죄자들, 석방된 죄수들과 그들의 가족, 그리고 범죄 피해자들에게 지원

---

5) 제2차 세계대전 이후 탄생한 독일연방공화국은 새로운 형법전을 제정하는 대신 종전의 「독일제국형법전」을 그대로 시행하면서 부분개정의 형식으로 필요한 규정을 신설 또는 폐지하여 왔다. 이 과정에서 1949년 사형제도가 폐지되고, 1951년 내란죄, 간첩죄 등 국가적 법익을 침해하는 범죄에 대한 개정이 이루어졌으며, 1953년 보호관찰부 집행유예제도와 가석방제도가 도입되는 등 형법체제가 정비되었다.

을 제공하고 있다.

3) 보호관찰의 조직 및 인력

가) 보호관찰의 조직

(1) 독일 보호관찰조직의 특성

독일 연방법은 전국적으로 모든 보호관찰기관의 직원에 대한 법적 임무와 기능에 대하여 규정하고 있다. 즉, 독일 연방의 주요조직 구성에 관한 규정에 따르면 조직 구성과 운영상의 지시와 표준, 요원의 신입모집과 선발 등은 16개 주의 개별적인 책임에 속한다(「독일형법」 총칙 제294조). 그러나 연방법은 기본적 조직과 지역단위의 기관에 대해서만 규정하고 있는 것이며, 업무기준의 수립과 직원의 선발 및 채용은 각 개별 주에 책임 권한에 속하는 것이다. 각 주는 개념상 통일된 체제를 선택하지 않았기 때문에 형사사법체계 내에서의 사회적 서비스를 담당하는 조직구조는 주마다 차이가 있다.[6]

또한 보호관찰소가 독립적인 기구로 설립되지 않고 사법체계 내의 대민서비스 부서의 한 분야로 통합되었다. 즉, 실질적인 업무부서는 지방법원(Landgericht)과 관련을 맺고 있다. 보호관찰직원은 대부분의 주에서 지방법원장의 업무감독을 받는다. 즉 보호관찰과 행장감독을 담당하는 직원은 지방법원장의 업무감독 하에 있다.[7]

---

6) 보호관찰조직에 대한 법률규정은 「독일형법」과 소년법원법에 포함되어 있다. 그러나 보호관찰소의 운영과 조직은 주의 관할 사항이다. 따라서 각 주마다 각각의 독립적인 규정에 의하여 보호관찰조직이 운영된다. 독일의 사법체계상 각 주의 법무부 내에 주법원이 소속되어 있다. 따라서 보호관찰조직이 법원의 관할에 있다고 하거나 주 법무부 소속이라고 하더라도 실질적인 의미는 동일하다고 볼 수 있다. 보호관찰조직은 함부르크 주에서만 사회부에 속해 있고 나머지는 모두 법무부에 소속되어 있다.

7) 독일의 보호관찰 및 행장감독은 감독청을 법원에 두고 있지만, 실무를 담당하는 보호관찰소의 사무실은 보호관찰업무의 독립성 및 업무수행의 편의상 법원 청사 밖에 두고 있다, 이는 보호관찰대상자가 야간에도 보호관찰관의 방문에 편리하고, 보호관찰관과의 신뢰를 유지하기 위한 것이다. 또한, 부수적으로 나타날 수 있는 낙인효과 등을 제거하기 위하여 보호관찰소는 법원과는 별도의 건물이 필요하기 때문이다. 그와 함께 보호관찰관과 대상자의 자유로운 대화를 위하여 보호관찰관 각자에게 개인 사무실이 주어지고, 필요한 경우에는 공동작업을 할 수 있는 별도의 시설이 구비되어 있다. 독일에서 보호관찰관은 다른 나라와 같이 일반적으로 두 가지 임무를 가지고 있다. 그 하나는 원호의 임무이고, 다른 하나는 통제의 임무이다. 즉 보호관찰관은 대상자가 필요한 원호업무를 담당할 뿐만 아니라, 법적 준수사항을 제대로 지키는지 여부를 감독한다. 만약 보호관찰관이 대상자의 준수사항 위반 사실을 발견하면 곧바로 법원에 통보하여야 하며, 법원이 정하는 기간 마다 법원에 진행사항을 보고하여야 한다. 법무부, "독일과 영국의 강력범죄 대책에 관한 연구: 독일의 행장감독과 영국의 MApp.A를 중심으로," 법무부 보호관찰공무원 국외연수보고서, 2008, pp. 18-19.

독일에서 보호관찰관은 성인뿐 아니라 14세 이상 20세 미만의 비행청소년도 원호, 지도 그리고 감독하고 있다. 그러나 소년법원에 대한 사법보조는 지방행정기구의 청소년복지국에서 담당하고 있다. 청소년사법보조는 지방자치단체 또는 시의회의 사회적 서비스와 관련된 임무 중의 하나이기 때문이다.

(2) 독일 보호관찰기관의 유형

앞에서 살펴본 바와 같이 독일의 경우, 각 주마다 보호관찰기관의 개념에 대하여 서로 다른 유형이 형성되고 있다.[8]

① **제1유형**: 지방법원에 배속되어 있는 보호관찰관이 재판 이후 단계의 원조와 통제를 주로 책임지고 있지만 인적 및 사회적 조사보고서를 주로 다루는 업무(사법보조)는 대부분의 주에서 지방검찰청에 소속하는 조직에서 담당한다.

② **제2유형**: 일부 주에서는 위에서 언급한 2가지 형태의 서비스가 통합되어 수행되며, 이러한 기능은 지방법원이나 고등법원에 속한 보호관찰부서의 임무이다.

③ **제3유형**: 법무부에 직접 속하여 사회적 서비스를 제공하는 것이다. 이러한 사회적 서비스는 법원이나 검찰청과는 독자적으로 수행된다.

(3) 보호관찰조직의 민영화

보호관찰소가 민간조직에 의하여 운영되는 경우도 있다. 2007년 1월 1일 이래 바덴-뷔르템베르크 주에서 보호관찰서비스와 사법보조는 주 법무부가 감독하고 있는 비영리유한책임회사인 '노이스타르트(Neustart)'에 의하여 운영되고 있다. 오스트리아에서와 같이 뷔르템베르크 법무부는 서비스의 구매자로서 서비스 공급자인 노이스타르트(Neustart)의 의무와 권한에 대한 일반적인 계약을 체결하였다.[9]

보호관찰조직의 유형과 관계없이 교정시설 내에서 근무하는 사회복지사/사회교육자(social pedagogues)는 교도소장의 업무감독을 받으며, 법무부에 소속하게 된다. 그러나 헤센(Hessen) 주에서는 1개 교도소가 민영화되어 있으며, 따라서 교도소의 사회적 서비스 담당 권한도 민간에게 이관되었다.

---

8) CEP, 위의 자료.
9) Mutz, 앞의 책, p. 113.

나) 보호관찰의 인력

(1) 보호관찰관의 규모 및 업무량

2005년부터 2009년까지 5년간 연평균 약 2,500명의 보호관찰관이 150,000여 명의 보호관찰대상자를 관리감독하고 있다. 이외에도 200여 명의 인력이 사법보조업무를 담당하고 있으며, 약 900명의 사회복지사가 교정시설 내에서 근무하고 있다. 보호관찰관이 일일 평균 담당하는 보호관찰대상자의 수는 약 70명에서 100명의 범위 내에 있다.[10] 보호관찰관의 보수는 다른 국가 공무원이나 봉급생활자와 유사한 수준이다.

일반적으로 보호관찰관의 1인당 업무부담은 네 가지 수준으로 구분된다. 이처럼 업무부담의 차이가 나타나는 것은 대상자에 따라 필요한 지도·원호의 수준이 다른 점을 감안한 전략에 따른 것이다. 50명을 관리하는 이상적 감독, 25명을 관리하는 집중감독, 이상적인 감독의 두 배인 100명을 관리하는 일반적인 감독, 최대 250명을 관리하는 최소감독이 그것인데, 최소한의 감독을 받는 대상자의 경우는 매월 보고서만 제출하도록 요구받고 필요한 접촉 외에는 행장감독관과 만나지 않는다.[11]

(2) 보호관찰관의 임무

보호관찰관의 업무와 관련하여 기본적으로 「독일형법」 제56조d 제3항에 규정되어 있다. 동항은 "보호관찰관은 형의 선고를 받은 자를 원조하고 보호한다. 보호관찰관은 법원과 협력하여 의무사항과 준수사항의 이행 및 급부제안과 약속의 이행을 감독하고 법원이 정하는 기간마다 형의 선고를 받은 자의 생활태도에 관하여 보고한다. 보호관찰관은 의무사항, 준사사항, 급부제안 또는 약속에 대한 현저하거나 지속적인 위반을 법원에 통지한다."라고 규정하고 있다. 따라서 보호관찰관의 가장 기본적인 필수업무는 ① 준수사항의 이행여부에 대한 감독, ② 대상자와 관계가 있는 중대한 범행을 법원에 보고하는 것, ③ 대상자에 대한 경과보고서를 감독 법관에게 보고하는 것 등이다.[12]

---

10) 온라인(www.cep-probation.org)에서 이용 가능한, *Summary of Information on Probation in Germany* 참조.

11) 법무부, 2008, 앞의 책, pp. 23-24.

12) 이외에도 보호관찰관의 주요업무는 다음과 같다. ① 법원에 대상자의 개별상황과 관련하여 적절한 제언을 한다. ② 대상자를 위하여 법원에서 부과 받은 처분을 이해시켜준다. ③ 대상자의 상담을 통해 그들의 상황을 설명해 주고 그들의 어려움 등을 들어주고 개선된 생활을 위한 방법을

(3) 보호관찰관의 자격 및 교육훈련13)

앞서 언급한 조직적인 모델의 각 주별 차이와는 상관없이 독일 형사사법시스템 내의 사회적 서비스는 전문적인 학위를 받은 사회복지사들이나 사회병리학 전공자들이 채용되어 제공하는 것이 일반적이다. 즉, 독일에서 보호관찰관은 전문대학(Fachhochschule)14)이나 또는 국가에서 인정하는 일정한 교육기관에서 사회사업학(Sozialarbeit), 사회교육학(Sozialpädagogik) 등과 같은 전공을 이수한 사람들이 지원할 수 있다.15)

보호관찰관이 되기 전에 지원자들은 전문대학에서 사회사업학이나 사회병리학의 학위를 취득하기 위한 8학기 교육과정을 이수하여야 하는데, 이를 위해서 일반적으로 약 1년간의 직장 내 현장연수를 거쳐야 한다. 일부 주에서는 이러한 실습기간이 8학기 코스의 일부가 된다.16) 훈련과정은 사회사업 전 분야에 대한 업무역량을 키우는 기회를 제공하는데, 독일의 모든 대학들에서 유효한 표준화 과정은 없다.17)

그러나 훈련과정의 내용은 매우 유사하며, ① 개론 및 방법론과 임무(경험적

찾아 준다. ④ 대상자와 범죄를 통해 피해를 입은 자 사이에 예컨대 사죄와 손해규정 등을 통해 중재한다. ⑤ 대상자와 관계기관, 예컨대 취업상담, 의료보험, 사회보호상담 등의 달성을 위한 기관과 연계시켜준다. ⑥ 대상자가 일상생활에서 부딪힐 수 있는 다양한 문제에 상담자가 되어 준다. ⑦ 상담기관 특히 중독상담 내지 정신과 상담기관을 알선해준다. ⑧ 채무청산을 실행할 수 있도록 알선해준다. ⑨ 배우자, 부모, 친척 또는 그 밖의 친지 등과 원만한 관계를 유지할 수 있도록 해준다. 또 몇몇 주 법원 지역에서는 보호관찰관에 의한 집단교육처분을 실시하기도 한다. 보호관찰관은 특별한 경우에만 직접 직업을 찾아준다거나, 경제문제를 해결해 준다거나 혹은 주거를 알선해주고, 일반적으로는 일자리, 주거 내지 재정지원을 해줄 수 있는 기관과 접촉하는 것을 알선해준다. 법무부, 2008, 위의 책, pp. 22-23.

13) Mutz, 앞의 책, pp. 113-115.

14) 구체적으로 보면 독일의 전문대학(Fachhochschule)은 대학(Universität)이 이론위주의 교육을 실시하는 것과는 달리 실무위주의 교육을 받는 4년제 대학이다. 보호관찰업무에 종사하고자 하는 사람들은 실무위주의 다양한 교육을 받아야 한다.

15) 주에 따라서는 전문대학에서 사회사업학 또는 사회교육학의 학위를 취득한 자만이 보호관찰관으로 지원할 수 있도록 하는 자격요건을 엄격하게 제한하는 경우도 있다. 근본적으로 보호관찰관의 선발과정에 대한 자격요건은 고등법원의 장이 결정하고 보호관찰직원의 선발은 지방법원장의 권한에 속한다고 볼 수 있다.

16) 실습교육을 위해 법원과 보호관찰소에는 실습자리를 정하고 있고, 실습을 하는 학생이 몇 학기 때에 실습에 참여하는가에 따라 실습보수를 지급한다. 전문대학과 달리 직업전문대학(Berufsakademie)에서 공부하는 사람들은 교육계약을 체결해야 하며, 일반적으로 교육기간은 3년으로 되어 있다. 교육내용은 이론부분과 함께, 보호관찰업무와 사법보조업무 부서에서의 실무 수습을 포함한다. 이러한 교육을 받는 사람의 경우에도 교육보수에 상응하는 월급여가 보장된다.

17) 종합대학과 전문대학의 강의과정은 연방 각주에 위임된 것으로 연방법에 의하여 규율되지 않고 있기 때문에 강의요강은 주별로 차이가 있다.

인 리서치, 사회복지사업의 역사와 방법론), ② 법과 행정의 기본 지식(가족법, 형벌법, 사회법
과 노동법, 헌법), ③ 사회적이고 조직적인 이념 틀, ④ 기본적인 교육·심리 및 의학
적 이슈들, ⑤ 사회화, 교육 및 가족문제, ⑥ 접근방법과 개입의 기본적 지식(이론
들, 집단과정, 건강, 질병 및 장애) 등이 주요한 구성내용이다.[18]

다) 보호관찰업무와 관련된 비정부조직(NGO)[19]

보호관찰소는 범죄자들을 지원하고 조언하는 지역단위의 많은 민간 조직들
과 긴밀하게 협력하고 있다. 아동복지사무소(Youth welfare offices), 지역사회복지사
무소(local social services), 보건기관(health authorities), 고용지원기관(employment
agencies), 약물상담소(drug counselling services), 채무상담소(debt counselling service) 등이
그것이다. 그리고 또한 NGO 단체들과 자주 접촉하는 것도 중요한데, 이러한 기
관 및 단체들은 보호관찰대상자에게 재정적 지원, 그룹워크, 여가활동이나 스포
츠 기회 등을 제공할 수 있다. 보호관찰관은 조정자로서 기관, 단체, 조직의 원활
한 네트워크와 인적·사회적 조언과 원조를 제공하는 프로젝트를 유지하고 때론
조직화하여야 한다.

특히 전국 단위의 2개의 NGO는 보호관찰을 포함하는 사회내처우의 중요한
옹호자이다. 〈독일보호관찰협회〉(DBH: Deutsche Bewährungshilfe)와 〈범죄예방과 범
죄자지원을 위한 독일재단〉(DVS)은 그들의 활동에서 보호관찰과 범죄자지원의
중요성을 강조하고 있다. DBH는 형법의 사회적 기능강화와 범죄자의 재통합을
위한 개혁과 실천을 도모하고 있다. 협회의 다른 활동 중에는 보호관찰관으로 일
하고자 하는 사회복지사들을 위한 특별 세미나를 실시하고 현업에 종사하고 있
는 직원들을 심화교육을 제공하기도 한다.[20] 또한 DVS는 보호관찰관을 포함한

---

18) 미래의 보호관찰관을 위해 특별히 준비된 사회사업 훈련을 제공하는 대학의 과정은 많지 않다.
따라서 일부 연방 주는 새로운 직원을 위한 예비과정을 시행하였다. 다른 주들은 〈사회사업·형
법·형사정책을 위한 DBH 연합〉과 같은 전문적 비영리민간기구(NGO)가 제공하는 일련의 과정
을 활용하기도 한다. 이 단체는 형벌 시스템내의 사회적 서비스를 위하여 새롭게 채용된 직원들
을 위한 첫 도전을 다루는 특별한 세미나를 개최하여 참가자들에게 그들의 특별한 역할을 주지시
켰다. 더구나 「공공서비스법」은 그들을 장래의 보수훈련 과정에 정기적으로 참가하게 하는 내용
을 규정하고 있다. 이러한 교육은 각 연방 주의 법무부와 다수의 훈련 기관에 의하여 제공된다.
19) Mutz, 앞의 책, pp. 133-134.
20) 이 조직은 1951년 최초의 보호관찰관을 고용하여 독일 내 5개의 작은 도시에서 시범실시프로젝
트를 시작한 소규모 협회로부터 발전했다. 현재 DBH는 사회복지사업과 형법, 그리고 형사정책
에 관한 국가적인 연합회이다. 또한 이 협회는 매 3년마다 회의를 개최하여 반복되어 나타나는
전문가의 문제들의 현상을 점검하고 정계 인사를 다수 초빙하여 실무현장과 범죄정책 분야에서
나타다고 있는 현실적이고 학문적인 이슈들을 토론하고 있다.

모든 관련된 사회세력의 대표들을 모아 범죄예방을 위한 대규모 회의를 매년 개최하고 있다.

4) 보호관찰제도의 운영현황

가) 보호관찰 전체현황

2006년 기준, 독일연방 전체에서 보호관찰 중인 사건의 총수는 174,207건이다. 이 중에서 성인범의 총사건수는 138,192건으로 전체에서 약 79%의 비율을 점유하고 있고, 소년범의 총사건수는 36,015건으로 약 21%의 비율을 차지하고 있다.[21]

한편 성인보호관찰과 소년보호관찰의 유형별 분표에 관한 통계를 살펴보면 아래의 〈표 5-1〉과 같다.

‖ 표 5-1 ‖ **독일 보호관찰의 처분유형 및 비율(2006. 12. 31. 기준)**[22]

	처분유형	사건 수(건)	비율(%)
성인	집행유예	91,934	66.5
	잔형기의 유예	38,453	29.5
소년	집행유예	28,634	79.5
	잔형기의 유예와 소년구금 부과의 유예	6,305	18.0

한편, 2006년 기준 성인보호관찰의 종료사유는 처벌의 감면이 52.9%로 가장 많고, 보호관찰의 취소가 29.7%,[23] 그리고 보호관찰의 기간만료/철회가 17.4%로 나타났다. 같은 해 소년보호관찰의 종료사유는 처벌의 감면이 30.9%이고 새로운 형의 병합이 25.8%, 보호관찰의 기간만료/철회가 0.9%, 보호관찰의 취소가 16.0%,[24] 그리고 유죄판결의 소멸이 5.5%였다.[25]

---

21) Mutz, 앞의 책, p. 120.
22) Mutz, 위의 책, p. 121에서 제시된 통계를 표로 재구성한 것이다.
23) 이중 전부 또는 일부가 새로운 범죄로 인한 것이 79%였으며, 다른 이유로 인한 것이 21%였다. 여기서 '다른 이유'란 보호관찰의 조건이 대부분 충족되지 않은 것을 의미하는 것으로 추정된다.
24) 이중 전부 또는 일부가 새로운 범죄로 인한 것이 63%였으며, 다른 이유로 인한 것이 37%였다. 여기서 '다른 이유'란 보호관찰의 조건이 대부분 충족되지 않은 것을 의미하는 것으로 추정된다.
25) Mutz, 위의 책, p. 120.

나) 공판전 단계

(1) 기소유예 또는 공소중지 조사보고서

검사는 범죄자의 죄가 경미하다고 판단되어질 때 기소를 유예할 수 있는데, 이 경우 (법원과 범죄자가 동의한다는 전제하에서) 하나 또는 그 이상의 의무사항이나 지시사항을 부과할 수 있다. 독일 형사소송법은 특별한 경우에 적용될 수 있는 법률적 조건과 명령, 예를 들면, 비영리기관이나 지방정부에 일정한 금액의 지불, 사회봉사, 피해보상 또는 피해자와의 합의 및 피해회복을 위한 노력 등을 규정하고 있다.

독일의 보호관찰관, 즉 사법보좌관(*Gerichtshelfer*, Court assistant)은 검사가 범죄자를 기소하여야 할지 아니면 기소절차를 중지하여야 할지 결정하는데 조언을 하는 핵심적 역할을 수행한다.[26] 검사가 기소절차 중지를 위한 근거를 마련하기 위해 보호관찰소에 조사를 요청하면, 해당 보호관찰관은 범죄자의 성격과 그의 환경에 관한 인적·사회적 조사보고서를 작성하여야 한다. 이때의 보고서는 범죄자의 실제적 생활상황 및 예후, 범죄와 관계된 태도 등에 대한 조사내용이 포함되어야 한다. 또한 보고서는 보호관찰관의 의견 진술뿐 아니라 객관적인 사회적 예측을 포함하고 있어야 한다.

(2) 판결전조사보고서

독일에서도 판결전조사보고서는 법원이 범죄자의 인격과 사회적 관계에 관한 통찰을 갖도록 도움으로써 공정한 재판에 기여하고 있다. 독일의 판결전조사 법원이 고려하여야 할 주요항목은, ① 사회내의 범죄자의 향후 삶에서 처벌의 효과, ② 범죄자의 동기와 목적, ③ 인격적 특성, ④ 범죄자의 이전 삶, ⑤ 범죄자의 사회적·경제적 관계, ⑥ 범죄 이후의 행동, 특히 피해의 회복 및 피해자와의 합의 노력 등이다.

「소년법원법」에 의하면 성인범에 대한 법정절차와는 대조적으로 소년재판 절차의 개시단계부터 소년 사법보조자의 조력이 제공되어야 한다. 그러나 소년 사법보조자는 보호관찰소에 소속하지 않는다. 그들은 사회복지사로서 지방아동

---

26) 독일 검찰청의 통계자료에 의하면, 기소 가능한 모든 범죄자의 약 3분의 1 이상이 검사의 결정에 의하여 기소절차가 정지된다. 검사와 법원이 공정한 결정을 내리는데 있어서 중요한 것 중의 하나가 범죄자의 인격을 제대로 아는 것이다. 범죄자의 성격과 그의 사회적 관계에 대한 지식 없이는 종종 충분한 지침을 받지 못한다. Mutz, 앞의 책, p. 124.

복지사무소(local youth welfare office)에 속하며, 모든 사건에 대하여 인격조사보고서를 작성하는 책임을 지고 있다.

(3) 미결구금 보고서

독일의 몇몇 주에는 피의자 구속을 위하여 보호관찰소가 미결구금보고서[27]를 제공하도록 하는 법규가 있다. 검사는 용의자의 사회적, 특히 가정적 환경이 어떠한 지, 범죄자의 도주위험성을 가늠할 만한 것이 있는지, 체포되지 않은 용의자를 보호할 기관이나 시설이 있는지, 체포와 동일한 목적을 달성할 수 있는 다른 조치수단은 있는지 등에 관한 보고서를 보호관찰소에 요청할 수 있다

보호관찰관의 보고서를 기초로 하여 검사는 체포영장을 신청할 것인지 여부를 결정할 것이다. 그리고 조사보고서는 법원이 용의자를 구속할 것인지 아닌지를 결정하는데 도움을 줄 것이다. 보고서는 또한 장기간의 미결구금을 피하고 체포영장 발부를 유예하는데 도움을 줄 수 있다.

다) 재판 및 형집행 단계

(1) 징역형의 집행유예[28]

(가) 집행유예의 현황

양형과 연관 지어 보호관찰 서비스의 중요성을 정확하게 구분하기 위해서 형벌시스템이 포함하고 있는 형사제재와 조치에 대하여 이해할 필요가 있다. 2006년 독일의 형사사법통계를 살펴보면, 성인범에 대하여 다음과 같은 형사제재가 가장 주요하게 활용되고 있다.[29]

┃ 표 5-2 ┃ 독일에서의 성인범에 대한 형사제재 비율 및 대상인원(2006년 기준)

형사제재의 유형	비율	대상인원
벌금	80.7%	520,791명
징역형의 집행유예	13.5%	87,112명
징역형(유예되지 않은)	5.8%	37,582명

---

27) 이는 독일말로는 "Haftentschidungshilfe"라고 하는데, 번역하면 "구금에 관한 법원결정에의 조언"이다.

28) 이하는 Mutz, 앞의 책, pp. 116-120의 내용 중 일부를 발췌하여 부분적으로 수정하고 전재한 것이다.

29) Mutz, 위의 책, p. 116.

일반적으로 1970년대 초반 이래 징역형의 집행이 유예되는 비율이 큰 폭으로 상승하였고 2006년의 경우 전체 징역형의 2/3를 넘어서게 되었다. 법원이 1년보다 길지 않은 자유형을 부과할 경우 만일 그 범죄예후가 만족스러울 때에는 법원은 집행을 유예하여야 하고 보호관찰을 허가하여야 한다. 형기가 2년을 넘지 않을 경우 범죄와 범죄자의 인격에 관하여 특별한 상황이 있을 때에는 형을 유예할 수 있다(「독일형법」 제56조). 이 경우 최소 2년에서 최장 5년 동안 보호관찰을 받는다. 보호관찰 기간은, 비록 이후에 단축되더라도 본형이나 잔여 형기보다 짧을 수 없다(미결 수용기간은 본형에 산입된다).

(나) 보호관찰부 집행유예

모든 집행유예에 보호관찰이 적용되는 것은 아니며, 2008년의 경우 집행이 유예된 범죄자들의 1/3만이 보호관찰관의 지도감독을 받았다. 보호관찰 지도감독을 받도록 하는 것에 대하여 「독일형법」에는 특별한 규정이 있다.

보호관찰관의 지도감독을 받는 것이 범죄자의 재범을 억제하는데 필요하다고 판단될 때, 법원은 판결로써 범죄자가 보호관찰관의 지도감독을 받도록 한다. 통상 법원은 범죄자의 나이가 27세 이하이고 9개월 이상의 자유형의 집행을 유예할 때에는 보호관찰을 명한다.[30]

보호관찰의 준수사항 위반의 경우 유예된 형벌에 처해진다. 먼저 보호관찰의 취소의 근거는 「독일형법」 제56조f 제1항에 명시되어 있다. 그 첫 번째 취소 근거는 재범에 의한 경우이다(동조 제1항 제1문 1호). 만약 대상자가 집행유예의 결정과 법원으로부터 선고된 보호관찰기간의 종료 사이에 다시 범죄를 범한 경우, 대상자가 더 이상 범죄를 저지르지 않을 것이라는 기대를 충족하지 못했기 때문에 보호관찰은 취소된다. 그 두 번째 취소근거는 대상자가 보호관찰 선고와 함께 그에게 부과된 준수사항을 중하게 위반하였거나 지속적으로 위반한 경우, 특히 보호관찰관과의 협력을 거부하는 경우이다. 여기서 언급되는 '중하거나 혹은 지속적인'이라는 문구는 경미한 준수사항의 위반으로는 족하지 않고 적어도 중대한 위반에 대하여 경고를 했음에도 준수사항을 심하게 침해하거나 계속적으로 침해하는 경우 보호관찰이 취소된다는 것을 의미한다.[31]

---

30) 「독일형법」 제56조 제1항 및 제2항.

31) 법무부, 2008, 앞의 책, pp. 32~33. 만약 보호관찰의 취소사유가 발생하면, 법원은 보호관찰 취소에 대한 대안으로 대상자에게 덜 부담되는, 즉 자유형의 집행이라는 강제적인 결론에 대한 대안으로써 선택될 수 있는 다른 방법이 있는지 여부를 검토해야 한다. 예를 들면 다른 준수사항

(다) 의무사항과 지시사항

독일 법원은 보호관찰대상자가 이행하여야 할 의무사항(Auflagen)을 부과할 수 있다. 이러한 의무사항 부과는 범죄자가 그들의 책임을 자각하는데, 즉 범죄자가 처벌받고 있다고 느끼도록 하는데 도움을 준다. 「독일형법」에 의하여 부과 가능한 의무사항은, ① 손해배상,[32] ② 주 정부나 비영리기관에의 일정금액 지불, ③ 사회봉사 등이다.

만일 보호관찰대상자의 생활방식에 영향을 주는 것이 필요할 경우 법원은 **지시사항**(Weisungen)을 부과한다. 지시사항은 다양한 내용으로 부과하는 것이 가능한데, 주요한 지시사항은, ① 주거·훈련·일·여가시간과 관련된 요구사항에 순응할 것, ② 일정한 사람이나 장소에의 접근을 하지 말 것, ③ 의학적 치료나 알코올(마약중독) 치료프로그램을 받을 것, ④ 호스텔이나 적당한 시설에 거주할 것 등이다.

「독일형법」에 따라 법원에 의해 보호관찰관이 지정되면 해당 보호관찰관은 보호관찰대상자에게 필요한 원호를 제공하고 사회복귀를 위한 적절한 조치를 취한다. 그러나 보호관찰관의 임무는 '통제'라는 또 다른 의미를 갖는다. 법원의 승인과 「독일형법」에 의거 보호관찰관은 그들의 대상자가 법원이 부과한 의무사항과 지시사항을 충실히 이행하는지 감독한다.[33]

(라) 소년범에 대한 보호관찰

독일의 「소년법원법」(Juvenile Court Act)은 14세에서 20세 사이의 소년범의 처우를 규율하고 있다. 2006년에는 106,000명에 달하는 사람들이 「소년형법」에 의하여 유죄판결을 받았다. 유죄판결의 84%에 교육적이고 훈육적인 징계조치가 부과되었다. 범죄자의 10%가 2-3년의 보호관찰 기간을 조건으로 한 소년자유형 집행유예를 선고받았고, 6%는 유예됨이 없이 소년자유형이 부과되었다.

성인범과는 달리, 소년범의 경우 형의 집행유예나 소년자유형의 잔형기를

을 부과하는 것 혹은 감독기간을 늘리는 것을 고려할 수 있다(「독일형법」제56조f 제2항). 그러나 보호관찰기간의 연장은 법으로 규정하고 있는 최장기간 5년을 초과할 수 없고 실질적으로는 합산하였을 때 법원에서 처음 결정된 보호관찰기간의 절반보다 더 장기로 실행될 수 없다고 이해되기 때문에 절대적인 최장한계는 7년 6개월이다(「독일형법」제56조f 제2항 제2문).

32) 이것은 피해자·가해자 중재제도(victim-offender-madiation)의 틀 내에서 이루어진다.

33) 보호관찰관은 법원에서 정한 주기에 따라 보호관찰대상자가 어떻게 자신의 생활을 영위해 나가는지에 대하여 보고하고 의무사항과 지시사항의 지속적인 위반행위에 대해서는, 이를 법원에 통보하여 한다. 보호관찰관에 의하여 제공된 정보는 보호관찰이나 가석방이 진행되는 동안 어떠한 결정 또는 조치가 필요한지 법원이 검토하는데 중요한 요소이다.

유예할 경우 법원은 법률에 의하여 최장 2년 동안 보호관찰을 부과하여야 한다. 「소년법원법」에 따라 소년판사는 소년범에게 단순히 유죄를 선고하고 어떠한 형을 부과할 것인지는 결정하지 않는 선고유예를 하면서 1-2년의 기간 동안 보호관찰을 부과할 수도 있다. 독일에서 소년범에 대한 보호관찰에 있어서 보호관찰관의 임무는 성인범에 대한 그것과 중대한 차이가 없다. 그러나 지도감독의 두드러진 특징은 보호관찰관은 소년의 훈육을 촉진해야 하며 그의 부모 또는 보호자 및 법정대리인과 가능한 한 신뢰를 바탕으로 협력해야 한다는 점이다.

(2) 잔형기의 유예

보호관찰대상자의 주요 유형 중 다른 하나는 조건부로 석방된 성인범죄자들이다. 지방법원의 형 집행부는 형기의 2/3를 복역하고 적어도 2개월 이상 형기가 남았을 때(보충규정), 재범하지 않을 합리적인 기대가 있고 수형자의 동의가 있을 경우에는 그 수형자가 전 형기를 채우기 전에 석방할지 결정해야 한다.[34]

다만, 예외적인 상황, 예를 들면 처음으로 자유형을 선고받고 그 형기가 2년보다 길지 않을 때에는 범죄자가 형기의 절반을 복역한 경우에도 법원이 석방을 결정할 수 있다. 이때 법원은 교정시설의 전문직원인 사회복지사의 조언을 들은 후에 결정을 내린다.

보호관찰관은 범죄자의 재범을 방지하기 위하여 필요한 경우에 지정된다. 통례상 법원은 범죄자가 적어도 1년 이상의 처벌을 받았을 때 보호관찰관에게 지도감독을 지시하여야 한다.[35]

라) 석방 이후 단계

(1) 교도소의 사회복귀 준비 및 애프터케어[36]

교정시설 내에 종사하고 있는 사회복지사들은 재소자가 석방된 후에 그들이 사회 내에서 재통합될 수 있도록 준비하는 업무를 담당하고 있다. 독일에서 교도소 내의 사회복지사들은 보호관찰소에 소속되지 않은 교도소의 직원이다. 그들은 재소자의 귀주예정지를 관할하는 보호관찰소와 협력하여 그들의 사회복귀를 도와주기 위하여 직업 및 숙소 알선, 인적 원조 등을 위하여 노력한다.

한편, 재소자가 출소한 이후에도 철저한 사회재통합과 재범방지를 위하여

---

34) Mutz, 앞의 책, pp. 118-119.
35) 「독일형법」 제57조 제3항.
36) Mutz, 앞의 책, pp. 127-129.

다양한 사회적·경제적·보건적 서비스가 필요한데, 이러한 서비스, 즉 애프터케어는 일반적으로 보호관찰소 이외의 다른 기관이 책임지고 있다. 보호관찰소의 통보가 있으면 출소자들은 그들이 가지고 있는 문제에 따라 사회보장부서, 공공보건부서, 고용센터 또는 숙소, 채무와 약물 등에 관하여 조언과 상담을 하는 상담소 등을 접촉할 수 있다. 더구나 전국 각지에 전과자들을 사후 관리하는 비정부조직(NGO)들이 있다.

일부 주의 법무부는 사후관리를 제공하는 NGO를 지원하는데, 예를 들면, 바덴-뷔르템베르크 주에서는 법무부가 이런 일을 하는〈갱생보호와 보호관찰을 위한 협회〉에 기금을 지원하고 있다. 또한 다른 몇 개의 주, 이를테면 노르드라인-베스탈렌(Nordrhein-westfalen) 주에서는 보호관찰 기간이 종료된 이후 일반적으로 6개월 동안 보호관찰소가 범죄자의 조언자와 지원자로서의 역할을 계속하는 것이 임무로 여겨지고 있다.

(2) 행장감독
(가) 행장감독의 의의와 유형

'행장감독'(Führungaufsicht)은 대중을 보호하고 범죄자들을 교정하기 위하여 2년에서 5년까지 지속되는 독일의 보안처분이다. 만약 범죄자가 중대한 범죄를 저지르고 재범위험성이 있을 때에는 법원은 이러한 조치를 취할 수 있다. 통례상 적어도 2년 이상의 징역형을 마친 이후에 행장감독이 시작된다. 범죄자는 보호관찰관과 행장감독기관[37]의 원조와 통제를 받는다. 또한 처분을 부과 받은 범죄자들이 재범하지 않을 합리적 가능성이 있을 때, 이러한 보안처분들은 보호관찰을 조건으로 유예될 수 있다.[38] 특히, 「독일형법」 제68조 제1항은 "법률이 특별히 행장감독을 규정한 범죄행위[39]로 인해 6월 이상의 유기자유형을 받은 경우 행위자

---

[37] 행장감독의 경우 보호관찰과 달리 판사를 보좌하는 별도의 감독청을 두고 있다. 그러나 판사를 보좌하는 행장감독 부서의 경우 통상적으로 부서장 1명, 보호관찰관 2~3명, 행정직원 1~2명으로 구성된 조직으로 정보를 취합하고 통합하는 기능을 하고 실제 업무는 보호관찰관에 의하여 수행되고 있다.

[38] 「독일형법」에서는 자유제한적 보안처분으로 행장감독(Führungaufsicht)과 사회내처우인 보호관찰(Bewährungshife)을 구별하고 있는 것으로 보인다. 「독일형법」에서 행장감독(Führungaufsicht)은 제6절 보안처분에서 규정하고 있고 보호관찰(Bewährungshife)은 제4절 보호관찰부 집행유예와 제5절 형의 선고유예, 형의 면제에서 규정하고 있을 뿐 아니라, 제67조b, 제67조c 및 제67조d에 공통적으로 "보안처분을 선고하는 목적이 보호관찰을 조건으로 보안처분집행을 유예하는 경우에도 달성될 수 있다고 기대되는 경우에는 보안처분의 집행을 유예한다."고 규정하고 있기 때문이다.

[39] 「독일형법」이 행장감독을 부과하고 법률에 특별히 규정하고 있는 범죄는 테러단체조직, 성폭력범죄, 인신매매 및 인신매매를 조장, 인질강도와 인질강요, 절도, 강도, 장물취득, 사기, 방화 등

에게 재범의 위험성이 존재한다면 형벌과 함께 행장감독을 명할 수 있다."고 규정하고 있다.

행장감독의 유형은, ① 형집행 종료 이후의 행장감독,[40] ② 정신병원수용[41] 또는 금단시설수용[42] 등 보안처분의 집행유예 조건인 행장감독,[43] ③ 보안처분의 종료 이후의 행장감독[44] 등이다.

(나) 행장감독대상자의 준수사항

법원은 행장감독 기간의 전부 또는 일부에 대하여 법정준수사항 중 금지행위와 요구행위를 정확히 결정하여 지시할 수 있다(제68조b). 행장감독대상자의 주요 준수사항은, ① 장소제한, ② 접촉제한, ③ 변동사항 신고, ④ 약물복용 금지, ⑤ 근로 및 부양의무,[45] ⑥ 치료적 준수사항[46] 등이다.

이다.

40) 고의 범죄로 2년 이상의 자유형이나 병합자유형을 전부 집행 받은 경우,「독일형법」제181조b에 언급된 유형의 범죄(모두 성폭력 범죄임)로 인하여 1년 이상 자유형이나 병합자유형을 전부 집행 받은 경우에는 석방과 함께 행장감독이 개시된다.

41)「독일형법」제63조【정신병원수용】책임무능력(제20조) 또는 한정책임능력(제21조)의 상태에서 위법한 행위를 범한 경우에 행위자의 그러한 상태에 기인하여 상당히 위법한 행위가 예견되고, 그로 인하여 일반시민에게 위험하다는 점이 행위자 및 행위의 종합평가에서 나타나는 경우에 법원은 정신병원 수용을 명한다.

42)「독일형법」제64조【금단(치료)시설수용】습벽, 알코올 음료 또는 각성제를 과도하게 복용하고 중독상태에서 범한 위법행위 또는 습벽에 기인한 위법행위로 인하여 형의 선고를 받았거나, 또는 책임무능력을 증명했거나 책임무능력을 배제할 수 없기 때문에 형의 선고를 받지 아니한 경우, 법원은 행위자의 습벽에 기인하여 현저히 위법한 행위를 범할 위험이 존재하는 경우에는 금단(치료)시설수용을 명한다. 금단(치료)시설에서 처치를 통해 치료되거나 또는 습벽 내에서의 재범을 상당 기간 방어하고 습벽에 기인하여 현저히 위법한 행위를 범하는 것을 방지하기 위하여 상당히 구체적인 가망이 존재하는 경우에만 명한다.

43) 특별한 상황에 의해 보호관찰조건부 집행유예를 통해서도 보안처분의 목적을 달성시킬 수 있다는 기대가 입증되는 경우에는 그 정신병원수용 및 금단시설수용의 집행을 보호관찰을 조건으로 유예한다. 이때에는 보안처분유예와 함께 행장감독을 개시한다(「독일형법」제67조b 제1항, 제2항).

44) 보안감호수용이 10년 집행된 경우 또는 피수용자가 자신의 습벽으로 인해 피해자에게 정신적 또는 신체적으로 중하게 침해를 주게 되는 범죄를 범할 위험이 존재하지 않는다고 판단되는 경우 법원은 보안처분의 종료를 선고하고, 종료와 함께 행장감독을 개시한다(「독일형법」제67조d 제3항). 또한, 보안처분의 상한이 경과한 경우 피수용자는 석방되는데, 석방과 함께 행장감독을 개시한다(「독일형법」제67조d 제4항). 한편, 금단(치료)시설의 수용을 계속하더라도 피수용자가 개선될 가망이 없을 때 법원은 수용을 종료하고, 석방과 함께 행장감독을 개시한다(「독일형법」제67조d 제5항). 정신병원수용의 집행개시 이후 보안처분의 조건이 더 이상 존재하지 않거나 또는 비례성에 반하는 것으로 밝혀진 경우 법원은 보안처분의 종료를 명하고, 석방과 함께 행장감독을 개시한다(「독일형법」제67조d 제6항).

45) 이 준수사항에 의하여 대상자는 자신의 능력과 성향에 일치하는 교육을 받거나 혹은 경제활동에 노력할 것을 지시 받을 수 있다. 여기에서 '경제적 관계'는 예를 들면, 채무이행 계획서를 제출하고 이행하는 것이 될 수 있다. 부양의무를 이행하라는 준수사항의 목적은「독일형법」제170조에 의한 새로운 범죄를 저지르기 위한 것이다. 그러나 여기서 부가되는 부양의무는 민법적인 부양

법원은 준수사항과 관련하여 피선고자의 생활방식에 있어 기대할 수 없는 요구사항을 부과할 수는 없다. 준수사항의 부과에 있어서 법원은 대상자가 재범을 하지 않기 위하여 준수사항에서 언급된 내용과 같은 도움이 필요하다고 확신하는 경우에 부과되어야 한다.[47]

행장감독기간 중 준수사항의 위반은 보호관찰 준수사항을 위반하여 선고유예, 집행유예, 가석방이 취소되어 본래 선고된 형벌을 집행 받게 되는 경우와 확연히 구별되는 독립된 범죄행위를 구성하게 된다.[48]

(다) 행장감독의 기간

행장감독은 대부분 2년에서 5년 사이에 결정된다.[49] 그러나 위험부담에 따

의무를 넘어서서는 안 된다. 법무부, 2008, 앞의 책, p. 27 참조. 참고로 「독일형법」제170조는 아래와 같다.

46) 위의 준수사항 역시 「독일형법」제63조 내지 제64조에 의한 수용의 전제조건을 충족시키지 못하는 대상자들과 관련하여 논의될 수 있다. 여기서 '치료'란 가장 먼저 정신치료적인 처치를 생각해볼 수 있고, 이 준수사항은 사회치료시설에 수용되어 있는 대상자의 경우에도 부과될 수 있다. '신체적 침해와 관련된'이란 약물을 투약하는 치료를 의미한다. 신체적 침해와 관련되지 않은 치료는 기본적으로 대상자의 동의 없이 이루어질 수 있다. '적정한 공공수용 시설 또는 적정한 기관 내에 거주'를 명하는 준수사항은 대상자의 명시적인 동의를 요한다. 따라서 대상자의 동의 없이 대상자를 폐쇄적인 장소에 보낼 수는 없다.

47) 따라서 행장감독기간 동안 대상자가 일시적으로라도 머문 장소는 모두 보고하라고 명하거나 특정한 단체 혹은 종교모임에 참석하라거나 참여하지 말라는 준수사항은 허락될 수 없다. 또한 준수사항이 대상자의 준법생활태도에 도움을 주기 위한 것으로 부적절한 경우, 혹은 준수사항이 필요성의 정도를 넘어선 경우의 준수사항은 허락될 수 없다. 그러나 이러한 원칙을 지키는 한 통상적으로 법원은 준수사항을 선택하고 구체화하는데 있어서 자유롭다.

48) 「독일형법」각론 제145조a는 【행장감독중의 준수사항위반】이라는 표제 하에 "행장감독기간 중 제68조b 제1항에 규정된 준수사항을 위반하고, 이로 인하여 행장감독의 목적을 위태롭게 한 자는 3년 이하의 자유형 또는 벌금형에 처한다. 제1문의 행위는 행장감독청(68조a)의 고소가 있어야만 형사소추 된다."라고 명문화하여 그 위반행위에 대하여 독립된 구성요건과 형벌을 규정하고 있다.

49) 한편, 행장감독기간의 기산에 관해서는 즉시 기산되는 경우와 유예결정의 확정 또는 법원에서 명하는 사후시점에 기산되는 경우가 있다. 우선, 전자는 법률이 특별히 행장감독을 규정한 범죄로 6개월 이상의 유기자유형과 함께 행장감독을 명하는 경우 행장감독은 명령의 확정과 함께 즉시 개시되는 것을 말한다. 이에 비하여 후자는 다음의 각 경우에 해당한다. ① 정신병원수용 및 금단시설수용의 집행을 보호관찰을 조건으로 유예하면서 행장감독을 개시하는 경우, ② 보안처분수용에 앞서 자유형을 집행하고 종료시점에 보안처분의 필요성을 심사한 결과 필요치 않다고 판단하여 보호관찰조건부 보안처분수용의 집행을 유예하면서 행장감독을 개시하는 경우, ③ 수용집행이 3년 동안 개시되지 않았고 보안처분의 목적이 달성되지는 않았지만 특별한 상황이 유예를 통해서 보안처분목적이 달성될 수 있다는 기대를 입증하여 보호관찰을 조건으로 보안처분수용의 집행을 유예하면서 행장감독을 개시하는 경우, ④ 상한이 정해져 있지 않은 보안처분의 집행 또는 기간이 경과하지 않은 보안처분의 집행 중 피수용자가 보안처분집행 없이도 위법한 행위를 더 이상 범하지 않을 것이 기대되어 보호관찰을 조건으로 유예하면서 행장감독을 개시하는 경우 행장감독은 유예결정의 확정 또는 법원에서 명하는 사후시점에 개시된다.

라 기간은 늘어나거나 단축될 수도 있으며 아주 드문 경우이기는 하지만 평생 동안 행장감독을 받을 수도 있다.[50] ① 유기한의 행장감독: 통상적인 행장감독 기간은 2년 이상 5년 이하이다.[51] ② 무기한의 행장감독: 법원은 그러나 피선고자가 현저한 범죄를 범하여 일반인을 위험하게 할 것으로 보임에도 ⅰ) 신체적 침해와 관련된 치료 또는 금단치료를 받을 것에 동의하지 않거나 ⅱ) 치료 또는 금단요법을 받으라는 준수사항에 복종하지 않는 경우에는 무기한의 행장감독을 명할 수 있다.[52]

　　한편 이러한 행장감독의 기간은 사후에 변경하는 경우가 있는데, 기간의 사후변경에는 무기한의 행장감독을 유기한의 행장감독으로 변경하는 경우와 유기한의 행장감독을 무기한의 행장감독으로 변경하는 경우가 있다.[53] 또한 법원은 피선고자가 행장감독 없이 범죄를 범하지 않을 것으로 기대되는 경우에 행장감독을 취소한다. 취소는 빨라도 법정하한기간을 경과한 후 허용된다.

5) 독일 보호관찰의 최근 동향

가) 독일 보호관찰조직의 개혁

2003년 독일의 보호관찰 50주년 기념행사 당시에 투빙겐(Tubingen)대학교의

---

50) 평생 동안 행장감독을 받아야 하는 경우는 정신병의 경우인데 정신병의 경우 계속 약물치료를 받아야 하는데 약물치료를 받지 않을 가능성이 있다면 평생 동안 행장감독을 해야 하는 경우일 것이다. 그러나 이 경우에도 2년마다 한 번씩 검사관이 필요성에 관한 심사를 실시하기 때문에 평생이 아닐 수도 있다.

51) 「독일형법」 제68조c 제1항. 유기한의 행장감독은 ① 자유박탈적 보안처분 즉 정신병원수용, 금단(치료)시설수용, 보안감호수용이 경우 집행되는 경우, ② 자유박탈적 보안처분에 부가하여 명하여진 자유형의 집행이 개시되는 경우, ③ 새로운 행장감독이 개시되는 경우에 종료된다.

52) 「독일형법」 제68조c 제2항. 무기한의 행장감독은 자유형 또는 자유박탈적 보안처분 집행기간 동안 정지된다. 새로운 행장감독이 기존의 무기한의 행장감독에 부가되는 경우, 새로운 처분이 필요하지 않다면 법원은 새로운 보안처분의 취소를 명한다. 무기한의 행장감독에 대하여 법원은 2년마다 재심사하여 종료여부를 결정하여야 한다.

53) 우선 전자는, 신체적 침해와 관련된 치료에 동의하지 않아 무기한의 행장감독을 선고받은 대상자가 신체적 침해와 관련된 치료 또는 금단치료를 받을 것에 동의하는 경우 법원이 행장감독 기간을 확정하는 것을 말한다(「독일형법」 제68조c 제2항). 한편 후자는 대상자에게 정신병원수용의 유예를 하였으나 피선고자가 정신장애로 인한 책임무능력 상태 또는 한정책임능력 상태에 빠져 현저히 위법한 행위를 범하여 일반시민을 위험하게 할 우려가 있다고 인정할 만한 사유가 존재하는 경우, 제181조b(모두 성폭력범죄임)에 언급된 유형의 범죄로 인해 2년 이상의 자유형 또는 병합자유형이 집행되고 일반시민을 위험하게 할 수 있다는 구체적인 근거가 나타난 경우, 그리고 정신병원 또는 금단시설에 수용이 명해지고 그곳에서 행장감독의 준수사항을 위반하거나 재차 현저한 범죄를 범하여 일반시민을 위험하게 할 수 있다는 구체적인 근거가 나타난 경우 법원이 행장감독의 상한을 무기한으로 연장할 수 있는 것을 말한다(「독일형법」 제68조c 제3항).

범죄학 전문가 세미나에서 케르너(Kerner) 교수는 독일 범죄정책에 있어서 강경화 경향의 문제점에 대하여 경고하였다.[54] 그는 더 많은 강경조치, 즉 간단히 말해 "가두어 놓는 것"이 필요하다는 주장을 소개하면서, 계속되는 주정부의 어려운 재정상황과 함께 보호관찰이 순전히 통제장치로서의 새로운 지향점으로 나아갈 것을 요구하는 이러한 주장을 상당히 우려할 만한 것이라고 평가하였다.

위와 같은 케르너 교수의 주장대로 실제로 2003년 이후 독일의 형사정책은 상당히 변화되었다. 그러나 이러한 변화들은 보호관찰관의 법률상의 기능을 위협하는 정도는 아니었다. 여전히 보호관찰관이 사회복지사로서 교육받아야 한다는 원리는 유효하며 원조하고 지원하는 그들의 임무에도 본질적인 변화는 없다고 평가할 수 있다.

오히려 실제적인 변화는 대부분의 주에서 보호관찰 조직들에서 나타났는데, 과거에 분리되었던 업무들(협의의 보호관찰, 행장감독 그리고 사법보조)은 단일한 조직구조에 통합되었다. 이러한 상황의 키워드는 부서의 합병, 관료주의 감소, 효율성 증진이다. 이러한 측면의 가장 획기적인 개혁은 바덴−뷔르템베르크 주에서 보호관찰 집행권이 민간조직으로 이양된 것이다.

이외에도 여러 주정부에서 나타나고 있는 보호관찰조직의 개혁노력으로서 중요한 것은, ① 직원들을 위한 새로운 업무처리지침 및 전문직업적 표준 수립, ② 전문가적 위계를 중심으로 하는 조직체계의 개편, ③ 보호관찰업무의 질적 관리·보증·통제의 개념 도입, ④ 교정시설의 사회복지실천(social work)과 보호관찰업무의 연계 등이다.

위와 같은 개혁과정에는 대부분의 보호관찰관뿐 아니라, 〈독일보호관찰관협회〉와 같은 이익단체도 적극적이고 긍정적인 자세로 동참하였기 때문에 위와 같은 대부분의 개혁은 상당한 진전을 이루었다.[55]

나) 새로운 업무영역의 확대

특정사회의 범죄대책은 지속적인 변화·발전을 하며, 그 사회의 상황과 가치체계의 끊임없는 변화의 영향을 받는다. 이러한 전제에 입각할 때, 독일에서 보

---

54) Mutz, 앞의 책, p.134.
55) 그러나 바덴−뷔르템베르크 주에서 보호관찰업무가 민간에 이양된, '민영화'라는 특별한 상황에 대해서는 관련 분야의 종사자, 전문가 그리고 다른 독일 주 법무부의 주요 인사들은 이에 대하여 상당한 반대의견을 제시하고 있다. Mutz, 앞의 책, pp. 135−136.

호관찰소, 보다 정확하게 말해서 형사사법시스템 내의 사회적 서비스기관의 업무영역이 지속적으로 발전하고 있음은 당연한 일이라고 할 수 있다. 형의 유예, 조건부 석방, 감호처분 대상자 등에 대한 지도감독 및 원호, 사회조사보고서 작성 등 보호관찰기관의 기본적 임무에 더하여, 사회적 변화와 범죄학적 연구결과를 반영하여 최근 독일의 보호관찰소에는 다음과 같이 보다 새롭고 폭넓은 차원의 보호관찰프로그램이 점점 더 인기를 얻어가고 있다.[56]

- 스포츠, 반(反)공격성 훈련, 문자해독능력 훈련, 사회적 행동 훈련과정 등 다양한 유형의 여가활동프로그램과 문제행동에 대한 특성화 치료프로그램 도입
- 폭력과 극우주의 대응한 노동 및 수용 프로젝트
- 폭력 및 성폭력 범죄자와 인격적 결함을 가진 범죄자에 대한 훈련과정
- 위험성 사정평가 및 위험성에 기반한 개입과 위험관리제도의 도입
- 사회봉사명령제도의 확대
- 전자감독의 시범실시 및 확대
- 피해자 지원 및 보호의 근거 마련과 피·가해자 화해중재제도의 중요성 확산

위와 같은 새로운 경향 가운데에서도 가해자 지원활동대책과 피해자·가해자 중재제도를 포함한 피해자에 대한 정책과 함께 전자감독제도의 시범실시 및 확대에 대해서는 보다 구체적으로 살펴볼 필요가 있다.

다) 보호관찰과 범죄피해자 대책

독일의 보호관찰분야에 있어서 범죄피해자 대책은, ① 보호관찰관에 의한 피해자 지원활동, ② 피해자·가해자 중재제도의 두 가지가 핵심적인 사항이라고 할 수 있다.

(1) 보호관찰관의 피해자지원활동

형사사법시스템은 오랫동안 단지 범죄자들에게만 주의를 기울였다. 범죄자를 확인하고 핍박하고 그리고 판결을 내리는 것이 형사사법의 주된 목적이었다. 피해자는 단지 목격자로서의 역할만을 했다. 적어도 그들의 판결과 관련이 있는

---

56) CEP, 위의 자료, 참조.

때에 한해서 그들의 피해와 상처가 중요한 것이었다.

그러나 독일에서 피해자는 20세기의 70년대 후반부터 80년대 초반에 걸쳐 그들의 역할이 재발견되면서, 피해자의 권리는 더 많은 관심을 받고 중요성을 확보해 나갔다. 독일연방의 일부 주(예를 들어 작센-안할트와 노르트라인-베스트팔렌)에서는 피해자에 대하여 조언하고 도움을 주는 것이 사법부의 사회적 서비스업무의 한 분야이다. 보호관찰관은 법률적 지원, 피해자보상법에 따른 피해자의 법적 권리 그리고 형사절차의 진행에 대하여 알려주고, 만약 피해자들이 원한다면 그들은 무료로 경제적이고 심리적 조언도 얻을 수 있다.

(2) 피해자-범죄자 중재제도(Victim-offender-mediation)

독일에서 형벌중재제도는, 소년에 대해서는 1990년 12월 독일 「소년형사법원법」에, 그리고 성인에 대해서는 1994년 「독일형법」과 1999년 「형사소송법」 및 뒤이은 2004년의 법 개정에서 도입된 것이다. 이는 독일 형사사법시스템에서 회복적 사법을 향한 특히 주목할 만한 개혁이라고 평가되고 있다.[57]

피해자·가해자 중재제도는 기소의 자제, 처벌의 억제, 그리고 처벌의 완화 등과 같은 효과가 있다. 피해자-범죄자 중재제도는 검사나 법원이 부과하는 의무사항이나 지시사항에 속할 수 있는데, 「독일형법」은 피해자·가해자 중재를 중재자와 함께 수행할 수도 있고 중재자 없이 수행할 수 있도록 열어 놓았다. 그러나 경험적으로는 유능한 중재자의 관여가 거의 대부분 필수불가결하다.[58]

피해자-범죄자 중재제도에 보호관찰관이 관여하는 것은 다음과 같은 두 가지 다른 방식에 의해서다. 하나는 검사 또는 법원의 지시를 받아 보호관찰관은 피해자-범죄자 중재가 현안이 되고 있는 범죄에 대한 가능한 대응책인지에 관하여 알아보는 것이다. 보호관찰관은 피해자와 범죄자를 접촉하여 확인한 바를 보고하여야 한다. 다른 하나는 특별히 교육받은 보호관찰관은 피해자-범죄자 중재를 수행하고 공평한 중재자로서 활동하는 것이다.

독일에서 형사사건 중재를 담당하는 실제적 조직은 표준화되어 있지 않다.

---

57) Mutz, 앞의 책, p. 130.

58) 때때로 피해자와 범죄자의 대면적 만남이 어렵거나 부적절한 경우가 있다. 그래서 중재자가 가교역할을 하고 메신저와 특별한 촉매제로서 행동하는 것이 중요하다. 그러나 피해자와 범죄자가 대면 접촉하는 것이 보다 바람직한 경우가 훨씬 흔하다. 그리고 때론 피해자의 상태 또는 범죄자의 마음 때문에 첫 번째 만남을 주선하고 양자가 서로 영향을 미치는 것으로부터 적절한 거리를 유지할 수 있도록 하는 보호조치로서 한쪽에 치우치지 않고 결정을 내리는데 양자를 조정할 수 있는 제3자를 참석하는 것이 필수적이다. 위의 책, pp. 130-131.

연방 주 정부의 책임 내에서 피해자—범죄자 중재제도를 수행한다. 어떤 주에서
는 보호관찰관이 성인범죄자의 피해자—범죄자 중재를 다루고, 다른 주에서는
특별히 훈련된 사회복지사들이 중재자로서 고용되어 보호관찰소와 협력하여 일
한다. 모든 주에서 또한 민간조직이 중재에 관한 일에 참여한다.

라) 전자감독의 시범실시 및 확대

독일은 1997년 6월 법무위원회에서 일정기간을 정해놓고 시범모델을 실시하
자는 계획과 함께, 1998년 초 연방법무부에 세워진 위원회에서 전자감독을 통한
가택구금을 본격적으로 논의하기 시작하였다. 2000년 5월 2일 처음으로 헤센 주
에서 시범적으로 전자발찌를 이용한 전자감독을 선고하였고, 두 번째로는 프랑
크푸르트지방법원에서 같은 해 7월 10일 한 범죄자에게 미결구금에 대신하여 전
자감독을 선고한 것을 시작으로 2002년 5월 헤센 주 프랑크푸르트 지역의 시범
실시 결과 긍정적인 성과가 입증되어 헤센 주 전 지역으로 전자감독을 확대하기
로 결정하였다.

현재 독일 헤센 주에서는 전자감독이 ① 보호관찰부 집행유예 준수사항, ②
보호관찰부 가석방 준수사항, ③ 미결구금의 대안, ④ 행장감독의 부수처분, ⑤
사면결정의 조건 등으로 활용되고 있다. 이 조치는 다음과 같은 경우 의무사항과
지시사항 준수에 대한 모니터링을 확실히 하기 위하여 법원에 의하여 부과될 수
있다. 모든 범죄자들에게 적용되는 것은 아니고 책임의식이 떨어지거나 자기통
제가 약한 경향이 있는 범죄자들에게만 부과되며, 이 조치에 대한 감시는 보호관
찰관의 임무이다.

한편 바덴—뷔르템베르크 주에서는 전자감독이 2010년 초부터 도입되었는
데, 여기에 적용받는 대상자는 벌금미납자와 만기를 바로 앞두고 교도소에서 출
소하는 재소자이다.

독일 전자감독 시행에 있어서 하나의 두드러진 특징은 아래의 표에서 나타
난 바와 같이, 전자감독의 시행에 대한 관련 실무자 중에 보호관찰관이 부정적인
입장이 두드러지게 나타나고 있다는 것이다. 그 이유는 전자감독을 담당하는 독
일의 보호관찰관의 경우, 다른 보호관찰관의 업무에 비해 그 업무 비중이 상당히
큰 것으로 나타나고 있기 때문이다. 예를 들면, 프랑크푸르트 지방법원에서 전자
감독대상자를 담당하는 보호관찰관은 원칙적으로 24시간 근무체제로 운영되고

있다고 한다.[59] 그 이유는 비록 전자감독대상자에게 선고당시 확정된 (시간)프로
그램에 의해 감독되고 있지만, 만약 대상자에게 돌발적인 상황이 발생하면 즉각
보호관찰관과 연락을 취하여 (시간)프로그램을 변경하는 등 신속한 대응을 기본으
로 하여 보호관찰관과 대상자가 항상 연락 가능한 상황에 있는 것을 기본으로 하
고 있다고 한다. 따라서 한 명의 보호관찰관이 일반 보호관찰대상자 60명 정도
감독하는 것에 비하여 전자감독대상자는 5-10명 정도 감독한다고 한다.

‖ 표 5-3 ‖   전자감독에 대한 일반적인 평가[60]

	판사 222명	검사 184명	보호관찰관 108명	교도관 16명	전체응답자 532명
매우 긍정적	11.3%	7.6%	4.6%	25.0%	9.0%
긍정적	47.3%	45.1%	27.8%	18.8%	41.5%
모르겠음	5.0%	3.8%	4.6%	18.8%	5.0%
부정적	20.7%	19.6%	31.5%	37.5%	22.9%
매우 부정적	15.8%	23.9%	31.5%	-	21.4%
계	100%	100%	100%	100%	100%

자료: Mayer, Modellprojekts elektronischen Fußfessel, 2004, S. 72(Tabelle 3.1).

2. 프랑스

1) 개관: 사회내처우와 시설내처우의 유기적 결합

2015년 7월 현재 프랑스의 전체인구는 약 6,700만 명이며, 인구 10만 명당
교도소 수용인원은 약 100여 명이다.[61] 프랑스는 독일 등과 함께, 〈유럽보호관찰
연합〉(CEP: Confederation of European Probation)의 회원국으로 1982년에 참가하였다.
프랑스 보호관찰제도 운영에 있어서 가장 특기할 것은 1999년 기존의 보호관찰
소와 교정시설 내의 사회복귀부서가 통합되어 하나의 단일조직으로 변경되었다

---

59) 김혜정, "우리형사사법시스템에서 전자감독의 적용방안에 관한 검토", 2006년 보호관찰 국제학
   술대회 자료집, pp. 106-107.
60) 〈표 3〉은 "독일에서 전자감독이 일반적으로 적용되는 것에 대하여 어떤 생각을 가지고 있느냐?"
   는 질문에 대한 답변이다.
61) 관련 링크: http://www.prisonstudies.org/map/europe

는 점이다.[62]

사회복귀 보호교정청(SPIP)이 미결구금수용자 및 자유형수형자(prisoners)와 관련되어 수행하는 일반적 임무는 다음과 같다.[63]

① 자유형의 탈(脫)사회화적 효과를 예방하는데 도움을 주는 것

② 가족이나 친지와의 연계유지를 촉진하는 것

③ 교도소 재소자의 사회복귀 준비를 지원하는 것

④ 법원의 요청이 있을 때, 형사법원의 판결을 준비하는데 있어서 필요한 조사를 수행하고 사전조치를 돕는 것(피고인의 개별적 처우와 사회복귀 촉진에 적합한 조치 및 양형의 권고하기 위하여 가정적·사회적 환경, 기타 경제적 궁핍·문맹여부·약물중독 등에 관한 정보 등을 조사)

일단 피고인이 사회내처우를 판결 받고 사건이 접수되면, 보호관찰기관(SPIP)의 임무는 통상 다음의 하나가 된다.

① 보호관찰 및 대안적 조치의 이행에 대한 지도감독

② 전자감독의 경우, 집행계획의 수립

③ 보호관찰 이행내용을 평가하고 상황변화에 의하여 필요한 경우, 집행내용 조정 가능성 검토

④ 재소자의 사회적 재통합을 촉진하기 위한 지원 제공

⑤ 집행내용에 관한 사법부에의 정기적 보고

2) 역사적 발전[64]

가) 초기의 발전 ·

프랑스에서 19세기까지는 민간부분의 주도로 보호관찰이 진행되어 왔다. 특히 19세기 말부터 1945년까지는 주로 기독교 자선단체들이 출소자에 대한 지원과 범죄자 원조의 역할을 수행하는 것이 원칙이었다. 1893년에는 이러한 자선단

---

62) 프랑스 보호관찰제도에 대하여 참고할 수 있는 대표적 웹사이트는 프랑스 법무부 홈페이지(www.justice.gouv.fr)이다. 이외에도 프랑스의 〈전국 수용 및 사회복귀협회 연맹〉(FNARS: National federation of reception and social rehabilitation associations)의 홈페이지(www.fnarsidf.asso.fr)를 참고할 만하다.

63) 이하의 내용은 온라인(www.cep-probation.org)에서 이용 가능한, CEP, *Summary of Information on Probation in France,* 2009, 참조.

64) 이하의 내용은 Gilly, T., Chapter 8: France, in *Probation and Probation Services: A European Perspective,* edited by Anton M. van Kalmthout and Jack T. M. Derks, Nijmegen: Wolf Legal Publishers, 2000, pp. 203-206.

체들이 연합하여 〈후원단체연맹〉(*Union des sociétés de patronage*)을 결성하였다. 이러한 운동을 돕기 위하여 국가는 일부 한정된 개입에 대해서는 재정적인 지원을 하였다.[65] 재판 이후 보호와 지원에 있어서 국가의 공식적인 개입은 1945년부터 현재까지 꾸준하게 지속되고 있다. 의심할 여지없이 프랑스도 공식적 개입의 오랜 전통과 역사를 가지고 있는 것이다. 이는 또한 보호관찰과 관련된 일부 전통적 형사정책에서도 마찬가지인데, 벌금, 단기자유형, 은사, '위험한' 범죄자의 관리감독, 사회봉사명령 등이 그것이다. 사실, 이미 나폴레옹 형법전에서 이와 관련된 선구적인 법조항을 규정하고 있었다.

프랑스 보호관찰제도의 발전은 유럽의 전체적인 형사정책사조와 형사사법제도의 변화에 많은 영향을 받았다. 이탈리아의 실증주의운동은 1885년 8월 14일 조건부석방(*libération conditionelle*, conditioned release)제도가, 1891년 3월 26일 형의 유예(*sursis á l' exécution*, suspended sentence)제도가 각각 초범자에게 적용되는 것과, 1885년 5월 29일 도입된 '특정지역에의 체재금지'(*interdiction de séjour*, the exclusion of an individual from specified locations)제도에 영향을 미쳤다. 후자의 경우는 재범을 방지하고 경찰의 관리감독을 위한 특별한 체제를 만들기 위한 것이었다.

나) 1970년대의 대안적 형사제재 도입운동

프랑스 보호관찰제도의 1970년대 이후 발전과정을 파악하기 위해서는 유럽에서의 대안적 형사제재수단 도입운동을 고려하는 것이 중요하다. 이러한 운동은 1970년대 교도소 수용인구의 급격한 증가에 대응하여 발전하였다. 몇몇 보고서와 공식적인 언급, 예를 들면, 〈프랑스 특별양형판사협회(ANP)〉의 의장이 1997년 2월 7일 프랑스상원에서 보호관찰에 대하여 행한 공식적 발언 등은 보호관찰에 대한 프랑스적 개념이 유럽의회에서 정의한대로 "지역사회에서 집행되는 형사적 제재 또는 수단"으로서의 사회봉사명령(TIG: *Travail d' Intérêt Général*, Community Service)의 개념을 의미한다는 사실을 확인하였다.

더구나 마크 앙셀(Marc Ancel)의 신사회방위운동이 프랑스 형사사법체제에 매우 중요한 영향을 미친 것은 분명하다. 이러한 역사는 프랑스 보호관찰제도가 고전적 사회방위와 앙셀의 새로운 운동의 시너지(synergy)임을 보여준다.

---

65) 1885년 8월 14일 제정된 법률에 근거하였다.

다) 1980년대의 신예방정책(NP)과 민관 협력네트워크

프랑스의 보호관찰은 형벌 집행의 일부분이며, 따라서 법무부의 소관업무로 분장되어 있다. 그러나 이것이 공공부분의 전유물이라는 것을 의미하는 것은 아니다. 오늘날 프랑스에서의 보호관찰은 민간부분과의 협력으로 시행되고 있다. 예를 들면, 사회봉사명령(TIG)의 경우 민간기관 및 단체의 참여로 집행되는 유력한 문화가 있다. 1980년대 시작되어 지난 20년간 정권과 상관없이 프랑스 정부에서 지속적으로 추진되었던, NP, 즉 '신예방정책'(Nouvelle Prévention)과 형사사법체계 개혁운동의 결과로서 민관의 강한 협업 네트워크가 발전하여 왔다.

NP는 지역사회 안전정책의 프랑스식 모델을 나타내는 약어이다. 이 정책은 전통적 범죄예방의 체제를 경찰행정, 사회정책, 주거지원 등 다양한 수준의 지역사회의 차원으로 확대하기 위한 것이다. 이는 1980년대의 저명한 '본느메종(Bonnemaison) 보고서'에 의해 시작되었다. 지역적 안전계약과 영역의 획정을 통해 상기 보고서에 의해 도입된 다양한 지역단위의 정책이 도시의 안전정책으로 발전하였다. 이 정책은 모든 긍정적 가용자원을 고려하여 안전예방, 교육, 보호, 그리고 감시의 모든 측면을 통합하는 정책을 형성하는 것이었다. 중앙정부와 지방정부, 사법부와 경찰간의 네트워크가 구성되고 발전되었다. 이러한 네트워크는 지역단위에서 형사사법제도가 제대로 수행되도록 하고 사회내처우가 더욱 발전하도록 촉진시키기 위하여 출범한 개혁운동의 정신에 입각하여 작동하고 있다.

라) 1990년대의 위험성 및 목표집단 관리정책

1990년대 이후 프랑스의 보호관찰은 과거에 비하여 훨씬 덜 개별화된 처우가 되었다. 예전에는 개별적 관계형성의 전통적 개념에 입각하여 보호관찰이 이루어졌지만, 지금은 위험관리와 목표집단에 대한 관리에 보다 초점이 맞추어져 있다. 다음과 같은 몇 가지 사실이 이러한 경향을 뒷받침하고 있다. 첫째, 보호관찰기관의 목표가 더 이상 범죄자 개인에 맞추어져 있지 않다는 점이다. 지역사회 범죄예방의 관점에서 보호관찰소도 피해자와 사회보호를 점점 더 강조하고 있다. 둘째, 보호관찰은 이제 지역사회 안전정책의 일부분이 되어있다. 이러한 변화의 결과로 보호관찰은 더 이상 과거와 같이 지역사회 형벌 또는 대안적 형사제재의 하나로 정의되지 않는다. 셋째, 조스팽(Jospin) 행정부에서 촉발된 교도소 개혁은 보호관찰기관의 역할변화를 포함하고 있는데, 이는 과거의 법제보다 더욱 공공보호에 입각한 것이다.

이외에도 보호관찰이 위험관리와 목표집단 관리의 일부분이 되었다는 다음과 같은 증거들이 있다.

① 보호관찰기관(PAL: *Probation et d' assistance aux libérés*)은 지역의 도시안전평가(urban safety appraisals)에 참여하여야 하고 이를 통하여 재판 이전(pre-trial) 단계에 개입하고 있다.

② 청소년비행과 경범죄에 대한 법적 대응 틀의 개혁이 처벌적, 사회적/교육적, 의료적 처우의 통합적 상승효과의 발전을 강조하는 것이다. 이러한 개혁은 〈사법부 소년보호서비스〉(*Protection Judiciaire à la Jeunesse*, Judicial Protection of Youth Service)의 개편에 영향을 주었다.

③ 형벌체제에 관한 1998년 개혁 법안에 따라 〈형사제재조정센터〉(CPA: *Centres pour peines amenageés*, Center for the arrangement of sanctions)가 창설되었는데, 이는 범죄자가 지역사회에 석방되는 것을 준비하고 교도소에 근무하는 보호관찰관이 공공보호의 궁극적 목적에 더 매진하도록 하는 역할을 수행한다. 특히 이 센터는 단기자유형 석방자와 재범자에 대한 처우와 원조의 부족을 해결하기 위하여 창설되었다. 더구나 이 신설기관은 사회적 통합의 정도가 매우 떨어지는 범죄자가 사회에 적응하면서 겪게 되는 취업에의 어려움과 전문적 경력개발을 지원하는 역할을 하고 있다.

④ 1997년 12월 19일 제정된 법률에 의하여 전자감독에 의한 가택구금제도가 도입되었다.

⑤ 성범죄의 재범을 막기 위하여 재판 이후 사회적/교육적 지원과 감독을 하는 체제는 1998년 6월 17일 법률에 의하여 수립되었다. 성범죄가 중하지 않을 경우에는 최장 10년간, 그리고 중범죄에 해당할 경우에는 최장 20년간 지도감독을 실시할 수 있다. 또한 다른 조건 하에서는 강제적인 의료 처우를 부과하는 경우도 있다.

3) 보호관찰의 조직 및 인력

가) 보호관찰의 조직

(1) 조직구조의 변화배경

보호관찰이 위험관리와 목표집단 관리의 일부분이 된, 새로운 상황으로 인하여 보호관찰인력이 증가하고 보호관찰기관의 분화가 필연적으로 따를 수밖에 없었다. 사회봉사명령(TIG)은 더 이상 보호관찰제도의 유일한 주요수단이 아니며, 지역사회에 보호관찰기관을 연계하는 자극제로서의 과거의 중요성도 상당부분 상실했다. 이러한 문제와 관련해서 행정관리 상의 어려움과 기타 구조적 문제로 인하여 프랑스 사회내처우의 위기가 확산되었다.

프랑스 보호관찰제도의 역사는 누군가 지적하듯이, 부분적으로는 '보호관찰의 근원적 역설'(Probation's original paradox)의 역사이기도 하다. 이 역설은 형벌적 제재를 집행하여야 하는 기관에게 사회복귀의 목표를 부여하는 것을 의미한다. 이러한 상호 대비되는 역할은 보호관찰기관을 주역으로 하는 형벌체제의 개혁운동을 지속적으로 자극하여 왔다. 개혁운동의 다른 해당자들은 보호관찰위원회(CPAL: *Comités probation et d'assistance aux libérés*, the Probation Committees), 형벌의 집행을 감독하는 특임판사(JAP: *Juge d'application des peines*), 교도소 사회복귀과(SSE: *Services Sociaux Educatifs*, the Prison Social Education Service) 등이 있다. 이러한 개혁운동의 결과로서, 1999년 〈사회복귀 보호교정청〉(SPIP: *Service pénitentiaire d'insertion et de probation*, the Rehabilitation and Probation Prison Service)이 창설되었다. SPIP는 물론 과거의 폐쇄형 교정기관(SSE)과 개방형 사회내처우기관(CPAL)이 통합된 것이다.

이처럼 프랑스에서의 보호관찰제도의 역사는 프랑스의 형사사법제도가 과거의 전통적인 체계에서 지역사회 사법의 새로운 개념으로 발전한 것과 궤를 같이 한다. 이러한 역사적 발전의 결과로서, 현재 프랑스의 보호관찰은 시설구금과 전통적 사회내처우의 상호 갈등적인 해결책 사이에서 대안적 메카니즘을 제공하고 있다.

(2) 사회복귀 보호교정청(SPIP)의 탄생

프랑스 보호관찰기관은 원래 석방된 출소자의 지원과 보호관찰을 실시하기 위한 〈보호관찰위원회(CPAL)〉와 폐쇄된 교정시설 내에서 재소자에 대한 사회교육적 서비스 및 사회복귀를 책임지고 있는 〈교도소 사회복귀과(SSE)〉의 2개축으로 구성되어 있었다. 1999년 CPAL과 SSE가 통합되어 'SPIP'라고 불리는, 〈사회복귀 보호교정청(SPIP)〉의 단일 조직이 창설되었다. 이러한 프랑스 보호관찰기관의 지역단위 조직구조는 2008년 현재 103개에 이르며, 과거의 보호관찰위원회 및 교도소 사회복귀과의 조직을 그대로 포함하고 있다. 한편 프랑스 전역에 설치된, 지역단위 SPIP는 법무부 소속인 프랑스 교정청(the Prison Service)의 지휘감독을 받는다.

각각의 사회복귀 보호교정청은 본부와 하나 이상의 지소(branch offices)로 구성되어 있다. 지소들은 실질적으로 보호관찰업무를 수행하는 SPIP의 행정단위로서, 각급 법원과 교도소에 대응하기 위하여 설치되었다. SPIP는 성인뿐 아니라 18세 이하의 소년도 그 대상으로 한다.

나) 보호관찰의 인력

2008년 기준으로 프랑스 전국에는 103개의 사회복귀 보호교정청이 설치되어 있고, 84명의 소장(DSPIP: Director of SPIP)이 배치되어 업무를 총괄하여 관리한다. 이들은 주요한 업무에 관해서는 9개 광역단위의 지방교정청장에게 보고하도록 되어있다.

소장의 업무를 보좌하기 위하여 전국적으로 115명의 부소장(DIP)이 근무하고 있으며, 사회복귀 및 보호관찰업무 담당부서를 책임지는 162명의 부서 책임자(CSIP) 및 사회적기술자문(CTSS)이 간부진을 구성하고 있다. 또한 보호관찰관 및 교도소에서 근무하는 사회복지사는 총 2,593명이고 기타 사무행정인력은 473명 근무한다. 따라서 2008년 현재 프랑스 보호관찰인력은 총 3,427명이며, 이들 보호관찰인력이 담당하는 재소자는 62,252명이고 보호관찰대상자는 159,232명이다. 또한 보호관찰분야에 활동하는 자원봉사자의 수는 2008년 기준으로 10,295명이다.[66]

4) 보호관찰제도의 운영현황

가) 형사사법절차와 양형법원

(1) 프랑스 형사사법절차

프랑스 보호관찰의 형사정책적 기능을 이해하기 위해서는 먼저, 형사사법절차에 대하여 살펴볼 필요가 있다. 우선 예비적 단계, 즉 경찰단계에서는 검찰의 지휘 아래 사건의 초기수사가 시작되는데, 이것이 '재판 이전 단계'(pre-trial stage)의 첫 번째 부분에 해당된다.

검사에 의하여 당해 범죄사건이 기소된다면 재판 이전 단계의 두 번째 부분인 기소 이후 수사가 개시된다. 프랑스에서는 전통적으로 수사와 기소가 엄격히

---

66) CEP, 앞의 자료.

구분되며, 기소 이후에는 특별수사판사(*juge d'instruction*, special investigation magistrate)가 증거의 수집과 관련된 조사활동을 한다. 중범죄의 경우에는 이러한 증거수집 수사가 필수적이지만, 중하지 않은 범죄(misdemeanours)와 경범죄(minor violations)의 경우에는 선택적이다. 이 단계는 1차 수사의 종결로 끝나게 되는데, 이러한 결정에 대해서는 항고의 대상이 된다. 항고에 의하여 상급법원은 2차 수사를 실시하게 된다. 한편 상급심 법원은 특별명령으로 당해 사건을 검찰에게 환송할 수 있다.

위와 같은 수사단계가 끝나면 양형을 하는 '재판 단계'(trial stage)가 개시된다. 공판단계 이후에 형사제재가 집행되고 해당 범죄자가 지역사회에 재통합되는 과정이 '재판 이후(post-trial) 단계'이다.

(2) 양형법원

양형법원에는 일반법원과 특별법원이 있다. 일반양형법원 중에는 중하지 않은 범죄(misdemeanours)에 대해서는 '양형법원'(the Sentencing Courts), 경범죄(minor violations)에 대해서는 '경찰법원'(*Tribunaux de police*, the Police Courts), 그리고 중범죄(crime)에 대하여는 '형사법원'(*Courts d' Assises*, the Criminal Courts)이 각각 재판을 담당한다.

특별양형법원 중에는 '아동 및 미성년자 법원'(the Courts for Children and Minors)뿐 아니라 군인 및 국가안전과 관련된 양형법원, 정치범죄를 다루는 양형법원, 그리고 공무원에 의한 범죄를 다루는 양형법원이 별도로 설치되어 있다.

나) 재판 이전 단계의 보호관찰

(1) 재판 이전 단계의 주요처분

수사의 결과, 사건이 단기간의 미결구금으로 종결되는 때가 있다. 이 경우 사법부는 피고인에 대하여 감독과 통제를 받도록 하는 명령을 부과할 수 있다. 이 단계에서 자유를 제한하는 조치로는 3가지 유형이 있는데, 이는 경찰구금(*garde à vue*, police detention), 사법감독(*contrôle judiciaire*, judicial supervision), 그리고 임시구금(*détention provisoire*, temporary detention)을 말한다. 이러한 조치들을 적용하는 법적 조건은 각각 상이하다.

(2) 재판 이전 단계에서의 보호관찰의 기능

보호관찰은 형사정책적으로 주요한 기능을 담당하며, 다음과 같은 3가지 목적을 가진다. 이는 ① 사회복귀의 촉진, ② 교정시설의 과밀수용 완화, ③ (전통적인 기소 및 갈등해결책의 대안을 포함한) 범죄예방 및 사법정책의 개발 등이다. 그러나 청소년에 대한 조치를 제외하면, 이 단계에서의 보호관찰과 화해중재제도는 범죄자의 사회환경적 변화나 사회복귀를 도모하는 것은 아니다. 따라서 이 단계 동안 보호관찰의 역할은 첫 번째를 제외한 나머지 2가지 목적에 집중되어 있다.

소년담당판사나 수사판사가 청소년을 미결구금에 처하게 할 때는 소년보호기관(Youth Protection)의 개입이 의무화되어있다. 이때 판사는 소년보호기관의 예비적인 사정평가에 의한 권고를 참고하여 결정한다. 이러한 결정을 할 때 판사는 몇 가지 임시적인 조치를 할 수 있다. 이러한 임시조치의 하나로서 판사는 해당 청소년을 부모나 기타 훈육자에게 감호를 위탁하여 가정으로 돌려보내거나 아동보호시설, 의료처우센터, (공사립) 교육 및 직업훈련시설 등에 위탁할 수도 있다. 한편 이때 판사는 일정한 관찰기간이 필요하다고 판단할 경우, 기간을 정하여 소년을 특별히 관찰하는 기관에 위탁하거나 '지역사회에서 일정기간 지도감독'(liberté surveillée d'observation)을 받도록 할 수 있다. 비록 이 단계에서의 중심적인 기능은 아니지만, 보호관찰기관은 이러한 소년을 담당하여 사회복귀를 지원한다 (1945년 2월 2일 시행된 관련 법령에 근거).

이외에도 지역사회 안전계약(safety contracts)의 차원에서 갈등해결책의 대안으로 사회적 화해중재가 중시되고 있다. 대표적으로 검사에 의하여 진행되는 '중재-배상'(Médiation-réparation)의 특별절차가 있다. 이는 형사상 기소 및 구금의 대안으로 운용되는 양형협상(bargaining)과는 성격이 다른 것으로서 기소절차가 진행되기 전에 검사에 의하여 제안되며, 경우에 따라서는 수사판사나 양형판사에 의하여도 부과될 수 있다. '중재-배상제도'는 사회복귀와 재범을 방지하기 위하여 주로 소년범죄자들에게 적용되는 형사정책의 일환으로서, 피해자배상(victim reparation)과 사회봉사(community service)를 포함한다.

한편 이 단계 동안 성인범죄자에 대하여 SPIP의 가장 주된 임무는 판결전 사회조사를 실시하는 것이다. 또한 다양한 지역사회 안전회의에 참석함으로써 범죄예방에 기여한다.

다) 재판 단계의 보호관찰

재판 단계에서는 SPIP의 직접적 개입이 요구되는 경우가 많지 않다. 그러나 종종 SPIP의 직원, 즉 보호관찰관은 피고인의 사회적·가정적 배경에 대한 보다 구체적인 정보를 법원에 제공하기 위하여 공판에 출석하기도 한다. 양형과정을 지배하는 원칙은 기소된 바에 법원이 기속되는 것이 아니며 해당 범죄자의 기소 사건에 대하여 죄질을 다시 판단한다는 점이다. 소년범죄자의 보호관찰과 관련된 몇몇 법조항들에 근거하여 법원은 양형과정에서 선택적으로 보호관찰을 부과한다. 재판 이전 단계에서 화재 – 배상제도가 제안되고 선택되지 않았다면, 법원은 이에 대하여 적용을 검토할 수 있다. 아동 및 미성년자 법원에도 유사한 권한이 부여되어 있다.

한편 범죄자의 유죄가 인정될 때, 판사는 몇 가지 특별조치를 할 수 있다. 이러한 특별조치에는 일부 또는 전부 기각, 사법감독(judicial supervision), 지역사회내 지도감독, 사회교육적(socio – educational) 특별시설 또는 의료처우시설 내의 감독 등이 있다.

라) 재판 이후 단계의 보호관찰

재판 이후 단계에서 보호관찰이 적용되는 것은 3가지 유형으로 구분할 수 있다. 우선 법원은 판결로써 구금없이 자유를 제한하는 처분을 부과하여 형벌의 전부 또는 일부를 집행하도록 할 수 있는데, 여기에는 다음과 같은 것들이 포함된다.

① 보호관찰을 조건으로 한, 형의 집행유예
② 보호관찰을 조건으로 한, 형의 선고유예
③ 사회봉사명령(TIG)
④ 조건부 석방
⑤ 특정장소에의 출입금지
⑥ 가택구금 전자감독

두 번째로 다음과 같이 구금형에서 지역사회 내의 지도감독으로 이행되는 과정에서 보호관찰이 적용된다. 이는 장기간의 수용에 따른 사회 재적응의 어려움을 완화하기 위한 것이다.

① 개방교도소에서의 구금(*établissement ouert*, detention in a open prison)
② 시설외 구금(*placement à l'extérieur*, placement outside the prison)
③ 직업, 교육 또는 사회재통합에 도움이 되는 활동을 위하여 하루의 일부를

교도소 외부에서 보내는 '외부통근제처분'(semi-liberty)

세 번째로 프랑스에서는 1998년 6월 17일 법개정에 의하여 성범죄자 재범방지를 위하여 '형기종료 이후 사회교육적 조치'를 도입하였다. 이 경우 보호관찰기관의 개입이 요구되는데, 비록 형기가 종료되었다고 하더라도 별도의 조건을 붙여서 사회교육적 조치를 부과한다. 이러한 특별조치의 기간은 중하지 않은 범죄(misdemeanours)의 경우에는 10년 이내, 중범죄(crime)의 경우에는 20년 이내에서 정하게 된다.

5) 프랑스 보호관찰의 최근 동향[67]

프랑스에서는 위치추적 GPS 방식을 적용한 전자감독을 2005년부터 실시하고 있다. 한편 가택구금 전자감독은 이보다 훨씬 앞선, 1997년 12월에 도입되었지만 가택구금 전자감독은 2000년 10월이 되어서야 본격적으로 시행되었다.[68] 전자감독에 사용되는 장치, 즉 '부착장치'와 '위치추적장치'는 2000년, 2003년부터 2005년의 3년 연속, 그리고 2008년과 2009년 등 총 6회에 걸쳐 크게 개선되었다. 오늘날 전자감독은 재판 전, 후의 단계에서 시행될 수 있으며 법원의 명

---

67) 이하의 내용은 Lévy, R., From tagging to tracking: Beginnings and development of electronic monitoring in France, in M. Nellis, K. Beyens and D. Kaminish (eds), *Electronically Monitored Punishment: International and critical perspectives*, London and New York: Routledge, 2013, pp. 128-143 참조.

68) 전자감독은 1989년 프랑스 공식 문서에서 처음 등장했다. 이 문서는 프랑스 국회의원인 본느메종(Gilbert Bonnemaison)이 교도소의 과밀수용을 완화하기 위하여 작성한 '교정서비스의 현대화'에 관한 것이었다. 이에 따라 이미 구금되어 있는 재소자(집행 유예의 조치로써)나 혹은 새롭게 형을 선고받은 범죄자들 중 전자감독의 대상이 되기에 적합한 이들을 선발하였다. 특히 이 보고서는 단기 구금형을 대체할 수 있는 전자감독의 가능성을 주목하여 다루었다. 이 보고서는 플로리다의 연구(또한 영국에서 진행되고 있는 프로젝트)에 착안하여, 전자감독이 범죄자들이 가족관계와 직장을 유지하거나 교육을 받을 수 있도록 하며 이에 따른 비용도 구금형의 집행비용보다 상당히 낮을 것이라고 예측하였다. 보네매종의 보고서에서는 프랑스에 도입 가능한 초기 전자감독제도의 전반적인 개요가 간략하게 제시되었지만 즉각적인 후속조치는 이루어지지 못하였다. 이러한 문제는 1995-1996년 우파 상원의원인 가이-피에르 카바넬(Guy-Pierre Cabanel)이 준비한 또 다른 의회보고서에서 다시 제기 되었다. 카바넬의 보고서는 다른 국가들(영국, 네덜란드, 스웨덴)에서 진행 중인 실험에 대해 고찰하였다. 또한 전자감독이 상습적 범행을 예방하는데 경제적인 수단이자 교도소 과밀수용을 방지할 수 있는 수단이라는 결론에 도달하였다. 보고서에 제안된 규정은 전자감독이 단기 구금형을 대체하고 그리고 장기 구금형의 조기석방을 위한 목적으로 사용하는 것을 목표로 하였다. 그러나 공판 전의 단계에서 전자감독을 사용하는 것에 관해서는 매우 회의적인 반응을 보였다. 이 보고서에 의하여 제안된 전자감독제도가 모태가 되어, 법안이 준비되었고 마침내, 1997년 12월 19일 같은 법안이 통과되었다. 이 법안은 선고받은 복역기간이 일 년 미만이거나 구금형의 집행을 받고 남아있는 복역기간이 일 년 미만일 경우, 전자감독이 경감 조치로 적용될 수 있다고 공언하였다. 위의 책, pp. 128-130.

령 하에 미성년자에서부터 성인까지 적용될 수 있다. 또한 2005년부터 GPS를 활용한 위치추적장치가 사용되기 시작하였는데 이는 형을 거의 끝마쳤거나 심지어는 복역을 완료한 범죄자들에게도 적용된다.

2009년의 개정법은 재판을 기다리고 있는 범죄자들도 2년 이상의 기간의 구금형에 처해지는 범죄자들과 더불어 가택구금 전자감독의 대상으로 규정하였다.69) 또한 징역형의 집행과정에서 형기의 마지막 4개월간은 전자감독의 조건 아래 석방되도록 하였다. 적격의 수용자들의 잠재적 수를 고려했을 때 전자감독제도가 활성화되는 것은 당연하였다.

다른 한편으로 성범죄자 등 특정범죄자에 대하여 GPS 위치추적시스템을 활용한 전자감독이 강화되었다. 범죄에 대한 불안감과 이에 대한 강경대응은 극우정당 국민전선의 총재인 장 마리 르펜(Jean-Marie Le Pen)의 등장 이후로 중요한 정치적 안건이 되었다. 이러한 상황에서, 프랑스의 여러 정파는 중범죄자들과 연쇄살인범에 대해 대책을 재고하게 되었고 다양하고 지속적인 사법개혁안이 제안되었다. 그 결과 위치추적장치는 범죄자들 중에서도 형을 마친 후에도 계속해서 위협이 되는 상습범의 통제를 목표로 도입되었다. 위치추적 전자감독이 적용되는 경우는 다음과 같은 4가지의 체계로 나타난다.

① 가석방기간 내에서의 보호관찰처분(이미 가택구금 전자감독이 적용되었던 조치)
② 최소 7년 이상의 구금형이 선고된 심각한 성범죄자를 대상으로 '사회사법감독'(SJS: *suivisocio-judiciaire*, Socio-judicial supervision)이라 불리는 보안처분70)기간 중 2년(연장시, 최장 4-6년)

---

69) 2004년의 법개정은, 특히 사후관리 없는 무조건적 석방을 제한하기 위해 형집행의 최종 단계를 조정하는데 초점을 두었다. 교정서비스는 이후 이러한 관점으로 모든 수용자들의 상황을 검토해야 했기 때문에 전자감독은 상당히 실용적인 대안이 되었다. 이러한 추세는 2009년 개정법에 의해서 강화되었다. 이 법은 가택구금 전자감독대상자의 적용배제기준을 1년 이상의 구금형이 아닌(상습범들을 제외하고) 2년 이상의 구금형을 선고받는 경우로 상향하였다. 한편 프랑스 형사사법시스템 내에서 재판전 미결구금 적용빈도는 교도소의 인구변화를 결정하는 요인 가운데 하나이다. 지난 30년간 프랑스의 미결구금수용자는 대체로 전체 교정시설 수용인원의 4분의 1에서 3분의 1사이에 해당한다. 따라서 전자감독이 가능성 있는 해결책이라고 보는 점은 놀라운 일이 아니다.

70) 사회사법 감독은 1998년에 제정되었고 처음에는 성범죄자들에게 국한되어 적용되었다. 위치추적시스템은 2005년 12월 12일에 제정된 법 제2005-1549조항에 의해 추가되었다. SJS는 중하지 않은 범죄를 저지른 경우 10년 이내에서, 중한 범죄를 저지른 경우에는 20년 이내에서 부과된다. 이 유형의 조치는 1998년에 5건에서 2005년에 1000건으로 크게 증가하였다. 그러나 이는 이 시기의 잠재적 성범죄자들에게 내린 유죄선고의 10%에 불과하다. 프랑스 법무부((Ministére de la Justice)에 따르면, 2008년에는 1404건의 조치가 선고되었다. 한편 위치추적 장치는 2년간만 사용할 수 있는데, 의학전문가의 심사를 통해 개인의 위험정도를 확인하여 중하지 않은 범죄의 경

③ 가석방 없이 10년 이상의 형을 선고받은 이들을 대상으로 한, '요주인물의 사법감시'(SJPD: *surveillance judiciaire des personnes dangereuse, judicial surveil-lance of dangerous persons*) 보안처분기간 중 감형기간[71]

④ 15년 이상의 형을 선고받고 사회적 사법 감시(social-judicial supervision) 또는 사법감시(judicial surveillance)를 받아 아직 '특별히 위험하며 높은 확률의 범죄 상습성을 지닌 자'를 대상으로 한, 안전감시(*surveillance de sûreté., safety surveillance*) 보안처분[72]

위치추적장치는 2006년 6월과 2008년 5월 사이 시범적으로, 그 후 전국적으로 시행되었다. 보호관찰관은 부착장치를 장착시키고 탈착하는 책임이 있을 뿐만 아니라 경보기 또한 다루어야 한다. 민간서비스 회사는 시스템의 유지와 원격감시의 기술적 측면에서 사용되고 있다. 위치추적장치의 확대는 2009년 11월에 발표되었는데, 스페인의 사례에서 영향을 받은 프랑스 정부는 가정폭력피해자를 보호하기 위한 위치추적 전자감독 시범실시를 2010년에 시작하였다.

3. 이탈리아

1) 개관: 후문형 보호관찰제도의 전범(典範)

이탈리아의 전체 인구는 2015년 말 기준으로 약 6,081만 명이고 인구 10만 명당 교도소 수용인원은 약 86명이다.[73] 이탈리아는 프랑스, 독일 등과 함께, 1982년에 〈유럽보호관찰연합〉(CEP: Confederation of European Probation)의 회원국으로 가입하였다.[74] 이탈리아 보호관찰제도의 가장 큰 특징은 형의 유예와 관련된 보

우 한 번, 중범죄의 경우 두 번의 연장이 가능하다.

71) 이 기간은 범법자가 감형 받은 기간에 한정되며 대상자가 의무 사항을 지키지 않을 경우 형벌집행심판관(PEJ)이 감형을 부분적으로 줄이거나 무효화시켜 해당 기간만큼 범법자를 다시 구금 시킬 수 있다. 하지만 이것이 형벌이 아닌 보안처분인 특성상 범법자는 형무작업의 의무가 없는 관계로 사회봉사 혹은 교정조치의 대상이 될 수 없다. 이 보안처분은 2005년 12월 12일, 법 제 2005-1549에 의해 제정되었다. 2009년 10월 일자로 233명이 사법감시를 받았다. 그러나 그중 34명에 해당하는 인원만이 위치추적 전자감독을 받았다.

72) 안전감시(safety surveillance)는 1년간 시행되며 무기한으로 갱신 가능하고 특별법원과 의료적 평가에 의한 검토가 가능하다. 2009년 10월 1일 시점으로 안전감시(safety surveillance)받고 있는 이는 한 명이며, 프랑스 법무부에서는 1년 안에 33명을 추가로 신청 할 것이라고 보고하였다.

73) 관련 링크: http://www.prisonstudies.org/map/europe

74) 보호관찰과 관련된 인터넷 링크로는 〈사회내 형집행 사무국〉(Directorate General for the

호관찰제도가 시행되지 않고 있다는 점, 판결전조사제도 역시 도입되지 않았다는 점, 따라서 보호관찰의 집행체제가 재판 이후, 특히 교정시설 출소자의 관리와 구금대체형의 집행에 집중되어 있다는 점,[75] 보호관찰활동이 〈원호 - 보호관찰관, 통제 - 경찰관〉의 형태로 이원화되어 있다는 점 등을 들 수 있다. 2005년 12월 31일 기준으로 보호관찰대상자의 총수는 88,697명이다.[76]

이탈리아에서 성인보호관찰의 임무는 교정시설과 지역사회를 연결하는 역할에 집중되어 있다. 먼저 교정시설 내에서의 업무를 구체적으로 살펴보면 다음과 같다.

① 자유형 수형자와 보안감호(*misure di sicurezza*, custodial security measures) 수용자의 인성(personality)을 관찰하는 일

② 기결수와 감호수용자의 사회복귀프로그램의 성공에 기여하는 일

③ 법률에 의해 설립된 다기관 협력위원회에 참여하는 일

④ 구금 중인 수형자와 감호수용자의 가족과의 관계 및 지역사회 재통합과 관련된 문제에 대하여 그들과 직접 접촉하는 일

한편 이탈리아 보호관찰제도의 지역사회 내에서의 업무를 살펴보면 다음과 같다.

① 자유형 수형자 보안감호 수용자의 사회적 환경과 가족 상황에 대하여 조사를 수행하는 일

② 다음과 같은 처분기간 동안에 법률에 정한대로 원호, 지원 그리고/또는 지도감독을 수행하는 일

• 행형성적 우수자에게 허용된 보상(*permessi - premio*)으로서의 작업석방

• 다음과 같은 사회내처분의 집행

Execution ofSentences in the Community) 홈페이지www.giustizia.it/giustizia/it/mg_12_3_6.wp. 이 있고, 〈교정행정부〉(Department of Penitentiary Administration) 홈페이지, www.giustizi‑a.it/giustizia/it/mg_12_3.wp. 등이 있다.

75) 이런 측면에서 이탈리아에는 'parole'은 있으나 'probation'은 없다고 평가할 수 있으며, 결국 '반쪽짜리 보호관찰제도'를 운영한다고 볼 수 있다. 그러나 구금형에 대한 후문형(back door) 대안에 있어서는 이탈리아만큼 다양한 제도를 활발하게 운영하고 있는 나라도 흔하지 않다. 이런 측면에서 이탈리아는 후문형 보호관찰제도에 있어서 하나의 전범(典範)이 될 수 있다고 본다.

76) Gandini, L. & Zinna, S., Chapter 16: Italy, in *Probation in Europe*, edited by A. M. van Kalmthout & Durnescu, I., Wolf Legal Publishers (WLP), 2008, p. 509. 참고로 2005년 기준 이탈리아의 교정시설의 전체 수용인원은 59,523명이다(미결구금 포함).

a) 보호관찰이 부과된 범죄자(*affidamento in prova al servizio sociale*)

b) 보호관찰이 부과된 특정범죄자(*affidamento in prova in casi particolari*)

- 가택구금(*detenzione domiciliare*, home detention)
- 외부통근제(*semiliberta*, semi-liberty)
- 대체형(*sanzioni sostitulive*, substitute sanctions) 및 통제된 자유처분(*liberta controllata*, monitored liberty)의 집행
- 형의 일부로 선고되거나 조건부 석방에 따른, 소위 '감독조건부 자유처분'(*liberta vigilata*, liberty under supervision)이라고 불리는 보안처분의 적용

③ 사법부, 특히 형집행감독법관 및 형집행에 책임이 있는 검찰과 연락·조정하는 일

④ 범죄자의 사회복귀를 위하여 지방자치단체, 지역사회복지기관, 민간원호기구 및 자원봉사협회 등과 연락·조정하는 일

2) 역사적 발전[77]

이탈리아의 성인보호관찰은 교정시설 구금에 대한 대안으로 '사회내처분'(community measures)을 도입하면서 시작되었다. 이는 1975년 7월 17일 개정된 「형무법」(the Penitentiary Act) No. 354에 근거하는 것이었다. 이 법률은 이탈리아 교정체계에 관하여 법학자, 법관, 형사사법체계의 종사자뿐 아니라 교도소 수용자들도 참여한 국가 전체적인 의견개진과 토론의 결과로서, 4명의 국회의원이 주도하여 탄생한 것이다. 따라서 이탈리아의 보호관찰제도는 기존 구금형 위주의 형집행 체제를 개혁하기 위한 필요에 따라 등장하게 된 것이다.

1975년 보호관찰제도의 도입에 따라 이를 집행하기 위하여 교정시설과는 독립된 별도의 보호관찰기관이 설립되었는데, 이 기관들은 〈성인보호관찰센터〉(CSSA: *Centri di Servizio Sociale per Adulti*, Probation Service Centres for Adults)로 명명되었다.[78] 2005년 이후, 성인보호관찰센터는 154호법의 개정으로 '사회내 형집행 지방사무소'(UEPEs: *Uffici Locali di Esecuzione Penale Esterna*, Local offices for the Execution of

---

77) 이하의 내용은 Gilly, T., Chapter 11: Italy, in *Probation and Probation Services: A European Perspective*, edited by Anton M. van Kalmthout and Jack T. M. Derks, Nijmegen: Wolf Legal Publishers, 2000, pp. 289-305.

78) 성인보호관찰센터(CSSA)는 1975년 「형무법」(the Penitentiary Act)이 시행된 이듬해에 창설되었다.

Sentences in the Community)로 명칭이 변경되었다.[79] 이탈리아의 보호관찰기관은 법무부(Ministry of Justice)에 소속되며, 법령상 부여된 임무를 수행하기 위하여 유급의 사무직원과 전문적 자격을 취득한 사회복지사(social worker)를 채용하고 있다.

다양한 사회내 처분 가운데에서도 일반적인 보호관찰처분이 점차 증가하여 다른 모든 처분 부과건수를 상회하고 있다. 보호관찰제도가 도입된 이래, 점차 교정시설 내에서의 역할보다는 지역사회에서의 역할 비중이 커져가고 있다. 이와 같은 이유는 1975년 보호관찰제도 도입 이후 지속적인 법률개정에 기인하는데, 기본적으로 더 많은 범죄자에게 사회내 처분을 적용하고 사회내처분의 내용도 다양해지는 추세를 유지하고 있는 것이다.

3) 보호관찰의 조직 및 인력

가) 보호관찰의 조직

일반적으로 보호관찰기관의 역할은 교정시설과 지역사회의 연계를 만들고 이를 촉진하는 것이며, 보호관찰대상자 개개인에 대해서는 지도감독과 원조를 병행하여 제공하는 것이 주된 역할이다. 이들 보호관찰기관은 크게 3가지 수준으로 조직화되었다.

첫 번째는 국가 전체의 중앙조직으로서, 〈법무부 형집행청〉(the Penitentiary Department of Ministry of Justice)이 있다. 형집행청장(the Directorate General)은 시설내 형집행뿐 아니라, '사회내 형집행'(UEPEs, Excution of Sentences in the Community)을 책임지고 있다. 국가 전체적인 보호관찰소의 기능조정은 형집행본부 내의 〈사회내 형집행국〉(Central Office for UEPEs)이 담당하며, 여기서 각 지역의 형집행감독법관과의 업무 조율도 책임지고 있다. 또한 형집행청은 지역부서의 활동을 이끌고 있으며, 지역단위에서 사회내 형집행에 관한 연간 가이드라인과 목표를 설정한다. 또한 지역단위의 프로그램을 분석하고, 중앙 및 지역 부서에 재정을 할당하는 계획을 관리한다.

두 번째는 광역단위의 지방조직으로서, 지방청(the Regional Superintendence)이 관할 내의 교정시설과 보호관찰소의 업무를 조정하고 있다. 또한 각 담당지역에서의 사회복귀프로그램과 재소자 및 보호관찰대상자 관련 업무에 대한 중간감독

---

79) Gandini, L. & Zinna, S., 앞의 책, p. 489.

기능을 수행한다.

마지막 단계에서는 실무현장에서 직접 성인보호관찰업무를 담당하는 사회
내 형집행기관(UEPEs)과 소년대상자를 관리하는 소년보호관찰소(the Probation
Service Offices for juveniles)가 각각 별도로 운영되고 있다. 2000년 현재 이탈리아 전
국에는 58개의 성인보호관찰기관이 있고,[80] 2005년 기준으로 16개의 지방청이
설치되어 있다.[81]

나) 보호관찰의 인력

(1) 보호관찰관

2005년 기준으로 이탈리아 보호관찰기관에서 근무하는 인력의 총수는 1,672
명이고 이중 보호관찰관은 1,228명이며 기타 행정사무인력은 444명이다. 보호관
찰관은 대상자들을 관찰하고 사회복귀프로그램에 참여시키는데, 특히 다수의 전
문가로 구성된 팀이 업무를 맡아 대상자들이 그들의 가족과 지역사회에 재통합
될 수 있도록 연계를 유지하는 역할을 수행한다. 2005년 기준으로 형집행청(the
Penitentiary Administration)의 총예산은 25억 8천 5백만 유로이며 그 중 약 2%가 보호
관찰분야로 할당되었다. 한편 2005년 기준으로 교도소 재소자의 총수는 59,523명
인데 비하여 보호관찰대상자의 총수는 88,697명이다.[82]

(2) 민간자원봉사자

보호관찰제도의 운영에는 자발적 민간조직과 자원봉사자가 도움을 주고 있
는데, 이들은 주로 재소자 지원과 관련된 활동들을 수행한다. 민간자원봉사자들
은 재소자와 문화생활 및 여가생활을 함께하며 석방에 대한 도움을 지원하고, 또
한 수감이 확정된 사람들을 돕는다. 2009년 현재 이탈리아 전역에 약 200개의 자
원봉사협회 및 이에 소속된 7,323명의 자원봉사자가 재소자들의 재활을 돕는 프
로젝트에 참여하였다.[83]

---

80) Gilly, T., 앞의 책, p. 291.

81) Gandini, L. & Zinna, S., 앞의 책, p. 494.

82) Gandini, L. & Zinna, S., 앞의 책, p. 509.

83) CEP, *Summary of Information on Probation in Italy*, 2009.

4) 보호관찰제도의 운영현황

가) 형사사법제도의 특징

(1) 형사사법제도의 특징

이탈리아의 형사사법절차에서 보호관찰제도의 역할은 대부분의 다른 유럽 국가와는 달리, 일부 예외적인 경우를 제외하고는 원칙적으로 재판 이후 형집행단계부터 연관되어 있다.

이탈리아에서 구금형의 대안으로 활용되는 사회내 처분의 법제적인 측면을 살펴볼 때 주목할 것이 바로 1975년의 형법개정이다. 이 법개정 이전에도 형의 유예제도[84]나 조건부석방 또는 가석방제도[85]가 존재하였으나 보호관찰과 같은 특별한 원조 또는 감독활동이 시행되지는 않았다. 1975년 형법개정은 이탈리아 형사사법체계의 큰 혁신을 가져왔고 구금형의 후문형(back door) 대안으로서, 즉 조건부석방이나 가석방제도와 연계된 보호관찰제도가 확립되었다. 그러나 구금형의 정문형(front door) 대안인 형의 유예와 연계된 보호관찰은 아직도 시행되지 않고 있다.

한편 교정시설에서 조건부 석방된 자는 남은 형기동안 비구금적인 지도감독하의 자유제한 안전조치인 'libertà vigilata'를 부과 받는데, 이 경우 이들은 경찰관에 의한 감시와 UEPE직원(보호관찰관)의 지원을 함께 받게 된다.

(2) 형집행감독법원과 형집행감독사무소

이탈리아 형사사법절차의 가장 큰 특징은 형집행감독법원(Supervisionary Court)의 존재이다. 이 법원에 소속된 법관(Magistrate)은 행정과 사법의 교차영역에서 사실상 형집행 전반에 깊숙이 관여한다. 형집행감독법원(Supervisionary Court)은 주로 수형자의 신청에 따라, 사회내처분 인용 여부에 관한 예비청문 및 심판, 조기 석방 및 조건부 석방 등에 대한 심사·결정을 담당한다.

---

84) 프랑스의 형의 집행유예(*sursis simple*, a conditional non-enforcement of a sentence)와 유사한 형의 유예제도가 이탈리아에 최초로 도입된 것은 이미 1904년의 일이다. 1930년 이탈리아 형법전은 이 제도와 관련된 법규정을 포함하였는데, 그 내용은 2년 이상의 구금형에 처할 피고인에게 5년의 기간 내에서 형의 집행을 유예하는 것이었다.

85) 1889년 이탈리아 형법(penal code)에 조건부 석방(conditional release)제도가 처음 편입되었으며, 이후 1930년, 1962년, 그리고 1975년 형법개정 시에도 지속적으로 유지되었다. 이탈리아의 조건부 석방은 범죄자가 30개월 이상 구금형을 선고받고 형기의 2분의 1 이상을 복역하면 인용할 수 있으며, 다만 이 경우 5년의 기간을 초과하여 인용될 수는 없다.

한편 이탈리아는 각 지역에는 1명 이상의 '형집행감독법관'(Supervisionary Magistrate)이 근무하고 있는 〈형집행감독사무소〉(*Uffici di Sorveglianza*, Supervisionary Office)가 설치되어 있다. 형집행감독법관은 관할구역 내의 형벌집행에 대한 독자적인 책임을 지고 있다. 따라서 이들은 관할구역 내의 교정 및 보호관찰기관을 관리감독하며 이 기관들과 지속적으로 접촉하고 있다. 형집행감독사무소는 주로 직원으로 관할구역 내의 수형자 보상휴가(reward leave) 및 사회복귀프로그램 인용, 안전조치 보안처분의 부과, 가택구금의 조건부 인용, 보호관찰 또는 가택구금대상자의 준수사항 변경, 조기석방의 인용 등을 담당한다.

나) 재판 이전 및 재판단계의 보호관찰

유럽의 다른 나라들과는 달리, 이탈리아에서는 보호관찰제도의 주된 적용단계가 형의 선고가 끝난 이후에 국한되어 있다. 즉 이탈리아 보호관찰제도는 구금형을 대체하는 것이 주된 임무이고, 이에는 보호관찰관이 집행하고 감독하는 사회복귀프로그램이 수반된다. 또한 이탈리아의 보호관찰관들은 판결전조사 업무를 수행하고 있지 않다. 범죄자의 인격 및 그의 환경적 요인에 대한 조사는 형이 확정된 이후에 비로소 실시된다. 이는 약간의 예외를 제외하고 보호관찰기관이 형의 집행단계에 집중하며 재판 이전 및 재판단계에서의 보호관찰활동은 거의 없다는 것을 의미한다.

다) 재판 이후 단계의 보호관찰

보호관찰기관의 주요 업무는 사회봉사명령의 집행, 약물·알코올 중독자 등 특정범죄자에 대한 보호관찰, 가택구금과 외부통근제(semi-liberty)의 운영 등과 같은 업무에 집중되어있다. 보호관찰관은, 특히 징역형의 조건부 유예와 사회봉사(수용되어 있는 기관 밖에서 일할 수 있도록 허가받은 대상자)와 관련된 조건부 석방수형자들에게 원조와 지원을 제공한다. 이 중에서 사회봉사명령은 성인이 아닌 소년대상자들에게 해당된다. 전반적으로 보호관찰제도는 교정시설과 지역사회(가정 및 사회복지기관)를 연결하는 역할을 수행한다.

외부통근제(semi-liberty)는 수형자가 교도소 밖에서 일, 교육, 또는 수형자의 재사회화에 기여하는 여러 활동들에 참여하는 것을 말한다. 나아가 보호관찰기관은 일부구금(semi-detention)이나 감시조건부 자유처분(monitored liberty) 등과 같은 구금대체형의 시행을 책임진다.

이러한 제재들은 비교적 경미한 범죄를 행한 범죄자에게 부과될 수 있는데, 피고인에게 1년 형을 선고할 경우, 판사는 그 집행을 일부구금(semi-detention)으로 대체할 수 있다. 또한 피고인에게 6개월 형을 선고할 경우에는 징역형을 감시조건부 자유처분으로 대체할 수 있고, 3개월의 징역형을 선고할 경우에는 벌금형으로 대체할 수 있다. 감시조건부 자유처분(monitored liberty)을 선고받은 사람의 경우, 보호관찰관은 그 대상자의 사회복귀에 유용한 활동을 실시한다. 다만, 준수사항 이행 여부의 점검과 위반사실을 근거로 취소신청을 하는 것은 경찰관서의 업무로 되어 있어 보호관찰활동이 〈원호-보호관찰관, 통제-경찰관〉의 형태로 이원화되어 있는 것이 특징이다.[86] 보호관찰관은 판사의 결정과정에서 어떠한 역할도 하지 않는데, 이는 이탈리아의 보호관찰기관이 법원에 판결전조사를 제공하지 않는다는 것을 의미한다.

5) 이탈리아 보호관찰의 최근 동향

2009년 현재 발의된 이탈리아 형사소송법(the Penal Procedure Code)의 개정안은 성인에 있어서 2년의 형을 받을 경우 보호관찰과 결합된 형의 집행유예를 제안한다. 이러한 제도는 이미 소년범에 대하여 실시되고 있는데, 이를 성인범에게 확대하고자 하는 것이다. 새로운 법제는 이탈리아의 보호관찰체제를 근본적으로 혁신할 만큼 중대한 것으로서 향후의 귀추가 주목된다. 그 이유는 기존에 형사절차가 완료된 시점에서 활동이 개시되었던 보호관찰기관이 범죄자에 대한 형사소송절차가 진행되는 과정에도 참여하게 되기 때문이다. 이는 또한 형집행감독법원만 연관되었던 보호관찰기관이 양형법원과도 새로운 관계를 설정해야 되는 과제를 앉게 된다는 것을 의미한다.

한편 UEPEs에서는 최근 보호관찰관과는 성격이 다른 전문가들도 채용하고 있다. 예를 들어 임상심리사들은 보호관찰대상자에 대한 사정평가의 단계뿐 아니라 보호관찰의 실행과정에서도 그들의 전문성을 발휘하고 있다. 이러한 인력구성의 다변화의 가장 직접적인 효과는 보호관찰관들이 각 분야의 보완적 전문성의 혜택을 본다는 점이다. 이에 따라 보호관찰관들의 활동이 보다 완성도가 높고 정확해지는 효과가 기대되고 있다.

---

86) Gandini, L. & Zinna, S., 앞의 책, p. 502.

4. 기타 EU국가

1) 네덜란드

가) 개   관[87]

2014년 9월 기준으로 네덜란드의 전체 인구는 약 1,688만 명이고, 인구 10만 명당 교도소 수용인원은 약 69명이다.[88] 네덜란드 보호관찰의 가장 큰 특징은 보호관찰서비스가 민간 조직 중심으로 운영되고 있다는 점이다. 네덜란드의 가장 큰 민간 보호관찰조직인 〈Reclassering Nederland〉의 전신(前身)은 1981년 〈유럽보호관찰연합(CEP: Confederation of European Probation)〉의 창립멤버 중의 하나이다.[89]

나) 보호관찰 조직 및 인력

법무부는 비정부 보호관찰 조직에 대한 정치적 책임이 있다. 보호관찰분야에는 다음과 같은 3개 민간 조직이 100% 주정부에 의한 재정적 지원을 받고 있다.

첫 번째 조직은 가장 규모가 큰 〈네덜란드 보호관찰재단(Reclassering Nederland)〉으로 특정한 목표그룹은 없고 예산의 63%를 할당 받으며, 정규직 정원은 1,500명이다. 두 번째는 〈중독범죄자 구조재활조직(SvG)〉으로서, 목표그룹은 알코올과 약물 그리고 범죄에 대해 의존성을 보이는 대상자들과 밀접한 관련을 맺고 있으며 11개의 지부가 있고 예산의 28%를 할당받고 있고 정규직 정원은 450명이다. 마지막으로 〈구세군(Salvation Army)〉은 복합적인 문제 상황에 처한 노숙자와 청소년들을 그 대상으로 하고 있으며, 전체예산에 8%를 차지하고 있고 보호관찰과 관련된 정원은 220명이다.

전국적으로 보호관찰 관할구역은 19개이며, 각 구역별로 보호관찰접수처가 지방검찰청 내에 위치하고 있어서, 대상자의 등록, 선정 및 할당에 관한 사무를 담당하고 있다. 보호관찰조직은 지역 사무소들로 구성된 중앙집권화된 조직이다. 지역의 보호관찰소는 관할구역에서 유관 형사사법기관(검찰청, 교정시설, 경찰서)과

---

87) 이하의 내용은 온라인(www.cep-probation.org)에서 이용 가능한, *Summary of Information on Probation in Netherlands* 참조.

88) 관련 링크: http://www.prisonstudies.org/map/europe

89) 네덜란드 보호관찰과 관련된 인터넷 사이트는 다음과 같다. 네덜란드 보호관찰재단(Reclassering Nederland)의 홈페이지, www.reclassering.nl; 구세군(Salvation Army)의 홈페이지, www.legerdesheils.nl; 중독범죄자 구조재활조직(Salvation Rehabilitation of Addicted Offenders) 홈페이지, www.svg.nl 등이다. 이외에도 관련 웹사이트로는, 법무부(Ministry of Justice) 홈페이지 www.justitie.n와 www.jeugdzorg-en-reclassering.nl 등이 있다.

긴밀히 접촉하고 있으며, 특정한 유형의 문제를 가진 대상자에게 적합한 서비스를 제공하기 위하여 지방자치당국과 파트너 관계를 유지한다. 보호관찰기관은 오직 성인들만 관리하고 있으며, 경미한 범죄자들에게는 별도의 분화된 조직이 대응하고 있다.

한편 네덜란드의 보호관찰분야 활동인력은 다음의 〈표 5-4〉와 같다.

┃표 5-4 ┃ 네덜란드 보호관찰 민간조직의 직원 수

	RN (네덜란드 보호관찰재단	SvG (중독자 재활조직)	Salvation Army (구세군)	합 계
관리자	159	23	27	209
집행인력	1,153	573	168	1,894
행정인력	159	85	23	267
합계	1,471	681	218	2,370

다) 보호관찰제도의 운영현황

네덜란드 보호관찰제도는 전체 형사사법절차와 밀접하게 관련되어있다. 즉 보호관찰제도는 체포부터 집행까지의 형사사법과정 모든 단계에서 행해진다. 그 주요한 업무는 ① 진단과 조언(판결전조사 등), ② 조건부 형사제재방식의 지도감독, ③ 행동주의적 개입의 수행, ④ 노동형벌(사회봉사) 등 특정 형벌의 집행 등이다.

검찰청, 법원, 교정당국 등의 사법적 권한에 의하여 집행권을 부여받은 경우에만 보호관찰활동을 수행할 수 있다. 이는 피고인 등이 자발적으로 보호관찰을 받게 되는 경우는 없다는 것을 의미한다. 출소자에게 특정한 조건이 부여되어 있지 않다면, 그는 보호관찰기관의 지도감독을 받지 않는다. 반대로 조건부 석방이 된 사람들에 대하여는 보호관찰관이 그러한 준수사항을 이행하도록 지도감독하고 돕는 역할을 수행한다.

라) 네덜란드 보호관찰의 최근 동향

2006년 기준으로 네덜란드에서는 31%가 넘는 구금형이 1개월 미만으로 선고되었다. 이러한 구금형에 대한 대안적 수단으로서 조건부 형사제재의 활용을 대폭 늘리기 위한 대규모 프로젝트가 2006년에 시작되었다.

보호관찰관에 의한 지도감독을 조건으로 하는 조건부석방에 관한 새로운 법이 2008년 7월부터 시행되기 시작하였다. 이 프로젝트는 교정시설에서 지역사회로의 원활한 사회복귀를 위하여 시작된 것이다. 또한 같은 해에 보호관찰관의 조언 및 지도감독을 현대화시키기 위한 프로젝트도 시작되었다.

최근 네덜란드에서는 조사연구 프로그램의 수행, 교육 및 훈련의 개선, '보호관찰' 분야 및 사회복지학계의 대학교수 및 연구진과의 연계 증진 등 보호관찰의 과학적 체계 강화를 목표로 하는 일련의 조치를 취하고 있다.

2) 노르웨이

가) 개   관[90]

2015년 5월 기준으로 노르웨이의 전체 인구는 약 519만 명이며, 인구 10만 명당 교정시설 수용인원은 약 71명이다.[91] 노르웨이 보호관찰제도의 가장 인상적인 특징은 처벌내용을 결정할 때 보호관찰기관에게 매우 높은 재량권을 부여하고 있다는 점이다. 이외에는 전반적으로 스웨덴 및 핀란드와 매우 유사한 '북유럽형 보호관찰제도'의 모습을 보이고 나타내고 있다. 노르웨이는 1982년 〈유럽 보호관찰연합(CEP: Confederation of European Probation)〉의 회원국으로 가입하였다.[92]

나) 보호관찰 조직 및 인력

약 300명의 정규직이 근무하는 노르웨이의 보호관찰기관은 법무부(Ministry of justice)의 지휘 아래 있는 정부조직으로서, 교도소(the Prison Service)와 함께 교정청(the Correctional Services)의 한 부분이다. 교정청은 세 단계로 조직되어 있는데, 가장 상위에는 〈노르웨이 교정청 중앙본부(KSF)〉가 위치하며 그 산하에는 6개의 지방청이 있다. 가장 하위의 지역단위에는 각각의 교도소 및 보호관찰소가 설치되어 있는데, 전국에 18개 보호관찰소와 26개 지소 등 총 44개의 보호관찰기관이 있다.

노르웨이 보호관찰기관은 일반적으로 자원봉사자들을 적극적으로 활용하지 않는다. 예를 들면, 자원봉사자들은 보호관찰소와 사회봉사명령(unpaid work)의 집

---

90) 이하의 내용은 온라인(www.cep-probation.org)에서 이용 가능한, *Summary of Information on Probation in Norway* 참조.

91) 관련 링크: http://www.prisonstudies.org/map/europe

92) 노르웨이 보호관찰과 관련된 웹사이트는 다음과 같다.
   - www.kriminalomsorgen.no(노르웨이 교정기관)
   - www.fengselogfriomsorg.no(노르웨이 보호관찰관 협회)

행 장소가 멀리 떨어져 있을 때 등 특별한 경우에 사회봉사대상자에 대한 감독을
지원할 수 있다.

보호관찰기관은 많은 경우 교육훈련기관, 고용지원기관, 지역사회형벌의 집
행과 관련된 지방자치단체 등과 협력한다. 특히 '폭력예방청년단'(Youth against vi-
olence)이라는 단체는 지역사회형벌이 종료된 청소년들의 사후지도를 위해 적극
적으로 활동한다.

2007년 6월 15일 기준으로 노르웨이 보호관찰기관의 직원 수는 다음과 같다.
관리자가 34.1명, 보호관찰관이 241.5명, 사무행정직원이 28.1명 등 총 304명이다.
2005년 기준으로 보호관찰관 1인당 일평균 담당건수는 9건이다. 참고로 같은 해
일평균 보호관찰대상자의 총수는 1,924명이다.

다) 보호관찰제도의 운영현황

노르웨이의 보호관찰기관은 검사나 법원이 요청할 경우 재판전조사서(pre-
trial reports)를 준비하고 작성한다(이는 나중에 판결전조사서로 활용된다). 또한 보호관찰
기관은 사회봉사명령(unpaid work), 개인면담, 치료프로그램과 화해중재 등을 포함
하는 지역사회형벌(community sentence), 즉 사회내처우의 집행을 담당한다. 나아가
보호관찰관은 음주운전프로그램(Impaired Drunk Driving programmes)의 집행을 담당한
다(이 프로그램은 마약, 약물에 취한 상태에서 운전을 한 사람들에게도 사용할 수 있다).

보호관찰관은 교도소나 구치소에서 조건부 석방된 사람들도 지도감독하고
가택구금된 사람들을 관리한다. 애프터케어는 보호관찰제도의 책임에 속해 있지
않고 애프터케어가 필요한 사람들은 사회복지기관에 보내지는데, 이를 위해서
보호관찰기관은 지역사회형벌이 시작되는 시점부터 사회복지기관과 긴밀히 협
력한다.

한편 노르웨이에서의 형사책임연령은 15세로서, 형법은 성인과 소년범죄자
를 엄격히 구분하지 않는다. 다만 18세 미만의 범죄자는 일반적으로 교도소에는
잘 가지 않으며 아동복지기관에 보내진다.

다른 나라와는 다른 노르웨이의 인상적인 측면은 처벌내용을 결정할 때 보
호관찰기관에 높은 정도의 재량권이 주어진다는 점이다. 보호관찰기관은 지역사
회형벌을 부과 받은 대상자에게 그 일환으로 사회봉사명령(unpaid work)을 부과할
수 있는 결정권한이 있다. 법원은 원칙적으로 이 부분에서 관여하지 않는다. 지

역사회형벌(community sentence)은 구금형, 벌금형 등과 더불어 처벌의 독립된 형태이다. 하지만 지역사회형벌 및 가능한 준수사항(possible conditions)의 기간 내에서, 법원은 선고 때마다 보조적으로 (지역사회형이 취소될 경우 복역할) 구금형의 기간을 결정한다.

라) 노르웨이 보호관찰의 최근 동향

노르웨이에서는 2008년 9월부터 전자감독(EM)과 결합된 가택구금의 시범실시를 시작하였다. 이 시범실시에 따르면, 교정청은 수형자의 신청에 따라 4개월 이내의 단지자유형을 전자감독으로 변경할 수 있었다. 또한 일반적인 자유형의 마지막 4개월 기간을 전자감독으로 변경하는 것도 가능하였다. 이 시범실시는 17개의 교도소에서 6번 실행되었다. 노르웨이의 가택구금형 전자감독제도에는 GPS가 아닌 무선주파수(RF) 방식이 기술적으로 사용되었다. 전자감독대상자는 야간 등 특정시간대에는 주거지 전화기 근처에 있어야 하지만, 주간에는 직업이나 학업에 종사하기 위하여 외부활동을 하는 것이 의무화되어 있다. 필요한 경우 교정청은 이러한 활동을 규정할 수 있는데, 만약 근무시간 동안 주거지에 머물고 있다면 오히려 규정위반으로 여겨진다. 보호관찰소는 이러한 경우 제재조치를 취할 1차적 책임이 있지만, 이때에는 교도소와도 밀접하게 협력한다. 이 시범실시 프로젝트는 매우 낮은 위반율과 함께 매우 성공적이라고 평가되어, 이후 노르웨이 전역에 확대 실시되었다.

한편 2008년 9월, 노르웨이 교정청은 지난 5-10년간의 자료를 정리하여「교정정책백서」를 출간하였다.[93] 이 백서에서는 노르웨이 교정 및 보호관찰기관에서 집행하는 형벌을 받고 있는 모든 사람을 위하여 소위 '사회재통합의 보장'(reintegration guarantee) 개념을 도입하고 있다. 이는 그들의 형이 종료될 때 주거, 직업, 교육, 보건서비스, 중독치료, 부채상담 등 삶의 핵심적인 제반여건에 대하여 지원을 제공받을 수 있도록 하는 것을 말한다. '정상화 원칙'(the principle of normality)의 구현은 누구라도 공공의 안전을 위하여 필요한 것 이상으로 엄격한 조건 아래에서 형벌을 집행 받아서는 안 된다는 것을 의미한다. 이는 가능한 많은 수감자들에 대하여 개방형 교도소와 중간처우시설, 또는 가택구금형 전자감독에 의하여 형을 집행하는 것이 필요하다는 것을 시사한다. 이 백서에서 다루어진 몇 가지

---

93) 영어요약은 노르웨이 교정기관 웹사이트에서 찾을 수 있다. www.kriminalomsorgen.no

정책제안에 의하여 관련 입법이 이루어졌고, 그 결과 더 많은 사람들이 지역사회 형벌을 받거나 음주운전 및 약물법정(drug court) 프로그램에 참가할 수 있게 되었다. 또한 교정정책에 있어서 '회복적 사법'(Restorative Justice)의 적용이 확대되었으며, 사회조사보고서의 활용도 여러 분야에서 강조되었다.

3) 덴마크

가) 개   관[94]

2015년 5월 기준으로 덴마크의 전체 인구는 약 567만 명이며, 인구 10만 명당 교정시설 수용인원은 약 61명이다.[95] 덴마크 보호관찰제도의 가장 인상적인 특징은 〈덴마크 복지협회〉의 사례에서 알 수 있듯이 민간의 복지적 지원활동에서 시작된 전통의 영향이 아직도 강하게 남아있으며, 형사사법절차의 다양한 단계에서 매우 활발하게 이 제도가 활용되고 있다는 점을 들 수 있다. 덴마크는 1981년 〈유럽보호관찰연합(CEP: Confederation of European Probation)〉의 회원국으로 가입하였다.[96]

나) 보호관찰의 조직 및 인력

2008년 현재 덴마크 법무부 교정보호청 소속 보호관찰소는 전국에 14개소가 있으며, 덴마크령 그린란드(Greenland)와 페로제도(Faroe Islands)에서의 보호관찰업무도 여전히 덴마크 교정보호청장(director-general)의 책임 범위 내에 있다.

덴마크 교정보호청에서는 약 180명의 거주자를 위한 8개의 중간처우시설(halfway houses)을 운영하고 있다. 이 중간처우시설은 사회에 잘 적응할 수 있게 도와주고, 가정으로의 복귀를 용이하게 할 수 있도록 거주자들에게 복지적·교육적 지원을 제공한다. 이 시설은 주로 형기의 끝나가는 수형자(조건부 석방자)용과 거주할 장소가 필요한 보호관찰대상자용이 있다. 모든 시설은 남자와 여자를 동시에 수용할 수 있다.

---

94) 이하의 내용은 온라인(www.cep-probation.org)에서 이용 가능한, *Summary of Information on Probation in Denmark* 참조.

95) 관련 링크: http://www.prisonstudies.org/map/europe

96) 덴마크 보호관찰과 관련된 웹사이트는 다음과 같다.
   - www.kriminalforsorgen.dk(덴마크 교정보호청)
   - www.socialrdg.dk(덴마크 사회복지사 노조)
   - www.dst.dk(덴마크 통계청)

2008년 기준으로 덴마크 교정보호청에서 교정시설 근무인력을 제외하고 고유하게 보호관찰업무를 담당하는 직원의 수는 총 396명이다. 이들 중 보호관찰소장(chief probations officers)은 14명, 선임 보호관찰관(senior probations officers)은 24명, 보호관찰관은 278명이며 행정직원은 80명이다. 이들 보호관찰관들이 일일 평균 관리하는 보호관찰대상자의 수는 약 9,000명이다.

다) 보호관찰제도의 운영현황

1951년, 이 해에 설립된 민간단체인 〈덴마크 복지협회〉(The Danish Welfare Society)는 민간의 기부로 운영되는 모든 작은 협회의 연합체로서, 교도소 이외의 지역에서 범죄자를 관리하고 감독하는 업무를 정부로부터 위탁받았다. 이후 1973년 덴마크의 모든 보호관찰활동(probation activities)이 법무부로 이관되면서, 보호관찰제도는 법무부 소속 〈교정보호청〉(the prison and probation service)의 소관업무로 통합되었다.

그러나 덴마크 복지협회는 현재까지 민간재단으로 존속하면서, 사회복지시스템이나 보호관찰 및 갱생보호제도가 도움이 되지 않을 때 범죄자와 가족에게 경제적인 지원을 제공하고 있다. 이미 1951년부터 이 협회에는 전문직원이 근무하여 왔지만, 보호관찰 업무의 상당한 부분은 자원봉사자들의 활동으로 충당되어 왔다. 그러나 현재 덴마크 보호관찰제도의 운영에 있어서는 이러한 자원봉사자의 역할은 매우 제한적인 범위에 머물고 있다.

2008년 기준으로 덴마크의 보호관찰관들은 연간 약 12,000건의 판결전조사를 실시하고 있다. 또한 이들은 매일 평균 집행유예자, 사회봉사명령대상자, 정신질환범죄자(mentally disordered offenders) 등을 포함한 지역사회명령(community based orders) 대상자, 약 7,500명에 대하여 지도감독을 실시하고 있다. 일일 평균 전자감독대상자는 약 200명이며, 가석방자는 약 1,500명이다. 구치소에 수용된 약 1,700명에 대하여도 보석 등의 조건으로 지도감독을 실시하고 있다. 보호관찰관은 이들 보호관찰대상자에게 사회통합의 기회를 주기 위하여 기관 및 단체와 활발한 네트워킹을 펼치며, 지역 내 학교, 사회복지기관 및 경찰과의 연계(SSP: school-social service-police cooperation)를 통해 청년클럽(youth club)이나 학교 등에서의 범죄예방활동에도 참가하고 있다.

한편, 비록 덴마크의 형사책임연령이 15세부터임에도 불구하고, 18세 미만의 소년범죄자에 대해서는 보호관찰기관의 개입도 매우 제한적인 수준에 머물고 있다. 이들 소년범죄자들은 주로 사회적 서비스(social services)를 담당하는 기관에서 제공하는 특별조치에 의하여 다루어진다.

라) 덴마크 보호관찰의 최근 동향

보호관찰 제도를 위한 '조향모델'(a steering model)은 업무의 질을 확보하고 자원을 효과적으로 배분하기 위하여 2005년에 도입되었다. 이 모델은 산출된 서비스의 양뿐 아니라 질에 대하여도 모니터링하는 것이다. 보호관찰대상자 관리시스템에 등재된, 각 대상자의 정보파일에 대하여 교정보호청 본부에서도 접근할 수 있도록 함으로써, 감독을 용이하게 하고 필요할 경우 개입하도록 하는 것이다. 이외에도 덴마크 보호관찰제도에 있어서 최근의 주요한 변화는 다음과 같다.

① **전자감독**(electronic monitoring): 2005년 7월 전자감독제도가 도입되었다.

② **미결수용 중인 마약중독자 처우개입**: 동기(motivation)부여가 변화를 촉진하는 좋은 방법이라는 사실을 인정하기 때문에, 보호관찰관은 구치소에 미결수용 중인 마약중독자를 대상으로 하는 프로그램에 참여하여 가능한 빠른 단계에서 개입을 시작한다.

③ **충분한 치료**(More treatment)의 제공: 오랜 기간 동안 외부치료시설에 의지하여 왔지만, 이제 덴마크의 보호관찰기관은 특히 마약·알코올 중독자 치료를 위하여 점차 보다 많은 치료기회를 제공한다.

④ **멘터링 프로그램**(Mentoring programme): 덴마크의 사회윤리를 충분히 내면화하지 못한, 15세와 25세 사이의 청년범죄자를 대상으로 집중적 지도감독을 수반하면서 2000년에 시작되었다.

⑤ **사회복귀 프로젝트**(Rehabilitation project): 2006년 오덴세(Odense) 지방행정당국과 출입국 및 사회통합부(Ministry of Immigration and Integration)는 법을 준수하는 삶을 살 수 있도록 18세부터 30세 사이의 중범죄자를 지원하는 광범위한 사회복귀프로젝트를 시작하였다.

⑥ **성공적 출소 프로젝트**(Project Good Release): 이 프로젝트는 출소환경을 최대한 좋게 하는 것을 목표로 덴마크의 8개 지방자치단체에서 교정, 보호관찰, 사회서비스기관 등이 연계하여 2006년에 시작되었다.

4) 벨기에

가) 개   관[97]

2014년 3월 기준으로 벨기에의 전체 인구는 약 1,124만 명이며, 인구 10만 명당 교정시설 수용인원은 약 105명이다.[98] 벨기에 보호관찰제도의 가장 인상적인 특징은, 법무행정과 사법제도가 엄격하게 분리되어 있지 않는 형사사법시스템의 구조 아래에서, '사법행정원'(Houses of Justice)의 사법보조업무 일환으로 보호관찰제도가 운영되고 있다는 점을 들 수 있다. 또한 벨기에서 형의 선고유예나 집행유예의 조건으로 부과된 준수사항의 이행감독은 사법보조인(보호관찰관)과 경찰관의 협업으로 이루어진다. 벨기에는 1984년 〈유럽보호관찰연합(CEP: Confederation of European Probation)〉의 회원국으로 가입하였다.[99]

나) 보호관찰의 조직 및 인력

벨기에의 연방정부법무부(The Federal Government Justice Department)[100]는 사법적 결정(판결)을 확실하고 균형 있게 집행하는 과업을 부여받고 있으며 4개의 청(Directorate-General)으로 구성되어 있는데, 이 중 2개의 조직이 넓은 의미의 보호관찰업무를 책임지고 있다.

그 중 하나는 사법행정원청(Directorate-General 'House of Justice')으로서, 이 기관은 형벌과 보호관찰을 포함한 대체적 형사제재수단의 집행을 책임지고 있다. 벨기에서 보호관찰은 〈사법행정원청〉(DJ: Directorate-General 'House of Justice')[101] 소관업무의 하나로 통합되어 있지만, 사회복귀라는 넓은 의미에서의 보호관찰 활동은 다른 정부부처나 협회들과의 연계 속에서 수행되고 있다.

다른 하나의 조직은 교정청(Directorate-General of Penitentiary Institutions)의 심리

---

97) 이하의 내용은 온라인(www.cep-probation.org)에서 이용 가능한, *Summary of Information on Probation in Belgium* 참조.
98) 관련 링크: http://www.prisonstudies.org/map/europe
99) 벨기에 보호관찰과 관련된 웹사이트는 다음과 같다.
　- www.just.fgov.be(연방법무부)
　- www.belgium.be/nl/justitie/organisatie/justitiehuizen/(벨기에 사법행정원에 관한 정보)
　- www.steunpunt.be(법률문제지원서비스협회)
100) 이전에는 단지 법무부(ministry of justice)라고 불리었다.
101) 사법행정원청은 보호관찰에 관한 업무뿐 아니라 범죄피해자 지원서비스, 일반시민의 법적 청원 및 기본적인 사회적·법적 활동 등을 함께 관장하고 있다.

사회서비스국(PSS: the Psycho-Social Services)으로서, 여기서는 미결구금의 계획·관리 및 심리사회적 전문가의 사정평가와 관련된 업무를 수행한다. 벨기에의 각 교도소에는 심리사회서비스(Phychosocial Service) 부서가 있는데, 교도소 내부에서만 운영되며 사회복지사와 심리학자들로 구성되어 있다. 중앙 차원에서 심리사회서비스국(PSS)은 각 지역 교도소의 심리사회적 서비스 제공과 관련된 정책을 다룬다.

조직구조적 관점에서 사법행정원청은 중앙조직과 지방의 일선조직의 두 단계로 나누어 살펴볼 수 있다. 지방 차원에서는 벨기에 전국적으로, 28개의 모든 법원 관할구역에 '사법행정원'(House of Justice)이 설치되어 있다. 각 사법행정원은 원장(director)에 의해서 관리되고 때로는 한 명에서 수 명에 이르는 주요부서책임자(key process manager)가 보조하는데, 이는 해당 사법행정원의 규모에 달려 있다.

실제의 현장업무는 약 1,100명의 사법보조인(약 800명의 보호관찰관, 약 300명의 조정관 및 피해자 지원관 등)에 의해 이루어진다. 중앙 차원에서 본청(Directorate-General)은 청장에 의하여 관리되는데, 전문가로 구성된 실국과 2개의 지방청으로 구성되어 있다. 2개의 지방청은 각각 남부권역과 북부권역을 나누어 담당하고 있으며, 관할구역 내의 지방사법행정원(local Houses of Justice)에 대한 중간감독기능을 수행하고 있다.

한편, 광역 및 기초 지방정부는 '법률문제지원서비스협회'(Assistance Services for Law Subjects)라는 단체에 보조금을 지급한다. 이러한 단체에서 활동하는 전문가, 때로는 자원봉사자들은 일반시민, 범죄자 및 범죄피해자(와 그들의 가족)에게 형사사법절차의 모든 단계에서 지원과 원조를 제공한다. 재소자와 관련해서 이 지원서비스협회는, 구금시설의 환경과 지역사회와의 징검다리 역할을 수행한다.

2009년 11월 30일 기준으로 벨기에의 보호관찰업무종사자[102]의 현황을 살펴보면, 관리자가 38.5명, 사법보조인(Justice assistants)이 804.88명, 행정 및 기타 직원이 178.79명으로 총 1022.17명이다.

다) 보호관찰제도의 운영현황

벨기에에서 보호관찰제도는 비교적 제한적으로 운영되어 있다. 판사는 형의 선고를 유예하거나 집행을 유예하는 결정을 할 수 있다. 판사는 이 경우 이러한 판결에 대하여 조건을 부가할 수 있는데, 벨기에서는 이러한 조건부 판결을, '보

---

102) 이 수치는 전자감독업무종사자를 포함하지 않고 있다.

호관찰'(probation)이라고 한다.

　형벌에 대한 집행업무는 사법당국(판사, 검사, 수사판사 등)의 구체적이며 집행력이 있는 결정(명령)에 의해 이뤄진다. 이러한 사법적 결정은 매우 중요한데, 이에 따라 범죄자에 대한 사법보조인(보호관찰관)의 개입 범위나 유형이 규정되어지기 때문이다. 사법당국은 범죄인을 지도하기 위한 준수사항과 해야 하거나 하지 말아야 할 것에 대한 준수사항을 부과할 수 있다. 이러한 준수사항의 첫 번째 유형은 사법보조인에 의해 관리되고 두 번째 유형은 경찰에 의해 감독되어진다.

　사법보조인들은 부과된 조건을 확실히 준수하도록 지도하고 필요한 지원을 제공한다. 이러한 활동을 하는 목적은 사법당국이 선고한 형이나 조치의 내용을 제대로 이행하여 재범방지를 확실히 하기 위한 것이다. 사법보조인들은 보호관찰 대상자를 지도하고 도움을 줄뿐 아니라 판결전조사서(간략한 정보보고서)를 작성·제출하여 사법당국에 필요한 정보를 제공하고 있다. 이러한 정보보고의 목적은 특정한 조치를 취해도 될지에 관한 사법당국의 세세한 질문에 답하기 위한 것이다. 또한 사회조사를 통하여 보다 넓은 심리사회적 맥락에서 범죄의 상황을 이해하고 범죄자에게 개별화된 조치를 제안하기 위한 것이다.

　검사는 법적 절차를 시작하는 대신에 형사 조정을 제안할 수 있다. 이러한 조정과정을 통하여 조정합의의 결과가 도출될 수도 있는데, 사법보조인은 이러한 조정의 합의를 실제적으로 다룬다. 또한 사법보조인들은 사회봉사활동, 교육적 노력, 치료적 사후관리 등과 같은 조정합의의 조건들을 범죄인이 이행하도록 관리하고 지도하며, 진행 상황을 검사에게 보고한다. 한편, 공판 이전 단계 동안 수사판사(investing judge)나 법원은 미결구금에 대한 조건부 석방제도를 활용하여, 예방적 구금(preventive detention)이 명령되거나 유지될 필요가 있는 경우에도 피고인을 구금하지 않거나 이미 구금된 피고인을 금지 또는 이행의 준수사항을 부과하여 석방할 수 있다. 사법보조인은 범죄자를 지도하는 과정과 이들이 부과된 준수사항을 이행하는 방식에 대하여 수사판사 또는 법원에 보고한다.

　공판 단계에서 판사는 집행을 유예하는 결정을 하거나 선고를 미룰 수가 있다. 위에서 언급한 바와 같이 판사는 준수사항을 이러한 결정들에 연결 지을 수 있고, 이러한 것을 보호관찰이라고 한다. 〈보호관찰위원회〉(probation committee)는 이러한 결정에 따라 부과된 조치를 완수하는 책임이 있는데, 사법보조인은 정기적으로 위원회에게 보고해야 한다. 2002년부터 벨기에서 시작된, '자율적 제재'

(autonomous sanction)로서의 '사회봉사형'(work punishment)은 기존의 보호관찰과는 차별된 것이다. 이 자율적 제재 하에서 범죄자는 여가시간에 무보수의 일을 해야만 한다. 사법보조인은 범죄자들이 사회봉사활동을 실행할 수 있는 장소를 찾는 일을 맡고 후속 조치를 취하는 책임이 있다. 또한 집행의 과정에 관하여 사법보조인은 보호관찰 위원회에 보고한다.

벨기에에서는 재판 이후의 단계에서 범죄자에게 전자감독을 부과할 수 있다. 징역 3년 이하의 선고를 받은 수형자에 대한 전자감독의 부과에 대해서는 교도소의 장에게 결정권한이 있다. 그러나 3년을 초과하는 형을 선고받고 교도소에 복역하는 수형자에 대하여 〈형벌집행조사위원회〉(the penal enforcement tribunal)가 전자감독을 부과할 수 있으며, 사법보조인은 형벌집행조사위원회의 이러한 판단을 보좌하기 위한 보고서를 작성하여 제출한다. 사법보조인은 범죄자의 시간단위 스케줄을 작성하여야 하며, 범죄자는 이러한 스케줄을 잘 지키는지 여부를 확인하는데 필요한 전자발찌를 착용해야 한다. 벨기에 〈전자감독 국가센터〉(National Centre of Electric Monitoring)는 전자감독이 부과된 범죄자의 움직임을 원격에서 관제하는 임무를 수행한다.

'제한구금'(limited detention)은 구금형의 일부를 외부에서 집행하는 또 다른 형태이다. 수형자는 12시간 이하의 범위 내에서 교육을 받거나 일을 하거나 가족과 관련된 이유로 교도소에서의 하루 중 외부에서의 생활이 허용된다. 이 경우 특정한 준수사항이 부과될 수 있는데, 사법보조인의 이러한 외부집행의 준수사항들 잘 수행되고 있는지 지도감독하고 이에 대하여 형벌집행조사위원회에 수시로 보고한다.

범죄자는 최소 구금형 집행의 3분의 1을 경과한 이후에 조기 석방이 가능하며, 이 경우 사회재통합 과정을 용이하게 하는 준수사항을 이행하여야 한다. 벨기에에서 수형자를 조기에 석방하는 방식은 조건부(conditional) 또는 구금적(custodial) 석방이다. 3년 이하의 형을 선고받은 범죄자에 대해서는 구금적 석방이 가능하며, 이에 따른 준수사항 이행 여부에 대해서는 사법보조인이 구금관리부서(Service of Detention Management)에 보고한다. 3년을 초과하는 형을 선고받은 범죄자에 대해서는 조건부 석방이 가능하며, 이에 따른 준수사항 이행 여부에 대해서는 사법보조인이 형벌집행조사위원회에 보고한다. 교정청 구금관리국(The Direction of Detention Management)은 수형자를 교도소에 계속 구금할지 조건부로 석방할지를 결정한다. 사법보조인은 석방된 수형자의 지도와 관련된 사항과 부과된 준수사항의 이행여부에 관하여 구금관리국에 보고한다. 나아가 벨기에 법원은 (보호관찰 대상자의 제재조치를 위한) 임시수용에 관하여 결정할 수 있다. 〈지역사회보호위원회〉(The Community Protection Committee)는 임시수용이 집행되어져야 하는 방식에 대하여 규제한다. 위원회는 수형자(정신질환 범죄자의 조건부 석방)가 조건부로 석방될지 아닐지를 결정할 수 있고 이러한 조건들은 사법행정원에 의하여 사후 관리된다. 사법보조인의 업무는 범죄자가 준수사항을 이행하도록 지도와 원조를 제공하며 위원회에 그러한 사항을 보고하는 것이다

한편 교도소에서는 심리사회서비스 부서가 보호관찰에 대한 다른 여러 일들을 수행하고 있다. 심리사회서비스 부서는 과학적 관점에서 수용자의 심리사회적인 재활을 준비하고 상습적 범행에 관한 위험을 줄이고 더욱 안전하고 인도적으로 형이 집행되도록 협력한다. 공판 이전 단계에서 심리사회서비스 부서의 의무는 피고인의 문의에 응하여 필요한 정보를 제공하고 그들의 개인적·사회적 상황을 검토하여 관련기록을 정리하며, 기타 요구되는 시급한 조치를 시행하는 것이다. 집행단계 동안 심리사회서비스국은 재소자의 교화개선을 목표로 개별적 구금형의 집행계획을 구체화하고 관리하는 과정에 참여한다.

라) 벨기에 보호관찰의 최근 동향

최근 벨기에에서는 구금형을 선고 받은 수형자들을 위하여 내·외부의 법령을 만들고 피해자의 권리를 정당하게 인정하기 위하여 〈형벌집행조사위원회〉(Penal enforcement tribunals)가 새롭게 설치되었다.

2007년 1월 1일, 〈형사제재 및 조치 집행청〉(the Directorate General of Execution of Sanctions and Measures)은 두 개의 기관으로 분리되어, 각각 '사법행정원청'(the Directorate General Houses of Justice)과 '교정청'(the Directorate General of Penitentiary Institutions)이 신설되었다. 이 새로운 두 개의 기관은 모두, 사법적 결정의 안정된 집행을 보장하는 벨기에 연방법무부의 임무 중 하나를 수행한다. Federal Public Service of Justice의 임무들 중 하나를 이행하는데 기여한다. 즉 사법부 결정의 안정된 집행을 확실히 하는 일인 것이다.

한편 2008년 10월 1일에는 왕실칙령(Royal Order)에 의하여 '연방협의회'(The federal platforms of consultation)가 창설되었다. 연방협의회의 첫 번째 분과는 보호관

찰·자율적 사회봉사처벌·형벌조정·미결구금의 조건부 석방 등에 대하여 다룬다. 협의회의 두 번째 분과는 형벌집행조사위원회의 소관업무인, 조건부 또는 구금적 석방·제한구금·전자감독 등에 대한 것이다. 제1분과 협의회는, 상소법원장·검찰청장·제1심 법원의 관계자, 지방 사법행정원장(남부 및 북부), 사법행정원(본)청의 관계자 등으로 구성된다. 제2분과의 협의회는 형벌집행조사위원회의 위원장 및 위원과 교정청장 및 지방 교정청장 등으로 구성된다. 이러한 협의회의 의장은 사법행정원청장이나 형벌집행조사위원장이 맡게 되며, 다른 구성원들과의 협의를 통하여 의제를 정하고 1년에 2-3번 만나지만 결정을 내릴 수 있는 권한은 없다. 이 단체는 순수한 자문협의체로서, 유관기관의 활동을 상호조정하고 업무의 모든 수준에서의 협력관계를 구축하기 위한 것이기 때문이다. 상소법원과 지방법원 단계에서도 연방차원의 협의회와 유사한 지역단위의 협의회가 개최된다.

지난 몇 년 동안에 사법행정원의 행정체계에도 경영관리기법이 도입되어왔다. 2005년 5월에는 경영과정혁신(BPR: The Business Process Reengineering) 기법이 시행되었는데, 이는 각 지역단위 사법행정원 상호간의 작업체계와 조직구성을 연계하여 업무량을 비교채점하고 자원을 할당하는 계획과 관련되어 있다.

5) 스웨덴

가) 개   관[103]

2015년 초 기준으로 스웨덴의 전체 인구는 약 975만 명이며, 인구 10만 명당 교정시설 수용인원은 약 55명이다.[104] 스웨덴 보호관찰제도의 가장 인상적인 특징은 보호관찰제도 운영에 교정시설, 지방자치단체, 지역사회 복지기관 등이 유기적으로 연계되어 참여하고 있다는 점과 21세 이하의 청년범죄자에게는 가능한 구금형을 선고하지 않고 이를 대신하여 복지적·치료적 보호관찰제도를 적극적으로 활용하고 있다는 점이다. 스웨덴은 1982년 〈유럽보호관찰연합(CEP: Confederation of European Probation)〉의 회원국으로 가입하였다.[105]

---

103) 이하의 내용은 온라인(www.cep-probation.org)에서 이용 가능한, *Summary of Information on Probation in Sweden* 참조.

104) 관련 링크: http://www.prisonstudies.org/map/europe

105) 스웨덴 보호관찰과 관련된 웹사이트는 다음과 같다.
     - www.kriminavarden.se(Swedish Prison and Probation Service-스웨덴 교정보호청)
     - www.kris.a.se(KRIS: Criminal Return in Society-사회로 돌아온 범죄자)

나) 보호관찰의 조직 및 인력

스웨덴의 교정보호청(the Prison and Probation Service)은 법무부 산하의 국가조직이다. 교정보호청은 본부와 6개의 지방청으로 구성되어있다. 지방청은 관할구역 내의 구치소, 교도소, 보호관찰소를 관장하며, 각각의 지방청의 장은 그 지역의 교정시설 및 보호관찰소의 운영을 감독하며 지휘한다. 2009년 현재 스웨덴에는 전국에 총 39개의 보호관찰소가 있다.

지방자치단체에 의해 임명되는 독립적인 30개의 감독위원회(supervision boards)는 주로 지도감독 준수사항의 위반행위를 다룬다. 감독위원회는 지도감독 준수사항을 위반한 대상자들에게 경고할 수 있고 연락이 끊긴 대상자들을 일시적으로 체포할 수 있다. 또한 위원회는 지도감독 준수사항을 조정하고, 필요하다면 보호관찰의 취소를 신청할 수 있는 권한을 가지고 있다. 위원회의 장은 숙련된 판사로 보임하며 위원들은 복지기관이나 다른 지원조직의 인사들로 구성된다.

2005년 기준으로 전문적인 보호관찰관은 약 1,000명이고 보호관찰관 1인당 관리감독하는 보호관찰대상자의 일일 평균인원은 약 30명이다.[106] 한편 보호관찰관은 보호관찰대상자의 약 40% 이상에 대해서는 이들과 긴밀하고 우호적인 접촉을 하는 일반시민으로 구성된, 약 4,500명의 '지도감독보조인'(lay supervisors)의 도움을 받아 보호관찰 지도감독 업무를 수행하고 있다. 이들은 대상자들을 직접적으로 지도감독하는 도움을 줄뿐 아니라, 건전한 상식과 일상의 경험을 통해 공공대중의 통찰을 보호관찰업무에 도입하는 데에도 기여한다.

2008년 기준으로 보호관찰행정의 지출은 총 86,829,900유로인데, 참고로 같은 해 교정행정에는 총 360,677,100유로의 재정비용이 소요되었다.

다) 보호관찰제도의 운영현황

형사사법절차 중 재판 이전 단계에서 스웨덴의 보호관찰관은 판결전조사를 작성하는 임무를 수행한다. 스웨덴에서도 판결전조사는 법원의 요구에 의해 작성되어 제출되며 검사와 피고인 모두에게 부본이 제공된다. 보호관찰관은 법원이 형사제재를 결정함에 있어서 도움을 주고자하기 때문에, 보호관찰 지도감독의 부과가 필요한지에 대해 분명하게 명시해준다. 보호관찰관은 특히 재범위험

---

106) 그러나 보호관찰업무와 교정업무가 겹치는 부분이 많아서 고유한 보호관찰대상자의 숫자는 정확하게 제공되지 않고 있다.

성에 대응하기 위하여 특정한 조치, 예를 들면 계약치료(contract treatment)가 필요한 경우, 이에 대한 제안을 할 수 있다.

특히 재판과 형집행단계에서 보호관찰관은 사회봉사의 집행, 수형자를 위한 치료계획의 착수 및 조정, 단기자유형 수형자에 대한 (형 대체) 전자감독을 수반한 집중보호관찰, 출소 이후의 특별조치에 대한 준비 및 조건부 석방자에 대한 지도감독 등의 업무를 수행한다.

스웨덴에서의 형사책임연령은 15세이다. 18세 이하의 범죄자들은 예외적인 사유가 있는 경우에만 구금형을 선고받는다. 18세와 21세 사이의 범죄자들은 그들의 행동에 특정한 이유가 있을 때만 구금의 형을 받는다. 그러므로 보호관찰은 명백하게 대안적인 제재조치이다. 일반적으로 18세 이하의 범죄자에 대한 기소는 유예되고 해당 범죄자는 적당한 치료를 위하여 사회복지기관에 의뢰되거나 소년원(juvenile detention)에 구금된다. 〈시설보호국가위원회〉(The National Board for Institutional Care)가 소년원을 담당한다.

라) 스웨덴 보호관찰의 최근 동향

2007년 1월 1일부터 보호관찰기관은 구금형을 선고받고 복역한 후에 석방된 출소자들이 지역사회에 적응하는데 있어서 필요한 모든 실행계획(action plans)을 주도하고 조정하는 역할을 부여받았다. 이러한 변화는 수형자들을 위한 치료계획을 석방 이후 기간에 전적으로 초점을 맞추기 위한 것이다. 이러한 치료계획들이 마무리되기 전, 구치소와 교도소 직원은 보호관찰관과 수형자의 배경정보와 궁극적인 치료수단에 관한 정보를 교환한다.

또한 보호관찰기관은 수형자, 집행유예자, 가석방자 등을 위하여 수립된 모든 계획에 대해 개선할 필요성이 있는지를 확인하기 위하여 적극적으로 검토해야 한다. 위험성 사정평가와 관리는 이러한 일을 수행하는데 있어서 매우 중요한 개념이다. 과거의 오래되고 정량적인(static) 위험성 사정기법은 수형자, 집행유예자, 가석방자 등의 '상황 속에서의 변화'와 발생 가능한 어떠한 위험성에도 대응하기 위하여 '그러한 변화가 의미하는 바'를 고려하는 역동적인(dynamic) 사정기법으로 대체되고 있다. 한편 이러한 사정평가도구에 대한 엄격한 추후조사는 어떠한 도구가 필요한지뿐 아니라 어떠한 도구가 불필요하게 되었는지를 더욱 명확하게 알 수 있도록 한다.

보호관찰기관은 현재 모든 대상자들에게 범죄 및 약물과 관련된 일련의 프로그램을 제공할 수 있도록 준비되어 있다. 제공되는 프로그램의 대표적인 예는, 가정폭력가해자 프로그램(IDAP & ROS), 알코올 치료프로그램(PFL), 재범예방(relapse prevention)프로그램 등이다. 나아가 스웨덴 보호관찰당국은 정신질환을 가진 대상자들이 그들의 정신적 문제들을 진단받고 치료받을 수 있도록 지방자치당국 및 정신병원 등과의 협력관계를 발전시켜 나가고 있다. 스톡홀름(Stockholm)과 고텐부르크(Gothenburg)에서는 마약중독대상자의 약물치료를 돕는 프로젝트가 진행 중이다.

6) 스위스

가) 개 관[107]

2014년 9월 기준으로 스위스의 전체 인구는 약 820만 명이고, 인구 10만 명당 교도소 수용인원은 약 84명이다.[108] 스위스 제도의 주요특징 중 하나는 각 자치주별로 분권화된 시스템을 가지고 있다는 점이며 전반적으로 독일의 제도와 매우 유사한 모습을 보인다. 특히 스위스의 보호관찰은 전통적으로 사회복지적 성격이 강한 편이었지만, 2007년 형법개정 이후에는 보호관찰업무가 증가하면서 지도감독을 강화하는 경향이 나타나고 있다. 스위스는 1986년 〈유럽보호관찰연합(CEP: Confederation of European Probation)〉의 회원국으로 가입하였다.[109]

나) 보호관찰 조직 및 인력

실제에 있어서 대다수 자치주의 보호관찰업무는 공공 기관에 의하여 수행된다. 또한 대부분의 자치주에서 이러한 공공 보호관찰기관은 사법체계 안에 통합되어 있다. 그러나 몇몇의 자치주들에서는 보호관찰기관이 사회적 서비스 담당 부서의 하나로 포함되어 있다. 민간의 보호관찰제도(민간 기구들과 비영리 조직들)는 두 개의 자치주에서 찾아볼 수 있다.

---

107) 이하의 내용은 온라인(www.cep-probation.org)에서 이용 가능한, *Summary of Information on Probation in Switzerland* 참조.
108) 관련 링크: http://www.prisonstudies.org/map/europe
109) 보호관찰과 관련된 웹사이트는 다음과 같다.
  - www.prosaj.ch(Schweizerische Vereinigung Bewährungshilfe und Soziale Arbeit in der Justiz; 스위스 보호관찰 및 사법보조 협회)
  - www.justice-stat.admin.ch(스위스 연방통계국)

보호관찰제도는 엄격한 계층적 구조를 가지고 있지 않는데, 심지어 30명 이내의 직원이 근무하는 비교적 큰 기관의 경우에도 한명의 관리자(manager) 또는 책임자(director)만을 고용하고 있다. 이들은 기관 관리를 책임지고 공공대중에 대하여 기관을 대표하며, 개인적으로는 보호관찰대상자들의 사례를 점검할 책무가 있다.

2007년 기준으로 스위스 보호관찰기관에는 약 300명의 직원이 채용되어 있으며, 이 중 228명은 정규직이다. 228개의 정규직 가운데 18명은 관리직(9%)이고 140명은 상담직(66%)이며 사무행정직은 70명이다. 한편, 같은 해에 사회봉사와 전자감독제도의 도입으로 인하여 35개의 정규직이 추가로 확충되었다.

한편 공공 보호관찰기관에서는 '자원봉사 민간보호관찰관'(volunteer probation officers)을 선발하여 활용할 수 있다. 2006년 말까지 400명의 자원봉사자들이 10개의 자치주 보호관찰 기관에 채용되었다. 이러한 자원봉사자들 400명 가운데 대다수인 259명이 베른(Berne) 주에서 144명, 취리히(Zurich) 주에서 75명, 그리고 바젤 슈타트(Basel Stadt)에서 40명이 각 근무하였다. 민간 보호관찰조직에는 오직 자격이 있는 전문가들만이 근무할 수 있다.

2007년 기준으로 스위스 보호관찰관이 일 평균 관리·감독하는 대상자의 수는 약 50-100명의 범위 내에 있다.

다) 보호관찰제도의 운영현황

스위스 보호관찰제도는 26개의 자치주(canton)가 각각의 고유한 보호관찰시스템을 가지는, '분권화'의 특징을 보이고 있다. 각 자치주들은 보호관찰서비스의 구조를 자유롭게 선택한다. 그러므로 민간 보호관찰은 물론이고 공공의 보호관찰이 서로 함께 존재한다. 조직의 구조와 상관없이 재정적인 지원은 항상 주정부가 책임지고 있다. 그러나 추가적인 자원들(특정 지원프로그램의 자금)은 민간기구나 단체에서 제공되기도 한다.

위와 같이 분권화된 스위스 보호관찰제도의 특징에 의해, 보호관찰관들은 그들이 속한 자치주에 따라 다른 권한을 가지고 있다. 예를 들어 몇몇 주들은 보호관찰관이 석방에 관해서만 원조를 제공하는데 비하여, 다른 주들은 보호관찰관에게 더 광범위한 권한을 부여하여 미결수용 중에도 원조를 제공한다. 미결수용자에 대해 원조를 제공한다는 것은 보호관찰서비스가 구금이라는 힘든 시간을 겪는 수용자를 도와준다는 것을 의미한다.

이외에도 보호관찰기관은 가족, 친척, 변호사들과의 연결 같은 다양한 업무를 맡고 있으며, (판사와 검사의 요청에 의한) 판결(결정)전조사 역시 수행하고 있다. 재판과 형집행 단계에서 보호관찰기관은 사회봉사명령의 집행, 약물·알코올 중독자들과 정신질환자 관리감독, 전자감독제도 운영, 대상자 치료프로그램 수행 등 주로 대상자의 지도감독 업무를 수행한다. 몇 개의 주에서는 보호관찰기관이 독자적으로 지도감독 업무를 책임지지만, 다른 곳에서는 이러한 지도감독업무에 대한 책임이 보호관찰기관과 교정기관에게 일정하게 분배되어 있다. 또 다른 주들에서의 대상자에 대한 지도감독업무가 민간 기구에 완전하게 위임되어 있고 공공 보호관찰기관은 오직 행정적인 감독권만을 수행한다.

수형자들이 교도소에 수감되어 있는 동안 사회복지사와 교도소에서 일하는 교도관들은 이들을 지원한다(그들은 특히 가족과 연결하고 수감자의 석방 후를 준비한다). 이러한 사회복지사들과 교도관들은 보호관찰조직의 사회복지사와 제휴하여 일한다. 그들의 목표도 수감자의 사회복귀라는 측면에서 공통적인 것이기 때문이다. 보호관찰기관은 또한 종종 지역사회의 민간 자원봉간조직과 함께 애프터케어서비스를 제공한다.

라) 스위스 보호관찰의 최근 동향

2007년 1월, 스위스 형법 개정안이 시행되었다. '새로운' 개정안은 보호관찰 용어에 대한 정의를 포함하였다. 이에 따라 많은 자치주에서는 보호관찰업무를 수행하는 기관의 명칭을, 이전의 '사회보호기관'(Protective Agency)에서 '보호관찰기관'(Probation Service)으로 변경하게 되었다. 나아가 주의 보호관찰서비스가 증가함에 따라 자원봉사자의 조직화, 전자감독제도 운영, 사회봉사명령의 집행과 조사업무를 맡게 되었다. 특히 사회봉사명령제도의 도입과 조사업무의 확대는, 예를 들어 취리히(Zurich) 주, 베른(Berne) 주 그리고 루체른(Lucerne) 주 등에서 보호관찰업무의 급격한 증가를 초래하게 되었다.

사실, 1960년대부터 보호관찰제도의 주요 업무는 지도감독이 아닌 사회복지실천에 집중되어 있었다. 그러나 최근 보호관찰제도에 있어서의 새로운 발전 때문에 과거의 전통적 방식의 보호관찰 업무수행은 쇠퇴하는 경향이 있다. 형법 개정에 따라 다양한 제도가 도입된 것 이외에도 2007년 바젤슈타트(Basel Stadt) 주에

서 실시된 위험성 측정과 대상자 교육프로그램 개발은 스위스 보호관찰의 변화
에 상당한 영향을 미친 프로젝트였다. 또한 그 이전인 2005년부터 2006년까지 생
갈(St.Gall), 졸로투른(Solothurn), 바젤슈타트(Basel Stadt), 취리히(Zurich) 등의 자치주에
서 시행된 가정폭력대상자 상담프로젝트도 지난 10년간 나타난 주목할 만한 변
화 가운데 하나이다.

7) 스페인

가) 개   관110)

2016년 1월 기준으로 스페인의 전체 인구는 약 4,636만 명이며, 인구 10만
명당 교정시설 수용인원은 약 133명이다.111) 스페인 보호관찰제도의 가장 인상적
인 특징은, 보호관찰이 주로 조건부 석방의 조건이나 구금에 대한 대안적 제재수
단의 형태로 운영된다는 점과, 결과적으로 운영조직에 있어서도 독립적인 보호
관찰기구 없이 교정조직에 통합되어 있다는 점이다.

스페인은 최근인 2005년 4월 〈유럽보호관찰연합(CEP: Confederation of European
Probation)〉의 회원국으로 가입하였다.112) 한편, 카탈루냐(Catalunya) 자치주는 스스
로 독자적인 책임을 지는 별도의 보호관찰제도를 운영 중에 있다.

나) 보호관찰 조직 및 인력

스페인 중앙정부 차원에서 보호관찰제도 운영은, 내무부(the Ministry of Interior)
에 소속된 교정본부장(the General Secretariat of Penitentiary Institutions)의 업무 중 일부
를 담당하는 '역내(域內) 업무협력 및 개방처우국'과 이에 소속된 '역내 업무협력
부(副)국'(The Vice-Directorate of Territorial Coordination)113)의 소관업무이다.

일선에서의 보호관찰업무는 교정본부에 속해 있는 일련의 전문가그룹으
로 구성된 전담기구, 즉 전국의 53개 '대안적 제재 및 형벌 관리 전담기구'(the
Alternative Measures and Penalties Management Services)에 의하여 수행된다. 이러한 전문

---

110) 이하의 내용은 온라인(www.cep-probation.org)에서 이용 가능한, *Summary of Information on Probation in Spain* 참조.

111) 관련 링크: http://www.prisonstudies.org/map/europe

112) 스페인 보호관찰과 관련된 웹사이트는 다음과 같다.
    – www.mir.es/INSTPEN/(General Directorate of Penitentiary Institutions).

113) 「왕실칙령(Royal Decree) 1181」에 의하여 2008년 3월 13일에 창설되고, 이후에 「왕실칙령 331」
    에 의하여 2009년 3월 13일 개편되었다.

가그룹은 사회복지사, 임상심리사, 교육자, 법학자, 조건부 석방과 대안적 제재를 관리·감독하는 코디네이터 및 이들을 지원하는 특정업무담당 행정직원 등으로 구성된다.

뿐만 아니라, 앞서 살펴본 바와 같이 스페인의 보호관찰업무는 교정본부 산하의 모든 '교정 및 사회복귀센터'(the Prison and Social Insertion Center), 즉 교도소에 설치된 사회복지부(Social Work Department)도 보호관찰제도와 관련된 업무를 수행하고 있다.

교정본부는 대안적 형벌의 집행과 더욱 전문화된 사회봉사의 집행이라는 공익적 목적을 달성하기 위하여 지역사회의 공공기관 및 민간조직들과도 협력하고 있다. 스페인의 교정당국은 약 350개의 지역사회 조직들과 이러한 업무가 수행될 수 있도록 협력하고 있는데, 아마도 이러한 조직들 중 가장 중요한 조직은 '스페인 지방행정연합'(FEMP: Spanish Federation of Local and Provincial Administrations)일 것이다. FEMP는 지방행정과 관련된 중요한 지원과 조정 역할을 수행하고 있는데, 사회봉사 집행에 있어서 주요한 작업장 제공의 역할을 하였다. 이외에도 이 단체는 약물의존치료, 정신질환자에 대한 개입, 가정폭력대상자에 대한 개입 등의 활동에 참여하고 있다.

나아가 공익적 목적을 가진 몇몇 공공 및 민간단체는 대안적 제재 및 형벌 전담기구와 약물범죄, 정신질환자의 범죄뿐 아니라 가정폭력범죄, 교통범죄 및 기타 특정범죄 등과 관련된 형의 집행유예와 대체형벌의 대상자를 위한 치료프로그램의 집행에도 협력하고 있다.

2009년 12월 31일 기준으로 교정본부에 소속된 사회복지사(social worker)는 총 682명이고, 대안적 제재 및 형벌 관리 전담기구에 소속된 임상심리사의 총수는 46명이며, 기타 전담기구의 코디네이터 및 행정직원 등을 포함한 소속직원의 총수는 확인되지 않고 있다. 2009년 12월 31일 기준으로 대안적 제재와 형벌을 부과 받은 대상자의 총수는 185,476명이며, 약 1만 명이 매년 조건부로 석방된다.

다) 보호관찰제도의 운영현황

스페인의 보호관찰제도는 구금형을 대체하는 대안적 제재와 형벌을 중심으로 운영되고 있다. 스페인 보호관찰제도의 주요내용을 살펴보면 다음과 같다.

① 사회봉사(community service), 형의 집행유예, 조건부 석방과 보안처분 등의

관리·조정·감독 및 이와 관련되어 여러 사법기관이 요구하는 조사보고

② 수용자, 조건부 석방자, 대안적 제재 및 형벌의 대상자 및 그들 가족의 복지에 대한 기획·조정·관리

③ 다양한 부수적(peripheral) 서비스에 대한 지역사회 내의 조정, 교정당국의 목표 달성을 증진하기 위한 기관 합동 프로젝트의 추진

스페인의 교정당국은 전국적(카탈루냐 자치주 제외)으로 53개의 '대안적 제재 및 형벌 관리 전담기구'(the Alternative Measures and Penalties Management Services)를 통하여 보호관찰 집행을 감독하며 통제하고 있다. 그러나 이러한 업무를 담당하는 전담기구는 재판 이전 단계에서 어떠한 역할도 하지 않는다. 그래서 스페인에서는 법원의 양형을 지원하기 위한 판결전조사제도가 운영되고 있지 않다. 대신에 이와 같은 전담기구는 주로 사회봉사와 대안적 제재 및 형벌 등에 대한 감독·관리·통제를 담당하고 있으며, 동시에 구금 및 비구금적 보안처분(security measures)과 집행유예자 및 대체형벌 수형자를 위한 개입프로그램의 기획·집행에 참여하고 있다.

한편 '교정 및 사회복귀센터'(the Prison and Social Insertion Center), 즉 교도소에 설치된 '사회복지부'(Social Work Department)와 '조건부석방 기술팀'(Conditional Release Technical Teams)은 조건부 석방단계에서 재소자들과 그들의 가족에 대한 사회적 지원과 사회적 내용으로 구성된 치료적 과업을 재소자가 수행하도록 하는 책임이 있다.

라) 스페인 보호관찰의 최근 동향

2005년 12월 2일, 스페인 국무회의는 교정본부 산하 일반 교정시설 혁신계획의 일환으로 향후 5년 동안 31개의 사회복귀센터(개방처우센터)를 증설하는 내용을 포함하는 센터개폐계획안을 의결하였다. 그러나 이러한 혁신안은 계획된 성과를 크게 하회하는 수준으로 달성하는데 그쳤고, 결과적으로 스페인 교정행정에 있어서 개방처우적 환경은 매우 부족한 상황이다.

이에 따라 스페인 교정본부에서 개방처우와 대안적 조치를 담당하는 부서는 다음과 같은 내용을 포함하는 단기적 목표와 전략을 제안하였다.

① 공익적 목적을 가진 공공 및 민간기관·단체와의 특정업무협약을 통하여 사회봉사 제재와 기타 대안적 처분의 집행을 위한 자원과 프로그램의 범위를 확대한다.

② 증가하는 대상 집단의 인원뿐 아니라 개발되어야 할 개입프로그램을 고

려하여 개방적 환경(open environment)과 사회봉사 제재에 할당된 자원을 조정한다. 치료적 개입프로그램(주로 가정폭력사범과 성범죄자에 초점을 둔)을 발전시키기 위해 교정시설의 사회적 서비스 담당부서와 사회복귀센터(social insertion centres)에 외부의 임상심리사와 사회복지사를 고용한다. 사회복귀센터의 활용 가능한 작업장(posts)의 리스트를 포함한 기본적 목록이 초안이 작성되어 있어서 새로운 센터가 적절하게 정비될 수 있도록 한다.

③ 개방적 처우를 받는 사람들의 취업 및 사회복귀 그리고 개인적 발전에 초점을 둔 교정시설의 개입프로그램의 전문성을 촉진하며 다양화를 추구한다.[114]

④ 최근에 새로이 부여된 임무는 서로 다른 행정기관 및 조직들과 정교한 협력을 필요로 하는 것이어서, 교정시설 내의 사회적 서비스 담당부서는 지역사회 내에서 기능적 독자성을 갖도록 새롭게 재조직화되어야 한다.

8) 아일랜드

가) 개 관[115]

2016년 1월 기준으로 아일랜드의 전체 인구는 약 465만 명이고, 인구 10만 명당 교도소 수용인원은 약 80명이다.[116] 아일랜드 보호관찰제도의 가장 큰 특징은 제도운영이 단일한 비영리 민간 기구에 위임되어 운영되고 있다는 점이라고 할 수 있다. 아일랜드는 1981년 〈유럽보호관찰연합(CEP: Confederation of European Probation)〉의 회원으로 가입하였다.[117]

나) 보호관찰의 조직 및 인력

아일랜드에는 단일한 보호관찰서비스 제공기관이 있다. 이 기관은 비영리기구로서 전적으로 정부의 재정적 지원을 받고 있으며, 법무·평등·법개혁부 장관

---

114) 수형자와 조건부 석방자의 취업을 지원하는 새로운 프로그램은 독자적인 조직에 의하여 도입·운영되고 있다.

115) 이하의 내용은 온라인(www.cep-probation.org)에서 이용 가능한, *Summary of Information on Probation in Ireland* 참조.

116) 관련 링크: http://www.prisonstudies.org/map/europe

117) 아일랜드 보호관찰제도와 관련된 웹사이트는 다음과 같다.
  - www.probation.ie(아일랜드 보호관찰청)
  - www.justice.ie(법무부 관련 부서, 법공정개혁-Equality and Law Reform)
  - www.courts.ie(아일랜드 법원)
  - www.irishprisons.ie(아일랜드 교정국)

(Minister of Justice, Equality and Law Reform)의 산하에서 운영되고 있다.

〈북아일랜드 보호관찰위원회〉(the Probation Board for Northern Ireland)의 상호협력은 협력을 위한 관계기관의 회의와 서비스협력의 규약을 만들어내는 데 기여하였다.

보호관찰기관의 본부와 지부는 행정지원 및 인적자원부(Directorates of Corporate Services/Human Resources), 집행부(Directorates of Operations), 그리고 연구 및 훈련개발부(Directorates of Research, Training & Development) 등의 3개의 부서로 구성되어 있다.

2007년 기준으로 아일랜드에서 보호관찰업무에 종사하는 인력의 총원은 499명이며, 이 중에서 보호관찰관은 260명이다. 이외에도 책임자 및 관리직 간부는 74명이며 행정 및 기타 지원인력은 87명, 그리고 사회봉사집행감독관은 78명이다. 최근 수년간 아일랜드의 보호관찰관이 일일 평균 감독하는 보호관찰대상자의 수는 약 35명에서 60명까지 범위 내에서 증감하고 있다.

한편, 자원봉사자의 활동은 대상자들을 직접적으로 대상으로 하여 수행되지 않지만, 더 넓은 지역사회의 많은 개인들이 자유롭게 보호관찰활동에 참여하고 서비스 관리위원회가 재정적으로 지원하는 프로젝트 등에 보상 없이 자신의 시간을 제공하고 있다.

다) 보호관찰제도의 운영현황

아일랜드에서 보호관찰제도의 가장 중요한 업무영역 중 하나는 범죄자에 대하여 법원이 요청한 판결전조사를 준비하는 것인데, 이러한 조사는 재판에서 적절한 형벌을 결정하는 것을 돕는다. 이외에도 보호관찰기관은 '보호관찰명령'(probation orders)과 '보호관찰 유형의 지도감독'(probation type supervision), '사회봉사'(community service), '집행유예'(suspended sentences), '조건부 석방자들의 지도감독'(supervision of conditionally released prisoners) 등과 같은 지역사회기반의 형사제재(community sanctions)를 집행한다.

대상자들이 재판에 의해 보호관찰명령을 받으면 그들은 법원에 대해 올바른 행동을 할 것, 앞으로 범죄를 저지르지 않을 것, 특정기간(보통 12개월)에 모든 조건들을 준수할 것에 대한 서약서를 제출한다. 만약 필요하다면, 약물남용에 대한 치료 클리닉 참석, 시설수용과 교육과정 참여와 같은 추가적인 조건들이 부과될 수도 있다.

아일랜드에서의 형사책임연령은 원칙적으로 12세이다(그러나 일부 강력범죄에 대해서는 그 연령기준이 10세로 하향되어 있다). 따라서 법적으로 보호관찰제도는 10세 이상의 범죄자 및 비행청소년을 대상으로 하고 있다. 그러나 14세 이하의 연소자에게 적용되는 경우는 실제상 매우 드물다. 18세 이하의 비행청소년들에 대해서는 성인보호관찰과는 별개로 소년보호관찰(the Young Persons Probation)이라는 특정한 형태의 다이버전으로 운영되고 있다.

라) 아일랜드 보호관찰의 최근 동향

아일랜드에서는 2007년부터 2012년까지 보호관찰제도와 관련되어 다음과 같은 프로그램들이 정부의 동의하에 우선적인 사업으로 시작되었다.

① 수용된 성범죄자의 석방 이후 전자감독제도 대응체제 및 '성범죄자명령'(Sex Offender orders)을 부과 받은 범죄자에 대한 지도감독의 강화

② 범죄자가 지역사회에 입힌 손해에 대한 진정한 봉사 제공을 요구하는 사회봉사제도의 발전, 사회봉사에서 대상자가 어떤 업무를 수행하는지에 대해 피해자 및 지역사회의 발언권 확대

③ 가정폭력 예방 구조의 강화, 피해자 정책의 공식화, 약물에 대한 재판 프로그램의 확장 등을 위한 보호관찰제도의 활용 증가

9) 오스트리아

가) 개 관[118]

2015년 초 기준으로 오스트리아의 전체 인구는 약 858만 명이고, 인구 10만 명당 교도소 수용인원은 약 95명이다.[119] 오스트리아 제도의 가장 주요한 특징은 보호관찰업무가 '노이쉬타르트'(NEUSTART)라는 민간조직에 위탁되어 수행된다는 점이다. 또한 오스트리아에서는 전통적으로 전문 사회복지사가 보호관찰관으로 채용되어 활동하고 있는 등 복지적 성격이 강한 편이다. 오스트리아의 노이쉬타르트는 1982년 〈유럽보호관찰연합(CEP: Confederation of European Probation)〉의 회원으로 가입하였다.[120]

---

118) 이하의 내용은 온라인(www.cep-probation.org)에서 이용 가능한, *Summary of Information on Probation in Austria* 참조.

119) 관련 링크: http://www.prisonstudies.org/map/europe

120) 오스트리아 보호관찰과 관련된 웹사이트는 다음과 같다.
  - www.neustart.at(보호관찰 수탁기관 홈페이지)

나) 보호관찰의 조직 및 인력

노이쉬타르트(NEUSTART)[121]는 연방정부가 인수한 민간단체로서, 1994년 연방정부와 노이쉬타르트 사이의 포괄적 일반계약(general contract)은 계약의 양 당사자로서 두 주체에 대한 책임과 기능을 규정하였다. 특히 계약의 일부내용은 정부로부터 예산의 지원을 받는 노이쉬타르트가 제공하는 서비스의 모든 목록에 대한 것이다.

헌법재판소에 따르면 보호관찰은 연방정부의 소관업무이지만, 법률의 규정에 의한 보호관찰서비스의 제공은 위의 일반 계약에 따라 노이쉬타르트의 단일 조직이 수행한다.

2007년 2월 28일을 기준으로 오스트리아에서 보호관찰업무에 종사하는 정규직 전체인원은 총 598명이며 보호관찰관은 482.50명이다. 또한 사회복지사는 339.50명, 관리업무종사자는 56.50명, 행정 및 기타직원은 86.52명이다.

자원봉사자의 수는 14개 기관과 협회 본부에 소속하고 있는 780명의 자원봉사자들이 있다.

전문 보호관찰관들이 관리하는 범죄자들의 일일 평균인원은 알려져 있지 않지만, 2006년에 노이쉬타르트(NEUSTART)는 대략 39,400명에 대하여 보호관찰을 실시하였다. 서비스제공과 프로그램운영에 소요되는 예산은 1년에 약 3,570만 유로에 이른다.

다) 보호관찰제도의 운영현황

오스트리아에서 법원이나 검사는 보호관찰을 명령할 수 있다. 법원은 범죄자들에게 조건부 판결이나 조건부 석방을 선고할 때 보호관찰 부과를 명령한다. 검사는 대상자가 동의한다면, 재판 전까지 보호관찰을 명령할 수 있다. 또한 14세에서 18세까지의 소년 및 젊은 성인의 경우에는, 형벌법규에 저촉되는 행동을 했더라도 특정한 상황에서는 이들에게 특별예방조치로써 보호관찰이 명령될 수 있다.

보호관찰 업무에서 강조되는 가장 기본적인 원칙은 재범방지와 그 결과이며, 이는 보호관찰의 3대 활동영역인 범죄피해자, 가해자(범죄자), 그리고 범죄예방의 각 현장에 반영되어 있다. 오스트리아 보호관찰의 3대 활동영역의 내용은

- www.bmj.gv.at(법무부)

121) 2001년 이전에는 VBSA(보호관찰과 사회사업을 위한 협회)이었다.

다음과 같다.

　① **범죄피해자**: 범죄피해자의 상태를 극복하는 것과 자기결정권을 회복하는 것

　② **가해자**: 범죄자에 대한 원조와 사회재통합을 도와줌으로써 상습적인 범죄를 막는 것

　③ **범죄예방**: 잠재적 갈등을 피하는 것과 건설적인 문제해결을 위해 올바른 지도를 제공하는 것

　위와 같은 원리에 따라 보호관찰 이외에도 노이쉬타르트(NEUSTART)가 하는 업무는 ① 형사상 문제의 중재, ② 사회봉사를 위한 중개적 활동, ③ 보호관찰을 받지 않고 출소한 사람에게 제공되는 애프터케어(출소 후 애프터케어), ④ 보호관찰 및 출소 후 애프터케어 대상자에 대한 주거지원(9개 연방자치주 중 2개 자치주에서 시행), ⑤ 보호관찰 및 출소 후 애프터케어 대상자에 대한 직업훈련(2개 자치주에서 시행), ⑥ 범죄피해자 지원(3개 자치주에서 시행), ⑦ 오스트리아 전역에서의 범죄피해자 소송지원 등이다.

　라) 오스트리아 보호관찰의 최근 동향

　2004년 노이쉬타르트 공익유한회사(NEUSTART Gemeinnützige GmbH)는 독일 바덴-뷔르템베르크(Baden-Württemberg) 주에서 특정 프로젝트 분야에 대한 독일정부의 보호관찰당국과 법원의 지원을 이끌어내는 데 성공하였다. 2006년 프로젝트가 끝난 이후에, 노이쉬타르트는 바덴-뷔르템베르크 주와 보호관찰업무에 대한 포괄적 청부계약을 체결함으로써 주 전체에 있어서 보호관찰 업무를 책임지고 있다.

　한편 오스트리아에서는 사회봉사로 벌금납부를 대신할 수 있는 대체제도에 대한 시범실시 프로젝트가 시행되었다. 이 프로젝트는 범죄자로 하여금 벌금미납으로 교도소에 유치되는 것을 막고 지역사회를 위해 일함으로써 사회에 보상하도록 하는데 목적이 있었다.

　또한 오스트리아에서는 최근 전자감독의 사용을 늘리는 시범적 프로젝트도 진행 중이다. 이 프로젝트는 조건부 석방대상자를 포함하는데, 법원은 6개월까지 전자감독을 명령할 수 있다. 전자감독의 사용은 또한 조건부 석방을 늘리는데 기여할 수 있다. 실제로 오스트리아 정부는 보호관찰과 전자감독을 사용함으로써 조건부 석방의 비율을 20% 정도 늘리는 것을 목표로 하고 있다.

재소자와 출소자를 위한 '자격증 및 취업지원 프로젝트'(EU-supported EQUAL project)에 의하여, 출소할 날이 얼마 남지 않은 재소자는 직업훈련, 교육, 자격증 취득 등에 있어서 지원을 제공받는다. 특히 이 프로젝트의 특징은 교육과 훈련이 수용기간 중에 시작하지만 출소 이후에도 지속된다는 점에 있다.

범죄피해자들이 그들의 상황을 가능한 성공적으로 대처할 수 있도록 하기 위하여, 또한 피해자였던 자신을 극복할 수 있는 방법을 개발하기 위하여, 노이 쉬타르트는 많은 범죄피해자들에게 충분한 원조와 지원을 제공함으로써 형사법에 적응하도록 기여하고 있다.

10) 포르투갈

가) 개   관[122]

2016년 1월 기준으로 포르투갈의 전체 인구는 약 1,032만 명이며, 인구 10만 명당 교정시설 수용인원은 약 138명이다.[123] 포르투갈 보호관찰제도의 가장 인상적인 특징은, 범정부적인 국가 중앙행정조직 개편프로그램에 따라 신설된 포르투갈 사회재통합국(DGRS)이 점증하는 특정 강력범죄에 대한 해결책으로 다양한 개입전략을 실행하고 있으며, 특히 전자감독제도가 형사사법 전 단계에서 다양하게 활용되고 있다는 점이다. 포르투갈은 1983년 〈유럽보호관찰연합(CEP: Confederation of European Probation)〉의 회원국으로 가입하였다.[124]

나) 보호관찰 조직 및 인력

포르투갈 보호관찰기관인 '사회재통합국'(DGRS: Direcção-Geral de Reinserção Social)은 법무부 소속의 정부조직이다. DGRS는 보호관찰 및 범죄예방, 성인과 청소년의 사회통합에 관한 교육적 조치(educative measures), 구금에 대한 대체적인 형사제재수단 등의 공공정책의 기획 및 집행에 대한 책임이 있다.

DGRS는 3단계로 구성된다. 가장 상위 단계의 DGRS 본부(the central service)는 리스본에 위치하고 있다. 이 본부에서는 보호관찰행정에 필요한 자원의 관리, 외

---

122) 이하의 내용은 온라인(www.cep-probation.org)에서 이용 가능한, *Summary of Information on Probation in Portugal* 참조.

123) 관련 링크: http://www.prisonstudies.org/map/europe

124) 포르투갈 보호관찰과 관련된 웹사이트는 다음과 같다.
   - www.dgrs.mj.pt(DGRS의 웹사이트)
   - www.dgsi.pt(DGRS의 온라인 도서관)

부기관 및 단체와의 전략적·기술적 제휴, 전국적 운영활동의 지원 등의 업무를 수행한다. 다음 단계의 조직인 보호관찰지방청(the regional delegations)은 본토에 4개, 자치구에 2개가 설치되어 있는데, 전국 47개의 보호관찰소의 활동을 관리하고 감독한다.

　가장 하위 단계에 있는, 보호관찰소의 대부분(42개)은 지역사회 내에 위치하여 지역에 따라 어떤 경우는 오직 성인이나 소년만을 다루거나, 일부는 양자 모두를 다루기도 한다. 하지만 5개의 보호관찰소는 교도소 내에 설치되어서 오직 성인 수용자만을 다루고 있다. 일반적으로 DGRS의 각급 조직은 성인범죄자뿐 아니라 비행청소년에 대한 보호관찰 업무를 담당하고 있는데, 특히 12세에서 16세의 연소한 범죄자는 교육적인 조치를 받을 수 있다. 법원에서 부과되어야 하는 이러한 조치는 DGRS의 직접 운영하는 6개의 교육센터나 지역사회 내의 협력기관에서 집행된다. 한편 전자감독 업무는 본부기관에서 직접 관리하는 10개의 DGRS 특별지역기관이 집행한다.

　2009년 12월 31일 기준으로 포르투갈 보호관찰기관의 직원 수는 다음과 같다. 관리자가 33명, 보호관찰관이 663명, 사무행정직원이 314명 등 총 1,010명이다. 2006년 12월 31일 기준으로 보호관찰대상자의 현재원은 총 11,408명이다. 한편 2006년 기준으로 DGRS의 연간 예산은 총 42,515,246유로이다. 같은 연도 교정시설의 총예산은 193,875,241유로이다.

다) 보호관찰제도의 운영현황

　재판 이전 단계에서 포르투갈 보호관찰관의 주요업무는 법원이 성인범죄자에 대한 정확한 형사제재를 결정하는데 있어서 도움을 주는 것이다. 이것은 DGRS가 판사나, 같은 재판에서 검사에게 판결전조사(법원의 요청이 있을 때)를 제공할 수 있다는 의미이다. 판결전조사는 특히 공판 이전 단계에서 피고인이 강제조치를 받을 것이지 아닌지를 결정하기 위하여 사용된다. 뿐만 아니라, 보호관찰관은 보호관찰대상자의 지도감독을 책임지며 다양한 강제조치의 집행을 통제하고 있다. 일부 특별한 보호관찰기관에서는 가택구금 기간 동안 전자감독을 받는 피고인을 모니터링하고 있다. 재판 이후 단계에서 보호관찰기관은 법원의 판결에 따라 집행유예 및 가석방 보호관찰과 사회봉사명령의 집행 가택구금 전자감독 등의 업무를 수행한다. 경우에 따라서 전자감독은 가석방 단계에서 사용될 수 있다.

라) 포르투갈 보호관찰의 최근 동향

2007년에 국가 중앙행정 조직(PRACE) 개편 프로그램의 실행에 따라, 기존의 사회재통합기구(IRS: instituto de reinsercao social)가 신설된 DGRS로 교체되었다. 점증하는 특정 강력범죄에 대한 해결책으로, DGRS는 다양한 개입전략을 발전시켜왔다. 이 전략은 위험성평가의 필요성, 범죄자의 사회복귀를 지향하는 개입프로그램 등을 포함한다. DGRS는 2개의 개입프로그램을 만들었다.

첫 번째는 '스탑(the STOP)프로그램'으로서, 음주운전 범죄자나 교도소 수용자에게 부과되며 책임과 안전을 강조하는 내용으로 편성되어 있다. 2004년에 처음 시행되었고 현재도 지속적으로 수정, 발전되고 있다. 그리고 두 번째는 보다 실험적인 프로그램으로서, 가정폭력가해자를 위해 만들어졌다. 이 프로그램은 직접적으로 가정폭력과 관련된 폭력이나 범죄로 기소된 범죄자에게 부과되어 시행된다.

11) 핀란드

가) 개   관[125]

핀란드의 전체 인구는 2015년 5월 기준으로 약 547만 명이며 인구 10만 명당 교도소 수용인원은 약 57명이다.[126] 핀란드는 2001년에 〈유럽보호관찰연합(CEP: Confederation of European Probation)〉의 회원국으로 가입하였다. 핀란드 보호관찰의 주된 특징을 요약하면, 주로 소년형벌(juvenile punishment)의 집행 및 성인에 대한 석방 이후 애프터케어와 관련하여 민관의 협력으로 보호관찰이 시행된다는 점이다.[127]

나) 보호관찰의 조직 및 인력

보호관찰의 공공조직은 2001년 이래로 법무성 형사정책부 산하에 조직되어 있다. 이전에는 국가의 재정적 지원을 받는 민간의 보호관찰협회(Probation

---

125) 이하의 내용은 온라인(www.cep-probation.org)에서 이용 가능한, *Summary of Information on Probation in Finland* 참조.

126) 관련 링크: http://www.prisonstudies.org/map/europe

127) 보호관찰행정에 관한 공식링크는 www.kriminaalihuolto.fi이며, 이외에도 법무부(Ministry of Justice) www.om.fi, 보호관찰재단(Probation Foundation) www.krits.fi, 형사제재기관(Criminal Sanctions Agency) www.rikosseuraamus.fi, UN 산하 유럽 범죄예방 및 통제 연구소(The European Institute for Crime Prevention and control affiliated with the United nations) www.heuni.fi 등의 웹사이트에서 핀란드 보호관찰에 대한 정보를 얻을 수 있다.

Association)가 보호관찰업무(주로 조건부 석방대상자 및 소년 사회봉사대상자의 지도감독)를 담당하여 왔다.

핀란드 법무성에 소속된 형사제재청(Criminal Sanctions Agency)에는 보호관찰행정의 총책임자(Chief Director)가 있어서, 보호관찰제도의 기능과 관련된 기획 및 개발업무를 담당하고 있다. 또한 보호관찰의 일선기관으로 핀란드 전국에 15개의 보호관찰소가 설치되어 있다. 각 보호관찰소에서는 보호관찰대상자의 지도감독에 많은 기여를 하고 있는 민간감독자들(private supervisors)을 관리·지도하고 있다. 그들은 공무원인 보호관찰관과 같은 책임을 지는 것은 아니며, 전국적으로 일일 평균 약 200명의 대상자들이 이들 민간감독자들의 관리를 받는다.

2006년 12월 31일 기준으로 보호관찰행정조직에서 근무하는 직원의 총수는 330명이다. 이 중에서 보호관찰관은 260명이고, 행정 및 기타 지원인력은 54명이며, 각급 보호관찰기관의 관리자는 16명이다. 한편 민간감독자 및 자원봉사자의 수는 316명이다.

다) 보호관찰제도의 운영현황

핀란드 보호관찰제도는 15세 이상의 비행청소년 및 성인범죄자를 대상으로 하고 있다. 보호관찰 임무는 공무원인 보호관찰관에 의하여 수행되지만 조건부 형을 선고받은 비행청소년의 지도감독과 같은 업무에는 민간인도 관여한다. 특히 핀란드 남부지역에서는 애프터케어를 담당하는 비정부 조직인 〈보호관찰재단 (the Probation Foundation)〉이 26세 이하의 수형자에 관한 프로젝트에 있어서 보호관찰당국과 협력하고 있다. 이 프로젝트는 약물로부터 벗어난 생활방식을 지지하는 기술 및 사고방식의 개발을 통하여, 석방 이후의 재범을 감소시키는 연계모델 (network model) 구축을 목표로 하고 있다.

보호관찰제도의 주된 업무영역은 〈사회봉사명령, 조건부 형이 선고된 소년 범죄자 지도감독, 조건부 석방된 범죄자의 지도감독, 소년형벌 등〉 지역사회 기반의 형사제재 및 처분의 집행이다. 여기서 소년형벌(juvenile punishment)이라 함은, 벌금형으로는 처벌이 충분하지 않고 무조건적 구금은 너무나 가혹하다고 판단되는 경우에 소년에 대하여 부과되는 처분을 말한다. 이러한 소년형벌은 지도감독과 작업, 교육적/심리적 개입과 프로그램들로 구성된다. 또한 보호관찰기관은 검사에게 범죄자에 대한 사회봉사명령 부과가 적합한지에 대하여 조언한다. 조건부 석방을 준비하기 위해 보호관찰관은 수형자를 방문하고 석방 및 지도감독 계획을 마련한다. 조건부 석방 범죄자의 인지행동적 측면과 관련하여 사회봉사명령 및 지도감독의 틀 내에서 행동주의적 개입이 활용된다.

2008년 기준으로 보호관찰기관에서 관리하고 있는 대상자의 일일 평균인원은 전국적으로 약 4,700명이다.

라) 핀란드 보호관찰의 최근 동향

비교적 새롭게 도입된 사회내처우(사회봉사명령 및 소년형벌)의 집행에 있어서 부족한 인력을 보강하기 위하여 보호관찰기관은 보조적 감독자로 민간인을 선발하고 채용할 필요가 있었다(특히 사회봉사명령의 집행을 위하여). 최근 사회내처우의 집행을 위한 새로운 발전에서의 강조점은, 시스템적 업무기법의 강화, 사정평가의 수행, 개별처우프로그램의 개발 등이다.

사회내처우의 집행에 활용되는 보호관찰활동 프로그램의 개발에 있어서, 1997년 이후 보호관찰기관은 단기프로그램들에 집중하고 있다(1997년 보호관찰기관에서 인지기술 프로그램을 시작하였다). 이러한 프로그램의 개발에 있어서는, 전략적으로 중요한 정책들, 즉 지방자치단체의 각급 기관과의 협력을 강화하는 것, 약물남용치료와 관련하여 지역단위의 협력 네크워크를 구축하는 것, 개별 대상자의 차원에서 효과성을 평가하는 것 등의 정책을 포함한다.

12) 헝가리

가) 개   관[128]

2015년 10월 기준, 헝가리의 전체인구는 약 983만 명이고, 인구 10만 명당 교도소 수용인원은 약 187명이다.[129] 헝가리 보호관찰제도의 주된 특징을 요약하면, 2004년 전통적으로 분리되어 왔던 소년과 성인의 보호관찰기구가 통합되었다는 점과 최근 형의 일부유예, 복합형벌 등 다양한 대체형벌제도를 도입하였다는 점을 들 수 있다. 헝가리는 2004년 4월에 〈유럽보호관찰연합(CEP: Confederation of European Probation)〉의 회원국으로 가입하였다.[130]

---

128) 이하의 내용은 온라인(www.cep-probation.org)에서 이용 가능한, *Summary of Information on Probation in Hungary* 참조.

129) 관련 링크: http://www.prisonstudies.org/map/europe

130) 보호관찰기관에 연결하는 인터넷 링크는 www.kih.gov.hu(보호관찰청)이다. 이외에도 법무부 및 기타 법집행기관에 대해서는 www.irm.gov.hu, 헝가리 보호관찰관 협회는 http://maposz.

나) 보호관찰 조직 및 인력

소년과 성인보호관찰이 분리되어 운영된 지 30년이 지난 2003년 7월, 법무부는 통합보호관찰서비스(a united national probation service)를 창설하였다. 통합보호관찰서비스는 범죄피해자 지원서비스, 법률구조서비스 등 다른 업무와 함께 〈법무부(the Ministry of Justice and Law Enforcement)〉 본부(Cental office)에 소속되어 있다. 법무부 본부에는 20개 주단위로 설치된 보호관찰소가 소속되어 있고, 이외에 수개의 지역에 지소가 있다. 각각의 주 보호관찰소에는 성인보호관찰부와 소년보호관찰부가 별도로 설치되어 있다.

2009년 말 기준으로 헝가리 보호관찰기관의 직원 수는 총 458명이다. 이 중에서 보호관찰관은 388명이며, 나머지 70명은 사무행정인력이다. 헝가리 보호관찰관들이 매일 관리하는 일 평균 대상자 수는 약 95.8명이다. 헝가리에서 보호관찰분야 활동하는 자원봉사자의 숫자는 많지 않으며, 그들의 활동을 장려하는 것이 정책의 핵심적인 관심사항도 아니다.

다) 보호관찰제도의 운영현황

헝가리의 보호관찰제도는 다음의 임무를 수행한다. 이는 법원 판결을 준비하는 전문적인 업무(사회조사, 판결전조사), 범죄자 감독과 원호(보호관찰 감독), 사회봉사명령의 감독, 교도소에서 조기 일시출소하거나 석방할 때 준비 작업, 가석방 및 임의적 애프터케어(voluntary aftercare) 감독, 가·피해자의 중재 등이다. 2009년을 기준으로 헝가리의 보호관찰기관은 대부분이 형사절차의 여러 단계에서 82,564건의 다양한 보호관찰사건을 실시하였다.

출소한 어떤 사람이라도 보호관찰기관이 제공하는 애프터케어를 받을 수 있는 권리를 가지고 있다. 애프터케어의 실시는 사회복지적인 측면과 범죄예방적 측면 모두에 그 목적이 있다. 보호관찰관은 그들의 대상자가 주거문제, 실업위기, 그리고 출소 이후의 상황에 잘 대응할 수 있도록 도와준다.

라) 헝가리 보호관찰의 최근 동향

헝가리 보호관찰에 있어서, 2005년부터는 전통적인 개별사회사업(individual casework)적 접근뿐만 아니라, 집단학습(group learning)프로그램의 활용이 점차 증가

---

praxis.hu/hirek/에서 링크된다.

추세에 있다. 초기에는 보호관찰기관은 다양한 방법을 가르치고 집단프로그램을 실행하기 위하여 외부전문가들을 고용하였다. 그러나 최근 경향에 따르면, 일부 보호관찰관은 보호관찰대상자를 상대로 하는, 경력개발·자기지각(self-awareness)·분노조절 등의 프로그램 강사로 훈련받아 활동하고 있다.

2007년에 '화해중재(mediation)'는 새로운 보호관찰 업무로 소개되었다. 2008년 1월부터는 일부 교육을 받은 현역 변호사들이 교육을 받은 보호관찰관들과 마찬가지로 중재할 권리를 갖게 되었다.

한편, 2010년 5월 첫 번째 주부터 헝가리 형집행시스템은 새로운 양형수단을 포함하게 되었다. 이와 같이 새롭게 도입된 대체형(alternative sentence)은, 예를 들면 일부 집행유예, 복합형(범죄자에게 하나 이상의 형사 제재를 부과하는 것이 가능) 등이다. 또한 '폭력적 상습범(violent recidivist)'이라는 새로운 범주의 범죄자들에 대하여, 그들의 징역형은 평균보다 더 길게 할 수 있음으로 인하여 헝가리 보호관찰관의 업무부담이 더욱 늘어나게 되었다.

제6장

아시아의 보호관찰제도

제6장에서는 아시아의 보호관찰제도에 대하여 소개한다. 아시아의 여러 나라 가운데 보호관찰의 역사가 깊고 현재도 활발하게 운영되고 있는 일본과 태국을 중심으로 살펴보도록 한다.

일본은 강력한 민관협력체계를 기반으로 원호를 강조하는 복지적 보호관찰제도를 운영하고 있는데, 연혁적으로 볼 때 가석방자에 대한 사회복귀서비스를 중심으로 제도가 발전되어 왔다.

태국의 경우에는 전통적으로 마약사범에 대한 치료적 다이버전을 중심으로 보호관찰제도가 활발하게 운영되어 왔다. 특히 태국에서는 최근 형사사법개혁을 통하여 보호관찰의 역할이 크게 강화되고 있다.

1. 일 본

1) 개관: 체계적 민관협력기반의 원호중심 보호관찰

일본의 전체 인구는 2014년 12월 기준으로 약 12,702만 명이고 인구 10만 명당 교도소 수용인원은 약 48명이다.[1] 일본의 형사사법시스템은 경찰, 검찰, 법원, 교정 및 갱생보호(보호관찰)와 같은 5개의 요소로 이루어져 있다.[2]

---

1) 관련 링크: http://www.prisonstudies.org/map/asia
2) 일본의 「범죄백서」 및 「법무연감」 등 보호관찰관련 각종 통계자료는 물론, 보호관찰관련 법령은 법무성 웹사이트(http://hakusyo1.moj.go.jp)에서 영어와 일본어로 이용이 가능하다. 또한 일본

보호관찰 및 갱생보호서비스는 모든 유형 및 연령의 범죄자를 대상으로 한 사회내처우로서, ① 보호관찰(대상자의 지도감독 및 원호), ② 가석방, ③ 애프터케어 서비스, ④ 사면, ⑤ 범죄예방활동 등과 같은 5가지 분야로 구성되어 있다.[3]

일본의 보호관찰제도는 1949년 「범죄자 예방갱생법」이 발효된 이래 전통적으로 '범죄인의 사회복귀'라는 보호관찰 이념에 충실한 프로그램과 사회서비스를 심화·발전시켜왔다. 특히 '보호사'(保護司)라고 하는 민간자원봉사자들의 활발한 참여를 특징으로 하고 있다.[4]

한편, 일본의 보호관찰시스템은 비행소년의 갱생과 소년의 비행예방에 초점을 맞추어 왔다고 할 수 있고, 이러한 경향은 1954년 「집행유예자 보호관찰법」의 제정과 그에 따른 성인범에 대한 보호관찰 확대실시 이후에도 변함이 없다고 할 수 있다.

일본에 있어서 보호관찰의 유형은 크게 5가지로 구분되고 있다. 1호 관찰은 「소년법」상 소년보호처분의 일환으로 가정재판소의 결정에 의하여 보호관찰처분이 내려진 경우를 말한다.[5] 2호 관찰은 「소년법」상 소년보호처분의 일환으로 소년원에 수용되었다가 가퇴원하는 경우를 말한다. 3호 관찰은 「형법」에 의하여 형무소[6]에 수감되었던 자가 가석방되는 경우를 말한다.[7] 4호 관찰은 「형법」에

법을 참고하는데 있어서는 일본법 번역 웹사이트(http://www11.japaneselawtranslation.go.jp)도 추천할 만하다.

3) 테츠키 모리야(Tetsuki Moriya), "일본의 범죄자 사회내처우: 현 과제 및 접근 방법" 「2012년 국제공동학술대회: 아시아 보호관찰제도의 전망과 과제」, 한국보호관찰학회, 2012, p. 81. (넓은 의미의) 갱생보호서비스의 목적은 범죄자 및 비행청소년이 재범을 저지르는 것을 방지하고 이들을 사회 내에서 적절히 처우해 줌으로써 사회의 건강한 일원으로 자립하고 스스로 재활에 성공하는 것을 도우며 사면자를 적절히 관리하고 범죄예방활동을 강화함으로써 사회를 보호하고 개인 및 공공의 안녕을 도모하고자 하는 것이다(「갱생보호법」 제1조).

4) 일본 보호관찰제도의 가장 특징적인 모습은 대상자에 대한 지역사회 내에서의 지도·감독이 이루어지는 형태에서 찾아볼 수 있다. 국가공무원인 '보호관찰관'과 민간자원봉사자인 '보호사(保護司)'는 법정된 지도·감독 업무를 긴밀히 협력하여 수행해 가고 있다. 이러한 관민복합체적인 성격은 이미 1923년 (구) 「소년법」에 의한 '보호관찰관에 의한 관찰처분'에까지 소급하여 간다. 따라서 실제상에 있어서도 이 두 종류의 집단의 역할상 구별이 불분명하여 지는 문제가 생기기도 한다. Shikita Minoru and Shinichi Tsuchiya, *Crime and Criminal Policy in Japan-Analysis and Evaluation of Showa Era, 1926-1988*, New York: Springer-Verlag, 1992, p. 220.

5) 1호 관찰의 경우에는 원칙적으로 대상소년이 결정 일부터 20세에 도달하는 시기를 그 기간으로 하며, 만약 그 기간이 2년에 모자랄 경우에는 2년을 그 기간으로 한다.

6) 일본은 우리와는 달리 아직도 '형무소', '가출옥'등의 용어를 사용하고 있다.

7) 일본에 있어 가석방 보호관찰의 기간은 원칙적으로 그 잔형기로 한다. 일본의 경우는 상대적으로 안정된 범죄 상황 하에서 교도소의 과밀수용 등에 대한 사회적 압력은 없는 듯이 보인다. UNICRI, *Probation Round the World-A comparative study*, ed by Koichi Hamai, Renaud Ville, Robert Harris, Mike Hough and Ugljiesa Zvekic, London and New York: Clays Ltd., 1995, p. 90.

의하여 형의 집행을 유예하면서 보호관찰을 부과하는 경우를 말한다. 이 경우에
는 집행유예 기간을 보호관찰의 원칙적 기간으로 한다. 한편, 5호 관찰은 현재 거
의 사문화되어있는 것으로서, 「부인보도법」에 의거하여 부인보도원에서 가퇴원
하는 경우를 말한다.

  한편, 일본의 갱생보호(애프터케어)제도는 전후 사업보호라는 명칭으로 불리
던 것을 전후 상당히 많은 민간인이 사재와 노력에 의하여 발전적으로 승계한
것으로, 이러한 갱생보호의 주체인 갱생보호법인은 「갱생보호사업법」에 근거하
여 법무대신의 인가를 받고 설립되는 민간인단체를 의미한다. 갱생보호시설은
① 보호관찰 또는 갱생긴급보호[8]의 대상자로서 보호관찰소로부터 위탁된 자(위
탁보호) 및 ② 갱생긴급보호의 기간경과 등으로 위탁이 끝난 자 또는 위탁되지 않
은 자 등(임의보호)에 대하여 숙박제공, 식사급여, 취직원조, 상담, 조언 등의 보호
를 행한다.[9] 이외에도 장기형 가출옥자 중간처우제도가 있다.[10]

2) 역사적 발전

가) 일본 보호관찰의 기원

  대륙법체계의 영향을 받은 일본은 1905년에 선고유예제도를 도입하였다.[11]

 따라서 가석방은 교도소 수용인구를 줄이는 역할을 하고 있는 것으로 평가되지는 않는다. 따라
 서 일본의 가석방제도는 수형기간을 적극적으로 단축하기 보다는 가석방될 자들의 사회적응을
 돕고 출소 이후 위험한 일정기간의 재범을 억지한다는 소극적 측면에 보다 초점을 두고 있다고
 보아야 할 것이다.
 8) '갱생긴급보호'란 형사절차상 신체가 구속되었다가 풀려난 만기석방자, 집행유예자, 기소유예자
 등이 친족 또는 연고자가 없거나 원조가 없이는 갱생이 어려운 상황일 때 본인의 신청에 의하
 여 보호관찰소가 6개월 기간 내에 갱생보호시설에 위탁하는 사회복지적인 성격이 강한 프로그
 램이다.
 9) 法務省法務總合研究소, 「犯罪白書」, 1999, pp. 92-94.
 10) 이는 교정처우에서 보호관찰로의 원활한 이행을 위하여 가출옥이 허가된 장기수형자 가운데, 지
 방갱생위원회가 인정하고 본인의 동의를 얻어, 가출옥 초기 일정기간을 갱생보호시설에 거주시
 키면서 외부에 통근작업을 시키고 생활훈련을 중심으로 계획적 집중적인 중간처우를 실시하는
 제도이다.
 11) 이형섭, "일본 보호관찰제도", 「보호관찰」 제1호, 2001, pp. 127-149. 비록 보호관찰을 비롯한
 사회내처우가 영미의 보통법적 전통을 반영한 것이기는 하지만, 대륙법체계의 많은 유럽 국가들
 에 있어서도 형의 유예의 요소는 근본적인 것이다. 프랑스혁명의 영향으로, 많은 유럽 국가들의
 형법들은 범죄에 상응하여 형벌을 부과하는 것을 보장하고, 판결과정의 객관성을 극대화함으로
 써 국가권력의 남용을 방지하고자 하는 사상을 담고 있다. 따라서 이 법체계의 대다수의 국가들
 은 형사사법의 운영에 비법률적 전문가를 참여시키거나 법률적 사항 이외의 것을 형의 선고에
 있어서 고려하는 것은 인권에 대한 위협으로 간주하는 경향이 있다. 결과적으로 이러한 사실은
 개방형 형사정책 수단인 사회내처우가 보통법체계의 국가들에 비하여 더디게 발전하게 된 하나
 의 원인이 된다. 그러나 범죄학 및 형사사법에 있어서의 국제주의의 성장은 몇몇 유럽대륙 국가

그러나 그 당시에는 보호관찰(probation)의 특징적인 요소인 지도·감독과 결합된 것은 아니었다. 일본에 있어서 보호관찰의 기원은 「소년법」 제정에서 찾아볼 수 있다.

1923년 일본 「소년법」의 제정으로 비행청소년을 위한 사회내처우 프로그램이 실시되기에 이르렀다.[12] 이 당시의 보호관찰은 소년보호처분의 일환으로서, 그리고 소년형사범에 대한 특별한 처우로서 〈소년심판소〉에 소속된 공무원인 소년보호사 또는 민간자원봉사자인 촉탁소년보호사가 담당하였다.[13] '촉탁소년보호사'(囑託少年保護司)제도는 소년심판소에 소속된 소년보호사가 소년의 보호업무를 담당함에 있어 민간독지가인 촉탁소년보호사에게 그 업무를 촉탁하는 것이다. 이 제도는 실시지역이 한정되었기는 하나 법적 근거를 가졌다는 점에서 역사적으로 큰 의미를 가지고 있다.

또한 1937년에는 〈전일본사법보호연맹〉(全日本司法保護聯盟)이 결성되어 다음해인 1938년에 같은 연맹은 전국에 약 1,300명의 민간독지가를 '사법보호위원'(司法保護委員)으로 위촉하였다. 1939년에는 「사법보호사업법」이 시행되었고, 사업보호위원제도의 법제화가 실현됨과 동시에 시행된 「사법보호위원령」 등에 의하여, 그때까지 사적 존재에 불과하던 사법보호위원은 사법대신(司法大臣)[14]의 임명을 받고 가출옥자·보호처분소년의 '관찰보호'(觀察保護)를 하는 비상근·무급의 국가 공무원이 되었다. 이 사법보호위원제도야 말로 현재 일본 보호관찰제도의 전신이라고 할 수 있다[15]

나) 초기의 발전

재2차 세계대전 후, 일본에서는 소년과 성인에 보호관찰제도가 급격한 변화를 겪게 된다. 현재의 「소년법」과 「범죄자 예방갱생법」이 1949년 새롭게 시행되면서 기존의 소년심판소가 폐지되고 그 기능이 새롭게 형성된 가정재판소, 소년

들에 있어서 영국이나 미국을 비롯한 보통법체계의 국가들의 운영결과와 정보를 이용 가능하게 하였다.

12) Rehabilitation Bureau, *The Community-based Treatment of Offenders System in Japan*, Ministry of Justice, Japan, 1995, p. 2.

13) 일본 보호사제도의 연원을 어디까지 소급할 것이냐는 여러 가지 견해가 있을 수 있는데, 에도시대의 오인조(五人組)제도까지 소급하는 견해도 있다. 또 명치시대에는 면인보호사업(免囚保護事業)에 있어서 지방의 명망가를 위원으로 임명하여 출소자의 보호를 담당하도록 하였다고 한다. 日本 法務省, 「更生保護便覽」, 1997, p. 21.

14) 현재의 법무대신(法務大臣)에 해당한다.

15) 일본법무성, 앞의 책, 1997, pp. 21 - 22.

갱생보호위원회, 그리고 소년보호관찰소에 분할되어 넘어가게 되었다. 그리고 소년형사범에 대한 보호관찰기능은 새로 설립된 성인갱생보호위원회와 성인보호관찰소에 이관되었다가 1952년 성인과 소년보호관찰소는 하나로 통합된다.

1954년에 이르러 일본정부가 일반 집행유예자에 대한 보호관찰을 규정한 「집행유예자 보호관찰법」을 제정·시행하게 됨으로써, 본격적 의미의 성인보호관찰제도가 틀을 갖추게 된다. 이러한 일련의 변화는 전후 미군정 시대를 거치면서 당시 미국에서 보호관찰제도가 활발히 활용되었던 것에서 부분적으로 영향을 받은 것이다.16)

비록 일본의 보호관찰제도가 태생적으로 미국제도의 영향을 많이 받은 것은 사실이지만, 1960년대 이후 '지역사회의 안전'(community safety)을 보다 강조하는 방향으로 선회한17) 미국의 보호관찰제도와는 달리, 일본의 경우는 '범죄인의 사회복귀'라는 초기 보호관찰의 목표에 충실하고 있다.18) 「범죄자 예방갱생법」과 「집행유예자 보호관찰법」의 목적 규정은 '범죄인의 갱생을 위한 원조와 지도'를 강조하고 있는데, 이는 전형적인 사회복귀모델19)의 특징이며 일본 보호관찰제도

---

16) 일본은 전통적으로 강한 봉건주의 속에서 가족적 위계와 협동심에 기초한 사회질서를 유지하여 왔다. 하지만 이러한 전통은 20세기 중반 전후 미군 정기의 혼란과 늘어나는 조직폭력범죄 및 부정부패로 인해 크게 흔들리게 되었다. 법체계적으로 대륙법체계에 충실했던 일본은 미군정의 영향으로 미국적인 탄력적 사법에 접하게 되고, 그 일환으로 보호관찰을 비롯한 사회내처우에 대한 본격적인 관심을 가지게 된 것이다. UNICRI, 앞의 책, pp. 88~99. 한편, 당시의 사회내처우를 지배했던 이념적 기초는 범죄가 치료 가능한 병적 행위이며, 이의 해결을 위하여 다양한 인도주의적인 처우를 실시하여야 한다는 의료 모델 내지는 처우모델에 근거한 범죄인의 사회복귀(rehabilitation)였다. 또한 소년에 대한 보호관찰을 중심으로 최초에 시작되었던 역사적 배경 때문에, 소년의 비행성 개선을 위하여 '도움과 원조'를 강조하는 것은 현대적 보호관찰의 운영에 있어서도 기본적인 특성으로 남게 되었다.

17) Samaha, Jole., *Criminal Justice*, St Paul: University of Minesota, 1991, pp. 553~554.

18) 일본 보호관찰의 기본법으로서, 1949년에 성립된 「범죄자 예방갱생법」은 그 법의 목적을 "범죄인을 개선시키고 개조함으로 해서 사회를 방위하고 개인과 공공의 복지를 증진함을 그 목적으로 한다."고 기술하고 있다. 또한 이 법은 보호관찰 지도·감독업무에 대하여는 "대상자로 하여금 보호관찰 준수사항을 지키도록 인도하고 감독함으로 해서, 보호관찰을 받은 자의 개선과 갱생을 도모하며, (중략) 대상자 스스로가 변할 수 있다는 사실에 입각하여 그에게 지도와 원호를 제공한다."고 밝히고 있다. 한편 1954년에 제정된 「집행유예자 보호관찰법」은 그 목적에 있어 "집행유예보호관찰을 받은 자들을 조속히 갱생시키기 위하여 보호관찰감독과 원호를 실시하며 … "라고 규정하고 있다. 이러한 법규정들은 일본의 보호관찰이 기본적으로 범죄인 갱생이라는 이념 하에 그를 개선·개조함을 목적으로 하며, 그 목적을 이루는 방법으로 주로 도움과 지도를 해 주는 방식을 채택하고 있다는 사실을 보여 주고 있다. 이는 전형적인 사회복귀모델(rehabilitation model)의 특징이다.

19) 사회복귀모델은 기본적으로 지역사회의 안전보다는 범죄인 개인에 보다 초점을 맞추고 있으며, 범죄자의 변화를 위한 일정한 처우가 중요하다는 주장이다. 이윤호, 「교정학」, 서울: 박영사, 1995, p. 44.

의 실제와 비교적 일치하고 있다.[20]

다) 1960-70년대의 발전과정

1965년 소위 '폭주족(Bosozoku)'이라고 하는 도로교통법 위반자의 급증으로 법무성의 지침에 의거하여 이들에 대한 특별 프로그램이 마련되게 된다. 그리고 1977년에는 주로 초범자인 폭주족 청소년을 대상으로 '교통단기처우프로그램'이 만들어지게 된다.[21] 미국과는 달리, 일본의 성인보호관찰은 형사사법체계 내에서 주도적인 역할을 하고 있다고 평가하기는 어렵다.[22] 법원은 집행유예를 선고할 때에만 프로베이션(probation)을 부과하고 있으며, 법적으로는 16세 이상자는 프로베이션에 처해질 수 있으나 실무상으로는 20세를 대체적인 하한연령으로 보고 있다.

1966년 10월에는 가석방준비조사(pre-parole investigation)가 시행되어 지방갱생보호위원회에 소속된 보호관찰관이 가석방신청이 있기 전에 직접 대상자를 만나 면담조사를 실시하게 되었고 1984년 9월에는 교정시설에 주재하는 주재관제도가 생겨났다.[23]

라) 2000년대의 발전과정

(1) 정신보건관찰제도의 도입

2002년 관련 법률[24]의 제정에 따라 심신상실 또는 미약의 상태에서 살인, 방화 등 중대범죄를 저지른 자에 대해서 보호관찰소에 소속된 '정신보건관찰관'에 의한 정신보건관찰제도가 시행되기 시작하였다.

---

20) UNICRI, 앞의 책, p. 91.
21) 이 경우에는 3개월에서 4개월 정도의 단기간의 집단적 교육 프로그램 등을 특징으로 한다. Sikita and Tsushiya, 앞의 책, p. 222.
22) Rahabilitation Bureau, 앞의 책, p. 22.
23) Shikita and Tsuchiya, 앞의 책, pp. 208-223.
24) 심신상실 또는 심신미약 등의 상태에서 살인, 방화 등의 중대한 범죄행위를 행한 사안에 대하여는 피해자에 심각한 피해가 발생하는 것뿐만 아니라 정신장애를 가진 자가 그 병상으로 인해 가해자가 되는 것이므로 극히 불행한 사태이다. 일본에서는 이러한 사람에 대하여 필요한 의료를 확보, 불행한 사태를 반복하지 않도록 함과 동시에 그 사회복귀를 도모하는 것이 긴요하며, 이를 위한 법정비의 요청이 높아지고 있었다. 이에 2002년 일본 정부는 「심신상실 등의 상태에서 중대한 타해행위를 한 자의 의료 및 관찰 등에 관한 법률」을 제정하였다. 이 법률안의 요점은 우선, 방화 등의 중대한 범죄행위를 한 자가 심신상실 등의 이유로 불기소 처분되거나 무죄 등의 재판이 확정된 경우에는 검찰관이 지방재판소에 대하여 당해 대상자의 처우 요부 등을 결정하는 것을 신청하고 재판소에서는 1인의 재판관과 1인의 의사가 합의체를 구성, 심판결정하도록 하고 있다.

우리나라의 보건복지부장관에 해당하는, 후생노동대신은 일정한 기준에 적합한 의료기관을 지정, 재판소의 입원치료 결정이 있는 자를 수용할 수 있도록 하여야 하고, 지정의료기관의 관리자는 원칙적으로 매 6개월마다 재판소의 퇴원허가 또는 입원계속의 확인을 신청할 수 있으며, 이와 병행하여 대상자도 퇴원허가 신청이 가능하도록 규정하고 있다.

보호관찰소의 장은 입원 중인 대상자의 사회복귀의 촉진을 위하여 퇴원 후 거주예정지의 생활환경을 조정하고, 퇴원 후에는 노동후생대신이 지정한 통원의료기관의 통원치료와 함께 보호관찰소에 소속된 '정신보건관찰관'에 의한 정신보건관찰에 부하도록 하고 있다. 또한 보호관찰소의 장은 통원치료기관의 관리자 및 거주지 지방자치단체의 장 등과 협의하여 대상자 처우에 관한 실시계획 수립과 이에 관한 관계기관 상호간의 긴밀한 협력태세의 확보를 위해 노력하며, 일정한 경우 재판소의 당해 대상자의 입원신청이 가능하도록 하고 있다.

(2) 2007년 「갱생보호법」의 제정

일본의 보호관찰 관련 법제에 있어서, 2007년 6월에는 눈에 띄는 변화가 있었다. 「범죄자 예방갱생법」과 「집행유예자 보호관찰법」이 통합되어 「갱생보호법」으로 단일화된 것이다.[25]

현행 「갱생보호법」은 보호관찰과 가석방의 기본사항을 규정하고 있는데, 주로 다음의 사항과 관련된 조항을 두고 있다. 이들 관련 조항은, ① 보호관찰 실시기관, ② 보호관찰 및 가석방 대상자의 범주(성인범죄자 및 비행청소년), ③ 보호관찰 및 가석방의 조건, ④ 보호관찰 및 가석방 감독의 기간, ⑤ 보호관찰 및 가석방 감독의 조치 및 절차, ⑥ 보호관찰 감독의 종료 및 처분검토 신청, ⑦ 석방범죄자의 사후관리, ⑧ 범죄예방 활동 등이다.[26]

한편, 「갱생보호법」 제3조는 일본에서의 보호관찰대상자의 감독 및 지원조치에 대한 기본적인 원칙을 규정하고 있다. 이에 따르면, 보호관찰대상자에 대한 감독과 지원을 위한 조치들은 ① 필요 범위 내에서 이루어지고, ② 범죄자 개선

25) 보호관찰에 관한 기본적 사항과 소년보호처분 및 가퇴원가석방 보호관찰의 실시와 관련된 규정을 두고 있던 「범죄자 예방갱생법」은 보호관찰 실시에 관한 기본적 사항, 교도소나 소년원에서의 가석방 및 가퇴원 절차, 가석방자와 소년보호처분 대상자에 관한 보호관찰 감독절차 등을 규정하고 있었다. 한편, 「집행유예자 보호관찰법」은 형의 집행을 유예하는 조건으로 부과되는 보호관찰의 실시에 관하여 규정하고 있었다. 이 양 법률이 통합되어 「갱생보호법」으로 단일화되었고, 2008년 6월 1일부터 시행되었다.

26) 테츠키 모리야(Tetsuki Moriya), 앞의 논문, pp. 82-83.

및 사회복귀에 적절한 방식으로 이루어져야 한다. 이러한 기준은 각 범죄자의 필요 및 위험성(예를 들면, 성격, 나이, 경력, 정신적/신체적 조건, 가족 및 친구, 기타 환경 등)에 기초하여 결정되어야 한다.

3) 보호관찰의 조직 및 인력

가) 보호관찰의 조직

(1) 개 관

일본의 보호관찰제도는 법무성이 조직, 운영하고 있다. 다른 나라처럼 법원이나 다른 정부 기관이 범죄자에 대한 사회복귀서비스 운영에 관여하고 있지는 않는다. 구체적으로 4개의 정부 부서가 지역사회 내에서 범죄자 처우문제를 담당하고 있다. 이들 기관은 ① 법무성 보호국, ② 중앙갱생보호위원회, ③ 지방갱생보호위원회, ④ 보호관찰소 등이다.

(2) 중앙조직

(가) 법무성 보호국

1949년과 1952년 사이의 근대적 체제로의 일련의 조직개편으로 오늘날의 일본 법무성이 탄생하게 되었다. 현재 일본 보호관찰의 중앙행정기구는 법무성의 6개국 중 보호국이며, 보호관찰 및 갱생보호제도 전반을 운영하는 책임을 맡고 있다. 이 보호국은 총무과, 갱생보호진흥과, 관찰과 등으로 구성되어 있고 하나의 통일된 행정 기준을 갖추고 있다.[27]

보호국의 주된 임무는 보호관찰 및 가석방 정책의 수립, 지방갱생보호위원회와 보호관찰소의 감독, 보호관찰관의 채용 및 인사, 지역사회 내 범죄자처우에 대한 정기간행물 발간 등이다. 이외에도 보호국은 은사에 관한 사항, 보호사에 관한 사항, 갱생보호사업의 진흥과 감독, 민간의 범죄예방활동의 촉진, 정신보건관찰 등에 관한 사항도 관장하고 있다(「법무성조직령」 제7조 참조).

---

[27] 보호국에는 법령안을 담당하는 참사관 이외에, 총무과에 은사관리관(恩赦管理官), 정신보건관찰기획관(精神保健觀察企画官), 갱생보호기획관(更生保護企画官)을 각 1인씩 두고 있으며, 갱생보호진흥과에 사회복귀지원실(社会復帰支援室)을 설치하고 있고 별도로 보호조사관(保護調査官) 1인을 두고 있다(「법무성조직령」 제12조 및 「법무성조직규칙」 제13조와 제14조). 한편, 관찰과에는 처우기획관(処遇企画官) 1인을 배치하고 있다(같은 규칙 제15조).

(나) 중앙갱생보호심사회

「갱생보호법」의 규정에 의하여 법무성에 설치된 〈중앙갱생보호심사회〉(National Offenders Rehabilitation Commission)는 5명의 위원(위원장 포함)으로 구성되며, 이 위원들은 법무부 장관이 국회의 승인을 얻어 임명한다. 심사회는, ① 법무성 대신에게 특별사면, 감형, 형 집행 감면, 특별한 자의 권리회복 등을 추천하는 기능, ② 지방갱생보호위원회의 결정에 대해 보호관찰대상자·가석방자의 이의 제기[28]가 있을 경우에 이를 조사·판단하는 기능 등 두 가지 중요한 기능을 수행한다.[29]

이 심사회의 결정은 다수 의결에 의한 투표로 이루어진다. 독립적인 기구로서 심사회는 자유롭게 결정을 하고, 법무성 대신에게 추천을 할 수 있는 권한을 지니고 있다.

(3) 지방조직

보호관찰의 지방단위 실시기관으로는 8개의 고등재판소 소재지에 설치된 지방갱생보호위원회[30]와 지방재판소 소재지에 위치한 50개의 보호관찰소 및 3개의 지부 그리고 29개의 주재관[31]사무소를 들 수 있다.

(가) 지방갱생보호위원회

지방갱생보호위원회(Regional Parole Board: RPB)는 고등재판소(법원)와 고등 검찰청이 소재해 있는 일본의 8개 도시에 소재해 있다. 지방갱생보호위원회는 3인 이상 15인 이하의 위원으로 조직되어 있으며, 위원장은 위원들 중에서 법무대신이 임명한다. 지방갱생보호위원회는 ① 소년원, 교도소, 부인보도원 및 강제 노역장에서의 가석방(가퇴원)에 관한 결정, ② 가석방 취소,[32] ③ 소년가석방자의 부정기

---

28) 보통 대부분의 이의 제기는 가석방 취소 건과 관련된 것들이다.

29) 테츠키 모리야(Tetsuki Moriya), 앞의 논문, pp. 86-87.

30) 앞서도 '갱생보호'라는 용어를 설명하였듯이 일본의 지방갱생보호위원회는 한국의 갱생보호공단 등과는 전혀 성격을 달리하는 것이며(갱생보호법인들이 이와 성격이 유사하다), 굳이 비교를 하자면 보호관찰심사위원회와 비슷하다고 할 수 있다. 그러나 보호관찰심사위원회 조직상 보호관찰소와 단절된 한국과는 달리, 일본의 지방갱생보호위원회는 산하 보호관찰소의 상급기관으로서 역할을 하고 있으며 상당한 상위직급으로서, 보호관찰관 출신으로 구성된 위원장 및 위원들은 가석방예정자에 대한 면담 등을 직접 행하는 실무가들이며, 다시 일선 보호관찰소의 소장 등을 역임하는 등 인사교류상 하나의 위계조직으로 볼 수도 있다.

31) 교정시설에 파견된 보호관찰관을 말한다.

32) 지방갱생보호위원회는 교도소나 부인보도원에서의 가석방을 취소할 수 있는 단독 권한이 있다. 하지만, 소년원에서의 가퇴원인 경우, 지방갱생보호위원회는 사회내처우가 소년의 재활에 효과적인지의 여부를 판단하는 역할을 한다. 지방갱생보호위원회가 시설을 이용한 처우가 재활에 보다 효과적인 방법이라고 판단하면, 지방갱생보호위원회는 가정법원에 소년원을 추천하는 신청

형 종료 결정, ④ 성인 보호관찰대상자의 보호관찰 감독을 조건부로 유예하는 결정, ⑤ 가석방 기간 연장33) 등의 업무를 수행한다.34) 또한 이 위원회는 이외에도 보호관찰소사무의 감독에 관한 사무 또는 「갱생보호사업법」 및 「보호사법」에 규정되어 있는 법무대신의 권한의 일부를 위임받아 행하고 있다.35)

지방갱생보호위원회의 이러한 권한행사는 위원 3인으로 구성되는 합의체의 결정으로 이루어진다. 3명의 지방갱생보호위원회 위원으로 구성된 합의체는 「갱생보호법」의 규정에 따라 집단적으로 처분 결정을 내리며, 이러한 결정은 다수결의 원칙에 따라 정해진다.36) 지방갱생보호위원회 소속 보호관찰관은 이 위원들을 보조해 이들이 결정을 내리는데 유용한 정보를 수집하는 역할을 한다. 즉, 지방갱생보호위원회의 사무국에는 보호관찰관이 배치되어 있는데, 이들은 전문적 지식에 근거를 둔 가석방의 준비를 위한 조사 및 기타의 업무에 종사하고 있다.37)

(나) 보호관찰소

일본의 보호관찰소(Probation Office)는 지역사회 내에서 범죄자에 대한 관리와 처우업무를 담당하는 기본조직이다. 전국 50개 지방재판소(법원)의 소재지에 설치된 보호관찰소는 그 관할구역도 지방재판소의 그것과 같다. 도쿄, 오사카, 후쿠오카의 3개 대도시에는 지부가 설치되어 있으며, 출장소 형식의 29개 주재관사무소가 하급기관으로서 이러한 보호관찰소의 업무를 분담하고 있다.38)

보호관찰소의 주요업무는 우선 보호관찰의 실시와 범죄예방을 위한 여론의 계발지도·사회환경의 개선 및 지역주민의 범죄예방활동을 조장하는 것을 들 수 있다. 보호관찰소의 임무를 보다 구체적으로 살펴보면, ① 보호관찰 대상자와 가석방자의 감독, ② 교정시설에서 가석방예정자 및 재소자와 그 가족의 사회적 환경 조사 및 조율, ③ 갱생보호(애프터케어)서비스를 신청한 출소자 사후관리, ④ 개별사면에 관한 조사 및 신청, ⑤ 지역사회 내 범죄예방활동 촉진, ⑥ 보호사 선

서를 제출한다.

33) 지방갱생보호위원회는 무단이탈 가석방자의 소재 파악이 될 때까지 이 가석방자의 형기 진행을 임시로 중단함으로써 가석방 기간을 연장한다.

34) 테츠키 모리야(Tetsuki Moriya), 앞의 논문, pp. 87-88.

35) 갱생보호사업 등의 인가사항에 대한 변경인가 및 그에 대한 개선명령 등과 보호구의 구역 및 보호사의 정수의 변경에 관한 권한을 말한다. UNAFEI, 앞의 책, p. 27; 日本 法務省, 앞의 책, 1997, pp. 7-8.

36) 테츠키 모리야(Tetsuki Moriya), 앞의 논문, p. 88.

37) 日本 法務省, 앞의 책, 1997, p. 8.

38) UNAFEI, 앞의 책, p. 28; 日本 法務省, 앞의 책, 1997, pp. 8-9.

발, ⑦ 범죄자 사회복귀를 위한 법인 및 보호사의 감독, ⑧ 갱생보호시설 근무자 및 보호사의 교육 등이다.[39)]

이외에도 공식적인 정부기관은 아니나 애프터케어(after care)적인 갱생보호사업시설이 전국적으로 200여 군데 설치되어 있어, 출소자들의 사회적응을 위한 숙식제공과 취업알선활동을 하고 있다.[40)]

나) 보호관찰의 인력

(1) 보호관찰관[41)]

2015년 예산 기준, 일본에 있어서 법무성 보호국(정원 27명), 지방갱생보호위원회(정원 263명), 보호관찰소(1,497명) 등 보호관찰 관련부서에서 근무하는 공무원의 총 정원은 1,787명이다.

2015년 예산안을 기준으로 볼 때, 보호관찰소에는 소장, 차장, 지부장, 과장, 과장보좌 등 보직자를 제외하고 수석보호관찰관은 20명, 통괄보호관찰관은 123명, 일반보호관찰관 950명 등 총 1,087명의 보호관찰관이 근무하고 있다. 또한 주로 갱생보호사업과 관련된 업무를 담당하는 사회복귀조정관도 수석 3명, 통괄 13명, 일반 197명 등 총 213명이 배치되어 있다. 한편 지방갱생보호위원회에는 18명의 수석·통괄심사관 이외에도 보호관찰관 124명이 배치되어 위원회의 소관업무를 보좌하고 있다.

보호관찰관의 선발은 일반적인 공무원 시험의 일종을 통해 이루어지는데, 주로 형사정책, 심리학, 행정학 등의 전문적인 지식과 소양을 테스트한다.[42)]

(2) 보호사(保護司)

일본 보호관찰의 가장 큰 특색은 '보호사'라고 하는 반민반관(半民半官)적 민간자원봉사자들의 조직적이고 적극적인 활동이라고 볼 수 있다. 보호사는 보호관찰관에게 협력[43)]하며 그 민간성·지역성의 특성을 살리면서, ① 보호관찰대상

---

39) 테츠키 모리야(Tetsuki Moriya), 앞의 논문 p. 88. 이외에도 「갱생보호법」 등의 법률에는, 환경조정, 갱생긴급보호, 행집행이 정지된 자의 보호 등의 업무를 보호관찰소의 관장사무로 규정하고 있다.

40) Ministry of Justice, The pamphlet to introduce organization of Japanese Ministry of Justice, Tokyo: The Public Information Office, 2000, p. 20.

41) 이하의 내용은 日本 法務省, 平成26년 「法務年鑑」, 2014, p. 447 이하 참조.

42) 보호관찰직뿐만 아니라 모든 공무원시험은 3개의 종류가 있고, 1종 시험에 합격하면 3급부터, 2종 시험의 합격자는 2급부터, 그리고 3종 시험의 합격자는 1급부터 공무원생활을 시작하는데, 3급이 1급보다 더 높은 직급이다.

43) 사실상 보호관찰관의 역할은 보호사와 대상자간의 1대1 결연을 통한 실질적 활동을 행정적으로

자의 지도감독·보도원호, ② 형무소 수감자 및 소년원 재원자의 환경조정, ③ 범죄예방활동 등의 직무에 종사한다.[44]

보호사는 법무대신의 위촉을 받은 비상근 국가 공무원[45]으로서 임기는 2년이나, 재임은 막지 않는 것으로 되어 있다. 급여는 지급되고 있지 않지만 직무에 필요한 비용은 실비변상금 차원에서 전부 또는 일부가 지급되고 있다.[46]

보호사는 사회적 신망, 열의와 시간적 여유, 생활의 안정, 건강 등의 요건이 충족되는 사람 중에서 선임한다.[47] 보호사의 선임은 보호관찰소장이 후보자를 법무대신에게 추천하고, 법무대신은 보호관찰소마다 설치되어 있는 '보호사선고회(保護司選考會)'에 자문하여 그 의견을 듣고 보호사를 위촉하는 절차로 진행되고 있다.[48]

보호사의 정원은 1950년, 「보호사법」이 시행될 당시에 전국적으로 52,500명으로 규정되었던 이래 현재까지 변화가 없다. 실제 인원의 추이는 1950년에 39,473명, 1970년에 46,623명, 1980년에 48,073명 등이었으며 그 이후 48,000명 정도의 수준을 유지하고 있다. 2015년을 기준으로 일본의 보호사는 전국 886개의

지원하고 관리하는데 중점이 두어지고 있다.

44) 「보호사법」 제1조는 보호사의 사명을 "사회봉사의 정신을 갖고 범죄를 저지른 자들의 개선 및 갱생을 도움과 함께, 범죄의 예방을 위해 여론을 계발하고 이를 통해 지역사회의 정화를 도모하여, 개인 및 공공의 복지에 기여하는 것"이라고 규정하고 있다. 또한, 갱생보호법 제32조는 "보호사는 보호관찰관으로 충분하지 않는 부분을 보충하여", "지방갱생보호위원회 및 보호관찰소의 소관업무에 종사한다."고 규정하고 있다.

45) 보호사에게는 앞서 서술한 사명을 자각함으로 해서 적극적으로 직무수행을 할 것이 요구됨과 동시에 직무상 알게 된 관계인의 비밀을 누설하지 않을 것이 요구되고 있으나, 민간독지가라는 입장에서 갱생보호사업에 참가하는 보호사의 특수성으로 인하여 「국가공무원법」이 전면적으로 적용되지는 않는다. 예를 들면, 정치적 행위의 금지 또는 제한에 관한 규정은 적용되지 않는다. 한편, 직무수행 중 입게 된 재해에 대해서는 「국가공무원재해보상법」이 적용된다.

46) 일본의 보호사는 별도의 「보호사법」에 의거하여 준공무원의 신분을 가진다. 이에 따라 인사상 공무원에 준하는 법적 지위를 가지며 활동에 대해서도 실비지급 등 정부의 예산지원이 활발한 편이다. 또한 보호관찰사건을 담당하는 경우 1개월 당 7,310엔(한화 약 105, 800)의 실비를 지급하고 있다(「보호사실비변상금지급규칙」 참조).

47) 「보호사법」 제3조에는 보호사가 구비하여야 할 자격요건에 대하여, ① 인격 및 행동에 있어서 사회적 신망을 유지할 것, ② 직무수행에 필요한 열의 및 시간적 여유를 가질 것, ③ 생활이 안정되어 있을 것, ④ 건강하게 활동할 수 있을 것 등의 4가지로 규정하고 있다. 또한 같은 법 제4조에는 결격사유는, ① 금치산자 및 한정치산자, ② 금고이상의 전과, ③ 일본국 헌법 또는 정부를 폭력으로 파괴하려 했던 정당·단체를 결성·가입했던 자 등의 3가지로 규정되어 있다.

48) 보호관찰소장은 보호사의 배치 및 보호관찰대상자의 분포상황 외에 각 지역의 인구, 범죄 상황과 기타 상황을 감안하여 넓은 지역의 각 층에서 보호사의 후보자가 나올 수 있도록 노력해야 한다. 법무대신에의 추천은 실제로는 지방갱생보호위원회의 위원장에 대하여 이루어지며, 보호사의 위촉도 위원장이 법무대신의 명의를 대행하는 것으로 되어 있다. 日本 法務省, 앞의 책, 1997, p. 97.

'보호구'(保護區)라는 구역49)별로 47,872명이 실제 활동 중에 있는데,50) 그 가운데 여성은 약 26%이며 평균연령은 64.7세로서 고령화가 진행 중이다.51) 한편 보호사들은 보호구별로 보호사회(保護司會)에 가입하고 활동하고 있는데, 이러한 보호사회가 모여 보호사연맹이라는 자치조직이 구성되어 있다.52)

4) 보호관찰제도의 운영현황

가) 보호관찰 전체현황

일본은 소년보호처분 중심, 성인에 대해서는 기간이 짧은 가석방 중심의 원조적 보호관찰 실시하고 있다. 2014년 일본의 보호관찰 개시현황을 살펴보면, 전체 개시인원은 39,995명이다. 이중에서 소년보호관찰대상자가 총 22,721명이며, 여기에는 가퇴원자 3,122명이 포함된다. 한편 전체 가석방자 및 집행유예자를 포함한 전체 성인보호관찰대상자는 17,300명으로 전체의 43.3%의 점유비율을 차지하고 있다.53)

이는 2013년 중에 보호관찰이 부과된 사람의 총수, 42,117명 보다 약 5%가 감소하였다. 2014년 개시인원의 유형별 구성 비율을 살펴보면, 소년보호관찰처분(1호 관찰) 49.0%(19,599명), 소년원가퇴원자(2호 관찰) 7.8%, 가석방자(3호 관찰) 34.8%(13,925명), 보호관찰부 집행유예자(4호 관찰) 8.4%(3,348명) 등이다.54) 한편, 소년보호관찰처분 가운데 교통단기보호관찰의 개시인원은 최근 수년간 감소경향에 있어

---

49) 보호구는 「법무대신이 도도부현(都道府縣)에 나누어 정하는 구역」(「보호사법」 제2조)이며, 보호사를 적절히 배치하고 그 직무의 집행구역을 명확히 하기 위하여 설치된 것으로 단독 또는 복수의 시군구로 구성된다. 또 보호구마다의 보호사의 정수는 법무대신이 그 지역의 인구, 경제, 범죄의 상황 및 그 외의 사정을 고려하여 정한다.

50) 法務省法務總合研究所, 平成 27年版 「犯罪白書」, 2015, 2-55-1 圖 참조.

51) 보호사의 총수에서 점하고 있는 여성보호사의 비율은 1958년에는 11%에 불과하던 것이 점차 증가하여 최근에는 25%를 넘어서고 있는 것이다. 한편, 1958년 이래 60대 이상의 자가 차지하는 비중이 증가하는 추세에 있으며, 1996년에는 그 비율이 67%에 달하였고 평균연령을 보더라도 1953년에 53세에서 점차 상승하여 1974년에는 60세에 달하던 것이 2012년에는 63.8세가 되었다. 또한 최근에는 보호사의 고령화에 수반된 문제점이 지적되어 일부지역을 제외하고는 신임 및 재임연령의 제한이 있다. 테츠키 모리야(Tetsuki Moriya), 앞의 논문, p. 90.

52) 보호사는 보호구마다 지구보호사회(地區保護司會)를 조직하고, 이들 지구보호사회가 연합하여 보호관찰소의 관할구역마다 도도부현보호사연맹(都府縣保護司連盟)을 결성, 여기에 지방갱생보호위원회의 관할구역을 단위로 지방보호사연맹(地方保護司連盟)이, 전국조직으로서 사단법인 전국보호사연맹(全國保護司連盟)이 각각 조직되어 있다. 이들 조직은 어느 것도 법률상의 근거를 갖고 있는 것은 아닌 자주적인 조직이기는 하지만, 보호사활동의 지원과 발전을 위하여 중요한 역할을 하고 있다. 日本 法務省, 앞의 책, 1997, p. 35.

53) 法務省 法務總合研究所, 앞의 책, 2015, CD-ROM 資料 2-9 참조.

54) 法務省 法務總合研究所, 앞의 자료, 참조.

2014년에는 전년대비 626명 감소한 6,701명이다.

나) 재판 이전 단계의 보호관찰

일본에서는 미결구금이나 보석단계에서 보호관찰제도를 활용하고 있지 않다. 특히 판결전조사제도를 도입하지 않고 있어서 재판 이전 단계의 보호관찰제도와 관련하여 특기할 만한 사항이 많지 않다.

다만 일본 「소년법」상 사회조사제도는 비록 법원 소속의 조사관에 의하여 수행되고 있지만, 그 성격에 있어서는 판결전조사와 유사한 것이다. 사회조사란 판사가 가정재판소 조사관에게 내린 조사명령(소년법 제8조 2항)에 기초하여 조사관이 담당하는 이른바 '요보호성'에 관한 조사이다. 사회조사는 소년의 요보호성을 판단하는 데에 그 기초가 되는 중요한 자료이다.

가정재판소는 검사 등으로부터 사건의 송치를 받은 경우 사건에 대하여 조사를 하여야 하며, 가정재판소 조사관에게 명하여 소년, 보호자 또는 참고인에 대한 조사와 기타 필요한 조사를 할 수 있다.[55] 조사관은 조사명령을 받으면 법률기록을 검토하여 필요한 조회서를 보내거나 소년 또는 보호자 및 관계자와의 면담계획을 세우거나 호출을 하는 방법으로 조사를 실시한다.[56] 한편 가정재판소는 필요하다면 소년을 일정기간 시험적으로 가정법원의 조사관의 관찰, 즉 재택시험관찰, 신병부 보도위탁, 보도위탁 등 '시험관찰'을 부과할 수 있다.

다) 재판 및 형집행 단계의 보호관찰

(1) 프로베이션(probation)형 보호관찰의 유형

일본의 프로베이션(probation)형 보호관찰은 1호 및 4호 관찰이다. 우선 1호 관찰인 소년보호관찰처분은 「소년법」(1948) 제244조에 근거하여, 가정재판소가 비행청소년을 대상으로 한 보호조치의 하나로서 이들 비행청소년을 보호관찰소의 감독 하에 두는 것을 말한다. 범죄를 저지른 소년이나 우범자로 분류되었었던

---

55) 이 조사는 가능한 한 소년, 보호자 또는 참고인 등 관계자의 행장·경력·소질·환경 등에 관하여 의학·심리학·교육학·사회학 등의 전문적인 지식을 이용하여 이루어지는 것이므로, 특히 소년 감별소의 감별결과를 활용하여야 한다.

56) 일본에서 소년법상 조사의 내용을 '사회기록'이라고도 하는데, 이는 가정재판소 조사관의 조사를 바탕으로 하여 조사관이 그 전문성을 구사하여 편성하는 것이다. 사회기록에는 조사관의 사회조사의 진척에 따라 관계기관에 대한 조회(본적조회, 학교조회, 직업조회)에 대한 회답, 보호자에 대한 질문표의 회답, 보호자가 면담할 때 지참한 소년의 통지표의 사본, 소년감별소의 감별결과 보고서, 보조인(부첨인)이 제출한 자료, 조사관의 조사보고서 등이 포함된다.

소년은 가정재판소의 결정에 의해 보호관찰 대상자가 될 수 있다(같은 법 제24조 1항). 이들의 보호관찰 기간은 보호관찰 대상자가 만 20세에 달할 때까지이며, 만약 그 기간이 2년 미만일 경우에는 2년으로 정한다.

한편 4호 관찰은 「형법」(1954) 제25조 및 제26조에 근거하여, 성인범죄자를 대상으로 형의 집행을 유예하는 조건으로 보호관찰을 부과하는 것이다. 성인 보호관찰 대상자는 「형법」(제25의2조 1항)에 의거 집행유예 선고나 벌금형 선고에 따라 형사법원이 보호관찰 대상으로 정한 사람이다. 이들의 보호관찰 기간은 1년에서 5년 사이로 법원이 정한 기간이다.

(2) 보호관찰 준수사항

(가) 일반준수사항의 유형

일본에 있어서도 보호관찰 준수사항은 일반준수사항과 특별준수사항으로 나눠지는데, 한국의 보호관찰과 대체로 그 내용이 비슷하다.

일본 보호관찰대상자의 일반준수사항은 다음과 같다(「갱생보호법」 제51조)

① 다시 범죄나 비행을 저지르지 않도록 건전한 생활태도를 유지할 것

② 아래에 열거하는 사항을 지켜, 보호관찰관 및 보호사의 지도감독을 성실하게 받을 것

a) 보호관찰관 또는 보호사의 호출 또는 방문을 받을 때 면담에 응할 것

b) 근로 및 학업의 상황, 수입 또는 지출의 상황, 가정환경, 교우관계 기타 생활실태를 나타낼 수 있는 사실에 있어서 지도감독을 행함에 있어서 파악해야 할 사항을 명백히 하도록 요구받았을 때는 여기에 응하여 사실을 신고하고 이에 관한 자료를 제시할 것

③ 보호관찰에 처해진 때에는 신속하게 주거를 정하여 이를 관할하는 보호관찰소의 장에게 신고할 것

④ 위 항의 신고된 주거지에 거주할 것

⑤ 거주를 이전하거나 7일 이상의 여행을 할 때는 미리 보호관찰소장의 허가를 받을 것

(나) 특별준수사항 유형

보호관찰소대상자는 일반준수사항 이외에 준수하여야 할 특별한 사항, 즉 특별준수사항이 정해졌을 때는 이를 지켜야 한다. 일본 보호관찰대상자의 특별준수사항은 다음과 같다(같은 법 제52조).

① 범죄성이 있는 자와의 교제, 의심스러운 장소에의 출입, 유흥에 의한 낭비, 과도한 음주, 기타 범죄 및 비행과 결부될 위험성이 있는 특정 행동을 하지 않을 것

② 근로에 종사할 것, 학교에 다닐 것, 기타 다시 범죄나 비행을 하지 않고 건전한 생활태도를 유지하기 위하여 필요하다고 인정되는 특정한 행동을 실행하고 또한 계속할 것

③ 7일 미만의 여행, 이직, 신분관계의 이동, 기타 지도감독을 행하는데 사전에 파악할 것이 특히 중요하다고 인정되는 생활상, 또는 신분상 특정한 사항에 관하여, 긴급한 경우를 제외하고는, 미리 보호관찰관 및 보호사에게 신고할 것

④ 의학, 심리학, 교육학, 사회학, 기타 전문적 지식에 기초하고 특정한 범죄적 경향을 개선하기 위하여 체계화된 절차로 이루어진 처우로서, 법무대신이 정한 처우를 받을 것

⑤ 법무대신이 특정한 시설, 보호관찰대상자를 감호하여야 할 자의 거주지, 기타 개선갱생을 위하여 적당하다고 인정되는 특정한 장소로서, 숙박의 용도로 제공된 장소에 일정한 기간 숙박하며 지도감독을 받을 것

⑥ 기타 지도감독을 행하는데 특히 필요한 사항

(다) 특별준수사항의 설정, 변경 및 취소

보호관찰소의 장은 보호관찰처분소년에 대하여, 법무성령이 정하는 바에 따라「소년법」제24조 제1항 제1호의 보호관찰처분을 한 가정재판소의 의견을 듣고, 이에 근거하여 특별준수사항을 정할 수 있으며, 특별준수사항을 변경할 경우에도 마찬가지이다(같은 법 제52조 제1항).

보호관찰소의 장은 보호관찰부 집행유예자에 대하여 그 보호관찰이 개시될 때에, 법무성령이 정하는 바에 따라「형법」제25조의2 제1항의 규정에 형의 집행유예의 조건으로 보호관찰을 선고한 재판소의 의견을 듣고, 이에 근거하여 특별준수사항을 정할 수 있다(제4항). 전항의 경우 이외에도 보호관찰소의 장은 보호관찰부 집행유예자에 대하여 당해 보호관찰소의 소재지를 관할하는 재판소에 대하여 필요한 자료를 제시하고 의견을 들은 이후에 특별준수사항을 새로이 설정하거나 변경할 수 있다. 다만, 당해 재판소가 그러한 설정 또는 변경이 상당하지 않다는 의견을 진술한 경우에는 그러하지 아니한다(제5항).

한편, 보호관찰소의 장은「소년법」상 보호관찰처분자 및 보호관찰부 집행유

예자에 대하여, 법무성령이 정하는 바에 따라 특별준수사항을 취소할 있다(제53조
1항).

(3) 보호관찰의 실시방법

일본 보호관찰의 기본법이라고 할 수 있는「갱생보호법」에는 보호관찰의 방
법을 제57조와 제58조에서 지도감독과 보도원호의 두 가지로 나누어 규정하고
있다.

(가) 지도감독

지도감독은 보호관찰에 처하여진 자에게 준수사항을 지키도록 행하여지는
조치·작용을 말한다. 그 방법으로서는 같은 법 제57조에, ① 면담, 기타의 적당
한 방법으로 보호관찰대상자와 접촉을 유지하고 그 행장을 파악하는 것, ② 보호
관찰대상자가 일반준수사항 및 특별준수사항을 준수하고, 이와 함께 생활행동지
침에 따라 생활하고 행동할 수 있도록 필요한 지시 및 기타 조치를 취하는 것,
③ 특정의 범죄적 경향을 개선하기 위하여 전문적 처우를 실시할 것 등 3가지를
규정하고 있다. 위의 ②에서 '생활행동지침'이라 함은, 보호관찰소의 장이 보호관
찰대상자에 대하여 지도감독을 위하여 적절하게 수행할 필요가 있다고 인정할 때
법무성령이 정하는 바에 따라 당해 보호관찰대상자의 개선갱생에 기여하도록 정
하여 서면으로 교부하는, 생활 및 행동에 대한 지침을 말한다(같은 법 제56조 참조).

(나) 보도원호

보도원호의 방법에 대하여는 동법 제58조에 규정되어 있는데, 지도감독이
보호관찰 방법의 권력적·감독적 측면을 나타낸다고 한다면, 이 보도원호의 방법
의 비권력적이며 복지적이고 원조적인 작용이라고 말할 수 있다.[57] 그 구체적인
내용으로는 ① 적절한 주거, 기타 숙박장소를 얻도록 하고 당해 숙박장소에 귀주
하는 것을 돕는 것, ② 의료 및 요양을 받을 수 있도록 도와주는 것 ③ 직업을
잘 이끌어 인도하고 취직을 돕는 것, ④ 교양훈련을 수단을 얻도록 돕는 것, ⑤
생활환경을 개선하고 조정하는 것, ⑥ 사회생활에 적응시키기 위하여 필요한 생
활지도를 행하는 것, ⑦ 그 외에도 보호관찰대상자가 건전한 사회생활을 영위할
수 있도록 필요한 조언 및 기타조치를 취하는 것 등이다.

---

57) 日本 法務省, 앞의 책, pp. 70-71.

(4) 보호관찰처우방법

일본 보호관찰의 실무에 있어서 보호관찰대상자를 처우하는 방법은 크게 단계별처우와 유형별처우가 있다.

우선 일본 보호관찰의 기본법인 「갱생보호법」의 시행에 따라, 종래 분류처우 유형을 발전적으로 해소하고 단계별처우가 도입되었다. 이는 보호관찰대상자에 대하여 범죄나 비행에 연결될 위험이 있는 행동의 가능성을 차단하고 대상자의 건전한 사회복귀를 도모하기 위하여, 보호관찰대상자를 처우의 난이도에 따라 S, A, B로 구분하는 것이다. 각 단계에서 요구되는 처우의 강도에 따라 보호관찰관과 보호사의 협력을 통하여 양자가 적정하고 효율적인 처우활동을 하는 한편, 각 단계에 있어서의 처우실시 상황에 따라 단계의 변경, 제재조치, 은전조치 등을 확실히 하기 위한 것이다.

한편, 일본에는 보호관찰대상자의 문제원인 또는 특별한 처우의 필요성 등으로 대상자를 분류하는 유형별처우제도가 있다. 2012년 말 현재 유형별처우의 상황을 살펴보면, 교통단기보호관찰 및 10월 이내의 단기보호관찰을 제외하고 전체 보호관찰대상자 중에서 무직대상자가 17.8%, 약물사범대상자가 9.2%(2011년 말에는 각각 17.0%, 8.7%) 등의 비율을 점유하고 있는 등 문제성이 크다고 인정되는 사건이 전년도에 대비하여 계속 늘어나고 있다.

다) 석방 이후 단계의 보호관찰

(1) 퍼로울(parole)형 보호관찰의 유형

일본의 퍼로울(parole)형 보호관찰은 크게 2호 관찰과 3호 관찰이 있다. 2호 관찰, 즉 소년 가퇴원자는 「갱생보호법」(제41조)에 입각한 지방갱생보호위원회의 결정에 따라 소년원에서 조건부로 퇴원된 소년이다. 이와 관련하여 「갱생보호법」은 소년원 가퇴원자는 보호관찰의 대상이 된다고 명시하고 있다(제41조 및 제42조). 가퇴원 감독기간은 가퇴원자의 연령이 만 20세에 도달할 때까지와 가정재판소가 확정한 보호수용기간 종료일까지 중의 하나로 정하지만, 후자의 경우 만 26세를 경과할 수는 없다.

한편, 3호 관찰, 즉 성인가석방자는 지방갱생보호위원회가 「형법」 제28조에 따라 교도소에서의 조건부 가석방을 결정한 사람이다. 이와 관련하여 「형법」은 재소자의 가석방 자격과 가석방 취소의 핵심 조건을 규정하고 있다(제28조 및 제29

조).「갱생보호법」에서는 교도소에서 가석방으로 석방된 사람은 소년 가퇴원자와 동일한 방식의 가석방 감독을 받아야 하는 것으로 규정하고 있다(제40조). 가석방 감독 기간은 남은 형기 동안이며, 종신형의 경우 가석방 기간은 사면을 받은 경우가 아니면 평생 동안이다.

(2) 퍼로울(parole)형 보호관찰의 특별준수사항 설정, 변경 및 취소

지방갱생보호위원회는 소년원 가퇴원자 및 가석방자에 대하여 보호관찰소의 장의 신청에 의해 법무성령이 정하는 바에 따라 결정으로 특별준수사항을 설정하거나 변경할 수 있다(제52조 2항). 지방갱생보호위원회도 소년원 가퇴원자 및 가석방자에 대하여 설정한 특별준수사항을 취소할 수 있다(제53조 2항 참조).

(3) 갱생보호(애프터케어)서비스

1990년대 일본에서는 고령범죄자의 증가가 사회적 문제로 대두되었고 누범자 및 약물 및 알코올남용자 등 개선갱생에 전문적 개입이 필요한 자의 증가 역시 주요한 이슈가 되었다. 이에 따라 1990년대 일본 보호관찰의 역사에 있어서 주목할 만한 변화 중의 하나는 1995년 「갱생보호사업법」의 제정이었다. 같은 법은 범죄자 갱생보호서비스를 위한 법인에 대한 규정과 범죄자 갱생보호서비스의 승인, 감독(형사 규정 포함) 및 재정 지원을 모니터링 한다는 두 가지 주된 목적으로 제정되었다. 또한 같은 해는 〈갱생보호법인 갱생보호사업진흥재단〉이 설립되고, 200여개의 갱생보호법인 및 시설에 있어서의 대상자에 대한 처우의 법적 절차, 그리고 경제적 원조에 대한 보호관찰소의 감독권을 강화하였다.[58]

또한 일본 법무성 보호국과 〈전국갱생보호법인연맹〉에서는 갱생보호시설의 처우기능의 충실을 도모하기 위하여 1999년 초부터 연구회 등을 개최, 공동연구ㆍ검토를 통하여 "갱생보호시설의 처우기능 충실화를 위한 기본계획"(21세기의 새로운 갱생보호시설을 목표로 한 토탈플랜)을 수립, 2000년 초년도로 하는 3개년 계획을 추진하였다.

기본계획의 일환으로 「갱생보호사업법」의 일부개정안이 2002년 국회에 제출되어 통과, 시행되었다. 그 주요내용으로는 우선 갱생보호시설을 범죄자처우의 전문시설로 자리매김하도록 종래 숙소 및 식사제공 중심에서 사회적응을 촉진하기 위한 적극적인 처우를 위해서 위탁이 가능하도록 하였다. 또한 소년원 만기출

---

58) Kubo Takashi, "Adult Probation Profiles of Japan", in *Adult Probation Profiles of Asia*, Tokyo: UNAFEI, 1999, pp. 25–39.

원자나 노역장출소자의 사회복귀 촉진을 위해 이들도 위탁대상으로 포함시켰으며, 고령자범죄자 증가에 대응하여 본인의 자립능력 등 개별사정에 대응하여 보호기간을 기존의 6개월에서 최대 1년까지 연장이 가능하도록 하였다.

「갱생보호사업법」에서는 범죄자 갱생보호서비스를 제공하는 비영리 형태의 단체의 범주를, ① 갱생보호시설에 범죄자 수용, ② 물질적 지원 제공, ③ 다른 갱생보호 단체에 대한 재정적으로 지원 등으로 정하고 있다. 2015년 4월 1일 기준, 165개의 갱생보호법인이 100개의 성인 및 소년 갱생보호시설을 운영하고 있고, 이외에도 사회복지법인 등 다른 형태의 법인도 3개의 시설을 운영하고 있다.59) 이러한 갱생보호시설들은 범죄자를 수용하고, 일자리를 찾을 수 있게 지원해주며, 사회 기술 훈련(SST), 알코올 중독자 모임 및 마약중독자 모임 등과 같은 다양한 종류의 치료 프로그램을 제공해주기도 한다. 다른 법인들은 재활 서비스에 대한 재정 지원을 제공하기도 한다.

5) 일본 보호관찰의 최근 동향

가) 취업지원 및 재범방지 프로그램 활성화

일본에서는 2000년대 후반 이후 다음과 같이 보호관찰대상자를 위한 종합적인 취업지원제도를 운영하는 한편, 다양한 재범방지 프로그램을 운영 중에 있다.60)

첫째, 2006년부터 법무성과 보건노동후생성이 협력하여 보호관찰소에 보호관찰대상자를 위한 **종합적인 고용지원시스템**을 설치하여 운영 중이다. 이를 통해 교정시설, 소년원 및 보호관찰소 등이 체계적으로 협력해서 개인의 욕구와 적성에 맞게 개별적인 맞춤형 고용지원을 실시하고 있다.61) 교정시설 및 소년원에서는 출소(출원)예정자에게 직업상담, 업무배치, 직업강의 등을 제공하고 있고, 보호관찰대상자는 적절한 방법을 선택해서 직업상담 및 업무배치 서비스를 제공해주는 '고용지원팀'을 활용할 수 있다. 또한, 기업체 고용을 촉진하기 위해 보증인시스템과 시범고용시스템을 활용한 지원프로그램도 실시하고 있다.62)

---

59) 日本 法務省 法務總合研究所, 앞의 책, 2-55-3 図 참조. 이들 103개의 시설 정원은 총 2,349명으로서, 이 중 남자가 2,168명(성인 1,844명, 소년 324명)으로 전체의 92.3%이며, 여자가 181명(성인 134명, 소녀 47명)으로 7.7%이다.

60) 이하의 내용은 테츠키 모리야(Tetsuki Moriya), 앞의 논문, pp. 95-101 참조.

61) 일본의 교정시설 및 소년원에서도 2006년부터 경력 상담 및 산업 상담과 같은 자격을 갖춘 고용지원 담당하는 직원을 두고, 이들이 재소자들에게 실제 고용 상황에 대한 상담을 제공하고 있다.

62) 이외에도 세미나 및 체험워크샵, 작업장 견학 등을 실시해 지원 대상자의 취업 가능성을 높이고

둘째, 2000년대 후반부터 성범죄자, 마약범죄자, 알코올중독자 등을 대상으로 하는 전문적인 재범방지프로그램이 속속 도입되어 운영 중에 있다. 우선, 2006년에는 범죄자의 왜곡된 인지방식을 수정함으로써 그들의 행동패턴을 변화시키려는 인지행동치료 전문 프로그램이 성범죄 등을 저지른 성인 보호관찰대상자를 위해 도입되었다.[63] 2008년에도 성인 폭력범죄자 및 성인 마약남용자를 대상으로 비슷한 인지 행동 프로그램을 개발하였다. 2010년에는 성인 음주운전자를 대상으로 한 프로그램을 도입하였다.[64] 이러한 전문 프로그램을 의무적으로 받아야 하는 마약남용 집행유예대상자나 가석방대상자는 마약검사[65]와 인지행동 프로그램 두 가지를 동시에 받아야 한다.[66]

나) 출소자 등의 사회정착지원 전문화

일본에서는 최근 출소자 등의 사회정착을 위한 시설 및 제도의 전문화를 강조하고 있다.

이를 위하여 우선 〈국립 자립갱생촉진센터〉라는 전문처우시설을 설립, 운영하고 있다. 센터는 일본 법무성이 기존의 갱생보호시설[67]과는 별개로 폭력범이나 성범죄자 등 중점관리가 필요한 범죄자를 위하여 직접 설치·운영하는 것이다. 여기서는 폭력범이나 성범죄자 등을 대상으로 마약문제 등 개인문제의 치료

있다. 뿐만 아니라, 2008년 이후에는 석방 재소자의 고용촉진위원회를 통해 전과자의 고용문제에 협조적인 고용주를 더 많이 확보하고 있다. 협조적인 고용주의 수는 2010년 4월 1일 기준 9,346업체에 달하고 있으며, 이중 현재의 어려운 경제 여건 속에서도 570여 개의 업체는 보호관찰대상자 및 가석방자를 고용하고 있다. 이러한 결과 2010년 2,200명 이상이 취업에 성공하였다.

63) 이 전문치료 프로그램에는 보호관찰관이 포함되어 있어 범죄자들이 워크시트를 작성하면서 자신의 문제(왜곡된 인지, 자기 통제의 결여 등)를 인식할 수 있게 돕거나 역할 연기를 통해 범죄를 저지르는 일을 피할 수 있는 방법을 소개해주는 역할을 담당하고 있다.

64) 이 범죄자들은 가석방이나 보호관찰 조건으로 이 프로그램에 의무적으로 참가해야 하기 때문에, 프로그램에 참가하지 않으면 가석방이나 보호관찰이 취소될 수도 있다. 지역사회 내 의료 및 보건기관과의 긴밀한 협조 또한 범죄자의 성공적인 감독에 중요한 요인이다. 일부 보호관찰관과 갱생보호시설은 마약 및 알코올 중독자들에게 자조모임이나 재가 치료와 같은 형태의 지원을 제공하는 전국적 규모의 단체와도 긴밀히 협력하고 있다.

65) 이 마약검사는 자발적으로 받는 것이며, 2011년에 마약검사는 7.741건이 실시되었다.

66) 2010년 기준으로 전문치료 프로그램을 이수자의 수는 성범죄자치료 프로그램 910명(618명은 가석방대상자, 292명은 집행유예대상자), 폭력예방 프로그램 274명(162명은 가석방자, 112명은 집행유예대상자), 음주운전방지 프로그램 70명(32명은 가석방자, 38명은 집행유예대상자) 등이었다.

67) 갱생보호시설의 기본적인 기능은 보호관찰대상자, 가석방자, 만기출소자 등을 수용함으로써 원활한 사회복귀 이행과 사후관리를 제공하는 것이다. 원래 모든 갱생보호시설은 민간단체에 의해 설립, 운영되었다. 하지만 폭력범이나 성범죄자와 같이 집중적인 감독과 특별 처우가 필요하여 민간 갱생보호시설이 수용하기 어려운 범죄자들도 있다. 법무성은 이와 같은 유형의 범죄자를 수용할 수 있는 갱생보호시설을 직접 설립하여 운영할 계획을 세웠다.

를 위한 특별프로그램과 고용지원 프로그램 등을 운영하며 집중적인 감독을 실시하고 있다. 2007년 홋카이도에 소년대상자를 위한 시설 1곳, 2009년과 2010년에는 후쿠오카, 이바라키, 후쿠시마 등지에 성인가석방자를 위한 시설 3곳이 각각 개설되었다.[68]

　한편, 무연고자, 고령자, 신체적·정신적 장애인 등 특별지원이 필요한 범죄자의 **재정착지원제도**도 강화하고 있다. 2009년부터 법무성, 보건노동후생성 및 기타 단체들은 특정을 문제를 가진 재소자 및 소년원생이 원만하게 사회에 재정착하는 것을 돕기 위해 협력하고 있다. 이를 위하여 사회복지사와 정신보건사회복지사들이 교정시설 및 소년원에 배치되어 복지지원 필요를 파악하고 석방 전 복지신청에 도움을 제공하고 있다.[69] 복지서비스로의 원활한 이전을 촉진하기 위해 보호관찰소는 재소자가 석방되기 전에 교정시설과 긴밀히 협조하고 있다. 또한 보건노동후생성이 현 단위로 설치한 지역사회 정착센터와의 협력을 통해 보호관찰소는 고령의 범죄자나 장애를 지닌 범죄자들이 복지기관으로부터 복지지원을 받을 수 있는 생활환경을 조성하고 있다.[70]

　다) 피해자 지원정책 강화

　최근 수십 년간 일본에서는 범죄피해자에 대한 관심이 새롭게 부각되면서, 수사단계부터 교정단계에 이르기까지 형사사법절차 전반에서 피해자의 위치와 역할에 관한 관심이 고조되고 있다.[71] 일본의 회복적 사법[72] 프로그램은 2000년

---

68) 2007년 청소년을 위한 한 시설이 홋카이도에 설립되어, 이곳에서 청소년들은 농업 분야에 관한 특별 훈련과 지식을 습득할 수 있었다(누마타초 국립 자립갱생촉진센터). 2009년에는 성인 가석방자를 위한 시설이 후쿠오카 현에 설립되어, 가석방된 사람들이 집중적인 감독을 받고 이들의 문제를 다루기 위한 전문 프로그램을 받았으며(키타규슈 국립 범죄자 갱생보호 센터), 이바라키 현에는 성인 가석방자를 위한 시설이 개설되어 석방된 가성박자들이 농업에 중점을 둔 직업훈련을 받기도 했다(이바라키 국립 직업 훈련 및 고용 지원 센터). 2010년에는 후쿠시마 현에 가석방자들이 집중적인 감독과 이들의 문제를 다루기 위한 전문 프로그램을 받을 수 있는 시설이 개설되었다(후쿠시마 국립 자립갱생촉진센터).

69) 2009년 기준, 사회복지사들이 62개의 교정시설에 배치되었다(이 중 정신보건사회복지사는 8개의 시설에 배치). 뿐만 아니라 사회복지사들은 3개의 소년원에 배치되었고, 정신보건사회복지사는 2개의 소년원에 배치되었다.

70) 또한 석방 후 즉시 복지서비스를 받는 것에 어려움을 겪는 사람은 갱생보호시설에 입소시켜 복지로의 전환을 준비시키며 사회생활에 적응할 수 있는 상담과 훈련을 제공받기도 한다. 이런 이유로 2009년부터 전문 자격과 복지 경험을 가지고 있는 사회복지 전문요원들을 57개의 갱생보호시설에 배치해 놓고 있다.

71) 회복적 사법의 이념이 정착되기 이전에도, 일본 범죄피해자 구조제도의 시작은 1970년대로 거슬러 올라간다. 일본의 범죄피해자 구조제도의 역사는 시동기, 모색기, 확대발전기, 법적정비기로 구분이 가능하다. ① 시동기(1970년대): '미쯔비시중공업빌딩 폭파사건'으로 제기된 국가적인 차

에 제정된 「범죄피해자등의보호를위한형사절차상부수조치에관한법률(犯罪被害者等の保護を図るための刑事手続に付随する措置に関する法律)」(이하 '범죄피해자보호법'이라고 한다.)에 근거하고 있다.[73] 형사사법절차에 있어서 행해지고 있는 주요한 회복적 사법 프로그램은 '가·피해자 화해모델'이며, 운영주체에 따라 변호사주도형, 민간단체형, 판사주도형으로 나눠진다.

　　보호관찰분야에 있어도 대상자의 처우에 관심을 갖는 범죄피해자가 적극적으로 정보의 공개 등을 요청하는 경우가 발생, 이에 대응하기 위한 지침을 시행 중에 있다. 특히, 중대범죄를 저지른 자에 대한 가석방 심리시 지방갱생보호위원회는 필요하다고 인정하는 경우에 피해자감정 등에 대한 조사 및 의견청취를 하고 있다.

　　이외에도 피해자는 스스로 가해자의 가석방·가퇴원에 대한 의견을 진술할 수 있으며, 보호관찰 중 가해자에게 피해자 측의 심정을 전달하는 것도 가능하다. 또한 피해자는 원한다면, 가해자의 보호관찰의 상황 등을 알 수 있으며, 전임 담당자에게 불안이나 고민되는 일 등을 상담하는 것도 가능하다.[74]

원에서의 구제의 필요성이 요구되어, 범죄피해자 보상제도 입법운동이 시작되었다. ② 모색기(1980년대): 「범죄피해자등급부금지급법」의 제정·시행, 범죄피해자구원기금이 설립되고 성범죄 피해자를 위한 민간단체의 지원이 시작되었다. ③ 확대발전기(1990년대): 형사절차상 담당기관인 경찰·검찰에서 피해자 지원을 위한 제도를 마련하였고, 민간단체들의 움직임이 활발히 진행되었다. 경찰에서는 피해자대책요강(被害者對策要綱)을 채택·실시하게 되었다. ④ 법적정비기(2000년대): 형사절차상 피해자 보호를 위한 「범죄피해자보호관련2법」(2000)과 국가피해자 대책의 기본시책을 마련할 것을 명시한 「범죄피해자등기본법」(2004)이 제정·시행되었다. 특히 이 중에서 「범죄피해자보호관련2법」(犯罪被害者保護のための二法)은 피해자가 증인으로서 출석할 때 보호를 위한 조치, 형사소송절차에서의 화해, 피해자에 대한 정보제공 등을 규정하고 있다.

72) 회복적 사법(回復的 司法)에 대하여 일본에서는 '수복적 사법'(修復的 司法)이라는 용어가 사용되고 있다.

73) 「범죄피해자보호법」에서는 범죄피해자가 가해자에 대해 가지는 민사상 손해배상청구권을 형사절차과정에서 실행할 수 있도록 하여 합의에 강제력이 부여되고 있다. 법원은 신청조건을 구비하였는지 확인하지만 손해배상액 또는 그 지불방법의 적정성 등에 관하여는 판단하지 않는다. 그러나 이 제도는 형사법원에 대해 민사분쟁을 해결할 책무를 부과한 것이 아니라 피해자 구제를 위해 개인 사이에서 성립한 합의에 집행력을 부여하는 것에 불과하다. 한편 일본의 전반적인 피해자지원업무는 독립행정법인인 〈사법지원센터〉에서 담당(근거법률: 「총합법률지원법」, 2004)하며 법무성에는 법무대신 직속의 〈일본사법지원센터평가위원회〉가 설치되어 법무대신이 지시하는 중기목표 아래에서의 법인의 운영을 평가한다.

74) 2009년 기준으로 일본 보호관찰분야에서의 피해자지원업무에 대한 주요 실시현황을 살펴보면 다음과 같다. ① 의견청취제도: 279건, ② 심정 등 전달제도: 83건, ③ 갱생호보에 있어서의 피해자 등 통지제도: 지방갱생보호위원회에서 2,497건, 보호관찰소에서 2,288건, ④ 상담·지원: 1.176건, ⑤ 기타 피해자담당관 및 피해자담당 보호사 연수실시 등이다.

2. 태 국

1) 개 관

태국의 전체 인구는 2016년 1월 기준으로 약 6,748만 명이고 인구 10만 명당 교도소 수용인원은 약 468명이다.[75]

태국의 보호관찰제도는 1952년 소년범을 대상으로 처음 시작하였고, 이후 시스템이 안정화되면서 성인범으로 확대되어 발전을 거듭해오고 있다. 태국 법무부의 〈보호관찰국(Department of Probation)〉은 보호관찰 이외에도 '강제마약치료제도(compulsory drug treatment)'도 관할하고 있는데, 이는 마약중독자를 사법절차에서 전환하는 지역사회 기반의 형사조치이다.

보호관찰소의 감독 하에 있는 성인범의 다수는 보호관찰을 조건으로 형의 집행이 유예된 자들이다. 유예 기간은 최대 5년까지이다. 하지만 보호관찰국의 통계에 따르면, 형 집행이 유예된 자들에 대한 보호관찰 기간은 평균 1년가량이다.

보호관찰 준수사항은 가정법원(juvenile and family court)에 의해 소년범에게도 적용된다. 2010년도 「소년 및 가정법원법(Juvenile and Family Court and Procedure Act)」제138조에 따르면 소년에게 적용되는 보호관찰 기간은 1년을 초과할 수 없다.

결론적으로 보호관찰소의 감독 하에 있는 보호관찰대상자의 유형은, ① 18세 이상의 성인범으로 형의 선고나 집행의 유예를 받은 자, ② 가석방이나 감형을 받은 수형자, ③ 10세 이상 18세 미만의 소년범으로 다음에 해당하는 자[76] 등 크게 3가지로 구분할 수 있다.

2) 역사적 발전

가) 태국 보호관찰제도의 초기 발전

보호관찰제도가 태국에 처음 도입된 것은 1952년으로서, 처음에는 '소년구금센터(juvenile detention center)'의 책임 아래 소년범을 대상으로 하였다. 이후 1956년 「형법」(Criminal Code) 제56조 내지 제58조에 법원이 성인형사사건에 대하여 보호

---

75) 관련 링크: http://www.prisonstudies.org/map/asia
76) 이는 다시 다음과 같은 4가지 유형으로 구분된다.: a) 유죄 선고는 받지 않았으나 보호관찰이 필요한 자, b) 유죄 선고를 받았으나 보호관찰을 조건으로 형의 집행유예를 받은 자, c) 소년원(training center)에서 조건부로 석방된 자, d) 소년원(training center)에서 석방되었지만 보호관찰이 필요한 자.

관찰을 조건으로 선고유예나 집행유예를 부과할 수 있도록 규정하였으나, 이를 담당할 전문기관이 없어 보호관찰은 시행되지 못하였다.

1979년 「보호관찰절차법(Probation Procedure Act)」이 공표되면서 보호관찰 담당 기관인, 〈중앙보호관찰소〉(Central Probation Office)가 법원 소속 법무국의 기구로 방콕에 처음 설치되었다. 이후 보호관찰은 보호관찰소의 감독 하에 성인범에게도 실시되었고 전국적으로 확대되었다. 1992년 3월 15일 중앙보호관찰소는 법원으로부터 독립하여 법무부의 〈보호관찰국〉(Department of Probation)으로 확대되었고, 성인에 대한 보호관찰을 맡게 되었다. 1992년부터 2001년까지 선고유예나 집행유예를 받은 성인 대상자의 보호관찰은 보호관찰국이 담당하였고, 가석방자나 형 감면자의 보호관찰은 〈교정국〉(Department of Corrections)이 담당하였다. 한편, 소년범 대상 보호관찰은 〈소년보호관찰센터〉(Juvenile Observation & Protection Center)가 담당하였다. 이 센터는 가정법원으로부터 독립하여 2002년 〈소년관찰보호국〉 (Department of Juvenile Observation & Protection)이 되었다.77)

나) 2002년 형사사법개혁과 보호관찰의 역할강화

2002년 태국의 형사사법개혁78)의 일환으로 법무부의 조직재편이 상당한 수준으로 이루어졌는데, 다른 부처로부터 부서의 이관을 받아 새롭게 6개의 기구를 설치하였다.79) 또한 사법서비스 이용에 관한 권리보호와 형사사법체계의 효율성 제고를 위하여 여러 개의 새로운 부서가 설치되었는데,80) 그 중의 하나가 소년관

---

77) 이와 같이 태국에서 보호관찰서비스는 여러 기관에 의해 실시되었다. 선고유예나 집행유예 처분을 받은 성인범은 보호관찰국이, 가석방자는 교정국이 각각 보호관찰을 담당하였다. 태국 보호관찰 서비스의 분산에 대하여 학자들과 형사사법 전문가들은, 이러한 복잡한 체제로 인하여 서비스의 분절과 중복 문제가 발생하고 일관되고 통일된 보호관찰 서비스를 제공하지 못하는 점이 제도 발전을 가로막고 있다고 비판하였다.

78) 2002년 개혁 이전의 태국의 형사사법체계는 비효율적이라는 비판을 받았는데, 이러한 비효율성은 점차 국민과 정부의 관심사가 되었다. 이에 따라 1997년 헌법 초안을 마련하면서 형사사법의 개혁 문제가 헌법위원회의 특별한 관심 사항이 되었고, 이후 헌법의 여러 조항에 규정되었다. 이러한 움직임은 수년간 지속되었고, 마침내 중요한 개혁이 2002년 법무부 재편과정에 반영되었다. 이 때 경찰, 법원, 검찰 등과 같은 중추적인 형사사법기관들이 재편되었다.

79) 내무부로부터 교정국(Department of Corrections)이, 총리실로부터 마약통제청(ONCB, Office of Narcotics Control Board)이 각각 법무부로 이관되었다.

80) 이러한 부서는, ① 법무실(Office of Justice Affairs), ② 특별수사국(Department of Special Investigation), ③ 인권국(Department of Rights and Liberties Protection), ④ 중앙과학수사연구소(Central Institute of Forensic Science), ⑤ 소년관찰보호국(Department of Juvenile Observation and Protection), ⑦ 공공분야 부패방지청(Office of the Public Sector Anti-Corruption Commission) 등이다.

찰보호국(Department of Juvenile Observation and Protection)이다.

한편 형사사법의 개혁은 위와 같은 조직구조적 측면에 국한된 것이 아니었고, 형법과 형사소송법, 형사사법에 관한 전반적인 정부정책 등을 포함하여 입법 및 정책에 이러한 사항들이 분명하게 반영되었다. 태국 형사사법의 개혁의 주요 내용은, ① 피해자 권리, 피고인 및 범죄자 권리의 강조, ② 보다 폭넓은 대안적 수단의 적용,81) ③ 지역사회 참여 권장 등이다. 이러한 개혁프로그램의 핵심적 사항 중 하나가 바로 보호관찰과 관련된 제도의 확대와 행정조직을 강화하는 것이다.

2001년 7월 10일자 내각 의결안에 따라, 보호관찰국이 재판 이전 단계, 재판 단계 및 재판 이후 단계에서 명실상부하게 보호관찰을 운영하는 주 기관이 되었다. 소년범과 가석방자의 보호관찰은 이전에 소년구금센터(Juvenile Detention Center)와 교정국에서 각각 담당했었는데, 이를 보호관찰국으로 이관한 것이다. 이렇듯 업무권한이 늘어난 것에 대응해 보호관찰국은 그 구조를 개편하여, 2002년 새로운 과제를 책임질 3개의 부서가 공식적으로 새로 설치되었다.82)

결론적으로 태국의 2002년 형사사법 개혁은 보호관찰을 형사사법의 비효율성을 개선하기 위한 조치로 활용하기 위한 시도라 할 수 있다. 많은 형사사법 전문가들과 행정 담당자들은 보호관찰이 교도소 과밀현상을 감소시키고, 범죄자의 재활 기회를 향상시키며, 범죄자를 다루는 국가 예산을 절감할 수 있는 잠재력을 지닌 조치로 여기고 있다. 그 결과 보호관찰국은 보호관찰 서비스와 기타 대안적 조치들을 보다 폭넓고 체계적으로 운영하는 핵심적인 기관으로 지명되었다.

---

81) 태국 형사사법체계의 모든 단계에서 볼 수 있는 사건의 과다, 특히 교도소의 과밀수용 현상으로 인해 형사사법기관은 여러 범주의 대안적 수단을 통해 형사사법절차 내의 사건들을 다른 체계로 전환하고자 하였다. 이 정책은 2001년 7월 10일 내각의 의결안에 의해 발효되었고, 형사사건의 수와 교도소 과밀수용 문제를 완화하기 위한 지침을 제공하였다. 특히 이중의 중요한 정책으로는, 마약사용자를 사법절차로부터 전환하기 위해 '강제마약치료'(compulsory drug treatment)를 실시하는 것뿐 아니라 대안적 조치와 판결의 옵션 중 하나로서 '화해조정'(conflict resolution)'을 활용하는 것들이 있다.

82) 이 부서들은 마약재활과(Drug Addicts Rehabilitation Development Division), 마약재활센터(Drug Addicts Rehabilitation Center) 및 보호관찰개발과(Probation Development Bureau) 등이다. 이후 다음 해에 더 많은 부서들이 비공식적으로 설립되어 보호관찰국의 효율성을 제고하고자 하였다.

3) 보호관찰의 조직 및 인력

가) 보호관찰의 조직

태국 법무부의 보호관찰국과 소년보호관찰국은 사무차관의 감독을 받는다.[83] 형사사법시스템의 개혁으로 인해, 태국 보호관찰국은 처음 설립될 때 보다 더 많은 역할과 임무를 부여 받게 되었다. 여러 유형의 범죄자들이 보호관찰소로 이관되고 있는데, 이는 다른 형태의 처우를 제공해야 한다는 것을 의미한다. 업무 범위도 법원 처분의 집행을 넘어 마약재활과 사후관리 서비스까지 담당하게 되었다.

2012년 현재 전국의 모든 도에 지소를 포함하여 100개의 보호관찰소(probation offices)가 있다.

나) 보호관찰의 인력

2011년 기준, 태국 보호관찰제도 운영에 참여하는 정부기관의 인력은 총 4,250명으로서, 이 중 2,368명이 보호관찰관(probation officers)이다. 나머지 1,882명은 보호관찰관의 업무를 조력하는 행정업무담당자(administrative officers)이다.

보호관찰서비스와 마약재활은 지역사회를 기반으로 한 조치이기 때문에, 보호관찰국은 지역사회의 협력 없이 단독으로 이 일을 수행할 수 없다. 지역사회의 보호관찰서비스와 여타 범죄예방활동에 참가를 독려하기 위해 '자원봉사 보호관찰관'(VPO, Volunteer Probation Officer)제도가 1986년부터 태국에 도입되었다.

자원봉사 보호관찰관은 보호관찰서비스 제공을 위해 자원하여 보호관찰소에서 일하는 사람들이다. 범죄자 재활과 지도감독에 필요한 핵심사항에 대한 훈련을 받은 뒤, 보호관찰관을 보조하여 지역사회에서 보호관찰대상자를 다루는 일을 한다. 2011년 현재 전국적으로 총 13,460명의 자원봉사자 보호관찰관이 보호관찰소 업무에 참여하고 있다.

한편 〈지역사회 사법 네트워크〉(community justice network)는 2003년에 도입되었다. 이 제도는 지역사회 구성원들에게 형사사법기관의 직원과 파트너십으로

---

[83] 태국에서 검찰청(Office of General Attorney)과 자금세탁통제청(Anti-Money Laundering Office)은 독립 조직이나 법무부의 감독을 받는다. 한편 마약통제청(ONCB)과 공공분야 부패방지청은 법무부 산하나 총리의 직접 감독을 받는다. 다른 부서나 기관들은 사무차관(Permanent Secretary)의 감독을 받는데, 이러한 기관들로는 보호관찰국, 인권국, 소년관찰보호국, 특별수사국, 법무실, 중앙과학수사연구소 등이다.

함께 일할 기회를 제공하기 위하여 시작되었다. 제도 도입 이후 10년이 지나면서 '지역사회 사법제도'는 공공의 필요에 부응하고 서비스의 신뢰를 개선하는데 적합한 태국의 형사사법제도의 채널 중의 하나로 인정되기 시작하였다. 매년 1만 명 이상의 사람들이 '지역사회 사법 네트워크'에 새로이 참여하고 있으며, 100개의 센터가 설치되고 있다. 2011년 현재 '지역사회 사법 센터'(community justice centers)는 약 800여 개이고 회원 수는 약 8만 명에 이른다.

4) 형사사법단계별 보호관찰의 기능

가) 보호관찰 전체현황

2011년 현재 태국의 보호관찰대상자는 총 197,799명으로서, 이 중 141,388명 (71.4%)은 성인 집행유예대상자이고, 23,548명(11.9%)은 소년대상자이며, 33,113명 (16.7%)은 가석방대상자이다. 모든 연령 집단의 수는 소년 대상자를 제외하고 2010년부터 증가했으며, 소년대상자는 23,733명에서 23,548명으로 약간 감소하였다. 2003년의 통계와 비교할 때, 집행유예 보호관찰대상자와 가석방 보호관찰대상자의 수는 약 67.6%로 크게 증가하였는데, 이는 주로 성인 집행유예대상자의 증가세에 의한 것이었다.

2003년부터 2011년 사이의 범죄유형별 보호관찰대상자의 변화추이를 살펴보면, 우선 보호관찰처분을 받은 마약사범의 수는 2003년 이후 50%가 감소하였다. 보호관찰시스템에 있어 마약사범의 변화는 2002년에 제정된 「마약중독자 재활법」(Drug Addicts Rehabilitation Act)법에 따라 치료목적의 다이버전이 활성화된 것에 기인한다.[84] 반면 같은 시기에 교통사범 보호관찰대상자의 수는 약 4배 증가하였으며,[85] 재산 범죄(property offenders)의 경우에는 2007년 정점에 이른 후 대략적인 안정세를 유지하고 있다.

---

84) 보호관찰국은 2001년 7월 10일 내각 의결안에 의해 2002년도 「마약중독자 재활법」(Drug Addicts Rehabilitation Act)에 따라 강제적인 시스템으로 마약 재활에 대한 책임을 지게 되었다. 이 시기 마약중독자들은 법원에 송치되는 대신에 강제치료시스템으로 의뢰되었다. 또한 일부 마약중독자들은 공공 보건시스템에서 자발적으로 치료를 받기도 하였다. 그 결과 입건되어 보호관찰소로 이송되는 마약중독자들의 수는 감소하였다. 하지만 이러한 추세는 최근에 역전되기 시작해, 마약 범죄를 저질렀지만 강제치료의 대상이 아닌 보호관찰대상자의 수는 2009년 2배로 증가하였다. 이는 마약중독자들이 '마약범죄 강경책(getting tough on drugs crime)'에 따라 형사사법절차로 보내졌기 때문이다.

85) 교통사범 보호관찰 대상자의 변화도 음주운전에 대한 새 정책의 영향을 받은 것이다. 음주운전자에게 벌금형과 함께 보호관찰 처분을 부과하는 정책이 2004년 새롭게 시작하였는데, 이 결과 이 시기 교통사범의 수가 4배나 증가하였다.

　　보호관찰 이수율을 보면, 2011년에는 보호관찰대상자(집행유예 및 가석방자 포함)의 86.9%가 보호관찰 처분을 성공적으로 완료하였다. 처분의 취소와 재범률은 그렇게 높지 않았다. 2011년 보호관찰대상자의 9.9%가 준수사항을 위반하였고, 보호관찰 기간을 성공적으로 종료한 대상자 중 3년 이내 재범률은 17,83%이다.

나) 재판 이전단계의 보호관찰

(1) 판결전조사(Pre-sentence Investigation)

　　태국에서도 재판 이전 단계에서 보호관찰관의 주요 임무 중의 하나는 법원에 판결전조사보고서(pre-sentence investigation report)를 작성하여 제출하는 것이다. 이 조사 절차는 범죄자의 배경과 사건 관련 자료의 수집과 분석을 통해 적절한 양형과 재활을 위한 조치를 권고하는 것이다.

　　법원이 판결전조사를 의뢰하는 사건의 대상은 3년형 이하의 선고를 받고 피고가 유죄를 인정한 사건이다. 보호관찰관은 법원의 조사 명령 이후 15일 안에 판결전조사보고서를 작성하여 제출하여야 한다. 조사 기간은 법원의 허가를 받아 최대 30일까지 연장할 수 있다.

　　2011년 기준, 보호관찰소에서 수행한 조사 사건은 총 86,756건 이었는데, 이 중 판결전조사는 43,320건(49.93%), 판결후조사(가석방자전조사)는 43,436건(50.07%)이었다. 건수의 업무 부담은 지난 10년 동안 두 배로 증가하였고, 2011년의 경우에는 2010년 보다 약 7% 정도 증가하였다.

(2) 마약재활 강제치료제도

　　2002년도 「마약중독자 재활법(Drug Addict Rehabilitation Act)」에 따라 입건된 마약중독자들은 사법적 처분의 대안적 조치인 '강제치료시스템'(compulsory treatment system)으로 이관되었다. 2개의 주요 기관이 이 치료시스템의 시행에 중추적인 역할을 하는데, 그 중 하나는 마약중독자재활위원회(Sub-committee of Drug Addict Rehabilitation)[86]이고 다른 하나는 보호관찰소이다.

　　이 과정은 범죄자가 마약중독, 마약중독 및 소지, 마약중독 및 매매를 위한 소지, 마약중독 및 매매 등의 혐의로 입건됨과 동시에 개시되는데, 이때 중독자

---

86) 이 위원회는 각 도(道)에 설치되어 있으며 법무부 대표가 의장직을 맡고, 의사 1인, 심리학자 1인, 사회복지사 1인 및 마약재활전문가 2인으로 구성되며 보호관찰소장이 간사(secretary)를 맡는다. 이 위원회는 마약중독 처우의 기획과 감독에 관한 의사결정 기구인 반면 보호관찰소는 마약중독의 평가, 처우의 수행, 다른 마약재활센터와의 협력 업무를 수행하는 기관이다.

는 48시간 또는 24시간(나이가 18세 미만인 경우) 이내에 법원으로 송치된다. 법원은 대상자가 마약평가(drug assessment)를 받도록 전문기관에 의뢰할 수 있다. 평가 결과 대상자가 마약중독자로 밝혀지면, 검사는 기소를 유예하고 대상자를 강제 치료시스템으로 전환한다.

치료프로그램은 집중구금프로그램(intensive custodial program)과 비집중구금프로그램(non-intensive custodial program), 비구금프로그램(non-custodial program)으로 구성된다. 치료과정은 마약재활센터의 치료단계(4개월)와 보호관찰소의 재활단계(2개월) 등 2단계로 나누어져있다.[87] 마약재활을 위한 자원이 제한적이기 때문에, 보호관찰국은 공립 병원, 군부대 마약재활센터, 불교 사원 등과 같은 지역사회 내의 마약재활 관련기관들과 협력해야 한다. 2003년 5,413명이던 대상자는 2011년 177,582명으로 약 33배에 달하는 폭발적인 증가세를 보였다. 그러나 2011년 현재 처우 중인 마약중독자 중에서 성공적인 이수자 비율은 38.83%에 불과하다.[88]

다) 재판 및 형집행 단계의 보호관찰

(1) 보호관찰 지도감독

보호관찰국이 설치된 이후 지난 10년 동안 보호관찰관에게는 더 많은 임무가 부여되었고 그에 다른 새로운 기술이 요구되고 있다. 그럼에도 불구하고 태국 보호관찰관이 수행하는 보호관찰대상자 지도감독은 기본적으로 대상자 모니터링(monitoring)과 그들이 준수사항을 잘 준수하도록 지원하는 것으로 구성된다. 보호관찰기간 동안, 보호관찰관은 직업훈련·인성교육(moral education)·상담·집단치료 및 행동교정프로그램 등과 같은 다양한 치료프로그램을 통해 범죄자의 재활을 돕는다. 사회봉사명령도 범죄자가 동의하면 적용할 수 있다.

일부 보호관찰대상자들은 사회적으로 약자이거나 법규를 준수할 능력이 없

---

87) 첫 번째는 마약치료 단계로서 마약재활센터(drug rehabilitation centers)에서 실시하는 것인데, 약 4개월이 소요된다. 치료과정의 두 번째는 사회복귀 단계로서 보호관찰소가 제공하는 것인데, 약 2개월이 소요된다. 마약치료 단계는 치료 결과와 위원회의 결정에 의해 기간을 줄이거나 연장할 수 있다. 치료 결과가 성공적인 경우, 위원회는 마약중독자를 기소하지 않고 범죄기록 없이 방면한다.

88) 강제치료체계에 있는 마약중독자의 수는 2003년도 법이 시행된 이후 크게 증가하였다. 마약중독자들 중 약 50%가 25세 이하이며 대부분은 메타암페타민 중독자들이다. 치료 결과의 성공 비율은 그렇게 높지 않다. 이는 일부 마약중독자들이 치료 연장을 하거나 치료 프로그램을 중단하기 때문이다.

는 자로 분류되기도 한다. 보호관찰소가 제공하는 복지서비스는 이러한 사람들과 다른 석방된 범죄자를 대상으로 이들의 성공적인 재활과 사회복귀를 목표로 하는 서비스이다. 제공되는 서비스는 식비나 교통비의 지급, 교육 및 직업 훈련의 제공, 취업알선 및 주거서비스 등이 있다.

(2) 사회봉사(Community Service)

보호관찰소는 보호관찰 대상자에게 사회봉사 프로그램을 제공한다. 사회봉사는 법원이 보호관찰 대상자에게 준수사항으로 명령하거나 마약중독자재활위원회가 마약처우 프로그램을 보완하는 것으로 부과하기도 한다. 또한 벌금을 낼수 없는 범죄자들은 벌금을 대신해 사회봉사를 이행하기도 한다. 사회봉사는 무보수로 실시되며, 대상자의 동의를 받아야 한다.

(3) 판결후조사(가석방사전조사)

태국의 보호관찰관은 판결 이후 단계에서는 가석방위원회(Parole Board)에 제출할 사회조사보고서(social investigation report)를 작성하고 있다. 판결후조사(post-sentence investigation)는 가석방위원회의 명령에 따라 개시된다. 조사의 목적은 범죄자가 재범을 저지르지 않게 하고 다른 범죄로부터 사회를 보호하는 것에 있다.

조사기간 동안, 보호관찰관은 보증인과 지역사회, 필요한 경우 피해자로부터 정보를 수집한다. 조사 과정은 약 1개월 정도 소요되나 최대 2개월까지 연장할 수 있다. 형기의 1/3 혹은 종신형의 경우 10년을 복역하고 남은 형기가 최소 1년 이상인 수형자가 가석방의 대상이 된다. 또한 감형을 통해서도 가석방 대상이 될 수 있는데, 수형자가 형기의 최소 6개월 이상을 복역했거나 혹은 종신형의 경우 10년을 복역하고 남은 형기가 감형 기간과 동일한 경우 이 수형자는 조건부 가석방의 대상이 될 수 있다.

5) 태국 보호관찰의 최근 동향

가) 보호관찰대상자와 마약중독자의 증가

보호관찰대상자와 마약중독자의 증가는 태국 보호관찰이 직면한 문제의 하나이다. 2003년부터 2011년까지 전체 보호관찰대상자의 수는 거의 2배로 증가하였다. 사범별로 보면, 교통사범이 4% 증가한 반면, 마약사범은 2010년부터 50%가량 크게 증가하였다. 2011년 보호관찰국의 관리 대상 마약사범은 25만 명에 이른다. 약 70%(177,582명)는 강제치료제도의 관리 하에 있다. 법률 시행 이후 강제치료 체계에 있는 마약중독자도 매년 급격히 증가하고 있다.

또한 범죄자의 증가는 보호관찰관의 업무부담 문제를 야기하고 있다. 현재 보호관찰국 소속 보호관찰관은 2,368명이다. 보호관찰관 1인당 관리하는 보호관찰케이스는 약 115건이며, 보호관찰소에서 근무하는 보호관찰관만을 대상으로 할 경우, 이러한 케이스부담은 166건으로 증가한다. 이와 관련하여 또 다른 문제는 마약 중독 재활 예산이 제한되어 있다는 점이다. 일례로 태국 정부는 2012년 52,600명의 마약중독자를 치료하기 위한 예산을 강제치료프로그램에 배정하였으나, 2012년 실제로 강제치료에 의뢰된 마약중독자는 15만 명에 달해 배정된 예산의 범위를 크게 초과하였다.

나) 보호관찰관의 역할변화와 조직 전문화

태국 보호관찰에서 최근에 일어나고 있는 변화는 보호관찰관의 업무 부담을 크게 증가시킨 것 외에 더 나은 성과에 대한 압력이 커진 점이다. 2001년 이전에 보호관찰관은 보호관찰서비스에만 집중했다. 주요한 업무는 판결전조사를 실시하고, 성인범죄자를 대상으로 지역사회 내에서 지도감독을 실시하는 것이었다. 하지만 2001년 새로운 임무가 부여되면서, 살인·마약거래·성폭력과 같은 중범죄가 포함된 다양한 사건이 보호관찰소에 의뢰되었다. 이는 최대 3년 형을 선고받은 뒤 가석방이나 감형으로 풀려난 범죄자들의 일부가 의뢰되었기 때문이다. 이후, 2002년과 2003년 사이 다수의 마약중독자들이 보호관찰소에 의뢰되었다. 보호관찰관의 임무에는 이제 마약재활도 포함된다. 마약재활을 위해서 태국에서는 치료공동체(Therapeutic Community)와 매트릭스 프로그램(Matrix program)과 같은 특별 치료 프로그램을 시행하고 있다. 따라서 태국의 보호관찰관에게는 이러한 마약중독 프로그램들을 시행하기 위한 전문적 치료 지식과 기술도 요구되고 있다.

태국 보호관찰국은 변화하는 상황에 효과적으로 대응하기 위하여 조직의 비전을 "2014년까지 범죄자 재활과 사회재통합을 통해 사회방위 전문기관의 달성"(To be professional in protection of society by rehabilitating and reintegrating offenders to the community by 2014)으로 정하였다. 이렇듯 전문성(professionalism)은 태국 보호관찰조직의 발전방향이며, 이를 실현할 구체적인 행동계획은 다음과 같이 크게 4가지로 제시되고 있다.

① 지식의 관리, 학술적 연구 및 훈련 등과 같은 다양한 방법과 기법을 적용하여 보호관찰관과 자원봉사자에 요구되는 역량에 부합하기 위한 지식과 기능의 개발

② 마약검사와 분류도구를 사용자 친화적(user-friendly)이며 시간을 절약하고 전산시스템에 적합하도록 재편하는 것 등 보호관찰 서비스, 마약처우, 행정업무를 수행하는 데 필요한 기술·장비·도구의 적용

③ 일선 현장부터 기술분야(technical units)를 포괄하는 조직성과 기준의 관리

④ 보호관찰소와 지역사회의 협력 기관 등의 운영 기관을 감독하고 모니터링할 수 있는 효과적인 도구와 시스템의 개발

Probation and Parole in Korea

제**3**부

우리나라의 보호관찰제도

제7장

현행 보호관찰제도의 개관

　　이 장에서의 논의는 보호관찰제도의 개괄적 이해를 도모하기 위한 것이다. 따라서 여기서는 넓은 의미에서의 보호관찰제도 전반의 실시현황에 대하여 살펴보도록 한다. 이를 위하여 우선 전체 형사사법체계 내에서 보호관찰제도, 즉 광의의 보호관찰이 부과되는 절차와 대상자의 유형을 개괄적으로 살펴보도록 한다.

　　이 책의 제1장에서는 법적 성질과 처분유형에 따른 보호관찰제도의 구분기준을 살펴보았다. 앞서 살펴보았듯이 보호관찰제도는 처분유형에 따라 크게 형사처분의 성격, 보호처분의 성격, 보안처분의 성격을 갖는 것으로 구분할 수 있다. 여기서는 형사처분으로서의 보호관찰과 보호처분으로서의 보호관찰, 그 중에서도 소년보호처분을 중심으로 관련 법률제도를 살펴보도록 한다.

　　제7장의 마지막 부분에서는 보호관찰제도 운영과 관련된 기본적 사항, 즉 관련법령, 조직·인력, 시설·예산 등에 대하여도 알아보도록 한다.

1. 형사사법체계와 보호관찰제도

1) 보호관찰제도 부과절차 및 근거법률

가) 보호관찰제도 부과절차의 개관

광의의 보호관찰, 즉 보호관찰제도는 범죄인을 수용시설에 구금하지 않고 가정과 학교 및 직장에서 정상적인 생활을 하도록 하되, 보호관찰관의 지도·감독을 통해 준수사항을 지키도록 하고 사회봉사명령이나 수강명령을 이행하도록 하여 범죄성을 개선하는 선진형사제도이다.

이러한 넓은 의미의 보호관찰은 형사법원의 판결 또는 결정에 의하여 집행유예나 선고유예의 조건으로 부과되거나 소년법원의 소년심판에서 보호처분의 하나로 부과되기도 한다. 또한 소년법상 보호처분의 일환으로 소년원에 송치되었던 소년범이 보호관찰심사위원회의 결정으로 임시퇴원된 경우에도 보호관찰이 부과된다. 소년교도소에 수용되었던 소년수형자가 보호관찰심사위원회의 결정으로 가석방된 경우와 성인수형자가 가석방심사위원회의 결정으로 가석방된 경우에는 법률의 규정에 의하여 원칙적으로 보호관찰이 부과된다. 「치료감호법」에 의하여 치료감호심의위원회의 결정으로 가종료 및 가출소된 경우에도 원칙적으로 보호관찰이 부과된다.

한편 검찰에서도 기소유예제도를 활용하여 다양하게 보호관찰을 부과하고 있다. 일반 소년범의 경우에는 보호관찰소 선도조건부 기소유예처분을 통하여, 성구매사범의 경우에는 성구매자재범방지교육(소위 '존스쿨') 조건의 기소유예처분을 통하여 보호관찰소에 관리감독과 교육이 위탁된다. 이렇게 다양한 보호관찰

▮ 그림 7-1 ▮ 형사사법체계 내의 보호관찰 부과절차 개관

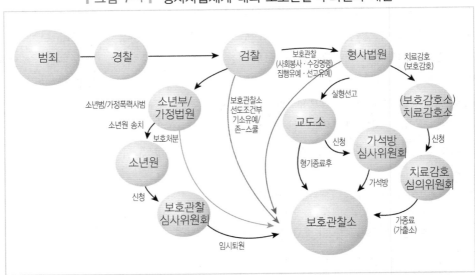

출처: 법무연수원, 「2011년 제4기 보호직 9급 신규자과정 교육교재」, 2011, p. 116.

의 부과절차는 〈그림 7-1〉과 같이 정리하여 볼 수 있다.

　나) 보호관찰제도 부과의 근거법률

　(1) 보호관찰 등에 관한 법률[1]

　범죄인에 대한 사회내처우 제도를 도입하고 체계화시킴으로써 범죄인의 건전한 사회복귀를 촉진하고 재범을 방지하기 위하여 1988년 12월 31일 「보호관찰법」이 제정되었으며, 1989년 7월 1일부터 본격 시행에 들어갔다. 이후 2014년 12월까지 총 14차례 개정되었으며, 이 중에서 주요한 법률내용의 변경은 총 7차례였다.[2]

　(2) 「형법」

　보호관찰제도가 도입된 지 6년이 지난 1995년 12월 29일 「형법」 개정은 보호관찰제도 발전사에서 중요한 의미를 지닌다. 개정 「형법」(법률 제5057호, 시행: 1997. 1. 1.)은 선고유예나 집행유예, 가석방 등의 경우 성인에게도 보호관찰을 부과할 수 있도록 함으로써 보호관찰 부과 대상을 기존 소년 중심에서 모든 형사범으로 확대하였다.

　구체적으로는 형의 선고유예를 하는 경우 재범방지를 위하여 지도 및 원호가 필요한 때에는 보호관찰을 명할 수 있도록 하였으며, 형의 집행을 유예하는 경우에도 보호관찰을 명하거나 사회봉사 또는 수강을 명할 수 있도록 하였다. 또한 가석방자는 행정관청이 필요가 없다고 인정한 때 외에는 원칙적으로 가석방 기간 동안 보호관찰을 받도록 하였다.

　(3) 「소년법」

　「보호관찰법」의 제정과 더불어 1988년 개정된 「소년법」(법률 제4057호, 시행: 1989. 7. 1.)은 (구)「소년법」에 형식적으로 존재하였던 보호관찰 관련 규정을 구체화하였다. 같은 법은 보호관찰 등 보호처분의 종류를 7가지로 규정하고, 보호관찰과 함께 사회봉사명령 또는 수강명령을 병과할 수 있도록 하였다.

　2007년 12월 21일 개정된 「소년법」(법률 제8722호, 시행: 2008. 6. 22.)은 소년범 연

---

1) 엄밀하게 말하면, 「보호관찰 등에 관한 법률」은 보호관찰제도의 부과 근거법률이라기 보다는 보호관찰제도 집행의 기본법이라고 할 수 있다. 그러나 다른 법률들이 보호관찰, 사회봉사명령 및 수강명령 등을 부과함에 있어서 보호관찰 등에 관한 법률의 여러 규정을 준용하고 있으므로 여기서는 다른 부과 근거법률과 함께 다루도록 한다.
2) 자세한 내용은 제1장의 '2. 보호관찰의 역사'의 관련부분 참조.

령이 하향화되는 추세에 맞춰 보호처분의 하한연령을 기존 12세에서 10세 이상
으로 낮추고, 「소년법」 적용 상한연령도 20세에서 19세 미만으로 조정하였다. 또
한, 보호처분의 종류를 10가지로 다양화하고 보호처분의 기간도 개정하였는데,
단기보호관찰의 기간은 기존 6월에서 1년으로 조정하고, 보호관찰 부가처분으로
서의 외출제한명령과 보호자교육 등을 도입하였다. 아울러, 보호관찰과 함께 1개
월 이내의 소년원 송치를 병과할 수 있도록 하여 시설내처우와 사회내처우의 연
계를 강화하였다.

(4) (구)사회보호법 및 치료감호법

　　1980년 제정된 (구)「사회보호법」은 상습범이나 심신장애로 인한 범죄인의
재범위험성으로부터 사회를 보호하기 위해 마련된 법으로서, 보안처분으로서의
보호관찰을 규정하였다. 같은 법 경과규정에 의해 1989년 7월 이전까지는 관할
경찰서장에 의해 집행이 실시되다가 보호관찰제도 시행 이후에는 보호관찰소에
서 가출소한 피보호감호자나 가종료된 피치료감호자에 대해 일괄적으로 3년간의
보호관찰을 실시하였다. 그러나 같은 법은 보호감호제도의 인권 침해 논란 등에
따라 2005년 8월 4일 폐지되었다.

　　「사회보호법」의 폐지와 동시에 심신장애나 마약류 사용 등 범죄자에 대한
적절한 치료 및 사회보호 등을 위해 2005년 8월 4일 「치료감호법」이 제정되었
다. 같은 법에서 보호관찰은 피치료감호자에 대한 치료감호가 가종료되거나 법
정대리인 등에게 위탁된 때 실시되도록 하고, 그 기간은 3년으로 규정되었다.
또한, 보호관찰의 종료는 기간만료나 치료감호심의위원회의 치료감호종료결정
이 있거나, 치료감호의 집행개시 또는 금고이상의 형의 집행을 받은 때 종료되도
록 하고 있다.

(5) 「성폭력범죄의 처벌 등에 관한 법률」

　　성폭력범죄의 흉포화 등에 대응하기 위해 1994년 1월 5일 「성폭력범죄의 처
벌 및 피해자 보호 등에 관한 법률」이 제정되었다. 같은 법률은 성범죄자의 경우
에는 성인에 대해서도 선고유예 또는 집행유예 시 보호관찰을 부과할 수 있도록
하고, 성폭력범죄를 범한 자가 소년인 경우에는 선고유예와 집행유예 시 반드시
보호관찰을 명하도록 하여 성범죄자에 대한 사회내 감독을 강화하였다.

　　2010년 4월 15일, 성폭력범죄의 처벌 등에 관한 특례와 성폭력범죄의 피해

자 보호 등에 관한 사항을 분리하여 효율적으로 대처하고자 같은 법의 처벌특례에 관한 내용이「성폭력범죄의 처벌 등에 관한 법률」로 분리되어 새로이 개정되었다.

(6)「가정폭력범죄의 처벌 등에 관한 특례법」

가정폭력의 심각성에 대한 문제가 공론화됨에 따라 가정폭력에 대해서도 국가적 개입이 필요하다는 여론 속에 1997년 12월 13일「가정폭력범죄의 처벌 등에 관한 특례법」(법률 제5436호, 시행: 1998. 7. 1.)이 제정되었다.

같은 법은 보호처분의 한 종류로 보호관찰을 규정하였으며, 접근금지처분이나 상담위탁 등의 처분과 병과가 가능하도록 하였다. 보호관찰의 기간은 6개월로 하되 1회에 한하여 연장이 가능하도록 규정하였으며, 보호관찰 집행에 성실히 응하지 않을 경우 보호관찰관의 신청에 의한 결정으로 보호관찰처분을 취소하고 검사 송치가 가능하도록 하였다.

(7)「아동·청소년의 성보호에 관한 법률」

성범죄로부터의 청소년 보호 등을 위해 2000년 2월 3일「청소년의 성보호에 관한 법률」(법률 제6261호, 시행: 2000. 7. 1.)이 제정되었다. 같은 법률 제13조는 집행유예를 선고하면서 수강명령을 병과하는 경우 보호관찰소의 장은 수강명령 집행을 보건복지가족부장관에게 위탁할 수 있도록 하고, 대상 청소년에게 보호처분을 할 경우「소년법」제32조 제1항 각 호의 보호처분을 부과할 수 있도록 규정하였다.

(8)「성매매알선 등 행위의 처벌에 관한 법률」

성매매 등을 근절하고 성매매피해자의 인권을 보호하기 위해 2004년 3월 22일「성매매알선 등 행위의 처벌에 관한 법률」(법률 제7196호, 시행: 2004. 9. 23.)이 제정되었다. 같은 법률은 성매매를 한 자에 대하여 보호관찰 등의 보호처분을 규정하였는데, 보호관찰기간은 6개월로 규정하고 판사의 결정으로 최대 1년까지 연장이 가능하도록 하였다.

(9)「특정범죄자에 대한 보호관찰 및 전자장치 부착 등에 관한 법률」

오랜 논란 끝에 2007년 4월 27일「특정 성폭력범죄자에 대한 위치추적 전자장치 부착에 관한 법률」(법률 제8394호)이 제정되었다. 위치추적 전자감독제도는 성폭력범죄자 등에 대한 위치추적과 보호관찰관의 밀착 지도감독을 통해 성폭력범

┃표 7-1┃ 보호관찰 부과 근거법률의 도입 시기

1989. 7. 1.	1994. 4. 1.	1997. 1. 1.	1998. 7. 1.	2000. 7. 1.	2004. 9. 23.	2008. 9. 1.
소년법, 사회보호법	성폭력범죄의 처벌 및 피해 자 보호 등에 관한 법률	형법	가정폭력범죄 의 처벌 등에 관한 특례법	청소년의 성보 호에 관한 법률	성매매알선 등 행위의 처벌에 관한 법률	특정 성범죄자에 대한 위치추적 전 자장치 부착에 관한 법률

주: 도입 시기는 시행일 기준.

죄자 등의 재범을 억제하는 보호관찰 프로그램으로서, 2008년 9월 1일부터 본격
시행되었다. 2009년 5월 8일에는 성폭력사범 외에 아동유괴범에 대해서도 부착
명령이 가능하도록 법률명과 관련 조항이 개정되었다.

이후 2012년 12월 28일 개정되어, 2014년 6월 19일부터 시행된 「특정 범죄자
에 대한 보호관찰 및 전자장치 부착 등에 관한 법률」(법률 제11558호)은 특정 범죄
자에 대한 '형집행 종료 후 보호관찰제도'를 신설하여 법률의 제명을 변경한 것이
다. 같은 개정 법률은 동시에 위치추적 전자장치 부착대상 특정범죄에 강도범죄
를 추가하며, 미성년자 및 장애인에 대한 성범죄의 경우 전자장치 부착명령의 청
구요건을 완화하였다.[3]

(10) 「성폭력범죄자의 성충동 약물치료에 관한 법률」

2010년 7월 23일, 성충동 약물치료를 할 수 있는 법적 근거를 마련함으로써
성폭력범죄자의 재범을 방지하고 잠재적 피해자들을 보호하기 위하여 법률 제
10371호로 「성폭력범죄자의 성충동 약물치료에 관한 법률」이 제정되었다(시행:
2011. 7. 24.). 1년 후인 2011년 7월 24일부터 시행되었다. 제정 당시에는 성폭력범
죄자에 대한 '성충동 약물치료'(화학적 거세 등)가 16세 미만을 대상으로 범한 성폭
력범죄자에 대해서만 실시되었다.

그러나 이후에도 연이은 부녀자를 대상으로 하는 성폭력 강력범죄가 연이어
발생함에 따라 '화학적 거세'가 필요한 성충동 범죄자를 축소하여 운영할 필요성
이 적다는 여론이 우세하였다. 이에 따라 2012년 12월 18일 같은 법률의 일부 개

---

3) 같은 법률은 이외에도 수사기관이 전자장치의 수신자료를 열람하는 경우 법원의 허가를 받도록
하되 긴급한 경우 사후허가로 가능하도록 하며, 보호관찰소의 장과 수사기관 간에 피부착자의
위치정보를 공유하도록 하여 고위험 강력범죄로부터 국민의 생명과 안전을 철저히 보호할 수 있
도록 하고 있다.

정(시행: 2013. 3. 19.)을 통하여 16세 미만의 사람을 대상으로 하였는지를 불문하고 성폭력범죄자가 성도착증 환자인 경우에는 이 법에 따른 치료명령 등을 할 수 있도록 개정되었다.

2) 보호관찰의 부과처분별 법률제도

가) 형사처분과 보호관찰

형사처분으로서의 보호관찰이 부과되는 절차는 형사소추단계, 형의 선고단계, 그리고 형의 집행단계 등으로 나누어 고찰해볼 수 있다.[4]

(1) 형사소추단계

(가) 보호관찰소 선도조건부 기소유예

검사는 양형조건의 여러 사항을 참작하여 범죄혐의가 있고 소송조건이 구비되어도 공소를 제기하지 않을 수 있다(형사소송법 제247조 1항). 이와 같이 기소유예제도를 인정하는 기소편의주의는 피의자에게 전과의 낙인 없이 기소 전의 단계에서 사회복귀를 가능하게 하고, 법원 및 형집행 기관의 부담을 덜어 줄 수 있다는 점에서 형사정책적인 의미가 상당하다고 볼 수 있다.[5]

2004년부터 2013년까지 검찰처리사건의 기소 비율을 보면, 2004년에 55.7%로 최고치를 보였으며 그 이후에 점차 하락하여 2009년도 45.8%, 2011년 42.8%, 2013년 39.9%를 기록하였다. 한편, 2013년의 기소유예사건은 335,584건으로 전체 검찰처리사건 1,886,076건의 17.7%를 차지하고 있다.[6]

기소유예된 소년범에 대해서는 1981년부터 전국 검찰청에서 「검찰사건사무규칙」에 근거하여 자원봉사자(법사랑위원)에게 선도를 위탁하는 '조건부 기소유예제도'를 활용하여왔다. 이 제도는 2007년 「소년법」의 개정으로 정식으로 입법화되었다.[7]

---

4) 한영수, 앞의 논문, 2003, pp. 20–24 참조.

5) 박상기 외, 앞의 책, pp. 465–466.

6) 2013년 기준, 주요 죄명별 기소유예인원을 보면, 사기 48,311명, 절도 42,260명, 도교법위반 39,857명, 폭처법위반 32,636명 등의 순이다. 한편 기소유예율이 가장 높은 성매매법위반(44%)의 경우는 검찰이 초범인 성구매자에 대해서는 성구매자 교육프로그램이수조건부 기소유예제도를 적극 시행한 결과로 풀이된다. 법무연수원, 「2014년 범죄백서」, 용인: 법무연수원, 2015, pp. 235–236.

7) 「소년법」 제49조의3(조건부 기소유예)는 "검사는 피의자에 대하여 다음 각 호에 해당하는 선도(善導) 등을 받게 하고, 피의사건에 대한 공소를 제기하지 아니할 수 있다. 이 경우 소년과 소년의 친권자·후견인 등 법정대리인의 동의를 받아야 한다."고 규정하고 있다. 여기서 다음 각호라 함은, 1. 범죄예방자원봉사위원의 선도, 2. 소년의 선도·교육과 관련된 단체·시설에서의 상담·교육·활동 등이다.

한편 보호관찰관에게 선도를 위탁하여 실시하는 선도조건부 기소유예제도 는 1995년 1월 5일 전부개정된 「보호관찰 등에 관한 법률」 제15조 제3호에 법적 근거를 가지고 있다. 이 규정에 의하면, 보호관찰소의 관장사무 중 하나는 "검사 가 보호관찰관의 선도를 조건으로 공소제기를 유예하고 위탁한 선도의 실시"이 다. 실무현장에서는 이를 '선도위탁'이라고 약칭하고 있다.

보호관찰관이나 자원봉사자에게 기소유예된 소년범을 선도위탁하고 지도감 독을 받게 하는 것은 범죄소년을 소년절차의 초기단계에 이탈시켜 사회복귀를 용이하게 하고 재범을 방지하려는 소년선도제도의 하나이다.[8] 입법론적으로는 형사소송법에 '조건부'로 기소유예를 할 수 있는지 여부에 대한 명문규정을 삽입 할 필요가 있다.

(나) 보호관찰소 교육조건부 기소유예

2007년 개정된 「소년법」 제49조의3 제2호에 의하면, 검사는 피의자에 대하 여 소년의 선도·교육과 관련된 단체·시설에서의 상담·교육·활동 등을 받게 하 고, 피의사건에 대한 공소를 제기하지 아니할 수 있다.

이에 따라 최근에는 경미한 범죄를 저지른 사람들에게 4~20시간의 각종 교 육을 조건으로 기소를 유예하는 '교육조건부 기소유예제도'가 활성화되고 있다. 이 미 2005년부터 성구매자에 대하여 재범방지교육을 조건을 기소를 유예하는 '존스 쿨'제도가 시행되고 있었는데, 「소년법」 개정 이후 2012년부터는 단순 음란물 소 지 및 배포·전시자 중 초범에 한해 **음란물 재범방지 교육**을 실시하고 있다. 또한 2013년부터는 경미한 **가정폭력가해자 및 성범죄자 재범방지 교육**을, 2015년부터는 **아동학대 행위자 및 인터넷 악성 댓글 행위자 재범방지 교육**을 기소유예 조건부로 실시하고 있다.

이외에도 보호관찰소는 저작권법위반, 도로교통법위반 등 검사의 교육조건 부 기소유예 처분을 받은 대상자에 대해 범죄사실에 따라 집단을 구성하여 다양 한 재범방지 교육을 실시하고 있다.

---

8) 그러나 선도조건부 기소유예제도에 대해서는, 실질적인 자유제한처분임에도 불구하고 검사가 법원의 재판 없이 단독으로 행하는 것은 무죄추정원칙에 반하고 검사의 자의적인 재량에 의하 여 좌우된다는 비판이 제기되고 있다. 정영석·신양균, 앞의 책, p. 461; 박상기 외, 2009, p. 467. 이러한 비판에 따라 2008년에는 고소인 또는 고발인은 검사의 불기소처분에 대하여 검찰청법에 의한 항고 및 재항고를 청구할 수 있도록 형사소송법의 관련 규정이 개정되었다.

(2) 형의 선고단계

(가) 보호관찰부 선고유예

범죄의 정도가 경미한 초범자나 우발적 범죄자 등에 대하여는 아예 형을 선고하지 않거나 집행하지 아니하는 것이 형사정책의 목적상 유리할 수 있다. 이를 위한 것이 선고유예와 집행유예 제도이다.

먼저 선고유예는 1년 이하의 징역이나 금고, 자격정지 또는 벌금의 형을 선고할 경우에 양형사유를 참작하여 개전(改悛)의 정상이 현저할 때 법관은 그 선고를 유예할 수 있다(「형법」 제59조). 형의 선고를 유예하는 경우에 재범방지를 위하여 지도 및 원호가 필요한 때에는 1년간의 보호관찰을 받을 것을 명할 수 있다(같은 법 제59조의2). 이러한 보호관찰부 선고유예는 미국의 프로베이션(probation)과 거의 같은 것이다.

(나) 보호관찰부 집행유예

형집행유예제도는 영미식의 프로베이션(probation)과 유럽대륙 벨기에·프랑스형의 조건부판결제도(sursis)로 구분된다.9)

미국의 경우 19세기 중반부터 프로베이션제도를 발전시켜왔다. 유죄판결(conviction)과 형의 선고(sentencing)가 2분화된 소송절차를 가지고 있는 미국의 경우, 배심재판에 의하여 유죄가 평결된 피고인에 대하여 법원이 형의 선고를 하지 않고 일정한 준수사항을 부과하고 보호관찰관의 지도감독을 받도록 할 수 있다. 보호관찰 기간이 무사히 경과되면 비록 유죄평결을 받았다고 하더라도 그에 대한 형벌은 아예 선고되지 않은 결과가 된다.

반면 이러한 미국의 프로베이션제도가 19세기 중반 이후 유럽으로 전파되어 '조건부판결제도'와 '조건부특사제도'의 두 가지 형태로 변형·발전되었다. 조건부판결제도는 벨기에 및 프랑스의 제도로서, 형을 선고하기는 하지만 유예기간이 무사히 경과되면 자동적으로 형의 선고가 없었던 것과 동일한 효과가 발생하는 것이다. 조전부특사제도는 독일의 제도로서 유예기간을 무사히 보내면 사면에 의하여 형집행을 면제하는 것을 내용으로 한다.

우리나라의 「형법」 제62조는 법원이 3년 이하의 징역 또는 금고의 형을 선고할 경우에 양형사유를 참작하여 1년 이상 5년 이하의 기간을 정하여 형의 집행을 유예할 수 있다고 규정하고 있다. 또한 이러한 유예기간이 무사히 경과할 때

---

9) 박상기 외, 2009, p. 475.

에는 형의 선고는 효력을 잃는 것으로 규정하고 있다(같은 법 제65조). 이를 통해 볼 때 우리나라는 벨기에 및 프랑스식의 조건부판결제도를 채택한 것으로 볼 수 있다. 형의 집행을 유예하는 경우에는 보호관찰을 받을 것을 명하거나 사회봉사 또는 수강을 명할 수 있다(같은 법 제62조의2).

(3) 형의 집행단계

(가) 가석방과 보호관찰

교정시설의 수형자 처우 기본목표는 수형자에 대해 교육·교화프로그램, 작업, 직업훈련 등을 통해 교정교화를 도모하고 사회생활에 적응하는 능력을 함양하도록 하는데 있다.[10] 이러한 교정목표를 달성하기 위해 분류처우, 개방처우, 가석방제도 등을 운영하고 있다. 이 중에서도 보호관찰과 관련하여 가장 중요한 의미를 지니는 수형자 처우제도는 가석방제도이다.

수형자가 무기에 있어서는 20년, 유기에 있어서는 형기의 3분의 1이 경과하고 행형성적이 우수하고 재범의 위험이 없다고 인정되는 때에는 가석방예비회의를 거쳐 법무부차관을 위원장으로 하는 가석방심사위원회에 가석방신청을 할 수 있다(「형법」 제72조 참조). 다만, 소년 수형자의 경우 그 절차를 달리하여 보호관찰심사위원회의 결정에 의거 장관의 허가를 요한다. 가석방 예정자에게는 사회복귀를 위한 1주간의 사회봉사활동 등 사회적응훈련을 실시하고 있다.

현행 「형법」에 의하면, 가석방의 기간은 무기형에 있어서는 10년으로 하고, 유기형에 있어서는 남은 형기로 하되, 그 기간은 10년을 초과할 수 없다(제72조의2 제1항). 가석방된 자는 가석방기간 중 보호관찰을 받는다. 다만, 가석방을 허가한 행정관청이 필요가 없다고 인정한 때에는 그러하지 아니하다(제2항). 한편 가석방 중 금고 이상의 형의 선고를 받아 그 판결이 확정된 때에는 가석방처분은 효력을 잃는다. 단, 과실로 인한 죄로 형의 선고를 받았을 때에는 예외로 한다(제74조). 또한 가석방의 처분을 받은 자가 감시에 관한 규칙을 위배하거나 보호관찰의 준수사항을 위반하고 그 정도가 무거운 때에는 가석방처분을 취소할 수 있다(제75조). 가석방의 처분을 받은 후 그 처분이 실효 또는 취소되지 아니하고 가석방기간을 경과한 때에는 형의 집행을 종료한 것으로 본다(제76조 제1항).

(나) 치료감호와 보호관찰

치료감호소에서는 수용자가 입소 후 1개월간 검사병동 및 여자병동에 수용

---

10) 법무연수원, 앞의 책, p. 303.

하여 각종 검사(신경기능, 방사선, 임상심리, 임상병리 등) 후 신체 및 정신상태를 진단하여 분류심사를 진행한다. 치료감호소의 수용자들은 각 특성에 맞게 분리 수용[11] 되는데, 수용자의 증상에 따라 개인적으로 치료지침을 제시하고 담당 주치의를 지정한다. 또한 치료감호소에서는 「치료감호법」 제4조 및 제13조에 근거하여 '정신감정유치제도'를 운영하고 있다. 이 제도는 형사사법단계의 피의자·피고인에 대하여 정신건강의학과 전문의가 감정서를 작성하여 법원 등의 재판자료로 제출하기 위해 그들을 치료감호소에 유치하는 것이다.[12]

치료감호의 집행에 있어서 정신과적 치료는 담당 주치의를 지정하여 증상에 따른 치료방법을 결정하고 있다. 주로 정신요법, 약물요법, 환경요법 등 담당 주치의사의 치료계획에 의한 치료를 실시하며, 사회기술 적응훈련, 직업능력 개발훈련, 정신건강교육, 약물중독치료, 단주교육 등 의료재활치료프로그램도 운영하고 있다.[13]

한편 현행 「치료감호법」 제32조는 피치료감호자에 대한 치료감호가 가종료되거나 법정대리인 등에게 위탁된 때 보호관찰을 실시하도록 하고(제1항), 그 기간은 3년으로 규정하고 있다(제2항). 또한, 보호관찰의 종료는 기간만료나 치료감호심의위원회의 치료감호종료결정이 있거나, 치료감호의 집행개시 또는 금고이상의 형의 집행을 받은 때 종료되도록 하고 있다(제3항). 「치료감호법」에 의한 피보호관찰자도 「보호관찰 등에 관한 법률」 제32조 제2항에 따른 준수사항을 성실히 이행하여야 한다(제33조 제1항). 한편 치료감호심의위원회는 피보호관찰자의 특

---

11) 검사병동에는 중환자 및 신입 피치료감호자·감정유치자 등을 수용한다. 일반병동에는 심신장애자를 수용하고 여자병동에는 여자 피치료감호자 및 감정유치자를 별도로 수용한다. 마약류 및 약물남용자, 알코올 습벽자는 약물중독재활센터에, 그리고 소아성기호증 등 정신성적 성범죄자는 인성치료재활센터에 각각 분리 수용한다.

12) 피의자·피고인에 대한 정신감정은 그들에 대한 면밀한 정신의학적 개인면담, 각종 검사(신경기능, 방사선, 임상심리, 임상병리, 신체검사 등), 간호기록 및 병실생활 등을 종합하여 시행한다. 정신감정 기간은 평균 1개월로서 감정병동에 수용하여 실시한다. 국내 형사정신감정 건수 중 약 85%를 치료감호소에서 실시하고 있으며, 치료감호소 이외에도 국립(정신)병원, 서울시립은평병원, 용인정신병원 등 3개 국·공립병원에서 나머지 15% 정도의 정신감정을 실시한다. 2006년에는 연간 360명이 정신감정을 위하여 입소되었으나 2012년에는 631명으로 그 비율이 약 75% 증가하였다. 2012년 기준으로 형사사법기관별 정신감정의 의뢰건수를 살펴보면, 법원이 510명으로 전체의 80.8%를 차지하고 있고 이어서 검찰 93명(14.7%), 경찰 28명(4.4%)의 순이다.

13) 소집단을 구성하여 특별활동도 시행하는데, 심리극, 합창, 보컬악기, 풍물, 무용, 레크리에이션, 미술, 지점토, 수직염색, 도자기공예, 서예, 꽃꽂이, 봉투작업, 원예 등으로 구성된다. 이외에도 치료감호소에서는 수용자들을 위하여 무용발표회, 합창대회, 체육대회, 사생대회, 가요제, 연극제, 영화상영, 음악치료 등 대집단활동을 실시하고 있으며, 치료감호소 출소자 등을 위하여 출소후 5년간 무료 외래진료도 시행하고 있다.

성을 고려하여 제1항에 따른 준수사항 외에 치료나 그 밖에 특별히 지켜야 할 사항을 부과할 수 있다(제2항).

피보호관찰자나 법정대리인 등은 대통령령으로 정하는 바에 따라 출소 후의 거주 예정지나 그 밖에 필요한 사항을 미리 치료감호시설의 장에게 신고하여야 한다(제34조 제1항). 또한 피보호관찰자나 법정대리인 등은 출소 후 10일 이내에 주거, 직업, 치료를 받는 병원, 그 밖에 필요한 사항을 보호관찰관에게 서면으로 신고하여야 한다(제2항). 2014년 7월 31일부터는 피보호관찰자가 등록한 「정신보건법」 제13조 제3항에 따른 정신보건센터에 대하여도 위와 같은 방법으로 신고하여야 한다.

한편 치료감호심의위원회는 피보호관찰자가 금고 이상의 형에 해당하는 죄(과실범은 제외)를 지은 때, 준수사항이나 그 밖에 보호관찰에 관한 지시·감독을 위반하였을 때, 피보호관찰자가 증상이 악화되어 치료감호가 필요하다고 인정될 때에는 결정으로 가종료나 치료의 위탁을 취소하고 다시 치료감호를 집행할 수 있다.

2014년 7월 31일부터는 치료감호가 종료 또는 가종료되거나 제24조에 따라 집행정지된 사람은 「정신보건법」 제13조의2에 따른 정신보건센터에 등록하여 상담, 진료, 사회복귀훈련 등 정신보건센터의 정신보건서비스를 받을 수 있게 되었다. 이때 보호관찰소의 장과 정신보건센터의 장은 피보호관찰자의 치료 및 재범방지, 사회복귀를 위하여 상호 협조하여야 한다(제36조 제1항). 이를 위하여 보호관찰소의 장은 피보호관찰자에 대한 등록, 상담, 진료, 사회복귀훈련 및 이에 관한 사례 관리 등 정신보건 관련 정보를 정신보건센터의 장에게 요청할 수 있고(제2항), 정신보건센터의 장은 피보호관찰자의 공동 면담 등 피보호관찰자의 치료 및 재범방지, 사회복귀를 위하여 필요한 경우 보호관찰소의 장에게 협조를 요청할 수 있다(제3항).

3) 소년사법제도와 보호관찰

보호처분으로서의 성격을 가진 보호관찰[14] 가운데 대표적인 것은 소년보호

---

14) 소년보호처분의 하나인 보호관찰(「소년법」 제32조 제4호 및 제5호), 성매매청소년에 대한 보호관찰(「아동·청소년의 성보호에 관한 법률」 제28조 제1항 제1호), 가정폭력가해자에 대한 보호관찰(「가정폭력범죄의 처벌 등에 관한 특례법」 제40조 제1항 제5호), 성매매자에 대한 보호관찰(「성매매알선 등 행위의 처벌에 관한 법률」 제14조 제1항 제2호) 등이 있다. 송광섭, 앞의 논문,

처분의 하나인 보호관찰이다. 또한 소년범에 대해서는 별도의 소년사법제도가 운영되고 있으며 소년심판의 여러 특칙이 적용되고 있다. 따라서 이하에서는 일반 형사사법절차와 다른 소년사법제도의 고유한 특성을 먼저 알아보고, 이어서 소년범죄의 추이와 함께 「소년법」의 연혁과 소년보호처분인 보호관찰의 구체적인 내용을 살펴보도록 한다.

(1) 소년사법의 의의와 소년범죄의 추이

(가) 소년사법의 의의[15]

소년사법(少年司法)이라 함은 '국친사상'(國親思想)과 '소년보호주의'의 이념에 입각하여 성인범에 대한 형사절차와는 다른 구조로 운영되는 소년에 대한 사법제도를 말한다. 소년사법의 목적은 '**소년의 복지향상과 균형(비례)의 원칙**[16] **실현**'이라고 할 수 있다[17].

여기서 **국친사상**(parens patriae)은 국가가 부모의 역할을 대신하는 것이다.[18] 소년들은 주위의 타인이나 환경에 쉽게 영향을 받으며, 특히 보호자의 관심부족, 보호와 훈육의 부적절성에 의하여 범죄행위로 나아가기 쉽다. 따라서 국친사상은 문제가 있는 가정환경을 보완하고 부모의 역할을 대신하여 국가가 보호와 처우를 우선하여야 한다는 사상이다.[19]

19세기와 20세기의 전환기에 미국과 영국에서는 소년사건의 처분을 위한 독립된 법원을 설립하자는 '사법적 혁신'(judicial innovation)이 도입된 이래, 소년법원 설립운동이 일어나 세계 대다수의 국가에서는 형사사법제도와 독립된 별도의 소년사법제도를 갖추게 되었다.[20]

2009, p. 277.

15) 이하의 내용은 정동기, "소년사법의 현실과 문제점(상)", 「법조」 381, 1988, pp. 48-72 참조.

16) 소년사법에 있어서 '균형의 원칙'이라 함은 소년범죄자에 대한 조치가 범죄의 중대성뿐 아니라 개인적 환경까지 고려한 가운데 행해져야 한다는 것이다.

17) 정동기, 앞의 논문, 1988, p. 49.

18) 송광섭, 「범죄학과 형사정책」, 유스티아누스, 2003, p. 739.

19) 13세기 영국의 형평법사상에 근원을 두고 있는 국친사상은 원래 "정신적 무능력으로 법적 무능력상태에 있는 사람들의 후견인으로 왕이 행위한다."는 국왕대권의 개념과 관련되어 있다. 이에 의하여 법을 위반한 소년에 대한 부의 권한이 국왕 또는 국가에 의하여 대치된 것이다. 따라서 최초의 개념은 왕권을 유지하고 봉건제도를 구성하는 가족에 대한 통제구조를 유지하기 위하여 사용되었다. 그러나 점차 형사법원의 체계 속에서 비행소년을 다룰 때 소년의 최대이익을 위해 행동하는 법원 및 국가의 책임을 말하는 것으로 발전되었다. 배종대, 「형사정책」, 서울: 홍문사, 2011, p. 484.

20) 최초의 소년법원은 1899년 7월 1일 미국 일리노이(Illinois)주 쿡카운티(Cook County)의 순회법원에 1개의 부로 신설된 것인데, 그 해 일리노이 주의회는 「소년법원법」(Juvenile Court Act)을

(나) 소년사법의 운영모델

세계 각국의 소년사법제도는 대체로 다음과 같은 세 가지 운영모델로 구분할 수 있다.[21] 이러한 세 가지 모델은 각국의 환경에 따라 발전되어 온 것이지만 상호 모순되거나 배타적인 것은 아니다.

① **적법절차모델**(the due process model): 소년사법에 있어 법률에 규정된 실체적 및 절차적 기본권을 강조하는 모델

② **복지 또는 국친사상모델**(the welfare or parens patriae model): 소년사법을 기본적으로 법에 저촉된 청소년에 대한 경제적, 사회적 복지를 증진시키는 개입(intervention)이라고 보는 모델

③ **참여모델**(participatory model): 소년사법에 있어 청소년에게 유해환경을 제공하고 있는 사회의 적극적 참여를 권장하고 위기청소년이나 비행청소년들이 사회생활에 쉽게 융화되도록 하기 위하여 법적 간섭을 최소화할 것을 요구하는 모델

(2) 소년범죄의 추이

소년범죄라 함은 「소년법」 제4조 제1항 제1호에 정한 14세(형사책임연령) 이상 19세 미만의 소년에 의한 범죄행위와 제2호에 정한 10세 이상 14세 미만인 소년에 의한 촉법행위를 말한다.[22] 〈표 7-2〉는 최근 5년 동안 전체 소년범 인원 및 전체 범죄인원 중 점유비율 등을 분석한 것이다. 전체 소년범은 2006년 69,211명을 기록한 이후 증가하기 시작하여 2008년에는 134,992명으로 최근 10년간 정점을 기록하였다. 이후 2009년부터 재차 감소하기 시작하여 2010년에는 전년대비 20.6% 감소한 89,776명을 기록하였다. 전체 범죄인원 중 소년범의 점유비율은 2008년 5.5%를 기록한 이후 계속 감소하여 2010년에는 전체 범죄인원의 4.6%를 점하고 있다.

만장일치로 통과시켰다. 그 후 1945년까지 미국 내 모든 주에서 소년법원이 설립되었다. 정동기, 앞의 논문, 1988, p. 48.

21) 정동기, 앞의 논문, 1988, pp. 49-50.

22) 법무연수원, 앞의 책, p. 107. 하지만 동조 제3호에 정한 우범(집단적으로 몰려다니며 주위 사람들에게 불안감을 조성하는 성벽, 정당한 이유 없는 가출, 술을 마시고 소란을 피우거나 유해환경에 접하는 성벽)은 포함하지 아니한다.

| 표 7-2 | 전체 소년범 인원 및 전체 범죄인원 중 점유비율(2006년~2013년)

연도 \ 구분	전체 소년범(명)	전년대비 증감율(%)	전체 범죄인원 중 점유비율(%)
2006	69,211	2.6	3.7
2007	88,104	27.3	4.5
2008	134,992	53.2	5.5
2009	113,022	-16.3	4.5
2010	89,776	-20.6	4.6
2011	83,068	-7.5	4.4
2012	107,490	29.4	5.1
2013	91,633	-14	4.6

주: 1. 2014년 범죄분석 및 범죄백서
  2. 2008. 6. 22.부터 개정된 「소년법」은 적용대상 상한을 20세에서 19세로 낮췄고, 촉법소년의 적용대상을 12세에서 10세로 낮췄다. 이에 따라 2008년까지는 12세 이상 20세 미만 소년을, 2009년은 10세 이상 19세 미만 소년을 통계 대상으로 한다.

(3) 「소년법」의 연혁

(가) 소년사법제도의 도입

우리나라에 근대적인 소년사법제도가 도입된 것은 일제치하인 1942년 3월 23일 제정된 「조선소년령」(제령 제6호)[23]의 시행과 함께 서울과 지방에 〈소년심리원〉(少年審理院)이 설치된 때이다.

우리나라의 소년사법제도가 본격적으로 발전하게 된 것은 1958년 7월 23일 법률 제489호로 (구)「소년법」이 제정·공포된 이후이다. 이 법은 총 3장 7절 61개 조로 구성되었으며 그 목적을 "반사회성이 있는 소년에 대하여 그 환경의 조정과 성행의 교정에 관한 보호처분을 행하고 형사처분에 관한 특별조치"를 행함으로써 "소년의 건전한 육성"을 기하는데 두었다. 1963년에는 서울가정법원과 대구·부산·광주에 각 소년부지원이, 그리고 그 외 지역에는 지방법원에 소년부가 각각 설치되었다.

「소년법」은 1963년 7월 31일, 1977년 12월 31일, 1988년 12월 31일, 그리고 2007년 12월 21일에 각각 중요한 개정을 거쳤다.

---

23) 「조선소년령」은 일본의 (구)「소년법」을 의용한 것으로서, ① 그 적용대상을 20세 미만자로 규정하고, ② 소년심판소 설치와 소년심판관 및 소년보호사에 대한 규정을 두었으며, ③ 보호처분의 종류를 조건부 보호자인도, 소년보호사에 의한 관찰, 감화원 송치, 교정원 송치, 병원 송치 등 6개로 규정하였다.

(나) 본격적 의미의 보호관찰제도 최초 도입

본격적 의미의 보호관찰 및 사회봉사·수강명령제도의 도입은 1988년 12월 31일 개정되고 1989년 7월 1일부터 시행된 「소년법」에 관련 규정이 편입된 것을 그 출발점으로 하고 있다.

같은 법(률) 제32조 제1항에 7개의 보호처분 유형을 열거하였는데 2호에 '보호관찰관의 단기보호관찰을 받게 하는 것'을 규정하였고, 3호로는 '보호관찰관의 보호관찰을 받게 하는 것'을 규정하였으며, 제33조에서 단기보호관찰의 기간은 6월로 하고, 보호관찰 기간은 2년으로 하였다. 제32조 제3항에서 단기 보호관찰 또는 보호관찰 처분시 16세 이상의 소년에 대해서는, 사회봉사명령 또는 수강명령을 동시에 명할 수 있다고 하여 사회봉사명령 등이 보호관찰처분의 병합처분임을 명시하였다. 제33조 제4항은 사회봉사·수강명령의 시간에 관해 규정하였는데 단기보호관찰의 경우에는 50시간을, 보호관찰의 경우에는 200시간을 초과할 수 없다고 명시하였다.

(다) 2007년 「소년법」 개정의 주요내용

「소년법」은 2007년 12월 21일 대폭 개정되고 부칙 제1조에 의거 2008년 6월 22일부터 시행되었다. 「소년법」의 개정이유를 보면, 청소년 인구의 감소에 따라 소년사건의 수가 감소하고 있음에도 불구하고, 소년범 재범률은 높은 수준을 유지하고 있고 범죄가 흉포화되고 있어, 처벌위주에서 교화·선도 중심으로 소년사법 체계를 개선하는 것이었다. 현행 「소년법」에서 보호관찰제도와 관련된 주요 내용은 「소년법」 적용연령을 20세 미만에서 19세 미만으로 낮추고, 촉법소년 및 우범소년의 연령을 12세 이상에서 10세 이상으로 하향하고 사회봉사명령과 수강명령 관련 내용도 여러 조항이 변경되었다.

그 주요한 내용을 구체적으로 살펴보면 다음과 같다.

① **보호처분 다양화와 사회봉사·수강명령의 독립처분화**: 개정 「소년법」은 보호처분의 유형을 기존의 7개에서 10개로 늘려 다양화하였다. 또한 사회봉사명령과 수강명령을 보호관찰처분과 독립하여 부과할 수 있도록 하였다.[24] 다만, 법원이 사회봉사명령 등을 부과할 경우에 단기보호관찰 또는 장기보호관찰과 병합하여 처분할 수도 있도록 하였다. 한편 (구)「소년법」과 달리 현행 「소년법」에서는 보

---

24) (구)「소년법」에서는 사회봉사명령과 수강명령을 '단기보호관찰' 또는 '보호관찰' 처분에 병합하는 방법으로만 부과할 수 있었다.

호관찰 기간 등에 관계없이 사회봉사명령의 상한 시간을 200시간으로, 수강명령의 상한시간을 100시간으로 일원화하였다.

② 「소년법」 적용연령 하향: 개정 「소년법」의 주요한 내용 중의 하나는 보호처분의 대상연령이 종전의 만 12세에서 만 10세로 낮아졌다는 것이다. 또한 (구) 「소년법」은 사회봉사명령 및 수강명령을 16세 이상의 소년에게만 부과할 수 있도록 규정하였으나, 현행 「소년법」은 사회봉사명령을 14세 이상의 소년, 수강명령을 12세 이상의 소년에게 각각 부과할 수 있게 하였다.[25]

③ 연계처우제도의 도입: 2007년 개정 「소년법」에서는 1개월의 단기소년원 송치처분이 마련되었다. 이 처분은 주로 장기 보호관찰 처분과 병합하여 선고할 수 있도록 규정한 것이다.[26] 이는 소년범에 대한 단기구금을 통해 짧지만 강한 교육적 충격효과를 지향하면서, 사회내처우와 곧바로 연계하여 개선효과를 극대화하고자 하는 처우병합명령(combination order)의 일종이다.

④ 보호자 교육제도의 도입: 2007년 개정 「소년법」은 기존의 보호자에 대한 감호위탁처분만으로는 비행의 환경적 요인으로 작용하는 가정에 대한 개입이 부족하다는 취지에서 새로이 보호자 교육명령제도를 도입하였다.[27] 이는 (구)「소년법」상의 1호 처분인 소년에 대한 부모의 감호명령에 더하여 미성년자녀에 대한 부모의 대리책임을 적극적으로 인정한 조항이며, 법의 일반원칙인 개별책임에 대한 예외규정이라고 할 수 있다.[28]

---

25) 연령 하한이 조정된 몇 가지 이유를 보면, 비행소년의 조기발견과 조기처우가 범죄예방정책에서 중요하다는 것과 초발비행의 시기가 빠를수록 상습화의 위험성이 높다는 점, 학교폭력 등 소년 범죄의 저연령화가 진행되고 있고 또 심각한 양상을 보이기 시작했다는 점이다. 그럼에도 저연령 소년에 대한 형사사법절차에로의 편입에 대한 우려의 시각과 저연령 소년에 대한 전문적 처우의 필요성이 제기됨에 따라 개정 「소년법」은 저연령 소년에 대한 보호관찰등 처우과정에 지역사회의 자원 활용을 우선 고려하도록 하고 보호자의 협력적 참여유도, 처우의 전문화 등을 기하고 있다. 「형법」은 집행유예자에게 부과하는 사회봉사명령의 하한연령을 14세로 규정하였고, 구「소년법」은 사회봉사명령 부과 하한연령을 16세로 규정하여 불일치하였으나, 현행 「소년법」 시행으로 사회봉사명령 하한연령이 「형법」과 같이 14세로 일치하는 결과를 가져왔다.

26) 소년법원에 송치된 소년 중 비행성이 심화되지 않고 단기간의 교육적 구금과 사회내처우 연계지도를 통해 개선 가능한 비행소년군에 대한 적합한 처우형식이 마련된 것으로 평가할 수 있다. 이 처분은 소년에 대한 시설내 및 사회내처우병합명령(combination order)의 일종으로서 보호처분간의 연계 및 보호조직 통합의 시너지효과도 기대된다.

27) 비행소년의 잘못된 생활습성과 비행유발 요인에 대한 보호자의 적절한 대처가 부족하다고 판단될 때 적절한 교육을 통해 비행친화적 가정환경의 변화를 유도하고 소년에 대한 지지를 강화하기 위한 조치라고 할 수 있다.

28) 소년의 비행에 대한 보다 환경적인 개입을 시도한 것으로 '부모에 대한 특별교육을 통하여 바람직한 부모역할, 자녀와의 의사소통기술을 향상하고 보호처분 집행과정에서 부모의 협조를 이끌어낼 뿐 아니라 궁극적으로 소년에 대한 가정의 지지체계를 강화함으로써 소년의 건전한 성장과

(4) 소년보호처분으로서의 보호관찰

(가) 소년보호처분의 의의

19세 미만의 소년범죄에 대하여는 일반 형사소추절차에 의한 형사처분 이외에 비행청소년의 교육과 선도를 목적으로 한 보호처분을 인정하고 있다. 이 때 '보호처분'이라 함은 「소년법」에서 반사회성이 있는 소년에 대하여 그 환경의 조정과 성행(性行)의 교정을 위하여 형사처분 대신 소년의 건전한 육성을 목적으로 10세 이상 19세 미만의 소년에 대하여 가정법원 또는 지방법원의 소년부에서 보호사건으로 심리한 결정으로써 1호부터 10호의 보호처분이 있다(「소년법」 제32조).

소년보호처분의 대상이 되는 비행소년은 크게 범죄소년, 촉법소년, 우범소년으로 구분된다(「소년법」 제4조 제1항).29) 이에 따라 죄질이 극히 불량하여 선도·교육이 불가능하다고 판단되는 범죄소년에 대하여만 형사처분을 하고 개선가능성이 있는 소년에 대하여는 선도·보호측면에서 교육적인 처우를 실시하고 있다.30)

(나) 소년보호처분의 종류

「소년법」 제32조 제1항은 다음과 같이 소년보호처분의 종류를 규정하고 있다. 1호 처분은 '감호위탁'으로 보호자 또는 보호자를 대신하여 소년을 보호할 수 있는 자에게 감호를 위탁하는 것이다. 2호부터 5호 처분은 보호관찰소에서 집행하는데, 2호 처분과 3호 처분은 각각 수강명령과 사회봉사명령을 이행하도록 하는 것이고, 4호 처분은 1년간의 단기보호관찰, 5호 처분은 2년간의 장기보호관찰을 받도록 하는 것이다. 6호 처분 아동복지법에 따른 아동복지시설이나 그 밖의 소년보호시설에 위탁하는 것이고, 7호 처분은 병원·요양소 또는 소년의료보호시설(의료소년원)에 위탁하는 것이다. 8호부터 10호 처분은 소년원에 보호수용하는 것으로서 8호는 1개월 이내, 9호는 6개월의 단기, 그리고 10호는 2년간의 장기수용을 위한 소년원 송치처분이다. 한편 7호 처분의 경우에도 대전소년원이 소년의 료보호시설로 지정되어 집행의 일부를 담당하는 것으로 되어있다.

장·단기 보호관찰 등 보호처분의 효율적 집행을 담보할 수 있다'는 점에서 의미 있는 진전이다.

29) 범죄소년은 14세 이상 19세 미만의 죄를 범한 소년 중에 보호처분을 받게 된 소년을 말하며, 촉법소년은 형벌법령에 저촉되는 행위를 하였지만 10세 이상 14세 미만 소년으로 형사미성년자인 경우를 말한다. 한편 우범소년은 다음에 해당하는 사유가 있고 그 성격 또는 환경에 비추어 형벌법령에 저촉되는 행위를 할 우려가 있는 10세 이상 19세 미만 소년을 말한다. 우범소년의 해당 사유는 집단적으로 몰려다니며 주위 사람들에게 불안감을 조성하는 성벽이 있는 것, 정당한 이유 없이 가출하는 것, 술을 마시고 소란을 피우거나 유해환경에 접하는 성벽이 있는 것 등이다.

30) 법무부, 앞의 자료, 2011, p. 846.

‖ 표 7-3 ‖ 소년보호처분의 유형(「소년법」제32조)

구분	처분의 내용	기간·범위	담당기관
1호	보호자 또는 보호자를 대신하여 소년을 보호할 수 있는 자에게 감호 위탁	6개월	-
2호	수강명령	100시간 이내	보호관찰소
3호	사회봉사명령	200시간 이내	〃
4호	보호관찰관의 단기(단기) 보호관찰	1년	〃
5호	보호관찰관의 장기(장기) 보호관찰	2년	〃
6호	「아동복지법」에 따른 아동복지시설이나 그 밖의 소년보호시설에 감호 위탁	6개월	아동복지시설 등
7호	병원, 요양소 또는 「보호소년 등의 처우에 관한 법률」에 따른 소년의료보호시설에 위탁	6개월	병원, 의료소년원 등
8호	1개월 이내의 소년원 송치	1개월 미만	소년원
9호	단기 소년원 송치	6개월 미만	〃
10호	장기 소년원 송치	2년 미만	〃

(다) 처리절차

범죄소년의 경우에는 검사가 소년에 대한 피의사건을 수사한 결과를 검토하여 보호처분에 해당하는 사유가 있다고 인정한 경우에는 사건을 관할 소년부에 송치하고 있다(같은 법 제49조 제1항). 법원의 소년부는 검사에 의하여 송치된 사건을 조사 또는 심리한 결과 그 동기와 죄질이 형사처분을 할 필요가 있다고 인정할 때에는 결정으로써 해당 검찰청 검사에게 송치할 수 있다(같은 법 같은 조 제2항). 한편 촉법소년과 우범소년이 있는 때에는 관할 경찰서장은 직접 법원 소년부에 송치하고 있다(같은 법 제4조 제2항). 또한 이들 범죄소년, 촉법소년 및 우범소년을 발견한 보호자 또는 학교·사회복리시설·보호관찰(지)소의 장은 이를 관할 소년부에 통고할 수 있다(같은 법 같은 조 제3항). 통고 또는 송치된 소년보호사건에 대한 심리 및 보호처분의 결정은 법원 소년부의 단독판사가 수행한다(같은 법 제3조).

2. 보호관찰제도의 기본현황

1) 보호관찰제도의 실시현황

(1) 보호관찰사건의 전체 현황

(가) 연도별 실시 및 접수사건 현황

1989년 우리나라에 도입된 보호관찰제도는 2014년까지의 실시사건 누계가 300만여 건을 넘어서는 등 괄목할 만한 성장을 이루었다. 보호관찰제도는 한동안 소년사범 중심으로 시행되다가 형법 개정에 따라 1997년부터 성인 형사범으로 제도가 확대되면서 도약하는 전기를 맞이하였다.[31] 2000년대 들어서는 외출제한 명령, 성 매수자에 대한 선도조건부 기소유예(존스쿨), 특정범죄자에 대한 위치추적 전자감독 등 새로운 제도가 잇달아 도입되었다. 2006년 이후에는 형의 집행유예를 선고할 때 보호관찰을 부과하는 경우가 그렇지 않은 경우를 앞지르게 되었을 정도로 보호관찰제도는 이제 우리나라 형사사법체계의 주요한 한 축으로 자리를 잡게 되었다.

통계로 나타나는 보호관찰제도의 발전과정은 확연하다.[32] 보호관찰제도의 연간 실시사건 수는 1989년 총 8,389건에 불과하였으나 차츰 증가하여 1996년에는 총 67,947건에 달하였다. 1997년 성인 형사범에 대한 보호관찰 전면 확대실시에 따라 사건 수는 10만 건 이상으로 급증한 후 2000년부터 2006년까지 15만 건 내외를 유지하였다. 2014년 전체 실시사건 수는 184,363건인데, 이는 제도도입 원년인 1989년에 비하여 약 22배 증가한 것이다.

그러나 2009년까지 지속적으로 증가하던 보호관찰제도의 실시사건 수는 그해를 정점으로 줄어들다가 최근 2년간은 다시 증가추세에 있다. 2011년에는 총

---

[31] 집행 대상이 소년사범 위주에서 성인 형사범 및 보호처분 대상자 등으로 확대됨에 따라 실시 사건 수, 처분 유형, 사범 분포, 관련 프로그램 등 다양한 면에서 양적·질적 변화를 거듭하였고 보호관찰 관련 조사와 심사업무 또한 꾸준히 발전해왔다.

[32] 보호관찰제도의 통계 현황을 살펴보기 전에 '보호관찰'이라는 용어가 크게 두 가지로 사용되고 있음을 다시 한 번 짚고 넘어갈 필요가 있다. 좁은 의미의 보호관찰은 「보호관찰 등에 관한 법률」 제32조에 규정된 준수사항을 이행할 조건으로 일정기간 동안 보호관찰관의 지도감독을 받는 것이다. 넓은 의미의 보호관찰은 여기에 더하여 보호관찰소의 핵심 업무인 사회봉사명령 및 수강명령을 포함한 개념이다. 이와 같이 우리나라 보호관찰제도의 핵심서비스는 보호관찰·사회봉사명령 및 수강명령이다(같은 법 제15조 참조). '보호관찰'이라는 용어는 양자의 의미로 자주 혼용되고 있어 사용되는 맥락으로 그 의미를 파악하여야 한다. 다만, 일반적으로 '보호관찰제도' 또는 '보호관찰서비스'라고 할 때는 넓은 의미로, '보호관찰 지도감독'이라고 할 때는 좁은 의미로 사용한다(이형섭, 앞의 논문, 2012, pp. 20-21).

┃그림 7-2┃ 1997년 성인형사범 확대실시 이후 실시사건 변화 추이

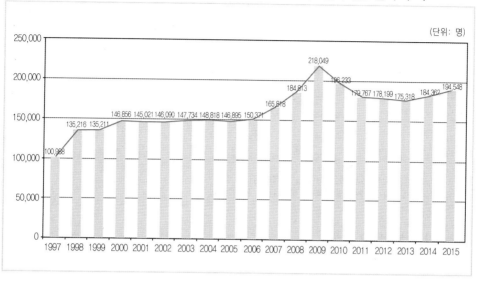

179,767건을 실시하였으나 2015년에는 194,548건을 실시하였다.

한편, 매년 보호관찰소에 신규로 접수되거나 이송되어 온 '접수사건'의 수를 기준으로 살펴보면, 2011년에는 121,188건이 접수되었으나 2015년에는 총 129,681건이 접수되었다.

┃표 7-4┃ 최근 5년(2011~2015년)간 연도별 전체 실시사건 현황

(단위: 건)

연도 \ 구분	총 계	보호관찰	사회봉사명령	수강명령	성구매자교육	벌금대체사회봉사	이수명령
2011	179,767	98,063	41,317	24,882	8,936	6,341	228
2012	178,199	97,886	41,560	28,144	5,954	4,282	373
2013	175,318	96,574	41,511	28,054	3,997	4,668	514
2014	184,362	95,198	43,293	30,281	3,223	7,765	4,602
2015	194,548	96,419	45,549	33,513	3,464	10,032	5,571

주) 실시사건: 전년도 이월사건 포함.

∥ 표 7-5 ∥ 최근 5년(2011~2015년)간 연도별 전체 접수사건 현황

(단위: 건)

구분 연도	총 계	보호관찰	사회봉사 명령	수강명령	성구매자 교육	벌금대체 사회봉사	이수명령
2011	121,188	49,698	36,071	21,986	8,366	4,856	211
2012	116,860	48,395	35,602	24,265	4,807	3,465	326
2013	112,878	47,540	34,794	23,013	3,058	4,059	414
2014	121,518	46,111	37,085	24,879	2,639	6,758	4,046
2015	129,681	47,991	38,153	27,588	2,847	8,554	4,548

주) 1. 접수사건: 당해연도 신수사건과 이입사건의 합.
2. 출처: 법무부 범죄예방정책국 보호관찰 통계자료.

(나) 업무분야별 현황

1989년 보호관찰제도 도입 이후 2014년까지 협의의 보호관찰, 사회봉사명령, 수강명령 등의 분야별 실시사건의 현황은 아래의 〈표 7-6〉과 같다.

∥ 표 7-6 ∥ 연도별 실시사건 변화 추이

(단위: 건)

연 도	계	보호관찰	사회봉사명령	수강명령 등 기타
1989	8,389	7,971	121	297
1990	24,057	20,356	2,224	1,477
1991	32,319	27,940	2,860	1,519
1992	38,941	31,787	4,961	2,193
1993	45,991	38,583	5,246	2,162
1994	53,340	43,099	7,149	3,092
1995	59,649	48,352	7,636	3,661
1996	67,947	53,523	10,076	4,348
1997	100,988	65,081	30,551	5,356
1998	135,216	81,600	46,637	6,979
1999	137,943	88,223	41,640	8,080
2000	151,180	94,705	42,761	13,714
2001	149,184	90,424	43,361	15,399
2002	149,565	89,163	45,026	15,376
2003	151,558	89,428	46,074	16,056
2004	151,958	88,182	45,252	18,524

2005	150,228	88,127	39,709	22,392
2006	154,120	87,247	35,886	30,987
2007	170,791	88,551	42,190	40,050
2008	189,827	93,274	47,654	48,899
2009	218,049	98,961	48,902	70,186
2010	196,233	101,924	42,469	51,840
2011	179,767	98,063	41,317	40,387
2012	178,199	98,886	41,560	38,753
2013	175,318	96,574	41,511	37,233
2014	184,362	95,198	43,293	45,871
2015	194,548	96,419	45,549	52,580

출처: 법무부 범죄예방정책국 보호관찰 통계자료.

협의의 보호관찰, 사회봉사명령, 수강명령 이외에 선도위탁, 존스쿨 등 보호
관찰제도의 다른 주요 하위분야를 포함하여 실시사건의 변화추이를 그래프로 살
펴보면 아래의 〈그림 7-3〉과 같다.

1989년의 경우 전체사건 중 협의의 보호관찰사건이 95.0%로 절대적인 비율
을 차지하고, 수강명령이 3.6%, 사회봉사명령이 1.4% 정도였으나, 차츰 보호관찰
사건의 비중이 감소하여 1996년에는 보호관찰 78.8%, 사회봉사명령 14.8%, 수강
명령 3.7%, 선도위탁 2.7% 수준이었다. 성인사범에 대한 전면 실시 이후부터는

▎그림 7-3▎ 분야별 실시사건의 변화 추이

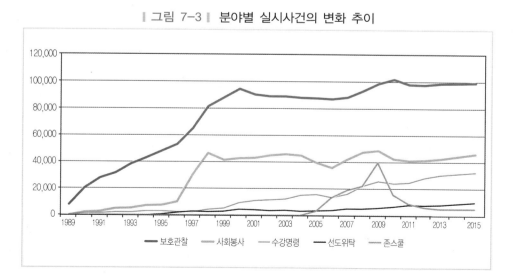

사회봉사·수강명령의 비율이 상대적으로 더욱 증가하였다. 2015년 말 기준 전체 사건 중 분야별 비율을 살펴보면, 보호관찰 49.5%, 사회봉사명령 23.4%, 수강명령 및 기타 교육이 27.0%에 이른다.

(2) 근거법률별 현황

(가) 근거법률별 실시사건의 연도별 현황

1989년부터 1996년까지 근거법률별 사건비율은 소년법 사건이 95% 내외이고 그 외 구 사회보호법·성폭력법 사건 등을 합친 것이 5% 정도였다. 성인 형사사건으로 부과대상이 확대된 1997년 이후에는 형법 사건이 지속적으로 증가하여

┃ 표 7-7 ┃ 근거법률별 실시사건 연도별 현황

(단위: 건)

연도	총계	소년법	형법	치료 감호법	성폭력법	가정 폭력법	성매매 처벌법	기소 유예	전자장치 부착법	벌금미납 사회봉사법	아청법	아동학대 처벌법
1997	100,988	68,718	27,768	1,556	196	–	–	2,750	–	–	–	–
1998	135,216	76,936	53,150	1,654	755	144	–	2,577	–	–	–	–
1999	135,211	70,904	57,587	1,608	1,041	1,339	–	2,732	–	–	–	–
2000	146,856	66,756	69,849	1,692	1,428	2,807	–	4,324	–	–	–	–
2001	145,021	56,472	77,520	1,594	1,354	3,918	–	4,163	–	–	–	–
2002	146,090	49,563	86,160	1,535	1,301	4,056	–	3,475	–	–	–	–
2003	147,734	46,594	89,446	2,459	1,197	4,214	–	3,824	–	–	–	–
2004	148,818	41,281	95,245	3,610	1,189	4,305	48	3,140	–	–	–	–
2005	146,895	39,939	92,531	3,194	1,188	3,695	614	6,543	–	–	–	–
2006	150,371	36,459	88,189	2,435	1,173	4,004	907	17,204	–	–	–	–
2007	165,818	39,086	95,751	1,645	1,322	3,953	1,204	22,857	–	–	–	–
2008	184,813	47,437	102,041	1,220	1,456	4,400	1,443	26,816	–	–	–	–
2009	218,049	58,340	101,049	1,136	1,653	4,259	1,665	45,279	1	4,667	–	–
2010	196,233	61,447	92,368	1,170	1,657	3,267	1,648	22,237	227	11,958	164	
2011	179,767	61,766	86,782	1,179	1,827	2,412	1,008	16,874	597	6,341	981	
2012	178,199	63,859	87,711	1,156	1,981	2,589	1,018	13,470	708	4,282	1,425	–
2013	175,318	57,815	88,681	1,145	2,371	3,915	1,126	12,231	1,573	4,668	1,793	–
2014	184,362	47,874	91,168	1,179	8,411	6,406	1,310	15,941	2,228	7,765	2,080	–
2015	194,548	44,050	92,322	1,147	11,374	9,693	2,157	18,233	2,532	10,032	2,181	827

주) 1. 2004년까지의 기소유예사건은 '보호관찰소선도조건부기소유예'만을 의미.
    2. 2005년부터는 '보호관찰소선도조건부기소유예'와 '존스쿨'건수 합산.
    3. 치료감호법 수치는 (구)「사회보호법」 포함.
    4. 출처: 법무부 범죄예방정책 보호관찰 통계자료.

2000년에 47.6%로 전체 사건 중에서 가장 높은 비율을 차지하게 되었고 2001년 부터는 전체 실시사건의 과반 이상을 차지하고 있다. 1997년부터 2015년까지 근 거법률별 실시사건의 현황을 살펴보면 〈표 7-7〉과 같다.

(나) 근거법률별 실시사건의 변화추이

주요 근거법률별 실시사건의 추이를 살펴보면, 우선 소년법 사건은 제도 시 행 초기 증가세를 보이다가 소년인구의 감소 등으로 1998년을 정점으로 감소세 를 보이고 있다. 그 외에 치료감호법은 2005년 (구)「사회보호법」 폐지 등에 따라 2006년 이후 감소하고 있고, 기소유예는 존스쿨 등으로 해마다 증가해가는 양상 을 보이다 2009년 기점으로 감소하고 있다.

┃ 그림 7-4 ┃ 주요 근거법률별 실시사건 추이

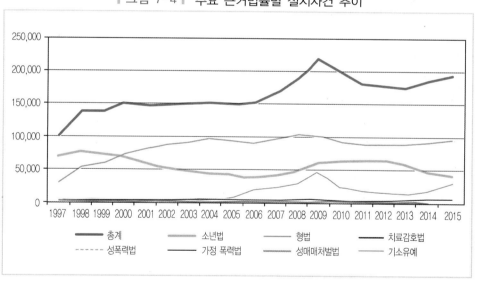

(3) 처분유형별 현황

(가) 처분유형별 실시사건의 연도별 현황

1996년까지는 처분유형별 분포에서 소년보호처분의 비율이 압도적이었으나 1998년 72,348건을 정점으로 하락세를 보이고 있다. 반면 1997년부터 시작된 성 인 집행유예사건의 대폭 증가와 소년사범 감소 경향 등에 따라 2000년 이후부터 는 집행유예처분이 가장 높은 비율을 차지하게 되었다. 이와 같은 추세는 해마다 계속되어 2015년에는 집행유예가 55.8%, 소년보호처분이 23.5%를 보이고 있다. 임시퇴원은 소년보호처분보다 감소세가 더욱 심하여 2005년 이후에는 전체사건 중 비율이 대체로 1.5% 미만에 머무르고 있다.

가석방의 경우 1998년 이후 대체로 매년 5,000~7,000건대를 유지하고 있고, 가출소·가종료 처분은 1,500~2,000여 건 수준을 유지하다가 「사회보호법」 폐지 전후인 2004년과 2005년 3,000건을 상회하였다가 2015년에는 1,147건을 기록하였다.

성인보호처분은 「성매매처벌법」과 「가정폭력법」 등의 제정 영향으로 2001년 이후 매년 4,000건 내외이고, 기소유예처분도 존스쿨 시행 등의 영향으로 2006년

∥ 표 7-8 ∥ **처분유형별 실시사건의 연도별 현황**

(단위: 건)

연도	총계	선고유예	집행유예	소년보호처분	임시퇴원	가석방	가출소가종료	성인보호처분	기소유예	형기종료위치추척	벌금미납사회봉사
1996	67,947	55	1,764	55,775	5,898	751	1,837	–	1,867	–	–
1997	100,988	34	25,199	63,270	5,448	2,731	1,556	–	2,750	–	–
1998	135,216	23	48,442	72,348	4,588	5,440	1,654	144	2,577	–	–
1999	135,211	15	52,547	66,519	4,385	6,066	1,608	1,339	2,732	–	–
2000	146,856	10	63,626	62,168	4,588	7,641	1,692	2,807	4,324	–	–
2001	145,021	8	72,895	51,516	4,956	5,971	1,594	3,918	4,163	–	–
2002	146,090	5	81,668	45,328	4,235	5,788	1,535	4,056	3,475	–	–
2003	147,734	8	86,022	43,388	3,206	4,613	2,459	4,214	3,824	–	–
2004	148,818	12	92,029	39,468	1,813	4,427	3,610	4,319	3,140	–	–
2005	146,895	20	87,928	38,299	820	6,038	3,205	4,042	6,543	–	–
2006	150,371	29	81,483	36,015	444	8,193	2,435	4,568	17,204	–	–
2007	165,818	33	90,470	38,515	571	7,115	1,645	4,612	22,857	–	–
2008	184,813	25	96,956	46,187	1,250	7,177	1,220	5,182	26,816	–	–
2009	218,049	21	95,616	56,700	1,640	7,951	1,136	5,038	45,279	1	4,667
2010	196,233	16	87,524	59,751	1,696	7,493	1,170	4,071	22,327	227	11,958
2011	179,767	22	82,296	60,116	1,650	7,044	1,179	3,420	16,874	597	6,341
2012	178,199	32	84,922	61,850	2,009	6,462	1,156	3,308	13,470	708	4,282
2013	175,318	32	86,989	55,724	2,091	6,040	1,145	4,825	12,231	1,573	4,668
2014	184,362	22	94,309	45,831	2,043	5,526	1,179	9,518	15,941	2,228	7,765
2015	195,548	36	100,953	42,318	1,732	5,356	1,147	12,709	18,223	2,532	10,032

주) 1. 「성매매처벌법」상 집행유예는 집행유예에, 같은 법률상 보호처분은 보호처분에 포함.
   2. 출처: 법무부 범죄예방정책국 보호관찰 통계자료.

이후 급증하여 2008년에는 26,816건까지 상향하였으나, 2009년부터 급감하여 2015년 18,223건을 기록하였다.

(나) 집행유예처분의 현황

보호관찰제도의 처분유형 중에서 집행유예처분은 1996년 1,764건에 불과하던 것이 1997년 이후 해마다 증가하여 1997년 2만여 건, 1999년 5만여 건, 2004년에는 9만 건을 넘어서기도 하였다. 처분별 점유율에서 집행유예사건이 차지하는 비율은 2001년 이후 매년 50%를 상회하고 있다.

한편 2015년 기준, 전체 100,453건의 집행유예처분 중에서 보호관찰만이 부과되거나 사회봉사명령 또는 수강명령과 함께 보호관찰도 병과된 경우는 총 59,517건(59.2%)이며, 사회봉사명령 또는 수강명령이 단독으로 부과된 경우는 총 40,936건(40.8%)이다.

┃ 표 7-9 ┃ 최근 5년(2011~2015년)간 보호관찰 집행유예처분 실시사건의 유형별 현황

(단위: 건)

연 도	총 계		
	총 계	보호관찰부	단독명령부
2011	83,072	54,876	28,196
2012	84,922	55,030	29,892
2013	86,989	56,212	30,777
2014	94,309	57,670	36,639
2015	100,453	59,517	40,936

출처: 법무부 범죄예방정책국 보호관찰 통계자료.

법원에서 집행유예 선고 시 보호관찰 등을 병과하는 비율은 해마다 증가하여 2002년에 40%대를 넘어서더니 2006년에 52.6%, 2013년에는 57.3%까지 이르면서 매년 꾸준히 상승하고 있다.[33]

(5) 죄명·연령·성별 현황

(가) 죄명별 접수인원

1989년부터 1996년까지 보호관찰대상자들의 죄명별 접수 분포는 대체로 절도(40% 내외)·폭력(30% 내외)·환각마약사범(10% 내외) 순이었다.

---

33) 2014년 사법연감 참조.

┃그림 7-5┃ 1997년 성인범 확대실시 이후 주요 죄명별 사건 추이

성인사범으로 보호관찰이 확대 시행된 1997년에는 폭력사범이 30.0%, 절도사범이 28.2%로 여전히 높은 점유율을 보이는 가운데 교통사범이 세 번째 주요 사범으로 부상하였다. 또한 IMF를 전후하여 사기와 횡령사범이 주요사범으로 떠올랐으며, 2006년부터는 사행행위 및 성매매 단속의 강화로 풍속사범이 급증하는 추세를 보여 왔다.

2015년 신규 접수인원[34])을 기준으로 죄명별 점유율을 살펴보면, 폭력(21.5%)·교통(18.6%)·성폭력(14.5%)·절도(10.1%)·사기횡령(9.6%) 사범 순으로 높은 비중을

┃표 7-10┃ 2015년 기준 죄명별 접수사건 현황

(단위: 명)

구분		총계	절도	폭력	교통	사기횡령	성폭력	환각마약	강력	경제	풍속	기타
2015	계	104,511	10,598	22,440	19,462	10,011	15,104	1,468	1,631	1,836	7,196	14,765
	소년	23,330	7,347	5,205	2,160	1,670	1,633	103	278	135	228	4,571
	성인	81,181	3,251	17,235	17,302	8,341	13,471	1,365	1,353	1,701	6,968	10,194

출처: 법무부 범죄예방정책국 보호관찰 통계자료.

34) 보호관찰 실시사건의 수는 전년도 이월 분을 포함하고 처분 건별로 계산되기 때문에 접수인원과

보이고 있다. 특히 최근 사회적 관심이 높아진 성폭력사범의 점유율은 과거 수년 간 평균 약 3%에 비하여 크게 증가한 수치이다.

(나) 연령별 현황

소년사범 위주로 보호관찰이 실시된 1989년부터 1996년까지는 소년사범이 매년 통상 97% 내외로 절대적인 비율을 차지하였으며 성인은 가출소자 등 3% 정도에 불과하였다. 성인 형사사범으로 보호관찰이 확대된 1997년부터 성인사범이 해마다 큰 폭으로 증가하였는데, 2000년에는 접수사건을 기준으로 성인사건 비율이 소년사건을 추월하게 되었으며 2001년부터는 실시사건에서도 성인이 소년을 넘어서게 되었다.

2015년 기준 소년 실시사건 26.6%, 성인 실시사건이 73.4%인데, 이는 전년도의 소년 30.8.%, 성인 69.2% 보다 성인 비중이 더욱 높아진 것이다. 연령별 보호관찰 전체 실시사건의 추이를 살펴보면 아래의 〈그림 7-6〉과 같다.

┃ 그림 7-6 ┃ 연령별 보호관찰 전체 실시사건 추이

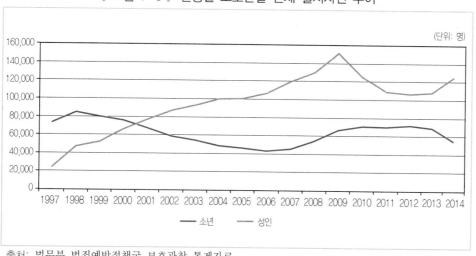

출처: 법무부 범죄예방정책국 보호관찰 통계자료.

(다) 성별 현황

전체 접수사건 중 남녀비율은 대체로 남자는 90% 이상, 여자는 10% 미만을

는 통계상 차이가 발생한다. 예를 들면, 보호관찰과 사회봉사 및 수강명령이 한 피고인에게 병과된 경우 보호관찰 접수인원은 1명이지만 실시사건은 3건이 된다.

┃ 그림 7-7 ┃ 2015년 기준 성별 접수인원 비율

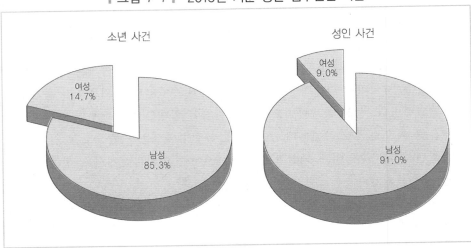

유지해 왔다. 연령별 남녀비율에서는 약간의 차이를 보이는데, 소년의 경우 1989
년부터 2002년까지는 10% 미만이었으나 2003년 11%대를 넘어선 이후 매년 증가
하여 2015년에는 14.7% 수준까지 상향된 반면, 성인의 경우에는 여자의 비율이
매년 10% 미만으로 1997년 5.5%, 2015년에는 9.0% 정도를 보이고 있다.

　　2015년 기준으로 소년과 성인으로 나누어 성별 접수인원의 비율을 살펴보면
위의 〈그림 7-7〉과 같다.

2) 조직·인력 현황

가) 보호관찰제도의 담당조직

(1) 중앙조직

　　보호관찰의 중앙조직은 법무부의 범죄예방정책국이다(「법무부와 그 소속기관의
직제」(이하 '법무부 직제'라 한다) 직제 제11조 제1항). 전신인 '보호국'은 1980년 12월 「사
회보호법」이 제정됨에 따라 1981년 1월 법무부 직제개정을 통해 신설되었다.[35]
당시 보호국은 보호과, 조정과, 심사과 등 3개과로 출범하였고 이후 한 동안 보호
과, 조사과, 관찰과, 소년과의 4개과 체계를 유지하였다. 2008년 이후 이들 4개과
는 범죄예방기획과, 보호법제과(구 사회보호정책과), 보호관찰과, 소년과 등 4개과

―――――――――――――
35) 법무부, 앞의 책, 2009, p. 119.

┃ 그림 7-8 ┃ 보호관찰조직도

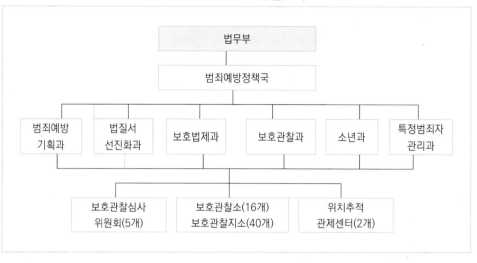

체제로 개편되었으며, 2011년에는 법질서선진화과가, 2015년에는 특정범죄자관리과가 각각 신설됨으로써 6개과 체제를 갖추게 되었다.

보호관찰제도의 운영과 관련하여 범죄예방정책국의 하위부서인 범죄예방기획과는 보호관찰에 관한 인사·예산업무를, 보호법제과는 법령제정 및 연구평가업무를, 보호관찰과는 특정범죄자를 제외한 일반보호관찰대상자의 보호관찰, 사회봉사·수강명령 집행기획업무를, 그리고 특정범죄자관리과는 특정범죄자에 대한 보호관찰, 위치추적 전자감독, 신상정보등록 등과 관련된 업무를 담당하고 있다.[36]

2015년 12월 현재, 보호관찰의 일선조직은 전국에 5개 보호관찰심사위원회,

---

36) 2015년 12월 현재, 법무부 범죄예방정책국은 6개과로 구성되어 있다. 범죄예방기획과는 보호관찰기관 및 소년보호기관(소년원 및 소년분류심사원)의 시설, 예산 및 동기관에 근무하는 보호직 공무원의 인사 등의 업무를 담당한다. 보호법제과는 보호관찰관련 법령 정비 및 신제도 연구기획, 소속공무원 복무감독, 치료감호 업무 등의 담당한다. 소년과는 청소년 비행관련 정책연구 및 대책수립, 소년원 보호소년 등의 수용·교육 및 조사, 일반학교 부적응학생 등의 특별교육 등의 업무를 담당한다. 보호관찰과는 보호관찰·수강명령·사회봉사명령의 집행 등 보호관찰 실시, 판결(결정)전조사 및 환경개선업무, 보호관찰소의 지도감독과 기관평가, 한국법무보호복지공단 및 민간 갱생보호사업자 관리 업무를 담당한다. 법질서선진화과는 법교육 관련 교육 및 전문인력 양성, 범질서바로세우기 운동 및 범죄예방자원봉사자의 관리감독 업무를 담당한다. 가장 최근에 신설된 특정범죄자관리과는 특정범죄자에 대한 보호관찰과 전자감독, 성범죄자에 대한 성충동약물치료 및 신상정보등록 등과 관련된 정책기획업무를 담당한다(「법무부 직제」 제11조 및 「동 시행규칙」 제7조 참조). 범죄예방정책국장은 검사로 보임하고 있고 범죄예방기획과장·보호법제과장도 검사로, 법질서선진화과장은 서기관 또는 검사로, 소년과장 및 보호관찰과장은 부이사관 또는 서기관으로, 특정범죄자관리과장은 서기관으로 보한다(「법무부 직제 시행규칙」 제7조 제2항).

56개 보호관찰소(본소 16개, 지소 40개), 2개 위치추적관제센터 등 총 63개 기관에 이르고 있다(법무부 직제 및 동 시행규칙 참조). 그러나 이 중에서 보호관찰관이 보호관찰 대상자와 직접 접촉하며 면밀한 관찰과 사회복귀에 필요한 조치를 통하여 지도감독 하는 업무, 즉 '좁은 의미의 보호관찰' 업무를 수행하는 곳은 전국 56개 보호관찰소이다.

(2) 보호관찰소

보호관찰소는 법무부장관의 소속하에서 보호관찰 대상자의 원활한 사회복귀와 재범방지를 위해 보호관찰의 실시, 사회봉사·수강명령의 집행, 판결전(결정전, 청구전)조사 및 범죄예방활동에 관한 사무를 관장하는 기관이다. 보호관찰소의 명칭, 위치, 관할구역 등은 「법무부와 그 소속기관 직제」 및 「동 시행규칙」에 위임되어 있는데, 현재 전국에 56개 보호관찰(지)소가 설치·운영되고 있다.

보호관찰소는 1989년 5월 본소 12개소·지소 6개소에 직원 271명의 직제로 개청 이후 끊임없이 증설을 거듭해 왔다. 줄기차게 보호관찰대상자가 증가하는 상황에서 수차례 직제가 개정되는 가운데 보호관찰소는 1989년 전국 법원·검찰이 소재한 중·소도시에까지 신설되었다.[37]

개청당시 보호관찰소의 하부조직으로는 관호과, 조사과, 사무과 등이 있었다. 2005년 8월에는 신속한 의사결정과 업무 경쟁체제 구축을 위하여 기존 과 단위 체계를 팀 단위 하부조직으로 재구성하는 '팀'제를 전면 실시하였다. 이는 기존 기관장 중심의 권한을 팀장에게 대폭적으로 위임하고 보호관찰 업무수행에 있어서 팀장의 전결권을 강화하는 것을 주요 골자로 한다.[38] 제도도입 당시 팀의 총수는 전국 35개 보호관찰소 115개 팀이었는데, 이중 30개만을 직제 상으로 신설하였고, 나머지 85개 팀은 비직제로 신설하여 병행·운영하게 되었다. 2011

37) 보호관찰관련 각종 특별법이 제정되고 대상자가 증가함에 따라 지소는 본소로 승격하거나 본소 관할 지소가 신설되는 가운데 개청 이후 10년이 지나도록 정원 500명을 넘지 못하던 중 2002년 5월 27일 안산·충주지소 등이 신설되어 총 35개 기관에 정원이 532명으로 증원되었다. 2005년 8월 12일에는 소년보호직렬 150명이 보호관찰직렬로 전직하여 정원이 700명을 상회하였다. 이는 외부인력 유입을 통한 인력충원의 지체 및 한계를 극복하려는 고육책으로 법무부 산하 소년보호기관으로부터 직원을 전격 유입시키고, 2007년 1월 1일 소년보호직렬과 보호관찰직렬이 전격 보호직렬로 통합되었다. 2007년 7월 23일 법무부 보호국은 4과 1팀 체제로 중앙조직을 개편하였다. 기존의 관찰과는 범죄예방정책과로 명칭이 변경되었고, 보호관찰 관련 법령, 정책 및 복무평가를 관장하게 되었다. 신설된 보호관찰과는 일선 산하기관의 보호관찰 집행업무를 전담하면서 최초로 보호관찰 일반직공무원을 법무부 중앙조직의 과장으로 임명하는 등 조직체계의 큰 변화가 있었다(법무부, 앞의 책, 2009, p. 96).
38) 법무부, "보호관찰소 팀제 실시방안", 법무부 내부기획문건, 2005.

년부터는 팀제가 폐지되고 다시 과거의 '과' 편제로 회귀하였다. 주요 과 직제는 행정지원과, 관찰과, 집행과, 조사과 등이다. 기관규모에 따라 관찰과는 소년, 성인, 특정범죄(전자감독)전담 등으로 세분화되고, 집행과는 수강, 사회봉사 등으로 나뉜다.

나) 보호관찰의 인력

(1) 보호관찰관

(가) 보호관찰관의 개념

　법률상 보호관찰관은 보호관찰소에서 일하며 형사정책학, 행형학, 범죄학, 사회사업학, 교육학, 심리학, 그 밖에 보호관찰에 필요한 전문적 지식을 갖춘 사람이어야 한다(「보호관찰 등에 관한 법률」 제16조). 한편 법무부령인 「법무부 직제 시행규칙」에 따르면, 우리나라 보호관찰관은 5급 이상의 일반직 공무원이다. 같은 규칙 제24조는 "보호관찰관은 보호관찰심사위원회·보호관찰소·보호관찰지소 및 위치추적관제센터에 소속되어 있는 고위공무원단에 속하는 일반직공무원·부이사관·서기관·보호사무관으로 한다."고 규정하고 있다. 그러나 실제 보호관찰소에 근무하는 5급 이상의 공무원은 과장 이상의 보직자로서 일부 예외적인 경우를 제외하고는 보호관찰대상자를 직접 관리하고 지도감독하지 않는다. 오히려 실무상 '보호관찰담당자'[39]라고 불리는 9급부터 6급까지의 보호직 공무원이 일정량의 케이스를 나누어 맡고 보호관찰대상자를 직접 접촉하며 지도감독하고, 해당 대상자의 모든 상황관리의 1차적인 책임과 권한을 가진다. 따라서 보호관찰관은 보호관찰소에서 근무하는 9급부터 5급에 이르는 보호직 공무원으로 정의할 수 있다.[40]

(나) 보호관찰관의 인력상황

　2015년 12월 현재, 전국의 보호관찰소 및 위치추적관제센터에 근무하는 일

---

[39] 보호관찰대상자를 직접 지도감독 하는 사람들을 지칭하는 말로, 실천현장의 공문서나 지침 등에서는 '보호관찰담당자'나 '보호관찰담당직원' 등의 표현이 주로 사용된다. 직원 상호 간에는 과장, 계장, 주임 등과 같은 직명을 사용하기 때문에 '보호관찰관'이라는 호칭을 거의 사용하지 않는다. 한편 대상자들은 담당 지역명 등을 붙여 '○○구 담당(선생)님'으로 부르거나 이름과 직명을 같이 사용해서 '○○○계장(주임)님' 등으로 부르는 경우가 많다. 대상자 중에서도 '(보호)관찰관'이라는 직명을 사용하여 호칭하거나, 아주 예외적으로는 출처가 불분명한 '보호관찰사'라는 용어를 사용하는 사람도 있다. 이처럼 보호관찰대상자를 직접 지도감독 하는 사람들을 지칭하는 일반적인 용어가 아직도 현장에서 통일되어 있지 못하기 때문에 여기서는 개념적으로 용어를 정의하여 사용하기로 한다.

[40] 이형섭, 앞의 논문, 2012, pp. 26–27.

반직 공무원의 총 정원은 1,518명이다.[41] 보호관찰소에 근무하고 있는 보호직[42] 공무원은 공안직 국가공무원으로 1989년 개청 당시 전국 18개 보호관찰(지)소에 배정된 정원은 230명이었다. 출범 당시 보호직 인력은 법무부 소속의 타 직렬 직원의 전직신청을 받아 충원하였는데, 그 수는 총 140명이었다. 한편 초창기에는 검사가 보호관찰소의 장을 겸임하기도 하였고, 1996년이 돼서야 모든 기관의 기관장이 보호직공무원으로 임명되었다. 1990년 최초로 보호관찰직 5급, 7급, 9급 공채를 선발하였는데, 각각 5명, 15명, 30명을 임용하였다.[43] 이후 보호관찰직 공무원 충원은 2002년 인력확충을 위한 특채와 2006년 및 2007년에 실시한 임상심리사(1급)의 6~7급 특채, 그리고 2010년과 2012년의 사회복지사 및 임상심리사의 7급 또는 9급 특채를 제외하고 원칙적으로 공채를 통해서 직원을 선발하고 있다.[44]

1989년 개청 당시 보호관찰소 정원은 기능직 41명을 포함하여 271명으로 출범하였다. 이후 1995년에 21명, 1997년에 69명, 1999년에 14명, 2000년에 48명, 2001년에 26명, 2002명에 46명, 2004년에 45명, 2005년에 202명, 2006년에 51명, 2007년에 273명, 2009년에 61명 등 지속적으로 인력이 증원되었다.[45] 보호관찰의 업무영역의 질적·양적 확대와 함께 보호관찰 인력도 지속적으로 증가하여 개청 이후 20년 만에 정원이 약 5.6배 증가하였다. 하지만 여전히 현실적으로 우리나라 보호관찰 조직에서 가장 취약하고 시급한 정책분야는 적정 인력규모를 확보하는 것이다.[46]

(다) 보호관찰관 1인당 관리인원

2011년 기준, 우리나라의 보호관찰관 1인당 관리하는 보호관찰대상자의 평균수는 147명으로,[47] 여전히 미국·영국 등 선진국 평균 약 48명의 3배가 넘는 수준이다.[48] 2012년 3월 현재, 법무부 자료를 보면, 외국의 보호관찰 인력 및 대상

---

41) 「법무부와 그 소속기관의 직제 시행규칙(법무부령 제857호)」 별표 11 참조.
42) '보호직'이라는 직렬명칭은 1989년 6월 17일 「공무원임용령」 개정으로 명명되었으나, 1992년 12월 2일 「공무원임용령」 개정을 통해 '보호관찰직'으로 개칭되었다가, 보호관찰직렬과 소년보호 직렬이 통합되면서 2006년 6월 12일 다시 '보호직'으로 개칭되었다.
43) 법무부, 앞의 책, 2009, p. 140.
44) 이형섭, 앞의 논문, 2012, p. 86.
45) 법무부, 앞의 책, 2009, p. 142.
46) 이형섭, 앞의 논문, 2012, p. 87.
47) 법무부, "2011년도 보호관찰과 중점추진계획", 법무부 범죄예방정책국 내부간행물, 2011d.
48) 법무부, 앞의 자료, 2012.

┃표 7-11┃ 세계 각국의 보호관찰 인력 및 대상자 현황

국가명		보호관찰인력	보호관찰대상자	1인당 담당인력	비 고
한국		288명	45,661명	158명	2008년 현재
		278명	49,602명	178명	2009년 현재
		333명	49,127명	148명	2010년 현재
		335명	49,401명	147명	2011년 현재
미국	플로리다주	2,116명	150,320명	71명	2011.7. 현재
	애리조나주 마리코파 카운티	1,020명	31,143명	31명	2010년 현재
일본		854명	59,732명	70명	2005년 현재
영국		7,232명	169,236명	23명	2004년 현재
호주		394명	20,809명	53명	2006년 현재
캐 나 다 (브리티시 콜롬비아주)		516명	15,789명	30명	2010.4. 현재

출처: 법무부 범죄예방정책국 2012년 조직진단자료.

자 현황은 〈표 7-11〉과 같다.

(2) 보호관찰분야의 민간자원봉사조직

(가) 개청 당시의 민간자원봉사조직

보호관찰제도의 시작이 미국의 한 민간자원봉사자(John Augustus, 1785-1895)가 재판과정에서 범죄인의 재범방지를 위한 복지적 접근을 시도한데서 비롯된 것에서 알 수 있듯이, 이 제도의 특징은 시민의 참여를 전제로 한다. 1990년 유엔에서 결의한 「사회내처우 최저기준규칙」은 "범죄인의 사회내처우는 무엇보다 대상자와 가족이 지역사회에 잘 적응할 수 있도록 지역사회와 연계 노력하는 것이 중요하므로 지역사회 인사의 보다 많은 참여가 권장되어야 한다."고 규정하고 있다.[49]

특히 우리나라는 제도 도입 당시 일본의 보호관찰 관련 법제를 상당 부분 참고하였는데,[50] 일본의 보호관찰은 민관의 협력모델이다. 초기 우리나라 보호

---

49) 이무웅, "우리나라 사법보호복지 서비스에 관한 소고", 「보호관찰실무연구논문집」, 법무부 서울보호관찰소, 2001, p. 160.

50) 이는 같은 동아시아권의 국가로서 한국과 일본이 사회문화적 유사성이 있었고 형사사법체계의 전반적인 구조도 유사했기 때문이다. 특히 일본의 법률은 거의 모든 법률용어나 주요한 법적 개

관찰제도가 교육과 상담 중심으로 운영된 것은 이러한 일본 모델의 영향도 있었다. 이러한 맥락에서 초기 우리나라 보호관찰조직에서는 '보호(선도)위원'이라는 민간자원봉사자들이 보호관찰 인력구성요소의 하나로 파악되었다.[51]

그러나 우리나라는 일본과 달리 사회봉사명령이나 수강명령 등과 같이 보호관찰관이 직접집행해야 하는 제도를 많이 도입하였다. 또한 개청 이후 약 5년 만에 대상인원이 연간 8천 명에서 약 6만 명으로 폭증하면서 '민간자원봉사자'의 결연지도만으로는 감당할 수 없게 되어서 보호관찰관이 직접 대상자를 관리하는 구조로 점차 바뀌게 되었다. 민간자원봉사자와 결연된 대상자가 소재불명 되거나 경과통보서가 제대로 접수되지 않는 사례들이 빈발하면서 보호관찰관이 직접 개입하는 비율이 늘어나게 된 것이다. 이에 따라 보호관찰관의 업무부담은 크게 증가하였다.

(나) 민간자원봉사자 조직의 통합

1996년까지 법무부의 범죄인 처우, 특히 사회내처우와 관련된 민간자원봉사단체는 크게 갱생보호위원, 소년선도위원, 보호선도위원으로 나뉘었다. 이들 단체는 각각 갱생보호회와 검찰청, 보호관찰소 등 기관별로 개별 구성·운영되어 오다가, 1997년부터 범죄예방자원봉사위원(이하 '범죄예방위원')으로 통합되었다. 갱생보호위원은 1942년 「조선사법보호사업령」의 제정 시부터 출소자에 대한 갱생보호사업을 위하여 활동하여 왔다. 소년선도위원은 1978년부터 도입된 검찰청의 소년에 대한 선도조건부 기소유예제도를 지원하기 위하여 창립되었다. 마지막으로 보호(선도)위원은 보호관찰소의 개청과 함께 보호관찰관을 보좌하여 보호관찰 대상자를 직접 지도하기 위하여 구성되었다.[52]

통합의 논의는 당시 보호관찰제도의 출범과 더불어 유사 중복제도를 정비하고 만성적인 인력난에 시달리는 보호관찰소를 보다 확실히 지원하기 위하여 시

념이 한자로 표현되었기 때문에 바로 번역하여 사용할 수 있을 정도로 접근성이 뛰어났다. 일본에서는 소수의 정예화된 보호관찰관은 대상자를 직접 지도감독 하지 않고 보호사(保護司)라는 체계적으로 조직된 민간인들을 지도·육성·관리한다. 반민반관의 보호사들은 보호관찰대상자들과 1 : 1로 결연되어 그들을 직접 지원·감독하며, 일정한 양식의 '경과통보서'를 보호관찰관에 제출한다. 일본은 특히 일부를 제외하고는 소년범이나 가석방자 중심의 보호관찰을 하고 있다. 이중 가석방자에 대해서는 사회적응을 촉진하기 위하여 여러 지원활동을 하고 소년범에 대해서는 교육과 선도를 중시하기 때문에 원조적 지향성이 강하다고 할 수 있다. 이형섭, 앞의 논문, 2012, p. 89.

51) 이형섭, 앞의 논문, 2012, p. 89.
52) 법무부, 앞의 책, 2009, pp. 167-169.

도된 것이었다. 결과적으로 1997년 3개 단체는 결국 통합되었고 「보호관찰 등에 관한 법률」에 통합조직의 근거 규정이 마련되었다. 같은 법 제18조는 "범죄예방 활동을 행하고, 보호관찰 활동과 갱생보호활동 사업을 지원하기 위하여 범죄예 방자원봉사위원을 둘 수 있다."라고 규정하고 있다. 또한 위촉과 해촉, 정원, 직 무의 구체적 내용, 조직 비용의 지급 등 필요한 사항을 법무부령으로 정할 수 있 도록 위임하고 있다.

3) 예산·시설 현황

가) 개 요

보호관찰 예산과 시설은 업무영역의 급격한 확대 속에서 지속적으로 성장하 였다. 2015년 기준, 보호관찰예산은 보호관찰소 개청당시에 비해 약 30배 이상 증가하였고 청사의 시설규모도 크게 확충되었다. 전산장비·관용차량·보안장구 등 각종 업무용 장비도 보호관찰인력의 증원과 보호관찰 업무영역의 확대 및 다 양화에 부응하여 크게 증가하였다.

보호관찰 예산은 업무특성상 세입보다는 세출 위주로 집행되는데, 법무부 총예산 중 보호관찰 예산의 점유비율은 검찰, 교정, 출입국 등에 비하여 상대적 으로 매우 미미한 수준이며, 1990년부터 보호관찰 예산이 정식으로 법무부의 예 산편성에 반영되기 시작하였다.

나) 일반회계 예산

(1) 전체적 예산추이

보호관찰기관의 일반회계(세출)예산은 1990년 이후 매년 평균 20% 이상의 증 가율을 보이며, 개청 당시에 비하면 총예산 규모는 약 30배 이상 증가하였다. 특 히 2006년과 2008년은 전년 대비 가장 높은 증가율을 보이는데 이는 직렬통합으 로 인한 정원의 증가가 주된 이유이다.

이를 구체적으로 살펴보면, 보호관찰기관의 일반회계 세출예산은 1990년 38 억 5천 5백만 원으로 전체 법무부 예산의 1.2%를 점유한 것에서 시작하여 성인형 사범에 확대 시행되던 1997년에는 약 117억 원으로 증액되었으나 점유율은 여전 히 1.3%를 차지하는데 그쳤다. 이후 2002년에 이르러서야 약 242억 원으로 법무 부 예산에서의 점유비율이 2.0%에 이르렀으며, 매년 가파르게 증가하여 2006년

┃그림 7-9┃ 연도별 보호관찰기관 일반회계 예산의 증가 추이

(단위: 백만 원)

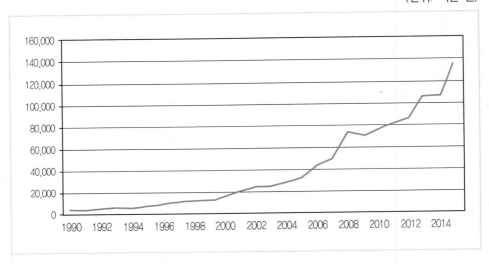

약 429억 원으로 2.6%의 점유율을 보였고, 2008년 약 781억 원으로 3.6%의 점유율을 차지하게 되었다. 이는 2007년 신설된 7개 보호관찰소의 임차료 반영, 직렬통합으로 인한 증원과 이에 따른 인건비 및 보호관찰 활동비 증가, 성폭력범죄자 위치추적시스템 구축에 의한 것이다.

2015년의 전국 보호관찰소의 예산은 1,349억 9천 4백만 원으로서 법무부 전체예산의 4.6% 정도를 점유하고 있다.[53] 위의 〈그림 7-9〉는 연도별 보호관찰 일반예산의 증가추이를 나타낸 것이다.

(2) 일반회계예산의 구성내용

보호관찰기관의 일반회계예산은 인건비·기본경비·주요사업비 등으로 구성되는데, 기본경비는 주로 기관운영에 필요한 경비이고, 주요사업비는 보호관찰 활동에 필요한 경비이다. 일반회계는 인건비와 기관운영에 필요한 기본경비가 예산의 주요 부분을 차지하고 있으며, 이러한 추세는 현재까지도 계속되고 있다.

2015년 기준 1,349억 9천 4백만 원의 예산총액은 개청 당시에 비하면 약 31배가 증가한 것으로서, 이중 인건비는 766억 9천 2백만 원으로서 전체의 약 57%, 기본경비는 101억 9천 4백만 원으로서 약 7%, 주요사업비는 481억 8백만 원으로

53) 2015년 법무부 예산자료 참조. 참고로 2015년 법무부 전체예산은 2조 9,425억 4천 1백만 원이다.

| 표 7-12 | 최근 10년(2006~2015년)간 보호관찰기관의 일반회계 항목별 예산내역
(단위: 백만원)

연도 \ 구분	총계	인건비	기본경비	주요사업비
2006	42,887	31,037	7,057	4,793
2007	48,758	33,763	8,104	6,891
2008	73,081	47,792	9,076	6,213
2009	70,324	49,596	6,745	13,983
2010	77,072	52,729	8,421	15,922
2011	81,223	54,460	9,038	17,725
2012	86,183	57,464	9,425	19,294
2013	104,870	71,626	9,825	23,419
2014	106,861	73,506	9,905	23,450
2015	134,994	76,692	10,194	48,108

약 36%를 각각 점유하고 있다.

인건비는 대체적으로 일정한 비율을 유지하고 있으며, 정원의 증가와 비례하여 증가하고 있고, 2015년에는 개청 당시 대비 약 30배가 증가하였다. 기본경

| 그림 7-10 | 보호관찰기관의 일반예산 구성비(2015년 기준)

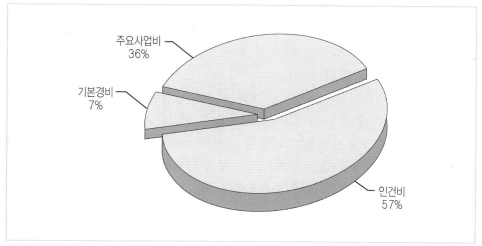

| 그림 7-11 | 연도별 보호관찰기관 일반회계 주요 구성예산 증가 추이

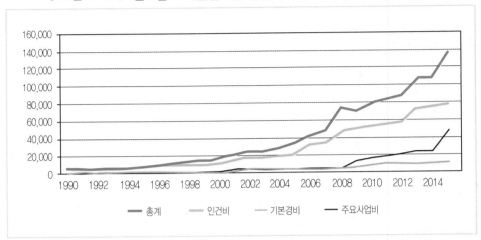

비는 2015년에 개청 당시 대비 약 41배가 증가하였는데, 이는 보호관찰소의 신설 등으로 기관 운영에 소요되는 비용이 증가한 데 따른 것으로 보인다. 주요사업비는 2015년에 개청 당시 대비 약 29배가 증가하였다.

(3) 국내여비의 증가

보호관찰기관의 예산집행 내역 중 주시할 만한 사항은 보호관찰소 신설에 따른 시설운영비의 증가와 업무형태 변화에 따른 국내여비의 증가이다. 국내여비, 즉 출장비가 증가한 것은 현장위주의 밀착적 지도감독을 강조하는 보호관찰 행정의 정책변화를 반영하는 것으로 해석될 수 있다. 따라서 국내여비 사용의 증가추세는 계속될 것으로 보이며, 이와 함께 현장출동을 위한 관용차량 관련예산의 증가도 나타나고 있다.

보호관찰 활동비 중 출장비는 개청 후 1996년까지 일정수준을 유지하다가 1997년에는 전년 대비 103%의 증가율을 보이는데, 이는 성인에 대한 보호관찰 확대와 현장위주 보호관찰 실시로 인한 것이다. 이후 출장비는 꾸준한 증가세를 보이고 있으며, 2008년에는 약 24억으로 개청 당시에 비해 967%가 증가하였고, 2015년에는 44억으로 1,773%나 증가하였다.

다) 시설 및 장비현황

(1) 시설현황

(가) 법무시설 조성예산

법무시설 조성 예산은 법무부 총예산 규모 중 차지하는 비율이 일반회계에 비하면 높은 편인데 이는 보호관찰소 신설과 관련한 예산이 계속 소요되고 있기 때문이다.[54] 1989년 18개 기관이 개청하면서 서울, 대전, 대구 등 신규공사가 주로 출입국 관리사무소와 합동청사로 진행되어 보호관찰 예산으로 반영되지 못하다가 1991년 창원, 부산보호관찰소 신규공사가 진행되면서 법무시설 조성 예산 집행이 시작되었고, 그 규모는 법무부 예산 중 1.6%를 차지하였다. 이후 기관 개청 및 신축 공사와 관련하여 증감을 반복하다가 특히 1994년 예산이 급증하였는데 이는 보호관찰소 신축 공사가 활발히 시작이었기 때문이다. 2004~2006년은 서울, 대전, 대구, 강릉 등 보호관찰소 신축 공사가 많아지면서 다른 연도에 비해 많은 예산이 집행되었다.

최근에는 일반회계 중의 법무부 법무시설 조성예산은 주로 시설 리모델링 및 개보수에 사용되며, 국유기금이 시설 신·증축 및 매입에 사용되고 있다. 2015년 기준 법무부의 법무시설 조성예산 총액은 252억 6천 8백만 원이며, 이중에서 보호관찰소 예산은 2억 4천 8백만 원으로 전체의 1%에 불과하다. 그러나 시설의 신·증축과 관련된 국유기금은 법무부 총예산(1,570억 2천만 원) 중 약 8%를 차지하는 123억 7천 6백만 원이다. 이는 보호관찰소의 자체청사 등이 아직 확보되지 않은 지역이 많아 지속적으로 청사 신축 또는 매입을 추진하고 있기 때문이다.

(나) 보호관찰소 청사현황

보호관찰소는 보호관찰대상자의 지도감독을 통해 재범을 방지하는 국가기관임에도 타 국가기관과 달리 임차청사를 사용하고 있는 곳이 절대적으로 많은 실정이다.[55] 2015년 12월 기준으로 자체청사는 29개(단독청사 26개, 합동청사 3개)에 불과하며, 임차청사는 27개 기관이다. 1989년에 개청한 12개 보호관찰 본소와 6개 지소는 모두 임차청사에서 업무를 개시하였고, 서울보호관찰소와 대전보호관

54) 법무시설 조성예산은 종전에는 국유재산특별회계로 편성되었다. 그러나 국유재산특별회계는 주로 청사 등 시설과 관련되어 편성되었으나 2007년부터 일반회계 중 법무시설조성 사업비로 포함되면서 폐지되었다.

55) 법무부, 앞의 책, 2009, p. 392.

┃ 표 7-13 ┃ 보호관찰소 청사 현황(2015. 7. 현재)

구 분		기관수	기 관
자체	단독	26	서울, 서울동부, 인천, 수원, 대전, 청주, 대구, 부산, 울산, 창원, 전주, 광주, 부산동부, 강릉, 원주, 천안, 고양, 안동, 포항, 목포, 순천, 남원, 정읍, 구미, 군산, 여주
	합동	3	춘천, 제주, 대구서부
임 차		27	서울남부, 서울북구, 서울서부, 의정부, 부천, 성남, 안산, 평택, 속초, 홍성, 논산, 서산, 충주, 경주, 진주, 통영, 안양, 영월, 공주, 제천, 상주, 거창, 해남, 영덕, 밀양, 인천서부, 영동

찰소가 각 출입국관리사무소와 합동청사로 신축공사를 시작하였다. 보호관찰소는 대부분 개청초기 임차에서 시작하여 차츰 단독청사로 변화하였다.[56]

보호관찰소의 시설에는 보호관찰대상자의 체계적인 관리와 교육에 필요한 상담조사실, 집단처우실, 시청각 자료실, 민원인 대기실, 범죄예방위원실 등이 필수적인 구성요소이다.[57] 그러나 임차청사의 경우에는 필요최소한의 공간만을 확보한 것이 일반적이다. 특히 서울이나 수도권의 경우, 신축이 가능한 부지확보 자체가 어려울 뿐 아니라 설령 어렵게 부지가 확보되더라도 주민반대 등으로 인하여 수년간 신축이 지연되는 경우가 많다.[58]

(다) 직원합숙소 현황

보호관찰기관은 전국적인 조직체계를 갖추고 있어서 연고지에서 벗어나 원격지에서 근무하는 보호관찰관들이 많이 있다. 따라서 보호관찰기관에는 이들을 지원하기 위한 직원합숙소가 긴요하다. 2015년 12월 말 현재 전국적으로 총 383

---

56) 법무부, 앞의 책, 2009, p. 158. 신축공사를 기준으로 살펴보면 1990년에는 대구보호관찰소가 출입국관리사무소와 합동청사로 신규공사를 시작하였고, 1991년 부산보호관찰소·마산보호관찰소(창원보호관찰소로 명칭 변경), 1992년 서울보호관찰소(개수), 1995년 광주보호관찰소(합동)·인천보호관찰소, 1996년 청주보호관찰소·전주보호관찰소·목포보호관찰지소, 1997년 포항보호관찰지소, 1998년 제주보호관찰소(합동), 1999년 수원보호관찰소, 2001년 울산보호관찰지소, 2004년 서울보호관찰소(신축), 2005년 대전보호관찰소·대구보호관찰소·안동보호관찰지소, 2007년 강릉보호관찰지소(개수), 2009년 남원보호관찰지소(개수)가 신축되었다.

57) 법무부, 앞의 책, 2009, p. 392.

58) 최근 수도권의 B시와 S시의 경우가 대표적인 사례이다. 특히 S시의 경우에는 2015년 하반기 현재에도 지역주민들이 청사입주 반대운동으로 인하여 사무공간을 확보하지 못한 채 인근 타기관의 일부 사무실에서 '더부살이'를 하고 있는 실정이다. 한편 건물을 임차하는 경우에도 대부분 필요최소한의 사무공간만을 확보하는 형편이다. 보호관찰소는 일반 사무실에 비하여 강당, 프로그램실, 상담실 등 비교적 넓은 면적이 소요된다. 그에 비하여 임차비용은 상대적으로 고가인 관계로 대부분 최소한의 면적만을 계약하기 때문이다.

세대(보유관사 237세대, 임차관사 146세대)의 합숙소를 마련하고 있지만, 원격지 근무를 하는 직원들의 수에 비하면 아직도 매우 부족한 수준이다.[59]

　1989년 개청 시에 적극적인 예산지원을 받지 못했던 보호관찰소에서 직원합숙소를 마련하는 일은 쉽지 않았다. 합숙소는 1991년 9월 인천보호관찰소가 아파트 1채를 매입한 것을 시작으로 기관별로 아파트 등을 임차 또는 매입하였고, 신축은 1993년 11월 부산보호관찰소가 청사부지 내에 2층 건물로 1개동(7.5평, 4실)을 준공한 것이 시작이었다. 이후 보호관찰소는 개청과 동시에 합숙소 마련을 함께 추진하여 2015년 12월 현재 전국적으로 매입 22세대, 임차 139세대, 신축 및 보관청 변경으로 187세대의 합숙소를 마련하였다.

(2) 각종 장비의 확충

　보호관찰소 개청 당시에는 열악한 근무환경으로 인하여 만성적 인력난에 시달렸다. 이러한 상황에서 보호관찰기관은 필연적으로 업무효율성을 높이기 위한 행정의 전산화 및 정보화를 적극적으로 추진하게 되었다. 1995년 '보호관찰대상자 관리 프로그램'(MSPP)을 활용하면서 보호관찰대상자에 대한 기록 관리를 수기 위주에서 벗어나 체계적으로 전산화하기 시작하였다. 이러한 추세와 발맞추어 전산기기가 보급되기 시작하였고 OA사무실 설치도 시작되었는데 그 시작은 1999년 제주보호관찰소이다. 2015년 6월 말 현재 전국에는 업무용 PC 1,957대, 노트북 197대, 프린터 1,369대, 스캐너 172대, 프로젝터 173대 등의 전산장비가 보급되어 있다.

　전산화와 관련한 가장 큰 변화는 사회봉사명령 집행 분야로 화상감독의 실시이다. 2005년 전국 협력기관에 화상전화기를 보급함으로써 보다 엄격한 집행이 가능해진 것이다. 현재는 인터넷을 통한 원격감독시스템이 구축되어 있어 보다 발전한 형태를 보이고 있지만 당시에 화상전화기의 보급은 획기적 변화였다.

　한편 현장중심의 보호관찰을 실시하면서 관용차량 보급도 확대되었는데, 1989년 승용차 12대에 불과하였던 업무용 차량은 2015년 12월 말 현재 승합차 111대, 승용차 249대(경차 103대 포함)로 총 360대가 보급되어 개청 당시에 비하면 약 30배가 증가하였다.

---

59) 이와 관련된 자세한 문제점은 법무부, 앞의 책, 2009, pp. 158-159.

제8장

협의의 보호관찰

협의의 보호관찰 실시절차는 크게 초기단계, 개입단계, 그리고 종결단계로 구성되어 있다. 초기단계에서는 개시·신고접수 및 초기면담, 분류 및 재분류 등이 중요하다. 개입단계는 보호관찰관에 의한 지도감독 및 원호활동을 의미한다. 종결의 사유는 기간만료로 인한 종료 이외에 제재조치나 은전조치로 중도에 종결되는 경우가 있다. 그러나 이러한 단계구분은 다분히 이론적인 것이며 실제에 있어서는 이러한 단계별 활동들이 상호 중복되거나 순환적이다.

한편, 현행 「보호관찰 등에 관한 법률」에 의하면, 보호관찰의 기본적인 방법으로서 지도감독 이외에 원호 및 응급구호에 대하여 규정하고 있다. 그러나 실제 보호관찰실무에 있어서는 원호 등의 방법은 지도감독의 한 내용으로 이해되고 있다. 이하에서는 이러한 보호관찰의 기본적인 업무처리 흐름에 따라 보호관찰 실시절차를 자세히 살펴보도록 한다.

1. 의의 및 현황

1) 협의의 보호관찰의 의의

협의의 보호관찰(이하 '보호관찰'이라 한다)의 개념과 법적 성격 등에 대해서는 이미 제1장에서 자세히 논의하였다.

좁은 의미의 보호관찰은 범죄자나 비행청소년에 대하여 사회 내에서 보호관찰관에 의하여 행하여지는 지도·감독과 원호를 주된 내용으로 하는 처분이라고 할 수 있다. 특히 이 개념은 「형법」상 선고유예 및 집행유예의 부수처분이나 「소년법」상 보호처분의 일종인 '보호관찰'에 의하여 실제로 행하여지는 지도·감독과 원호활동 자체를 일컫는 것이다.[1] 이들에게는 일정한 준수사항을 부과하여 이를 지키도록 하고 사회복귀를 위하여 지도와 감독, 그리고 필요한 원호 등의 조치를 취하여 재범방지와 사회보호를 도모하게 된다.[2]

2) 보호관찰의 현황

가) 보호관찰대상자

(1) 법률 규정

협의의 보호관찰대상자에 관하여는 「보호관찰 등에 관한 법률」(이하 '법'이라한다) 제3조에 규정하고 있다. 법 제3조 제1항에 의하여 보호관찰을 받을 사람(이하 '보호관찰대상자'라 한다)은 다음과 같다.

① 「형법」 제59조의2에 따라 보호관찰을 조건으로 형의 선고유예를 받은 사람(제1호), ② 「형법」 제62조의2에 따라 보호관찰을 조건으로 형의 집행유예를 선고받은 사람(제2호), ③ 「형법」 제73조의2 또는 이 법 제25조에 따라 보호관찰을 조건으로 가석방되거나 임시퇴원된 사람(제3호), ④ 「소년법」 제32조 제1항 제4호 및 제5호의 보호처분을 받은 사람(제4호), ⑤ 다른 법률에서 이 법에 따른 보호관찰을 받도록 규정된 사람(제5호) 등이다.

이때 법 제3조 제1항 제5호에서 말하는 '다른 법률'이라 함은 「성폭력범죄의 처벌 및 피해자보호 등에 관한 법률」, 「가정폭력범죄의 처벌 등에 관한 특례법」, 「성매매알선 등 행위의 처벌에 관한 법률」[3] 등이다.

---

1) 정동기, 앞의 논문, 1997, pp. 9-10.
2) 이에 대한 자세한 논의는 제1장 '보호관찰의 개념'에서의 관련부분을 참조.
3) 보호관찰의 대상이 되는 것은 이외에도 「치료감호법」 제32조의 규정에 의하여 보호관찰을 조건으로 가종료되거나 치료위탁된 경우, (구) 「사회보호법」 제10조에 의하여 보호관찰을 조건으로 가출소된 경우 등이 있으나 이때의 보호관찰은 「보호관찰 등에 관한 법률」에 의한 보호관찰이 아니라, 「치료감호법」 및 (구) 「사회보호법」에 규정된 보호관찰로서 그 취지와 내용이 다소 차이가 있다(「치료감호법」 제32조 및 「사회보호법」 제10조 참조). 또한 법률의 규정은 아니지만 법무부의 훈령에 의하여 검사로부터 보호관찰소 선도를 조건으로 기소유예처분을 받은 자에 대하여도 보호관찰을 실시하고 있다. 「보호관찰 등에 관한 법률」 제15조는 보호관찰소의 임무 중 하나로서 "검사가 보호관찰관이 선도(善導)함을 조건으로 공소제기를 유예하고 위탁한 선도 업

(2) 보호관찰대상자의 유형

보호관찰대상자를 구분하는 기준은 다양할 수 있으나, 부과된 처분유형에 따른 분류가 일반적으로 많이 활용되고 있다. 처분유형 중 소위 프로베이션(probation) 형으로서는 선고유예, 집행유예, 보호처분 및 선도위탁 대상자가 있다. 또한 퍼로울(parole)형의 처분유형에는 가석방, 가출소·가종료, 임시퇴원 대상자 등이 있다.

(가) 프로베이션(probation)형 대상자

① **선고유예 대상자**:「형법」제59조의2에 의하여 보호관찰을 조건으로 형의 선고유예를 받은 자와「성폭력범죄의 처벌 등에 관한 법률」제16조 제1항에 의하여 보호관찰을 조건으로 형의 선고유예를 받은 자를 말한다.

② **집행유예 대상자**:「형법」제62조의2에 의하여, 보호관찰을 조건으로 형의 집행유예의 선고를 받은 자와「성폭력범죄의 처벌 등에 관한 법률」제16조 제2항에 의하여, 보호관찰을 조건으로 형의 집행유예의 선고를 받은 자를 말한다.

③ **보호처분 대상자**:「소년법」제32조 제1항 제4호(단기보호관찰) 및 제5호(장기보호관찰)의 보호처분을 받은 자,「가정폭력범죄의 처벌 등에 관한 특례법」제40조 제1항 제5호의 보호처분을 받은 자, 그리고「성매매알선 등 행위의 처벌에 관한 법률」제14조 제1항 제2호의 보호처분을 받은 자를 말한다.[4]

④ **선도위탁 대상자**: 이들은 '보호관찰소 선도조건부 기소유예자'라고도 하며, 법무부훈령 제365호에 의하여 검사로부터 보호관찰소 선도를 조건으로 기소유예처분을 받은 자를 말한다.

(나) 퍼로울(parole)형 대상자

① **가석방 대상자**:「형법」제73조의2 규정에 의하여 보호관찰을 조건으로 가석방된 자와「성폭력범죄의 처벌 및 피해자보호 등에 관한 법률」제16조 제3항의 규정에 의하여 보호관찰을 조건으로 가석방된 자를 말한다.

② **가종료·가출소 대상자**: 여기에는 크게 두 가지 유형이 있다. 우선, 가종료자 및 치료위탁자는「치료감호법」제32조 제1항 제1호의 규정에 의하여 보호관찰을 조건으로 치료감호가 가종료된 피치료감호자 및 제2호의 규정에 의하여 치

무"를 규정하고 있다(제3호).

4) 실무에 있어서는 보호처분 대상자를 소년보호처분, 가정보호처분 성매매(보호처분)사범 등으로 구분하는 것이 일반적이며, 관련 통계의 작성과 관리에 있어서는 소년보호처분의 경우 대상자의 숫자가 많기 때문에 보다 세분하여 3호처분 대상자, 4호처분 대상자 등으로 구분하여 표현하는 것이 통상적이다.

료감호시설 외에서 치료를 위하여 친족에게 위탁된 피치료감호자를 말한다. 한편 가출소자는 (구)「사회보호법」제10조 제1항 제1호의 규정에 의해 보호관찰을 조건으로 가출소된 피보호감호자 및 병과된 형의 집행 중 가석방된 후 그 가석방이 취소되거나 실효됨이 없이 잔형기를 경과한 피보호감호자를 말한다.[5]

③ 임시퇴원 대상자:「보호관찰 등에 관한 법률」제25조 규정에 의하여 보호관찰을 조건으로 소년원에서 임시퇴원된 자를 말한다.

나) 근거법률별 보호관찰기간

보호관찰이 부과되는 근거법률에 따라 보호관찰기간을 정리하면 아래의 〈표 8-1〉과 같다.

┃ 표 8-1 ┃ 근거법률에 따른 보호관찰 기간

법 규	대 상	기 간
「형법」	• 보호관찰을 조건으로 형의 선고유예를 받는 자 (제59조의2) • 보호관찰을 조건으로 형의 집행유예를 받는 자 (제62조의2) • 가석방된 자(제73조의2)	• 1년 • 유예기간(기간을 따로 정한 경우 그 기간) • 잔형기간
「소년법」	• 단기보호관찰처분을 받은 자(제32조 제1항 제4호) • 보호관찰처분을 받는 자(제32조 제1항 제5호) • 임시퇴원된 자(보호관찰등에관한법률제25조)	• 1년 • 2년 • 6월~2년
「치료감호법」 (사회보호법)	• 가종료자(제32조), 가출소자(제10조)	• 3년
「가정폭력범죄의 처벌 등에 관한 특례법」	• 보호관찰처분을 받은 자(제40조)	• 6월 이내
「청소년의 성보호에 관한 법률」	• 소년법상 보호처분사건으로 처리(제13·14조, 소년법제32조)	• 6월~2년
「보호관찰소 선도위탁 규정」	• 보호관찰소 선도조건부 기소유예자	• 6월 또는 1년
「성매매알선 등 행위의 처벌에 관한 법률」	• 보호관찰처분을 받은 자(제14조, 제5조)	• 6월 이내

---

5) 「사회보호법」은 2005년에 폐지되었으나 경과규정에 의하여 폐지 당시 보호감호 중이었던 자들이 가출소된 경우에 이들에 대한 보호관찰이 일부 실시되고 있다.

「성폭력범죄의 처벌 등에 관한 법률」	• 보호관찰을 조건으로 형의 선고유예를 받는 자(제59조의2) • 보호관찰을 조건으로 형의 집행유예를 받는 자(제62조의2) • 가석방된 자(제73조의2)	• 1년 • 유예기간(기간을 따로 정한 경우 그 기간) • 잔형기간
「특정범죄자에 대한 보호관찰 및 전자장치 부착 등에 관한 법률」	• 성폭력범 • 미성년자 대상 유괴범 • 살인범	• 형기종료자: 최대 30년 • 집행유예자: 보호관찰기간 범위(최대 5년) • 가석방자: 가석방기간 • 가출소·가종료자: 보호관찰기간 범위(최대 3년)
「성폭력범죄자의 성충동 약물치료에 관한 법률」	• 16세 미만 대상 성폭력범 중 19세 이상의 성도착증 환자	• 형기종료자: 15년 이내 • 수형자: 15년 이내 • 가출소·가종료자: 보호관찰기간 범위(최대 3년)

다) 연령별·죄명별 현황

(1) 연령별 보호관찰 실시 및 접수사건 현황

보호관찰(협의)사건의 최근 5년간 실시 및 접수현황을 살펴보면, 2011년에는 총 98,063건을 실시하였으나 2015년에는 96,419건을 실시하는 등 전체적으로 완만하게 감소추세에 있음을 알 수 있다.

소년과 성인의 점유율에 있어서는 성인의 비중이 지속적으로 높아지고 있는 추세이다. 2011년에는 전체 실시사건 중에서 소년이 47,323건으로 약 48%, 성인이 50,740건으로 약 52%의 점유율을 보였으나 2015년에는 소년이 36,945건으로 약 38%, 성인이 59,474건으로 약 62%의 비중을 보이고 있다. 이는 총 인구구성에 있어서 소년의 인구가 줄어들어 소년범죄의 전체 건수가 급감하고 있기 때문으로 해석할 수 있다. 실시사건 수에 있어서 소년은 상당히 줄어들었으나 성인의 경우는 오히려 증가하고 있음이 이를 뒷받침하고 있다.

┃ 표 8-2 ┃ 최근 5년(2011~2015년)간 협의의 보호관찰 연령별 실시 및 접수사건 현황

(단위: 건)

연 도	실 시			접 수		
	전체	소년	성인	전체	소년	성인
2011	98,063	47,323 (48.26%)	50,740 (51.74%)	49,698	25,788 (51.89%)	23,910 (48.11%)
2012	97,902	47,574 (48.59%)	50,328 (51.41%)	48,448	25,850 (53.36%)	22,598 (46.64%)
2013	96,574	44,970 (46.57%)	51,604 (53.43%)	47,540	23,174 (48.75%)	24,366 (51.25%)
2014	95,198	40,234 (42.26%)	54,964 (57.74%)	46,110	20,383 (44.21%)	25,727 (55.79%)
2015	96,419	36,945 (38.3%)	59,474 (61.7%)	47,991	19,281 (40.2%)	28,710 (59.8%)

주) 1. ( ) 안은 점유 백분율.
   2. 출처: 법무부 범죄예방정책국 통계자료.

(2) 사범별 보호관찰 접수현황

좁은 의미의 보호관찰 있어서 최근 5년간 매년 신규 접수된 사건의 범죄유형별 현황을 살펴보면, 〈표 8-3〉과 같다.

전체적으로 보면, 폭력·교통·절도 사범 등의 비중은 줄어들고, 성폭력·사기·기타 사범의 비중은 늘었음을 알 수 있다. 특히 성폭력사범의 비중은 2011년 2,748건으로 전체의 5.5%에서 2015년에는 3,776건으로 7.9%를 차지하여 불과 5년 만에 약 1.4배 정도 증가하였다. 이는 성폭력사범에 대한 형사대책의 강화 경향 속에서 보호관찰제도의 역할 비중이 확대되고 있음을 보여주는 것이라고 할 수 있다.

┃ 표 8-3 ┃ 최근 5년(2011~2015년)간 협의의 보호관찰 사범별 접수 현황

(단위: 건)

연도	구분	전체	폭력	교통	절도	사기	강력	마약	풍속	성폭력	경제	기타
2011	전체	49,698	10,834 (21.8%)	6,405 (12.8%)	12,818 (25.7%)	4,524 (9.1%)	2,489 (5.0%)	1,771 (3.5%)	1,972 (3.9%)	2,748 (5.5%)	631 (1.2%)	5,506 (11.0%)
	소년	25,788	6,232	2,365	9,793	1,146	659	460	168	1,395	88	3,482
	성인	23,910	4,602	4,040	3,025	3,378	1,830	1,311	1,804	1,353	543	2,024

2012	전체	48,448	13,514 (27.8%)	5,760 (11.8%)	10,830 (22.3%)	4,056 (8.3%)	2,178 (4.5%)	1,656 (3.4%)	1,526 (3.1%)	2,636 (5.4%)	564 (1.1%)	5,728 (11.8%)
	소년	25,871	8,476	2,024	8,286	997	594	374	172	1,436	49	3,463
	성인	22,577	5,038	3,736	2,544	3,059	1,584	1,282	1,354	1,200	515	2,265
2013	전체	47,540	11,491 (24.1%)	5,794 (12.1%)	10,573 (22.4%)	4,449 (9.3%)	1,889 (3.9%)	1,564 (3.2%)	1,363 (2.8%)	3,481 (7.3%)	482 (1.0%)	6,454 (13.5%)
	소년	23,173	5,732	1,830	8,164	1,130	443	324	145	1,422	68	3,915
	성인	24,366	5,759	3,964	2,409	3,319	1,446	1,240	1,217	2,059	414	2,539
2014	전체	46,110	11,846 (25.7%)	5,666 (12.3%)	9,077 (12.3%)	4,571 (19.7%)	1,602 (9.9%)	1,255 (3.5%)	1,183 (2.7%)	3,968 (2.6%)	488 (8.6%)	6,454 (1.1%) (14.0%)
	소년	20,383	4,580	1,709	6,816	1,233	362	144	117	1,357	82	3,983
	성인	25,727	7,266	3,957	2,261	3,338	1,240	1,111	1,066	2,611	406	2,471
2015	전체	47,991	13,317 (27.7%)	5,846 (12.2%)	8,300 (17.3%)	4,953 (10.3%)	1,435 (3%)	1,346 (2.8%)	1,553 (3.2%)	3,776 (7.9%)	508 (1.1%)	6,957 (14.5%)
	소년	19,281	4,257	1,629	6,146	1,355	264	99	161	1,271	97	4,002
	성인	28,710	9,066	4,217	2,154	3,598	1,171	1,247	1,392	2,505	411	2.955

주) 1. ( ) 안은 점유 백분율.
2. 출처: 법무부 범죄예방정책국 보호관찰 통계자료.

2. 보호관찰 개시 및 분류

1) 보호관찰의 개시

가) 개 요

보호관찰은 법원의 판결이나 결정이 확정된 때 또는 가석방, 임시퇴원 된 때부터 개시된다(법 제29조 제1항). 보호관찰이 개시되면 판결문 또는 결정문의 접수, 사전교육, 보호관찰대상자의 신고 및 초기면담, 개시교육 및 보호자 특별교육 등의 순으로 절차가 진행된다.

| 그림 8-1 |

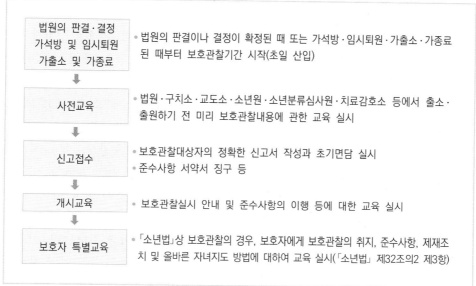

그림출처: 법무연수원, 「2011년 제4기 보호직 9급 신규자과정 교육교재」, 2011, p. 117.

나) 보호관찰사건의 접수 및 신고

(1) 보호관찰사건의 접수

보호관찰 실무에 있어서 보호관찰사건에 관한 판결문 또는 결정문이 접수되면, 우선 접수업무를 처리하는 전담직원이 사건부에 기재하여 사건번호를 부여하게 된다. 이어서 해당사건을 전산에 입력하고 이를 실제 보호관찰업무를 수행할 각 보호관찰 담당직원에게 배당하게 된다.

사건을 배당받은 보호관찰 담당직원은 보호관찰카드를 작성하고 이를 상급자에게 보고하고 개시결재를 받게 된다. 간혹 상소심 진행 중인 사건에 대하여 판결문이 접수되었거나 상소심에서 판결이 확정되었으나 원심판결문이 접수된 경우 등 판결문이 잘못 접수되는 경우도 있으므로 상소심 진행여부를 면밀히 확인할 필요가 있다. 한편 판결이 확정되었으나 판결문이 접수되지 않는 경우에는 법원(검찰)에 판결문(집행지휘서)의 송부를 요청하고 상소법원으로부터 판결문이 접수되어 범죄사실을 알 수 없는 경우 법원에 원심 판결문 송부를 요청하여야 한다.

(2) 보호관찰대상자의 신고 및 초기면담

보호관찰이 개시되면 보호관찰대상자는 대통령령이 정하는 바에 의하여 주거, 직업, 생활계획, 기타 필요한 사항을 관할 보호관찰소의 장에게 신고하여야 한다(법 제29조 제2항).[6] 보호관찰대상자는 「형법」 제59조의2 또는 제62조의2의 규정에 의한 판결이 확정된 때, 「형법」 제73조의2 또는 법 제25조의 규정에 의하여 가석방 또는 임시퇴원이 허가된 때, 「소년법」 제32조 제1항 제2호 및 제3호의 보호처분이 확정된 때, 다른 법률에 의하여 이 법에 의한 보호관찰을 받도록 명하는 판결·결정이 확정된 때에는 10일 이내에 주거지 관할 보호관찰소에 출석하여 서면으로 법 제29조 제2항의 규정에 의해 신고하여야 한다(시행령 제16조). 성인대상자의 신고는 본인이 보호관찰소에 출석하여 서면으로 신고하여야 하며, 소년의 경우에는 보호자와 동행하여 신고하여야 한다.

보호관찰대상자의 신고는 실무적으로 매우 중요한 의미를 지니는데, 신고서에 근거하여 그 대상자에 대한 초기면담이 실시되고 처우계획 수립이 시작되기 때문이다. 따라서 보호관찰대상자가 신고를 위하여 내방했을 때에는 신고서를 정확히 작성하도록 안내하여 적절한 처우계획 수립을 위한 자료로 활용하도록 유도할 필요가 있다. 신고서를 접수하는 경우, 담당직원은 대상자의 사진을 촬영하여 보호관찰 전산상황란에 첨부하고 개시교육의 일정을 안내한다.

한편 보호관찰관이 신고를 받게 되는 경우에는 당일 또는 다른 특정한 날을 지정하여 신속하게 초기면담을 실시하여야 한다. 초기면담은 처우계획 전단계로서 특이사항 및 참고사항 등에 관한 자료를 수집하여 개별처우를 실시하기 위한 중요한 면담이다. 통상적으로 대상자가 작성한 신고서를 기초로 대상자와 초기면담을 실시한다.

2) 보호관찰대상자의 분류

가) 개 요

보호관찰업무의 효율성을 제고하고 보호관찰대상자의 재범방지 및 건전한 사회적응을 촉진하기 위해서는 보호관찰대상자의 분류를 전문적, 체계적으로 시행할 필요가 있다. 이와 같이 보호관찰대상자의 분류제도는 재범위험성과 지도

---

6) 그러나 보호관찰대상자의 신고는 개시의 요건은 아니므로 신고가 없더라도 보호관찰은 개시된다.

감독의 난이도 등 일정한 기준에 의거 보호관찰대상자에 대한 합리적 분류와 분류등급에 따른 지도감독의 차별화를 위한 것이다. 적정한 분류업무의 수행을 위하여 1990년에 「보호관찰대상자 분류·감독 지침」이 제정되었는데 이 지침을 2012년 「보호관찰대상자 지도감독 지침」에 통합되었다.

나) 분류의 유형 및 시기

현행 「보호관찰대상자 지도감독 지침」 제2조에 의하면 사회봉사·수강명령 대상자를 포함하는 모든 보호관찰대상자가 분류의 대상이 된다. 분류의 유형과 시기는 다음의 〈표 8-4〉와 같다.

┃표 8-4┃ 분류 유형 및 시기

구 분	분류 내용	분류 시기
초기 분류	보호관찰 개시 이후 처우계획 수립을 위해 최초로 실시하는 분류	보호관찰 개시일로부터 1개월 이내 ※ 판결문 등 지연 접수시 개시사실을 안 날로부터 1개월 이내
재분류	개시분류 이후 보호관찰 실시 과정에서 재범위험성 변화 등에 따라 지도감독의 수준을 조절하기 위해서 실시하는 분류	보호관찰 집행 상황에 따라 수시

다) 분류의 등급과 기준

(1) 분류등급

분류등급은 **집중보호관찰대상자, 주요보호관찰대상자**(Ⅰ·Ⅱ), **일반보호관찰대상자**(Ⅰ·Ⅱ) **및 분류등급제외자**의 4가지 유형(6가지 세부유형)으로 구분된다.[7] 한편 동일 대상자에 대하여는 사건이 여러 건인 경우에도 분류등급을 통일하되 가장 중한 분류등급으로 유지한다.

한편 '미분류자'는 위와 같은 정식 분류등급에는 해당하지 않는 개념으로서 분류기간 내에 초기분류가 실시되기 이전의 자를 말한다. 분류의 기간은 원칙적으로 1월 이내이나, 미분류 기간은 최대한 단축하는 것이 바람직하다.

---

7) 분류등급의 분포는 보호관찰기관의 물적·인적 자원의 효율적 사용을 위하여 특정 등급의 비율이 편중되지 않게 주의를 기울일 필요가 있다. 특히 집중보호관찰대상자의 지정 비율은 당해 보호관찰소의 전년도 종료인원 기준 재범률 이상으로 한다. 다만, 재범률 변동 폭이 큰 기관의 경우 재범사건 유형 등을 감안하여 별도의 집중 비율을 지정할 수 있다.

(2) 분류기준

성인 보호관찰대상자의 분류는 특별한 규정이 없는 한 보호관찰관이 '한국 성인 보호관찰대상자 재범위험성 평가도구(K-PRAI)'의 결과 즉, 재범위험성 평가 결과를 기준으로 한다. 한편 현행 「보호관찰대상자 지도감독 지침」은 보호관찰 관이 분류를 시행(통지한 경우도 동일)한 경우에는 분류일자, 초기분류 또는 재분류 여부, 분류등급의 종류, 분류 사유 등을 보호관찰정보시스템에 지체 없이 입력하 도록 규정하고 있다.

(가) 성인대상자의 분류등급별 기준

성인보호관찰대상자의 분류등급별 구분기준은 처분유형, (아동대상) 성폭력범 죄 여부,[8] 재범횟수 및 보호관찰경력, 재범위험성 평가점수 등에 따라 세부적으 로 나뉜다. 보호관찰관은 성인보호관찰대상자의 분류기준에 관한 이러한 규정에 도 불구하고 질병, 장애 등 사유로 정상적인 보호관찰의 실시가 곤란하다고 판단 되는 자는 분류등급을 하향 조정할 수 있다.[9]

(나) 소년대상자의 분류등급

소년보호관찰대상자의 분류등급별 구분기준은 보호관찰경력, 성폭력범죄 의 전력,[10] 학업 및 직업안정성 등에 따라 세부적으로 나뉜다. 한편 소년대상자 의 분류등급 하향조정의 가능사유는 성인대상자의 그것과 동일하다.

(다) 분류등급 제외자

분류등급 제외자에는 추적조사대상자, 수용자, 임시해제·가해제자, 군법피 적용자, 단독명령대상자, 강제퇴거된 대상자, 미분류자 등이 있다.

우선 '추적조사대상자'는 법 제29조에 규정된 기간 내에 신고의무를 이행하지 않은 미신고자, 1월 이상 지도감독, 명령 집행지시에 불응하거나 소재불명 상태 가 지속되는 자, 구인장을 발부 받아 소재를 추적 중인 자, 법 제53조의 규정에 의하여 보호관찰이 정지된 가석방 또는 임시퇴원자(가퇴원자) 등이 해당된다.

'수용자'라 함은 재범·준수사항 위반·기타 사유[11]로 구금시설에 수용 중인 자와 「소년법」 제32조 제1항 제5호(단기보호관찰)와 제8호(1개월 소년원 수용)가 병합

---

8) 성폭력범죄의 전력은 본인진술 등에 의하여 판단할 것이 아니고 범죄경력조회에 의하여 공식적 으로 확인된 것을 기준으로 한다.

9) 중증질환으로 자립보행이 곤란한 사람 및 장기 입원치료가 필요한 사람은 제외한다.

10) 성폭력범죄의 전력은 본인진술 등에 의하여 판단할 것이 아니고 범죄경력조회에 의하여 공식적 으로 확인된 것을 기준으로 한다.

11) 노역장 유치, 가종료자의 형집행 등의 사유가 여기에 해당된다.

된 자 중 제8호 처분이 집행 중인 자를 말한다. '**임시해제자**'는 법 제52조의 규정
에 의하여 보호관찰이 임시해제된 자를 말하며, '가해제자'를 「특정범죄자에 대
한 보호관찰 및 전자장치 부착 등에 관한 법률」 제18조의 규정에 의하여 보호관
찰이 가해제된 자를 말한다. '**군법피적용자**'라 함은 「병역법」에 의하여 군복무기
간 동안 보호관찰을 받지 않는 자를 의미한다.

한편 '**단독명령대상자**'는 단독으로 사회봉사명령이나 수강명령을 부과 받았
거나 벌금미납으로 사회봉사를 이행하는 자 및 이수명령 대상자 중에서 신고의
무를 이행한 대상자 중에서 보호관찰관이 지정한 자를 말한다. '강제퇴거원 대상
자'는 「출입국관리법」 제46조에 의거 강제퇴거되어 보호관찰을 받지 않을 외국
인 대상자를 말한다.

(3) 분류등급의 재분류
(가) 성인대상자의 재분류

보호관찰관은 특별히 정한 경우를 제외하고는 「성인 보호관찰대상자 재범
위험성평가도구(K-PRAI)」에 따라 재분류를 실시한다.

보호관찰관은 집행유예취소 신청 등을 하였으나 검찰, 법원, 보호관찰심사
위원회 등에서 신청 등이 기각된 경우, 보호관찰 중 고의로 범죄를 저질러 구공
판 처분 등을 받은 경우 등 일정한 사유가 있을 때에는 집중대상자로 재분류할
수 있다. 한편 보호관찰관은 성인집중대상자가 지도감독에 순응하고 준수사항을
성실히 이행하면 집중보호관찰을 해제할 수 있다.

(나) 소년대상자의 재분류

보호관찰관은 소년 보호관찰대상자의 준수사항 이행정도 및 재범 위험성 변
화 등 사정변경을 고려하여 등급을 재분류할 수 있다. 보호관찰관은 소년대상자
가 ① 보호처분 변경 신청 등을 하였으나, 검찰, 법원, 보호관찰심사위원회 등에
서 신청 등이 기각된 경우, ② 보호관찰 중 고의로 범죄를 저질러 구공판·구악
식·기소유예처분 등을 받은 경우, ③ 거주지 및 연락처가 일정하지 않은 경우 등
일정한 사유가 있을 때에는 **집중대상자로 재분류**할 수 있다. 한편 소년 집중대상
자가 ① 보호관찰관의 지도·감독에 순응하는 등 준수사항을 성실히 이행한 경
우, ② 학업 및 취업에 성실히 노력하는 경우, ③ 기타 보호관찰관이 제반여건을
종합적으로 판단하여 집중 해제의 필요가 있다고 판단되는 경우에는 **집중보호관
찰을 해제**할 수 있다.

3. 지도감독

1) 처우계획의 수립

보호관찰대상자에 대한 '처우계획'이란, 보호관찰관이 대상자의 재범방지와 원활한 사회적응을 위하여 신고서, 보호자 및 관계인 진술, 각종 심리사회적 검사결과 등을 바탕으로 그들의 지도감독 및 원호에 대하여 구체적이고 세부적으로 수립하는 향후 대응지침과 개입스케줄을 말한다.

처우계획 수립의 목적은 보호관찰대상자를 일관성 있고 효과적으로 지도하고 감독하여 보호관찰의 실효성을 확보하고, 궁극적으로 그들의 재범을 방지하기 위한 것이다. 따라서 이러한 처우계획 수립과정에서 주의할 점은, 첫째, 효과적 계획수립을 위해서는 범죄예방위원, 각종 사회복지 단체 등 지역사회의 다양한 자원의 연계가 반드시 고려되어야 하며, 둘째, 보호관찰대상자 개별처우의 원칙에 따라 그들의 성별·나이·학력·가정환경 등을 충분히 파악하여 계획을 수립하여야 한다는 점이다.

처우계획의 수립절차는 각종 자료의 수집, 대상자에 대한 사정, 처우목표의 설정, 처우계획의 구체화 등의 순서로 진행된다. 이러한 과정은 단선적인 것이 아니며 반성적 고찰을 통한 유기적인 순환구조를 가진다.

2) 보호관찰대상자 지도·감독

가) 지도감독의 개요

(좁은 의미의) 보호관찰은 보호관찰의 방법을 규정하고 있는 「보호관찰 등에 관한 법률」 제33조의 지도·감독과 제34조의 원호 그리고 제35조의 응급구호 등을 통하여 구체화 된다.

(1) 지도감독의 의의

(가) 법률적 정의

보호관찰 '지도감독'에 관한 법률적 정의를 보면 다음과 같다. 우선, 「보호관찰 등에 관한 법률」 제33조(지도·감독)는 제1항에서 "보호관찰관은 보호관찰대상자의 재범을 방지하고 건전한 사회복귀를 촉진하기 위하여 필요한 지도·감독을 한다."고 지도감독의 의의를 규정하고 있다. 이어서 같은 조 제2항에서 그 구체적인 방법으로 ① 보호관찰대상자와 긴밀한 접촉을 가지고 항상 그 행동 및 환경 등을 관찰하는 것, ② 보호관찰대상자에 대하여 제32조의 준수사항을 이행함에 적절한 지시를 하는 것, ③ 보호관찰대상자의 건전한 사회복귀를 위하여 필요한 조치를 하는 것 등을 제시하고 있다.

(나) 지도감독 관련지침

보호관찰 지도감독 관련지침은 지도감독 업무수행에 대한 통일적인 기준과 원칙을 제시하고 있다. 이러한 지침에는 「보호관찰대상자 지도감독 지침」, 「특정 범죄자 전자장치 부착법 시행 지침」, 「사회봉사 집행 지침」, 「수강명령 집행 지침」 등이 대표적이다. 그러나 이러한 지침의 범위 내에서라면 세부적인 사항은 담당자의 재량사항이 된다.

(2) 지도감독과 원호

「보호관찰 등에 관한 법률」 제1조는 대상자의 사회복귀, 개인 및 공공의 복지증진, 그리고 사회보호를 제도의 시행목적으로 하고 있다. 이 중에서도 특히 대상자의 사회복귀를 위한 구체적 수단으로써, '지도'와 '원호'를 제시하고 있다. 이에 따라 같은 법 제33조(지도·감독), 제34조(원호), 제35조(응급구호) 등은 대상자의 사회복귀에 필요한 사회적 서비스를 제공하는 보호관찰 수행방법을 구체적으로 규정하고 있다. 앞서 살펴본 것처럼 제33조는 보호관찰관의 지도·감독 방법으로 보호관찰대상자와 긴밀한 접촉을 가지고 항상 그 행동 및 환경 등을 관찰할 것과 이들의 건전한 사회복귀를 위하여 필요한 조치를 취할 것을 제시하고 있다. 같은 법 제34조와 제35조는 도움이 필요한 보호관찰대상자에 대하여 복학주선, 숙소 제공, 취업알선 등 자립 갱생을 위한 지원과 부상, 질병 등 긴급한 사유가 발생한 대상자에 대한 응급구호를 실시할 것을 규정하고 있다.

이러한 규정체제로 인해 '지도감독'이라 함은 원호와는 대비되는 통제적인 방법으로 이해되는 경우도 있다. 지도감독에 대한 우리나라 보호관찰관들의 시각 중에는 '대상자 통제를 위한 직원의 접촉'을 '지도감독'으로 보고 '상담 및 자립지원서비스의 제공'은 '원호 또는 원호상담'으로 보는 이분법적 경향도 있다.[12] 우리나라와 유사한 법률체계를 지닌 일본의 경우에도 보호관찰 수행방법에 대해서는 '지도감독'과 '보도원호'를 구분하여 설명하는 학자도 있다.[13]

---

12) 이형섭, "효과적 보호관찰 지도감독 모델에 관한 연구: 인지행동적 개입을 중심으로", 「법조」 통권 15호, 2003, pp. 191-235.
13) 前沢雅男, 1981; 山田憲児, 1986; 川崎政宏, 1994.

그러나 우리나라의 「보호관찰 등에 관한 법률」을 살펴볼 때, 보호관찰의 기본적 수행방법은 제33조(지도감독)에 규정된 것이고, 제34조(원호)와 제35조(긴급구호)는 이중에서 구체화할 필요가 있는 부분을 따로 규정한 것으로 볼 수 있다. 왜냐하면 지도감독의 포괄적인 성격을 규정하고 있는 제33조 제2항 제3호는 그 해석상 제34조(원호)에서 규정하고 있는 구체적인 방법들을 포함하고 있다고 할 수 있기 때문이다.

지도감독(supervision)의 본질이 대상자 개인의 행동을 변화시키는 것이며,[14] 대상자의 변화는 보호관찰관과 대상자의 일대일의 관계를 통해서 이루어진다고 볼 때,[15] 지도감독과 원호상담을 특별히 구분할 이유는 없고 본다. 보호관찰 지도감독은 인간으로서 대상자의 사회적응능력을 강화하고 다양한 외부적 압력을 감소하며, 지원과 기회를 증진함과 동시에 사회적 가치의 맥락에서 대상자가 보다 만족하며 자기 충족적이 될 수 있도록 함으로써 대상자의 태도와 행동에 영향을 미치는 것이기 때문이다. 실제로 보호관찰 역사의 전반에 있어서 지도감독의 중심적인 사항은 보호관찰관이 범죄자에게 조언하고(advice), 지지하고(assist), 친구가 되어주는 것(befriend)이었다.[16]

따라서 '지도감독'이라는 용어는 지도감독은 대상자의 재범방지를 위한 감시감독과 행동통제뿐 아니라 그들의 건전한 사회복귀(rehabilitation)를 지원하기 위한 다양한 사회적 서비스 제공 활동을 의미한다.

(3) 지도감독업무의 처리절차

대상자에 대한 지도감독의 기본적 방법에 대하여는 법 제33조와 시행규칙 제23조가 규정하고 있다. 법률에 규정된 지도감독의 방법은, ① 보호관찰대상자와 긴밀한 접촉을 가지고 항상 그 행동 및 환경 등을 관찰하는 것(제2항 1호), ② 보호관찰대상자의 건전한 사회복귀를 위하여 적절한 조치를 하는 것(제2항 2호), ③ 보호관찰대상자에 대하여 「보호관찰 등에 관한 법률」 제32조의 준수사항을

---

14) Burnett, R., "Fitting Supervision to Offenders: Assessment and Allocation Decisions in the Probation Service", *Home Office Research Study* No. 153, London: Home Office Research and Statistics Directorate, 1996; McNeill, F., "Desistance-focused Probation practice", in W. H. Chui and M. Nellis (eds), *Moving Probation Forward: Evidence, Arguments and Practice.* Harlow: Pearson Longman, 2003.

15) Burnett, R., "One-to-one ways of promoting desistance: in search of and evidence base". In Burnett, R., & Roberts, C. (eds). *What Works in Probation and Youth Justice: Developing Evidence-Based Practice.* Cullomption: Willan, 2004.

16) Burnett, R., 앞의 논문, 1996; McNeill, F., 앞의 논문, 2003 참조.

이행함에 적절한 지시를 하는 것(제2항 3호) 등이다.

한편 「보호관찰대상자 지도감독 지침」에 지도감독의 구체적 활동내용이 규정되어 있다. 이에 의하면 보호관찰대상자에 대한 지도감독은 개별·집단상담, 출석면담지도, 전화·서신지도, 현장(가정·직장)방문지도, 심야시간 주거지 상주여부 감독 등 다양한 활동으로 구성되어 있다.

나) 지도감독의 방식

(1) 지도감독의 형태

지도감독의 형태는 크게 대면과 비대면 방식으로 구분할 수 있다. 전자는 보호관찰대상자로 하여금 보호관찰소에 출석하게 하여 면담하는 것과 대상자 및 관계인의 주거지·직장·학교 등에 현지출장하여 면담하고 지도하는 것을 말한다. 대면 지도감독의 경우 만나는 사람은 대상자에 한정되는 것은 아니다. 따라서 대상자와 관련된 다양한 사람들을 만날 필요가 있다.

대면접촉방식의 지도감독과 관련하여 2012년부터 법무부는 〈면담사전예약제〉를 시행하고 있다. 이는 대상자와의 면담에 대하여 특정일시를 지정하여 실시하는 것을 원칙으로 하는 것이다. 보호관찰관의 잦은 보직 및 업무변경, 출장 등에 따른 부재로 인하여 담당보호관찰관과 보호관찰대상자가 정기적이고 안정적인 면담을 하지 못하고 대리면담 등이 성행하는 폐해를 방지하기 위한 시책이다. 보호관찰관과 대상자가 안정적으로 변화를 위한 관계를 형성하기 위하여 필요한 조치로 평가되고 있다.[17]

한편 후자의 방식은 전화, 우편, 전자우편(e-메일) 등을 이용하여 비대면으로 지도감독하는 것을 말한다.

(2) 분류등급별 지도감독의 차별화

(가) 분류등급과 재범위험성 평가도구

보호관찰대상자의 분류등급은 집중, 주요, 일반으로 구분된다. 2011년 이전에는 최근 5년 이내에 보호관찰경력이 본건 포함 3회 이상이거나 외출제한명령

---

17) 보호관찰관은 긴급한 사정이 있는 경우를 제외하고는 원칙적으로 사정에 의하여 면담일시를 변경할 경우에는 변경일시를 대상자에게 미리 고지하여야 한다. 보호관찰대상자의 경우에도 면담일시를 변경하고자 할 때에는 사전에 서면, 전화 등의 방법으로 보호관찰관에게 보고하여 허가 및 새로운 특정일시를 지정받고, 사후에 그 사유를 소명하여야 한다. 보호관찰관은 대상자가 특정일시에 출석 등을 하지 않거나 사전 보고 없이 출석 등을 지연한 경우 주의, 경고, 소환 등의 조치를 취한다.

기간 중인 사람에 대해서는 원칙적으로 집중대상자로 지정하는 등 주로 행정적인 처리기준으로 분류하였다(「보호관찰대상자 분류감독지침」 참조). 그러나 보다 개별화되고 효과적인 범죄인처우를 위해서는 과학적인 재범위험성 평가도구를 사용하여 분류등급을 결정할 필요가 있다. 한편 재범위험성 평가도구가 높은 재범예측력을 갖기 위해서는 범죄경력, 직업상황 및 경력, 가정 및 사회환경, 생활행태 등 다양한 대상자 특성을 반영하여야 한다.

2011년 1월부터 법무부에서는 K-PRAI(Korean-Probationers' Risk Assessment Inventory)라는 재범위험성 평가도구를 자체적으로 개발하여 사용하고 있다. 이는 2007년부터 미국의 LSI-R, 영국의 OASYS[18] 등 선진 외국의 재범위험성 평가도구를 분석하고 한국적 현실에 맞추어 조정하여 2010년 6월에 개발한 것이다. K-PRAI는 가족관계, 성격 및 정서, 생활행태 등 8개 요인, 42개 문항, 총 44점으로 구성된다. 실제 운영에 있어서는 자동계산프로그램에 전산입력하면 결과가 자동 산출되도록 하는 일종의 '컴퓨터 기반 위험성평가'(Computer-based Risk Assessment) 프로그램이다.

(나) 분류등급별 지도감독 차별화

집중대상자의 지도감독 방식은 보호관찰 잔여기간에 상관없이 집중대상자 지정일로부터 대면 지도감독을 월 4회 이상(현지출장 1회 이상 포함) 실시한다.

주요Ⅰ 대상자는 월 2회 이상 대면 지도감독을 실시하며(이 때 분기 1회 이상을 출장을 통한 지도감독 실시), 주요Ⅱ 대상자의 경우에는 월 1회 이상 대면 지도감독을 실시하고 필요한 경우에는 비대면 지도감독을 추가로 실시할 수 있다.

일반Ⅰ 대상자의 지도감독 방식은 대면 지도감독 횟수를 격월 1회 이상 실시한다. 다만, 출석지도 또는 현지출장이 실시되지 않는 달에는 비대면 지도감독 방식을 통한 확인 등 대상자 신상변동 사항을 점검하고 그 사항을 전산관리시스템(K-PIS)에 입력하여야 한다. 일반Ⅱ 대상자에 대하여는 월 1회 이상 비대면 지도감독을 실시한다.

---

18) 영국의 법원에서는 16세 이상 되는 모든 범죄자에게 6개월에서 3년 이내의 기간 동안 보호관찰을 받을 것을 명할 수 있는데, 이들의 기본적인 준수사항은 보호관찰관과 정기적인 면담을 하는 것이다. 그런데 영국의 보호관찰국가표준안(National Standards)은 처음 3개월간은 매달 12회, 다음 3개월은 6회 그리고 나머지는 월 1회씩 면담하도록 하고 있다. 대상자 지도의 주안점은 대상자의 일상적 환경적 요인 중 범인성(criminogenic), 비범인성(non-criminogenic)요인을 고려하여 범죄에 대한 그들의 태도를 변화시키는데 두고 있으며, 모든 과정들은 보호관찰관에 의해 작성되는 위험성분석(risk assessment)을 기초로 하여 이루어지고 있다(손외철, 앞의논문, 2003, p. 16).

┃ 표 8-5 ┃ 분류등급별 지도감독 차별화[19]

구 분	지도·감독 방법
집중 대상자	• 월 4회 이상 대면 지도감독 실시 • 월 1회 이상 출장 지도감독 실시
주요 Ⅰ 대상자	• 월 2회 이상 대면 지도감독 실시 • 분기 1회 이상 출장 지도감독 실시
주요 Ⅱ 대상자	• 주거 이전 시 출장 지도감독 실시
일반 Ⅰ 대상자	• 격월 1회 이상 대면 지도감독 실시 • 비대면 지도감독 방식 병행
일반 Ⅱ 대상자	• 월 1회 이상 비대면 지도감독 실시

〈참고〉 집중보호관찰제도의 실시

가. 집중보호관찰제도의 의의

집중보호관찰제도는 재범위험성이 높은 보호관찰대상자를 선별하여 지도감독 수준을 일반 대상자에 비하여 강화함으로써 재범방지와 사회보호의 효율성을 높이기 위한 정책이다. 미국 텍사스주의 경우 집중보호관찰(ISP: Intensive Supervision Probation) 평균기간은 3개월에서 12개월 사이인데, 보통 ISP에 처해진 청소년들은 한 달에 평균 최소 12번 보호관찰관과 접촉하고 있는 것으로 나타나고 있다.[20] 이 중 4번은 대상청소년과의 직접 면담이었으며, 나머지 4번은 교사, 상담원, 부모 및 가족과의 접촉이었고, 나머지 4번은 전화로 상담하는 것이었다. 또한 ISP programs에 포함된 추가적 준수사항으로 야간통행금지(curfew)와 지역사회배상(Community Service Restitution)은 Texas의 모든 지역에서 채택하고 있을 정도로 지도·감독에 철저를 기하고 있는 것으로 나타났다.[21]

---

19) 한편 보호관찰관은 대상자의 상황에 따라 대면 지도감독 횟수를 조정할 수 있다. 따라서 대상자가 고의불출석, 여행, 원거리 취업 및 기타 대면 지도감독 횟수를 변경할 필요가 있다고 판단되는 때에는 대면담촉 횟수의 증감이 가능하다. 특히 재범위험성이 낮은 일반대상자에게는 일정한 요건을 충족할 경우 전적으로 비대면 지도감독을 실시할 수도 있다. 일반 보호관찰대상자가 임시해제 신청을 위한 일반기준을 충족하고 보호관찰 기간 동안 경고를 받은 사실이 없으며 현행 법률에 저촉되지 않는 직종에 종사하거나 학업에 임하고 있을 경우에는 비대면 지도감독이 가능하다. 또한 일반 대상자가 3월 이상 해외 장기 체류, 중증질환으로 자립보행의 곤란하거나 장기 입원치료가 불가피한 경우에 해당하며 소재와 연락처가 분명할 때에도 비대면 지도감독을 할 수 있다.

20) 이성칠, 앞의 논문, 2001, p. 134.

21) 위의 논문, p. 134.

나. 우리나라에서의 발전과정

우리나라에서는 2001년 1월 시범실시를 거쳐 2003년 9월부터 집중보호관찰을 본격적으로 시행하였다. 집중보호관찰의 대상자는 소년원 가퇴원자, 보호감호소 가출소자, 보호관찰 경력 3회 이상인 자, 보호처분 변경 및 집행유예취소신청이 기각된 자, 야간외출금지명령을 받은 자 등 6가지 유형의 대상자가 포함되었다. 한편 2006년 보호관찰대상자의 정당대표 습격사건 이후 집중보호관찰제도가 한층 확대되었는데, 재범위험성이 높은 대상자의 범위를 넓게 인정함으로써 대상범위를 확대하고 대상자별 접촉빈도가 강화되었다. 이에 따라 보호관찰관은 집중보호관찰대상자에게는 현지출장 위주로 월 4회 이상 접촉을 통하여 강도 높은 보호관찰을 실시하고 있다. 우리나라의 이러한 변화는 외국에 있어서 1980년대 보호관찰제도의 강경화와 유사한 흐름을 가진다. 미국이나 영국에서도 보호관찰대상자의 재범률 증가와 함께 특정 대상자가 사회적 이슈를 야기하는 중범죄의 저지르면서 집중보호관찰제도(ISP: Intensive Suprevision Program)가 도입되었던 것과 궤를 같이 하는 것이다.[22]

다. 집중보호관찰의 수행방법

2003년부터 본격 시행된 집중보호관찰제도는 지도감독 수준을 일반 보호관찰의 경우보다 5배 정도 강화한 것이다. 여기서 지도감독 수준을 높이는 것은 주로 대상자와의 접촉빈도를 늘리는 것을 의미한다. 보호관찰 실천현장의 기존 조직문화에서 보호관찰관들이 대상자를 지도감독 하는데 있어, 통제와 원조를 강조하는 조치가 서로 오버랩하는 것은 분명해 보인다. 이중에서 통제적 활동은 직접적으로 대상자의 행동을 규제하는 것이다. 이러한 활동은 특정한 형태의 수단만을 의미하는 것이 아니고, '대상자를 사회적으로 수용될 만한 행위기준에 끌어들이기 위해 수행되는 모든 언어적·비언어적 조치[23]'를 의미한다.

(3) 특별대상자의 지도감독

「보호관찰대상자 지도감독 지침」상 분류등급이 제외되는 추적조사대상자, 단독 사회봉사명령 및 수강명령대상자, 수용자, 임시해제자, 군법피적용자 등에 대해서는 별도의 지도감독 방식을 적용한다.

우선 **추적조사대상자**에 대하여는 수시로 주민등록지 및 고용상태 등 각종 조회, 관계인 면담, 현지출장 등 가능한 모든 방법을 활용하여 소재를 추적하여야 하고, 그 결과는 보호관찰정보시스템(K-PIS)에 입력·관리하여야 한다.

---

22) 이형섭, 앞의 논문, 2012, pp. 65-68.
23) Fielding. N., *Probation Practice-Client Support under Social Control*. Hampshire: Gower Publishing Company Limited., 1984, p. 62.

수용자에 경우에는 수용기간 중 1회 이상 수용 여부, 규칙준수 여부 등을 확인하고, **임시해제 및 가해제된 자**에 대해서도 임시해제 및 가해제 결정일로부터 보호관찰 종료 시까지 수시로 형사사법통합정보시스템(K-PIS)의 재범통지내역을 조회하여 대상자의 재범 여부를 파악하여 관리한다. 한편 **군법피적용자**의 경우에는 「병역법」에 의하여 그 복무기간 또는 군사교육기간 동안은 보호관찰을 실시하지 않는다.24)

한편 **전자감독** 대상자에 대하여는 「특정 범죄자 위치추적법 시행지침」에 별도의 지도감독의 방법이 규정되어 있다. 아동대상 성폭력범죄자 및 성폭력 범죄전력이 2회 이상인 성폭력사범과 치료감호 가종료자에 대해서는, MMPI 등 판결전조사 기록 및 대상자 및 가족 외 관계인의 비상연락처 확보, 피해자 연령 및 특성에 대한 고려, 행형·정신병력 자료 및 특이행동 참고, 주거지 상황 확인, 수시 출입장소 및 교우 등 하루 일과의 활동반경(동선), 기타 현지출장 등을 통해 관계인 및 주변인 등으로부터 수집한 자료 및 정보 등의 특이사항을 파악하여 이를 지도감독에 반영하여야 한다.

다) 보호관찰관의 면담방식

보호관찰 지도감독은 실제로 대상자와 보호관찰관의 면담 형식으로 구체화된다. 지도감독에 관한 업무지침에 따라 대상자의 분류등급별로 매월 1회~수회 출석기일이 정해지는데, 면담은 주로 이때에 이루어진다.25)

일반적으로 보호관찰 면담은 대상자가 일정한 양식의 신고서에 신상변동 사항을 간단히 기재하고 제출하여 그 내용에 대하여 확인하는 방식으로 진행된다. 확인하는 내용은 주로 학교생활이나 취업생활을 잘하고 있는지, 자주 가는 곳과 자주 만나는 친구는 누구인지 등 생활행태에 관한 것이다.26)

그러나 이러한 면담방식에 대해서는 대상자의 변화를 위한 전문적 실천과는 거리가 있다는 비판이 있어왔다. 이에 따라 최근에 실천현장에서는 대상자와의 만남을 미리 약속하여 면담을 진행하는 〈면담사전예약제〉를 시행하고 있다.27) 또한 범죄유형별로 전문화된 지도감독매뉴얼을 개발하여 적용함으로써,

---

24) 「보호관찰대상자 분류·감독 지침」 제18조 내지 제27조 참조.
25) 경우에 따라서는 대상자의 가정이나 직장 등 현장방문을 통하여 면담이 이루어지기도 한다.
26) 이형섭, 앞의 책, 2012, pp. 73-74.
27) 이는 보호관찰대상자 지도감독의 기본방식인 면담체계를 정비하고 보호관찰관의 면담준비 수준을 높이기 위하여 실시하게 된 것이다. 법무부는 2011년 1월 면담사전예약제를 실시하였는데,

면담이 대상자의 변화를 위한 전문적인 개입과정이 될 수 있도록 노력하고
있다.28)

3) 지도감독과 보호관찰 정보화

가) 보호관찰 정보화의 의의

보호관찰제도 도입 이후 여러 방면에서 관련 인프라가 구축되었는데, 그 중
에서도 눈에 띄는 것이 보호관찰대상자 관리업무의 정보화 분야이다.29) 보호관
찰 정보화는 보호관찰 직원이 수행하는 보호관찰 업무과정 중 고도의 판단행위
를 제외한 반복적 업무를 전산화하여 보호관찰전반의 능률적 전개에 필요한 기
반을 제공, 보호관찰 업무에 효과적·집중적으로 전념할 수 있도록 지원하고자
추진되었다.30) 보호관찰 정보화 연혁은 보호관찰의 역사라고도 할 수 있다. 제도
도입 이후 보호관찰대상자가 폭증함에 따라 직원 수에 비해 업무량이 너무 많아
효과적인 보호관찰을 실시하기 위해 보호관찰 전산화로 해결해야 할 필요성이
제기되었다.31)

1993년 법무부는 「보호관찰 업무전산화 종합계획」을 수립하고 1995년 DOS
운영체제를 기반으로 하는 '보호관찰대상자관리프로그램'(MSPP: Management System
for Probation & Parole)을 개발하여 사용하기 시작하였다. 2000년에는 윈도우환경에
서 운영되는 '보호관찰통합정보시스템'(PISS: Probation Integrated Information)이 사진촬
영 등 멀티미디어 기능이 추가되어 대상자관리에 사용되었다. 2004년에는 일자
별 처리업무를 자동으로 고지하는 '지능형보호관찰통합정보시스템'(IPISS)이 개발

대상자가 특별한 사유 없이 임의로 출석하여 이루어지는 면담은 정식면담으로 인정하지 않고
새로운 면담일시를 지정하도록 예규를 시달하였다. 면담일시를 변경할 경우 대상자는 보호관찰
관의 사전허가를 받고, 보호관찰관도 특정 면담일시를 변경할 때는 대상자에게 미리 통보하도록
하여 상호 신뢰도를 높이도록 하였다(이형재, 2012, pp. 174-175).

28) 보호관찰대상자의 사범별 특성을 반영한 지도감독 매뉴얼을 개발, 보급하여 지도감독의 전문성
및 효율성을 제고하기 위하여 법무부는 2010년 재범률이 높은 약물사범과 절도사범, 사회적 관
심도가 높은 성폭력사범을 우선적으로 선정하여 사범별 지도감독 매뉴얼 개발계획을 수립하고,
T/F를 가동하여 연구·개발을 추진하였다. 2011년 10월 동 매뉴얼을 개발완료하고 권역별 시험
실시를 거쳐 2012년 1월부터 사범별 전담지도 방식을 전국적으로 실시하기에 이른다. 동 매뉴얼
들에 따라 사범별로 초기 면담부터 보호관찰 종료 시까지 지도감독에 활용할 수 있도록 사범별
특성에 맞게 단계별로 처우매뉴얼을 구성하여 보호관찰 단계별 차별화된 지도기법 적용하도록
하였다(이형재, 2012, p. 180).

29) 이형재, 앞의 책, 2012, pp. 172-174.

30) 법무부, 앞의 책, 2009, pp. 180-191.

31) 조흥식, 앞의 책, 2009, pp. 41-51.

되어 운영되기 시작하였다.[32] 이후 2010년 7월부터 IPPIS는 경찰, 검찰, 법원, 보호기관, 교정기관 등의 전 형사사법 유관기관 전산정보망을 통합하는 '형사사법정보시스템'(KICS)의 하위부분으로 흡수·통합되면서 역사 속으로 사라졌다.[33]

나) 주요 정보화시스템의 개념 및 기능

(1) 형사사법정보시스템(KICS)

형사사법정보시스템(KICS)은 형사사법업무의 효율성 제고를 위하여 경찰, 검찰, 법원, 법무부 등 4개 형사사법기관이 표준화된 정보시스템에서 수사·기소·재판·집행 등의 업무를 수행하고, 그 결과 생성된 문서와 정보를 공동으로 활용하는 형사사법기관의 '통합된 전자적 업무관리체계'이다.

'킥스'(KICS: the Korea Information System of Criminal—justice Service)라고 불리는 이 시스템은 대상자관리 등 보호관찰업무 전반에 사용되는 보호관찰정보시스템(K—PIS)을 하위시스템으로 가지고 있다. 또한 보호관찰관은 준수사항을 위반한 보호관찰대상자의 구인장 및 유치허가장 발부, 보호처분 변경신청 및 집행유예·가석방 취소신청 등 검찰·법원·보호관찰심사위원회와 같은 다른 형사사법기관과 관련된 업무를 수행할 때는 직접 이 시스템을 통해 업무를 처리하게 된다.

(2) 보호관찰정보시스템(K-PIS)

보호관찰정보시스템(K—PIS)은 형사사법정보시스템(KICS)을 구성하는 하위부분으로서 보호통합지원시스템, e—보호관찰컨택시스템, 위치추적전자감독시스템(U—GUARD) 등과 함께 보호관찰 업무를 지원하는 핵심 정보화시스템이다. 실제로 보호관찰관은 보호관찰업무 전반을 수행함에 있어서, '케이피스'(K—PIS: Korea Probation Information System)라고 불리는 이 시스템을 가장 많이 활용하고 있다. 이 시스템의 주요 기능으로는 보호관찰 신고접수 및 개시업무의 처리, 보호관찰대상자 상황관리, 보호관찰의 종료 및 이송업무의 처리 등이다.

또한 'K—PIS'는 보호통합지원시스템 등 다른 보호관찰업무 정보화시스템과 연계되어 있어 사회봉사·수강명령 병과자 및 외출제한명령 음성감독대상자 등의 이행정보 공유를 통하여 대상자관리의 효율성을 높이고 있다. 'K—PIS'에 연계

---

32) 이 프로그램은 단일계정으로 그동안 단위업무를 위하여 개발된 지리정보시스템(GIS), 현장업무지원시스템(MOPIS), 사이버보호관찰(CPO), 보호통합지원시스템(U—PIIS) 등 하위시스템을 통합적으로 연계·활용하도록 개발되었다. 법무부. 앞의 책, 2009, pp. 180–191.

33) 이형섭, 앞의 책, 2012, pp. 112–113.

된 다른 업무시스템으로는, ① 보호통합지원시스템: 사회봉사·수강명령 집행업무 및 조사업무 지원 시스템 ② e-보호관찰컨택시스템: 외출제한명령 음성감독 업무지원 시스템 ③ PACS: 보호관찰카드 DB시스템 ④ U-GUARD: 위치추적 전자감독대상자 관리시스템 등이 있다.

(3) 보호관찰 무인정보시스템

보호관찰무인정보시스템은 대상자가 보호관찰소에 출석하여 보호관찰관을 면담하기 전에 개인의 신상정보와 일신상의 변동사항을 무인단말기(kiosk)에 입력함으로써, 면담시간을 효율적으로 활용하기 위하여 개발된 것이다. 대상자는 터치스크린이 장착된 단말기를 통해 보호관찰대상자는 각종 신고, 생활보고서, 집행상황통보서를 터치방식으로 입력한다. 입력된 데이터는 담당 직원 컴퓨터로 자동 전송되어 직원의 승인 시에 시스템에 자동 저장되며, 무인 디지털 단말기 원격관리 개발 및 사회봉사명령 불시 화상 감독 솔루션을 장착하고 있다.

무인정보시스템의 운용을 통하여 기존 수기처리방식을 자동화함으로써 업무량 감소, 문서작성 시간 및 증명서 발급 시간이 대폭 단축되어 실질적 인력 증원 효과를 거둘 수 있다. 전국 보호관찰소에서 사회봉사명령, 수강명령, 존스쿨 등을 집행하기 위한 본인 여부 확인 시간이 약 50분에서 5분으로 대폭 단축되고 투명한 집행이 가능하다는 것도 장점이다. 이 사업은 2010년부터 추진되었는데, 2011년부터 의정부·서울지역에서의 시범실시를 거쳐 전국으로 확대되어 시행되고 있다.[34]

(4) 기타 주요 정보화시스템

(가) 보호통합지원시스템(U-PISS, Ubiquitous Probation Integration Support System)

구 분	내 용
배경 및 개념	• 사이버보호관찰소(CPO)전국 확대 및 실시간 현장감독 강화의 필요성이 대두되면서 보호관찰 관련 정보시스템 간 유연한 연계 및 통합을 위해 개발 • 사회봉사명령, 수강명령, 조사업무 등의 관련정보를 통합 관리하는 시스템
적용대상	• 사회봉사명령 및 수강명령대상자, 존스쿨 대상자 및 조사 정보
기능	• 사회봉사명령 및 수강명령의 배치처리, 출결, 집행시간 자동계산, 각종 교육 지시 등 • 조사정보의 체계적 기록 및 관리

---

34) 이형재, 앞의 책, 2012, pp. 182-183.

운영성과	• 보호관찰정보시스템(K-PIS) 및 사이버보호관찰소(CPO)와의 연동으로 대상자 관리 강화 및 업무 효율성 증대

(나) e-보호관찰컨택시스템(EPCS, E-Probation Contact System)

구 분	내 용
개 념	• 법원, 보호관찰심사위원회에서 특별준수사항으로 명한 '외출제한명령'을 받은 대상자에 대해 컴퓨터와 전화기를 이용하여 재택여부를 자동 감독하는 과학적 업무시스템
적용대상	- (야간)주거침입 강·절도, 성매매사범 등 특정시간대 범죄 가능성이 높은 보호관찰대상자
기 능	• 외출제한명령대상자의 음성을 컴퓨터에 등록한 후, 컴퓨터 시스템이 불시에 자동으로 대상자의 집에 전화하여 재택 여부 확인 • 전화를 받지 않거나 타인이 대신 받는 경우, 성문비교를 통해 위반사실을 자동 기록하여 보호관찰관이 확인 가능 • 감독유형에 의해 랜덤하게 집행되므로 착신전환 및 녹음기 답변 등의 위반 가능성 차단
운영성과	• 범죄발생률이 높은 야간시간대 비행요인을 근본적으로 차단 • 가출·외박·불량교우 교제 등 고질적 비행요인 감소, 대면·대화 시간증대로 가족간 유대 강화

(다) 보호관찰현장업무지원시스템(MOPIS: Mobile Office Probation Information System)

구 분	내 용
배경 및 개념	• 보호관찰은 대상자가 생활하는 주거지 등에 현장출장 시에도 대상자의 인적정보, 지리정보 등을 제공하는 종합적 업무처리 지원시스템 필요성 증대 • 사건기록, 공범관계 등 보호관찰대상자에 대한 주요 정보를 무선인터넷과 보안인증된 스마트폰을 통하여 출장현장에서도 검색, 입력할 수 있는 첨단 시스템
활용절차	• 보안규정이 적용되는 전용 스마트폰 앱에 로그인하여 사용
시스템기능	• 신고사항 및 개별 보호관찰상황 조회, 현지출장면담 등 상황코드 등록, 대상자 사진 조회, 외출제한명령이력 조회 • 지명수배대상자 조회, 특이대상자조회, 불량자 조회 등 • 협력기관 조회, 협력기관별 배치·이행관리, 협력기관별 대상자 집행내역 등록 • 지리정보시스템 지도이미지 조회
운영성과	• 출장의 효율성 향상, 보호관찰업무 처리 공간의 확대 • 업무처리 신속화, 대상자에 대한 접촉기간 단축으로 재범억제력 강화 • 출장현장에서 발생한 돌발 상황에 효과적으로 대처

(라) U-Guard 시스템

구 분	내 용
개념	• 전자감독대상자, 즉 전자감독장치 피부착자의 관리 및 업무 지원을 위한 위치추적 전담반 업무지원시스템
적용대상	• 전자감독대상자(전자감독장치 피부착자)
기능	• 전자감독대상자 준수사항 및 상황 관리, 전자감독대상자의 실시간 상태정보 및 위치 정보, 문자메시지 전송, 전자감독장치의 관리 등
운영성과	• 전자감독대상자의 이동경로 분석과 실시간 확인을 통해 위험요소 사전 차단이 가능해짐으로써 재범 억제력 강화

다) 지도감독 상황의 전산입력

보호관찰관은 대상자의 출석 또는 현지출장 면담 이후에는 그 면담의 주요 내용을 형사사법통합정보시스템(구 보호관찰통합정보시스템)에 입력하여 상황을 관리하여야 한다. 전산시스템에 입력하여야 할 주요 확인항목은 주소지(거주지), 연락처, 가족관계, 건강상태, 직업 및 학업, 수사 및 재판 관련사항, 향후계획, 생활기록 등이다.

또한 효과적인 보호관찰 지도감독을 위해서는 대상자의 재범위험성에 대하여도 주기적으로 평가하여 그 결과와 향후 대처방법 등을 전산시스템에 체계적 입력·관리하여야 한다.

한편, 보호관찰대상자가 보호관찰관의 지도감독에 불응하고 고의로 접촉을 회피하거나 신고하지 않고 거주지를 이전한 경우에는 그 대상자의 소재가 불명한 상태에 빠지게 된다. 이 경우 보호관찰관은 그 대상자의 소재를 추적하는 활동을 하는데, 그 활동내용에 대해서도 소재추적 경로 및 주요상황, 그리고 기타 특이사항 등에 대하여 구체적으로 전산시스템에 입력하여야 한다.

4. 제재·은전조치 및 종료

1) 준수사항위반자에 대한 제재조치

가) 보호관찰 준수사항

(1) 현행법상 보호관찰 준수사항

보호관찰 준수사항이라 함은 「보호관찰 등에 관한 법률」 제32조의 일반준수사항과 특별준수사항을 말한다. 일반준수사항은 다음과 같다(제2항).

1. 주거지에 상주(常住)하고 생업에 종사할 것
2. 범죄로 이어지기 쉬운 나쁜 습관을 버리고 선행(善行)을 하며 범죄를 저지를 염려가 있는 사람들과 교제하거나 어울리지 말 것
3. 보호관찰관의 지도·감독에 따르고 방문하면 응대할 것
4. 주거를 이전(移轉)하거나 1개월 이상 국내외 여행을 할 때에는 미리 보호관찰관에게 신고할 것

한편 특별준수사항은 법원 및 보호관찰심사위원회가 판결의 선고 또는 결정의 고지를 할 때, 일반준수사항 이외에 범죄의 내용과 종류 및 본인의 특성 등을 고려하여 필요하다고 판단하여 특별히 지켜야 할 사항으로 따로 부과한 것으로서 다음과 같다(제3항).

1. 야간 등 재범의 기회나 충동을 줄 수 있는 특정 시간대의 외출 제한
2. 재범의 기회나 충동을 줄 수 있는 특정 지역·장소의 출입 금지
3. 피해자 등 재범의 대상이 될 우려가 있는 특정인에 대한 접근 금지
4. 범죄행위로 인한 손해를 회복하기 위하여 노력할 것
5. 일정한 주거가 없는 자에 대한 거주장소 제한
6. 사행행위에 빠지지 아니할 것
7. 일정량 이상의 음주를 하지 말 것
8. 마약 등 중독성 있는 물질을 사용하지 아니할 것
9. 「마약류관리에 관한 법률」상의 마약류 투약, 흡연, 섭취 여부에 관한 검사에 따를 것
10. 그 밖에 보호관찰 대상자의 재범 방지를 위하여 필요하다고 인정되어 대통령령으로 정하는 사항

준수사항은 사정변경의 상당한 이유가 있는 경우에 변경할 수 있으며(제4항), 보호관찰대상자에게는 서면으로 고지하여야 한다(제5항). 이러한 준수사항은 보호

관찰 대상자가 보호관찰관의 지도·감독을 받으며 건전한 사회인이 되기 위하여 지켜야 하는 것이다(제1항).

(2) 보호관찰 준수사항의 의의

(가) 준수사항 부과의 논리적 근거

보호관찰의 핵심내용은 범죄자가 어떻게 행동하여야 할지에 대한 준칙인 준수사항의 내용과 집행, 그리고 감독에 나타나 있다. 준수사항은 범죄자의 처벌, 미래의 범죄행위의 예방, 그리고 범죄억제의 효과달성이라는 형사정책적 기능을 충족시키기 위한 출발점이 된다고 할 수 있다.

보호관찰에 부과하는 준수사항과 관련하여 그 선택적 부과의 이유와 논리적 근거를 둘러싸고 미국에서는 크게 두 가지 모델이 대립되고 있다. 우선 충분모델(sufficient model)은 범죄를 저지른 사람은 처벌을 받아야 마땅하고, 보호관찰의 선고는 구금형과 같은 처벌의 의미에서 부과된 것으로 인식하여 범죄자에 대하여 보다 관대한 보호관찰을 부과할 때에는 구금형의 자유제한적 성질에 버금가는 강력한 준수사항이 동원될 수 있다는 입장이다. 반면 필요모델(necessary model)은 범죄인에 대한 보호관찰의 준수사항은 감독의 목적을 이루는데 있어 절대적으로 필요한 범위에서만 정당한 것이라고 주장한다.[35)]

(나) 지도감독 과정에서의 준수사항의 기능

보호관찰대상자에 대한 통제기법 중에서 중요한 것의 하나는 '한계의 설정'이다. 이러한 한계의 기준이 되는 것은 보호관찰 준수사항이다. 그러나 이러한 준수사항은 포괄적으로 규정되어 있기 때문에 이는 대상자의 일상 생활에 넘어서는 안 되는 선을 긋는 행위나 말로써 구체화된다.

보호관찰관들은 대상자에게 하지 말아야 할 것, 지켜야 할 것 등에 대하여 지속적으로 주의를 준다. 통제의 범위는 개별적으로 다르지만, 접촉빈도 등 일부 지침에 명시된 경우를 제외하고는 체계적인 틀에 의한 차별화보다는 그때그때 보호관찰관의 재량적인 상황판단에 의해서 좌우되는 경향이 있다. 그러나 대체적으로 처음에는 통제적 기법을 보다 더 많이 사용하여 '고삐를 당겼다가' 점차 풀어주는 방식으로 관계를 진전시켜 나가는 경향이 있다.[36)]

---

35) 진수명·최인섭, 「성인보호과찰제도 도입에 관한 예비연구」, 한국형사정책연구원, 1997, pp. 22-26.

36) 이형섭, 앞의 책, 2012, p. 205.

나) 제재조치

(1) 제재조치의 의의

제재조치는 보호관찰대상자가 준수사항을 위반하고 그 정도가 무거울 경우 이들 대상자를 종국적으로 실효성 있게 통제하기 위한 '보호관찰제도'의 법률적 메커니즘이다. 즉 「보호관찰 등에 관한 법률」에 미리 준비된 방법들, 예를 들어 출석요구(제37조), 경고(제38조), 구인·유치(제39조 내지 제45조), 취소 및 변경 신청(제47조 내지 제50조) 등이 각 단계별 제재조치들이다. 제재조치를 통해 보호관찰 취소와 함께 원처분이 집행되거나(집행유예) 보호관찰처분 자체가 변경(보호처분)된다. 특히 제재조치 업무는 인신구속과 관련되어 있어 고도의 주의 집중이 요구되기 때문에 보호관찰관들에게 가장 부담이 큰 업무이기도 하다.[37] 또한 제재조치에 보호관찰관의 역량이 집중되면 보다 많은 일반대상자에 대한 교육·상담 및 원호 등 다양한 활동을 종합적으로 균형 있게 전개하지 못할 수 있다. 준수사항 위반자에 대한 제재조치는 대상자와 담당 보호관찰관의 관계를 상호 공격적이고 적대적인 관계로 만들기도 한다. 이 때문에 보호관찰관들은 구인·유치를 필요하기는 하나, 최후에 사용해야 하는 수단으로 생각한다. 그 자체로서는 지도감독을 포기하는 것이기 때문에 제한적으로 운용되어야 할 '필요악'으로 본다.[38]

그럼에도 불구하고 대부분의 보호관찰관들은 제재조치의 긍정적 가치를 인정하고 있다.[39] 제재조치의 가치는 대상자에게 수용할 만한 행위의 경계선을 세워줄 필요가 있는 보호관찰관의 특정한 직업적 속성에 뿌리내리고 있다. 제재조치는 그 자체로서 실제적인 수단 이상의 가치 있는 상징이다. 실제로는 그렇게 많이 쓰이지는 않지만 보호관찰관들이 그런 권한이 있다는 것은 대상자들의 지도감독을 위한 중요한 힘이 된다는 것이다. 구인·유치의 권한이 유보된 보호관찰관은 자율적인 행동통제에 어려움을 겪고 있는 범죄자들이 적정한 행위의 경계선을 외부의 강한 힘에 의해 벗어나지 않도록 할 수 있다는 것이다.[40]

---

37) 위의 책, pp. 208-209.

38) 위의 책, p. 222.

39) 이형섭, 앞의 책, 2012, pp. 222-224.

40) 대부분의 보호관찰관들은 구인·유치가 "기관 또는 보호관찰관의 권위를 확인시켜 주고" "잘못된 바를 깨닫게 하는" 조치라고 생각한다. 이들 중 일부는 구인·유치가 장래에 유사한 잘못을 저지르지 않고 범죄행동을 교정해 줄 수 있는 "유효적절한 지도감독 수단"의 하나라고 생각한다. 이 경우 제재조치는 준수사항위반에 대한 처벌이라는 결과물이 아니라, 준수사항 위반자를 '교정, 개선'하는 목표지향적 수단인 것이다. 더군다나 보호관찰관들은 준수사항 위반이 지속되

이처럼 다수의 보호관찰관들은 구인·유치의 제재조치를 잘 사용하면 득이 되지만, 여전히 처벌로서의 성격이 강한 '양날의 칼'로 생각하고 있으며, "매우 신중하게 운영되어야 한다."고 생각한다. 대상자를 구인·유치하는 단계에 이르기 전에는 이를 회피하기 위한 노력을 충분히 하여야 한다. 대상자를 구인하여 조사할 때는 제재조치에 불가피성을 납득하도록 잘 설명하고 오히려 '자숙의 기간'으로 활용할 수 있음을 설득하고 이 과정에서 그들의 정서적 불안을 완화시키기 위한 노력을 할 필요가 있다.[41]

(2) 제재조치의 절차

보호관찰관은 출석기일에 불출석한 대상자를 전화연락으로 호출하고, 이에도 불응하는 경우에는 '출석요구서'라는 소환장을 발송한다. 출석요구에 불응하면 경고장이 발부되고 몇 회 이러한 일이 반복될 경우에는 체포영장과 유사한 구인장이 보호관찰소장의 신청으로 법원에서 발부된다. 구인된 대상자는 보호관찰기간 중에 준수사항을 위반한 사실에 대하여 조사가 이루어진 후 법원에 구속영장과 유사한 유치허가장이 신청된다.[42]

보호관찰 준수사항 위반으로 제재조치를 받게 되면 해당 처분이나 명령이 최소 또는 변경되어 재구금될 수 있다. 이러한 재구금을 위한 조치들의 전단계로 출석요구, 경고 등이 활용되지만 본격적인 의미의 제재조치는 구인과 유치로부터 시작된다. 범죄의 수사와 비유하자면 내사단계를 지나 혐의점을 파악하여 본격적으로 피의자를 체포(구인)하고 구속(유치)하는 과정과 유사하다. 극히 예외적으로 구인후 유치에 이르지 않고 석방되는 경우가 있으나, 실무상 이런 경우는 특별한 사정변경이 있는 경우로 제한된다.[43]

한편 제재조치를 취하기 위해서는 대상자의 준수사항 위반사실을 발견하고 그 대상자의 소재를 확보하는 것이 필요하다. 이 때문에 정책적으로 제재조치를

는 상태에서 대상자들이 재범에 이르게 되는 사례들을 자주 접하다보면, 재범에 이르기 전에 준수사항위반으로 제재조치를 하는 것이, 대상자 본인이나 지역사회의 이익을 위하여 더 낫다는 생각을 가지게 된다(위의 책 pp. 223-224).

41) 위의 책, p. 224.
42) 위의 책, p. 74.
43) 예를 들어 구인후 확인해보니 여성대상자의 임신이 확인된 경우 등이 그러하다. 「보호관찰대상자 지도감독 지침」 제105조에는 구인후 석방을 위한 판단기준으로 4가지를 제시하고 있다. 그러한 기준으로는 준수사항 위반의 경중판단, 생업종사 및 안정적 직업유무, 재범유무, 신체적 정신적 건강상태 등이 그것이다. 그럼에도 불구하고 실무상 구인후 석방의 적정성 여부가 감사 등에 대상이 되기 때문에 매우 명백한 사유가 없는 한 실제 거의 이루어지지 않는 것이 현실이다.

강조할 경우, 보호관찰관의 활동은 준수사항위반 여부를 발견하고 확인하는데 집중되었다. 제재조치가 필요한 대상자는 가출하거나 주거지 이전신고를 하지 않아 소재불명 상태에 있는 경우가 많다. 이들의 소재를 알아내거나 신병을 확보하는 것은 쉽지 않은 문제이다. 현재는 지명수배제도를 활용하여 경찰이 검거하는 경우가 대부분이나 과거에는 밤새워 잠복근무를 하며 사복경찰과 다름없는 임무를 수행하기도 하였다.[44]

(3) 제재조치 현황

1995년까지는 상담지도 및 교육 위주의 정책 경향으로 인해 준수사항 위반자에 대한 구인 등 적극적 제재조치의 적용은 미미하였고 다만 보호처분 변경·취소가 어느 정도 활발하였다. 보호관찰제도가 어느 정도 안정기에 접어들면서 현장 위주의 보호관찰 및 집행의 실효성 확보에 대한 요구가 생겨났고 이에 따라 1996년을 기점으로 구인·유치 등의 제재조치가 대폭 강화되고 보편화되었다.

구인 건수는 2011년 2,562건을 기록한 이후 점차 감소추세에 있다. 2015년 기준 구인건수(긴급구인 포함)는 총 1,980건이며, 집행유예 취소는 744건, 보호처분 변경 등은 1,812건이다.

┃ 표 8-6 ┃ 최근 5년(2011∼2015년)간 보호관찰 제재조치 현황

(단위: 건)

연도	구인	긴급구인	유치	집행유예취소	보호처분변경취소	임시퇴원취소	가석방취소	기간연장	보호관찰정지	가정보호처분취소
2011	2,562	62	2,471	536	1,903	145	47	86	133	34
2012	2,279	60	2,120	550	1,762	155	35	112	113	19
2013	2,431	67	2,287	635	1,960	149	26	80	107	22
2014	2,128	43	1,976	657	1,821	148	23	72	75	42
2015	1,980	40	1,800	744	1,812	126	11	79	71	128

출처: 법무부 범죄예방정책국 보호관찰 통계자료.

---

44) 법무부, 앞의 책, 2009, pp. 81-82.

2) 성적양호자에 대한 은전조치

(1) 은전조치 종류

(가) 보호관찰 임시해제

보호관찰의 임시해제는 보호관찰대상자에게 시행할 수 있는 가장 대표적인 은전조치로서, 「보호관찰 등에 관한 법률」 제55조는 "심사위원회는 보호관찰대 상자의 성적이 양호한 때에는 보호관찰소의 장의 신청에 의하여 또는 직권으로 보호관찰을 임시해제할 수 있다."고 규정하고 있다. 「보호관찰 등에 관한 법률」 의 제정 당시부터 '가해제'라는 용어가 오랫 동안 사용되어 왔으나, 2009년 11월 29일 개정을 통하여 '임시해제'로 명칭이 변경되었다.

한편 임시해제 결정을 받은 자에 대해 다시 보호관찰을 하는 것이 상당한 경우 보호관찰소의 장의 신청 또는 심사위원회 직권으로 임시해제 결정을 취소 할 수 있다.

(나) 위치추적 전자장치 부착의 가해제

전자장치 부착 가해제는 위치추적 전자감독대상자에게만 시행되는 은전조 치이다. 「특정 범죄자에 대한 보호관찰 및 전자장치 부착 등에 관한 법률」 제17 조는 이 법률에 의한 전자감독대상자의 전자장치 부착명령 가해제를 규정하고 있다. 징역형 종료 이후 전자장치 부착명령은 통상 3년 이상의 장기로 부과되며, 최장 30년까지 부과될 수 있다. 따라서 장기간의 전자장치 부착에 따른 가혹성을 완화하고 이후의 재범위험성의 변화 정도를 반영하기 위하여 적극적으로 가해제 를 활용할 필요가 있다.

(다) 가종료 보호관찰의 종료

치료감호의 집행 중 가종료되어 보호관찰을 받는 자에 대하여 치료감호심의 원회는 피보호관찰자의 관찰성적 및 치료경과가 양호하면 보호관찰기간이 끝나 기 전에 보호관찰의 종료를 결정할 수 있다(「치료감호법」 제35조 제2항). 이는 보호관 찰의 종료사유이기도 하나, 보호관찰 기간 중에 관찰성적과 치료경과가 양호한 사유로 인하여 중도에 종료함으로써 기간의 혜택을 주는 것이므로 은전조치로 이해함이 타당하다.

(2) 은전조치 현황

제도 시행 시 보호관찰 준수사항 이행 양호자에 대한 은전조치의 종류로써 보호관찰의 임시해제(가해제), 가출소·가종료자에 대한 집행면제, 가석방자에 대한 부정기형의 종료가 도입되었다. 1998년 7월에는 「가정폭력 처벌 등에 관한 특례법」에 따라 가정보호처분 종료가 추가되었다.

은전조치 중 주로 활용된 것은 보호관찰의 임시해제(가해제)와 가출소·가종료자에 대한 집행면제였으며 가석방자에 대한 부정기형의 종료, 가정보호처분 종료는 거의 실시되지 않았다.

임시해제(가해제)는 대체로 해마다 증가하여 '1999년 밀레니엄 특별 가해제' 시에는 9,000건을 상회하기도 하였으나 2006년부터는 1,000건 내외를 유지하다 2015년에는 5,336건이 실시되었다.

┃ 표 8-7 ┃ 최근 5년(2011~2015년)간 보호관찰 은전조치 실시 현황

(단위: 건)

연 도	계	임시해제 (가해제)	집행면제	부정기형 종료	가정보호처분 종료
2011	1,822	1,818	1	0	3
2012	2,572	2,560	0	2	10
2013	2,324	2,315	0	1	5
2014	2,574	2,564	6	0	4
2015	5,336	5,320	0	1	15

출처: 법무부 범죄예방정책국 보호관찰 통계자료.

3) 보호관찰의 종료

가) 개 요

보호관찰의 종료사유가 발생할 경우, 보호관찰관은 위법 부당하게 법정 보호관찰기간을 도과하거나 권원 없는 보호관찰이 지속되지 않도록 신속하고 정확하게 행정적으로 종료처리를 하여야 한다.

보호관찰의 법정 종료사유는 법 제51조 및 제63조에 규정되어 있다. 이외에도 「소년법」 제37조 내지 제40조, 「가정폭력범죄의 처벌 등에 관한 특례법」 제46

조 및 제47조,「보호관찰소 선도위탁 규정」제16조 내지 제17조,「보호관찰대상자 지도감독 지침」등이 보호관찰 종료업무처리에 관한 관련규정을 담고 있다.

나) 보호관찰(협의)의 종료사유

(1) 기간경과

보호관찰대상자가 준수사항 위반이나 재범에 이르지 않고 법정 보호관찰기간을 경과한 때에 보호관찰은 종료된다(법 제51조 제1호). '보호관찰소 선도조건부 기소유예'(이하 '선도위탁'이라고 한다)의 경우에도 그 선도 기간이 1급의 경우에는 1년, 2급의 경우에는 6개월로 정해져 있으며 이 기간을 무사히 경과한 때에 전담검사는 선도위탁을 해제하여 보호관찰이 종료된다.

(2) 실효, 취소 및 변경

(가) 선고유예의 실효 및 집행유예의 취소

보호관찰소의 장은 보호관찰을 조건으로 한 형의 선고유예 또는 집행유예의 선고를 받은 자가 보호관찰기간 중 준수사항을 위반하고 사안이 중하여 보호관찰을 계속함이 적합하지 아니한 때에는 검사에게 선고유예의 실효 또는 집행유예의 취소를 신청하고 검사는 이를 법원에 청구한다(법 제47조,「형법」제61조 제2항 및 제64조 제2항 참조). 이에 따라 보호관찰을 조건으로 한 형의 선고유예가 실효되거나 집행유예가 취소된 때에는 보호관찰이 종료된다(법 제51조 제2호).

한편 보호관찰조건부 형의 집행유예를 받은 자가 집행유예 기간 중 금고이상의 형을 선고받아 그 판결이 확정되어 집행유예의 선고가 효력을 잃은 경우에도 보호관찰은 종료한다(법 제51조 제2호 및「형법」제63조).

(나) 가석방·임시퇴원·가종료 등의 취소

가석방 또는 임시퇴원하여 보호관찰을 받는 자가 보호관찰 기간 중 준수사항을 위반하고 사안이 중하여 보호관찰을 계속함이 적합하지 아니한 때 보호관찰소장의 신청 또는 보호관찰심사위원회의 직권으로 취소여부를 심사하여 결정한다(법 제48조 제1항). 심사위원회는 가석방 또는 임시퇴원을 취소하는 것이 적절하다고 결정한 경우에는 법무부장관에게 이에 대한 허가를 신청하여야 한다(제2항). 심사위원회의 취소허가신청에 대하여 법무부장관이 허가한 때에는 수용시설의 장은 가석방 또는 임시퇴원이 취소된 보호관찰대상자를 지체 없이 수용시설에 재수용하여야 한다.

한편 가출소 및 가종료(치료위탁)된 피보호관찰자가 준수사항, 지시, 감독, 서약을 위반한 때 치료감호심의위원회에서 그 처분을 취소하여 보호관찰을 종료하고 다시 치료감호 등을 집행한다.

(다) 보호처분의 변경

「소년법」 제32조 제1항 제4호 또는 제5호의 보호처분에 의하여 보호관찰을 받는 자가 보호관찰 기간 중 준수사항을 위반하고 사안이 중하여 보호관찰을 계속함이 적합하지 아니한 때에는 보호관찰소장의 신청에 의하여 법원이 보호처분의 변경을 결정한다. 이때 법원이 보호관찰처분 이외의 처분으로 변경할 경우, 보호관찰이 종료된다. 단기보호관찰처분(제4호)에서 장기보호관찰처분(제5호)으로 변경될 경우에 보호관찰은 계속 되지만 앞서 진행된 보호관찰은 종료되고 새로운 보호관찰이 실시된다.

「가정폭력범죄의 처벌 등에 관한 특례법」에 의한 가정보호사건 경우에는 법원은 보호처분이 진행되는 동안 필요하다고 인정하는 때에는 직권, 보호관찰관 또는 수탁기관의 장의 청구에 따라 결정으로 1회에 한하여 보호처분의 종류와 기간을 변경할 수 있다. 즉, 보호관찰의 기간을 6개월의 범위 내에서 1년의 범위 내로 변경할 수 있다. 또한 법원은 행위자의 성행이 교정되어 정상적인 가정생활이 유지될 수 있다고 판단되거나 기타 보호처분을 계속할 필요가 없다고 인정한 때에는 직권, 피해자의 청구, 보호관찰관 또는 수탁기관의 장의 신청에 의하여 결정으로 보호처분의 전부 또는 일부를 종료할 수 있다.

(라) 보호처분의 취소

「소년법」 제40조는 "보호처분이 계속 중일 때에 사건 본인에 대하여 새로운 보호처분이 있었을 때에는 처분을 한 소년부 판사는 이전의 보호처분을 한 소년부에 조회하여 그중 하나의 보호처분을 취소하여야 한다."고 규정하고 있다. 이에 따라 원칙적으로 보호처분이 경합되면 법원에서 직권으로 사실을 조회하여 수 개의 처분 중 하나를 취소하여야 한다.[45]

또한 법원은 「가정폭력범죄의 처벌 등에 관한 특례법」상의 보호처분을 받은 행위자가 같은 법 제40조 제1항 제5호(「보호관찰 등에 관한 법률」에 의한 보호관찰)의 결

---

45) 이와 같은 보호처분 취소에 대한 규정은 강행규정임에도 불구하고 실무적으로는 법원에서의 처리가 제때 이루어지지 않는 경우가 있는데, 이 때는 보호관찰소에서 같은 법(률)조항을 근거로 새로운 처분을 한 판사에게 보호처분이 경합된 사실을 통보하여 판사의 결정에 따라 처리하고 있다.

정을 이행하지 아니하거나 그 집행에 응하지 아니하는 때에는 직권, 피해자의 청구, 보호관찰관 또는 수탁기관의 장의 신청에 의해 결정으로 그 보호처분을 취소하고 사건을 송치한 검찰청 검사 또는 법원에 송치한다.

(마) 선도위탁의 취소

전담검사는 재범, 준수사항의 현저한 위배, 소재불명의 사유가 발생한 때에는 보호관찰관의 의견을 들어 선도위탁의 취소를 할 수 있다. 이 경우 취소 사실을 보호관찰관에게 통지하고 선도위탁 사건을 '재기수사'한다.

(3) 부정기형의 종료

「소년법」 제60조 제1항의 규정에 따라 가석방된 자가 그 형의 단기가 경과하고 보호관찰 기간 중 성적이 양호하여 보호관찰의 목적을 달성하였다고 인정되는 때 보호관찰을 종료하여 신분상 불안정을 해소할 필요가 있다. 부정기형의 종료는 보호관찰소장의 신청 또는 직권으로 보호관찰심사위원회가 결정한다.

(4) 금고 이상의 형의 집행

보호관찰 기간 중 금고 이상의 형의 집행을 받게 된 때에도 보호관찰은 종료된다. 집행유예 기간 중 고의로 범한 죄로 금고 이상의 실형을 선고 받아 그 판결이 확정된 자는 '집행유예 실효'의 사유로 종료되는 반면, 집행유예 기간 이전에 범한 죄, 과실로 범한 죄로 금고 이상의 실형을 선고 받아 그 판결이 확정된 자는 '형집행 종료'의 사유로 종료된다. 이 때 보호관찰관은 신속히 대상자의 형 집행 사실을 증명할 수 있는 판결문 또는 형확정 내용이 기재된 수용증명서를 확보하여 행정적인 종료처리를 실시하여야 하는데, 다만 이 경우 실종료일은 형의

┃ 표 8-8 ┃ 최근 5년(2011~2015년)간 보호관찰대상자의 재범률

(단위: %)

연 도	전 체	소 년	성 인
2011	7.6	11.4	4.1
2012	7.9	12.0	4.1
2013	7.6	11.2	4.5
2014	7.6	10.9	5.3
2015	7.6	11.7	5.2

주) 1. 재범률=(해당연도 재범자수/해당연도 실시인원수)×100(2006년부터 적용).
　　2. 재범판단 기준은 구속, 불구속에 상관없이 검사의 종국처분을 기준으로 함.
　　3. 출처: 법무부 범죄예방정책국 보호관찰 통계자료.

확정일로 하여야 한다.

참고로 최근 5년간 보호관찰대상자의 연평균 재범률은 약 7.6% 내외이며, 연령별로는 소년대상자의 재범률이 성인대상자에 비해 약 3배 가량 높게 나타나고 있다.

(5) 기타 종료사유

법에 규정은 없으나 다른 법률에 의하여 또는 사회상규에 의하여 당연히 종료사유가 되는 경우가 있다. 우선 **사면** 조치가 있을 때 보호관찰은 종료된다. 이때 보호관찰소의 장은 관할구역 검찰청으로부터 사면자 명단을 확보하여 보호관찰대상자 중 사면에 해당되는지 여부를 확인한 후, 사면대상자에게 사면으로 인한 보호관찰의 종료를 고지한다. 보호관찰대상자로부터 사면사실을 인지하였을 경우 본인으로부터 사면장을 제출받아 그 사본을 편철함으로써 종료할 수 있다.

사망의 경우 당연 종료사유이므로 법에 별도 규정이 없다. 보호관찰대상자가 사망할 경우에는 병원에서 발부하는 사망진단서 및 사체검안서를 확보하여 종료할 수 있으며, 읍·면·동사무소에서 말소자 등본 또는 사망으로 인한 호적정리가 된 제적증명서를 발급 받아 종료한다. **실종**의 경우에도 실종 후 법원으로부터 실종판결을 받은 경우 관계서류를 발급 받아 보호관찰을 종료한다. 한편 **이민**의 경우에도 보호관찰은 종료한다. 보호관찰대상자가 재외공관을 통하여 영주권을 획득하게 되면 이 사실이 주민등록지에 통보되므로 관계서류를 발급 받아 종료한다.

제9장

사회봉사·수강명령

보호관찰제도의 주된 구성요소는 「보호관찰 등에 관한 법률」에 의한 **보호관찰**(협의), **사회봉사 및 수강명령** 등이다.[1] 이중에서 협의의 보호관찰에 대해서는 이미 제8장에서 실시절차와 주요내용을 상세히 다루었다.

한편 보호관찰소의 업무는 형사(소년)법원의 재판 선고를 기준으로 사전적인 조사업무와 사후적인 집행업무로 구분할 수 있다. 보호관찰, 사회봉사명령 및 수강명령은 법원의 판결 또는 결정에 따라 그 집행을 하는 업무이지만 판결(결정)전 조사는 선고 이전 단계에서 형사피고인 또는 보호소년에 대한 사회 및 심리조사를 실시하는 업무이다.

이 장에서는 협의의 보호관찰을 제외한 보호관찰제도의 주요 구성요소인, 사회봉사명령, 수강명령에 대하여 살펴보도록 한다.

---

[1] 최근에는 「특정범죄자에 대한 보호관찰 및 전자장치 부착 등에 관한 법률」에 의한 위치추적 전자감독도 주요 업무로 추가되어 있다. 그러나 위치추적 전자감독에 대해서는 제10장(보호관찰의 최근동향)에서 별도로 다루기로 한다.

1. 사회봉사명령

1) 의의와 이념

가) 사회봉사명령의 의의

(1) 사회봉사명령의 개념

'**사회봉사명령**'(community service order)은 범죄자나 비행소년에 대하여 독립한 형의 일종, 또는 형의 유예조건이나 보호처분의 조건으로서 일정한 기간 내에 특정한 시간 동안 무보수로 일정한 근로, 즉 사회봉사(community service; gemeinnützige Arbeit)에 종사하게 하는 제도이다.[2] 이는 수단에 있어 구금을 수반하지 않고 있어 범죄자의 개인적·사회적 기능을 저해할 가능성이 적고 운용이 경제적인 것이다.[3]

이때 문제되는 것은 여기서의 '사회봉사'가 구체적으로 무엇이냐는 점이다. 사회봉사에 대해서는 법률에 명문의 규정은 없으나 사회공동체의 이익, 즉 사회복지에 기여하는 성격을 지니는 근로에 종사하는 것이라고 할 수 있다. 이는 사회봉사명령의 배상적 요소와 사회재통합 요소를 고려할 때 당연한 것이다. 또한 이러한 사회봉사적 근로는 사회봉사명령의 처벌적 요소를 고려할 때, 무보수의 근로이어야 한다.[4]

사회봉사명령은 법원에 의해 시간 단위로 부과되며, 보호관찰관이 대상자를 지역사회 전체에 유익한 분야에 배치하여 집행을 하게 된다. 만약, 대상자가 명령의 이행을 거부하거나 명령에 따르는 준수사항을 위반하게 되면 유예된 형의 집행이나 보호처분의 변경 및 취소 등 일정한 제재를 받게 된다.

(2) 사회봉사명령의 법적 성격

사회봉사명령의 법적 성격은 형벌집행의 한 변형으로 보는 것이 타당하다. 이와 관련해서는 「소년법」상의 사회봉사명령과 「형법」상의 사회봉사명령으로 나누어 고찰하여야 한다.

---

2) 이러한 사회봉사명령의 개념에 대해서는 법률에 명문의 규정이 없으며, 이에 따라 개념의 모호성, 불명료성 등이 문제로 제기된다. 결국 사회봉사명령의 개념이나 법적 성격은 이론상으로 해결할 수밖에 없다. 정동기, 앞의 논문, 1997, pp. 7–8.
3) 정동기, "사회봉사명령의 현황과 개선방안", 「형사정책」 제11호, 1999, p. 2.
4) 정동기, 앞의 논문, 1997, p. 8.

(가) 「소년법」상의 사회봉사명령

「소년법」 제32조 제1항 제2호에서는 사회봉사명령을 「소년법」상 보호처분의 일종으로 규정하고 있다. 「소년법」상의 보호처분을 형벌집행의 한 변형으로 보는 이상 그 처분의 하나인 사회봉사명령도 형벌집행의 한 변형수단으로 봄이 상당하다.

「소년법」상 사회봉사명령은 2008년 이전에는 보호처분의 일종인 보호관찰의 부수처분으로 규정되어 있었다. 「소년법」상의 단기 및 장기보호관찰처분 등 보호처분을 형벌집행의 한 변형으로 보는 이상 부수처분인 사회봉사명령도 그 일부를 구성하는 요소로서 같은 성격을 지니기 때문에 형벌집행의 한 변형수단으로 봄이 상당하였다.5) 2008년 이후 개정 「소년법」은 보호처분의 다양화와 내실화를 위하여 보호관찰에만 병합하도록 되어 있는 사회봉사명령과 수강명령을 독립된 보호처분으로 규정하게 되었다. 그러나 보호처분을 형벌집행의 한 변형으로 보는 입장에서는 부수처분이든 독립된 처분이든 형벌집행의 한 변형수단으로 보는 것이 타당하다.

(나) 「형법」상의 사회봉사명령

「형법」상의 사회봉사명령은 처음부터 보호관찰의 부수처분이 아니고 보호관찰과 대등하고 병렬적인 지위를 점하고 있다. 「형법」은 징역·금고의 형의 집행유예를 선고하는 경우 보호관찰을 명하거나 사회봉사 또는 수강을 명할 수 있다고 규정하고 있다(제62조의2 제1항). 「형법」은 사회봉사명령을 수강명령 및 보호관찰과 동격으로 취급하고 있는 것이다. 따라서 「형법」상의 사회봉사명령은 보호관찰의 부수처분으로서가 아니라 그 자체로서 독립한 지위를 점하는 형벌집행의 한 변형으로 볼 것이다.

특히 사회봉사명령의 이념적 요소나 그 연혁적 고찰과정에서 볼 때 이는 자유형의 변형 또는 대체수단으로서의 지위를 명확하게 해주고 있다.6) 즉 「형법」상의 사회봉사명령은 연혁적으로 자유형의 대안으로 창안되었고, 유죄가 인정되는 것을 전제로 하고 있으며 준수사항을 부과하고 일정한 노동에 종사하게 하는 한편, 이를 위반한 때에는 유예된 구금형을 집행하는 등 형벌적 요소가 강하게 내포되어 있다는 점에서 형벌집행의 한 변형이라고 함이 당연하다고 할 것이다.

---

5) 앞의 논문, 1997, pp. 15-16.
6) 위의 논문, p. 16.

그러나 이는 형의 집행유예와 선택적으로 결합하여 집행유예의 조건 또는 부수
처분적 성격을 지니고 있는 제도이다. 따라서 이는 집행유예와는 별개로 독립하
여 선고될 수 없고 집행유예의 선고와 동시에 선고되어야 한다. 또한 집행유예의
조건으로서의 성격을 지니고 있으므로 사회봉사명령의 위반은 집행의 유예된 형
의 집행을 초래할 수 있는 것이다.

나) 사회봉사명령의 이념

사회봉사명령은 수단에 있어서 구금을 수반하지 않고 있어 범죄자의 개인적
또는 사회적 기능을 저해할 가능성이 적고 운영이 경제적이라는 여러 가지 장점
을 가진 제도이다. 고된 근로·훈련과 가시적 성취 등의 요소와 근로가 무보수이
고 의무적이라는 점에서 처벌적 요소를 내포하고 있는 반면에 범죄에 의하여 생
긴 피해를 없애주는 그 무엇을 사회에 되돌려 준다는 배상이나 속죄의 요소를 내
포하고 있을 뿐 아니라 사회봉사활동의 과정에서 자신의 사회적 책임감을 키우
고 보호관찰관이나 자원봉사자들과 함께 중요한 시간을 보냄으로써 유익한 영향
을 받을 가능성이 있다.

즉 사회봉사명령은 ① 처벌(punishment), ② 배상(reparation), ③ 속죄(expiation)
및 ④ 사회 재통합(reintegration) 또는 사회복귀(rehabilitation) 등과 같은 여러 가지 상
이한 요소가 합체된 자유형에 대한 대체수단으로 창안된 것이다.[7]

(1) 처벌(punishment)

사회봉사명령 이전의 사회내처우는 일반시민에게 범죄자들이 너무 쉽게 처
벌을 면한다는 인식을 갖게 하였다. 범죄의 억지와 사회의 보호를 위해서는 보다
엄격한 시설외 수단이 필요하였고, 이러한 요구에 부응하여 도입된 것이 사회봉
사명령이기 때문에[8] 이 제도의 처벌적 요소가 다른 사회내처우에 비하여 강하게
내포되어 있는 것은 어쩌면 당연한 것이다. 특히 사회봉사명령의 특징인 무보수
의 근로는 강한 형벌적 요소와 일반예방적 요소를 겸비하고 있다고 할 수 있다.

다만 사회봉사명령의 처벌적 요소는 근로 그 자체에 있는 것이 아니라 범죄
자의 여가박탈에 있는 것으로 보는 것이 타당하다. 실제의 근로 속에 처벌적 요
소를 도입하는 것은 사회복귀의 목적을 저해하는 까닭에 사회봉사명령은 처벌을

7) 정동기, 앞의 논문, 1999, p. 2.
8) 정동기, 앞의 논문, 1997, p. 36.

위한 것이 아니라 처벌 그 자체로서 과해져야 한다는 것이다.[9] 따라서 구체적인 사회봉사의 활동내용은 처벌적 요소, 즉 어렵고 고된 노역이라는 측면에 의하여 선택되어서는 안 된다.

(2) 배상(reparation)

사회봉사명령의 배상적 요소는 추상적 형태로서 사회에 보상하여야 할 일반적 의무를 충족시키는 것을 말한다. 사회적으로 유익할 일을 함으로써 범죄자는 사회에 해악을 끼치던 사람에서 사회일반의 복지에 기여하는 사람으로 바뀌게 된다.

'배상'(reparation)이라는 것은 처벌의 정당화 요소로서 응보[10]와는 달리 범죄자 자신의 범행과 관련하여 사회에 무엇인가를 되돌려 주는 과정이라고 할 수 있다. 이는 사회질서에 있어서의 균형의 회복이라는 기본목적이 있으며, 범죄자에게 사회에 대한 어떤 부담을 지우는데 그치는 것이 아니고 사회에 대한 의무를 강제하는 것이기 때문에 사회의 호응을 얻기 쉽다.

(3) 속죄(expiation)

사회봉사명령의 속죄적 효과는 범죄자로 하여금 자신의 무책임한 행동에 대한 가시적인 반성을 하였다는 심리를 충족시킬 수 있다. 이는 죄의식이 비교적 강한 범죄자들에 대하여 타인에게 유용한 봉사활동을 수행함으로써 이를 완화시키는 유용한 수단이 될 수 있다. 이는 범죄자가 자신의 유죄를 용서하는 과정이라는 점에서 타인에게 이익을 공여하는 배상과는 다른 것이며, 쉽게 말해 "죄값을 치른다."고 표현할 수도 있다.

속죄의 요구는 문제가 된 범죄행동뿐 아니라 범죄자의 과거 생활을 특징짓는 '실패의 축적'(accumulation of failures)에서 유래된다. 사회봉사명령을 통하여 범죄자들은 거듭된 실패로 손상된 자존감을 회복하고 열등감을 극복하는데 도움을 얻게 된다. 이는 결과적으로 사회내에서 합법적 지위를 획득하는데 기여하게 되기 때문에, 실제적으로 사회봉사명령이 지니고 있는 사회복귀 철학의 주된 측면인 것이다.

(4) 사회재통합(reintegration) 또는 사회복귀(rehabilitation)

사회봉사명령이 범죄자의 사회재통합에 기여한다는 것은, 이 제도가 범죄자

---

9) 정동기, 앞의 논문, 1997, p. 38.

10) 응보(retribution)라는 것은 범죄자가 사회로부터 자신이 가한 해악을 되돌려 받는 과정이다.

의 사회복귀(rehabilitation)나 교정에 도움이 되는 요소를 가지고 있다는 것을 의미한다. 즉 사회봉사명령은 범죄자의 사회적 책임성을 조장하고, 다른 근로자(봉사자)와의 접촉을 하게하며 여가를 건전하게 사용하도록 하는 동시에 근로습관을 회복시키고 장기적 관심과 기술을 발전시켜 새로운 고용을 유도할 수도 있다.11)

(가) 사회적 책임성의 조장

사회봉사명령은 범죄자의 사회적 책임성을 키우는데 기여할 수 있다. 즉 사회봉사명령은 범죄자들로 하여금 노인이나 장애인 등과의 접촉을 통하여 사회적 책임감을 불러일으키게 하고 사회내에서 자신의 역할을 재발견할 기회를 부여한다. 사회적 책임성을 증진하는 방법은 크게 두 가지인데, 하나는 사회에서 보호를 요하는 사람들을 도움으로써 사회에 대한 참여의식과 타인에 대한 관심을 발전시키는 것이고, 다른 하나는 범죄자가 사회에 대한 긍정적 기여를 통해 자아상(self-image)을 개선하고 보다 나은 자기가치를 인식하게 된다는 것이다. 이처럼 사회봉사명령은 범죄자로 하여금 또 하나의 적법한 성취의 방법을 찾을 기회를 제공하기 때문에 '재통합적'이라고 말할 수 있는 것이다.

(나) 긍정적 접촉의 기회제공

사회봉사명령을 이행하는 과정에서 범죄자들은 소외된 이웃들에 봉사하는 다른 자원봉사자들이나 관계기관의 사회복지사 등과 접촉할 기회를 갖게 된다. 이러한 접촉기회는 범죄자들로 하여금 스스로 긍정적인 사회적 가치를 내면화하는 기회를 제공하게 된다. 특히 일부 범죄자들이 근로의무를 포함한 사회적 의무에 대하여 재인식하고 현실적 자세를 취하는데 있어서 보호관찰관이나 자원봉사자의 접촉이 영향을 미칠 수 있다.

(다) 여가의 활용

사회봉사명령의 주요한 특징 중 하나는 여가를 건전하게 사용하도록 함으로써 반사회적인 행위에 나아갈 시간을 빼앗는다는 것이다. 여가시간 중의 사회봉사활동은 범죄자들의 무료한 자유시간을 빼앗아 그 능력과 힘을 창조적으로 배출할 기회를 제공함으로써 범죄로 나아갈 기회를 감소시킬 수 있다. 나아가 사회봉사활동을 마친 범죄자들은 그들 스스로 자원봉사자가 되어 여가를 건전히 활용하는 습관을 이어나가기도 한다.

---

11) 정동기, 앞의 논문, 1997, pp. 40-43.

(라) 근로습관의 회복

사회봉사명령은 만성적으로 실업상태에 있는 범죄자들에게 근로의 습성을 회복시키는 유용한 수단으로 인식되고 있다. 규칙적 사회봉사활동에의 참가는 태만하고 무질서한 생활에 변화를 주며 규칙적인 대외활동에의 습관을 기르는데 도움을 줄 수 있다.

2) 비교법적 고찰

가) 사회봉사명령의 기원

(1) 근대 이전의 유사제도

사회봉사명령제도의 기원에 대해서는 근대 이전에서도 그 기원을 찾을 수 있다는 논의가 있다.[12] 이에 따르면, 근대 이전에도 "죄의 대가는 노동이다.", "죄악은 노동에 의하여 속죄된다."는 관념과 자유박탈 대신 공익을 위한 노동을 하도록 하는 제도는 오래전부터 인정되어 왔다고 한다. 중세에도 독일의 여러 도시에서 벌금미납으로 인한 자유박탈 대신에 성벽을 쌓거나 운하를 청소하는 등의 사회를 위한 노동을 하도록 하는 제도가 존재하였고, 1614년 스위스 베른시는 유사한 제도를 입법화하였다. 그 외에도 노예제도, 노동을 위한 식민지로의 이송, 16세기의 교정원(House of Correction) 등이 거론되고, 징병제도[13]에서도 그 기원을 찾을 수 있다고 한다.[14]

그럼에도 전술한 내용은 근대 이전의 형벌대체의 성격을 띠는 강제노동의 부과라는 측면에서 유사점이 있다는 것이지, 현대적 의미의 사회봉사명령제도와는 그 성격이 많이 다르다고 해야 한다.

(2) 현대적 기원

이 제도의 현대적 기원은 1966년 영국에서 우튼위원회(The Wootton Committee)[15]

---

12) 사회봉사명령제도의 명확한 기원에 대해 누구도 확실한 의견을 제시하기는 어렵다. 처벌이나 범죄억지를 위하여 형사사법체계에서 사회봉사의 아이디어가 활용된 것은 여러 나라에서 긴 역사를 가지고 있다. 이하의 내용은 정동기, 앞의 논문, 1997, 주석58 참조.

13) 1602년 영국의 엘리자베스 여왕 시기에는 강간범, 강도범 등 특정범죄자 이외의 범죄자에 대하여 형벌 대신 군인으로 징병을 하는 제도를 두기도 하였다. Radzinowicz, L., *A Brief History of English Criminal Law*, Vol 4, London, 1958.

14) 김영환 외 3인, 앞의 논문, 1992, pp. 26-27.

15) 1966년 11월 영국 내무장관 젠킨스(Roy Jenkins)는 〈형벌제도 자문위원회〉(The Adversary Council on the Penal System)에 대하여 범죄자에게 부과될 새로운 시설외 형벌을 연구해 달라고 요청하였다. 동위원회는 이를 우튼(Wootton) 남작부인을 위원장으로 하는 8인의 소위원회에 재차 의

로 잘 알려진 〈형벌제도 자문위원회〉의 보고서에서 처음으로 본격적인 제안이 이루어져 1972년 영국의 「형사재판법」에 의하여 도입된 것이라고 하는 것이 정설이다.[16]

이후 〈범죄문제에 관한 유럽위원회〉의 보고서가 새로운 형벌수단의 개발 필요성을 지적하였고, 1976년 3월 9일 유럽평의회(Council of Europe) 각료회의에서는 구금형에 대한 다양한 대안의 모색과 함께 사회노동, 즉 사회봉사명령의 이익과 장점에 관하여 조사할 것을 결의하였다.[17]

이처럼 사회봉사명령은 영국에서 최초로 형벌의 하나로 창안·도입되었고 그 성과가 알려지면서 미국, 캐나다, 오스트레일리아 등 세계 각국으로 전파되었다. 이것은 2차 대전 이후에 가장 성공적인 형벌제도의 혁명 중 하나라 평가할 수 있다.

사회봉사명령제도가 기존의 형벌제도와 별도로 도입된 원인에 대해서는 다음과 같이 네 가지 측면으로 설명이 가능하다. 첫째로 인도주의의 영향에 따라 자유형에 대한 반성이 일어났고, 둘째로 자유형이 실증적으로 사회내처분보다 효과적이라는 증거가 없으며, 셋째로 교도소의 수용밀도가 급격히 증가하였고, 넷째로 수용인구의 증가에 따른 경제적 이유 때문에 범죄자 처우에 소요되는 비용을 절감하는 방안을 강구하지 않을 수 없었던 것이다.[18]

뢰하였고, 이 소위원회에서 39차의 걸친 회의와 외국제도 시찰 등을 통하여 일수벌금제도, 주말 구금과 같은 간헐구금제도, 시니어 수강센터 등을 다각도로 연구하였다. 동위원회는 1970년에 이르러 보고서를 제출하였는데, 보고서의 내용 중에서 가장 '야심찬 제안'(ambitious proposal) 이 사회봉사명령이었다. Gordon Trasler, "Innovations in Penal Practice", in *Barbara Wootton: Essays in Her Honour*, 1986, pp. 231-232.

16) 정동기, 앞의 논문, 1997, pp. 34-35. 이에 대해서는 1966년 미국의 캘리포니아주 법원에서 이 제도가 최초로 창안되었고, 1970년 말까지 미국 전체주의 3분의 1에서 이 제도가 실시되었다는 주장이 있다. McDonald, D. C., *Punishment without Walls: Community Service Sentences in New York City*, New Jersey: Rutgers Univ. Press, 1986, pp. 7-10.

17) 이는 '구금형에 관한 대안적 형벌제도'(Alternative Penal Measures to Imprisonment)라는 제하의 범죄문제에 관한 유럽위원회의 보고서에 기초하였는데, 그 이후 유엔 경제사회이사회와 제6회 및 제7회 범죄예방과 범죄인처우에 관한 유엔회의에서도 비슷한 내용의 권고가 이루어졌다고 한다. 김영환 외, 앞의 논문, 1992, pp. 28-29.

18) 정동기, 앞의 논문, 1997, pp. 35-36.

나) 영국의 사회봉사명령

(1) 초기의 사회봉사명령제도

앞서 살펴본 것처럼 영국에서의 사회봉사명령은 1966년부터 활동한 형벌제도 자문위원회 산하 우튼위원회가 39차례의 심도 있는 연구결과를 정리하여 1970년에 보고서를 제출하면서 처음으로 진지하게 논의되기 시작하였다. 이 보고서의 영향으로 1972년 「형사재판법」(Criminal Justice Act)에 의해 사회봉사명령제도가 시험적으로 처음 도입되었다. 영국에서는 사회봉사명령이 형선고에 수반하는 조건으로서가 아니라 독립한 하나의 형벌로서 법제화되었다. 1973년 「형사재판법」은 지방법원과 소년법원(Youth Court)에서 16세 이상의 범죄자에게 40시간에서 240시간의 범위 내에서 선고할 수 있으며 1년 이내에 집행을 완료할 것을 규정하게 되었다.[19] 이에 따라 같은 해 영국의 6개 지역[20]의 보호관찰소에서 시험적으로 시행되었다. 이때의 사회봉사명령은 대상자의 동의 하에 일정시간의 무보수로 봉사활동을 명하는 것으로서, 범죄자에게 부과되는 가장 단순하고 분명한 형벌 중 하나였다. 그 봉사활동내용은 지역사회의 실정에 따라 다소 차이가 있으나, 환경보존활동, 고령자 무료급식, 장애인의 주택수리와 쇼핑보조 등 광범위하고 다양하였다.[21]

단기간의 시험실시 이후 영국 내에서 형사사법의 중요한 수단으로 인식되면서 빠른 속도로 자리 잡아 나갔고 마침내 1975년 전국적으로 확대 실시되었다. 시행초기부터 이렇게 빠른 속도로 인기를 얻은 것은 비록 시행후기부터 처벌적인 기능이 강조되었지만 사회봉사명령이 배상(reparation), 사회복귀(rehabilitation), 응보(retribution) 등 여러 다른 판결의 기본이념을 모두 실현할 수 있는 포괄적인 형사제재수단이라는 인식 때문이었다.[22]

---

19) 1973년 「형사법원권한법」(PCCA: Power of Criminal Courts Act)은 법원이 범죄자들로 하여금 40시간 이상 240시간 이내에서 사회를 위한 무보수 근로를 하는 명령을 내릴 수 있게 하였다. 이때 사회봉사명령을 선고할 수 있도록 한 대상자는 성인인 17세 이상으로 하였으나, 1982년 「형사재판법」은 이를 16세 이상으로 하되, 16세의 사람에 대해서는 사회봉사활동의 시간 상한을 120시간으로 하였다. 정동기, 앞의 논문, 1997, p. 53.

20) Durham, Inner London, Kent, Nottingham, South-West, Lancashire, 그리고 Shropshire 등이다.

21) 정동기, 앞의 논문, 1997, p. 48.

22) 박수환, 앞의 책, p. 101 참조.

(2) 사회봉사명령제도의 발전

(가) 병합명령의 도입

1991년 개혁입법 이전에는 보호관찰명령과 사회봉사명령은 각각 독립적인 명령으로 사용되었기 때문에 결과적으로 하나의 범죄를 대상으로 서로 병합될 수는 없었다. 그러다가 1991년 「형사재판법」에서는 이러한 금지조항들이 삭제됨으로써 판결의 종류를 변경시킬 수 있는 새로운 가능성을 열었다. 이의 근본적인 목적은 지금까지 경미하지만 반복적인 범죄로 구금형이 불가피했던 재산범죄자에 대하여 사회내처우를 명하고자 하는데 있었다. 이 법령 하에서 법원은 12개월에서 36개월까지의 보호관찰과 40시간에서 100시간까지의 사회봉사명령을 병과할 수 있었다. 법원이 차츰 이를 활용하는 데 익숙해짐에 따라 통계상으로 구금형에 가까운 범죄자(high-tariff offender)를 목표로 하고 있었음을 알 수 있다.[23]

(나) 지역사회처벌명령(CPO: Community Punishment Order)

과거 독립된 지역사회형벌로 규정되었던 보호관찰명령(Probation Order),[24] 사회봉사명령(Community Service Order), 병합명령(Combination Order) 등은 2000년 「형사사법 및 법원법」(the Criminal Justice and Court Services Act)의 개정에 따라, 지역사회재활명령(CRO: Community Rehabilitation Order),[25] 지역사회처벌명령(CPO: Community Punishment Order), 지역사회처벌 및 재활명령(CPRO: Community Rehabilitation and Punishment Order)[26] 등으로 명칭이 변경되었다.[27]

사회봉사명령의 기원을 살펴보면 교도소에 구금될 정도의 중한 죄를 지은 자를 상대로 하여 구금의 대체형벌로서 발전하여 왔다. 따라서 다른 사회내처우에 비하여 처음부터 처벌적인 성격이 강조되었던 것인데, 이러한 측면을 부각시킨 명칭의 변경이라고 할 수 있다. 원래 사회봉사명령은 크게 다음의 세 가지 목적을 중심으로 실시하고 있다. ① 처벌(punishment): 사회봉사명령은 대상자의 일정

---

23) 손외철, 앞의 논문, 2003, pp. 30-31.

24) 과거 보호관찰명령은 16세 이상 되는 모든 범죄자는 6개월에서 3년 이내의 기간 동안 보호관찰을 받을 것을 명할 수 있었다.

25) 이는 과거의 'Probation Order'에 해당한다.

26) 과거 'Combination Orders'가 명칭이 변경된 것이다.

27) 지역사회재활명령(CRO), 지역사회처벌 및 재활명령(CPRO)에는 15개의 상호 독립된 준수사항이 병과될 수 있었다. 영국에서는 이외에도 약물처우 및 검사명령(DTTOs: Drug Treatment and Testing Orders), 성인수강명령(Senior Attendance Center Order), 야간외출제한명령(Curfew Order) 등 지역사회 차원의 독립된 형벌이 별도로 운영되었다.

한 시간, 특정한 작업에 강제적으로 종사하게 함으로서 처벌적인 성격이 있다. ②
사회에의 보상(reparation): 사회적인 유익한 분야에 무보수로 종사하게 함으로서 범
죄에 의한 사회의 손실을 보상한다는 의미가 있다[이상의 두 가지는 국가표준(National
Standards)에 명백히 규정 되어 있다]. ③ **대상자의 개선 및 사회복귀**(rehabilitation): 일반사
회봉사명령에는 대상자의 갱생에 관한사항을 규정하고 있지 아니하나 결합명령
에서는 명문으로 사회봉사명령이 대상자의 갱생을 목적으로 한다고 규정하고 있
다(1991년 「형사재판법」 제11조 제2항).[28)

(다) **지역사회명령**(Community Order)**의 무보수 근로**(Unpaid Work) **준수사항**

이러한 다양한 사회내처우의 독립된 형벌체계는 2005년 4월 4일 폐지되고
‘지역사회명령’(Community Order)의 단일명령체계로 변경되었다. 기존의 보호관찰
명령 등 독립된 사회내 형벌들은 12개의 지역사회명령 준수사항(requirements)으로
변경되어 새롭게 편성되었다. 이러한 지역사회명령은 처벌과 범죄자의 행동을
교정하며 때로는 범죄피해자에게 직접적으로 보상하는 것의 조화를 이루기 위한
것이다.[29)

지역사회명령의 준수사항은 특정범죄자에게 맞춤형으로 적용되어야 하는데
(2003년 「형사재판법」 제148조 2항), 이 중에서 ‘**무보수 근로**’(Unpaid work) 준수사항은 20
시간에서 300시간의 범위 내에서 부과된다. 이는 ‘**사회환원**’(Community Payback)이
라고 알려진, 정신적·신체적 일을 무보수로 수행하는 것을 말한다. 이는 과거의
사회봉사명령과 유사한 준수사항으로서, 범죄자를 처벌함과 동시에 사회복귀를
돕기 위하여 마련된 것이다.[30)

---

28) 박수환, 앞의 책, p. 104; 손외철, 앞의 논문, 2003, p. 29 참조.
29) 지역사회명령은 2003년 「형사재판법」(Criminal Justice Act) 제177조에 근거하고 있으며, 18세 이
   상의 범죄자를 대상으로 하고 있다. 한편 18세 이하의 소년범죄자에 대해서는 2009년부터 소년
   지역사회재활명령(the Youth Rehabilitation Order)이 부과되고 있다. 명령은 고등법원(Crown
   Court)이나 치안법원(Magistrates’ Court)에 의하여 유죄가 확정된 자에게 선고된다. 이 경우 법
   원은 적어도 1개 이상의 준수사항을 부과하여야 한다(2003년 「형사재판법」 제177조 1항). 이때
   대상범죄는 법정형에는 구금형에 해당하는 것이어야 한다(같은 법률 150조A). 법원은 해당범죄
   가 그러한 명령을 부과할 수 있을 정도로 충분히 심각한 경우에 부과할 수 있다(같은 법률 제
   148조 1항). 한편 지역사회명령의 최장기간은 3년이며, 지역사회명령의 준수사항은 명령 자체의
   기간보다는 짧은 기간 동안 부과되어야 한다(2003년 「형사재판법」 제177조 5항).
30) 손외철, 앞의 논문, 2003, p. 30.

(3) 사회봉사명령의 운영실태

(가) 사회봉사명령의 부과

지역사회명령의 무보수 근로 준수사항의 적용은 일반적으로 다음과 같은 3가지 단계로 구분된다. ① 하급단계(Low level): 상습적인 경미범, 일부 공공질서 위반범, 상점절도범 등에게는 약 40-80시간의 사회봉사 준수사항이 적용된다. ② 중간단계(Medium level): 1,000파운드 이하의 장물을 취급하는 장물사범, 노상강도, 사기편취범, 차량절도범 등의 경우에는 80-150시간의 사회봉사 준수사항이 적용된다. ③ 상급단계(High level): 초범인 주거침입강도 등 구금형을 선고할 것에 근접하는 범죄를 저지른 범죄자에 대하여는 150-300시간의 사회봉사 준수사항이 적용된다.

(나) 사회봉사명령의 집행절차

무보수 근로(Unpaid Work) 즉, 사회봉사 준수사항의 집행은 다음과 같은 절차로 이루어진다.31) 우선 사회봉사명령 판결문을 접수받은 보호관찰소의 사회봉사명령 담당기획관(Community Service Order Projector)은 대상자의 판결문 내용을 검토하고 대상자에게 적합한 사회봉사 프로젝트를 만들어야 한다.32) 통상적으로 사회봉사명령의 집행을 전담하는 보호관찰소에서는 담당보호관찰관 이외에 사회봉사명령 프로젝터들이 있고, 이들은 봉사장소 개발이나 작업내용, 효과, 비용, 투입인원, 감독자 등을 배치하여 적시에 대상들을 투입할 수 있는 다양한 사회봉사 프로젝트를 만들고 있다.33)

---

31) 이하의 내용은 박수환, 앞의 책, pp. 103-105 참조.

32) 사회봉사명령을 선고받은 대상자는 보호관찰관에게 판결확정일로부터 10일 이내에 신고하여야 한다. 그러나 실무에 있어서는 봉사명령을 선고하는 법정에 법원주재 보호관찰관이 재정하고 있으므로 선고사실을 즉시 알 수 있고, 선고받은 대상자를 불러 주의사항을 고지하고, 출석일을 지정해주고 있어 신고는 원활하게 처리된다. 그리고 대상자는 주거에 변동이 있는 경우에는 이를 보고하여야 한다.

33) 영국에서는 사회봉사명령 모든 프로젝트에 1인 이상의 감독관이 사회봉사명령을 감독하고 있다. 감독관들은 전일 근무하는 정식직원과 파트타임으로 근무하는 임시직원으로 구성되어 있다. 일반적으로 사회봉사 프로젝트는 1일 7시간 집행되는데, 통상 오전 9시에 시작하여 오후 4시에 종료된다. 감독관은 최소한 프로젝트 시작 15분 전에 도착하여 봉사집행을 준비해야 한다. 늦게 도착한 범죄자는 보호관찰소 규정에 따라 15분 이내로 지각한 경우에는 집행이 허용된다. 대상자가 도착한 시간은 정확하게 기록되어야 한다. 15분 이상 지각한 범죄자에 대하여는 봉사집행을 할 것인지에 대하여 사회봉사 담당관으로부터 허락을 받아야 한다. 점심시간은 봉사집행에서 관리하기 어려운 시간이다. 점심시간에도 대상자를 관리되어야 하며 감독관은 점심시간을 포함하여 보수를 받고 있다. 따라서 감독관은 점심시간에도 대상자와 함께 있어야 한다. 통상적으로 감독자는 대상자와 함께 식당에 가거나, 대상자들이 음식을 사러 가는 것을 허용하거나, 식사장소 주변에서 휴식을 취하는 것을 허가할 수 있다.

사회봉사명령 대상자는 봉사명령 담당관의 지시에 따라 선고된 시간 동안 무보수로 근로를 하여야 한다. 선고된 명령은 12개월 이내에 완료하여야 한다. 그러나 위 기간 내에 완료하지 못한 경우에도 명령이 취소되지 않는 한 명령은 대상자가 근로시간을 마칠 때까지 존속한다. 사회봉사명령 운용상의 유의점은, ① 공중의 의견을 반영하고, 공중의 안전을 고려할 것, ② 지역사회에 유익할 것, ③ 많은 집행 장소와 다양한 종류의 작업을 확보할 것, ④ 사회봉사명령 작업이 지역노동시장을 압박하지 않을 것 등이다.[34)]

(다) 사회봉사명령의 집행내용

사회봉사명령 집행분야 및 장소와 관련하여 「국가표준안」이 제시하고 있는 평가기준은, ① 육체적, 감정적, 지적으로 어느 정도 부담(significant effort)이 과해질 것, ② 범죄를 방지하고 환경을 개선하며, 노인이나 장애자를 돌보는 것 등 사회에 이익(benefit)을 줄 것, ③ 개인의 책임의식과 자신의 훈련에 도움을 줄 것, ④ 건강과 안전이 보장될 것, ⑤ 대상자가 일을 하지 않으면 임금을 주고 사람을 고용해야 할 만큼의 일을 맡길 것, ⑥ 봉사집행 활동이나 장소가 범죄의 보상으로 행하는 것이라고 일반인들에게 인상을 주지 않는 곳일 것, ⑦ 봉사장소는 외국에서는 행하여져서는 안 될 것 등이다.

한편, 2003년부터 영국에서는 사회봉사명령을 보다 더 효율적으로 집행하고 실질적으로 사회봉사명령대상자의 사회적응력 제고를 통한 재범방지를 목적으로 '강화된 사회봉사명령'(Enhanced Community Punishment)을 시행하였다. 이는 사회봉사명령의 효과성을 높이고자 응보(retribution)나 배상(reparation) 등 법원판결의 엄정성을 손상함이 없이 대상자의 재활을 극대화하자는 데 있다. 따라서 이는 무보수 근로를 통해 지역사회에 속죄하는 역할뿐 아니라 대상자가 필요로 하는 부분을 충족시킴으로써 재범을 막는 효과를 거둘 수 있다. 이러한 강화된 사회봉사명령은 사회친화적 태도와 행동(pro-social attitudes and behaviors), 취업과 관련된 기술(Employment-related skills), 문제해결능력(problem solving) 등을 함양하도록 설계되었다. 또한 이는 취업 관련 기술의 부족(poor employment-related skills), 반사회적 역

---

34) 한편 사회봉사의 집행 중에 문제를 일으키는 대상자에 대해서는, 집단으로부터 조용한 장소로 분리하여 그의 행동이 수용될 수 없다는 것을 조용히 충고하고 자세하게 사건을 기록하는 것이 필요하다. 또한 예상되는 결과에 대하여 자신의 의견을 붙여서 당직관이나 봉사 담당관에게 보고한다. 사회봉사명령 담당관은 사회봉사명령 대상자가 준수사항을 위반하고 이를 준수할 의사가 없음이 확인되면, 즉시 감독 법원에 보고하여야 한다. 이 경우 치안판사를 대상자를 소환하거나 구금할 수 있다.

할모델(anti-social role model), 빈약한 인간관계(poor interpersonal skills), 낮은 책임관리(poor self-management) 등을 제거하는 것이 목적이다.[35]

(4) 영국 사회봉사명령제도의 최근 동향

2009년 4월, '**사회환원**'(Community Payback)이 대중의 관심을 불러 일으켰다. 사회환원은 사회봉사명령 집행의 새로운 방법으로서, 지역주민이 어떻게 범죄자들이 저지른 피해를 수정할 수 있을지에 대하여 발언권을 가지도록 하는 제도이다. 이 제도는 수행되고 있는 일의 가치와 범죄자들에 의하여 창출될 수 있는 공공선(social good)에 대한 기여를 대중에게 보여주기 위하여 시도된 것이다.

법무부는 일반시민을 대상으로 인터넷 웹사이트[36]를 통하여 사회환원 프로젝트 제안서를 접수하고 있다. 사회환원 프로젝트를 수행하는 대상자들은 종종 대중들이 업무 수행 중인 그들을 볼 수 있도록 신분확인용 재킷을 입도록 요구받는다.

다) 미국의 사회봉사명령

(1) 초기의 사회봉사명령제도

미국의 사회봉사 프로그램은 유죄가 인정된 범죄자를 하나의 독립된 형벌 또는 형벌의 조건으로서 비영리단체나 공익기구에 대하여 일정한 기간 내에 특정된 시간의 작업이나 서비스를 무보수로 제공하게 하는 프로그램으로 정의된다.[37] 미국의 사회봉사명령은 1966년 캘리포니아주의 앨러미다 카운티(Alameda County)의 시 법원(municipal court)에서 교통범죄를 범한 범죄자들에게 무보수의 근로(unpaid labor) 또는 사회봉사(community service)를 형벌로서 선고함으로써 창안되었다고 한다.[38] 일반적으로는 영국의 영향을 받아 도입된 것으로 알려져 있기도 하다.[39]

---

35) 손외철, 앞의 논문, 2003, p. 30.

36) www.direct.gov.uk/en/CrimeJusticeAndTheLaw/PrisonAndProbation/DG_182080

37) Lejins. Peter P., "Community Service as a Penal Saction in the United States", in *Community Service as an Alternative to the Prison Sentence*, International Penal and Penitentiary Foundation, Bonn, 1987, p. 11.

38) McDonald, D. C., 앞의 논문, 1986, pp. 7-10.

39) Lejins, 앞의 논문, p. 15. 미국의 1949년 알래스카 법령에 따르면 판사는 범죄자에 대해 보호관찰의 준수사항의 일부로서 사회봉사명령을 선고할 수 있도록 되어 있었다고 주장하기도 하나 그에 의하면 공식적인 형태로서의 사회봉사명령은 1966년 캘리포니아 주 앨러미다 카운티에서 시작되었다고 한다. 시 법원판사(Municipal Court Judge)는 기소된 교통위반사범에 대해 처벌의 일부로서 무보수노동인 사회봉사명령을 선고할 수 있었다고 한다. McDonald, D. C. 앞의 논문,

앨러미다 프로그램은 사회봉사명령의 기틀을 잡았는데, 이는 두 가지 특징을 지니고 있다. 하나는 피해자에 대한 봉사가 아니라 사회에 대한 봉사라는 점이며, 다른 하나는 구금시설 이외 장소에서의 노동의 제공이라는 점이다. 앨러미다 카운티의 사회봉사명령 선고를 시작으로 전국의 판사들은 여러 죄질의 범죄자들에게 다양한 사회봉사명령을 선고하였다.[40] 특히 매사추세츠 주 퀸시법원(Quincy Court)의 알버트 크라머(Albert Kramer) 판사는 이런 사회봉사 활성화운동의 대변자로서 활동하였는데 그의 'Earn It' 프로그램은 피해자배상과 사회봉사명령의 전국적 모델이 되었다.

(2) 사회봉사명령제도의 발전

사회봉사명령에 관한 선구적인 판결들의 영향으로 인디애나 주 의회는 구금에 대한 유력한 대안으로서 사회봉사프로그램을 도입하고 이에 대한 재정적 지원을 하는 법안을 통과시켰다.[41] 입법자들은 사회봉사프로그램이, 특히 비폭력적 범죄자들에게 적용됨으로써 교도소 과밀수용에 대한 대책이 될 것으로 기대하였다. 1970년대 말까지 미국 전체 주의 3분의 1에서 사회봉사프로그램에 관한 입법을 완료하였으며 관련예산도 1980년의 25만 달러에서 불과 5년 후인 1985년에는 6백만 달러로 크게 증가하였다.

특히 1976년 〈법집행지원처〉(Law Enforcement Assistance Administration)에서는 성인을 위한 사회봉사명령에 전국적 단위의 기금을 지원하였고, 1978년 〈청소년사법 및 비행예방국〉(Office of Juvenile Justice and Delinquency Prevention)에서는 역시 사회봉사명령을 위한 대규모 기금조성을 시도한 바가 있었다.[42] 그러나 사회봉사명

1986. 그러나 많은 학자들은 사회봉사명령의 기원을, 영국에서 1960년대 후반 움직임이 나타나기 시작했고 1972년 의회에서 법원에 범죄자에 대해 사회봉사명령을 선고할 수 있는 권한을 부여함으로써 본격적으로 시작되었다고 본다.

40) 예를 들면, 네브라스카(Nebraska)주에서는 고속도로 건설과 관련된 담합입찰로 유죄판결을 받은 6명의 토건업자에게 구직 프로그램을 설립하거나 인디언 보호구역 내의 도로개량계획을 수립하는 사회봉사명령이 부과되었다. 다른 지역에서는 범죄를 범한 육류포장기업 중역에게 청소년 직업훈련계획에 참여하는 200시간의 사회봉사와 함께 일정 수의 가석방자를 해당 공장에 고용하도록 명하였고, 기업의 내부정보를 유출한 증권거래로 부정수익을 올린 범죄자에게는 300시간의 사회봉사와 함께 1만 달러의 벌금이 병과되기도 하였다.

41) Van Ness, 1986, p. 194.

42) 1978년 〈청소년사법 및 비행예방국〉(OJJDP)은 2300만 달러를 들여 58개 관할구역의 소년법원과 소년사법기관에서 배상과 사회봉사명령을 발전시키기 위한 시범실시프로그램을 주도하였다. Robert J. Harris & T Wing Lo, "Community Service: Its Use in Criminal Justice", *International Journal of Offender Therapy and Comparative Criminology*, 46(4), 2002, pp. 427–444.

령제도가 미국에서는 전국단위의 통일된 기준에 의해 대단위정책이 실현된 예는 그 이후 거의 없으며, 다만 카운티 단위의 지역법원에서 지역실정에 맞는 다양한 기획을 해오는 정도에 그치고 있는 상황이다.[43]

(3) 사회봉사명령의 운영실태

(가) 사회봉사명령의 부과

미국에서는 그동안 사회봉사명령이 심각한 범죄자에 대해서는 부과되지 않고, 보호관찰의 준수사항으로 부과되며 단독처분으로서는 거의 사용되지 않았다. 다만 가끔 벌금에 대한 대체집행으로 활용되거나 경제력이 없는 범죄자에 대해 배상명령의 대체제도로 활용되어 왔다.[44]

그러나 미국 연방법원행정처에서 운영하고 있는 연방보호관찰제도에 있어서 사회봉사명령은 보호관찰의 하나의 준수사항이라는 확고한 법적 지위를 가지고 있다. 연방의 「양형개혁법」(Sentencing Reform Act)은 처음으로 사회봉사명령을 보호관찰 준수사항의 하나로 편입하고 이를 벌금이나 배상명령과 함께 중죄에 대한 필요적(mandatory) 특별준수사항으로 규정하였다. 이는 법원에서 중죄를 범한 범죄자에게 보호관찰을 부과할 경우 특별준수사항으로 사회봉사명령의 부과를 반드시 고려해야 하는 것을 의미한다.

그리고 미국에서는 사회봉사명령이 다른 제재수단과 연합하여 활용되어 왔는데 예컨대, 전통적인 보호관찰에 대한 부가처분(as an add-on)으로 활용되기도 하고 또는, 벌금부과에 대신해서 부과되기도 해왔다. 전통적 형태의 벌금형과 비교하였을 때 사회봉사명령의 활용이 무보수 노동의 제공을 통해 지역사회에 직접적인 이득을 제공할 수 있다는 점이 사회봉사명령을 꾸준히 활용하는 가장 큰 이유라고 지적하고 있다.[45]

---

43) 그 원인은 연방정부나 주정부보다는 지방(local)정부 차원에서 사회봉사명령과 같은 중간적 제재(처우)수단에 대한 책임이 있다는 점과 지방차원의 사회봉사명령의 집행은 워낙 다양하고 지역적 차이가 분명히 존재해서 이에 대한 종합적 분석과 이를 통한 정책프로젝트의 실시가 어렵다는 것에서 찾아볼 수 있다.

44) 이런 경우에 있어서 작업시간은 최소근로기준가액에 맞추어 책정되며 부과된 벌금이나 배상명령이 이행될 때까지 지속된다.

45) Bouffard, Jefferey A., & Muftic, Lisa R., "The effectiveness of community service Sentences compared to traditional fines for low-level offenders", *The Prison Journal*, volume 87 number 2, 2007.

(나) 사회봉사명령의 집행절차

사회봉사명령은 범죄자로 하여금 일정한 시간 동안 공공조직이나 비영리조직 또는 개인에게 무보수의 근로를 제공하는 것이다. 사회봉사명령이 특별준수사항으로 선고되면 보호관찰관은 초기 평가기간 동안 구체적인 사회봉사활동의 계획을 수립한다.46)

사회봉사프로그램의 수립에 있어서 보호관찰관은 법원의 판결목적, 범죄자의 특성 및 사회적 필요성 등을 고려하여야 한다. 예를 들면, 뉴욕 주의 「형법」47)은 조건부로 석방된 범죄자의 범법행위의 성격, 주변상황, 피고인의 성격과 처한 조건 등을 고려하여 공공 또는 비영리의 법인·협회·기관·단체를 위한 봉사활동48)을 준수사항으로 부과하고 있다.

사회봉사프로그램을 이행하지 않은 경우에는 보호관찰을 위반한 것이 된다. 따라서 불이행자에 대해서는 준수사항을 변경하거나 보호관찰 기간을 연장하거나 보호관찰을 취소할 수 있다.

(다) 사회봉사명령의 집행내용

최근 미국에서는 사회봉사명령을 회복적 사법의 중요한 실천수단으로서 활용하는 움직임이 늘어나고 있다. 특히 비행청소년에 대해서는 그들이 자신의 범죄행위에 대해 책임감을 가지도록 하는 것뿐 아니라 그들이 피해를 끼친 피해자, 그리고 나아가 지역사회에 대한 책임감을 유지하도록 회복적 사법의 여러 원칙을 사회봉사명령의 집행과정에 포함시켜야 한다는 주장이 부각되고 있다.49) 회

---

46) 정동기, 앞의 논문, 1997, p. 71.

47) 뉴욕 주의 「형법」(penal law)은 조건부석방(conditional discharge)을 다음과 같이 규정하고 있다. 법원은 범법행위의 성격, 주변상황, 피고인의 성격과 처한 조건 등을 고려하여 공익 또는 정의 구현 목적 중 어느 것도 구금형을 통해 실현되지 못하고 보호관찰이 적절하지 못하다고 판단되는 경우 조건부석방의 선고가 가능하다(제65조 제5항). 조건부석방의 결정은 법원이 결정하며 결정시 부과하는 조건의 예로 13개를 제시하고 있다(제65조 제10항의 h). 이 중에서 사회봉사명령과 관련하여 "공공 또는 비영리 법인, 협회, 기관 또는 단체를 위하여 봉사 노동을 할 것"이라는 준수사항이 규정되어 있다.

48) 이에 해당하는 공공 또는 비영리 법인, 협회, 기관 또는 단체는 약물남용방지 서비스의 단체들, 공공 또는 개인의 재산(이것은 범법 행위로 손상된 재산을 포함)에서 낙서들을 제거하는 적절한 지역 사회봉사 프로그램, 묘지 또는 기타의 시체 매장지 등의 유지 보수를 위한 봉사활동 등을 포함하나, 이에 한정되지는 않는다. 그러나 이러한 봉사활동이 기존의 고용된 노동자들을 대체하거나 기존의 봉사활동의 계약에 손상을 가해서는 안 되며, 노동 파업이나 직장 폐쇄 등의 상태에 있는 직장에서 봉사활동이 이루어져서는 안 된다.

49) Bazemore, G., & Umbreit, M., *A Comparison of Four Restorative Conferencing Models*, Washinton, DC: Office of Justice Program, 2001.

복적 사법의 원칙에 입각할 때, 사회봉사프로그램은 지역사회의 욕구를 명확히 규명하고 그 욕구와 부합하는 봉사활동을 채택하여야 하며, 이를 범죄자가 제대로 인식하여야 한다. 또한 사회봉사명령은 범죄자가 소속된 지역사회에서 수행되는 것이 바람직하다. 특히 범죄자가 지역사회와 더불어 살고 있고 자신이 지역사회를 위해 의미 있는 행위를 수행하고 있다는 성취감을 느끼도록 환경을 조성해주어야 한다는 것이다.

회복적 사법의 원칙을 적용한 최신 사회봉사프로그램의 집행내용은 주로 다음의 다섯 가지 범주에 속한다.

① **멘토링과 세대간 서비스**: 청소년대상자를 위하여 일반성인이 협동하여 그들의 공동체를 위해 노력하는 사회봉사프로젝트는 멘토링 관계를 강화하고 유대를 돈독히 하는데 생산적인 역할을 한다. 이런 프로젝트는 청소년과 성인들의 세대 간 장벽을 없애고 이해를 도모하며 상호의존과 상호지원에 대한 감성을 발전시킨다.

② **경제적 효용**: 사회봉사프로그램들은 가능하다면 공동체 생활의 질적 향상에 최대한 가시적인 영향을 주도록 선택되어야 한다. 소외된 이웃을 돕거나 낙서제거·조경 등 상업지역이 보다 친근감 있도록 하는 공동체 회복노력들은 지역사회에 크게 영향을 준다. 이런 사업들은 새로이 창조하려하기 보다는 일반시민들이나 전문가들에게 무엇이 필요한지 의견을 듣고 기획하는 것이 효과적이다.

③ **시민적 참여**: 최근의 청소년들의 문제와 관련하여 자주 논의되는 것은 공동체에의 감사와 헌신의 부족이라고 한다. 청소년들을 문화적 갈등과 인종주의, 공평한 교육기회 제공 등과 관련된 지역사회의 이슈와 문제를 해결하는데 참여하도록 하는 것은 책임감 높이는 효과가 있다. 이런 활동들은 민주적 가치를 증진시키고 젊은이들이 다양한 배경을 가진 사람들과 함께 할 수 있는 능력을 제공한다.

④ **범죄예방활동과 연계**: 사회봉사명령에 있어서 회복적 사법이 범죄자들에게 가장 뚜렷하게 적용되는 경우는 그들이 범죄에 의해 가해진 손해를 직접 보상하도록 요구하는 때이다. 예컨대, 필라델피아에서는 마약사범을 주로 하여 구성된 사회봉사명령집단을 중심으로 마약밀매 장소를 해체하는 프로젝트를 추진하였다. 범죄를 예방하는 임무를 부여하는 것도 범죄자에게 범죄가 지역사회의 모든 구성원에게 얼마나 위협적인 것인가를 가르치는 좋은 수단이 된다.

⑤ **다른 범죄자의 사회복귀 지원**: 약물중독자와 알콜중독자의 회복과 통합의 길로 가는 가장 발전된 단계는 아직 중독과 싸우는 사람들을 지원하고 도움을 제공하는 것이다. 비슷한 원리로, 범죄자는 그들이 다른 범죄자들을 돕는 프로그램을 지원할 것을 요청받을 수 있다. 예컨대, 청소년환경보호단(Youth Conservation Corps)프로그램을 종료한 범죄자는 봉사단의 감독자, 보조자 또는 동료상담가가 될 수 있다. 마약거래자들을 위한 회복적사법의 관점에서 가장 강력한 개입은, 그들을 중독자들에게 연결하여서 건전한 상태를 유지해가도록 격려하는 일을 돕는 것이다.

(4) 미국 사회봉사명령제도의 최근 동향

비록 미국에서 비교적 덜 심각한 범죄자에 대해 사회봉사명령이 적용되어 온 역사가 50여 년이나 되어왔음에도 사회봉사명령의 활용도나 효과성 등에 관한 연구는 매우 미흡한 편이다. 이 점에 대해서 일부 학자는 사회봉사프로그램에 대한 평가연구의 부족은 사회봉사명령의 대상자가 워낙 다양하고 분류하기가 어려운 점에 주요 원인이 있다고 한다.[50]

사실, 유럽이나 아시아 국가들과는 달리 미국에서 사회봉사명령은 배상(retribution), 사회복귀(rehabilitation), 그리고 대안적 제재로서의 사회적 기술훈련 등을 포함한 복잡다기한 목적을 수행하는 제도로서 이용되고 있다.[51] 나아가 사회봉사명령의 목적을 뒷받침하는 지속적인 이론적 근거의 부족은 사회봉사프로그램의 결과가 어떻고 또한 어떠해야 된다는 방향을 설정하는데 어려움을 준다. 특히 이 제도가 시행된 기간이 적지 않음에도 불구하고 아직 교정개입수단으로서 상대적으로 새로운 제도이며 아직 그 바람직한 모습에 있어 현재진행형인 연구대상으로 볼 수 있다고 한다.[52]

---

50) Dalens-Ravier, I., "Juvenile Offenders' Perceptions of Community Service". In Walgrave, L. (Ed), *Repostioning Restorative Justice*(149-166). Portland, OR:Willan Publishing. 2003.

51) Wing Lo, T., & Harris, R.J., "Community Service Orders in Hong Kong, England, and Wales": *International Journal of Offender Therapy and Comparative Criminology*. 48(3), 2004, 378-388

52) Tonly, M., *Sentencing Matters*. Oxford University Press. 1998. 그는 사회봉사명령이 미국에서는 주로 단순하게 보호관찰의 준수사항으로 주로 활용되고 있는 점에 주목하고, 이의 활용이 경미범죄자나 일부 유형의 비악질적인 범죄자에 대해서 유럽에서와 같이 독립적인 제재로서 활용범위를 확대할 수 있을 것이라고 제안하였다. 그는 또한 일반국민들이 사회봉사명령을 상대적으로 비용 효율적이고 지역사회에 광범위하고 무보수노동을 제공하는 것을 더하여, 어느 정도 강경(tough)한 제재수단으로 인정하기를 기대하였다. 마지막으로 그는 미국과 유럽의 구금된 범죄자들과 사회봉사명령대상자를 기존의 비교한 연구들을 검토하고 사회봉사명령이 단기구금형의 대

한편 사회봉사명령은 앞으로 지역사회적응을 위한 시민적 행동개입과 경제적 무력자인 피고인에 대한 벌금대체제도로서 많은 법원에서 활용할 것이라고 예상되고 있다.[53]

라) 독일의 사회봉사명령

(1) 초기의 사회봉사명령제도

독일에서는 이미 1698년의 아우구스트 법전에서 벌금형 및 자유형과 함께 수공노동형을 규정하고 있었고, 1878년 프로이센 「산림절도법」 제14조 제1항이 산림절도사범에 대한 벌금미납 시의 대체자유형으로 사회봉사명령을 규정하였다.

그 뒤 1924년 (구)「형법」에서는 법원 형집행부가 피고인에게 자발적 노동으로 벌금을 상각하도록 허가할 수 있도록 규정하였다.[54] 그러나 이 규정은 노동의 종류나 기간, 벌금상각의 기준 등에 관한 시행령안의 제정이 이루어지지 않아 거의 시행되지 못하였다. 이후 이 규정에 대해서는 나치 시대를 거쳐 전후에 이르기까지 유지, 삭제 또는 강화를 둘러싼 논쟁이 계속되었다. 형법개정안들도 다양한 입장을 취하여 1959년 1차 개정안에서는 제28조의b를 그대로 유지하고 있었으나, 같은 해의 2차 초안에서는 삭제되었다.

이렇게 「형법」 제28조의b가 다양한 어려움을 겪고 있었지만, 함부르크(hamburg)주는 1968년에 벌금미납자에 대한 사회봉사 벌금상각에 관한 시행령을 반포하였고, 이후 수년간의 수정을 거쳐 1975년 이를 시행하게 되었다.

(2) 사회봉사명령제도의 발전

독일에 있어서의 사회봉사명령은 1975년 함부르크에서 독립된 제재수단이 아니라[55] 벌금을 내지 못하는 경우에 구금대신 선택할 수 있는 제도로서 본격적

체수단으로 사용될 때에는 범죄자들의 재범률을 감소시키지는 않는다고 하였다. 다만, 이를 통해 시설내처우를 부과하기에 적합했을 범죄자들을 사회봉사명령을 부과함으로써 추가적인 재범률의 상승을 가져오지 않으면서 비교적 안전하게 지역사회에서 관리할 수 있다고 주장했다. 이는 과밀수용의 문제가 심각한 미국적 상황에서 사회봉사명령제도를 일관된 이념적 기반에 의한 제도의 활용보다는 현실적 교정의 문제점에 대한 해결방안으로 또한, 비용절감적 차원이 주가 된 정책적 고려의 반영이라고 볼 수 있다.

53) Delisi M. & Conis, P. J., *American Corrections*, Jones and Bartlett Publishers, 2009.

54) 김영환 외, 앞의 논문, pp. 104–112. 1924년 「형법」 제28조의b는 1921년 「독일벌금법」 제7조의 "행형공무원은 범죄자의 벌금 대신에 자발적 노동을 통하여 벌금을 상각하게 할 수 있으며, 시행규정은 연방정부가 연방의회의 동의를 얻어 정한다. 연방정부가 정하지 않으면 각 주당국이 이를 정한다."고 규정한 내용을 그대로 옮겨서 규정하였다.

55) 독일에서는 사회봉사명령은 아직 성인에 대한 독립한 형벌로는 활용되지 않고 있다. 그 이유는 독일에서는 사회봉사명령에 대하여 헌법상의 직업선택의 자유를 해한다고 하거나 강제노역이라

으로 시행되기 시작하였다. 이러한 함부르크의 노력에 힘입어 「형법시행법」 제 293조는 이를 수용하였고, 이에 따라 각 주가 시행령을 제정하기 시작하여 1986년 말에는 서독의 전역에서 벌금미납시 사회봉사에 의한 벌금상각이 시행되게 되었다.

현재 독일법상 사회봉사[56]는 기소 전 또는 후에 형사 소추를 대체 또는 중지하는 의무부과 조치[57]로서, 형의 집행유예를 선고할 때 의무부과 조치[58]로서, 가석방의 부담부 조건[59]으로서, 그리고 벌금미납으로 인한 노역장유치 회피조치(대체방안)[60] 등으로서 운용되고 있다. 독일에서도 사회봉사명령을 기획하고 조정하며 감독하는 것은 보호관찰관의 주요한 임무 중의 하나이다.

그 중 노역장유치 회피조치가 가장 활발히 논의되고 있는데 이를 위한 근거 법률은 연방법[61]으로 존재하고 있고 다만 그 구체적인 시행 방법이 주법에 위임되어 있다. 연방법에서 이미 노역장유치 회피여부를 허가하는 주체에 관하여 형 집행기관(검찰)으로 특정하고 있다. 다만, 실제 업무 수행은 사법보좌관, 즉 보호관찰관이 「사법보좌관법」에 의하여 검사업무의 일부를 위임[62]받고 있다. 같은

고·하여 위헌논란이 있고, 단기자유형의 폐해에 대해서는 벌금형의 확대적용을 통해 해결할 수 있다는 주장이 유력하기 때문이다. 위의 논문, pp. 154-155.

56) Gemeinnützige Leistung, Gemeinnützige Arbeit 또는 Freie Arbeit라고 한다.

57) 「형사소송법」 제153조의a 제1항 제3호(StPO §153a Einstellung nach Erfüllung von Auflagen Abs. 1. Nr. 3)에서는 기소 전 검사는 관할법원과 피의자의 동의를 얻어 공익을 위한 급부제공(gemeinnützige Leistung zu erbringen)을 명하면서 공소를 제기하지 아니할 수 있음을 규정하고 있고, 같은 조 제2항에서는 기소 후 법원은 검사와 피고인의 동의를 얻어 동 명령을 부과하면서 소송절차를 중지할 수 있음을 규정하고 있다.

58) 「형법」 제56조의b 제2항 제3호(StGB §56b Auflagen Abs. 2 Nr. 3).

59) 독일에서는 유기형의 경우 일정한 요건이 되면 필요적으로 가석방하여야 하는데 반해, 무기형의 경우 법관의 재량에 따라 임의적으로 가석방을 결정한다(「형법」 제57조 제1항 및 제3항). 이 때 가석방을 조건으로 보호관찰을 명하면서 사회봉사를 부담사항으로 부과권한은 법원이 행사하고 있다(「독일형법」 제57조 제3항, 제56조의b 제2항 제3호).

60) 독일의 「형법」 제43조 제1문(StGB §43 Ersatzfreiheitsstrafe S. 1)은 "벌금을 집행할 수 없는 경우에는 자유형으로 대체한다."고 규정하고 있다. 같은 조 제2문에 따르면, 자유형의 1일은 벌금형 1일수에 해당하고 대체자유형의 하한은 1일이다: 참고로 독일은 일수벌금제를 채택하고 있고, 벌금형의 일수는 법률에 특별한 규정이 없는 한 5일 이상 365일 이하이며, 1일수의 벌금 정액은 피고인의 소득에 따라 1유로에서 5,000유로까지로 차등을 두고 있다.

61) 「형법시행법」 293조는 "주정부는 법규명령의 제정을 통하여 형집행기관이 유죄선고를 받은 사람에게 형법 제43조에 규정된 대체자유형의 집행을 '자유로운 노동'으로 대체하도록 지시할 수 있다. 유죄선고를 받은 사람이 자유로운 노동을 이행하면 대체자유형은 종료된다. 그 자유로운 노동은 무보수이어야 하고, 영리를 목적으로 하지 않아야 한다. 주정부는 법규명령을 통하여 위 권한을 주법무부장관에게 위임할 수 있다."고 규정하고 있다.

62) 「사법보좌관법」 제3조 제4항.

법에 의하면, 사법보좌관은 대상자의 사회봉사를 통한 노역장유치 회피신청에 대한 허부를 결정하고 있다.

(3) 사회봉사명령의 운영실태

독일에서 사회봉사명령의 활용 형태를 요약하면 다음과 같다.[63]

우선 성인에 대하여는 ① 벌금미납자에 대한 구금형의 대체수단(「형법시행법」 제293조), ② 형의 선고유예와 집행유예의 조건(「형법」 제56조의b 제2항 제3호, 제57조 제1항 및 제3항), ③ 법관에 의한 공판절차중지의 조건(「형사소송법」 제153조의a 제2항), ④ 검사에 의한 기소유예의 조건(같은 조 제1항), ⑤ 석방, 즉 잔여 형집행 유예의 조건(「형법」 제59조의a 제2항 제1호) 등의 사회봉사명령이 인정되고 있다.

한편 소년에 대해서는, ① 독자적인 교육처분(「소년법원법」 제10조), ② 기소유예 또는 공판절차중지의 조건(같은 법 제45조 및 제47조), ③ 소년형의 선고유예, 집행유예 및 가석방의 각 조건(같은 법 제29조, 제23조, 제88조 및 제89조) 등의 사회봉사명령이 인정되고 있다.

사회봉사명령의 성격은 각 개별단계에서 다소 차이가 있으나, 제56조b 제2항 제3호에 규정되어 있는 형의 집행유예 조건으로서의 사회봉사명령이 그 근간이 된다. 한편 독일에서 가장 활발하게 사회봉사명령이 적용되고 있는 것은 벌금미납자에 대한 구금형 대체수단으로서의 사회봉사명령이다. 따라서 이하에서는 이 두 가지 유형의 사회봉사명령을 중심으로 독일에서의 운영실태를 살펴보도록 한다.

(가) 집행유예 조건으로서의 사회봉사명령

형의 집행유예를 조건으로서의 사회봉사명령을 부과하기 위해서는 집행유예의 요건을 갖추어야 함은 물론이다. 형의 집행유예를 선고하는 경우에 법원은 범죄에 의하여 야기된 불법의 배상을 위하여 부담사항(Auflage)을 부과할 수 있는데, 이 중의 하나가 사회봉사를 하도록 하는 것이다(제56조의b). 즉, 사회봉사명령은 원상회복이나 과징금의 납부 등과 같이 다른 집행유예 부담사항과 동등한 지위의 조건으로 선고되는 것이다. 다만 사회봉사명령은 다른 부담사항에 비하여 응보적 요소보다는 재사회화의 이념적 요소가 강하다고 할 수 있다.

사회봉사의 내용은 독일의 「형법」 제56조의b 제2항 제3호에 의하여 제한되는데, 이는 "부담사항은 실제로 공공에 유익하여야 한다. 즉 현실성이 있어야 하

---

63) 이하의 내용은 정동기, 앞의 논문, 1997, pp. 85-91 참조.

며 개별적인 피해배상의 이익을 만족시키는 정도에 그쳐서는 안 된다. 또한 비슷한 내용을 지니는 형벌과 보안처분을 대신하여 부담사항이 이용되어서는 안 된다."는 것이다. 법률상 법원이 선고할 수 있는 사회봉사명령 시간의 상한은 제한되어 있지 않다. 따라서 선고할 시간은 형벌의 비례성 등과 같은 일반원칙에 의하여 제한된다고 볼 수 있다.

한편 사회봉사명령의 불이행이나 불완전이행의 경우 다른 부담사항을 부과할 수도 있고(제56조의f 제1항 제2호), 고의 또는 과실로 중대하게 부담사항을 위반한 경우에는 집행유예가 취소될 수 있다(제56조의f 제1항 제3호).

(나) 벌금대체 사회봉사명령

벌금대체 사회봉사의 집행 유형은 사회봉사대상자의 선별 및 관리의 형태에 따라 세 가지 모델이 존재하는데, 각각 다음과 같다.[64] ① 사법보좌관모델(Rechtspfleger-Modell): 사법보좌관이 위 업무까지 맡는 형태로서, 바이에른 주와 노르트라인베스트팔렌 주가 이러한 형태를 취하고 있다. ② 조합모델(Vereins-Modell): 외부 조합에 일임하는 형태로서, 자란트 주, 브레멘 주 및 라인란트 팔츠 주 남부지방이 이러한 형태를 취하고 있다. ③ 법원보조인모델(Gerichtshilfe-Modell): 집행유예보조인[65]과 같은 사회봉사활동 보조인이 위 업무를 맡는 형태로서, 최근에는 헤센 주에서도 법원보조인 형태에 의한 법률을 시행하고 있다.

한편 벌금대체 사회봉사의 집행에 있어서 독일의 「형사소송법」 제495조의f와의 관계가 문제된다. 즉, 대체자유형, 즉 노역장유치의 집행이 너무 가혹할 경우 법원은 이를 중지할 수 있는 규정[66]이 사회봉사의 경우도 적용되는지 문제된다. 이에 대해서는 대상자가 자발적으로 사회봉사를 신청한 경우에만 절차가 진행된다는 점이 고려되어야 하나, 중지 요청권을 포기한 것으로 간주해서는 아니된다고 한다. 예외적으로 그러한 요청권을 행사할 수 있는 경우는 대상자의 노동수행능력에 근거하여 위 결정을 할 수 밖에 없는 아주 특별한 경우에만 해당된다고 한다.[67]

---

64) Jörg-Marin Jehle, Wolfgang Feuerhelm, Petra Block, "Gemeinützige Arbeit statt Ersatzfreiheitsstafe", *Kriminologische Zentralstelle*. Wiesbaden 1990 S. 14.

65) 「형법」 제56조의d 1항 법원은 재범방지를 위하여 적당하다고 판단되는 경우 형의 선고를 받은 자에 대하여 집행유예기간의 전부 또는 일부기간동안 집행유예보조인의 감독 및 지도를 명한다.

66) StPO §459f: "Das Gericht ordnet an, daß die Vollstreckung der Ersatzfreiheitsstrafe unterbleibt, wenn die Vollstreckung für den Verurteilten eine unbillige Härte wäre."

67) 앞의 논문, p. 251. 같은 논문에서는 요청에 의하여 사회봉사활동을 수행하고 있는 후라고 할지

형집행 기간 동안 검찰청은 범죄자의 신청(예를 들어 유죄판결을 받은 자가 벌금의 분할납부, 면허 재취득 기간의 단축, 벌금미납에 의한 노역장유치 대체 사회봉사 등을 신청하는 경우)에 관하여 어떠한 결정을 내려야 하는지에 대하여 보호관찰소에 조사를 요청할 수 있다. 보호관찰관은 또한 사면처리에 대한 조사와 보고를 수행하기도 한다.

3) 우리나라의 사회봉사명령제도

가) 연　혁

(1) 사회봉사명령제도의 도입

1958년 제정된 (구)「소년법」의 개정필요성[68]에 대한 논의가 활발하던 1985년 6월, 법무부의 제3회 청소년 선도대책세미나에서 처음으로 사회봉사명령제도가 소개되었고, 보호처분 다양화의 한 방안으로서 이 제도의 도입필요성이 제기되었다. 이후 각계의 의견을 수렴한 끝에 법무부는 1986년 사회봉사명령제도 도입을 포함하는 내용으로 「소년법 개정요강」을 확정하였다.[69]

같은 개정요강에서는 보호처분의 종류를 정비하여 보호관찰을 활성화하여 6개월 이하의 단기보호관찰과 2년 이하의 보호관찰로 세분하는 한편, 사회봉사명령과 수강명령을 병합할 수 있도록 하였다. 위와 같은 개정요강을 바탕으로 각계의 의견을 종합하여 1988년 12월 31일 통과된 「소년법」은 단기보호관찰과 보호관찰처분을 받은 소년 중 16세 이상의 소년에 대하여는 사회봉사명령이나 수강명령을 병합할 수 있도록 하였다(제32조 제3항). 또한 그 시간은 단기보호관찰의 경우 50시간을, 보호관찰의 경우에는 200시간을 각각 초과할 수 없도록 하였다(제33조 제4항). 이때 사회봉사명령은 "대체로 우리 실정에 맞추어 도로 및 하수구의 청소작업, 양로원·고아원 등의 청소 및 부엌일 등 작업, 병원의 의료외 작업보조, 행정기관의 업무보조 등이 그 처분내용이 될 수 있다."고 전망되었다.[70]

라도 이러한 예외적인 상황은 고려되어야만 한다고 결론짓고 있다.

68) 개정필요성 등 당시 소년사법의 제반 문제점에 대해서는 정동기, "소년사법의 현실과 문제점(上)", 「법조」, 237권 제6호, 법조협회, 1988, 참조.

69) 개정요강의 상세에 대해서는 정동기, "개정소년법의 주요내용", 「각국의 소년사법제도연구」(법무자료 제113집), 법무부, 1989, pp. 269-273 참조.

70) 위의 논문, p. 285.

(2) 사회봉사명령제도의 발전

(가) 근거법률의 확대

앞서 살펴본 것처럼 우리나라의 사회봉사명령은 1989년 소년보호처분의 일환으로 도입되었다. 1988년 12월 31일 개정된 「소년법」에 우리나라 법제사 최초로 '사회봉사명령'이라는 용어가 규정되었다. 이는 16세 이상의 소년에 대하여만 적용되었는데, 보호관찰처분의 부수처분으로서 단기보호관찰의 경우에는 50시간, 장기보호관찰의 경우에는 200시간 범위 내에서 각 병과할 수 있었다.

이후 우리나라의 사회봉사명령제도는 1995년 개정된 「형법」에 규정됨으로써 성인 형사범에 전면 확대되었다. 이에 따라 1996년 12월 12일 「보호관찰법」이 「보호관찰 등에 관한 법률」로 명칭이 변경되면서 전부개정되었는데, 같은 법에 사회봉사명령 및 수강명령과 관련된 규정이 신설되었다.

한편 1997년 「가정폭력범죄의 처벌 등에 관한 특례법」의 제정으로 법원은 가정폭력사범에 대한 보호처분으로 단독 사회봉사명령을 100시간의 범위 내에서 부과할 수 있게 되었다. 이 법은 2007년 사회봉사명령을 200시간 이내로 부과할 수 있고, 400시간을 초과하지 않는 범위 내에서 1회 연장 가능하도록 개정되었다. 같은 해에 「소년법」도 개정되었는데, 14세 이상으로 사회봉사명령 적용대상의 연령이 인하되었으며, 사회봉사명령이 독립처분화 되었고 그 부과시간 상한도 200시간 이내로 단일하게 정비되었다.

한편 2004년 제정된 「성매매 알선 등 행위의 처벌에 관한 법률」은 성매매행위자에 대한 보호처분의 하나로 100시간 이내의 사회봉사명령을 부과할 수 있도록 하였다.

(나) 집행준칙의 정비

개정 「형법」에 의거 1997년 1월 1일부터 집행유예자에게도 사회봉사명령 등이 전면 실시되면서 사회봉사명령 대상자의 급증이 예상되었다. 이에 따라 사회봉사명령의 충실한 집행을 위하여 법규 형태를 갖춘 준칙 제정의 필요성이 대두되어 「사회봉사명령 및 수강명령 집행준칙」이 1996년 12월 30일 제정·시달되고 1997년 1월 1일부터 시행되었다.

최초의 집행준칙은 본문 28개조와 부칙 2개조로 구성되었으며 주요 내용은 제2조 집행의 기본원칙, 제6조 협력기관의 지정·관리, 제12조 집행분야 및 장소, 제17조 집행불응자에 대한 조치, 제20조 봉사분야 및 작업내용 등이었다. 2008년

12월에는 기존의 집행준칙이 「사회봉사명령 집행준칙」과 「수강명령 집행준칙」으로 분리되었다.

(3) 벌금미납자 환형처분대체 사회봉사제도 도입

(가) 의 의

벌금대체 사회봉사제도는 인권 지향적이면서 친서민적인 형사정책의 일환으로 도입되었다. 이 제도는 벌금을 선고받았으나 생계곤란으로 벌금을 납부하지 못하는 서민에 대해 노역장에 유치하는 대신 정상적인 가정·사회생활을 허용하면서 일손이 필요한 장애인 및 노인복지시설 또는 농촌에서 봉사하게 함으로써 어려운 서민을 지원하고 봉사의 보람도 체험하게 하는 것이다.

벌금대체 사회봉사제도는 미납벌금을 봉사적 성격을 가지는 노동으로 대체한다는 점에서 노역과도 다르고 미국, 영국, 독일 등에서 시행하고 있는 일수벌금제도나 한국의 벌금분납제도와도 성격이 다른 매우 독창적인 제도이다.

(나) 연혁 및 주요내용

2008년부터 법무부의 연구 및 성안과정을 거쳐,[71] 「벌금미납자 사회봉사 집행에 관한 특례법」으로 2009년 3월 국회심의를 통과하여 2009년 9월 26일부터 시행되었다.

특례법의 주요 내용을 보면, 300만 원 이하 벌금형 확정자 중 납부능력이 없는 자는 소득 증빙서류를 첨부하여 관할 검찰청에 사회봉사를 신청하면, 검사의 청구로 법원의 허가를 거쳐 관할 보호관찰소에 신고 후 집행하는 것이다. 미신고 또는 준수사항을 불이행하면 허가가 취소되며 대상자는 집행기간 중 미납벌금을 납부하고 사회봉사노동을 면할 수도 있다(제4조 내지 제14조).

(다) 기대효과

이 제도의 기대효과로는 첫째, 벌금미납자의 노역장유치에 따른 국가의 수용비용 절감, 둘째, 범죄 오염·가족과의 단절 등 구금의 폐해 방지, 셋째, 수혜자에 대한 실질적인 지원을 통한 대상자의 새로운 변화동기 각성 등이다. 2008년 9월부터 2012년 9월까지 4년간 이 제도의 혜택을 본 벌금미납 서민은 총 26,219명이었다.

---

71) 저자(정동기)는 이미 1997년 2월 박사학위논문을 통하여 사회봉사명령을 환형유치의 대체처분으로 확대해야 한다는 주장을 제기한 바가 있는데, 이 주장이 10년 만에 입법에 반영된 것이다. 정동기, 앞의 논문, 1997, pp. 208-209 참조.

나) 근거법률 및 부과시간

「보호관찰 등에 관한 법률」 제3조 제2항에서 규정한 사회봉사를 하여야 할 사람(이하 '사회봉사명령대상자'라 한다)은 다음과 같다.

① 「형법」 제62조의2에 따라 사회봉사를 조건으로 형의 집행유예를 선고받은 사람(제1호), ② 「소년법」 제32조에 따라 사회봉사명령을 받은 사람(제2호), 다른 법률에서 이 법에 따른 사회봉사 또는 수강을 받도록 규정된 사람(제3호) 등이다.

이때 법 제3조 제2항 제3호에서 말하는 '다른 법률'이라 함은 「성폭력범죄의 처벌 및 피해자보호 등에 관한 법률」, 「가정폭력범죄의 처벌 등에 관한 특례법」, 「성매매알선 등 행위의 처벌에 관한 법률」 등이다.

「형법」상 사회봉사명령을 조건으로 집행유예를 선고받은 사람에게는 500시간 이내의 사회봉사명령이 부과된다(「보호관찰 등에 관한 법률」 제59조 제1항). 「소년법」상 보호처분 중에서 사회봉사명령은 200시간 이내에서 부과된다(「소년법」 제33조 제4항).

┃ 표 9-1 ┃ 사회봉사명령의 근거법률 및 부과시간의 상한

관련법	대 상	부과 시간
「형법」	사회봉사를 조건으로 형의 집행유예를 받은 자	500시간 이내
「소년법」	14세 이상 소년에게 독립 또는 병과	200시간 이내
「가정폭력범죄의 처벌 등에 관한 법률」	보호관찰과 병과하거나 독립적으로 부과	100시간 이내
「성매매 알선 등 행위의 처벌에 관한 법률」	보호관찰과 병과하거나 독립적으로 부과	100시간 이내
「성폭력범죄의 처벌 및 피해자 보호 등에 관한 법률」	사회봉사를 조건으로 형의 집행유예를 받은 자	500시간 이내

다) 사회봉사명령의 집행조직

(1) 갱생보호공단 직원의 감독보조

소년범의 경우 연 집행인원은 1995년까지는 연간 1만 명 미만을 유지하였다. 1997년 1월부터 개정 「형법」에 의하여 성인 집행유예자에게도 사회봉사명령이

부과되기 시작하자 사회봉사명령 대상자가 급증하였다. 1997년에는 30,551명으로 전년 10,076명 대비 303% 급증하였고, 1998년 이후부터는 매년 4만 명을 상회하였다. 한편 보호관찰관 등 집행 전담 직원이 증원되지 않아 사회봉사명령 집행과 감독업무에서 어려움이 있었다. 이에 법무부는 1998년부터 1999년까지 2년간 갱생보호공단의 직원을 사회봉사명령 집행감독의 보조인력으로 긴급하게 투입하였다.[72]

(2) 지역사회봉사센터 개설

지역사회봉사센터는 소외 계층의 봉사수요를 충족시킴과 아울러 '생산적 복지'를 실현하기 위한 수단으로 출범하게 되었다. 2000년 7월 서울 등 5개 지역 주요 보호관찰소에서 우선 시행되었으며, 이에 따른 후속조치로 공공·행정분야의 협력기관이 정리되었다. 또한 2005년부터 지역사회봉사센터가 설치되지 아니한 전국의 모든 보호관찰기관도 관내 복지분야 협력기관을 대폭 발굴하여 복지중심의 사회봉사명령 집행체계를 구축하게 되었다.

그러나 현재는 전국적으로 지역사회봉사센터를 설치·운영하는 기관은 없는 실정이다. '지역사회봉사센터'가 명목적인 기구일 뿐, 그 구성이나 기능이 실질적으로 사회봉사명령의 전담부서에 불과한 것이라는 비판이 제기되었기 때문이다. 다만 사회적 소외계층에 대한 복지분야를 중심으로 사회봉사명령을 집행해야 한다는 정책적 기조는 현재까지도 지속적으로 유지되고 있다.

(3) 자체작업장 설치

2004년 이후 사회봉사명령대상자의 수가 증가함에 따라 집행의 엄정성을 제고하고 직접집행의 비율을 높이기 위해 보호관찰소 내에 사회봉사명령 자체작업장이 속속 설치되었다.[73] 상설 자체작업장의 장점은 대부분 보호관찰소 내에 위

---

72) 사회봉사명령 집행현장 감독업무를 부여받은 갱생보호공단 직원은 각기 지정된 보호관찰소로 출근하여 집행담당관으로부터 감독 대상 협력기관을 지정받은 후 순회하며 대상자의 출석 등 사회봉사명령 집행상황을 점검하여 그 결과를 집행담당관에게 제출하였다. 2년간 총 38명의 공단직원이 3,052개의 협력기관에서 대상자 연 인원 61,424명에 대하여 총 34,190회의 현장감독을 시행하였다.

73) 2004년 2월 부산보호관찰소 서부지소가 범죄예방위원의 후원으로 재활용품 수리 및 도배작업이 가능한 자체작업장을 개설한 것을 기점으로 서울, 인천, 부천, 평택, 원주, 서산 등 각 보호관찰소에 상설 자체작업장이 개설되었다. 인천보호관찰소의 경우 2006년 4월 낡은 자전거를 수거하여 수리한 후 북한으로 보냈고, 부산보호관찰소 서부지소는 재활용품 처리장에서 장난감과 인형, 전자제품 등을 수거·수리한 후 동티모르 어린이들에게 전달하여 국제사회로부터 큰 호응을 받기도 하였다.

치하기 때문에 협력집행으로 인한 관리·감독 소홀 등 부실집행 가능성이 낮으며 대상자에 대한 집행감독이 용이하고 작업 일감이 일정하며 사회봉사명령대상자들이 생산, 조립한 제품 등이 장애인, 독거노인 등 소외계층에게 환원된다는 것이다.

그러나 현재는 이러한 자체작업장들은 거의 대부분 폐쇄된 상태이다. 자체작업장의 폐쇄 이유의 하나는 보호관찰소의 근무인력이 상대적으로 증원되었으나 청사신축 등의 지연으로 인하여 보호관찰관의 사무공간마저 부족한 상태에서 시설운영의 공간이 부족하다는 점이다. 또 다른 중요한 이유는 지역사회의 복지수요를 적극적으로 발굴·대처하는 창의적이고 수요자 중심적인 사회봉사명령 집행이 강조되면서 명령집행의 효율성과 엄정성에만 중점을 둔 자체작업장들의 운영이 정책적으로 선호되지 않게 되었다는 점이다.

(4) 집행전담부서의 설치

사회봉사명령대상자의 급증 추세에 따라 사회봉사명령의 원활한 집행을 위한 조직의 확충 필요성이 제기됨에 따라 2005년부터 보호관찰 업무와는 별도로 독립하여 사회봉사명령을 집행하는 '집행과(집행팀)'가 설치되기 시작하였다.

4) 사회봉사명령의 운영실태

가) 사회봉사명령의 실시현황

(1) 전체 집행사건 현황

우리나라에 보호관찰제도가 도입된 1989년에는 사회봉사명령 집행사건 수가 121건에 그쳤으나, 이 제도가 지역사회에 안착하면서 그 이듬해인 1990년에는 2,224건으로 대폭 증가하였다. 특히 1997년 개정 「형법」의 적용으로, 집행유예자에 대하여 사회봉사명령이 부과되면서 30,551건으로 집행사건 수가 급증하였다. 이후 1998년부터는 연간 4만 건 내외에서 대체로 안정되었으며, 2015년에는 45,549건을 기록하였다.

▌표 9-2▐ 최근 10년(2006~2015년)간 연도별 사회봉사명령 집행사건

(단위: 건)

연도	2006	2007	2008	2009	2010	2011	2012	2013	2014	2015
집행건수	35,886	42,190	47,654	48,902	42,469	41,317	41,560	41,511	43,293	45,549

출처: 법무부 범죄예방정책국 사회봉사명령 통계자료.

(2) 근거법률별 집행사건 현황

법률의 제·개정은 사회봉사명령 집행사건에 많은 영향을 미칠 수 있는데, 1997년 1월의 개정 「형법」 시행 시 대상자가 급증한 사례가 있다. 2008년 6월 22일부터 시행된 현행 「소년법」 역시 제32조 제3항에서 사회봉사명령 부과 가능 연령을 종전 16세 이상에서 14세 이상으로 완화함으로써 대상자가 증가되었다.

「형법」 사건은 1999년에 잠시 감소세를 보였다가 2000년 이후에는 지속적으로 3만 건 이상에서 증감을 하고 있고, 성폭력 관련 법률과 가정폭력 관련 법률에 의한 사건 역시 증감을 반복하고 있다.

사회봉사명령을 부과할 수 있는 근거법률이 「소년법」 밖에 없었던 1997년 이전에는 사회봉사명령 사건 수가 많지 않아 1996년 사건 수는 10,076건에 지나지 않았다. 그러나 1997년에는 새로이 적용된 「형법」 사건이 17,227건에 이르렀고, 「소년법」 사건도 13,324건으로 증가하였다.

1998년에는 「성폭력범죄의 처벌 및 피해자보호 등에 관한 법률」과 「가정폭력범죄의 처벌 등에 관한 특례법」에 2004년에는 「성매매알선 등 행위의 처벌에 관한 법률」에 사회봉사명령이 적용되기 시작하였다. 2010년에는 「아동·청소년성보호 등에 관한 법률」에 의한 사회봉사명령이 도입되었고 2013년부터는 검사가 기소유예 조건으로 사회봉사명령을 처분하기 시작하였다.

┃ 표 9-3 ┃ 최근 5년(2011~2015년)간 사회봉사명령의 근거법률별 집행사건 현황

(단위: 건)

연 도	계	소년법	형법	성폭력범죄 처벌법	성매매 행위 처벌 법률	가정폭력 범죄 처벌법	아동·청소년 성보호법	기소 유예	아동학대 처벌법
2011	41,317	9,881	30,517	258	261	275	125	–	–
2012	41,560	10,051	30,515	285	274	283	152	–	–
2013	41,511	9,089	29,953	315	280	324	204	1,346	–
2014	43,293	7,212	32,116	583	411	590	246	2,135	–
2015	45,549	7,170	34,247	885	772	634	292	15.5	34

출처: 법무부 범죄예방정책국 사회봉사명령 통계자료.

(3) 연령별 실시사건 현황

개정 「형법」에 의하여 성인에게 사회봉사명령이 부과되기 시작한 1997년의 경우 성인과 소년의 사회봉사명령 실시사건 비율은 각각 50.5%와 49.5%를 점유

하였다.

이후 10년간 소년의 점유율은 큰 폭으로 감소하여 2006년에는 전체의 15.4%를 차지하였으나, 그 이후 10년간은 소년사건의 점유율이 다시 완만히 상승하여 2015년에는 전체의 19.0%를 차지하였다. 이러한 비율 추세는 전체 보호관찰대상자에 있어서의 소년과 성인의 비율 추세와도 부합한다.

┃표 9-4┃ 최근 10년(2006～2015년)간 사회봉사명령의 소년·성인별 점유비율 변화 추이

(단위: 명)

연 도	계	소 년	성 인
2006	35,886	5,520(15.4)	30,366(84.6)
2007	42,190	5,706(13.5)	36,484(86.5)
2008	47,654	7,587(15.9)	40,067(84.1)
2009	48,902	10,063(20.6)	38,839(79.4)
2010	42,469	9,630(22.7)	32,839(77.3)
2011	41,317	10,181(24.6)	31,136(75.4)
2012	41,560	10,347(24.9)	31.213(75.1)
2013	41,511	10,606(25.5)	30.905(74.5)
2014	43,293	9,442(21.8)	33,851(78.2)
2015	45,549	8,677(19.0)	36,872(81.0)

주) 1. 출처: 법무부 범죄예방정책국 사회봉사명령 통계자료.
   2. 괄호 안은 점유비율(%).

(4) 명령시간대별 접수사건 추이

2011년부터 2015년까지 5년간 명령시간대별 접수사건[74]을 살펴보면, 100-200시간대의 비율이 약 38-44%를 차지하여 가장 높고, 50-100시간대의 점유율이 약 34-38%로 그 뒤를 잇는다. 이에 따라 50-200시간이 차지하는 점유율은 매년 전체의 대략 80%에 육박한다.

50시간 이내의 단기 사회봉사명령은 2011년 6,784건이 접수되어 전체의 18.81%를 차지한 이후에 2015년에는 8,243건이 접수되어 21.61%를 기록하는 등 완만하게 증가하고 있다. 이에 비하여 200시간을 초과하는 장기간의 사회봉사명령은 2011년 1,078건으로 전체의 2.99%에 불과하였으며, 2015년에는 774건으로

---

74) 전체 실시사건에서 전년도 이월분을 제외하고, 해당 연도에 신규 접수한 사건 수를 말한다.

전체의 2.02%로 그 점유율이 더욱 떨어졌다. 지난 5년간의 명령시간대별 접수사
건의 구체적인 내용은 다음의 〈표 9-5〉와 같다.

▎표 9-5 ▎ 최근 5년(2011~2015년)간 명령시간대별 사회봉사명령 접수사건의 추이

연도	구분	전체	50시간	51-100시간	101-200시간	201-300시간	301-400시간	401-500시간
2011	전체	36,071 (100%)	6,784 (18.81%)	13,055 (36.19%)	15,154 (42.12%)	872 (2.42%)	204 (0.57%)	2 (0.00%)
	소년	9,030 (25.03%)	4,990	3,319	710	11	-	-
	성인	27,041 (74.97%)	1,794	9,736	14,444	861	204	2
2012	전체	35,602 (100%)	6,268 (17.61%)	12,255 (34.42%)	15,759 (44.26%)	1,003 (2.82%)	305 (0.86%)	12 (0.00%)
	소년	8,973 (25.20%)	4,610	3,412	934	11	6	-
	성인	26,629 (74.80%)	1,658	8,843	14,825	992	299	12
2013	전체	34,794 (100%)	7,131 (20.49%)	12,258 (35.23%)	14,622 (42.02%)	617 (1.77%)	145 (0.42%)	21 (0.01%)
	소년	8,854 (25.45%)	5,327	3,013	501	12	-	1
	성인	25,940 (74.55%)	1,804	9,245	14,121	605	145	20
2014	전체	37,073 (100%)	7,518 (20.28%)	13,738 (37.06%)	15,130 (40.81%)	564 (1.52%)	112 (0.30%)	11 (0.00%)
	소년	8,182 (22.07%)	5,030	2,635	509	7	-	1
	성인	28,891 (77.93%)	2,488	11,103	14,621	557	112	10
2015	전체	38,151 (100%)	8,243 (21.61%)	14,462 (37.91%)	14,672 (38.46%)	658 (1.72%)	109 (0.28%)	8 (0.02%)
	소년	7,388 (19.37%)	4,768	2,144	474	2	-	-
	성인	30,763 (80.63%)	3,475	12,318	14,198	656	108	8

출처: 법무부 범죄예방정책국 사회봉사명령 통계자료.

나) 사회봉사명령 집행의 원칙 및 방식

(1) 집행원칙

(가) 집행의 담당자

「보호관찰 등에 관한 법률」 제61조는 "사회봉사명령은 보호관찰관이 집행한다."고 규정하고 있다. 다만, 보호관찰관은 국공립기관이나 그 밖의 단체에 그 집행의 전부 또는 일부를 위탁할 수 있다(제1항).

보호관찰관은 사회봉사명령 집행을 국공립기관이나 그 밖의 단체에 위탁한 때에는 이를 법원 또는 법원의 장에게 통보하여야 한다(제2항). 또한 보호관찰관은 사회봉사명령의 집행을 위하여 필요하다고 인정하면 국공립기관이나 그 밖의 단체에 협조를 요청할 수 있다(제4항).

(나) 생업 지장 최소화

「형사소송규칙」[75]에는 "보호관찰관이 그 명령을 집행함에는 본인의 정상적인 생활을 방해하지 아니하도록 하여야 한다."고 규정되어 있다. 이에 따라 법무부는 주말이나 야간 시간대에 집행하는 '탄력집행제도'를 시행하고 있다. 또한 사회봉사명령대상자가 정당한 사유를 들어 신청할 경우 집행의 연기나 분할 등도 가능하다.

(다) 사회봉사명령대상자 상해보험 적용

법무부는 2006년 2월 21일 처음으로 사회봉사명령대상자에 대한 상해보험을 가입하였으며, 1년 단위로 재계약을 하고 있다. '사회봉사명령대상자 상해보험'은 사회봉사명령 집행 중 발생할 수 있는 대상자의 안전사고로 인한 소송 제기 등 담당 직원의 부담을 줄이고 피해를 입은 대상자의 원활한 피해보상을 위한 것이다.

이 보험은 사망 및 후유 장해시 1억원, 의료비 1,000만원의 보상 최고한도액 (2015년 기준)을 규정하고 있으며, 대상자의 고의, 폭행, 구타 등은 보상 범위에서 제외하되 사회봉사명령 집행장소와 주소지 간 이동시 안전사고는 보상이 가능하도록 하고 있다.

---

75) 「형사소송규칙」은 1982년 12월 31일 대법원규칙 제828호로 제정 및 공포된 이후 2007년 12월 31일까지 15차례의 개정이 있었다. 같은 규칙에서 사회봉사 및 수강명령과 관련된 내용이 최초로 등장한 것은 1996년 12월 3일 제5차로 개정 때이다. 당시의 규칙에서는 지금까지 없었던 내용을 추가하기 위하여 제147조의2 내지 제147조의4를 신설하였는데, 보호관찰과 사회봉사명령 및 수강명령 부과에 따른 세부 내용을 추가하였다.

(라) 법원의 집행관여

법원은 법원 소속 공무원으로 하여금 사회봉사를 할 시설이 사회봉사대상자의 교화·개선에 적당한지 여부와 그 운영 실태를 조사·보고하도록 하고, 부적당하다고 인정하면 그 집행의 위탁을 취소할 수 있다(「보호관찰 등에 관한 법률」 제61조 제3항).

그러나 이러한 법령의 규정은 사회봉사명령 및 수강명령의 집행과정에서 재판기관인 법원의 간섭으로 집행체계의 혼선을 발생시킨다는 점에서 입법론인 비판이 있다.[76]

(2) 집행방식

사회봉사명령을 집행하는 방식에는 직접집행과 협력집행이 있다. 「형법」 개정 전에는 소년범을 대상으로 직접 집행 방식의 사회봉사명령이 이루어져 왔으나, 1997년부터 개정 「형법」에 의하여 성인범에게까지 사회봉사명령이 확대 적용되면서 사회봉사명령을 집행할 협력기관이 지정되었고, 직접 집행방식과 함께 협력집행 방식이 병행되기 시작하였다.

(가) 직접집행

'직접집행'이란 사회봉사명령 대상자에 대해 집행명령서 교부 단계부터 대상자 인솔, 작업현장 배치, 작업지시, 집행 프로그램 기획 및 진행, 집행 상황내역 기록 등 명령 집행의 모든 과정을 집행담당 보호관찰관이 주체가 되어 직접 관리하는 것을 말한다. 대표적인 예로는 공원, 하천 등지에서의 자연정화활동, 소외계층 주거환경개선 사업 및 농촌지원활동, 재해복구활동 등 보호관찰관 인솔하여 단체로 이루어지는 집행을 들 수 있다.

1997년 개정 「형법」 적용 전에는 사회봉사명령 집행 협력기관이 지정되지 않았고, 사회봉사명령 담당 인력도 부족하였다. 따라서 적은 인력으로 상대적으로 많은 사회봉사명령대상자를 집행하기 위해서는 단체적 집행방식이 효율적이었고, 경우에 따라서는 대상자에게 조끼를 착용하게 함으로써 집행감독을 용이하게 하였다.

(나) 협력집행

협력집행이란 집행상황에 대한 담당관의 감독권 행사를 조건으로 집행명령

---

76) 이에 대한 자세한 내용은 정동기, 앞의 논문, 1997, pp. 191-192 참조.

서 교부단계 이후 진행되는 개별 대상자에 대한 구체적 활용분야 선정, 대상자 인솔, 작업현장 배치, 작업지시, 집행 프로그램 기획 및 집행, 집행상황 내역 기록 등의 관리를 협력기관의 장이 처리하도록 담당관이 의뢰하는 집행방식을 말한다.

협력기관은 사회봉사명령의 충실한 집행을 위하여 보호관찰소의 장의 요청에 의해 협력기관의 장이 소속 직원 중에서 현장책임자 및 부책임자를 선정하게 된다. 협력집행은 1997년 개정 「형법」의 적용으로 대상자가 급증함에 따라 전국 보호관찰소에서 협력기관을 대거 지정하면서 활성화되었다.

1998년부터 2002년까지 행정과 공익 분야의 협력기관 비율이 50−60%대였던 반면, 복지분야는 20−30%대에 머물렀다. 하지만 2003년부터 현재까지 지속적으로 복지분야 협력기관의 지정률을 높인 결과 2015년 현재는 전체 협력기관 중 복지분야의 비율이 80%를 넘어서고 있다. 법무부는 집행 협력기관에 대해서는 정기적인 간담회[77] 개최와 인증제[78] 시행으로 적정한 자격관리를 위해 노력하고 있다.

협력집행기관 감독방법

① 현지출장감독: 이 방식은 대상자의 명령집행 상황을 담당 보호관찰관이 집행현장을 직접 찾아가 확인함으로써 집행 실태를 파악하고, 대상자는 물론 협력기관의 집행 태도 및 사회봉사명령에 대한 인식 정도를 판단하는 것이다. 가장 원칙적인 집행감독방법이라고 할 수 있으며, 현지출장의 감독결과로 축적된 자료는 각 협력기관에 대하여 향후 대상자를 계속 배치할지 여부를 결정하는데 가장 중요한 참고자료의 하나로 활용될 수 있다.[79]

---

77) 사회봉사명령 집행 협력기관과의 협조체제를 강화하고 사회봉사명령 집행의 엄정성을 높이기 위하여, 각 보호관찰소별로 매년 1−2회에 걸쳐 협력기관 간담회를 개최하고 있다. 이러한 협력기관 간담회를 통하여 협력기관 책임자에게 집행관련 법규와 지침 등을 교육하고, 집행과정에서 발생할 수 있는 안전사고 방지대책을 논의한다. 또한 집행현장에서 나타날 수 있는 협력기관의 애로사항과 건의사항에 대하여 개선방향을 강구하고 있다.

78) 사회봉사명령 집행 협력기관으로 지정된 기관·단체에 대하여는 인증서와 인증번호를 부여하고 협력기관 건물 외벽이나 출입문에 부착하고 있다. 한편, 명령 집행의 적정성과 충실성 여부를 평가하여 미흡하거나 부적절한 기관은 협력기관의 지정을 해지하기도 한다.

79) 현지출장감독은 대상자와 협력기관이 예측할 수 없게 불시에 이루어지며, 현장감독시 파악된 집행상의 문제점들은 협력기관 관계자와의 면담을 통해 해결책을 모색하거나 부적절한 집행 및 감독태도에 대하여는 신속한 시정을 요구하기도 한다. 보호관찰관 등은 현장에서의 감독업무 외에도 사회봉사명령대상자들을 이해하고 격려해 줌으로써, 감독자와 피감독자 간 관계를 부드럽게 하여 안정된 사회봉사명령 집행 분위기가 조성되도록 노력하기도 한다.

② 화상전화감독: 이 방식은 보호관찰소의 화상전화기 전용회선과 협력기관의 전용회선을 연결하여 보호관찰소에 설치된 모니터를 통해, 대상자의 얼굴이나 특징 등을 화면으로 확인하는 방법이다. 이 감독방법은 기존의 유선전화 방법에 비하여 대리출석, 무단이탈 등의 부정발생을 억제하는데 효과가 있는 것으로 평가되고 있다.80)

③ 원격감독: 원격감독방법은 2008년부터 도입되어 시행되고 있는 최첨단 집행감독 시스템으로서, 종전의 화상전화감독을 개선한 방법이다. 즉, 이 방법은 원격집행 협력기관을 지정하고 협력기관 PC에 카메라를 설치한 후 협력기관 ID를 부여하며, 협력기관에서 '사이버 보호관찰소'(www.cpo.go.kr)로 접속한 후 사회봉사명령 집행 전후의 대상자 사진을 촬영하고 집행시간을 입력하면, '형사사법통합정보시스템'(KICS)에 자동 산정되는 체계를 갖추고 있다. 또한 보호관찰소에서 불시에 협력기관에 중간점검을 통보하면 협력기관에서는 명령집행 중인 대상자의 사진을 촬영하게 된다.81)

다) 사회봉사명령의 집행분야

(1) 개 관

소년에 한정되어 사회봉사명령이 실시되던 1996년까지는 국립공원, 주요 하천, 도로변, 유원지 등에서 집단적으로 자연보호활동을 위주로 한 직접집행이 사회봉사명령 집행의 주류를 이루었다. 1997년부터 성인 집행유예자에게 사회봉사명령이 부과되면서 급증한 대상자의 집행장소 확보를 위해 사회봉사명령 집행 협력기관이 대대적으로 지정되기 시작하였다. 이에 기존의 직접집행과 더불어 협력집행이 사회봉사명령 집행형태의 중심축으로 부각되어 1999년에는 그 비율이 94%에까지 치솟았고, 2004년까지는 다소 완화되어 80% 이상이 협력집행 형태로 이루어졌다.

협력집행이 지나치게 확대되는 현상에 대한 반성으로 2005년 법무부에서는

---

80) 2005년 2월부터 수원 등 6개 보호관찰소 및 100개 협력기관을 대상으로 화상전화 감독이 실시되기 시작하였다. 이 방법이 사회봉사명령 집행을 관리·감독하는 한층 효과적이라는 사실이 입증되면서, 2005년 6월 1일부터 전국 보호관찰소 및 700여개 협력기관으로 확대 실시되었다. 이 감독방식은 전화 및 현지출장 감독과 병행하여 정기 또는 불시에 실시하도록 규정되어 있다. 다만, 이 화상감독시스템은 특정시간(특히, 출퇴근 시간)대 전화 폭증 문제, 웹(web)을 이용한 업무효율의 향상 필요성 등에 의해 원격감독방식이 도입됨에 따라 예외적·보조적인 감독방식으로 전환되었다.

81) 이 시스템은 사회봉사명령 협력기관에 대한 문서 자동 송출, 출퇴근 시간 자동기록 등 명령 처리 절차를 전자화하였으며, 사회봉사명령대상자에 대한 배치, 출석확인, 불시점검, 집행완료 등 사회봉사명령의 제반 집행 처리절차를 KICS와 연동하여 자동화한 것이다.

직접집행을 강화하는 「사회봉사명령 집행감독 강화지침」을 시달하였다. 이에 따라 2005년 24.8%였던 직접집행의 비율이 2006년에는 47.5%로 대폭 상승하였다. 이 시기에는 도배, 장판 교체 등 서민을 대상으로 한 주거환경 개선사업이 사회봉사명령 집행의 핵심을 이루었고, 재난복구 및 농촌봉사 등 대민지원 등의 집행형태도 사회봉사명령의 중요한 집행 분야로 자리잡아가고 있었다.

(2) 주요 집행분야

우리나라에서 사회봉사명령은 봉사명령 부과대상자의 수의 증가에서 보듯이 사법적 제재수단으로서의 확고한 지위를 차지하기에 이르렀다. 많은 연구결과에서도 나타나듯이 전체적으로는 집행효과에 대한 수혜기관이나 대상자들의 반응도 긍정적인 편이며, 법원의 신뢰도 높은 편이다.[82] 사회봉사의 주요 집행분야는 농촌일손돕기, 영구임대 아파트 단지 주거환경개선사업, 장애우·노인복지시설 등 민생지원 분야 등이다.

(가) 복지시설 및 단체 사회봉사

복지시설 및 단체 사회봉사는 현재 사회봉사명령 집행분야 중 가장 핵심을 이루는 분야로서, 양로원·고아원·장애인 시설의 지원, 사회복지 기관·단체의 복지관련 사업보조를 주요 봉사활동 내용으로 하고 있다. 1998년 전체 집행분야 중 복지시설의 비율이 23.3%에 지나지 않았으나, 2007년부터 80% 이상을 차지하게 되었다.

(나) 농촌봉사활동

이 분야의 주요 봉사활동 내용으로는 모내기, 벼베기, 과일수확 저소득 영세농가를 중심으로 농촌의 부족한 일손을 돕는 것이다. 최근 수년간은 법무부와 농협중앙회가 MOU를 체결하여 농가선정, 대상자배치, 집행감독 등을 분담하고 효율적으로 봉사활동을 전개함으로써 농촌지역 영세농가의 큰 호응을 얻고 있다.

(다) 주거환경개선사업

전국규모의 상시적 기획집행을 통해 사회봉사명령제도에 대한 국민적 인식을 제고하고 소외계층에 대한 실질적인 복지지원을 위하여, 2005년부터 법무부는 대한주택공사와 공동으로 소외계층 주거환경 개선사업을 실시하고 있다. 소외계층 주거환경개선사업은 사회봉사명령 집행대상 인력을 활용하여 대한주택

---

82) 이성칠, 앞의 논문, 2003, pp. 86-87.

공사 소유의 영구임대 아파트에 거주하는 장애인, 독거노인, 소년·소녀가장 주거의 도배, 장판교체, 발코니 도장 등 노후화된 주거환경을 개선하는 사업이다.

2005년 1월부터 3년간의 계획으로 추진된 1차 소외계층 주거환경 개선사업은 2007년까지 9,984세대를 성공적으로 마무리하였다. 이에 따라 법무부는 2008년부터 제2차 소외계층 주거환경개선사업을 추진하기로 방침을 정하여 성공적으로 완수하였고, 2013년부터는 3차 사업을 추진 중에 있다.

(3) 분야별 집행현황

사회봉사명령을 집행 분야 및 장소를 보호관찰관이 직접 기획하고, 집행대상자를 인솔하고 감독하는 직접집행의 비율은 2004년 11.8%에서 꾸준히 증가하여 2015년에는 24.7%를 기록하였다. 한편 사회복지기관 등 특정기관, 단체 및 시설에 배치하고 해당 기관 등의 지정된 감독자와 보호관찰관이 협력하여 집행을 감독하는 협력집행의 비율은 상대적으로 지속적인 감소세에 있다. 협력집행 분야를 살펴보면, 행정, 공익 또는 공공시설 분야의 비율은 미미하고 대부분이 복지 분야에 편중되어 있다. 이는 소외·불우 계층에 대한 사회복지적 지원을 중시하는 정부정책을 반영하는 것이다.

∥ 표 9-6 ∥ 최근 10년(2006~2015년)간 사회봉사명령 분야별 집행 인원

(단위: 건)

연 도	계	직접 집행	협력 집행					
			소계	자연보호	복지	공공시설	대민지원	기타
2006	28,779 (100)	13,673 (47.5)	15,106 (52.5)	171	12,982	1,699	101	153
2007	33,727 (100)	9,353 (27.7)	24,374 (72.3)	98	22,723	1,232	79	242
2008	39,668 (100)	10,995 (27.7)	28,673 (72.3)	136	27,002	967	222	346
2009	41,210 (100)	9,113 (22.1)	32,097 (77.9)	30	30,803	723	223	318
2010	34,371 (100)	8,747 (25.4)	25,624 (74.6)	3	24,407	511	625	78
2011	33,555 (100)	7,566 (22.5)	25,989 (77.5)	251	24,157	650	565	366

2012	32,866 (100)	8,102 (24.6)	24,764 (75.4)	47	22,909	813	700	295
2013	33,199 (100)	8,994 (27.0)	24,205 (73.0)	18	22,211	605	1,016	355
2014	33,796 (100)	9,138 (27.0)	24,658 (73.0)	24	22,521	505	1,249	359
2015	36,239 (100)	8,966 (24.7)	27,273 (75.3)	56	24,990	658	1,433	136

주) 1. 출처: 법무부 범죄예방정책국 사회봉사명령 통계자료.
    2. 괄호 안은 점유비율(%).

한편, 사회봉사명령 집행에 있어서 복지분야의 확대와 더불어 분야별 협력기관의 지정에서도 사회복지시설 및 기관의 지정비율이 높아져 왔다.

┃ 표 9-7 ┃   최근 10년(2006~2015년)간 사회봉사명령 협력기관 현황

(단위: 개)

연 도	계	행 정	공 익	의 료	복 지	기 타
2006	744 (100.0)	20 (2.7)	124 (16.7)	38 (5.1)	554 (74.5)	8 (1.1)
2007	777 (100.0)	14 (1.8)	90 (11.6)	33 (4.2)	635 (81.7)	5 (5.1)
2008	844 (100.0)	11 (1.3)	56 (6.6)	33 (3.9)	730 (86.5)	14 (1.7)
2009	1,082 (100.0)	11 (1.0)	63 (5.8)	44 (4.1)	950 (87.8)	14 (1.3)
2010	1,278 (100.0)	5 (0.4)	76 (5.9)	71 (5.6)	1,103 (86.3)	23(1.8)
2011	1,162 (100.0)	13 (1.1)	82 (7.1)	40 (3.4)	998 (85.9)	29 (2.5)
2012	1,158 (100.0)	10 (0.9)	83 (7.2)	9 (0.8)	1,034 (89.3)	22 (1.9)
2013	1,154 (100.0)	10 (0.9)	88 (7.6)	5 (0.4)	1,024 (88.7)	27 (2.3)
2014	1,133 (100.0)	1 (0.1)	83 (7.3)	3 (0.3)	1,031 (91.0)	15 (1.3)
2015	1,146 (100.0)	1 (0.1)	82 (7.2)	1 (0.1)	1,054 (90.0)	8 (0.7)

주) 1. 출처: 법무부 범죄예방정책국 사회봉사명령 통계자료.
    2. 괄호 안은 점유비율(%).

라) 사회봉사명령의 종료사유

사회봉사명령을 부과 받은 대상자가 그 이행을 완료한 때, 형의 집행유예 기간이 경과한 때, 「형법」 제64조 제2항의 규정에 의하여 집행유예의 선고가 취소된 때, 사회봉사명령집행 기간 중 금고이상의 형의 집행을 받게 된 때에는 사회

봉사명령의 집행이 종료된다.[83] 사회봉사명령의 경우에도 대상자의 사면, 사망, 실종, 이민 등의 사유가 발생할 경우, 그 집행을 종료한다.

「가정폭력범죄의 처벌 등에 관한 특례법」에 의한 가정보호사건 경우에는 법원은 보호처분이 진행되는 동안 필요하다고 인정하는 때에는 직권, 보호관찰관의 청구에 따라 결정으로 1회에 한하여 보호처분의 종류와 기간을 변경할 수 있다. 즉 사회봉사명령의 시간도 200시간 범위 내에서 400시간 범위 내로 변경할 수 있다(같은 법 제45조 제1항 및 제2항).

또한 법원은 보호처분을 받은 행위자가 같은 법 제40조 제1항의 보호처분 중에서 「보호관찰 등에 관한 법률」에 의한 사회봉사명령(제4호)의 결정을 이행하지 아니하거나 그 집행에 응하지 아니하는 때에는 직권, 피해자의 청구, 보호관찰관의 신청에 의해 결정으로 사회봉사명령을 취소하고 사건을 송치한 검찰청 검사 또는 법원에 송치한다.

법원은 행위자의 성행이 교정되어 정상적인 가정생활이 유지될 수 있다고 판단되거나 기타 보호처분을 계속할 필요가 없다고 인정한 때에는 직권, 피해자의 청구, 보호관찰관의 신청에 의하여 결정으로 사회봉사명령의 전부 또는 일부 종료할 수 있다.

2. 수강명령

1) 의 의

가) 수강명령 개념

'수강명령'은 범죄인이나 비행소년에 대하여 형의 유예조건이나 보호처분의 조건으로서 일정한 기간 내에 특정한 시간 동안 강의나 교육을 받거나 치료프로그램 등에 참석하도록 하는 제도이다.

수강명령의 취지는 죄의식이 미약하고 반복하여 범죄나 비행을 행할 우려가 있는 경미한 범죄자를 대상으로, 그들의 심성을 계발하고 자신의 범죄성향에 대

---

83) 보호관찰과 사회봉사명령 등이 병과·부과된 집행유예자에 대하여는 보호관찰기간 경과와는 별도로 「형법」 제62조의2 제3항에 규정된 집행유예 기간내 사회봉사명령 등을 집행하여야 한다. 이에 대하여서는 실무상 "명령집행은 완료되었으나 보호관찰 기간이 남는 경우는 보호관찰기간"을 "보호관찰기간은 종료되었으나 명령집행이 완료되지 않은 경우에는 명령집행 완료일 또는 집행유예기간을" 종료일로 처리하고 있다.

해 문제인식을 가지게 함으로써, 바른 가치관을 심어주며 성행을 교정하여 정상적인 사회생활을 하도록 도와주는데 있다.

현대의 수강명령제도는 1948년 영국에서 「형사재판법」에 수강센터(Attendance Center)에 관한 규정을 둔 것이 효시이며, 이후 사회내처우제도의 대표적 유형의 하나로서 약물·알코올남용 치료, 정신 및 행동치료 프로그램 등으로 발전하여 왔다.

우리나라의 경우, 현행 「형법」상 집행유예의 조건으로 200시간 이내의 수강명령이 부과될 수 있으며(「보호관찰 등에 관한 법률」 제59조 제1항), 「소년법」상 보호처분의 하나로서 100시간의 범위 내에서 부과된다(「소년법」 제33조 제4항).

나) 수강명령의 법적 성격

현재 우리나라에서 실시되고 있는 수강명령은 이를 부과할 수 있는 법률에 따라 크게 두 개의 유형으로 구분될 수 있는데, 하나는 보호처분 또는 보안처분으로서의 수강명령이고, 다른 하나는 형사처분으로서의 수강명령이 있다.

전자는 「소년법」과 「가정폭력범죄 처벌 등에 관한 특례법」상의 보호처분의 일환으로서 부과되는 수강명령을 말하며, 후자는 「형법」상 집행유예의 조건으로 부과되는 수강명령을 의미한다. 그러나 수강명령의 유형이 어떠한 것이든지 사회내처우로서 교정비용을 절감할 수 있다는 점과, 지역사회의 관심과 협력을 통하여 범죄자의 교정·교화를 촉진할 수 있다는 일반적 특징을 공유하고 있다.

수강명령은 범죄자의 자유를 일정시간 제한한다는 점에서 협의의 보호관찰이나 사회봉사명령과 유사한 성격을 가지고 있지만, 그 내용이 일정한 교육 프로그램에 참가할 것을 요구한다는 점에서 다른 제도와 구별된다. 수강명령제도는 특정한 수강명령 프로그램이 범죄자의 의식과 행동에 영향을 미쳐 재범을 억제할 것이라는 가정을 전제하고 있으며, 이로써 수강명령 프로그램을 이수한 사람에게 행동수정의 효과가 있을 것이라고 기대하는 것이다.

이와 같은 점에서 수강명령은 기본적으로 「형법」 등 법률에 의해 범죄자를 제재하기 위하여 부과되지만, 보다 넓은 관점에서 보면 사회교육 프로그램의 하나라고 해석될 수도 있다.

2) 비교법적 고찰

가) 수강명령의 기원

현대의 수강명령제도의 최초 실시국가는 사회봉사명령제도와 같이 영국이
라고 보는 것이 일반적이다. 1948년 영국 「형사재판법」은 비교적 범죄성이 경미
한 21세 미만 범죄자에게 주말에 수강센터(Attendance Center)에 출석하여 강의를
듣도록 하는 규정을 최초로 두었다.

이 수강명령은 소년 범죄자들의 주말 여가시간을 박탈함으로써 범죄의 기회
를 줄이고, '짧고 예리한 충격'(short and sharp shock)을 줌으로써 여가선용을 통하여
건전한 사회생활의 습관을 익히도록 함에 목적이 있었다.

나) 영국의 수강명령

영국에서의 수강명령제도는 독립처분으로서 부과하는 경우와 보호관찰을
조건으로 부과하는 경우로 구분된다. 독립처분으로서의 '수강센터명령'(Attendance
Center Order)은 비교적 비행성이 약한 범죄자가 일정기간 지정된 장소에 출석하여
강의훈련 또는 상담을 받도록 하는 것이다.[84]

수강센터(Attendance Center)는 일과 후 학교나 청소년 시설 등에서 경찰에 의
해 운영된다. 한편 보호관찰을 조건으로 하는 수강명령인 '보호관찰주간센터명
령'(Probation Day Center Order)은 통상 일과시간 중 보호관찰대상자의 사회적응 능
력을 향상시키고 재범을 방지할 수 있도록, 필요한 교육과 훈련을 시키는 비수용
적인 수강시설을 말한다.

다) 미국의 수강명령

미국에서 시행된 수강명령과 유사한 제도로서 두드러진 프로그램은 소위
'주간처우센터'(Day Treatment Center) 또는 '가이드'(GUIDE: Girls Unit for Intensive Daytime

---

[84] '수강센터명령'(Attendance Center Order)은 21세 미만인 자가 죄를 범한 경우에 법원이 자유형
과 결부시키지 아니하고 독립처분으로 선고한다. 그러나 실제로는 17세 미만의 소년에게 주로
부과되고 있으며, 그 중에서도 초범자와 재범자이면서 비교적 경미한 범죄를 범한 자에게 주로
선고된다. 수강센터(Attendance Center)의 수강시간은 12시간 이상 24시간 이내의 범위에서 법
원이 적당하다고 인정되는 시간을 정하나, 17세 이상인 자에게는 36시간까지 선고할 수 있다.
수강센터의 강의시간은 매주 토요일 오후에 2시간씩 열리는데 1일 참석시간은 3시간을 초과할
수 없으며, 대상자가 참석하지 않거나 중요한 사항을 위반하였을 경우에는 법원에 이송되어 원
래의 범죄에 대한 재판을 받는다.

Education)라는 것이 있다. 주간처우센터는 비행소년에 대한 프로그램으로서 1964
년 가을에 캘리포니아(California)의 콘트라 코스타(Contra Costa) 카운티에서, 10명의
여성 비행청소년을 대상으로 처음 시작되었다. 프로그램 대상자들은 24시간의
구금처분을 받을 정도의 경미한 비행을 저지른 소녀들이다.

한편 가이드(GUIDE) 즉 'Girls Unit for Intensive Daytime Education' 프로그램
은 13세에서 19세까지의 비행소녀를 대상으로, 교육·집단활동·상담을 할 목적
으로 하는 주간처우 프로그램이다.[85]

라) 독일의 수강명령

독일의 범죄인 처우정책에서 수강명령과 유사한 것은 독일의 「형법」 제56조
의 c가 규정한 형의 집행유예의 경우에 법원이 내릴 수 있는 지시조치(Weisungen)
가 있다. 독일 「형법」상의 이 조치는 이미 1953년의 제3차 개정 때부터 규정되어
실시되었다.

이 지시조치는 재범을 범하지 않으려는 피고인의 노력에 도움을 주려는 법
원의 명령(Gebote) 또는 금지(Verbote)를 말한다. 독일의 「형법」은 치료나 약물 중
독치료의 과정에 들어가게 하거나 적당한 요양소 또는 시설에 입소하라는 조치
도 내릴 수 있는데, 다만 이 조치는 당사자의 동의가 있는 경우에 한하고 있다.[86]

마) 뉴질랜드의 수강명령

뉴질랜드에서는 수강명령과 유사한 제도로 '간헐구금센터'(Periodic Detention
Centre)가 있는데, 이 센터는 보호관찰과 구금의 중간적 형태를 가지고 있다. 1962
년 뉴질랜드의 「형사재판법」의 개정으로 처음 규정되었는데, 초기에는 15세 이
상 21세 미만의 범죄자들을 대상으로 하였으나, 1966년 법률 개정에 의하여 성인
에게도 적용되었다.

같은 법률에 따르면 법원은 범죄자가 처음 출석해야 하는 날짜와 시간을 지
정하며 구금기간도 결정해야 하는데, 처분기간은 다양하지만 일주일에 60시간을

---

85) 교육기간은 3년으로 정규 학교교육과 병행하면서도 여러 가지 새로운 방법을 사용하여 소녀들
의 자아개념을 변화시키고, 가정문제에 대하여 해결책을 제시하여 주었다. 프로그램을 실시하는
직원은 보호관찰을 실시한 경험이 있는 정규교사 1명과, 정규 보호관찰관 1명 등 2명으로 구성
되었다.

86) 이와 같이 당사자의 동의를 요구하는 것은 개인의 기본권이 부당하게 침범받지 않게 하는 것뿐
만 아니라, 당사자들의 동의 없이는 소정의 목적달성이 어렵기 때문이다. 우리나라의 수강명령
은 당사자의 동의를 요건으로 하지 않는다는 점에서 독일형법상의 지시조치와 차이가 있다.

초과할 수 없다. 또한 이 센터의 참석시기와 시간은 대상자들의 학교출석이나 직업생활 및 종교활동에 방해가 되지 않도록 하여야 한다.[87]

3) 우리나라의 수강명령제도

가) 연　혁

(1) 수강명령제도의 도입

우리나라에서 수강명령제도는 1988년 12월 31일 개정된 「소년법」(법률 제4057호)에서 보호관찰처분을 받은 16세 이상의 소년에게, 수강명령이나 사회봉사명령을 선택적으로 부과할 수 있도록 함으로써 최초로 법제화되었다. 이때의 수강명령은 보호관찰처분의 부수처분[88]으로서 단기보호관찰의 경우에는 50시간, 장기보호관찰의 경우에는 200시간 범위 내에서 각 병과할 수 있었다.

이에 따라 실시 첫해인 1989년 7월부터 12월까지 6개월 동안 297명이 수강명령을 부과 받은 것을 시작으로, 1996년까지 많게는 연간 3,000명 이상(1995년 3,185명)이 수강명령을 부과 받고 이를 이행하였다. 초창기 실시된 프로그램의 주요형태도 청소년들의 심성순화에 비중을 둔 '푸른교실', '희망교실', '청소년건강교실', '얄개교실' 등이 있었다. 한편 영국의 주말 수강센터(Attendance Center)와 유사하게 소년 범죄자들의 주말 여가시간을 박탈하고, 여가선용을 통하여 건전한 사회생활의 습관을 체득하도록 함을 목적으로 하는 '토요교실'도 실시되었다.[89]

---

87) 뉴질랜드에서 청소년들에 대한 첫 번째 센터는 1963년 8월에 Auckland에서 개원하였다. 이 센터는 시내 중심부에서 가까운 곳에 위치하고 있으며 20명을 수용할 수 있고 정상적인 출석시간은 40시간으로, 금요일 저녁부터 일요일 오전 11시까지와 수요일 저녁 2시간에서 4시간 정도 출석하게 하고 있다. 주로 하는 활동은 작업으로서 잔디 깎기 등의 보수작업과 청소 및 요리 등이며 그 밖에 집단토론 등이 있다. 이 센터는 외부작업으로 양로원이나 정신박약 센터에서 일하도록 하면서, 교육과 함께 일시구금이라는 처벌의 목적도 가지고 있었다. 소년 범죄자들의 주말 자유시간을 박탈하는 것과 엄격한 훈련 및 고된 작업을 시키는 것은 그들에게 상당한 고통을 주기 때문이다. 이 처벌은 또한 범죄를 행할 개연성이 큰 주말에 소년들을 억류함으로써 또 다른 범죄를 예방하는 효과도 있다.

88) 16세 이상의 소년에 대하여 수강명령 등을 보호관찰 처분과 병합하여 부과할 수 있었으나 분리하여 부과하는 것은 불가능하였다.

89) 토요교실은 법률에 의한 수강명령대상자 외에 보호관찰 처분을 받은 청소년까지 대상으로 하여, 1993년 10월부터 서울보호관찰소 등 전국 보호관찰소에서 매주 토요일 오후에 4시간(13：00－17：00)씩 실시된 바 있다

(2) 수강명령의 발전

1995년 12월 29일 개정된 「형법」(법률 제 5057호) 제62조의2는 형의 집행을 유예하는 경우에 수강명령을 부과할 수 있도록 하였다(제1항). 이때의 수강명령은 집행유예기간 내에 이를 집행한다(제3항).[90] 이 개정 「형법」은 실시를 위한 준비기간을 거쳐 1997년 1월 1일부터 시행되었고, 「보호관찰 등에 관한 법률」도 수강명령 집행에 관한 여러 규정을 신설하였다.[91] 이에 따라 수강명령 집행실태에도 큰 변화가 있었다. 수강명령 프로그램의 분야별 전문화가 추진되면서, 준법운전 수강·음주운전방지 수강·폭력치료 수강·약물 오남용 방지수강 등 체계적으로 분화된 수강명령 프로그램이 발전하기 시작하였다.

한편 1997년 「가정폭력범죄의 처벌 등에 관한 특례법」의 제정으로 법원은 가정폭력사범에 대한 보호처분으로 단독 수강명령을 100시간의 범위 내에서 부과할 수 있게 되었다.[92] 이 법은 2007년 수강명령을 200시간 이내로 부과할 수 있고, 400시간을 초과하지 않는 범위 내에서 1회 연장 가능하도록 개정되었다. 같은 해에 「소년법」도 개정되었는데, 12세 이상으로 수강명령 적용대상의 연령이 인하되었으며, 수강명령이 독립처분화 되었고 그 부과시간 상한도 100시간 이내로 단일하게 정비되었다.[93]

2000년 2월 3일 제정된 「청소년의 성보호에 관한 법률」(법률 제6261호)은 성매

---

90) 한편 「형법」 제62조의2의 규정에 의하여 수강을 명한 집행유예를 받은 자가 준수사항이나 명령을 위반하고 그 정도가 무거운 때에는 집행유예의 선고를 취소할 수 있다(제64조 제2항).

91) 1988년 제정된 (구)「보호관찰법」에는 「소년법」에 의한 소년보호처분의 하나인 수강명령의 집행을 위한 법률규정을 두고 있지 않았다. 그러나 1995년 「형법」의 개정으로 수강명령이 형의 집행유예를 받은 사람들에게 부과될 수 있게 되었다. 이에 따라 1996년에 개정된 「보호관찰 등에 관한 법률」은 제59조부터 제64조까지를 「사회봉사 및 수강」의 제4장으로 신설하였다.

92) 1997년 12월 13일 제정된, 「가정폭력범죄의 처벌 등에 관한 특례법」(법률 제5436호, 시행일: 1998년 7월 1일) 제40조 제1항은 '판사는 심리의 결과 보호처분이 필요하다고 인정한 때에는, 결정으로 「보호관찰 등에 관한 법률」에 의한 수강명령 등의 처분을 할 수 있다고 규정하였다. 이 법률에 의한 수강명령은 100시간을 초과할 수 없으나, 법원은 직권 또는 보호관찰관 등의 청구에 따라, 결정으로 1회에 한하여 수강명령 시간을 변경할 수 있다. 다만, 변경하는 경우에도 종전의 처분기간을 합산하여 200시간을 초과할 수 없도록 하였다.

93) 2007년 12월 21일 개정된 「소년법」(법률 제 8722호, 시행일: 2008년 6월 22일)에서는 같은 법률의 적용연령 상한을 20세 미만에서 19세 미만으로 낮추었으나, 적용연령의 하한도 기존 16세 이상에서 12세 이상으로 대폭 낮추었다. 결과적으로 수강명령의 적용대상 연령범위가 크게 확대되었다. 또한 (구)「소년법」에서는 수강명령 등을 '단기보호관찰' 또는 '보호관찰'처분에 병합하는 방법으로만 부과할 수 있었으나, 현행 「소년법」은 보호관찰처분과는 별개로 독립하여 부과할 수도 있도록 하였다. 또한 현행법은 보호관찰 기간 등에 관계없이 수강명령의 상한 시간을 100시간으로 일원화하였다.

매의 대상이 되는 청소년의 보호를 위하여 「소년법」상의 보호처분(수강명령 포함)을 부과할 수 있음을 규정하였다(같은 법률 제15조).[94] 이후 같은 법률은 2009년 「아동·청소년의 성보호에 관한 법률」로 전부개정되었는데,[95] 제40조는 성매매대상 아동·청소년에 대하여 「소년법」상의 보호처분(수강명령 포함)을 부과할 수 있도록 규정하고 있다.

또한 2004년 제정된 「성매매 알선 등 행위의 처벌에 관한 법률」은 성매매행위자에 대한 보호처분의 하나로 100시간 이내의 수강명령을 부과할 수 있도록 하였다.[96]

나) 근거법률별 부과시간

「보호관찰 등에 관한 법률」 제3조 제2항에서 규정한 수강을 하여야 할 사람(이하 "수강명령대상자"라 한다)은 다음과 같다.

① 「형법」 제62조의2에 따라 사회봉사를 조건으로 형의 집행유예를 선고받은 사람(제1호), ② 「소년법」 제32조에 따라 사회봉사명령을 받은 사람(제2호), 다른 법률에서 이 법에 따른 사회봉사 또는 수강을 받도록 규정된 사람(제3호) 등이다.

이때 법 제3조 제2항 제3호에서 말하는 '다른 법률'이라 함은 「성폭력범죄의 처벌 및 피해자보호 등에 관한 법률」,[97] 「가정폭력범죄의 처벌 등에 관한 특례법」,

---

94) 우발적인 충동으로 사려 없이 행해지는 성행위의 범람이 현대에 이르러서는 성범죄로 이어지고 있는데, 그러한 성행위의 대상으로 19세 미만의 청소년도 예외일 수 없는 것이 현실이다. 2000년 2월 3일에는 이러한 현실에서 청소년의 성을 사는 행위, 성매매를 조장하는 중간매개행위 및 청소년을 대상으로 하는 성폭력 행위자들을 강력하게 처벌하고, 성매매와 성폭력행위의 대상이 되는 청소년을 보호·구제하고자 「청소년의 성보호에 관한 법률」(법률 제6261호, 시행일: 2000년 7월 1일)이 제정되기에 이르렀다. 같은 법률에서 처벌의 대상이 된 성인은 최고 5년 이상의 유기징역으로 규정하였지만, 소년은 선도보호 및 재활을 위하여 「소년법」에 의한 보호사건으로 처리하도록 규정하였다.

95) 그 이유는 아동도 이 법에 따른 보호대상임을 명확히 하고, 아동·청소년을 대상으로 한 유사 성교 행위 및 성매수 유인행위 처벌 규정을 신설하며, 일부 아동·청소년 성범죄자에 대하여 정보통신망을 통하여 신상정보를 공개하도록 하는 아동·청소년의 성보호를 더욱 강화하기 위한 것이었다.

96) 2004년 3월 22일 「성매매알선 등 행위의 처벌에 관한 법률」(법률 제7196호)은 성개방화와 이로 인한 성매매·성매매알선 등 행위 및 성매매 목적의 인신매매를 근절하고, 성매매 피해자의 인권을 보호함을 목적으로 제정, 공포되었다. 같은 법률 제14조는 '판사는 심리의 결과 필요하다고 인정할 때에는 결정으로 수강명령을 부과할 수 있는데 이 경우 100시간을 초과할 수 없다.'고 규정하였다. 또한 법원은 검사·보호관찰관 등의 청구가 있는 때에는 결정으로 1회에 한하여 수강명령 시간을 변경할 수 있는 데, 이 경우에는 종전의 처분시간을 합산하여 200시간을 초과할 수 없다.

97) 1994년 1월 5일 제정되어 같은 해 4월 1일부터 시행된 「성폭력범죄의 처벌 및 피해자 보호 등에 관한 법률」, 당시 이 법률에 수강명령 등을 부과할 근거는 없었고 단지 보호관찰만을 부과할 수

「성매매알선 등 행위의 처벌에 관한 법률」, 「청소년의 성보호에 관한 법률」 등
이다.

「형법」상 수강명령을 조건으로 집행유예를 선고받은 사람에게는 200시간
이내의 수강명령이 부과된다(「보호관찰 등에 관한 법률」 제59조 제1항).[98] 다만 「성폭력
범죄의 처벌 등에 관한 특례법」의 적용을 받는 성폭력범죄자의 경우에는 법원이
집행유예를 선고하는 경우에는 500시간의 범위 내에서 재범예방에 필요한 수강
명령을 필요적으로 부과하여야 한다(제16조 제1항).

한편, 「소년법」상 보호처분 중에서 수강명령은 100시간 이내에서 부과된다
(소년법 제33조 제4항). 이외에도 주요한 근거법률별 수강명령의 최장 부과시간은
〈표 9-8〉과 같다.

┃ 표 9-8 ┃ 수강명령의 근거법률 및 부과시간의 상한

관련법	대상	부과 시간
「형법」	수강을 조건으로 형의 집행유예를 받은 자	200시간 이내
「소년법」	12세 이상 소년에게 독립 또는 병과	100시간 이내
「가정폭력범죄의 처벌 등에 관한 법률」	보호관찰과 병과하거나 독립적으로 부과	200시간 이내
「아동·청소년 성보호에 관한 법률」	성매매 대상 아동·청소년	100시간 이내
「성매매 알선 등 행위의 처벌에 관한 법률」	보호관찰과 병과하거나 독립적으로 부과	100시간 이내
「성폭력범죄의 처벌 및 피해자 보호 등에 관한 법률」	형의 집행유예를 선고받은 성폭력범죄자 (필요적 부과)	500시간 이내

있었다. 그러나 미성년자를 대상으로 하는 성폭력범죄가 빈번하게 발생하는 등 그 심각성이 부
각되면서, 성폭력범죄의 처벌과 피해자 보호절차를 한층 강화하는 취지에서 법률개정이 추진되
었다. 이에 따라 1997년 8월 22일 개정된 「성폭력범죄의 처벌 및 피해자 보호 등에 관한 법률」
(법률 제5343호, 시행일: 1998년 1월 1일)은 제16조에, 기존의 보호관찰 외에 수강명령 등을 부
과할 수 있도록 하였다. 같은 법률 제16조 제1항은 1년간의 보호관찰을 규정하였으며, 제2항에
보호관찰이나 사회봉사 또는 수강을 규정하면서 보호관찰과 병과할 수 있도록 하였다. 또한 제4
항에서 "보호관찰·사회봉사 및 수강에 관하여 이 법에 정한 사항 이외의 사항에 관하여는 「보호
관찰 등에 관한 법률」을 준용한다."라고 규정함으로써, 수강명령 등의 집행을 담당하는 기관 또
는 담당자와 집행절차 등에 관한 사항을 명확히 하였다.

98) 1995년 개정 「형법」에는 수강명령 시간에 대한 규정이 없으며, 이에 따라 1996년에 개정된 「보
호관찰 등에 관한 법률」 제59조는 수강명령을 부과할 수 있는 시간을 명확히 하였다.

다) 수강명령의 집행조직

(1) 집행전담부서의 설치

1989년 7월부터 시행된 수강명령의 연간 집행인원은, 1991년 전국적으로 1,000명을 초과하기 시작하여 1995년에 이르러서는 3,000명을 상회하게 되었다. 성인 집행유예자에게도 수강명령이 부과되기 시작한 1997년 이후 수강명령 집행 대상자는 급격히 증가하여 2001년에는 11,000명을 넘어섰고 이후 완만하기는 하나 지속적인 증가추세를 유지하고 있다. 그럼에도 불구하고 2005년 이전까지는 보호관찰소 내에 수강명령을 전담하는 하부기구가 별도로 설치되지 못하였다.

2005년부터 서울·부산·대구·인천·광주·대전 및 수원보호관찰소를 시작으로 수강명령과 사회봉사명령 집행을 전담하는 '집행과'가 추가로 설치되기 시작하였다. 이와 같이 수강명령의 집행을 전담하는 부서가 설치됨으로써, 집행의 전문성과 충실성을 한층 강화할 수 있게 되었다.

(2) 광역수강센터의 개소

2012년 법무부는 수강명령 자체 강사의 양성과 양질의 교육프로그램 개발을 위하여 수원보호관찰소에 〈광역수강센터〉를 시범적으로 개소하였다. 광역수강센터는 수강명령의 집행의 전문화, 체계화, 분업화를 위한 것으로 집행센터별로 약물남용치료, 성폭력치료, 폭력성치료 등으로 특성화하여 인근 보호관찰기관의 수강명령대상자를 집결시켜 사범별, 수강 유형별로 구분하여 집중적으로 교육하기 위한 전담부서이다. 2012년 시범실시 결과 수강집행의 효율성이 제고되고 교육효과가 우수한 것으로 분석되어 2013년에는 서울, 대구, 광주에, 2014에는 인천, 대전, 부산 등에 추가로 개설되었다.

4) 수강명령의 운영실태

가) 수강명령의 실시현황

(1) 연도별 전체 실시사건 현황

1989년 보호관찰제도 도입과 함께 시작된 수강명령은 대상자의 증가 등 양적 성장은 물론 프로그램의 다양화와 전문화를 질적 수준에 있어서도 비약적인 발전을 거듭해왔다. 사회봉사명령과 마찬가지로 수강명령도, 1989년 297명이었던 대상자 수가 2008년에는 16,000여 명을 넘어서는 등 양적으로 급격하게 확대되어 왔다.

아래의 〈표 9-9〉에 제시된 수강명령대상자의 증가 및 변화 추세는 보호관찰 및 수강명령 관련 법률의 제·개정과 밀접한 연관성을 갖고 있다. 앞에 제시된 사회봉사명령대상자의 증가추세에서는 「형법」 개정의 영향으로 1996년 대비 1997년의 사회봉사명령 대상자 비율은 약 3배 이상 증가되었지만 같은 기간 수강명령대상자는 약 5% 증가하는데 그쳤다.

그러나 1998년 이후 2000년까지 3년간은 매년 큰 폭의 증가세를 보이며 양적인 측면에서 급속하게 성장하였다. 이는 전국 법원 소재지에 속속 보호관찰소가 개청하면서 수강명령 집행체계를 정비하였고 법원과의 협의회 개최 및 제도 홍보 등을 통하여 이 제도에 대한 법원의 이해도가 높아진 것이 영향을 미친 것으로 보인다. 아래의 〈표 9-9〉를 통해 최근 10년간의 변화 추이를 보면, 2006년 13,783건에서 2010년 24,275건, 2015년 33,513건 등으로 지속적으로 증가하였음을 알 수 있다.

▎표 9-9 ▎ 최근 10년(2006~2015년)간 연도별 수강명령 집행사건

(단위: 건)

연도	2006	2007	2008	2009	2010	2011	2012	2013	2014	2015
집행건수	13,783	16,293	22,083	25,888	24,275	24,882	28,144	28,054	30,281	33,513

출처: 법무부 범죄예방정책국 수강명령 통계자료.

(2) 근거법률별 실시사건 현황

1996년 「소년법」에 의한 수강명령 실시사건이 2,481건이었는데, 개정 「형법」 적용 첫해인 1997년 「소년법」 적용 수강명령 실시사건은 1,506건으로 감소하였다. 1997년 이후 감소와 증가를 반복하다가 2002년 이후 다시 꾸준한 증가세를 보여 2012년에는 13,668건으로 정점을 기록하였으나 이후 다시 감소하여 2015년에는 5,790건을 집행하였다.

「형법」에 의한 집행사건은 1997년부터 증감을 반복하였으나 2011년 10,336건을 기록한 이후 빠르게 증가하기 시작하여 2015년에는 17,933건으로 역대 최고치를 기록하였다. 한편 「가정폭력범죄 처벌 등에 관한 특례법」에 의한 집행사건도 2011년 600건을 집행한 이후 증가하고 있으며, 특히 2014년과 2015년에는 각

┃표 9-10 ┃ 최근 5년(2011~2015년)간 근거법률별 수강명령 집행사건 현황

(단위: 건)

구 분	근거법률별 수강명령 집행사건 수							
	계	「소년법」	「형법」	「성폭력법」 (「성매매법」)	「가정 폭력법」	「아동·청소년 성보호법」	기소유예 (존스쿨)	아동학대 처벌법
2011년	24,882	12,841	10,336	561(123)	600	421	–	
2012년	28,144	13,668	12,427	699(117)	697	536	–	
2013년	28,054	10,037	14,472	969(210)	1,314	621	431	
2014년	30,281	7,023	15,887	2,322(197)	2,187	823	1,842	
2015년	33,513	5,790	17,933	3,799(303)	3,335	956	1,510	190

출처: 법무부 범죄예방정책국 수강명령 통계자료.

각 2,187건과 3,335건을 집행하여 큰 폭의 신장세를 보이고 있다.

(3) 연령별 실시사건 현황

사회봉사명령과 마찬가지로 개정 「형법」이 수강명령에 적용되기 전까지는 성인에 대해 수강명령이 부과될 수 있는 법적 근거가 없었다. 개정 「형법」 적용 첫해인 1997년 소년과 성인의 수강명령 실시사건 비율은 각각 61.3%와 38.7%를 보였다.

2001년부터 2004년까지 4년간 수강명령 실시사건 중 소년이 차지하는 비율이 10%대를 보이는 등 급감하였으나, 2005년부터는 다시 증가세를 보여 2011년에는 52.2%를 기록하기도 하였으나 이후 다시 감소하여 2015년에는 18.1%의 비율을 나타내고 있다.

┃표 9-11 ┃ 최근 10년(2006~2015년)간 수강명령의 소년·성인별 점유비율 변화 추이

(단위: 건)

구 분	소년·성인별 수강명령 실시사건 수		
	계	소년(비율%)	성인(비율%)
2006년	13,783	3,842(27.9)	9,941(72.1)
2007년	16,293	3,970(24.4)	12,323(75.6)
2008년	22,083	7,304(33.1)	14,779(66.9)
2009년	25,888	12,435(48.0)	13,453(52.0)

376 제3부 우리나라의 보호관찰제도

2010년	24,275	12,242(50.4)	12,033(49.6)
2011년	24,882	12,980(52.2)	11,902(47.8)
2012년	28,144	13,792(49.0)	14,352(51.0)
2013년	28,054	10,176(36.3)	17,878(63.7)
2014년	30,281	7,297(24.0)	22,984(76.0)
2015년	33,153	6,056(18.1)	27,457(81.9)

출처: 법무부 범죄예방정책국 수강명령 통계자료.

(4) 명령시간대별 접수사건 추이

지난 5년간 명령시간대별 수강명령 접수사건[99]을 살펴보면, 50시간 이내가 매년 약 93~98%의 비율을 차지하여 전체에서 압도적인 비중을 점하고 있다. 2011년에는 전체 21,986건 가운데 50시간 이내가 21,107건으로 전체의 96.00%였으며, 이후 점차 점유율이 감소하여 2015년에는 전체 24,879건 가운데 35,182건으로 93.13%를 차지하였다. 반면 51~100시간대는 2011년 27,039건으로 전체의 3.74%였으나 2015년에는 1,705건으로 전체의 6.31%를 차지할 정도로 상당히 증가하였다. 한편 100시간을 초과한 수강명령은 매년 수십 건에 불과하여 점유율이 1%에도 크게 하회하는 실정이다. 지난 5년간의 명령시간대별 접수사건의 구체적인 내용은 다음의 〈표 9-12〉와 같다.

▎표 9-12 ▎ 최근 5년(2011~2015년)간 명령시간대별 수강명령 접수사건의 추이

연도	구분	전체	50시간	51-100시간	101-200시간	201-300시간
2011	전체	21,986 (100%)	21,107 (96.00%)	823 (3.74%)	56 (0.25%)	0 (0.00%)
	소년	11,470 (52.17%)	11,360	108	2	0
	성인	10,516 (47.83%)	9,747	715	54	0
2012	전체	24,265 (100%)	23,151 (95.41%)	996 (4.10%)	118 (0.49%)	0 (0.00%)
	소년	11,670 (48.09%)	11,494	171	5	0

99) 전체 실시사건에서 전년도 이월분을 제외하고, 해당 연도에 신규 접수한 사건 수를 말한다.

	성인	12,595 (51.91%)	11,657	825	113	0
2013	전체	23,013 (100%)	21,719 (94.38%)	1,196 (5.20%)	97 (0.42%)	1 (0.00%)
	소년	7,853 (34.12%)	7,654	194	5	0
	성인	15,160 (65.88%)	14,065	1,002	92	1
2014	전체	24,879 (100%)	23,146 (93.03%)	1,556 (6.25%)	172 (0.69%)	5 (0.02%)
	소년	5,718 (22.98%)	5,609	107	2	–
	성인	19,161 (77.02%)	17,537	1,449	170	5
2015	전체	27,039 (100%)	25,182 (93.3%)	1,705 (6.31%)	152 (0.56%)	–
	소년	4,665	4,629	30	6	–
	성인	22,374	20,553	1,675	146	–

나) 수강명령 집행의 원칙 및 방식

(1) 집행원칙

(가) 수강명령 부과의 원칙

「형사소송규칙」 제147조의2 제4항에는 보호관찰·사회봉사·수강명령은 둘 이상 병과할 수 있다는 내용이 규정되어 있다.

한편 현행 재판실무상 형사사건 등에서 수강시간을 연장하는 경우에는, 50시간의 범위 내에서 8의 배수가 되도록 정하여 명하는 것을 원칙으로 하고 있다.[100] 판사는 수강명령의 취지·수강할 강의의 종류나 방법 및 그 대상이 되는 시설을 지정하여야 하나, 필요한 경우에는 수강할 분야와 장소 등을 지정하지 아니할 수 있도록 하였다.

(나) 집행의 담당자

「보호관찰 등에 관한 법률」 제61조는 "수강명령은 보호관찰관이 집행한다." 고 규정하고 있다. 다만, 보호관찰관은 국공립기관이나 그 밖의 단체에 그 집행

---

100) 대법원 재판예규 제615호, 「보호관찰 및 사회봉사명령·수강명령과 관련한 사무처리지침」 참조.

의 전부 또는 일부를 위탁할 수 있다(제1항).

　　보호관찰관은 수강명령 집행을 국공립기관이나 그 밖의 단체에 위탁한 때에는 이를 법원 또는 법원의 장에게 통보하여야 한다(제2항). 또한 보호관찰관은 수강명령의 집행을 위하여 필요하다고 인정하면 국공립기관이나 그 밖의 단체에 협조를 요청할 수 있다(제4항).

(다) 생업 지장 최소화

　　「형사소송규칙」101)에는 '보호관찰관이 그 명령을 집행함에는 본인의 정상적인 생활을 방해하지 아니하도록 하여야 한다.'고 규정되어 있다. 준법운전교육 등 일부 프로그램을 제외하고는 수강명령의 분야별 전문프로그램은 주 1~3회, 1회 2~4시간 등으로 분할하여 집행하는 것이 원칙이다. 이에 따라 대상자는 생업을 병행하며 수강명령을 이행할 수 있다. 또한 수강대상자가 생업지장 등 정당한 사유를 들어 신청할 경우 집행의 연기도 가능하다.

(라) 법원의 집행관여

　　법원은 법원 소속 공무원으로 하여금 수강할 시설 또는 강의가 수강명령대상자의 교화·개선에 적당한지 여부와 그 운영 실태를 조사·보고하도록 하고, 부적당하다고 인정하면 그 집행의 위탁을 취소할 수 있다(「보호관찰 등에 관한 법률 제61조 제3항).

　　이에 따라 현행 「소년심판규칙」102)은 소년보호처분의 하나로서 수강명령을 부과할 경우, 소년부판사는 소년이 이행하여야 할 총 수강시간과 집행기한을 정하여야 하고, 필요시 수강할 강의의 종류나 방법 및 그 시설을 지정할 수 있다고 규정하고 있다. 또한 법원장은 소년이 수강교육을 받아야 할 장소 또는 시설을 지정할 수 있으며, 이와 같은 지정을 할 때에는 보호관찰소의 장으로 하여금 보고를 하게 하거나 그 의견을 들을 수 있도록 하였다. 아울러 법원장은 언제든지 법원소속 공무원으로 하여금 수강명령대상자를 위탁받는 기관 등이, 소년의 보호에 충분한 시설을 가지고 있는가의 여부와 그 운영실태를 조사·보고하도

---

101) 「형사소송규칙」은 1982년 12월 31일 대법원규칙 제828호로 제정 및 공포된 이후 2007년 12월 31일까지 15차례의 개정이 있었다. 같은 규칙에서 수강명령과 관련된 내용이 최초로 등장한 것은 1996년 12월 3일 제5차로 개정 때이다. 당시의 규칙에서는 지금까지 없었던 내용을 추가하기 위하여 제147조의2 내지 제147조의4를 신설하였는데, 보호관찰과 사회봉사명령 및 수강명령 부과에 따른 세부 내용을 추가하였다.

102) 이 규칙은 1982년 12월 31일 대법원규칙 제823호로 제정된 이후 7차례의 개정이 있었으며, 2008년 6월 5일 대법원규칙 제2178호로 개정되어 현재에 이르고 있다.

록 하고, 이에 부적당하다고 인정되는 경우에는 그 지정을 취소할 수 있도록 하였다.

(마) 수강명령 집행준칙

수강명령 집행에 관한 기본적인 행정지침으로 법무부는 2008년 10월 9일 「수강명령 집행준칙」을 제정하여 같은 해 10월 15일부터 시행하기 시작하였다. 수강명령 집행대상자 관리와 집행업무는 보호관찰소의 주요업무 중 하나로서, 1989년 7월 1일부터 시작되었다. 초기에는 소년법상의 보호처분대상자에게만 수강명령이 부과되었음에도 불구하고, 이미 1995년에 연간 실시건수가 3,185건을 넘어서는 등 급속하게 발전하였다.

이에 따라 법무부는 1996년 12월 30일 「사회봉사명령 및 수강명령 집행준칙」을 제정하였다. 이 준칙은 2007년까지 4차례의 개정을 거치면서 발전해 오다가 2008년 10월 9일 제5차 개정에서 「사회봉사명령 집행준칙」과 「수강명령 집행준칙」으로 분리되었다. 종전에는 하나의 집행준칙에 사회봉사명령과 수강명령에 관한 내용이 통합되어 있었으나 각 명령의 특성이 상이하고 집행방식에서도 많은 차이점이 있는 점을 고려하여 집행에 관한 규칙을 분리한 것이다.

새로운 「수강명령 집행준칙」은 제1장 총칙 제2장 집행 제3장 종료 등 본문 36개조와 부칙 3개조로 구성되었으며, 제2조 용어의 정의에서 프로그램이란 "수강명령 집행전반의 진행계획"이라고 정의하였다.

(2) 수강명령 집행방식

수강명령을 집행하는 방식에는 직접집행과 협력집행이 있다. 1995년 「형법」 개정에 의해 1997년부터 성인범에게까지 수강명령이 확대, 적용되기 전까지는 소년범에 대하여 직접집행과 협력집행 방식이 병행되어 왔다.

1997년 이후 성인범에 대한 수강명령 확대 적용으로 인해 다양한 분야의 수강명령 집행이 필요하게 됨에 따라 수강명령 집행 분야별로 협력기관 지정이 본격화되었다. 1998년 21.5%에 지나지 않았던 직접집행 비율은 효율적인 집행감독의 필요성 대두와 내부의 전문인력 양성을 통해 2000년부터는 직접집행의 비율이 50%를 넘어서기 시작했으며 2008년 12월에는 96.1%가 직접 집행에 의해 이루어졌다.

수강명령의 직접집행률은 1998년 21.5%를 나타낸 이후 계속된 증가세를 보이면서 2006년부터는 90%를 넘어서고 있고, 2013년에는 95.4%를 기록하였다.[103]

이러한 직접집행률의 상승의 주요한 원인 중 하나는 과거 교통사범에 대해 도로교통안전관리공단 등 관련시설 및 기관에 위탁하여 집행하던 것을 대부분 직접집행으로 전환한데 기인한다. 이외에도 보호관찰소 내부에서 전문인력을 양성하고 검증된 프로그램을 계발하여 활용하는 등의 연구 노력을 통해 현재 약물, 심리치료, 가정폭력, 성폭력 수강 집행에 있어서도 협력집행보다 직접집행의 비율이 높아지고 있는 추세이다.

다) 수강명령의 집행분야

(1) 개 관

사회봉사명령은 법관에 의해 집행분야가 지정되는 비율이 극히 낮지만, 수강명령은 범죄유형에 따라 판결(결정)시 대부분 집행 분야가 정해지고 있다.

교육적·치료적 프로그램을 적용하는 수강명령은 범죄유형별로 특화된 프로그램을 실시하는 것이 타당하고, 성인보호관찰 확대실시 이후 수강명령의 실시인원이 대폭 증가함에 따라 분야별 수강명령 전문프로그램 개발 필요성이 강하게 제기되었다.[104]

이에 따라 법무부는 성인 성폭력치료 프로그램(2009년 10월), 약물중독치료, 소년 심리치료, 가정폭력치료 프로그램(2010년 2월), 준법운전 전문프로그램(2011년 7월) 등을 순차적으로 개발·적용해 왔다.

(2) 주요 분야별 전문프로그램

수강명령 전문프로그램 주요특징을 보면, 모듈식 구성으로 집단 특성 및 시간 구성에 따른 프로그램 차별화를 도모하였다. 또한 10명 내외의 소집단을 구성, 1개월 이상 장기 집행으로 프로그램 효과성을 높이고 대상자 재범 위험성의 지속적 감소를 유도하는 것을 목표로 한다. 구체적인 수강명령 전문프로그램의 주요내용은 〈표 9-13〉과 같다.[105]

---

103) 자료출처: 법무부 범죄예방정책국 수강명령 통계자료.
104) 이형재, 앞의 책, 2012, p. 176.
105) 위의 책, 2012, p. 177.

∥표 9-13∥ 수강 전문프로그램 주요내용

분 야	목 적	구 성
성인 성폭력치료	성범죄자의 인지적 왜곡 발견 및 수정, 피해자에 대한 공감능력 증진, 재범위험요인 다루기 등을 통해 재범통제능력 향상	'강간통념 수정하기', '피해자 고통 이해하기' 등 9개 모듈, 46회기
가정폭력 치료	가정폭력에 대한 올바른 이해 및 스스로의 폭력행위를 인정하고 개선하려는 동기 부여 폭력을 방지할 수 있는 실질적 대처방법 제공	'나와 가족 이해하기', '비폭력 행동기술 익히기' 등 7개 모듈, 총 26회기
약물중독 치료	약물 재남용 방지를 위해 대상자가 약물문제 발생원인을 스스로 탐색토록 함 약물남용 위기상황 시 대처능력 향상으로 단약 동기 강화	'계획 및 준비단계', '행동단계' 등 5개 모듈, 31회기
소년 심리치료	소년 대상자 재비행 방지를 위해 왜곡된 인지 재구조화 인지능력 향상, 사회기술 학습을 통한 건전한 사회적응 유도	'뇌를 바꾸자', '문제상황 해결하기' 등 6개 모듈, 19회기
준법운전 수강	교통법규의 이해를 통한 준법운전의식 고취 및 교통사고 예방을 위한 안전전략 습득 음주운전 근절 및 올바른 운전습관의 정착을 통한 재범방지	'준법운전 전략', '음주운전근절을 위한 행동수정 전략' 등 총 6개 모듈, 34회기

(3) 분야별 집행현황

아래 〈표 9-14〉는 직접집행을 통한 수강명령 분야별 집행 내역을 보여주고 있다. 직접집행에서 가장 높은 비율을 차지하는 분야는 준법운전 분야이지만 전체에서의 점유비율은 지속적으로 낮아지고 있는 추세이다. 대신하여 성폭력 분야와 가정폭력 분야의 점유비율은 지속적으로 증가하여 2015년 기준, 각각 18.6%와 7.3%의 비중을 차지하고 있다.

∥표 9-14∥ 최근 10년(206~2015년)간 수강명령 분야별 직접집행 인원

(단위: 건)

구 분	계	분야별 현황					
		약물	준법 운전	심리 치료	가정 폭력	성폭력	기 타
2006년	10,581 (100.0)	379 (3.6)	7,033 (66.5)	859 (8.1)	459 (4.3)	373 (3.5)	1,478 (14.0)

2007년	12,336 (100.0)	459 (3.7)	8,291 (67.2)	1,040 (8.4)	485 (3.9)	435 (3.5)	1,626 (13.2)
2008년	17,870 (100.0)	607 (3.4)	10,447 (58.5)	1,494 (8.4)	708 (4.0)	640 (3.6)	3,974 (22.2)
2009년	20,959 (100.0)	527 (2.5)	9,548 (45.6)	2,861 (13.7)	763 (3.6)	756 (3.6)	6,504 (31.0)
2010년	18,735 (100.0)	349 (1.9)	7,948 (42.4)	3,257 (17.4)	507 (2.7)	602 (3.2)	6,072 (32.4)
2011년	18,485 (100.0)	241 (1.3)	7,369 (40.0)	2,763 (14.9)	260 (1.4)	1,228 (6.6)	6,624 (35.8)
2012년	20,364 (100.0)	301 (1.5)	8,122 (39.9)	2,781 (13.6)	246 (1.2)	1,521 (7.5)	7,393 (36.3)
2013년	20,233 (100.0)	341 (1.7)	9,683 (47.9)	2,329 (11.5)	634 (3.1)	2,082 (10.3)	5,164 (25.5)
2014년	21,446 (100.0)	384 (1.8)	9,735 (45.4)	1,519 (7.1)	1,274 (5.9)	3,923 (18.3)	4,611 (21.5)
2015년	23,521 (100.0)	380 (1.6)	10,669 (45.4)	1,294 (5.5)	1,716 (7.3)	4,385 (18.6)	5,077 (21.6)

주) 1. 출처: 법무부 범죄예방정책국 수강명령 통계자료.
　　2. 괄호안은 점유비율(%).

　　수강명령대상자를 위탁받아 집행하는 협력기관들은 수강명령분야가 세분화
되고 전문화됨에 따라 매년 증가하고 있다. 전국적으로 2006년 265개이던 협력기
관은 2015년 352개로 크게 증가하였다.

┃ 표 9-15 ┃ 최근 10년(2006~2015년)간 수강명령 집행 협력기관 현황

구분	계	약물	준법 운전	심리 치료	가정 폭력	성폭력	기타
2006년	265 (100.0)	50 (18.9)	30 (11.3)	42 (15.8)	64 (24.2)	36 (13.6)	43 (16.2)
2007년	263 (100.0)	57 (21.7)	22 (8.4)	45 (17.1)	63 (23.9)	37 (14.1)	39 (14.8)
2008년	250 (100.0)	49 (19.6)	21 (8.4)	39 (15.6)	61 (24.4)	35 (14.0)	45 (18.0)
2009년	260 (100.0)	51 (19.6)	19 (7.3)	44 (16.9)	59 (22.7)	34 (13.1)	53 (20.4)
2010년	262 (100.0)	49 (18.7)	17 (6.5)	38 (14.5)	56 (21.4)	42 (16.0)	60 (22.9)

2011년	292 (100.0)	25 (8.6)	15 (5.1)	31 (10.5)	56 (19.2)	44 (15.1)	121 (41.4)
2012년	325 (100.0)	26 (8.0)	16 (4.9)	37 (11.4)	60 (18.5)	48 (14.8)	138 (42.5)
2013년	340 (100.0)	29 (8.5)	17 (5.0)	106 (31.2)	59 (17.4)	51 (15.0)	78 (22.9)
2014년	360 (100.0)	28 (7.8)	19 (5.3)	107 (29.7)	61 (16.9)	56 (15.5)	89 (24.8)
2015년	352 (100.0)	25 (7.1)	17 (15.4)	110 (30.4)	59 (16.8)	55 (16.8)	86 (24.4)

주) 1. 출처: 법무부 범죄예방정책국 수강명령 통계자료.
    2. 괄호안은 점유비율(%).

라) 존스쿨(John School)

(1) 의 의

존스쿨은 성을 구매한 초범 남성들에 대한 처벌형태로 일반화된 벌금 또는 단순 기소유예 처분보다는 성구매 남성의 성의식 개선과 재범방지를 위한 전문적인 교육을 통해 재범을 방지하기 위한 제도이다.

보호관찰소에서 성구매자를 대상으로 실시하는 존스쿨 프로그램의 목적은 성구매자의 성매매 원인, 동기에 관한 남성중심의 왜곡된 성인식과 태도를 전환하고 양성평등적, 인본주의적 사고를 배양하기 위한 것이다. 또한 성구매를 범죄로 인식하고 그 책임성을 수용하도록 함으로써 성구매 행위의 재발을 방지하고자 하는 데 그 취지가 있다.

(2) 연 혁

'존스쿨(John School)'이라는 용어는 미국에서 성을 구매한 혐의로 체포된 남성의 대부분이 자신의 이름을, 미국에서 가장 흔한 이름 중 하나인 '존(John)'이라고 밝힌 데서 유래됐다고 한다. 샌프란시스코의 시민단체인 세이지(SAGE)가 1995년 성매매 재발예방 프로그램을 만들어 이를 '존-스쿨'로 명명한데서 유래하였으며 미국, 스웨덴 등 세계 10여 개 국가에서 운영 중이다.

우리나라의 경우, 과거 「윤락행위등방지법」이 있었으나 관련 법조항들은 대부분 사문화되어 성매매 행위 등이 근절되지 않고 오히려 확산되어 왔고, 심지어 성매매를 당연시하는 풍조가 만연되어 있었다. 이러한 현실에서 국가적 차원의 성매매 근절의지를 제도적으로 보다 구체화하고 성구매자 및 성판매자에 대한 성매매 재범방지 교육을 실시함으로써 이들의 그릇된 성의식을 전환하게 하자는 취지로 「성매매알선 등 행위의 처벌에 관한 법률」이 2004년 3월 22일에 제정되어 같은 해 9월 23일부터 시행되기 시작했다.

같은 법률의 시행 이후 2005년 7월 대검찰청은 「성구매자 재범방지를 위한 교육 실시방안 및 성매매알선 등 처리지침」을 수립하였다. 이에 따르면, "검찰은 성매매 사건의 수사과정에서 피의자가 초범인 성구매자로 성구매자의 동의가 있으면, 보호관찰소의 교육 프로그램(일명 존스쿨)을 이수하는 조건으로 기소유예 처분을 부과할 수 있다"고 정의하여 존스쿨(John School) 제도가 우리나라에 뿌리를 내리게 되었다. 대검찰청의 이러한 지침에 따라 국내에서는 2005년 8월 서울보호관찰소에서 성매매로 입건된 남성 8명을 대상으로 처음으로 시작되었고 2006년 한 해에는 전국 22개 보호관찰(지)소로 확대, 운영되기에 이르렀다.

(3) 집행프로그램의 구성

존스쿨 교육프로그램의 주요내용은 성매매의 범죄성과 해악성의 자각, 탈성매매 여성의 증언, 성매매와 신체·정신건강, 소시오드라마 등으로 구성되어 있다.

존스쿨 프로그램에서는 우선, 성매매처벌특별법의 입법 취지와 내용에 관하여 이해하는데 도움이 되는 교육내용을 편성하여 성구매자가 성매매의 불법성을 자각하도록 하고 있다. 또한 탈성매매 여성 증언 등을 통하여 성매매 행위의 반인권성을 인식하게 하며, 우리 사회의 성매매 실태 및 피해자의 실상을 알게 함으로써 성매매에 대한 그릇된 인식을 전환하고자 하고 있다.

또한 성매매와 신체·정신건강, 소시오드라마 등을 통해 성매매 행위가 신체와 정신에 가할 위험성을 자각하게 하고 있다. 교육프로그램은 무엇보다 성매매 행위가 성매매 당사자는 물론, 가족, 그리고 사회 전체에 미치는 부정적인 결과를 인식하게 함으로써 궁극적으로는 성구매 행위의 재발을 방지하는 데 목적을 두고 있다.

(4) 존스쿨 집행현황

존스쿨은 2005년 8월부터 시행되어, 같은 해 12월 말까지 약 5개월간 전국 검찰청에서 3,210명의 성구매자에 대하여 교육지시를 하였다. 이중 서울중앙지검이 812건으로 부과건수가 가장 높게 나타났으며, 대체적으로 집창촌이나 유흥시설이 상대적으로 발달된 도시지역에서 높은 부과율을 보였다.

시행초기 성구매자 교육의 제도 유용성에 대한 검찰의 인식 확산으로 성구
매자교육 부과율이 2005년 당시 36개 검찰청(지청 및 군검찰 포함)에 불과하였으나
활용기관이 2006년 46개 기관, 2007년 49개 기관으로 증가하였다.

▌표 9-16▌ 최근 5년(2011~2015년)간 연도별 존스쿨사건 실시 현황

연 도	2011년	2012년	2013년	2014년	2015년
실시사건	8,936	5,954	3,997	3,223	3,464

출처: 법무부 범죄예방정책국 수강명령 통계자료.

마) 수강명령의 종료사유

수강명령을 부과 받은 대상자가 그 이행을 완료한 때, 형의 집행유예 기간이
경과한 때, 「형법」 제64조 제2항의 규정에 의하여 집행유예의 선고가 취소된 때,
수강명령집행 기간 중 금고이상의 형의 집행을 받게 된 때에는 수강명령의 집행
이 종료된다.[106] 수강명령의 경우에도 대상자의 사면, 사망, 실종, 이민 등의 사
유가 발생할 경우, 그 집행을 종료한다.

「가정폭력범죄의 처벌 등에 관한 특례법」에 의한 가정보호사건 경우에는 법
원은 보호처분이 진행되는 동안 필요하다고 인정하는 때에는 직권, 보호관찰관
의 청구에 따라 결정으로 1회에 한하여 보호처분의 종류와 기간을 변경할 수 있
다. 즉 수강명령의 시간도 200시간 범위 내에서 400시간 범위 내로 변경할 수 있
다(같은 법 제45조 제1항 및 제2항).

또한 법원은 보호처분을 받은 행위자가 같은 법 제40조 제1항의 보호처분
중에서 「보호관찰 등에 관한 법률」에 의한 수강명령(제4호)의 결정을 이행하지 아
니하거나 그 집행에 응하지 아니하는 때에는 직권, 피해자의 청구, 보호관찰관의
신청에 의해 결정으로 수강명령을 취소하고 사건을 송치한 검찰청 검사 또는 법
원에 송치한다. 또한 법원은 일정한 경우에 직권, 피해자의 청구, 보호관찰관의
신청에 의하여 결정으로 수강명령의 전부 또는 일부 종료할 수 있다.

---

106) 보호관찰과 사회봉사명령 등이 병과·부과된 집행유예자에 대하여는 보호관찰기간 경과와는 별
도로 「형법」 제62조의2 제3항에 규정된 집행유예 기간내 사회봉사명령 등을 집행하여야 한다.
이에 대하여서는 실무상 "명령집행은 완료되었으나 보호관찰 기간이 남는 경우는 보호관찰기
간"을 "보호관찰기간은 종료되었으나 명령집행이 완료되지 않은 경우에는 명령집행 완료일 또
는 집행유예기간"을 종료일로 처리하고 있다.

3. 사회봉사·수강명령의 입법론

1) 사회봉사·수강명령의 독립형벌화

가) 사회봉사·수강명령의 활용확대 경향

사형, 자유형, 벌금형 등 기존의 전통적인 형벌은 생명, 자유, 재산 등과 같은 일정한 법익을 박탈하는데 그 초점을 맞추고 있다. 이는 근본적으로 범죄행위의 원인인 사회적 갈등상황이나 범죄로 인해 피해를 본 피해자에 대해서는 무관심한, '추상적·가치중립적 제재수단'이다.107)

보호관찰이나 사회봉사·수강명령 등은 기존의 형벌제도와는 달리, 보호관찰관의 적절한 지도 및 원호활동을 통하여 사회적 책임의식을 갖도록 범죄자를 도와주며 그들이 긍정적 체험을 할 수 있도록 하는 '적극적' 형사제재수단이다. 특히 사회봉사명령은 봉사활동을 함으로써 '사회와의 화해'를 도모한다는 점에서 기존의 형벌과 큰 차별성이 있다.108) 즉 보호관찰 등의 '사회내 제재수단', 그중에서도 사회봉사명령은 범죄자의 재사회화하는 행형목표를 달성하는데 유리한 측면이 있다. 또한 이는 사회봉사명령 등이 자유형의 본질적 한계와 문제점을 극복할 수 있는 대안형벌로서 대두되고 있는 이유이기도 하다.109)

이에 따라 2009년 3월 「벌금미납자의 사회봉사 집행에 관한 특례법」이 제정되어 같은 해 9월 시행됨에 따라 **환형유치의 대안처분**으로서 사회봉사제도가 확대된 것은 바람직한 입법이라고 할 수 있다.

나) 독립형벌화 방안

(1) 독립형벌화의 논거

사회봉사명령이 하나의 독자적인 형벌로서 처음으로 활용되기 시작한 것은 영국이다. 1972년부터 시행되어 온 영국의 사회봉사명령제도는 과밀수용의 해

---

107) 한영수, 앞의 논문, 2003, p. 13-14.
108) 위의 논문, p. 15.
109) 사회봉사명령이 형사제재수단으로서 주목을 받는 이유는 자유박탈을 수반하는 '시설내 제재수단', 즉 자유형에 대한 근본적인 회의와 반성에서 시작한 대안찾기운동에 있다. 오늘날 자유형의 전통적인 대체형벌인 집행유예제도나 벌금형이 나름대로 그 기능을 하고 있으나 단기자유형을 완전히 대체해 주지는 못하고 있다. 한편 현재 우리나라의 사회봉사명령제도의 역할은 집행유예제도를 보완하는데 그치고 있지만, 다른 나라의 다양한 입법례를 볼 때, 사회봉사명령은 집행유예와 벌금형의 한계를 뛰어 넘어 형벌의 새 지평을 열어 놓을 가능성이 있다. 한영수, 위의 논문, p. 86.

소를 위하여 세계 각국의 형벌제도 개혁모델로 채택되었다. 자유형의 선고를 줄이기 위하여 사회봉사명령의 독자적인 대체형벌로서 활용되고 있는 것이다.[110] 우리나라의 경우에도 그동안 괄목할 만한 양적·질적 성장을 보이고 있는 사회봉사·수강명령의 시행성과를 고려할 때 입법론적으로 사회봉사명령 등을 독립된 형벌의 일종으로 규정하는 것을 검토해볼 수 있다.[111]

그러나 **독립된 주형(主刑)**으로서 사회봉사명령 등을 도입하는 것에는 의문이 있을 수 있다. 우선 집행유예의 조건으로서도 사회봉사명령 등이 충분히 제 기능을 발휘할 수 있고 독립한 형벌로서의 사회봉사명령 등도 그 위반 시에는 새로운 형벌을 선고할 수 밖에 없어 집행유예 조건으로서의 사회봉사명령 등과 실질적인 차이가 없을 것이라는 점이 제기될 수 있다. 이에 대해서는 다음과 같은 다섯 가지 이유를 들어 논박할 수 있다.

① 사회봉사명령은 그 자체에 형벌로서의 충분한 이념과 내용을 포함하고 있다. 여가시간의 박탈 등과 같은 자유형의 일부 요소, 사회에 대한 배상·속죄 등과 같은 상징적 요소 등이 합체하여 그 자체가 형벌로서의 존재의의가 충분하다. 독립한 형벌로서의 사회봉사명령이야말로 자유형의 대체수단으로서의 사회봉사명령의 이념에 부합하는 형태가 된다.

② 사회봉사명령 등을 독립한 하나의 형벌로 규정하는 경우 사회봉사명령 등의 집행으로 형의 집행을 종료하게 된다는 점에서 차이가 있다. 형의 집행유예는 사회봉사명령 등의 이행을 조건으로 하지만 명령의 이행을 종료한다 하더라도 집행유예 기간은 계속되므로 유예기간 중 재범으로 인하여 실효되는 경우 유예된 형의 집행이 불가피하다. 대상자는 사회봉사명령 등을 완전히 이행하고도 불안정한 지위가 계속되는 것이다.

③ 따라서 독립한 형벌로서의 사회봉사명령 등은 명령의 이행으로 형의 집행이 종료하므로 대상자에게 법적 안정성을 부여하고, 명령의 취지를 이해시키기가 용이하다. 집행유예의 조건으로 부과하는 경우에는 사회봉사명령 등의 취지를 이해시키기 어렵다.

④ 또한 명령의 시간 수에서의 차등을 두는 것과 같은 방법으로 형의 양정(量定)이 가능하다. 형벌의 중요 요소 중의 하나가 형의 양정이 가능하고, 죄질이

---

110) 한영수, 앞의 논문, 2003, pp. 89-90.
111) 이하의 논의는 정동기, 앞의 논문, pp. 209-211 참조.

나 정상에 따라 차등을 둘 수 있어야 하는 것이다. 사회봉사명령 등은 시간 수를 기준으로 형의 양정을 할 수 있으므로 독립된 형벌로서 활용될 수 있다.

⑤ 다만, 사회봉사명령 등의 위반 시 재차 형을 정하는 절차를 취할 수밖에 없어 이 점에서 특히 형의 선고유예와 유사한 형태가 될 것이다. 그러나 위반 시 부과하는 형의 종류나 집행방법 등에 대해서는 융통성이 부여될 수 있을 것이다. 즉, 명령의 이행여부에 상관없이 유예된 형을 집행하는 집행유예와는 달리 명령의 이행 정도나 위반 정도에 상응한 형의 양정이 가능하게 될 것이다.

(2) 독립형벌화의 구체적 내용

주형으로서 사회봉사·수강명령 등을 도입할 때, 구체적인 방법으로 생각해 볼 수 있는 것은 「형법」 제41조의 개정이다.[112] 즉, 「형법」 제41조의 형벌에 사회봉사명령 등을 추가하는 방법이다. 또한 독립적 형사제재수단으로서의 사회봉사명령 등을 이행하지 아니하는 경우에는 새로운 범죄구성요건을 실현한 것으로 보고, '명령불이행죄'를 형법 각칙에 신설하여 처벌할 수 있다. 독일의 「형법」 제145의a조는 독자적인 보안처분인 행장감독 준수사항을 위반하였을 때 1년 이하의 자유형이나 벌금에 처하도록 하고 있다.[113]

사회봉사명령을 독립된 하나의 형벌로 도입한다면, 징역 1년 미만의 자유형을 선고받을 사람들을 그 대상으로 하여야 할 것이다. 자유형의 대체수단이 아닌 사회봉사명령을 상정할 수는 없기 때문이다. 그러나 현재와 같이 자유형의 집행유예를 존치한다면, 현재의 사회봉사명령부 집행유예자의 일부분이 이에 포함될 것이다. 오히려 현재의 실형선고 대상자들에게는 독립된 형벌로서의 사회봉사명령이 아닌, 기존의 사회봉사명령부 집행유예가 활용될 가능성이 많게 될 것이다. 즉 죄질의 경중에 따라 비교적 가벼운 자유형 대상자에게는 사회봉사명령이, 다소 중한 범죄자에 대해서는 사회봉사명령부 집행유예가 각 선고될 것으로 전망된다.[114]

---

112) 정동기, 앞의 논문, 1997, pp. 113-114.

113) 같은 법 제145조의c는 독자적인 보안처분의 일종인 취업금지(Berufsverbot)명령을 위반하였을 때 역시 1년 이하의 자유형이나 벌금에 처하도록 하고 있다. 위의 논문, pp. 114-115.

114) 위의 논문, p. 210.

2) 사회봉사 · 수강명령의 개념설정 및 집행절차 정비

가) 사회봉사 · 수강명령의 개념설정

(1) 입법상 미비점의 고찰

우리나라의 사회봉사 · 수강명령제도는 외국과 같이 장기간의 연구 · 조사와 충분한 논의 · 준비를 거쳐 도입된 것이기 때문에 입법상의 미비점이 있다. 이러한 미비점 중에는 사회봉사명령 등의 이념 · 목적의 불명료성과 개념의 모호성이 지적되기도 하는데, 특히 사회봉사 · 수강명령의 개념설정에 관한 규정이 전혀 없다.[115]

「형법」은 제67조에서는 징역형에 대하여, 제68조는 금고형에 대하여 개념을 규정하고 있다. 그러나 사회봉사 · 수강명령에 대해서는 소년법, 형법 및 보호관찰 등에 관한 법률 등 그 어느 법률에도 그 개념에 대한 정의를 하지 않고 있다. 연혁적으로 볼 때, 우리 「소년법」은 사회봉사 · 수강명령을 기성의 개념인 것처럼 사용하면서 그 개념을 입법화하지 않았고, 우리 「형법」이나 「보호관찰 등에 관한 법률」도 이러한 태도를 받아들였다. 이러한 개념설정에 대한 입법상의 미비점은 이 제도의 장래 발전에 저해요인이 되고 있다.

(2) 개념설정 규정방안

사회봉사 · 수강명령의 개념에 대한 규정을 입법에 반영한다면, 기본적으로 이를 「형법」에 편입시키는 것이 타당하다.

현행 사회봉사명령 및 수강명령은 독립한 형벌이 아니므로 「형법」 제62조의 2에 규정하는 방법을 고려할 수 있다. 사회봉사명령을 예로 들면, "형의 집행을 유예하는 경우에는 국 · 공립기관 기타 비영리 · 공익적 성격을 가지는 개인이나 단체를 위하여 유예되는 형기에 상응하여 500시간 이하의 무보수의 사회봉사근로를 할 것을 명할 수 있다."는 식으로 규정하는 것이 타당할 것이다. 이를 사회봉사명령의 성격이나 기준이 보다 명확해질 수 있을 것으로 기대된다.[116]

나) 집행절차 규정 정비

사회봉사명령과 수강명령의 집행기한, 형기산입 등에 관한 집행절차 규정의

---

115) 정동기, 앞의 논문, 1997, p. 191.
116) 위의 논문, p. 200.

미비점도 국민의 기본권과 관련되는 사항이므로 신속히 해결되어야 할 문제라고 하겠다.117)

(1) 집행기한의 규정

사회봉사명령은 형벌과 마찬가지로 선고되어 확정되면 즉시 집행을 하여야 그 실효성을 확보할 수 있고, 수강명령의 경우에도 그 집행을 신속히 하여야 개선효과를 기대할 수 있다. 그럼에도 우리 법률에서는 사회봉사·수강명령을 집행유예 기간 내에 집행하면 되도록 규정하고 있어서 그 집행을 사실상 대상자에게 일임하는 결과를 초래하고 있다. 만약 대상자가 명령의 이행을 부당하게 지연할 경우 이를 방지하거나 제재할 수단이 막연하고, 신속한 피해의 배상이나 처벌, 사회의 재융합이라는 사회봉사·수강명령의 기대효과를 어느 것이나 충족시킬 수가 없는 것이다. 더욱이 보호관찰대상자의 재범위험성은 개시 이후 6월까지가 가장 높은 시기이므로 집행기한을 단기로 법정하는 것이 타당하다.118)

구체적으로는 외국의 입법례와 같이 「소년법」상으로는 보호관찰의 기간 내에, 「형법」상으로는 집행유예의 기간 내에 판사가 이를 정하게 하거나 일률적으로 1년 또는 1년 6개월 이내에 집행하도록 규정하되, 정당한 사유가 있으면 이를 연장하게 하는 방식을 채택할 수 있다.

(2) 형기산입 규정

사회봉사·수강명령의 집행 도중 집행유예의 실효 또는 취소로 인하여 유예된 형의 집행을 하는 경우, 일부 집행된 사회봉사 시간을 형기에 산입할 것인가가 문제이다. 현재 이에 관한 법규의 미비로 산입할 수 있는 근거는 없다. 그러나 사회봉사명령과 수강명령이 형벌집행의 한 변형이라고 볼 때, 이미 집행된 부분은 형기에 당연히 산입되어야 할 것으로 보인다. 다만 이미 집행된 명령시간을 산입한다고 할 때에 이를 어떠한 비율로 산입할 것인가가 문제이다.

따라서 입법론으로는, 사회봉사명령의 경우 판사가 1일 9시간(1일 통상 집행시간)을 초과하지 않는 범위 내에서 사회봉사시간을 형기에 산입할 수 있도록 하는 규정을 두는 것이 타당하다. 다만, 지나친 불균형을 방지하기 위하여 사회봉사명령이 완전히 이행되었다고 하더라도 형기의 3분의 1을 초과하여 산입할 수는 없

---

117) 이하의 내용은 정동기, 앞의 논문, 1997, pp. 201-202 참조.

118) 뿐만 아니라 더욱이 집행이 장기화될수록 다음 해의 사건과 중복하여 누적되고 대상자도 범죄로부터 신속하게 해방되지 않는 등 명령의 집행효과를 반감시키는 결과를 가져올 수 있다. 문정민, "수강명령제도의 현황과 개선책", 한국교정학회소식, 2008, p. 75.

다는 정도의 제한 규정을 두는 것이 필요하다고 본다.

(3) 제3자 피해 및 안전사고 대비 규정

사회봉사명령의 집행과정에서 예상되는 제3자의 피해나 안전사고에 대비한 입법이 없다는 점도 지적되어야 할 중요한 문제이다. 프랑스의 「형법」은 제 131-24조에서 "국가는 사회봉사명령을 받은 자가 사회봉사활동 중 타인에게 끼친 손해의 전부 또는 일부에 대하여 책임을 진다."고 규정하고 이에 대하여는 구상권을 행사하도록 하는 한편 재판의 관할까지 명시하고 있다.[119] 사회봉사명령의 집행은 국가형벌권의 행사이므로 이 과정에서 대상자들의 범죄행위로 발생하는 손해나 명령의 집행과정에서 야기되는 안전사고에 대한 책임소재를 명확히 하는 입법적 조치가 강구되어야 할 것이다.

(4) 수강명령 대상범위 및 집행시간 조정

종전에는 수강명령 대상에 있어서 형사사건의 경우 14세 이상(형사미성년자)이지만 소년보호사건의 경우에 오히려 16세 이상의 소년에게만 부과할 수 있도록 연령이 제한되어 있어서 입법상의 문제점으로 지적되어 왔다. 그러나 2007년 12월 개정되어 2008년 6월부터 시행된 「소년법」에서는 이러한 입법상의 문제점을 개선하여 수강명령의 적용대상을 12세 이상으로 크게 확대하였다(제32조 제4항). 아울러 사회봉사명령의 적용대상도 기존 16세 이상에서 14세 이상으로 확대하였다(제3항).

한편 종전의 「소년법」상 수강명령의 집행시간 상한은 장기보호관찰의 경우 200시간 이내로 규정되어 있었으나 집행실무에 있어서는 200시간까지 선고되거나 집행되는 사례가 거의 전무하였다. 예를 들면, 2006년 101-200시간의 수강명령 접수사건은 0.3%로 29명에 불과하였다. 특히 소년법상의 장기보호관찰의 부가처분인 수강명령을 200시간 이내로 한 것은 지나치게 장기화 한 것으로 그 실효성에 의문이 있다는 지적이 있어왔다.[120] 이에 따라 2007년 12월 개정된 「소년법」은 그 집행시간 상한을 100시간으로 통일하였다(제33조 제4항).

이런 측면에서 「성폭력범죄 처벌 등에 관한 특례법」에서 성폭력범죄자에게 형의 집행유예를 선고하는 경우에 부과하는 수강명령의 상한을 500시간으로 규정한 것은 의문이다(제16조 제2항 참조). 성폭력치료 수강명령은 하루 종일 진행되는

---

119) 정동기, 앞의 논문, 1997, p. 192. 각주 367) 참조.
120) 문정민, 위의 논문, p. 76.

강의식 교육보다는 1일 2~4시간, 주 1~3회 정도로 진행되는 것이 통상적이며 또한 이렇게 집행할 때 교육개선효과가 높다는 것이 일반적인 평가이다. 그런데 500시간을 이런 식으로 집행한다는 것은 사실상 불가능하므로 현실적인 측면을 고려하여 집행의 상한시간이 재조정되어야 할 것이다.

제10장

보호관찰 조사 및 심사제도

보호관찰 조사제도 중 **판결전전조사**와 **결정전조사**는 선고 이전 단계에서 각각 형사피고인이나 보호소년 등에 대한 사회 및 심리조사를 실시하는 업무이다. 법원이나 검찰[1]의 판결 및 결정을 위한 (양형)참고자료인 판결(결정)전조사의 연간 실시건수는 전체 보호관찰사건의 상당부분을 차지하고 있다. 또한 판결 이후 수용단계에 있어서도 귀주예정지에 대한 **환경조사**와 가석방심사를 위한 **보호관찰사안조사** 등이 있다. 이중에서도 가장 중요한 제도는 형사피고인에 대한 양형의 합리화와 처우의 개별화를 위하여 법원이 의뢰하는 '판결전조사'라고 할 수 있다.

한편 **보호관찰 심사제도**는 주로 보호관찰심사위원회의 소관업무 중에서 보호관찰과 관련되어 보호관찰소 등에서 신청하는 각종 안건의 처리와 그에 대한 인용·취소 등의 심사업무를 말한다.[2]

보호관찰제도의 구성요소로서의 각종 조사 및 심사제도는 각각 적용대상, 운용목적, 조사(심사)내용, 처리과정 등에서 차이가 있고 개별적으로 고유한 특성이 있다. 이 장에서는 이러한 보호관찰 조사 및 심사제도에 대하여 구체적으로

---

1) 결정전조사는 법원이 양형에 참고하기 위하여 의뢰하는 경우도 있지만 검찰에서 기소나 소년부 송치 등의 판단을 위하여 의뢰하는 경우도 있다.

2) 보호관찰심사위원회에서는 심사를 위하여 '보호관찰 사안조사'와 같은 조사업무도 수행하고 있다.

살펴보도록 한다. 특히 보호관찰 조사제도의 핵심이라고 할 수 있는 판결전조사에 대해서는 별도로 그 내용을 자세히 다루기로 한다.

1. 보호관찰 조사제도

1) 개   관

가) 의의 및 종류

(1) 보호관찰 조사제도의 의의

보호관찰 조사제도란 보호관찰 등 형사사법제도의 시행에 있어서 법령에 정해진 바에 따라 보호관찰관이 범죄인의 인격 및 환경에 관한 상황, 범죄위험성의 양태 및 정도를 객관적으로 조사하고 이를 양형 및 처우개별화의 기초자료로 이용하는 제도를 말한다.[3]

(2) 보호관찰 조사제도의 종류

보호관찰제도와 관련된 조사는 그 시점에 따라 판결전조사와 판결후조사로 나뉜다.

판결전조사는 수집된 자료를 법관이 양형에 참고한다는 의미에서 양형자료조사, 정상조사제도라고도 하며 법원의 종국처분에 앞서 행하여지는 예비조사이기도 하다.

한편, 판결후조사는 법률상 정립된 용어는 아니지만, 판결 이후 사회내처우와 관련하여 행해지는 조사업무를 통칭하는 것으로 법령상 환경조사와 보호관찰 사안조사가 규정되어 있고 실무상 귀주환경조사가 시행되어 왔다. 환경조사 등은 소년원이나 교도소 등 시설 수용자의 범행동기와 가정환경 등을 조사하여 환경을 개선하고 수용자의 교정처우자료, 가석방·가퇴원 등 심사자료로 활용하는 제도이다. 보호관찰사안조사는 성인수형자에 대한 가석방여부심사 및 보호관찰

---

3) 전문적인 자격을 가진 보호관찰관은 판결전조사 등의 보고서 작성을 요청받았을 때 이와 같은 모든 상황을 고려하려고 노력할 것이다. 예들 들어, 판결전조사의 대상이 되는 범죄자는 단순한 절도범만은 아닌 것이다. 그는 동시에 한 가정의 아버지, 노동자 또는 학생, 어쩌면 조기축구회의 멤버이거나 악기연주가, 또는 실직자나 노숙자, 지적장애자, 중독자, 우울증환자, 반사회주의자이거나 빚에 빠진 사람일 수 있다. 그는 결점과 나약함을 가지고 있지만 대부분의 경우 활성화되고 조장될 필요가 있는 강점과 재능도 가지고 있다. 보고서는 총체적 실체로서의 인간을 고려하여야 한다. 보호관찰관은 사실과 자료의 목록뿐만 아니라 범죄자에 대한 평가도 제출하여야 하고 그의 관점에서 범죄자가 재범방지를 위한 방안을 제안하여야 한다.

┃ 그림 10-1 ┃ 현행 보호관찰관련 조사의 종류

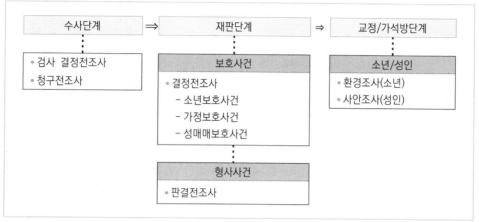

출처: 이형재(2012), "한국 보호관찰제도의 발전과 향후 과제" p. 128.

필요여부를 심사하기 위한 조사로 1997년 성인에 대한 보호관찰제도 확대에 따라 도입·실시되고 있다.

각종 보호관찰조사의 공통된 주요 조사항목은 피고인(피의자) 또는 수용자의 성격, 심리상태, 범행동기, 직업력, 성장력, 교우관계, 생활환경, 가족관계, 피해회복여부 및 피해자감정, 재범위험성 등이다.[4] 형사절차의 단계별 조사제도의 유형은 위의 〈그림 10-1〉과 같다.

나) 보호관찰 조사의 기능

(1) 양형의 합리화

보호관찰 조사제도 가운데 특히 판결전조사는 형사피고인에 대하여 적합한 형벌의 종류와 정도를 결정하는 '양형(量刑)'[5]이 합리적으로 이루어지는데 기여하고 있다. 양형의 합리화를 위하여 양형지침서 또는 양형기준표 등을 활용하고 있는 경우도 있지만,[6] 판결전조사보고서도 양형합리화의 또 다른 유력한 방안으로

---

4) 박은영, "판결전조사에 사용하는 심리검사의 이해", 범죄예방정책연구 통권 20호, 2008.

5) 구체적으로 언도할 형의 종류와 양을 정하는 것을 '양형'이라고 하는데, 문제는 이러한 양형과정에서 그 기준을 어떻게 정립하는가에 있다. 법관에 따라 선고형의 편차가 크게 발생할 경우, 형벌의 적용에 있어서 불평등이 발생하고 법원을 비롯한 형사사법기관의 권위가 실추되기 때문이다. 실제로 우리나라 형사실무는 양형의 지역간 불균형 문제, 법관간의 개인편차의 문제로 인해 양형의 불공정에 대한 논란이 적지 않게 일어난다고 한다. 박상기 외, 앞의 책, 2009, p. 474.

6) 미국에서는 1987년부터 연방양형위원회가 작성한 양형지침서가 시행되고 있다. 미국에서 만들

활용되고 있다.7) 즉 판결전조사보고서를 통해 피고인의 경력, 성격, 환경 및 피해자 관련 사항 등에 관한 자료가 객관적이고 과학적으로 조사되어 법관에 제공됨으로써 양형의 적정성과 형평성을 높여 양형의 합리화에 이바지할 수 있다는 것이다.

특히 학자에 따라서는 우리나라에서 양형지침서를 양형의 참고자료로 활용하기 위해서도 판결전조사제도의 도입이 전제되어야 한다고 주장하고 있다.8) 원래 미국의 경우 보호관찰관이 작성한 판결전조사보고서는 지침서가 적용되기 이전부터 법관의 주된 양형자료가 되며 판결전조사의 보고절차가 끝난 후에는 이를 근거로 해서 법관은 지침서에 제시된 적절한 범위 내에서 형을 선고하기 때문이다.9)

(2) 처우의 개별화

판결전조사나 결정전조사 등은 범죄자처우의 개별화에 기여할 수 있다. 형벌이 단순한 처벌수단이 아니라 범죄자의 사회복귀와 위험성 치유의 수단으로 보는 입장에서는 양형이 피고인에 대한 처우 방법의 선택이며 이는 피고인의 개선·갱생에 적합하도록 개별화되어야 한다. 판결전조사보고서는 판사가 피고인에 대한 처우수단의 개별적 적합성을 판단하여 건전한 사회복귀와 개선에 적정한 양형을 정할 수 있도록 한다.

(3) 범죄자처우의 기초자료

판결전조사보고서 등의 내용은 범죄자처우의 자료로 활용될 수 있다. 판결전조사는 사회내처우로서 보호관찰처분을 받는 자에 대해 보호관찰관의 적절하고 효과적인 지도·감독과 원호를 가능하게 하며 실형을 선고받은 자에게는 교정

어진 양평기준표는 도표방식으로 범죄의 종류와 중대성·피해정도·지역사회에 끼친 충격 등 43개의 범죄인자를 수직축에, 나이·학력·취업상황 등 6개의 범죄인경력 칼럼은 수평축에 배치하여 가로와 세로가 만나는 지점의 양형범위를 따르게 하고 있다. 최근 우리나라도 법원조직법의 개정을 통하여 법관 이외에 변호사, 범죄학자, 법학교수 등으로 구성된 양형위원회 제도를 도입하였고, 그 양형위원회로 하여금 양형기준을 설정하도록 하였다. 박상기 외, 앞의 책, 2009, pp. 385-386.

7) 김용우·최재천, 앞의 책, 2006, p. 349; 배종대, 앞의 책, 2011, pp. 370-371; 이재상, 『형법총론』 (제7판), 서울: 박영사, 2011, p. 55.

8) 송광섭, 앞의 책, 2003, p. 351.

9) 그러나 판결전조사의 적극적인 활용에 대해서는 소송절차이분론이 전제되어야 하고 조사결과가 피고인에게 불리하게 작용할 가능성이 있다는 이유로 신중하게 운용되어야 한다는 입장도 있다. 김용우·최재천, 앞의 책, 2006, p. 283; 배종대, 앞의 책, 2011, p. 370.

당국의 과학적 분류와 재소자 프로그램의 실시, 석방계획의 수립 등에 유용한 기초자료로 활용됨으로써 효과적인 교정대책의 수립과 실시에 도움을 줄 수 있다.

판결후조사의 경우에도 석방 이후 보호관찰을 받거나 사회에 정착하는 과정에서 출소자의 처우를 하는데 참고하는 기초자료가 되며, 수용자의 가석방·임시퇴원의 심사자료 또는 보호관찰 필요 여부 결정의 심사자료로 활용된다는 특징이 있다.

2) 비교법적 고찰

여기서는 주로 외국의 판결전조사에 관한 사례를 중심으로 살펴보도록 한다.10)

가) 개 관

판결전조사제도(Pre-Sentence Report)는 사실인정절차와 양형절차가 구분된 영미법계 국가의 형사재판에서 유죄가 인정된 피고인을 대상으로 실시하던 것에서 유래한다.11) 현재 양형기준이 도입된 미국이나 영국에서는 보호관찰관의 판결전조사가 양형에 필수적인 절차로 자리 잡았으며, 스웨덴, 노르웨이 같은 북구의 대륙법계 국가는 절차이분제를 도입하여 사회복지적 차원의 '인격조사제도'를 발전시켜왔다. 또한, 대륙법계 국가인 프랑스는 이미 1960년부터 '사회조사제도'를 시행하였으며,12) 독일도 범죄인의 인격조사를 위한 '사법보조제도'를 발전시켜 왔다.

나) 주요 국가의 판결전조사제도

(1) 미 국

미국에서 판결전조사제도는 보호관찰제도의 발전과 함께 보호관찰관의 피고인에 대한 과학적 조사를 신뢰하여 이를 기초로 법관이 보호관찰의 적격성을 판단한 데에서 유래하였다. 미국은 판결전조사제도가 유래한 국가이면서 현재

---

10) 이하의 내용은 법무부 범죄예방정책국, "2010년 판결전조사 성과분석", 2010, pp. 14-27 참조.
11) 판결전조사제도는 원래 소송절차가 이분되어 있는 미국에서 보호관찰제도(probation)의 발전과 역사적 맥락을 같이 한다. 소송절차가 이분되었다 함은 유무죄를 인정하는 절차와 양형의 절차를 구분하여 유무죄 인정 이후에 법관이 양형에 참고하기 위하여 보호관찰관 등에게 과학적 조사를 명하고, 법관은 조사된 보고서를 양형의 유용한 자료로 삼는 것을 말한다.
12) 프랑스는 1960년 6월 4일 「형사소송법」(Code De Procedure Panale)을 개정하여 제81조 제6항에서 예심판사가 예심 단계의 피의자에 대한 인격, 재산, 생활정도 및 가족과 사회의 상황 등의 조사를 수행하도록 하는 제도를 도입하였다.

가장 모범적으로 이 제도를 운영하고 있는 나라라고 할 수 있다.

　　미국의 판결전조사제도가 본격적으로 발전하게 된 것은 1940년 보호관찰을 표준화하기 위한 「성인 보호관찰 표준법(Adult Probation Law of the U.S.)」제정[13] 이후부터라고 할 수 있다.[14] 같은 해에 보호관찰대상자에 대한 지도감독 및 판결전조사 등 보호관찰관의 통상적인 업무가 법원과의 긴밀한 협의 하에 이루어진다는 연방법원행정처의 강력한 주장에 따라 연방보호관찰업무가 연방법무성 교정국에서 연방법원행정처로 이관되었다.[15]

　　한편, 미국 연방차원에서 판결전조사제도는 1946년 「연방 형사소송 규칙」을 제정하여 연방 판결전조사를 표준화하였고, 이후 1987년 「양형지침서(Sentencing Guideline)」가 적용되기 시작하면서 보고서의 성격변화와 보호관찰관의 역할 강화

┃ 표 10-1 ┃ 미국 판결전조사제도 주요 연표

연 도	내 용
1878년	보호관찰법 최초 입법(메사츄세츠주법)
1925년	연방 보호관찰법 제정
1940년	성인 보호관찰 표준법 제정 보호관찰업무 연방법무성에서 연방법원행정처로 이관
1946년	연방소송규칙 제정
1963년	모범양형법
1984년	양형개혁법(양형위원회 설치)
1987년	양형지침서 제정
2005년	연방 양형기준표 제정

13) 최석윤, "판결전조사제도", 형사정책, 12. 2. 2000, pp. 57–77. 이 법률은 법원은 보호관찰을 부과하기 전에 반드시 보호관찰관이 작성한 판결전조사보고서를 검토하여야 한다는 내용을 규정하고 있다.

14) 이 표준법은 1955년 개정되어 '1년 이상의 구금 형'의 유죄판결전에는 반드시 판결전조사보고서가 법원에 제출되어야 하며, 그렇지 않을 경우 형벌 및 기타 처분을 내릴 수 없다는 규정을 두었다. 이는 판결전조사가 보호관찰 적격성 판단을 위해서 뿐 아니라, 법관의 모든 처분의 결정을 위해서도 필요하다는 것을 명백히 했다는 데 의의가 있다. 「Standard Probation and Parole Act」, 1955, 11.

15) 이러한 보호관찰소 소속변경과 관련하여 판결전조사를 포함한 보호관찰업무의 중립성을 확보하기 위한 것이라는 주장은 1940년 당시 미국에는 연방양형기준제도가 없었다는 점, 판사가 부정기형을 선고할 시기여서 판결전조사보고서의 중립성이 문제될 소지가 없었다는 점 등을 근거로 법무성이 보호관찰관의 업무처리에 개입하여 판결전조사의 공정성을 해친다는 주장은 오해의 소지가 될 위험이 있다는 지적이 있다. 김일수, 「바람직한 양형조사 주체 및 조사방식에 관한 연구」, 대검찰청 연구보고서, 2009, p. 120 각주 참조.

가 나타나기 시작하였다. 미국 판결전조사제도 발전과 관련된 주요 연표는 〈표 10-1〉과 같다.

　　과거에는 판결전조사가 주로 피고인의 재사회화라는 관점에서 활용되었기 때문에 주로 피조사자의 인격과 환경을 조사하였던 반면, 양형지침서가 적용된 이후부터 판결전조사보고서가 양형지침서의 적용을 위한 기초자료로 사용됨으로써 범죄행위와 범죄경력에 관한 것에 초점을 맞추게 되었다. 즉, 새로운 양형지침서는 법관의 양형재량에 대한 통제를 대폭 강화했고, 판결전조사보고서 작성 목적도 객관적 양형자료 수집을 위한 측면이 강조됐다.

　　또한 양형지침서가 적용되면서부터 판결전조사보고서의 영향력이 한층 더 증가하여 이 과정에서 법관의 판결전조사보고서에 대한 의존도는 더욱 심화되었고, 이 때문에 보호관찰관은 양형관(Sentencer)이라고 불릴 정도로 핵심적인 역할을 수행하고 있다.[16]

　　(2) 영　국

　　영국의 판결전조사제도는 1991년 개정된 「형사재판법」(Criminal Justice Act)[17]에 법원은 판결에 있어서 보호관찰관의 판결전조사를 적극 활용해야 한다는 것을 규정한 이후,[18] 1993년 개정으로 판결전조사의 의무적인 활용을 명시하였다.[19]

　　현재 양형자료 조사에 대한 근거법령인 2003년 「형사재판법」에 의하면 법원은 원칙적으로 판결 선고에 앞서 판결전조사보고서를 제출받아 그 내용을 참작할 것을 요구하고 있다. 다만 성인의 경우 법원이 불필요하다고 생각하는 경우에

---

16) 보호관찰소를 사법부 산하기관으로 두고 있는 미국에서는 사회복지, 특수교육, 형사학 등의 전공을 마친 보호관찰관 중에서 양형조사업무를 수행할 양형조사관을 선발하는데 양형조사관이 되면 다른 부서와 인사교류를 할 수 없도록 하여 전문성을 고양시키는 한편 선발되면 은퇴할 때까지 양형조사와 관련된 업무를 하게 한다. 또한 예산과 조직이 독립되어 있기 때문에 보호관찰관이 순환보직 형태로 법원 직원과 교류하는 경우가 없고, 보호관찰관은 고유업무을 수행할 뿐 재판업무와 단절되어 있는 것이 일반적인 모습이다. 김일수, 앞의 논문, p. 119 참조
17) 형사재판법에서 '판결전조사'라는 용어를 사용하였고 이전에는 '사회조사(Social Inquiry)'라는 용어를 사용하였다.
18) 같은 법에서는 판결내용의 기본 형태를 제시하였는데 형사정책의 목적을 재활이념에 두고 보호관찰관의 판결전조사를 적극 활용함으로써 실천한다는 것과, '법원은 사회내처우를 명할 때 보호관찰관과 사회복지사(Social Workers)에 의해 작성된 판결전조사보고서의 내용을 참작하여야 한다'는 것을 규정하였다. 손외철, 앞의 논문, 2003, p. 331.
19) 박태석, "판결전조사제도의 확대도입에 관한 법적 고찰", 2002, p. 27. 또한, 1991년 「형사재판법」에 근거하여 '판결전조사보고서 국가표준안'이 제정되었고, 1994년 「형사재판법 및 공공질서법」, 2000년 형사법원의 「양형권한법」, 2003년 내무성(Home Office)이 조사보고서 작성지침으로 제정한 「사회내 범죄자 감시를 위한 국가표준지침」(National Standards for the Supervision of Offenders in the Community) 등의 법령에 근거를 마련하였다.

는 보고서의 제출이 없더라도 판결을 선고할 수 있지만 18세 미만 범죄자의 경우
에는 보고서의 제출을 원칙적으로 의무화하고 있다.

판결전조사보고서의 작성은 18세 이상 성인의 경우에는 42개 중간권역의
〈지방보호관찰위원회〉(local probation board) 및 600여 개의 보호관찰소에 소속된 보
호관찰관이 담당하고, 18세 미만의 자에 대하여는 지방보호관찰위원회 소속 보
호관찰관, 지방자치단체 소속 사회복지사(social worker) 또는 소년비행방지팀(Youth
Offending Team, YOT) 소속원이 담당하게 된다. 영국은 당사자주의 소송구조를 명확
히 하고 있기 때문에, 보호관찰조직은 행정부인 법무부[20]에 속하여 있고, 판결전
조사는 보호관찰관의 고유한 업무영역으로 간주되고 있다.

판결전조사보고서의 작성과 관련해서 보호관찰관은 범죄자사정시스템
(Offender Assessment System, OASys)에 기초해서 범죄자 및 범죄에 대해서 조사한다.
여기서 얻은 정보는 그 후 범죄자에 관한 중요한 정보로서 법원의 양형판단 외에
보호관찰관 및 행형에도 이용된다.[21]

┃ 표 10-2 ┃ 영국 판결전조사제도 주요 연표

연 도	내 용
1991년	「형사재판법」 개정 판결전조사보고서 국가 표준안 제정
1994년	「형사재판법 및 공공질서법」 제정
2000년	「양형권한법」
2003년	「사회내 범죄자 감시를 위한 국가표준지침」 양형위원회 설치

(3) 캐나다

캐나다의 판결전조사(Pre-Sentence Report)는 피고인의 나이, 성격, 경력 등에
대한 참작 가능성을 1889년 「보호관찰법」에 처음으로 언급하였다.[22] 그 후 1922

---

20) 영국의 보호관찰기관은 행정부의 내무성(Home Office)에 속해 있다가 2007년 「정부조직법」 개
    편으로 법무부(Ministry of Justice)의 창설로 이에 속해 있다.
21) 이렇게 영국에서는 보호관찰소가 구금형 또는 사회내형벌에 상당한 범죄자에 대하여 판결 전에
    면접하고 판결전조사보고서의 작성을 관장한다. 조사보고서와 관련하여 법원은 보호관찰관이나
    사회복지사에게 양형 판단에 필요한 판결전조사보고서(pre-sentence report)뿐만 아니라 소년
    에 대한 생활환경보고서(home surroundings report), 정신감정보고서(psychiatric report) 등을
    다양하게 요구할 수 있도록 규정하고 있다.
22) 당시 입법자들이 일부 피고인들에 대해서 중한 형벌로 처벌하는 대신에 조건부로 석방하고자 하

년 온타리오(Ontario)주에서 「온타리오 보호관찰법」(Ontario Probation Act)이 입법되었는데, 이 법은 피고인의 성장배경과 환경을 조사할 수 있는 법적 근거를 명시적으로 규정하여 보호관찰관들에 의한 판결전조사가 전국적으로 확대 시행되는 계기가 되었다.

1950년대에 들어서면서 보호관찰에 대한 인식이 더욱 높아지면서 판결전조사제도가 중대한 발전을 이루게 되었다. 특히, 1956년 Fauteux보고서를 통해 청소년 범죄나 중죄 사건에서 판결전조사의 활용이 적절할 것이라고 발표되면서 판결전조사의 대폭적 활용이 권장되었다.23) 이후 판결전조사는 양형조사 외의 분야로 확대되었는데, 특히 교정 분야에서 판결전조사와 유사한 보고서들이 많이 활용됨으로써 보호관찰뿐 아니라 교정 영역에서도 발전하게 되었다. 판결전조사제도는 이러한 발전과정을 거쳐, 1992년 현행 캐나다의 「형법」 제721조24)에 그 내용과 절차가 상세히 입법화 되기에 이르렀다.25)

캐나다에서는 1999년부터는 성인보호관찰과 소년보호관찰이 이원화되었는데, 판결전조사는 주로 성인보호관찰과 관련하여 실시되고 있다.26) 판결전조사는 보호관찰관이 작성하며27) 조사서의 내용은 동적위험요소와 정적위험요소를 균형 있게 포함하도록 되어있다.28)

는 의도에서 입법화한 것이었다.

23) Aspler, C., "Pre-Sentence Report Guide", 1981, p. 2.

24) §721 (1)Report by Probation Officer, (2)where an accused other than an organization, pleads guilty to or is found guilty of an offence, a Probation Officer shall, if requird to do so by a court, prepare and file with the court report in writing 이하 중략.

25) 특히 British-Columbia(BC)주에서는 1997년 「범죄자 처우 3단계 접근법」을 도입하여 범죄자처우에 대한 새로운 대안을 모색하였는데, 재범위험성욕구 척도(Community Risk/Needs Assessment)를 활용함으로써 조사서의 과학화를 도모하였다. 범죄자 처우 3단계 접근법은 제1단계 범죄자에 대한 과학적인 평가, 제2단계는 범죄자 처우에 대한 목표설정 및 개입, 제3단계는 범죄자 처우를 위한 프로그램으로 이루어졌으며, 이로 인해서 판결전조사의 효율성을 보다 향상시키게 되었다.

26) 1999년 이전에는 성인과 소년에 대한 보호관찰을 일원적으로 시행하였으나, 1999년 소년과 성인을 분리하여 성인보호관찰은 공중안전부(Ministry of Public Safety and Solicitor General)에서 담당하고, 소년보호관찰은 아동가족부(Ministry of Children and Family Development)에 소속되어 이원적 체제로 운영되고 있다.

27) 보호관찰전산시스템(CORNET)을 통해 판사와 보호관찰관이 직접 수신하며, 조사서는 피고인에 대해서 유죄가 확정된 이후 판결 선고 전까지 작성하여 판사에게 제출한다.

28) 동적위험요소는 주관적 항목으로 가족관계, 가정환경, 교우관계, 교육, 직업관계, 재정상태, 감정상태, 약물복용여부, 반성태도 등이고 정적위험요소는 수치화된 객관적 항목으로 유죄경력 횟수, 기소전 훈방 횟수, 사회내처우 횟수, 준수사항위반 횟수, 초범나이, 징역경험여부, 탈옥시도, 무기사용 및 위협여부 등이 있다.

(4) 독일[29]

사실인정절차와 양형절차가 분리되지 않은 독일에서는 수사기관인 검사가 양형조사의 1차적 책임을 지고 있다.[30] 검사는 피의자에게 불리한 사정뿐만 아니라 유리한 사정에 대해서도 조사해야 하며, 이 경우 양형사실의 조사에 필요하다면 '사법보조제도'(Gerichtshilfe)를 활용할 수 있다. 검사가 공소를 제기한 후에는 법원도 검사와 변호인의 양형자료 제출이나 피고인의 신문만으로 양형판단을 내리기 어려울 경우, 그 재량으로 사법보조제도를 활용할 수 있다. 이와 같은 사법보조관(Gerichtshelfer)에 의한 양형자료조사제도는 피의자 또는 피고인의 인격, 생활형편, 성장배경, 환경 등에 대한 조사를 통하여 검사나 법원에 양형결정에 중요한 사실적 준거점을 제공하는 가능을 수행한다.

사법보조관은 수사절차에서 공판절차를 거쳐 형벌 내지 보안처분의 집행과 그 종료에 이르기까지 검사와 법원 및 형집행기관과 사면기관 등의 위임을 받아 주로 범인의 인격과 생활관계에 관한 조사활동을 벌이고 그에 관한 보고서를 제출하는 작업을 한다. 사법보조관에 의한 이러한 조사활동 및 그 조사보고서의 제출은 유죄판결이 내려질 때까지 피고인을 불필요하게 공개된 법정에 불러내거나 피고인의 인격과 관계된 사실들에 대한 지나친 공방을 피하기 위한 것이다. 독일에서 사법보조는 주로 조사업무이며, 부수적으로 사회복지적 임무를 수행할 경우도 있다.

이러한 독일의 사법보조제도는 소년형사범에 대해서는 1923년에, 성인은 1974년에 각각 도입되었다.[31] 사법보조와 관련한 법률은 「형법시행법」 제294조[32]와 「형사소송법」 제160조 3항, 제463조의 d[33]에서 규정하고 있는데, 재판부

---

29) 김일수, 앞의 논문, pp. 128~140 참조.

30) 즉, 독일 「형사소송법」은 우선 수사기관이 양형의 판단자료가 될 양형사실을 충실히 조사하도록 규정하고 있다. 우선 검사는 양형 등 형사제재의 판단에 필요한 사실을 조사해야 하며, 그 가운데는 범인의 인적사항에 관한 상세한 조사를 포함한다.

31) 다만 이 사법보조기능이 소년사건에는 필요적인데 반해 일반성인사건에는 기소 전인 경우 검사의 재량, 기소 후에는 법관의 재량 등으로 임의적이라는 점, 그리고 소년사건의 경우 사법보조관이 절차참여자가 되는 데 반해, 성인사건에서는 그렇지 않다는 점 등의 차이가 있다.

32) 「형법시행법」 제294조는 "사법보조는 주 사법행정의 업무영역에 속한다. 주정부는 법규정을 통하여 사회보장행정의 영역에 속하는 다른 기관을 정할 수도 있다"고 규정하고 있다

33) 「형사소송법」 제160조 3항에서 "검사는 범행에 대한 법적 효과를 결정하는 데 있어 중요한 사정에 대하여도 수사하여야 한다. 이 경우 검사는 사법보조를 받을 수 있다." 제463조의 d에서 "제453조 내지 제461조에 의한 재판의 준비를 위하여 법원이나 집행기관은 사법보조를 이용할 수 있으며, 집행유예의 취소 또는 잔형유예의 취소에 관한 재판에 있어서 보호관찰관이 임명되지

가 일반 형사재판에서 사법보조를 통한 양형조사를 명하는 규정은 없고 다만 집
행유예의 취소 또는 가석방, 보호관찰 취소 등을 결정하기 위한 사후재판을 준비
하기 위해서 사법보조의 도움을 받고 있다.

이와 같이 사법보조와 관련하여 입법조치가 있음에도 불구하고 사법보조관
의 소속과 임명, 조사의 시기와 방법 등에 대해서 아무런 규정이 없어 소속 및
임명절차 등을 각 주마다 주법으로 정하게 되어 있고 각 주법에 따라 다양한 형
태를 띤다.

(5) 프랑스

프랑스는 범죄인에 대한 적정한 형벌권의 행사를 위해서 영미법계와 달리
검사와 예심판사[34]에 의한 '인적사항조사제도'(L'enquete de personnalite)를 이용하여
주로 양형사유를 조사하고 있다. 원칙적으로 이와 같은 조사는 검사들이 명하여
이루어지는데, 검사들이 그 조사를 실시하지 않았거나 예심판사가 바로 수사하
는 경우에는 예심판사가 조사를 실시하게 된다. 예심판사의 양형사유조사는 사
실상 검사들이 실시하여야 할 조사가 이루어지지 않았을 때 예심판사가 이를 실
시하는 보충적인 의미가 있다.[35]

인적사항조사와 관련하여서는 검사와 예심판사가 수사대상자와 예심수사피
의자의 경제, 가정, 사회상황을 보호관찰소 등 자격이 부여된 자에게 조사한 후
보고할 것을 규정하고 있다.[36] 즉, 프랑스는 수사(예심)법원과 판결법원이 분리되

않은 때에는 그 재판에 앞서 특히 사법보조의 이용여부를 고려한다."고 규정하고 있다.

34) 예심판사는 범죄의 수사와 기소 등의 업무를 수행한다는 점에서 우리나라의 판사와는 그 성격이
   다르다. 또한 예심판사의 수사는 판결법원에서 동료판사가 준비절차를 수행할 정도로 받아들여
   지고 있다. 예심판사는 2000년 6월 15일 법률 이전에는 스스로 수사를 하면서 필요한 경우에는
   체포한 압수, 수색 및 구속영장을 발부할 수 있는 권한을 갖고 있어서 그 권한이 막대 하였으나,
   위 법률의 시행으로 이제는 스스로 구속영장을 발부할 수는 없고, 수사판사가 영장을 청구하면
   구금 및 석방담당 판사가 발부하는 것으로 변경되었다. 즉 위 법률 시행 이후에는 판사로서의
   색체가 좀 더 약해졌다고 볼 수 있다.

35) 「형사소송법」 제 41조 제5항에서는 "검사는 조사대상이 된 사람의 물질적, 가족적, 사회적 환경
   에 대하여 조사할 것을 일정한 기관에 요구할 수 있고, 그의 사회복귀를 원활하게 할 수단에 대
   하여도 조사를 하도록 요구할 수 있다. 18세에서 21세까지의 성년에 대해 5년 이하의 구금형이
   법정형으로 되어 있는 사건의 경우에 이 조사는 의무적이다."라고 규정하고 있다.

36) 「형사소송법」 제 41조 제6항에서는 "검사는 또한 경우에 따라 보호관찰소, 감독교육기관 또는
   제81조 제6항에 규정된 요건에 따라 권한이 부여된 모든 자에 대하여 수사대상자의 경제상황,
   가정상황 또는 사회상황을 조사한 후 관계자의 사회적응을 촉진하는 조치에 관하여 보고할 것을
   요청할 수 있다."라고 규정하고 있으며, 제81조 제7항에서는 "예심수사판사는 경우에 따라 보호
   관찰소, 감독교육기관 또는 전항의 적용에 의하여 자격이 부여된 모든 자에 대하여 예심수사피
   의자의 경제상황, 가정상황 또는 사회상황을 조사한 후 관계자의 사회적응을 촉진하는 조치에

어 있어 판결법원의 일반 형사재판에서 재판장은 검사나 예심판사의 명에 의해 조사된 사법경찰관 또는 보호관찰관의 양형조사결과를 직접 당사자에게 신문한 후 형을 선고하는 절차를 거치게 된다.

이러한 인적사항 조사는 특별히 권한을 위임받아 임명된 사람들이 실시하게 되는데 경찰 등의 수사기관 또는 법무부 소속의 〈사회복귀 보호교정청〉(SPIP)에서 임무를 수행하고 있다. SPIP는 판결전조사를 비롯하여 조건부 석방자 감독과 원호, 범죄예방, 피해자보호와 지원 등의 업무를 수행한다.37)

(6) 기타 국가

스웨덴, 노르웨이, 벨기에, 호주 등의 국가에서도 판결전조사제도와 유사한 제도가 시행되고 있다.

호주의 판결전조사는 보호관찰관과 독립된 조사전문가(Consultants)가 조사 및 보고서를 작성하여 보고하는데, 보호관찰관 90%와 조사전문가 10%의 비율로 판결전조사보고서를 작성하고 있다. 호주의 보호관찰관은 법무성에 소속되어 치안법원에 파견되는 형태로 업무를 수행하고 있다.

스웨덴은 1954년 「형사소송에 있어서 인격조사에 관한 법률」을 제정함으로써 종전까지 사용하던 특별사전조사라는 명칭 대신에 인격조사라는 용어를 사용하는 '사회조사보고서'를 작성하여 판결전조사와 유사한 형태의 조사업무를 수행하고 있다. 스웨덴의 사회조사보고서는 보호관찰관이 작성하는데 이들은 법무성에 소속되어 있다.38)

벨기에는 「집행유예법」에 의하여 법관이 성인 피고인에 대한 집행유예 판결을 내리기 전에 그의 생활환경 및 성격에 대한 심사를 할 수 있도록 되어 있으며 이 심사를 위한 기초조사를 사회조사라고 부르고 있다.39)

일본은 현재까지 판결전조사제도를 도입하지 않고 있지만 1950년대에 제도를 도입하기 위해서 최고재판소, 법무성, 변호사연합회 간의 논의가 있었다.

관하여 보고할 것을 요청할수 있다."라고 규정하고 있다.

37) Probation in Europe pp. 349~380 참조.

38) 이창한, "판결전조사의 비교법적 고찰", 보호 2001. 3. p. 44.

39) 서울보호관찰소, 『판결전조사사례연구집』, 1999. p. 9.

3) 조사제도의 연혁

가) 초기의 보호관찰 조사제도

(1) 초기의 판결전조사

우리나라에서 판결전조사가 처음으로 입법화되어 시행된 것은 1988년 12월 31일 「보호관찰법」이 제정되면서부터이다. 같은 법률 제26조는 소년에 대하여 형의 선고유예 또는 집행유예를 함에 있어 보호관찰을 명하기 위하여 필요한 경우 법원은 보호관찰소장에게 판결전조사를 요구할 수 있도록 규정하였다. 이후 1996년 「보호관찰 등에 관한 법률」 개정 시 일부 조문에 변경이 있었는데, 같은 법률은 소년에 대한 「형법」상의 보호관찰, 사회봉사, 또는 수강을 명하기 위하여 필요한 경우 판결전조사를 요구할 수 있도록 하였다. 또한 같은 법률에서는 판결전조사 시 피고인 기타 관계인을 소환하여 심문할 수 있는 규정과 법원에서 보호관찰소의 장에게 조사의 진행 상황에 대한 보고를 요구할 수 있도록 하는 규정이 추가되었다. 판결전조사제도의 시행초기에는 일부법원을 중심으로 조사의 요구가 있었으나 제도에 대한 홍보부족과 보호관찰소 인력부족 및 업무과중 등으로 인해 1989년부터 1993년까지 전국의 판결전조사 건수는 5년간 총 23건에 불과하였다.

법무부와 일선 보호관찰소에서는 대법원과 법원 등에 대한 업무협의와 제도 홍보에 노력하였고, 그 결과 1996년 연간 2,000건을 넘어선 이래 1997년 이후에는 연간 약 3,000여 건에 이르러 소년 형사사법절차의 내실화에 기여할 수 있게 되었다.

(2) 초기의 판결후조사

보호관찰제도 시행 이후 판결후조사 또는 석방전조사는 환경조사와 귀주환경조사, 보호관찰사안조사 등이 차례로 도입되었다. 환경조사는 소년원이나 교도소 등 시설 수용자의 범행 동기와 가정환경 등을 조사하여 환경을 개선하고 수용자의 교정처우자료, 가석방·가퇴원 등 심사자료로 활용하는 제도로서 1988년 「보호관찰법」(법률 제4059호) 제정 시 입법화되어 같은 법률이 시행된 1989년 7월 1일부터 본격 시행에 들어갔다.

보호감호자에 대한 환경조사는 별도로 입법화되지 않고 1989년 7월 개정된 「사회보호법상의 보호관찰지침」에 의해 실시되고 있다.

나) 성인보호관찰 확대실시에 따른 변화

(1) 성인범 판결전조사의 시행

성인에 대한 판결전조사는 「보호관찰법」 시행 이후 입법화의 필요성이 지속적으로 제기되어 왔고, 1994년부터는 제한적이지만 일부 성인 성폭력사범에 대한 판결전조사가 실시되기도 하였다.[40] 1995년 「형법」 개정에 의해 모든 성인 형사범으로 보호관찰제도가 확대되면서 1996년부터 각급 법원이 보호관찰소에 대하여 성인 형사범 판결전조사를 수행해줄 것을 요구하는 사례가 급증하였다. 그러나 이에 대해서는 법률상의 근거가 없다는 점[41]과 조사담당기관을 법무부와 법원 중에 어디에 설치할 것이냐의 문제로 논란이 계속되었다.

1995년까지 판결전조사는 주로 소년에 대해 실시되었는데 1996년을 기점으로 성인에 대한 조사 요구 건수가 점차 증가하기 시작하여 2000년 경에는 전국적으로 실시되기 시작하였고, 2004년에는 성인에 대한 판결전조사 요구 건수가 소년을 근소한 차이로 넘어서게 되었다.[42] 이러한 추세는 전체 인구에서 소년 연령대 점유비율 감소에 의한 소년범죄건수의 감소, 성인범에 대한 양형 자료의 현실적 필요성, 보호관찰관이 수행한 판결전조사보고서 내용의 신뢰성 등에 기인한 것으로 볼 수 있다.

2007년 4월 「특정 성폭력범죄자에 대한 위치추적 전자장치 부착에 관한 법률」(법률 제8394호)이 제정되면서 법률상 성인에 대한 판결전조사가 최초로 입법화되었다.[43] 이후 수차례의 논의 끝에 2008년 12월 26일 개정된 「보호관찰 등에 관한 법률」(법률 제9168호)에서는 소년형사범으로만 제한된 규정을 삭제함으로써 판결전조사의 대상을 모든 형사사범으로 확대하였다.[44]

---

40) 1994년 4월 1일 제정·시행된 「성폭력범죄의 처벌 및 피해자 보호 등에 관한 법률」에 따라 성인에 대해서도 보호관찰을 부과할 수 있게 됨으로써 성인 성폭력범죄자에 대한 판결전조사의 실시할 수 있다는 해석에 따라 개별 법원을 중심으로 일부 성폭력사건 성인피고인에 대한 판결전조사가 실시되었다.

41) 법무부에서는 1995년 「형법」 개정에 맞춰 「보호관찰 등에 관한 법률」 개정 시 판결전조사 제도를 성인에게까지 확대하고자 하였으나 사법부의 미온적인 태도 등으로 입법화되지 못하였다.

42) 성인범에 대한 판결전조사 요구는 꾸준히 증가하여 1997년 44건을 시작으로 2001년 500여 건, 2005년 3,000여 건으로 급격한 증가세를 보였고 2004년 이후에는 소년에 대한 판결전조사를 능가하게 되었다.

43) 2008년 9월 1일부터 시행된 같은 법률 제28조 제3항은 법원은 성폭력범죄자에 대한 집행유예 시 전자장치 부착을 위하여 필요하다고 인정하는 때에는 피고인의 주거지 또는 그 법원의 소재지를 관할하는 보호관찰소의 장에게 범죄의 동기, 피해자와의 관계, 심리상태, 재범의 위험성 등 피고인에 관하여 필요한 사항의 조사를 요청할 수 있도록 규정하였다.

44) 입법화되기 이전에도 성인에 대한 판결전조사는 사회적으로 큰 주목을 받은 강력범죄나 흉악범

(2) 보호관찰 사안조사의 도입

보호관찰 사안조사는 성인수형자에 대한 보호관찰 필요 여부를 심사하기 위한 조사로 1997년 성인에 대한 보호관찰제도 확대 실시에 따라 도입되어 실시되고 있다.

다) 조사제도의 확대시행

(1) 결정전조사 및 청구전조사의 확대시행

1990년대 후반 이후에는 각 개별법에 보호처분사건 재판 시 결정전조사 등을 할 수 있도록 한 규정이 상당수 신설되었다. 1997년 「가정폭력범죄의 처벌 등에 관한 특례법」 제정에 의한 가정보호사건 결정전조사, 2004년 3월 22일 「성매매알선 등 행위의 처벌에 관한 법률」 제정에 따른 성매매보호사건 결정전조사, 2007년 「소년법」 개정에 의한 검사 결정전조사, 2007년 「특정 성폭력범죄자에 대한 위치추적 전자장치 부착에 관한 법률」 제정에 의한 청구전조사 등이 그것이다.

(2) 귀주환경조사 도입

귀주환경조사는 가출소 및 가석방 심사 신청된 대상자 중 귀주환경에 대한 면밀한 검토가 필요한 자에 대해 보호관찰심사위원회 등에서 귀주지 관할 보호관찰소에 조사를 의뢰하는 제도로서 2003년부터 시행되고 있다.

┃ 표 10-3 ┃ 주요 보호관찰 조사제도의 도입 연혁

도입연도	조사업무	해당 법률 등
1989. 7.	소년 판결전조사	「보호관찰법」 제정
1989. 7.	환경조사	「보호관찰법」 제정
1997. 1.	보호관찰 사안조사	「보호관찰 등에 관한 법률」 개정
2003. 2.	귀주환경조사	법무부지침 관찰 61350-83(2003. 2. 5)
2007. 8.	가정보호사건 결정전조사	「가정폭력범죄의 처벌 등에 관한 특례법」 개정

죄를 대상으로 하여 실시되기도 하였다. 주요 사례로는 2004년 5월 연쇄 살인범 유영철사건, 2006년 5월 대전 발바리 연쇄 성폭력사건, 2006년 12월 폭력조직두목 김태촌 뇌물사건, 2007년 6월 제주 감귤농장 초등생 살인사건, 2007년 11월 영화 '그놈목소리' 모방 인천 유괴사건, 2008년 4월 보성어부 연쇄 살인사건, 2008년 5월 안양초등생 살인사건, 2009년 3월 서울 강남 데코빌 고시원 방화사건 등에 대한 판결전조사가 있다.

2007. 8.	성매매보호사건 결정전조사	「성매매알선 등 행위의 처벌에 관한 법률」(가정폭력범 죄의 처벌 등에 관한 특례법 준용)
2008. 6.	소년보호사건 결정전조사	「소년법」, 「보호관찰 등에 관한 법률」 개정
2008. 6.	검사 결정전조사	「소년법」 개정
2008. 9.	위치추적전자장치 부착 청구전조사	「특정 성폭력 범죄자에 대한 위치추적 전자장치 부착 에 관한 법률」 제정
2009. 3.	성인 판결전조사	「보호관찰 등에 관한 법률」 개정

※ 연도는 해당 법률 등 시행일 기준.

4) 조사제도의 운영실태

가) 전체 보호관찰 조사의 추이

제도 시행 당시 소년 판결전조사, 환경조사에 국한되었던 조사업무는 이후 가정보호사건, 성매매보호사건, 소년보호사건에 대한 법원 결정전조사, 검사 결정전조사, 위치추적장치 부착청구전조사, 성인 판결전조사 등이 차례로 도입되었다. 도입 초기 연간 4,000여 건 수준이던 조사건수는 판결전조사가 늘어남에 따라 1996년 7,000여 건, 1997년 10,000여 건 큰 폭으로 증가하였다. 아래의 〈표 10-4〉에서 보는 바와 같이, 2010년 이후에도 전체 조사업무는 지속적으로 증가하여 2011년 18,960건, 2013년 23,829건, 2015년 27,681건을 각각 접수하였다.

‖ 표 10-4 ‖ 최근 5년(2011~2015년)간 연도별 조사 접수 현황

(단위: 건)

연 도	계	판결전 조사	법원 결정전 조사	환경조사	검사 결정전 조사	위치추적 청구전 조사
2011	18,960	1,526	9,242	1,581	3,906	2,705
2012	24,416	2,385	12,719	1,715	5,547	2,050
2013	23,829	2,159	12,141	1,701	5,084	2,744
2014	24,808	2,257	12,399	1,594	5,855	2,703
2015	27,681	2,166	17,678	1,561	3,805	2.471

출처: 법무부 범죄예방정책국 조사업무 통계자료.

┃ 그림 10-2 ┃ 제도도입 이후 주요 조사업무 변화 추이

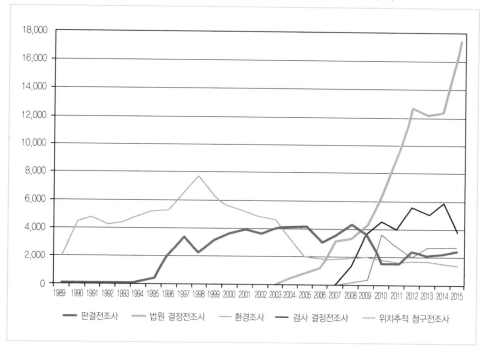

판결전조사는 2015년에는 2,166건을 기록하였고, 법원 결정전조사는 같은 해 17,678건을 기록하였다. 제도 시행 시부터 도입된 환경조사는 수용인원 증감에 따라 1998년 7,667건을 정점으로 점차 감소하는 추세를 보여 왔으며, 2015년에는 1,561건이 접수되는데 그쳤다. 한편, 2008년 도입된 검사 결정전조사와 위치추적 청구전조사는 2015년 한 해 동안 각 3,805건과 2,471건을 기록하였다.

나) 판결전조사의 운영현황

(1) 의의 및 법적근거

(가) 판결전조사의 의의

판결전조사(Pre-sentence report)란 형사소송절차에서 유죄가 인정된 피고인에 대하여 판결을 선고하기 전에 피고인의 소질과 환경에 관한 상황을 과학적으로 조사하여 양형의 기초자료로 이용하는 제도를 말한다.[45] 그러나 보다 넓은 의미

---

45) 최석윤, 앞의 논문, 1999, p. 381.; 이형재, "판결전조사제도의 유용성에 관한 고찰", 보호관찰제도의 회고와 전망, 형사정책연구원, 1999, p. 367.; 김용우·최재천, 앞의 책, 2006, p. 349; 배종

에서는 형사송절차 이외에도 가정폭력범, 소년범 등에 대한 보호처분 결정전조사와 위치추적 전자감독(전자발찌 부착)을 위한 청구전조사 등도 판결전조사의 범주에 속한다.[46)]

(나) 판결전조사의 법적 근거

현행 판결전조사에 대한 법적 근거는 「보호관찰 등에 관한 법률」에 있다. 같은 법률 제19조에 따르면 법원은 피고인에 대하여 「형법」 제59조의2 및 제62조의2에 따른 보호관찰, 사회봉사 또는 수강을 명하기 위하여 필요하다고 인정하면 그 법원의 소재지 또는 피고인의 주거지를 관할하는 보호관찰소의 장에게 범행 동기, 직업, 생활환경, 교우관계, 가족상황, 피해회복 여부 등 피고인에 관한 사항의 조사를 요구할 수 있다(1항). 제1항의 요구를 받은 보호관찰소의 장은 지체없이 이를 조사하여 서면으로 해당 법원에 알려야 한다. 이 경우 필요하다고 인정하면 피고인이나 그 밖의 관계인을 소환하여 심문하거나 소속 보호관찰관에게 필요한 사항을 조사하게 할 수 있다(2항). 법원은 제1항의 요구를 받은 보호관찰소의 장에게 조사 진행 상황에 관한 보고를 요구할 수 있다(3항).

또한 「보호관찰 등에 관한 법률 시행령」 제7조에서 "법원은 보호관찰소의 장에게 법 제19조 제1항에 따른 조사를 요구하는 때에는 피고인 또는 소년의 인적사항 및 범죄 사실의 요지를 통보하여야 한다. 이 경우 필요하다고 인정하는 때에는 참고자료를 송부 할 수 있다"라고 규정하고 있다.

(2) 접수현황

우리나라에서 실시되고 있는 판결전조사제도는 초기에는 홍보 및 수행능력의 부족, 조사필요성에 대한 법관의 인식 미흡 등으로 인해서 거의 활용되지 않

대, 앞의 책, 2011, p. 370.

46) 이상철, "판결전조사제도에 관한 연구," 한국형사정책연구원 연구총서, 1994, p. 11; 이형재, 앞의 책, p. 124. 판결전조사가 처음으로 입법화되어 시행된 것은 1988년 12월 31일 「보호관찰법」이 제정되면서부터이다. 같은 법률 제26조는 "소년에 대하여 형의 선고유예 또는 집행유예를 함에 있어 보호관찰을 명하기 위하여 필요한 경우 법원은 보호관찰소장에게 판결전조사를 요구할 수 있다."고 규정하였다. 이후 법적 근거는 없었으나 법원의 요구에 의하여 성인형사범에 대한 판결전조사를 사실상 실시해 오다가 2008년 12월 「보호관찰 등에 관한 법률」이 개정되면서 조사대상이 모든 형사범으로 확대되었다. 한편 1990년대 후반 이후에는 각 개별법에 보호처분사건 결정전조사 등의 근거규정이 상당 수 신설되었다. 1997년 「가정폭력범죄의 처벌 등에 관한 특례법」 제정에 의한 가정보호사건 결정전조사, 2004년 3월 22일 「성매매알선 등 행위의 처벌에 관한 법률」 제정에 따른 성매매보호사건 결정전조사, 2007년 소년법 개정에 의한 검사결정전조사, 2007년 「특정 성폭력범죄자에 대한 위치추적 전자장치 부착에 관한 법률」 제정에 의한 청구전조사 등이 그것이다(이형재, 앞의 책, 2012, pp. 125~126).

┃ 표 10-5 ┃ 최근 5년(2011~2015년)간 성인·소년별 판결전조사 접수 현황

년 도	소 년	성 인	합 계
2011년	637	899	1,536
2012년	1,042	1,343	2,385
2013년	922	1,237	2,159
2014년	565	1,692	2,257
2015년	608	1,558	2,166

주) 1. 1995년 이전은 소년사건과 성인사건을 구분하지 않음.
　　2. 출처: 법무부 범죄예방정책국 조사업무 통계자료.

아 전국적으로 1994년도 139건, 1995년도 371건 등으로 접수되다가 1996년부터
2,103건, 1997년 3,344건으로 급격한 증가를 보이면서 2000년부터 2009년까지 10
년 동안 연간 평균 3,800여 건의 조사를 실시하였다. 그러나 2010년에는 법원의
양형조사제도 도입 논의와 관련하여 법원의 의뢰건수가 1,598건으로 급감하였다.
이후 재판과정에서의 실질적 필요성으로 인하여 이후 의뢰건수가 다시 증가하기
시작하여 2015년에는 2,166건을 기록하였다.

┃ 그림 10-3 ┃ 개청 이후 판결전조사 연도별 접수 추이

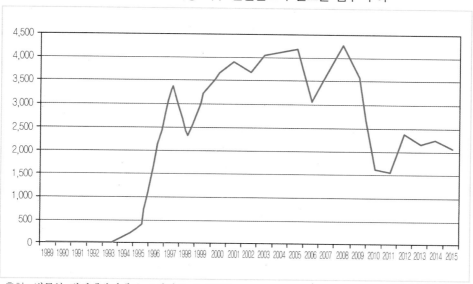

출처: 법무부 범죄예방정책국 조사업무 통계자료.

┃그림 10-4┃ 소년범과 성인범의 접수 비율 변화 추이

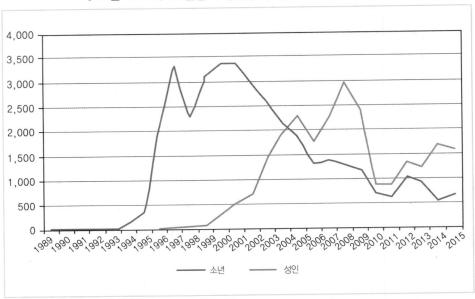

출처: 법무부 범죄예방정책국 조사업무 통계자료.

　　2008년 「보호관찰 등에 관한 법률」이 개정되기 전까지 성인형사범에 대한 판결전조사를 담보할 법적 근거가 없음에도 법원의 요구로 2001년부터 성인에 대한 판결전조사 요구 건수가 대폭 증가하였으며, 2005년부터는 성인에 대한 판결전조사 요구 건수가 소년의 판결전조사 건수보다 근소한 차이로 많아졌고 이는 2015년까지 지속되는 것으로 분석되었다.

　　(3) 조사의 내용

　　법원은 피고인에 대하여 관할 보호관찰소장에게 범행 동기, 직업, 생활환경, 교우관계, 가족상황, 피해회복 여부 등 피고인에 대한 사항의 조사를 요구할 수 있다(「보호관찰 등에 관한 법률」 제19조). 조사서는 위와 같은 사항 이외에도 일반적으로 대상자의 인적사항, 당해 범죄 관련사항, 범죄경력, 성장과정, 정신 및 신체상태, 학교생활, 보호자의 관심 및 보호능력, 진술태도, 조사자 의견 등 다양한 내용을 담고 있다.[47]

---

47) 현재 판결전조사보고서는 지침에 의해 표준화되어 있으며 모두 11개 항목에 걸친 객관적 조사항목으로 나뉘어져 있다. 조사항목은 피고인 인적사항, 당해 범죄관련 사항(범행동기, 피해회복 여부), 범죄 경력, 생활환경(가족사항, 생활여건), 성장과정, 정신 및 신체상태, 학교생활, 교우관계,

(가) 당해 범죄관련 사항

피고인의 범죄관련 사항에서 조사되어야 할 것은 크게 범행동기와 피고인의 피해 회복여부 두 가지로 압축된다. 개략적 범행 동기는 수사기관에서 1차적으로 조사하여 공소사실에 포함되어 있지만 객관적인 양형선고를 위해서 범행하기까지의 전반적인 원인과 범행 시 정황 등 직접적 범행동기가 조사된다. 범행동기에 대한 피고인의 진술을 요약하고, 범행동기 판단과 관련 있는 객관적 자료를 수집하여 법원에 제출한다.

피해회복 여부는 피고인의 범죄로 인한 피해자의 신체적(피해부위, 회복기간) 경제적(도난·손괴 등 물적 피해), 정신적 피해(범죄로 인한 불면증, 우울증 등 피해자 및 주변인이 겪는 정신적 고통, 정신과 치료 등) 정도와 피해자의 감정 및 처벌의사, 피해회복을 위한 피고인 본인, 가족, 형제자매, 친구들의 노력 정도 등을 조사한다. 특히 성폭력사건의 경우와 같이 피해의 정도가 심할 때는 피해자 충격진술(Victim Impact Sentiment) 등을 통해 더욱 주의 깊게 피해자 관련사항을 조사한다.

(나) 범죄 경력

피고인의 범죄경력 항목은 재범예측과 개별 법관들의 양형판단에 상당한 근거를 제공하게 되는데 여기에는 수사경력, 범죄경력, 보호관찰집행력 등이 포함된다. 범죄경력에서는 범죄의 내용도 간략히 요약하여 제시하며, 보호관찰 경력이 있는 경우 상세한 보호관찰 이행상태를 첨부한다.

(다) 생활환경 및 성장과정

범행의 외부환경에 해당하는 피고인의 가족사항이나 생활여건, 성장과정 조사는 사건을 입체적으로 판단하게 하는 중요한 부분으로 단순한 기록조사에 머무르지 않고 활발한 현지면담 및 관계된 이웃주민들의 진술 등을 실시한다. 피고인의 진술내용과 피고인의 가정, 이웃, 직장동료·친구, 병원 치료진 등 관계인들과의 면담결과를 함께 제시하여 조사의 객관성을 담보하고 있다.

가족사항과 관련하여 피고인의 가족과의 관계와 친밀도, 구조적·기능적 결손 여부, 가족의 피고인에 대한 지지도, 가족 구성원 중 범죄 전력자 유무, 피고인에게 특별히 영향을 미친 가족 구성원의 유무, 가족의 경제적 수준 등이 조사되며, 생활여건과 관련하여 월수입의 내역과 부채정도, 주거지 특징과 주거형태,

---

직업, 보호자의 관심 및 보호능력, 기타 조사에 참고할 사항(진술태도, 향후 생활계획)이며, 조사자인 보호관찰관의 처우의견은 2006년 3월부터 항목이 독립돼 별지로 제출된다.

주거환경과 범죄유발의 상관관계 등을 자세히 조사한다.

성장과정은 출생 시부터 범행 시까지 시간 순서대로 조사·작성하되 특이하거나 중요한 사건(부모의 이혼, 아동기의 육체적, 정신적 학대)이 있는 경우 사건이 범행과 어떠한 연관이 있는지도 상세히 조사한다.

(라) 정신 및 신체상태

가족사항이나 성장과정 등의 외부환경 조사는 피고인의 내면을 분석하는데 일정한 한계가 있기 마련이다. 따라서 판결전조사시에는 피조사자에 대해 MMPI(다면적 인성검사), PAI 등의 성격검사와 K-WAIS 등의 지능검사, TAT나 Rorschach 등의 투사적 심리검사, 문장완성검사 등을 실시하여 정신·심리상태를 객관적으로 분석한다. 또한 과거 정신병력이 있는 경우 해당 의료기관의 진단 및 치료결과를 첨부한다.

각 피고인의 몸무게, 신장, 혈액형, 음주 및 흡연의 시작 시기 및 사용량, 기타 약물남용여부, 문신여부와 위치, 신체장애 등의 신체상태는 피고인의 진술을 바탕으로 조사하되, 음주나 흡연, 약물 등 사용여부는 부모나 형제자매, 교사 등 관계인 조사결과도 함께 제시한다.

(마) 학교생활, 교우관계, 직업

피고인이 학생인 경우 하루 대부분의 시간을 보내는 학교생활의 조사는 중요한 의미가 있다. 즉, 학교에서 피고인의 교우관계의 원만성, 학습 집중도, 학습 부적응 여부, 부적응에 대한 학교나 부모의 개입정도, 비행에 대한 학교의 반응과 대처 등을 조사한다. 피고인의 교우관계 부분에서는 인간관계의 범위와 상태를 확인하여 고립 정도를 파악하고 공범이 있는 경우 범행시 역할 분담과 모의과정 등을 조사한다. 또한 피고인의 직업력을 상세히 조사하고, 현재 직업의 유형, 근무시간, 안정성, 직장동료나 상사와의 관계, 월 급여액 및 사용처 등도 조사한다.

(바) 보호자의 관심 및 보호능력, 피고인 진술태도, 향후 계획

보호자의 관심 및 보호능력과 관련하여 평소 피고인과 보호자와의 관계, 보호자의 소송절차상 태도(합의 의지, 변호사선임, 보석신청, 접견횟수), 경제능력 등을 조사 한다. 그리고 조사자와의 면담시 피고인의 진술태도 및 자신의 범행에 대한 태도를 기술하며, 향후 생활계획에 대한 피고인의 진술내용과 계획의 구체성·진행일정 등을 조사한다.

(사) 조사자 의견

조사자 의견란에는 피고인의 인격과 특성 및 성장과정, 피고인의 환경과 재범위험성, 보호자의 보호능력 등을 종합하여 그 결과를 바탕으로 적정한 처우의 방향을 제시한다. 사회내처우 의견을 제시하는 경우 보호관찰, 사회봉사명령, 수강명령 등 구체적 처우의 내용과 피고인에게 부과함이 적절하다고 판단되는 특별 준수사항 등에 대한 의견을 개진한다.

(4) 조사절차 및 방법

불구속 상태인 피고인을 조사하는 경우에는 피조사자를 소환하는 등의 방법으로 직접 면접하여 조사를 실시하는 것이 원칙이다. 간혹 조사에 불응하는 예외적인 경우에는 법원에 조사가 불가함을 통지하도록 하고 있다. 한편 구속 상태인 피고인의 경우에는 구치소를 방문하여 피조사자에 대한 심리검사 및 조사를 실시한다. 조사는 상담실 등 개인의 비밀이 보장되는 공간에서 이루어진다.

피조사자의 직계존속 등 보호자, 동거가족 등 관계인에 대해서도 면접조사를 실시하는 것이 원칙이다. 불구속 상태인 피조사자 및 그의 관계인과 구속 상태 피조사자의 관계인이 일신상의 사정(생업종사, 건강문제)으로 보호관찰소 방문이 어려운 경우, 조사 담당자가 피조사자 및 관계인과 사전 약속 후 주거지 혹은 직장을 직접 방문하여 조사를 실시한다.

피조사자의 범죄유형 등에 따라 다양한 심리검사 실시하며, 피조사자 생활환경 조사가 필요한 경우에는 주거지 등 현장에 대하여도 확인한다. 피조사자의 범죄유형 등에 따라 다양한 심리검사를 실시하며 그 결과를 해석하여 조사서에 반영하는 것이 원칙이다.

한편 2005년부터는 전국 보호관찰기관의 조사업무 수행과정에서 거의 모든 조사대상자에 대한 다면적 인성검사(MMPI) 실시가 의무화되었다.[48] 이후 2008년 10월에는 전국 보호관찰소의 조사업무 수행과정에서 주된 심리검사도구로서 다면적 인성검사(MMPI) 외에 PAI(Personality Assessment Inventory)가 추가되었다. 또한 기타 보조도구로 한국형결혼만족도조사(K-MSI), 문장완성검사(SCT), 정신병질자 선별도구(PCL-R), 한국성범죄자위험성평가척도(KSORAS), HTP, 지능검사 등 사범

---

[48] 과실범과 문맹자 등에 대한 심리검사는 제외되었다. 성인에게는 MMPI-II, 소년은 MMPI-A 등 심리검사의 실시가 전국적으로 확대되어 피조사자에 대한 보다 과학적인 심리평가가 가능해졌다.

별 특성과 수준에 맞는 검사도구 활용이 권고되고 있다.

나) 기타 보호관찰 조사제도의 운영현황49)

판결전조사 이외에 보호관찰소에서는 각종 법률에 근거한 조사제도가 활발히 이루어졌는데 그 실시 과정을 살펴보면 1997년 「가정폭력 범죄의 처벌등에 관한 특례법」상의 법원 결정전조사, 2004년 「성매매알선 등 행위의 처벌에 관한 법률」상의 법원 결정전조사, 2008년 「특정 성폭력범죄자에 대한 위치추적 전자장치 부착에 관한 법률」상의 청구전조사 등 특정 사범에 대한 각종조사와 더불어 소년사건에 대한 검사 결정전조사(2008년 「소년법」 일부개정)와 법원 결정전조사(2008년 「보호관찰법」 일부 개정)등이 이루어져 보호관찰소가 '형사사법 조사전문기관'으로 그 역할을 충실히 수행해 왔음을 알 수 있다. 기타 보호관찰 조사제도 가운데 환경조사와 보호관찰 사안조사 등 판결후조사를 제외한 조사제도의 전체적 현황을 살펴보면 아래의 〈표 10-6〉과 같다.

┃ 표 10-6 ┃ 최근 10년(2006~2015년)간 판결전조사 이외의 조사 접수 현황

구분 (년)	법 원					검찰청			합 계
	결정전조사					인신 보호	검사 결정전 조사	청구전 조사	
	소 계	가정 보호	소년 보호	성보호	아동 학대				
2006	1,128	898	228	2	-	-	-	-	2,256
2007	3,186	1,481	1,683	22	-	-	-	-	6,372
2008	3,311	1,502	1,736	73	-	-	1,415	92	8,129
2009	4,234	908	3,274	52	-	8	3,670	304	12,450
2010	6,398	616	5,758	27	-	-	4,524	1,376	18,699
2011	9,242	1,172	8,028	42	-	-	3,906	1,933	24,323
2012	12,719	1,274	11,308	137	-	-	5,547	1,696	32,681
2013	12,141	3,193	9,793	153	-	-	5,089	2,497	32,866
2014	12,399	4,095	8,179	125	-	-	5,855	2,703	33,356
2015	17,678	8.304	8.852	151	371	80	3,805	2,471	24,034

---

49) 기타 보호관찰 조사제도의 조사내용, 조사절차 및 방법은 판결전조사의 그것과 유사하므로 설명을 생략하기로 한다.

(1) 소년보호사건 결정전조사

(가) 의 의

판사의 요청에 의해 소년보호사건 소년의 경력, 성장과정, 가정상황, 성격, 품행(또는 범죄의 동기, 원인 및 실태) 등을 보호관찰관이 조사하여 통보하는 제도이다.

(나) 법적 근거

1958년 7월 24일 제정된 (구)「소년법」(법률 제489호)은 보호사건의 조사와 심리에 있어 정신과의사, 심리학자와 사회사업가의 진단 또는 의견을 참작하도록 규정하였다. 이후 수차례 개정을 통해 교육자나 그 밖의 전문가의 진단, 소년분류심사원의 분류심사 결과와 의견을 고려하도록 하였으나 조사의뢰 기관에 보호관찰소는 명문화되지 않았다. 그러나 동 조문에 근거하여 법원 소년부에서는 실무적으로 2003년 경부터 보호관찰소에 대한 결정전조사를 의뢰하기 시작하였고 2004년부터 매년 증가세를 보였다.

이러한 현실을 감안하여 2007년 12월 21일 개정된 「소년법」(법률 제8722호)은 제12조(전문가의 진단)에 보호관찰소를 조사기관으로 추가하였으며 2008년 12월 26일 개정된 「보호관찰 등에 관한 법률」도 제19조의2에 법원의 결정전조사 항목을 신설하고 조사절차 등도 구체적으로 명시하였다. 동조는 "법원은 「소년법」 제12조에 따라 소년보호사건에 대한 조사 또는 심리를 위하여 필요하다고 인정하면 그 법원의 소재지 또는 소년의 주거지를 관할하는 보호관찰소의 장에게 소년의 품행, 경력, 가정상황, 그 밖의 환경 등 필요한 사항에 관한 조사를 의뢰할 수 있다."고 규정하고 있다.

(다) 접수현황

소년 결정전조사 접수 건수는 2007년 이후 급증하여 2008년에는 1,736건, 2009년에는 3,274건, 2015년에는 8,852건을 기록하는 등 주요한 조사업무로 자리매김하게 되었다.

┃ 표 10-7 ┃ 최근 10년(2006~2015년)간 소년보호사건 결정전조사 접수 현황

(단위: 건)

연 도	2006	2007	2008	2009	2010	2011	2012	2013	2014	2015
조사건수	228	1,683	1,736	3,274	5,758	8,028	11,308	9,793	8,179	8,852

출처: 법무부 범죄예방정책국 조사업무 통계자료.

(2) 가정보호사건 결정전조사

(가) 의 의

판사의 요청에 의해 가정보호사건 행위자의 경력, 성장과정, 가정상황, 성격, 가정폭력 범죄의 동기, 원인 및 실태 등을 보호관찰관이 조사하여 통보하는 제도이다.

(나) 법적 근거

1997년 제정된 「가정폭력범죄의 처벌 등에 관한 특례법」(법률 제5436호)은 가정보호사건의 조사·심리를 위하여 법원에 가정보호사건 조사관을 두고, 판사는 조사관에게 행위자·피해자 및 가정구성원의 심문이나 가정폭력범죄의 동기·원인 및 실태 등의 조사를 명할 수 있도록 하였다. 이는 보호관찰소의 장에게 조사를 요구하는 직접적 규정은 아니었으나, 가정폭력사범에게 보호관찰과 사회봉사명령, 수강명령 등의 보호처분이 부과되는 점을 감안하여 2004년부터 전국적으로 결정전조사 활용이 일반화되었다.

2007년 8월 3일 「가정폭력범죄의 처벌 등에 관한 특례법」의 개정에서는 그동안 관례적으로 시행되어 오던 보호관찰소의 가정보호사건 결정전조사가 입법화되었다. 같은 법률 제21조 제1항은 "판사는 조사관, 그 법원의 소재지 또는 행위자의 주거지를 관할하는 보호관찰소의 장에게 행위자, 피해자 및 가정구성원에 대한 심문이나 그들의 정신·심리상태, 가정폭력 범죄의 동기·원인 및 실태 등의 조사를 명하거나 요구할 수 있다."고 규정하였다.50) 이에 따라 법적 근거가 미약하였던 가정보호사건에 대한 결정전조사가 법적인 근거를 갖게 되었다.

(다) 접수현황

가정보호사건에 대한 결정전조사는 주로 가해자와 피해자가 부부라는 점에서 가해자뿐만 아니라 피해자에 대해서도 면밀한 조사와 면담이 실시되어 왔으며, 임상심리사 등이 조사팀에 배치됨에 따라 2006년 경부터는 '한국형 결혼만족도조사'(K-MSI, Korean Marital Satisfaction Inventory) 등 심리검사 도구 활용이 이루어지고 있다. 가정보호사건 결정전조사의 접수건수는 최근 3년간 크게 증가하여 2015년에는 전년의 2배 정도인 8,304건이 접수되었다.

---

50) 이때 보호관찰소의 장에 대한 조사요구에 관하여는 「보호관찰 등에 관한 법률」 제19조 제2항 및 제3항을 준용하도록 하였다.

┃ 표 10-8 ┃ 최근 10년(2006～2015년)간 가정보호사건 결정전조사 접수 현황

(단위: 건)

연도	2006	2007	2008	2009	2010	2011	2012	2013	2014	2015
조사건수	898	1,481	1,502	908	616	1,172	1,274	2,193	4,095	8,304

출처: 법무부 범죄예방정책국 조사업무 통계자료.

(3) 성매매보호사건 결정전조사

(가) 의　의

판사의 요청에 의해 성매매 행위자의 경력, 성장과정, 가정상황, 성격, 성매매 범죄의 동기, 원인 및 실태 등을 보호관찰관이 조사하여 통보하는 제도이다.

(나) 법적 근거

2004년 제정된 「성매매알선 등 행위의 처벌에 관한 법률」(법률 제7196호) 제17조는 성매매보호사건을 조사할 때, 「가정폭력범죄의 처벌 등에 관한 특례법」 제21조를 준용하도록 규정하였다. 당시 「가정폭력범죄의 처벌 등에 관한 특례법」 은 법원조사관에 대한 조사명령을 규정하고 있었는데 2007년 8월 3일 동 조항에 '보호관찰소의 장에 대한 조사요구'가 추가됨에 따라 성매매보호사건에 대한 결정전조사도 함께 입법화되었다. 「성매매알선 등 행위의 처벌에 관한 법률」 제17조는 "법원은 성매매 사건의 보호처분에 관하여 이 법에서 정하지 아니한 사항에 대하여는 가정폭력범죄의 처벌 등에 관한 특례법 제21조를 준용한다"라고 규정하고 있다.

(다) 접수현황

성매매보호사건 결정전조사는 2005년 이후 수도권 소재 일부 보호관찰소에서 실시되기 시작하였으며 2015년에는 151건을 접수하였다.

┃ 표 10-9 ┃ 최근 10년(2006～2015년)간 성매매보호사건 결정전조사 접수 현황

(단위: 건)

연 도	2006	2007	2008	2009	2010	2011	2012	2013	2014	2015
조사건수	2	22	73	52	24	42	137	153	125	151

출처: 법무부 범죄예방정책국 조사업무 통계자료.

(4) 인신보호조사

(가) 의 의

위법한 행정처분 또는 사인에 의한 시설 수용으로 부당하게 인신의 자유를 제한 당하는 개인의 구제절차를 규정한 「인신보호법」에 의하여, 법원의 피수용자 심리상태 조사 요구에 따른 조사 실시를 의미한다.

(나) 법적 근거

인신보호사건 조사의 법적근거는 「인신보호법」 제8조 제2항이다. "법원은 필요하다고 인정하는 때에는 정신과의사·심리학자·사회복지학자, 그 밖의 관련 전문가 등에게 피수용자의 정신·심리 상태에 대한 진단소견 및 피수용자의 수용 상태에 대한 의견을 조회할 수 있다."라고 규정하고 있다.

(다) 실시현황

법원으로부터 의뢰된 피수용자는 대부분 알코올중독자 또는 정신병력자이며 조사요구내용은 입원경위, 입원 전 가족관계, 직업, 학력, 지능, 심리상태, 범죄력, 치료내역 및 경과, 퇴원 시 가족 또는 사회지지력 등이다. 인신보호조사는 2009년 8건을 실시하였으나, 이후에는 조사접수가 전혀 없다가 2015년 한 해에만 80건의 조사가 실시되었다.

(5) 검사결정전조사

(가) 의 의

소년 피의사건에 대해 검사의 요청으로 피의자의 품행, 경력, 생활환경, 요보호성이나 그 밖에 필요한 사항 등을 보호관찰관이 조사하여 통보하는 제도이다.

형사사건에 있어 우리나라의 경우 검사선의주의를 택하고 있어 검사는 소년에 대한 피의사건을 수사한 결과 보호처분에 해당하는 사유가 있다고 인정한 경우에는 사건을 관할 소년부로 송치하거나 공소제기 등을 하여야 한다. 그러나 소년사건을 적정하게 처리하기 위한 소년의 품행 및 환경의 조사가 미흡하다는 지적이 있어 왔다. 이러한 문제점을 개선하기 위하여 도입된 조사제도이다.

(나) 법적 근거

2007년 12월 21일 개정된 「소년법」 제49조의2는 "검사는 소년 피의사건에 대하여 소년부 송치, 공소제기, 기소유예 등의 처분을 결정하기 위하여 필요하다고 인정하면 피의자의 주거지 또는 검찰청 소재지를 관할하는 보호관찰소의 장,

소년분류심사원장, 또는 소년원장에게 피의자의 품행, 경력, 생활 환경이나 그 밖에 필요한 사항에 관한 조사를 요구할 수 있다"라고 규정하고 있다.

(다) 접수현황

전국 보호관찰소에서는 2008년 한 해 동안 총 1,415건을 접수하여 1,402건의 검사 결정전조사를 회보하였고, 2014년에는 5,855건이 접수되는 등 증가추세가 계속되었으나, 2015년에는 3,805건으로 전년에 비하여 크게 감소하였다. 검사의 처분결정전 사전조사제도는 소년사건 처리의 전문성 향상 및 내실화로 소년범의 교정·교화와 건전한 재사회화에 도움이 되고 있다.

(6) 위치추적 전자장치 부착 청구전조사

(가) 의 의

특정 성폭력범죄 피고인에 대해 검사의 요청으로 피고인의 범죄동기, 피해자와의 관계, 심리상태, 재범의 위험성 등을 보호관찰관이 조사하여 통보하는 제도로 위치 추적 전자장치 부착에 대한 적합성을 결정하는 참고자료로 활용하는 것을 말한다.

(나) 법적 근거

청구전조사의 법적근거는 2007년 4월 제정된 「특정 범죄자에 대한 위치추적 전자장치 부착에 관한 법률」 제6조이다. "검사는 부착명령을 청구하기 위하여 필요하다고 인정하는 때에는 피의자의 주거지 또는 소속 검찰청 소재지를 관할하는 보호관찰소의 장에게 범죄의 동기, 피해자와의 관계, 심리상태, 재범의 위험성 등 피의자에 관하여 필요한 사항의 조사를 요청할 수 있다."라고 규정하고 있다. 한편 부착명령의 청구는 검사가 성폭력범죄사건의 제1심 판결 선고 전까지 할 수 있다. 조사 요청권자가 검사라는 점에서 판사가 요구하는 판결전조사와 구별된다.

(다) 실시현황

법무부에서는 청구전조사의 경우 위험성 평가가 핵심인 점을 고려하여 2008년 '한국성범죄자위험성평가척도'(KSORAS, Korean Sex Offender Risk Assessment Scale)를 개발하여 일선 보호관찰소에 보급하였다.[51] 2008년 9월부터 시작된 청구전조사

---

51) 만18세 이상의 남자 성폭력범죄자를 대상으로 사용할 수 있도록 개발된 한국성범죄자위험성평가척도는 총 15개의 문항으로 구성되었으며 재범위험성을 '상', '중', '하' 수준으로 분류할 수 있도록 하였다. 아울러 청구전조사 과정에서는 인지 및 성격특성, 심리성적 특성 등 파악을 위해

| ‖ 표 10-10 ‖ 2008년 제도 도입 이후 전자장치 부착 청구전조사 접수 현황 |

(단위: 건)

연도	2008	2009	2010	2011	2012	2013	2014	2015
조사건수	92	304	1,376	1,933	1,696	2,497	2,703	2,471

출처: 법무부 범죄예방정책국 조사업무 통계자료.

는 2008년에는 총 92건이 실시되었으며 2015년 한 해 동안에는 2,471건이 실시되었다.

(7) 환경조사

(가) 의 의

환경조사는 소년원이나 교도소 등 시설 수용자의 범행동기, 수용 전의 직업, 생활환경, 교우관계, 가족상황, 피해회복 여부, 출소 후 생계대책 등을 조사하여 범죄유발요인 등 환경을 개선하고 수용자의 교정처우 자료, 가석방·임시퇴원 등 심사자료로 활용하는 제도이다.

(나) 법적 근거

환경조사는 1988년 「보호관찰법」(법률 제4059호) 제정 당시 입법화되어 1989년 7월 1일부터 본격적으로 시행되기 시작하였다. 같은 법률 제31조는 수용시설의 장은 소년수형자 및 「소년법」 제32조 제1항 제6호 및 제7호의 보호처분을 받은 자를 수용한 때에는 거주예정지를 관할하는 보호관찰소의 장에게 신상조사서를 지체 없이 송부하여 그 환경조사를 의뢰토록 규정하였다. 또한 제28조는 소년수형자와 수용 중인 보호소년에 대한 가석방 또는 임시퇴원을 신청할 때에는 환경조사 및 개선결과를 참작하도록 하였다.

(다) 접수현황

환경조사의 실시건수는 제도 시행 직후인 1989년 2,065건을 시작으로 지속적으로 증가하다가 1998년 7,667건을 정점으로 점차 감소하는 추세를 보여 왔다. 이는 소년 인구 감소와 사회내처우의 확대, 2005년 8월 보호감호제도 폐지 등에 기인하는 것으로 볼 수 있다. 최근 5년간의 접수전수를 살펴보면, 2011년 1,581건

정신병질자 선별도구인 PCL-R(Psychopathy Check List Revised), 강간 통념척도(Rape Myth Scale), 로젠버그 자존감 척도(Rosenberg Self-Esteem Scale), 대인관계 반응지수(Interpersonal Reactivity Index), 성을 통한 대처 척도(Coping Using Sex Inventory) 등 다양한 심리검사 도구가 활용되고 있다.

┃ 표 10-11 ┃ 최근 5년(2011~2015년)간 의뢰기관별 환경조사 접수 현황

(단위: 건)

연 도	환경조사 의뢰이기관			
	계	교도소	소년원	감호소
2011	1,581	173	1,380	28
2012	1,715	146	1,500	69
2013	1,701	43	1,555	103
2014	1,594	106	1,395	93
2015	1,561	59	1,432	70

출처: 법무부 범죄예방정책국 조사업무 통계자료.

이었고, 2015년에는 1,561건으로 완만한 추이로 점차 감소하고 있다.

(8) 귀주환경조사

(가) 의 의

귀주환경조사는 가출소 및 가석방 심사 신청된 대상자 중 귀주환경에 대한 면밀한 검토가 필요한 자에 대해 보호관찰심사위원회 및 치료감호심의위원회에서 관할 보호관찰소에 조사를 의뢰하는 제도이다. 이 조사제도는 석방전조사의 일종이라고 할 수 있다.

(나) 법적 근거

환경조사가 법령에 근거하여 이루어지고 있지만 귀주환경조사는 법적 근거 없이 실무적 필요에 의하여 실시되고 있다.

(다) 실시현황

환경조사가 교도소와 보호감호소, 소년원 등 수용기관으로부터 의뢰되며 수용자에 대한 교정처우의 자료와 환경개선활동이 주요 목적인 것에 비해 귀주환경조사는 보호관찰심사위원회와 치료감호심의위원회 등 심사기관으로부터 조사의뢰가 이루어지며 심사가 신청된 자에 대한 심사자료로 활용된다는 점에서 환경조사와는 구별된다. 귀주환경조사는 2003년부터 실시되었으며 활용 건수는 매년 약 200건 내외로 추산된다.

(9) 보호관찰 사안조사

(가) 의 의

보호관찰 사안조사는 가석방심사위원회에서 가석방 신청된 성인수형자에 대해 석방 후 재범위험성, 사회적응가능성 등을 석방 전에 조사하여 가석방 적부 결정 및 보호관찰 필요여부를 결정하는데 심사 자료로 활용하는 제도이다.

(나) 법적 근거

1996년 12월 12일 개정된 「보호관찰 등에 관한 법률」(법률 제 5178호)은 보호관찰 사안조사에 관한 규정을 신설하였다. 1997년 성인에 대하여 보호관찰제도가 확대 실시됨에 따라 법무부에서는 소년 수형자와 성인 수형자에 대한 가석방 심사절차를 이원화하여 소년에 대하여는 보호관찰심사위원회의 심사절차를 거치도록 하였다. 한편 성인에 대하여는 법무부에 가석방심사위원회를 설치하여 운용하고 가석방되는 성인 수형자에 대한 보호관찰 필요여부에 대하여는 보호관찰심사위원회에서 따로 심사·결정하기로 하였다. 이에 따라 성인 가석방 심사신청 대상자에 대하여 석방 후 재범위험성·생활계획 등을 사전에 조사하여 가석방 적부 및 가석방이 결정된 자에 대한 보호관찰 필요여부를 심사하는데 참고하기 위하여 보호관찰 사안조사제도를 신설한 것이다.[52]

(다) 실시현황

보호관찰 사안조사의 조사내용은 가석방을 앞둔 본인의 마음가짐, 석방 후 재범위험성 및 사회생활에 대한 적응가능성 여부, 범죄내용, 수용 전 직업, 생활환경, 교우관계, 피해회복 여부, 향후 생계대책 등이다. 조사방법은 교도소·구치소 등 수용기관을 방문하여 실시하는 면담조사와 가족과 피해자 및 관계인을 면담하거나 거주예정지를 방문하는 등의 방법으로 시행하는 현장조사의 방법이 있다.[53]

---

52) 조사업무의 효율적 실시를 도모하기 위하여 법무부에서는 1996년 12월 31일 「보호관찰 사안조사 실시 세부지침」을 시달하였는데, 동 지침에 의하면 조사대상자는 가석방심사 신청 대상자 전원이었으며 사안조사는 보호관찰심사위원회에서 전담하는 것을 원칙으로 하되 특별한 사정이 있는 경우에 한하여 보호관찰소의 지원을 받도록 하였다.

53) 현행 조사실무상 보호관찰심사위원회는 교도소·구치소 등의 장으로부터 가석방 심사신청 대상자의 명단과 신상조사서를 접수한 때에는 지체 없이 조사에 착수하게 하고 있다. 면담조사는 수용기관을 직접 방문하여 조사하되 1회 방문으로 해당 수용기관에 수용 중인 전 대상자를 면담하는 등 업무의 효율을 기하도록 하고, 조사는 석방 후 재범위험성 여부를 판단하는 데 주력하고 있다. 심사위원회는 조사결과를 보호관찰 사안조사서에 기재하여 명단 접수일로부터 15일 이내에 법무부의 소관부서로 송부토록 하고 있다.

1997년부터 시행된 보호관찰 사안조사는 같은 해 3,557건을 기록하였고, 다음 해인 1998년은 7,320건으로 2배 가까이 폭증하였으며 이후에도 매년 지속적으로 증가하여 2004년 11,864건으로 정점을 기록하였다. 이후 보호관찰 사안조사의 전체 건수는 다소 하향 안정화되어 2008년 9,609건, 2012년 7,153건으로 기록하였다. 이후 2013년과 2014년에는 조사건수가 급감하여 각각 1,709건, 1,594건을 기록하다가 2015년에 6,252건으로 다시 증가하였다.

┃ 표 10-12 ┃ 최근 10년(2006~2015년)간보호관찰 사안조사 실시 현황

(단위: 건)

연 도	2006	2007	2008	2009	2010	2011	2012	2013	2014	2015
조사 건수	9,754	8,016	9,609	9,549	7,693	6,811	7,153	1,701	1,594	6,292

출처: 법무부 범죄예방정책국 조사업무 통계자료.

2. 보호관찰 심사(審査)제도

1) 의 의

보호관찰 심사제도는 보호관찰부과 전후 및 집행 중 발생하는 심사와 관련된 업무로서, 법무부장관 소속 보호관찰심사위원회를 중심으로 제도 운영이 변천·발전하여 왔다. 보호관찰심사위원회는 준사법적 기능을 수행하는 합의제 행정기구로서, 주요업무는 소년수형자의 가석방에 관한 사항, 소년원 보호소년의 퇴원 및 임시퇴원에 관한 사항, 성인 가석방자에 대한 보호관찰 필요여부 심사, 보호관찰대상자에 대한 은전 및 제재조치에 관한 사항 등이다.

보호관찰심사위원회에서는 월 1회의 정기회의와 수시 임시회의 개최를 통해 2000년 이후에는 연간 각 1만 건 내외의 심사안건 처리와 보호관찰 사안조사 업무를 처리하는 기관으로 자리 잡았다.

2) 연 혁

가) 보호관찰심사위원회의 출범

보호관찰제도 도입 이전 사회내처우와 관련된 심사업무, 즉 가석방 심사, 퇴

원 및 임시퇴원 심사, 가출소 및 가종료 심사[54] 등은 법무부 또는 일선 교정기관
에 설치된 다양한 심사기구에서 개별적으로 수행하였다.

　　1988년 제정된 「보호관찰법」 제6조는 〈보호관찰심사위원회〉의 관장사무를
가석방과 그 취소에 관한 사항, 가퇴원과 그 취소에 관한 사항, 보호관찰의 가해
제와 그 취소에 관한 사항, 보호관찰의 정지와 그 취소에 관한 사항, 가석방 중인
자의 부정기형 종료에 관한 사항, 기타 관련사항으로 규정하였다. 이에 따라 서
울, 대구, 부산, 광주 등 4개 심사위원회가 구성되어 1989년 7월 첫 심사회의를
개최하였다. 이후 1995년 7월 8일 대전에 심사위원회가 신설됨으로써 5개 보호관
찰심사위원회 운영체계를 구축하게 되었다. 보호관찰제도 도입 이후에는 보호관
찰과 관련된 다양한 심사업무가 보호관찰심사위원회로 집중되었다.

나) 심사제도의 발전

　　1997년 1월 보호관찰이 모든 성인으로 확대됨에 따라 「보호관찰 등에 관한
법률」 제24조에 가석방되는 자에 대한 보호관찰 필요성 여부 심사·결정이 추가
되었다.

　　2007년 개정된 「소년원법」 제43조에 의해 보호소년에 대한 퇴원심사제도가
도입되었고, 2008년 「보호관찰 등에 관한 법률」 개정시 관련 내용이 반영되어 퇴
원과 임시퇴원 절차가 〈보호관찰심사위원회〉로 일원화되었다.

　　또한 2007년 4월 27일 제정된 「특정 성폭력 범죄자에 대한 위치추적 전자장
치 부착에 관한 법률」(법률 제8394호) 제16조 내지 제19조에 의해 부착명령의 가해
제 및 취소 심사·결정이 추가되었다.

3) 보호관찰심사위원회의 구성 및 운영

가) 심사위원회의 구성

　　1989년 보호관찰제도 시행 이후 보호관찰심사위원회(이하 '심사위원회'라 한다)의

---

54) 1980년 12월 18일 제정된 「사회보호법」(법률 제3286호)에 의해 보호감호 및 치료감호자의 경우
법무부에 설치된 사회보호위원회에서 피보호감호자에 대한 가출소 및 그 취소와 보호감호 면제
에 관한 사항, 피치료감호자에 대한 치료의 위탁 및 그 취소와 감호종료여부에 관한 사항, 피보
호관찰자에 대한 준수사항의 부과 및 지시·감독과 그 위반 시의 제재에 관한 사항이 심사·결정
되었다. 이후 2005년 8월 4일 「사회보호법」이 폐지되고 「치료감호법」(법률 제7655호)이 제정됨
에 따라 법무부에 '치료감호심의위원회'가 신설되었는데, 동 위원회에서 피치료감호자에 대한
치료의 위탁·가종료 및 그 취소와 치료감호 종료 여부에 관한 사항, 피보호관찰자에 대한 준수
사항의 부과 및 지시·감독과 그 위반 시의 제재에 관한 사항을 심사·결정하고 있다.

구성은 변함없이 유지되었는데, 「보호관찰 등에 관한 법률」상 심사위원회는 위원장을 포함하여 5인 이상 9인 이내의 위원으로 구성하도록 규정되어 있다. 위원장은 검사장 또는 고등검찰청 소속 검사 중에서 법무부장관이 임명하고 있으며, 위원은 판사, 검사, 변호사, 보호관찰소장, 교도소장, 소년원장 및 보호관찰에 관한 지식과 경험이 있는 자 중에서 임명 또는 위촉토록 하되 위원 중 3인 이내의 상임위원을 두도록 하고 있다. 현재 상임위원은 각 위원회별로 1명을 두고 있다.

나) 심사위원회의 운영

심사위원회의 회의는 재적위원 과반수의 출석으로 개의하고, 출석위원 과반수의 찬성으로 의결한다. 다만, 심사자료가 미흡하거나 심사가 충분히 완결되지 아니한 사건에 대하여는 다음 회의로 결정을 보류할 수 있도록 하여 심사에 신중을 기하고 있다. 회의는 비공개로 하되 위원장은 필요한 경우 제한된 인원의 참관을 허가할 수 있도록 하고, 결정은 이유를 붙이고 출석한 위원이 기명날인한 문서로 한다. 「보호관찰 등에 관한 법률」에 의하면 모든 심사안건에 대해서 신청 또는 직권에 의한 심사가 가능토록 되어 있으나, 직권심사의 경우 세부절차에 관한 규정이 미비하고 심사위원회의 인력이 부족하여 거의 이루어지지 않고 있다.[55]

심사회의는 매월 1회 정기회의가 개최되고, 보호관찰 정지, 가석방·임시퇴원 취소 등 신속한 심사를 위하여 필요한 경우에는 임시회의가 개최되었는데, 보호관찰 필요여부 심사 등 업무 추가와 적극적 보호관찰의 실시로 점차 임시회의 개최 횟수가 증가하였다. 보호관찰심사위원회 개청당시인 1989년 전국적으로 불과 24건이던 심사회의는, 10년 후인 1998년에는 125건, 20년 후인 2008년에는 191건으로 증가하였다.

4) 심사제도의 운영현황

가) 전체적 추이

보호관찰심사위원회 1989년 개청당시에는 주로 소년가석방, 임시퇴원, 가해

---

55) 한편 2008년 12월 26일 「보호관찰 등에 관한 법률」(법률 제9168호, 2009. 3. 27. 시행)의 개정으로 서면심사제도가 도입되었다. 회의를 개최할 시간적 여유가 없는 부득이한 경우로서 대통령령으로 정하는 경우에는 서면으로 의결할 수 있도록 하고, 이 경우에는 재적의원 과반수의 찬성으로 의결토록 한 것이다. 이는 실무상 가석방 취소 등 출석회의를 개최할 시간적 여유가 없는 경우가 발생하는 점을 감안하여 보다 합리적이고 효율적으로 심사업무를 수행하도록 한 것이다.

제에 대한 심사업무를 수행하였으며, 이후 보호관찰 필요여부심사, 소년원 보호
소년에 대한 퇴원심사, 위치추적장치 부착명령의 가해제 및 취소심사에 대한 업
무를 추가로 관장하게 되었다.

　　도입 초기 전체 심사건수는 3,000여 건 수준이었으나 1996년에는 6,000여 건
으로 크게 증가하였다. 1997년 성인 가석방예정자에 대한 보호관찰 필요여부심
사 도입 이후에는 한때 심사건수가 연간 16,000여 건에까지 이르렀지만, 이후 감
소하여 2014년에는 5,477건 수준을 기록하였다. 최근 5년간 주요 심사업무의 실
시현황은 〈표 10 – 13〉과 같다.

┃ 표 10-13 ┃ 최근 5년(2011~2015년)간 주요 심사업무 실시 현황

(단위: 건)

연 도	계	소년 가석방	임시 퇴원	임시 해제	보호관찰 정지	부정기형 종료	보호관찰 필요여부	부착명령 가해제
2011	4,798	74	1,626	2,072	128	0	7,070	115
2012	5,350	61	2,051	2,774	114	0	6,656	228
2013	5,267	75	2,232	2,654	145	0	6,214	201
2014	5,477	44	2,129	2,986	99	0	5,536	219
2015	13,696	34	1,496	6,158	87	0	5,688	233

주) 1. 가석방 등 각종 취소심사 건수 제외.
　　2. 출처: 법무부 범죄예방정책국 심사업무 통계자료.

　　제도 도입 이후 소년가석방심사는 한동안 증감을 반복하는 추세를 보이다가
2000년부터 지속적으로 감소하는 추세를 보여 왔다. 임시퇴원은 2002년부터 급
격히 감소하다가 2008년부터 2013년까지 다시 증가하다가 최근에는 다시 감소하
여 2015년에는 1,496건을 보이고 있다. 임시해제심사는 한동안 심사건수가 많지
않다가 1996년 2,000건을 상회하였으며 1999년 밀레니엄 특별임시해제 시 9,106
건을 정점으로 차츰 감소하여 2014년에는 2,986건을 기록하였으나 2015년에는
6,158건으로 다시 증가하였다.

　　가석방 중인 자에 대한 부정기형 종료심사는 단 한 건도 없었으며, 1997년부
터 도입된 보호관찰 필요여부 심사는 2015년 5,688건에 이르고 있다. 2008년 8월
부터 도입된 위치추적장치 부착명령 가해제 및 취소심사건수는 2010년 1건을 시
작으로 2015년 233건을 기록하고 있다. 제도 도입 이후 주요 심사업무의 실시 추

‖ 그림 10-5 ‖ 제도 도입 이후 주요 심사업무 실시 추이

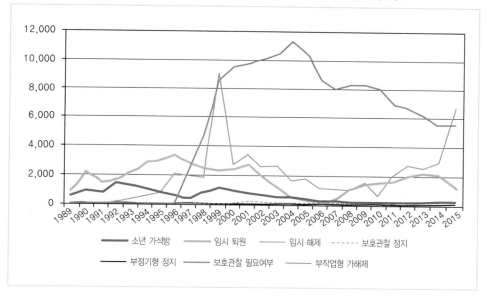

이를 보면, 〈그림 10-5〉와 같다.

나) 가석방 심사 및 취소

(1) 가석방 심사의 이원체계

　현행 「보호관찰 등에 관한 법률」은 보호관찰심사위원회의 관장사무에 '가석방과 그 취소에 관한 사항'을 규정하면서도 가석방 신청절차 등에서는 '소년수형자'로 그 대상을 한정하고 있다. 이에 따라 보호관찰심사위원회에서는 소년수형자에 대한 가석방과 그 취소에 관한 사항을 심사·결정하고 있다.

　한편, 가석방취소는 소년대상자에 한해 시행되어 오다가 1997년 성인 형사사범으로 보호관찰제도가 확대된 후 성인대상자까지 심사가 확대되었는데, 보호관찰이 부과된 대상자는 보호관찰심사위원회에서, 보호관찰이 부과되지 않은 대상자는 가석방심사위원회에서 심사하는 이원체계를 갖게 되었다.

가석방은 1948년 대한민국 정부 수립 이후 각 교도소·소년교도소 및 구치소에 가석방심사위원회를 설치·운영하는 체계로 실시되다가, 1989년 7월 1일 「보호관찰법」의 시행으로 성인수형자와 소년수형자에 대하여 절차를 달리하게 되었다. 소년수형자에 대한 가석방심사는 보호관찰심사위원회에서, 성인수형자 가석방심사는 일선 교정기관 가석방심사위원회에서 각 시행하고 있다.

1995년 12월 29일 개정된 「형법」(법률 제5057호, 1997. 1. 1. 시행)에 의해 성인으로 보호관찰 제도가 확대되는 것을 계기로, 가석방심사 일원화에 대한 필요성이 제기되었다. 그 결과로 1996년 9월 실·국간의 협의 및 실·국장회의를 거쳐 법무부 차원에서 가석방심사체제 정비방안을 수립하여 모든 가석방심사와 보호관찰심사를 보호관찰심사위원회에서 통합 처리하기로 결정하였다. 그러나 일선 교정기관에서의 수형자 관리문제 등을 이유로 일원화는 이루어지지 못했다.[56] 다만, 성인의 경우 가석방 제도의 공정성과 투명성을 확보하고 모범 수형자의 조기 사회복귀를 위한 실질적이고 효율적인 가석방심사를 할 수 있도록 하기 위하여 1996년 12월 12일 「행형법」(법률 제5175호, 1997. 1. 1. 시행) 개정 시 일선 교정기관에 설치된 가석방심사위원회를 모두 폐지하고 법무부에 가석방심사위원회(위원장: 법무부차관)를 설치·운영하도록 하여 현재에 이르고 있다.

"아쉬운 점은 고검 단위의 보호관찰심사위원회에서 소년가석방자나 소년원 가퇴원자만을 심사하고, 성인 가석방심사를 법무부에서 차관 주재하의 실·국장들을 위원으로 하는 가석방심사위원회에서 별도로 심사한다는 점입니다. 보호국장 재직 시 이 문제 때문에 교정국과 의견이 대립되어 급기야는 법무부차관 주재 하에 실·국장회의 끝에 결론을 낸 바 있습니다. 그 내용은 5년 후인 2002. 1. 1.까지 모든 가석방 심사와 보호관찰 심사를 보호관찰 담당기구에서 통합 처리하여 실시하고, 그 때까지 그 정비를 위한 제도 개선을 형사정책연구원 등에 용역을 주어 방안을 강구한다는 조건 아래 당분간 가석방심사위원회를 격상시켜 분리 운영하는 현 제도를 수용한다는 약속을 하였고, 교정국장과 그 내용의 각서를 서로 교환한 사실이 있습니다."

<2001. 10. 25. 이재신 변호사(전 보호국장)의 보호행정
20주년 기념 국제세미나 기조강연, '보호국 20년의 회고' 중에서>

---

56) 이러한 개선안이 형사정책연구원의 가석방심사체제 정비방안(1998. 5.), 중앙행정기관 경영진단(1999. 3.), 사법개혁추진위원회의 가석방심사제도의 개선안(1999. 12.) 등에서 재차 거론되었다.

(2) 소년가석방 심사기준

「소년법」제65조는 징역 또는 금고를 선고받은 소년수형자는 무기형의 경우 5년, 15년의 유기형에는 3년, 부정기형에는 단기의 3분의 1을 경과할 경우 가석방을 허가할 수 있도록 하여 성인수형자의 가석방에 비하여 완화된 조건을 규정하고 있다. 한편 현행「보호관찰 등에 관한 법률」도 제21조는 교도소, 구치소, 소년교도소의 장은 소년수형자가「소년법」제65조의 기간을 경과한 경우 소재지를 관할하는 보호관찰심사위원회에 그 사실을 통보하도록 하여 가석방 심사대상자에 대한 시설장의 통보의무를 두고 있다. 수용기관의 장은 위 기간을 경과한 소년수형자 중 교정성적이 양호하고 재범의 위험성이 없다고 인정되는 경우에는 심사위원회에 가석방의 심사를 신청할 수 있다. 또한 이러한 소년수형자에 대한 가석방의 적부를 심사하는 때에는 대상자의 인격, 교정성적, 직업, 생활태도, 가족관계 및 재범위험성 등 모든 사정을 고려하여야 한다.

심사위원회가 심사 결과 가석방이 적합하다고 결정한 경우에는 결정서에 관계서류를 첨부하여 법무부장관에게 허가를 신청하고, 법무부장관이 심사위원회의 결정이 정당하다고 인정되는 때에는 이를 허가한다. 소년 가석방 심사기준은 시기별로 약간의 차이를 보여 왔는데, 지침을 중심으로 살펴보면 다음과 같다.

┃ 표 10-14 ┃ 소년가석방 심사기준

시 기	주요 내용
1989. 11.	• 교도소 내 성적 적극 반영 • 부정기형 선고자: 단기형 이상 복역자는 심사기준 완화 • 특별한 사정이 있는 경우, 수용기간 또는 형기집행률에 상관없이 탄력적으로 운영 • 단, 가정파괴범 등 잔인한 수단으로 사회의 이목이 집중된 자, 집단·조직폭력배, 인신매매범, 마약 기타 약물중독자 등은 신중한 심사
1992. 5.	• 노부모 봉양 풍토 조성 시책과 관련: 조부모 동거자 가석방 적극 실시
1993. 7.	• 가정파괴범 등 특정범죄에 대한 은전조치 일체 불허용
2002. 7.	• 가정파괴범 등 특정범죄에 대한 신중한 심사

(3) 소년가석방 및 가석방취소 심사현황

보호관찰심사위원회 설치 이후 1989년 555건이던 가석방 심사 안건은 1992년 1,409건으로 정점을 기록한 이후, 2005년 381건, 2015년 28건으로 대폭 축소

되었다. 이는 소년 인구의 감소 및 소년수형자가 감소한 데에서 그 원인을 찾을
수 있다. 최근 10년간 소년가석방 허가 및 취소의 연도별 심사 현황은 아래의
〈표 10−15〉와 같다.

| 표 10-15 | 최근 10년(2006~2015년)간 소년가석방 허가 및 취소 심사 현황

(단위: 건)

연 도	2006	2007	2008	2009	2010	2011	2012	2013	2014	2015
가석방 허가	270	202	191	165	127	74	60	64	42	28
가석방 취소	36	41	45	13	19	15	10	11	2	0

출처: 법무부 범죄예방정책국 심사업무 통계자료.

1989년 이후 소년가석방 심사건수의 연도별 변화 추이를 살펴보면, 아래의
〈그림 10−6〉과 같이 1989년부터 1992년까지 급격히 증가하였다가 1997년까지
빠르게 감소하였고 다시 2000년까지는 재차 상승하였다가 이후에는 완만한 감소
추세가 지속되고 있다.

가석방취소 심사안건은 성인으로까지 심사가 확대된 1997년 이후 지속적으
로 증가하는 추세를 보여 왔다. 한편 가석방심사 인용률은 지난 20년간 평균

| 그림 10-6 | 연도별 소년가석방 심사 현황

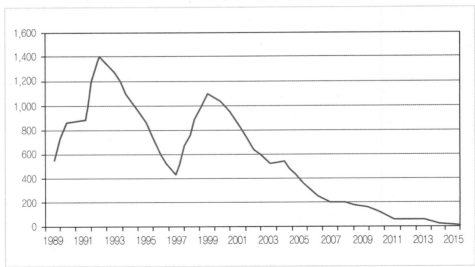

| 그림 10-7 | 연도별 가석방 취소 심사 현황

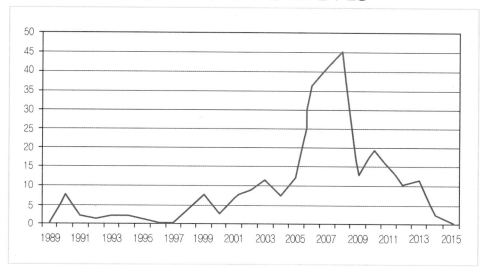

76.8%로 나타나고 있다.

다) 퇴원과 임시퇴원의 심사

(1) 퇴원과 임시퇴원 심사의 일원화

「보호관찰법」이 제정되어 시행되기 이전에는, 각 소년원의 〈소년원생처우심사위원회〉에서 퇴원 및 임시퇴원을 심의하고 이에 대하여 법무부장관에게 허가를 받았다. 그러나 1988년 「보호관찰법」 제정 및 「소년원법」 개정에 따라 1989년 7월 1일부터 보호소년의 퇴원 및 임시퇴원 절차가 이원화되었다. 즉, 소년원장은 〈보호소년처우심사위원회〉의 심의를 거쳐 법무부장관에 퇴원을 상신하거나 보호관찰심사위원회에 임시퇴원을 신청하였다.

그러다가 2007년 12월 21일 개정된 「소년원법」(법률 제8723호) 제43조에 의해 보호소년에 대한 퇴원에 대하여도 심사·결정제도가 도입되었고, 2008년 12월 26일 「보호관찰 등에 관한 법률」 개정시 관련 내용이 반영된 것이다. 이러한 퇴원 심사제도 일원화는 심사절차의 적정성과 형평성을 확립하고 보호소년에 대한 체계적 사후관리 체계를 마련하여 소년범에 대한 재범방지 역할을 효율적으로 수행하기 위함이었다.

‖ 표 10-16 ‖ 퇴원 및 임시퇴원제도의 변천과정

연 혁	종 류	근거법률	심사기관
1989년 이전	퇴 원	「소년원법」 제12조 제1항	소년원 (소년원생처우심사위원회)
	가퇴원	「소년원법」 제12조 제2항	
1989년~ 2008년	퇴 원	「소년원법」 제43조 제1항, 제2항	소년원 (보호소년처우심사위원회)
	가퇴원	「소년원법」 제44조 「보호관찰법」 제28조 제1항	보호관찰심사위원회
2008년 이후	퇴 원	「소년원법」 제43조 제3항 「보호관찰 등에 관한 법률」 제22조 제1항	보호관찰심사위원회
	임시퇴원	「소년원법 제44조 「보호관찰 등에 관한 법률」 제22조 제1항	

(2) 퇴원과 임시퇴원의 신청 및 심사기준

보호관찰제도 도입 이전에는 온전한 은전조치로 여겨지던 임시(가)퇴원이 보호관찰제도 도입 이후 대상자에 대한 지도감독이 이루어지고 준수사항 위반시 임시퇴원취소 등의 제재조치가 이루어짐에 따라 퇴원을 선호하는 풍토가 조성되기도 하였고, 퇴원 및 임시퇴원에 대한 개념이 혼동을 빚기도 하였다. 이런 이유로 2004년 1월 20일 개정된 「소년원법」(법률 제7076호, 2004. 4. 21. 시행)은 퇴원 관련 규정은 그대로 두고, 임시퇴원(당시에는 '가퇴원') 관련 규정을 일부 개정하였다. 구법이 "보호소년에 대하여 교정성적이 양호하고 재범의 위험성이 없다고 인정되는 때에는 가퇴원의 심사를 신청할 수 있다."고 규정하였으나, 개정법은 "교정성적이 양호한 자 중 보호관찰의 필요성이 있다고 인정되는 보호소년"에 대하여 가퇴원 신청할 수 있도록 변경하였다.

한편, 2008년 개정된 「보호관찰 등에 관한 법률」에서는 "법무부령이 정하는 바에 따라 퇴원 또는 임시퇴원 심사를 신청할 수 있다."로 관련 규정을 개정하여 구체적인 요건은 하위 법령으로 정하도록 하였다.

보호관찰심사위원회의 임시퇴원 심사기준은 시기별로 다소 차이를 보인다. 1989년 시행된 「가퇴원·가석방 심사 관련 유의사항」(법무부 지침, 1989. 11. 27.)에 의하면 개전의 정, 자립갱생 의욕, 재범의 우려, 피해자 및 사회적 감정을 종합적으로 고려하되, 교정성적을 적극 반영하고 단기소년원 퇴원생의 경우 만기까지 수용하는 것보다 1-2개월을 앞당겨 임시퇴원 시킨 후 6개월 정도 보호관찰을 부과함이 바람직하므로 심사시 기준을 완화하여 임시퇴원의 범위를 확대토록 하였다. 2003년 이후에는 귀주환경이나 범행전력 등을 고려한 야간외출제한명령 등 특별준수사항 부과도 이루어져 내실 있는 보호관찰이 이루어질 수 있게 하였다.

한편 임시퇴원의 취소는 임시퇴원자(가퇴원자)가 보호관찰 기간 중 준수사항을 위반하고 그 정도가 무거워 보호관찰을 계속함이 적합하지 아니하다고 판단되는 때에 보호관찰소의 장의 신청에 의하여 심사한다.

(3) 임시퇴원 및 퇴원 심사 현황

임시퇴원 심사건수는 시기별로 큰 차이를 보이는데 이는 주로 소년인구의 증감과 소년보호정책의 변화에 기인한 것이었다. 퇴원과 임시퇴원이 이원화되어 운영되고, 시기별로 정책 주안점이 변함에 따라 임시퇴원 심사 인용률은 다소의 차이를 보여 왔으나, 지난 20년간 평균 인용률은 93.1%이며, 임시퇴원취소 심사는 기각되는 사례가 많지 않았다.

┃ 표 10-17 ┃ 최근 10년(2006~2015년)간 퇴원 및 임시퇴원 심사 현황

(단위: 건)

연 도	2006	2007	2008	2009	2010	2011	2112	2013	2014	2015
퇴원	1,380	1,164	405	48	14	1	0	0	0	0
임시퇴원	117	401	1,114	1,511	1,656	1,640	2,039	2,086	1,984	904
임시퇴원취소	22	64	161	159	191	152	161	154	147	124

주) 1. 2008년 6월 이전까지 퇴원심사는 소년원에서 독자적으로 이루어짐.
   2. 2008년 퇴원 중 8호 처분자는 미포함.
   3. 출처: 법무부 법무연감/법무부 범죄예방정책국 심사업무 통계자료.

임시퇴원 및 퇴원 심사의 변화를 추이를 보면 아래의 〈그림 10-8〉과 같다. 제도 시행 이후 줄곧 임시퇴원 숫자가 퇴원 숫자를 능가하였으나, 2004년을 기점으로 비율이 역전되어 임시퇴원은 대폭 감소하였다. 이후 2007년 12월「소년원법」개정에 따른 퇴원·임시퇴원 심사 일원화를 계기로 임시퇴원 비율은 2008년부터 다시 증가하였고, 이에 따라 임시퇴원취소 심사 건수도 증가하였다.

| 그림 10-8 | 임시퇴원 및 퇴원 심사의 변화 추이

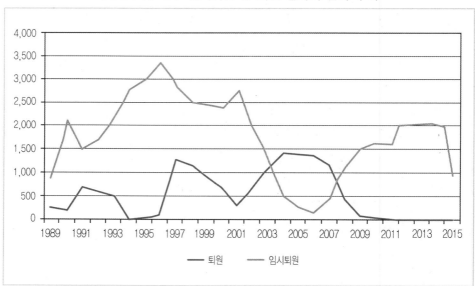

라) 보호관찰 임시해제

(1) 의 의

'임시해제'라 함은 보호관찰대상자에 대한 대표적인 은전조치로서, 2009년 11월 이전에는 '가해제'라고 하였다. 「보호관찰 등에 관한 법률」 제55조는 "심사위원회는 보호관찰대상자의 성적이 양호한 때에는 보호관찰소의 장의 신청에 의하여 또는 직권으로 보호관찰을 임시해제할 수 있다."고 규정하고 있다.

또한 임시해제 결정을 받은 자에 대해 다시 보호관찰을 하는 것이 상당한 경우 보호관찰소의 장의 신청 또는 심사위원회 직권으로 임시해제 결정을 취소할 수 있다. 임시해제는 보호관찰소장의 신청 또는 심사위원회의 직권으로 심사가 가능하나, 제도 시행 이후 심사위원회의 직권으로 임시해제가 이루어진 사례는 없다.

(2) 임시해제의 신청기준

법무부의 「임시해제 신청 및 심사 등에 관한 처리 지침」(1999. 12. 30.)에 의하면, 임시해제의 신청기준은 아래의 〈표 10-18〉과 같다.

┃ 표 10-18 ┃ 임시해제 신청 기준

적격요건	원 칙	예 외
대상자 적격요건	보호관찰 분류등급상 일반대상자	※ 제외대상: (구)「사회보호법」 가출소자, 선도조건부 기소유예자, 사회봉사·수강명령 미이행자
기간경과요건	보호관찰기간의 50% 이상 경과	※ 특별기준: 보호관찰기간의 40% 경과자 중 •4년제 대학 진학자 •경찰서장 또는 시장급 이상 수상자 •언론매체에 보도된 미담자 •전국대회 입상자

(3) 심사 현황

제도 시행 초기에는 임시해제(가해제) 심사건수가 많지 않았으나, 1996년 이후 심사건수가 대폭 증가하였다. 최근 10년간 임시해제의 허가 및 취소 심사현황은 아래의 〈표 10−19〉와 같다.

┃ 표 10-19 ┃ 최근 10년(2006~2015년)간 임시해제 및 임시해제 취소 심사 현황

(단위: 건)

연 도	2006	2007	2008	2009	2010	2011	2012	2013	2014	2015
임시해제 허 가	1,148	1,086	1,104	1,555	667	2,035	2,854	2,631	2,946	5,308
임시해제 취 소	20	24	22	38	18	23	37	23	40	128

출처: 법무부 범죄예방정책국 심사업무 통계자료.

임시해제 기간 중 재범, 준수사항 위반 등으로 다시 보호관찰을 하는 것이 상당한 경우 임시해제 결정을 취소할 수 있다. 그러나 그 취소 건수는 미미하여 2015년에는 허가건수가 5,308건인데 비하여 취소건수는 128건에 불과하였다.

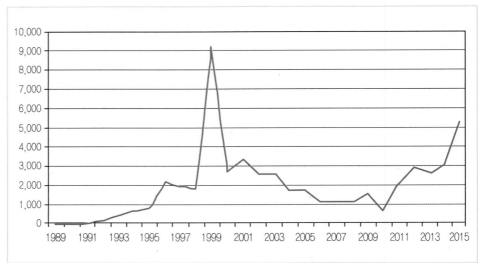

┃ 그림 10-9 ┃ 임시해제(가해제) 심사의 변화 추이

마) 보호관찰 정지

(1) 의 의

  '보호관찰 정지'라 함은 보호관찰 중인 가석방자, 임시퇴원자(가퇴원자) 등이 장기간 소재가 불명하여 보호관찰을 계속할 수 없을 때에 보호관찰소의 장의 신청 또는 심사위원회 직권으로 보호관찰을 정지하는 제도를 말한다.[57]

  '보호관찰 정지의 해제'는 보호관찰이 정지된 대상자의 소재가 판명되거나 구인된 때에 그 정지의 효력을 멈추게 하는 것을 말한다. 「보호관찰 등에 관한 법률」 제53조에 의하면, 심사위원회는 제1항에 따라 보호관찰을 정지한 사람이 있는 곳을 알게 되면 즉시 그 정지를 해제하는 결정을 하여야 한다(제2항). 한편 보호관찰 정지 중인 사람이 같은 법률 제39조 또는 제40조에 따라 구인된 경우에는 구인된 날에 정지해제결정을 한 것으로 본다(제3항). 이때 형기 또는 보호관찰 기간은 정지결정을 한 날부터 그 진행이 정지되고, 정지해제결정을 한 날부터 다시 진행된다.

  한편 '보호관찰 정지의 취소'는 소재불명이 천재·지변 기타 부득이한 사정

---

57) 「보호관찰 등에 관한 법률」 제53조 제1항은 "심사위원회는 가석방 또는 임시퇴원된 사람이 있는 곳을 알 수 없어 보호관찰을 계속할 수 없을 때에는 보호관찰소의 장의 신청을 받거나 직권으로 보호관찰을 정지하는 결정(이하 "정지결정"이라 한다)을 할 수 있다."고 규정하고 있다.

등 보호관찰대상자의 귀책사유에 의하지 아니한 것으로 판명된 때에 그 정지결정을 취소하는 것을 말한다. 심사위원회는 이 경우 그 정지결정을 취소하여야 하며, 정지결정은 없었던 것으로 본다(제5항 참조).

(2) 연 혁

1989년 제정된 「보호관찰법」 제56조는 가석방된 자의 소재가 불명하여 보호관찰을 계속할 수 없을 때에는 보호관찰소의 장의 신청 또는 심사위원회 직권으로 보호관찰을 정지하는 결정을 할 수 있도록 규정하였다. 이후 임시퇴원 보호관찰대상자에 대한 정지제도 활용 필요성이 커짐에 따라 1995년 1월 5일 개정된 「보호관찰 등에 관한 법률」(법률 제4933호)에서는 소재불명자에 대한 정지제도를 임시퇴원자(가퇴원자)까지 확대하였다. 이에 따라 보호관찰정지 심사 건수는 이전에 비해 크게 증가하게 되었다.

보호관찰정지의 해제는 소재가 판명된 때와 구인된 때로 한정되어 있으나, 2008년 12월 26일 개정된 「보호관찰 등에 관한 법률」(법률 제9168호) 제51조 제1항 제7호에 보호관찰종료 사유로 보호관찰이 정지된 임시퇴원자(가퇴원자)가 「보호소년 등의 처우에 관한 법률」 제43조 제1항의 나이가 된 때를 추가하여 임시퇴원정지자에 대한 종료가 가능하게 됨으로써 실질적으로 정지해제와 같은 효과가 발생하게 되었다.

(3) 심사현황

제도 시행초기에는 보호관찰정지에 관한 심사건수가 거의 없었으나, 1996년부터 큰 폭으로 증가하기 시작하여 2001년에는 182건으로 정점을 찍었다. 이후 2005년에는 정시 심사건수가 28건으로 크게 감소하였으나 2010년에는 121건으로 다시 100건을 상회하기 시작하였다.

▌표 10-20 ▌ 최근 10년(2006~2015년)간 보호관찰 정지 및 해제 심사 현황

(단위: 건)

연 도	2006	2007	2008	2009	2010	2011	2012	2013	2014	2015
정 지	67	45	89	93	121	130	113	109	79	69
해 제	10	21	24	16	25	19	43	36	20	18

출처: 법무부 범죄예방정책국 심사업무 통계자료.

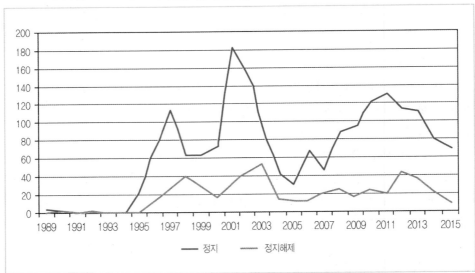

┃ 그림 10-10 ┃ 보호관찰 정지 및 정지해제 심사의 연도별 변화 추이

이후 보호관찰 정지에 관한 심사건수는 다시 감소하여 2015년에는 정지심사 69건, 정지의 취소심사 18건을 기록하였다. 보호관찰 정지와 관련된 심사건수의 연도별 변화추이는 〈그림 10-10〉과 같다.

바) 부정기형 종료

「보호관찰 등에 관한 법률」은 가석방된 자가 그 형의 단기가 경과하고 보호 관찰의 목적을 달성하였다고 인정될 때에는 「소년법」 제66조에 정한 기간 전이라도 심사위원회는 보호관찰소의 장의 신청에 의하여 또는 직권으로 형의 집행을 종료한 것으로 할 수 있도록 규정하고 있다. 그러나 제도 시행 이후 심사위원회에서 부정기형의 종료 결정 사례는 단 한 건도 없다. 이는 단기형 만료일 전에 가석방시키는 사례가 거의 없고 장기형 만료일에 근접해서야 가석방이 이루어지는 관례에 기인한다.

사) 보호관찰 필요여부 심사

1995년 「형법」 개정에 의한 보호관찰의 성인형사범 확대에 따라 1996년 개정된 「보호관찰등에관한법률」 제24조에는, 심사위원회가 가석방되는 성인 수형자에 대하여 보호관찰의 필요성 여부를 심사하여 결정토록 하는 규정이 신설되었다. 아울러 같은 법률 제28조에 의하여 위의 필요성여부 심사를 위한 '보호관찰 사안조사'가 도입되었다.

보호관찰 필요여부 심사기준은 「형법」 제73조의2 제2항의 규정에 따라 보호관찰 필요결정을 원칙으로 하고 있다. 다만 범죄내용이 1회성 단순과실범 또는 경미한 행정법규위반자, 중환자·고령자·외국인 등 보호관찰 집행이 곤란한 자, 잔형기간이 매우 짧아 보호관찰의 실효성이 없는 경우 등에 대하여는 예외적으로 보호관찰 불요결정을 하도록 하고 있다. 보호관찰 필요결정률은 2006년 이후에는 60% 이상 수준을 유지하고 있다.

한편, 2008년 9월 「특정 성폭력범죄자에 대한 위치추적전자장치 부착에 관한 법률」 시행을 계기로 성인가석방자에 대하여 보호관찰 필요결정서 작성을 통하여 특별준수사항을 부과하고 있다.

아) 전자장치 부착명령의 가해제 및 그 취소

2007년 4월 27일 「특정 성폭력범죄자에 대한 위치추적 전자장치 부착에 관한 법률」(법률 제8394호)이 제정되면서 심사위원회의 심사안건에 '전자장치 부착명령의 가해제 및 그 취소'가 추가되었다. 같은 법률 제17조는 가해제의 신청권자로서 보호관찰소장, 피부착자 및 그 법정대리인을 규정하였다. 이는 우리나라 형사사법 행정절차에서 특기할 만한 사례로 평가되며, 기존에 심사안건 처리가 관계기관의 신청 또는 심사위원회 직권으로만 이루어진 것과 대비되는 대목이다. 또한 가해제는 부착명령 개시된 날로부터 3개월경과 후부터 신청이 가능하며 재신청은 신청이 기각된 날로부터 3개월 경과 후부터 가능하다.

현행 「특정 범죄자에 대한 보호관찰 및 전자장치 부차 등에 관한 법률」 제18조는 심사위원회가 가해제를 심사할 때에는 피부착자의 인격, 생활태도, 부착명령 이행장황 및 재범의 위험성에 대한 전문가의 의견을 고려하도록 하고(제1항), 필요한 경우에는 보호관찰소의 장으로 하여금 필요한 사항을 조사하게 하거나 피부착자나 그 밖의 관계인을 직접 소환·심문 또는 조사할 수 있도록 하였다(제2항).

보호관찰소의 장은 부착명령이 가해제된 자가 성폭력범죄를 저지르거나 주거이전 상황 등의 보고에 불응하는 등 재범의 위험성이 있다고 판단되는 때에는 심사위원회에 가해제의 취소를 신청할 수 있도록 하고, 심사위원회는 가해제된

┃ 표 10-21 ┃ 전자장치 부착명령 가해제 심사 현황

(단위: 건)

연 도	2008	2009	2010	2011	2012	2013	2014	2015
건 수	-	3	2	114	223	201	219	162

출처: 법무부 범죄예방정책국 심사업무 통계자료.

자의 재범위험성이 인정될 때에는 가해제를 취소하도록 하였다. 이 경우 부착명령 가해제기간은 부착명령기간에 산입하지 아니하도록 하였다.

보호관찰처우의 이론과 기법

제11장

보호관찰처우의 의의와 지식기반

이 장에서는 보호관찰대상자 처우의 의의와 지식기반을 알아보도록 한다. 보호관찰처우는 범죄자처우의 한 분야이므로 우선 범죄자처우의 개념과 유형에 대하여 살펴볼 필요가 있다. 이를 바탕으로 보호관찰처우를 정의하고 범죄자처우의 전반적 맥락에서 보호관찰처우의 새로운 발전방향을 모색하도록 한다.

한편, 보호관찰처우 과정에서 필요한 지식체계는 범죄학·심리학·사회복지(사업)학·교육학·사회학 등의 사회과학적 지식과 형사법 및 형사정책에 관한 지식 등으로 구성되어 있다. 이 중에서도 보호관찰대상자 처우에 있어서는 범죄학이 배경지식으로 꼭 필요하며, 실제 처우 과정에서는 사회복지실천의 전문적 실천기술이 유용하게 사용될 수 있을 것으로 본다.

따라서 이하에서는 우선 보호관찰처우의 의의에 대하여 살펴본 후 보호관찰처우의 주요한 지식기반에 대하여 범죄학과 사회복지실천을 중심으로 살펴보도록 한다.

1. 보호관찰처우의 의의와 지식체계 개관

1) 보호관찰처우의 의의와 발전방향

가) 범죄자처우의 일반론

'보호관찰제도'는 범죄자의 개선갱생을 위한 국가의 형사적 정책수단의 하나이다. 따라서 이 제도를 제대로 이해하기 위해서는 범죄성을 개선·교화하기 위한 범죄자처우의 일반적 개념과 유형에 대하여 먼저 논의할 필요가 있다.

(1) 범죄자처우의 개념

범죄자에 대한 '처우'(treatment)의 관념은 19세기 이후 이탈리아의 실증주의 범죄학자들이 범죄자에 대한 관심을 환기한 것에서 유래한다. 원래 처우(treatment)라는 말은 라틴어의 'trahere'에서 유래한 것으로 취급, 대우, 치료 등의 의미가 있다.

'범죄자처우'라는 용어가 공식적으로 사용되기 시작한 것은 국제연합에서 범죄대책에 관한 일들을 통합하여 담당하게 되면서부터이다. 1948년 국제형법 및 형무위원회의 사무를 승계한 UN은 이전까지 '형법 및 형무'라는 말을 대신하여 '범죄방지 및 범죄자처우'(prevention of crime and treatment of offenders)라는 표현을 사용하게 되었다.[1]

그러나 이 개념이 일반적으로 보급된 것은 1955년 제네바에서 개최된 제1회 〈UN범죄방지 및 범죄자처우에 관한 회의〉에서 비롯된다.[2] 이 회의를 기점으로 '범죄자처우'라는 개념은 "범죄자의 개선·갱생 및 사회복귀에 필요한 조치", 즉 범죄자 및 비행청소년의 재범방지와 사회복귀를 쉽게 하도록 하는 사회학·교육

---

1) 森下 忠, 「犯罪者處遇論の課題」, 成文堂, 1988, pp. 3-4. 1948년 UN은 사무국에 사회방위부(section of social defence)를 설치하여 범죄방지 및 범죄자처우에 관한 형사정책에 관한 업무를 개시하였다. UN의 이러한 기능이 강화됨에 따라 1951년에는 국제형법 및 형무위원회(IPPC, CIPP)의 사무가 UN에 승계되었다. 동위원회는 1872년에 국제형무위원회(IPC)로 설립되어 같은 해 제1회 국제형무회의를 개최한 이후, 세계의 새로운 형사사조의 형성에 매우 큰 공헌을 하였다. 1930년에는 국제형법 및 형무위원회로 개칭됨에 따라, 회의의 명칭도 「국제형법 및 형무회의」로 바뀌었다. 그러나 1950년, 동위원회는 네델란드 헤이그에서 개최된 제12회 국제형법 및 형무회의를 마지막으로 발전적 해체를 하게 된다. 동위원회의 재산은 국제형법 및 형무재단(IPPF, FIPP)으로 편입되어 형사정책에 있어 의미 있는 활동을 주최하고 지원하는 역할을 하게 되었다. 자세한 내용은 森下 忠, 위의 책, p. 3 이하 참조.

2) 김용우·최재천, 앞의 책, p. 262. 1955년에는 제1회 범죄방지 및 범죄자처우에 관한 UN회의가 제네바에서, 1960년에는 제2회 회의가 런던에서, 1965년에는 제3회 회의가 스톡홀름에서 개최되었다. 이들 회의에서는 UN 및 세계 각국의 범죄방지 및 범죄자처우에 대하여 진지하게 노력을 기울이고 상당한 국제협력의 성과를 거두었다고 평가할 수 있다.

학·의학·심리학적 조치를 의미하게 된 것이다.3)

(2) 범죄자처우의 유형

범죄자 및 비행청소년의 처우제도에 대해서는 처우의 현장이 시설인가 아니면 지역사회인가에 따라서 크게 '시설내처우'와 '사회내처우'로 나누어 제시되고 있다.4) 이는 범죄자처우의 유형을 크게 교도소 및 소년원 등에 수용하여 처우하는 '시설내처우'와 보호관찰을 중심으로 하는 '사회내처우'로 2분하여 설명하는 것이다.

범죄자처우의 유형을 3가지 이상으로 구분하여 사법처우, 교정처우, 보호처우로 나누거나,5) 사법적 처우, 시설내처우, 사회내처우로 나누는 견해6)가 있다. 이에 의하면 사법처우 또는 사법적 처우는 경찰, 검찰 및 법원의 각 단계에서 행해지는 처우를 말하고 교정처우 또는 시설내처우는 교도소 등의 교정시설에서 행해지는 처우를 말한다. 또한 보호처우 또는 사회내처우는 범죄자에게 사회생활을 허용하면서 지역사회 내에서 이루어지는 처우를 의미한다.

나아가 형사사법절차의 진행과정에 따라 보다 구체적으로 ① 경찰활동, ② 범죄예방, ③ 시설내처우, ④ 법원프로그램, ⑤ 사회내처우의 5가지로 구분하여 그 유효성을 설명하는 견해7)도 있다.

생각건대 우리나라의 형사사법 실무상 경찰 및 검찰 그리고 법원단계에서

---

3) 김용우·최재천, 앞의 책, pp. 262-263. 그러나 1955년 UN에서 정의한, 범죄자처우의 개념은 애매한 면이 없지 않은데, 1963년 10월 10일부터 13일까지 스트라스부르에서 개최된 제4회 프랑스 형사학회의에서도 이러한 점이 지적되었다. 또한 범죄자처우의 개념에 관하여 UN의 관계기관도 반드시 명확한 정의를 내리고 있는 것으로 보이지는 않는다. 그것은 무엇보다도 실천이 따르는 영역에서는 관념보다 내용, 그 자체가 중요하다는 인식에 의한 것이기 때문이다. 이에 대해서는 森下 忠, 앞의 책, p. 3. 참조. 한편, 외국의 학자들은 범죄자처우의 개념을 "범죄자의 사회복귀를 용이하게 하고 재범을 방지하기 위하여 사회학적, 형사적, 교육적, 의료적 및 심리학적 조치의 전체이다."라고 하거나 "재범을 방지하고 범죄자의 사회복귀를 용이하게 할 목적으로 그 인격을 형성·개선하기 위하여 범죄자에 대하여 취해야 할 개별적 조치"라고 정의하고 있다. 森下 忠, 앞의 책, p. 3

4) 北澤信次, 「犯罪者処遇論の展開」, 成文堂, 2003, p. 1. 역사적으로 보면 시설내처우가 먼저 형성되었고 이어서 이를 대체하는 차원에서 사회내처우가 발전하였다. 이러한 점을 반영하여 과거에는 지역사회에서의 범죄자처우를 '시설외처우'라는 용어를 사용하여 표현하기도 하였지만 현재 이 용어는 거의 사용되지 않는다. 왜냐하면 '시설외처우'라고 할 때, 이는 시설에 대한 종속적이며 잔여적인 개념이기 때문에 사회내처우의 고유한 독자성을 나타내는데 한계가 있기 때문이다. 자세한 내용은 北澤信次, 위의 책, p. 1 이하 참조.

5) 森下 忠, 앞의 책, p. 92.

6) 김용우·최재천, 앞의 책, p. 262.

7) 染田 惠, 앞의 책, pp. 2-9.

각종 다이버전제도에 의한 실질적 범죄자처우가 이루어지는 점을 고려할 때, 범죄자처우를 시설내처우와 사회내처우만으로 제한하여 설명하는 것은 한계가 있다. 그러나 동시에 검찰·법원 등 형사사법기관이 각각 수사·재판 등 고유의 사명이 있으며 부수적으로만 범죄자처우에 관여한다는 점을 고려할 때, 이들 각 기관에서의 처우제도를 시설내처우 및 사회내처우와 동등하게 설명하는 것도 지나친 측면이 있다.

따라서 범죄자처우의 유형을 3분하여 설명하는 것이 바람직하다. 다만 범죄자처우의 유형을 사법, 교정 및 보호의 처우로 구분하는 것은 지나치게 행정조직의 구성 및 기능에 종속된 것으로 보인다.[8] 결론적으로 범죄자처우의 유형을 **사법적 처우, 시설내처우 및 사회내처우** 등의 3가지로 구분하는 것이 타당하다고 본다.

(3) 범죄자처우의 모델

범죄자처우의 실천모델에 대해서는 다양하게 구분하는 견해가 있으나,[9] 여기서는 **응보모델, 사회복귀모델, 정의모델, 사회재통합모델(균형적 접근모델)**로 나누어 살펴보도록 한다.

(가) 응보모델

'**응보모델**'(retribution model)에 입각할 때, 정의사회에서 처벌은 공정한 것이며, 공리적인 목적을 위해서도 필수적인 것이다.[10] 응보론자들은 범죄자는 그들의 범법행위에 대해서 마땅히 처벌되어야 하며, 이를 통하여 범죄자로 하여금 규칙을 준수하도록 유도하고, 그 범죄로 인한 피해자나 사회전체의 고통을 상쇄하여 처벌이 사회질서를 유지하는 주요한 방법이 되도록 하여야한다고 주장한다.[11]

---

8) 이는 일본 법무성의 조직이, 시설내처우를 담당하는 '교정'국과 보호관찰 등 사회내처우를 담당하는 '보호'국이 엄격하게 분장되어 있는 점에서 기인한다. 과거 우리나라의 법무부 조직도 교정국과 보호국으로 구성되었던 적이 있었으나, 현재는 각각 교정본부와 범죄예방정책국으로 그 명칭과 기능이 상당히 변화되어 있기 때문에 더 이상 고려할 필요가 없는 구분방법이라고 할 수 있다.

9) 범죄자처우의 실천모델은 처벌·교화개선·사법정의를 위한 교정으로 구분하여 설명하거나 개선·의료·정의·재통합 모델로 나누는 견해 또는 크게 사회복귀모델과 정의모델로 나누는 견해 등이 있다. 이윤호, 앞의 책, pp. 16-45.; 송광섭, 앞의 책, pp. 475-478.; 김용우·최재천, 앞의 책, pp. 264-265.

10) Johannes Andemaes, *Punishment and Deterrence*, Ann Arbor: University of Michigan Press, 1974; Stanley Grupp, *Theories of Punishment*, Bloomington: Indiana University Press, 1971 참조.

11) 이 모델의 입장에서는, 범죄란 다른 사람의 비용으로 범죄자 자신이 부당한 이익을 받기 때문에, 범죄가 사회에 미친 해악(harm) 이상도 이하도 아닌 적정한 선에서 결정되어야 한다. 즉 응보론

응보모델과 유사한 범죄자처우모델이 바로 '억제모델'(deterrence model)이다. 이는 처벌이나 처벌의 위협을 통하여 범죄행위를 억제하거나 예방할 수 있다는 억제이론(deterrence theory)과 공리주의(utilitarianism) 사고방식에 입각하고 있다.12) 억제모델은 응보모델과 함께, 고전주의 범죄학적 시각을 반영하고 있다.

한편 이러한 범죄자처우이념을 구현하기 위한 형사정책은 정기형제도(determinate sentencing)이다. 응보모델의 입장에서는 범죄행위에 의한 해악의 정도에 상응하는 엄격하고 정확한 처벌로서 주로 구금형을 부과하고 가석방이나 보호관찰제도 등은 고려되지 않는다.

(나) 사회복귀모델13)

'사회복귀모델'(rehabilitative model)은 범죄자의 개선14) 및 사회적응을 주된 목적으로 하는 것으로서, 19세기 교육형사상을 기초로 한다. 사회복귀모델은 크게 의료모델과 적응모델로 구분하여 설명할 수 있다.15)

'의료모델'에 입각할 때 범죄통제를 위한 최선의 선택은 형벌이 아니라 치료적 접근이며, 이에 따라 적절한 분류와 그에 근거한 교정치료프로그램의 적용이 강조된다. 또한 보호관찰관 등 교정전문가는 범죄자에 대한 지식과 진단능력을 지닌 행동과학 전문가가 되어야 하며, 폭넓은 의사결정권을 가지고 범죄자의 치료를 위해서 다양한 정신건강시설을 폭넓게 활용해야 한다.16)

자들은 범죄자에 대한 처벌은 범죄자가 불법행위로 얻은 이익을 상쇄하여 원상태의 균형으로 되돌려놓아야 한다고 주장한다. Andrew Hirschi, *Doing Justice: The Choice of Punishment*, New York: Hill and Wang, 1976, 참조.

12) 억제이론에서는 범죄행위도 이성적인 인간의 합리적 계산(rational calculation)의 결과라고 본다. 인간은 사고능력과 선택의 자유를 지닌 존재로서 원천적으로 자기이익에 의해서 동기를 부여받기 때문이다. 따라서 사람들은 범죄 실행에 앞서 발각될 때의 예상되는 처벌이나 비용(costs)과 발각되지 않을 때 범죄행위로부터 얻을 수 있는 이익(benefits)을 합리적으로 계산하여 이익이 비용보다 크다고 판단될 때에는 범죄행위로 나아간다고 설명한다. J. P. Gibbs, *Crime, Punishment and Deterrence*, New York: Elsevier, 1975, 참조.

13) 송광섭, 앞의 책, pp. 475-476; 김용우·최재천, 앞의 책, pp. 264-265 참조.

14) 이 모델의 처우이념이 범죄자의 교화 및 개선에 있다는 점을 강조하여 '개선모델'이라고도 한다.

15) 사회복귀모델 가운데 특히, 범죄자에 대한 처우를 환자를 상대로 한 의학적 치료와 같이 보는 입장을 '의료모델'(medical model)이라고 한다. 의료모델의 입장에서는 범죄자의 범죄성향적 요인들은 개별적으로 타고난 고유한 것이며, 범죄행위는 개인의 신체적·정신적·사회적 부적응과 결합, 즉 병에 의한 것으로 본다. 그러나 그들의 범죄행동은 '이러한 병의 결과나 증상이거나 도움을 향한 외침'이며 그들을 치료하는 노력을 통하여 재활이 가능하다고 가정한다. E. J. McNamara, "The Medical Model in Correction: requiescat in Pace", *Criminology* 14, 1977, pp. 439-440.

16) 인간의 행위는 선행적 원인(antecedent causes)의 산물이며 선행적 원인을 밝혀냄으로서 행위를 치료할 수 있기 때문이다. F. A. Allen, *The Borderland of Criminal Justice*, Chicago: University

의료모델의 지나친 병리적 관점에 대한 비판이 1960년대와 70년대를 지나면서 점차 고조되었다. 이에 따라 등장한 새로운 사회복귀모델이 '적응모델'(adjustment model)이다.[17] 이 모델은 의료모델처럼 범죄자는 환자이기에 처우를 필요로 하며 치료될 수 있다고 믿지만, 동시에 그들도 자신의 행위에 대해서 책임을 질 수 있고 법을 준수하는 의사결정을 할 수 있는 존재라고 본다.[18]

결론적으로 의료 또는 적응모델 등 범죄자의 사회복귀모델이 형사정책적 측면에 끼친 영향은 다음과 같다. 첫째 이 모델에 입각하여 보호관찰과 같은 사회내처우제도들이 입안되었다. 둘째, 구체적인 실천에 있어서도 심리적 카운슬링, 행동수정 기법, 직업훈련 등을 통하여 범죄자의 사회복귀를 도모하는 방법이 선호된다. 셋째, 판결전조사제도나 과학적 분류처우제도가 발전하였다. 넷째, 수형자의 형기도 치료기간이 되기 때문에 부정기형제도가 유용하게 되었다.[19]

(다) 정의모델[20]

'정의모델'(justice model)은 범죄자의 법적 지위를 보장하려는 차원에서 접근하여 범죄자처우는 '정당한 응보'(just desert)에 입각하여야 한다는 것이다. 1970년대와 80년대에 이르러서는 범죄에 대하여 보다 극단적으로 보수적인 형태로서, '무능화모델'(incapacitation model)이 등장하였다.[21] 무능화모델과 같이 고전주의 범죄

---

of Chicago Press, 1964, 참조.

17) Clemens Bartollas and Stuart J. Miller, *The Juvenile Offender: Control, Correction and Treatment,* Boston: Holbrook Press, 1978, pp. 14-15. 이 모델의 주창자들은 처벌대신 범죄자가 개인적 문제나 동료관계, 주변 환경 등에 보다 효과적으로 잘 적응하도록 돕는 것이 중요하다고 강조한다. 이와 같이 범죄자들이 사회에 보다 잘 적응하도록 도와주는데 주 관심을 두기 때문에 시설수용의 확대사용은 반대하였다.

18) 적응모델은 다음과 같은 네 가지 기본 가정에 기초하고 있다: ① 범죄자가 법규범과 같은 일반적인 사회적 기대를 지키기 위해서는 그들을 범죄로 이끈, 부적응적 행동이나 부정적 태도, 그리고 부적절한 대인관계를 해결하기 위한 처우나 도움을 필요로 한다. ② 범죄자도 범죄로부터 자유로운 생활을 할 능력이 있기 때문에 그들의 현재 행동에 책임을 지고 범죄행위에 대한 핑계로서 과거의 문제를 사용해서는 안 된다. ③ 범죄자가 범죄로부터 자유롭게 살도록 대안을 가르치기 위해서는 광범위한 사회 환경과 개인 환경과의 상호작용이 반사회적 행위를 발생시킨다는 점을 이해하는 것이 중요하다. ④ 처벌은 오히려 범죄자를 사회로부터 소외시키고 문제행위를 더욱 악화시킬 뿐이다. Clemens, Bartollas, *Correctional treatment: Theory and Practice,* New York: Prentice-Hall, 1985, p. 27 참조.

19) 그러나 이러한 부정기형제도에 대해서는 상한과 하한의 폭이 지나치게 넓고 교정당국의 석방에 대한 재량권이 크기 때문에 인권보장과 관련된 많은 비판이 제기되고 있다.

20) 김용우·최재천, 앞의 책, p. 265; 송광섭, 앞의 책, pp. 476-477 참조.

21) 이 모델에서 주장하는 가장 중요한 개념이 바로 '선별적 무능화'(selective incapacitation)이다. 이는 소수의 범죄자가 다수의 범죄를 범한다는 사실에 착안하여 이들 소수의 특수한 범죄 집단에게 적용한다면 효과적인 범죄감소전략이 될 수 있다는 주장을 말한다. 그러나 이에 대해서는 범

학적 관점에 기초하면서도 이 모델에 제기되었던 비판을 보완하면서 등장한 것
이 바로 정의모델이다. 따라서 이 모델에서 주장하는 '정당한 응보'는 전통적인
응보론의 '응징'(retribution)보다는 덜 위협적이고 더 합리적인 것으로 간주된다.22)
따라서 범죄자는 범죄행위의 특성보다 적거나 많게 처벌되어서도 안 된다는 것
이 이 모델의 핵심적인 주장이다.23)

　　따라서 정의모델에 입각한 형사정책은 다음과 같은 특징이 있다. 첫째, 극단
적인 사회복귀모델에 입각한 치료의 이념이 범죄자의 인권을 침해하는 문제점을
고려하여 이를 폐기하고 불개입주의를 채택하자고 주장한다. 둘째, 이 모델에 의
하면 형벌은 범죄자를 처벌하는데 그쳐야하기 때문에 정기형으로 전환하여야 하
는데, 이와 같은 사조의 영향으로 미국의 여러 주에서 부정기형과 가석방이 폐지
되기에 이르렀다. 셋째, 이 모델은 처우의 공정성에 대한 지나친 강조에 따라, 엄
벌주의 및 구금의 장기화 등의 폐해가 나타나면서 비판을 받기 시작하였다. 무엇
보다도 이 모델의 문제점은 범죄자처우의 근본이념인 '사회복귀의 관점'이 무시
되었다는 것에 있다.

(라) 사회재통합모델(균형적 접근모델)

　'사회재통합모델' 또는 '새로운 사회복귀모델'24)은, 범죄자의 주체성과 자율성
을 인정하면서 자발적 참여하에 교정처우프로그램을 집행하는 것이다. 이 모델
의 기본적인 전제는 범죄자의 문제는 그 문제가 시작된 그 사회에서 해결되어야
한다는 것이다. 이러한 주장의 배경에는 사회가 범죄문제에 대하여 책임을 공유
하고 있기 때문에 사회는 범죄자가 사회에 다시 통합될 수 있도록 도와줄 의무가
있다는 가정이 내포되어 있다. 즉, 사회로 복귀된 범죄자가 정상적인 사회생활을

　　죄자를 구금하는 것은 많은 비용을 수반하고, 무능화가 그들의 장래범죄성을 억제할 것인가에
　　대한 분명한 증거가 없다는 비판이 제기된다. 오히려 구금경력이 많은 범죄자일수록 재범률이
　　더 높다는 사실에서 무능화전략의 부작용을 예견할 수 있다. Peter Greenwood, "Controlling the
　　Crime Rate through Imprisonment," in *Crime and Public Policy*, edited by James Q. Wilson.
　　San Francisco:ICS, 1983.
22) 어떤 사람이 보상받거나 처벌받는 것이 마땅하다는 것은 그의 과거 행위에 근거하는 것이며, 정
　　당한 응보는 범죄행위의 사회적 해악이 그가 처벌을 받는 이유라는 것을 확인시켜주는 것이어야
　　한다. '정당한 응보'(just desert)의 개념은 허쉬(Andrew Hirschi)가 그의 저서 「Doing Justice」에
　　서 형사정책의 지침으로 제창하면서 처음 사용되었다. Hirschi, 앞의 책, 참조.
23) 이와 같이 정의모델에서는 응징(Retribution)과 함께 처벌의 공정성(fairness)도 함께 강조하여,
　　구금은 지나치게 고통을 주어서는 안 되고 재소자의 기본적 인권도 충분히 보장되어야 한다는
　　점이 강조되었다. Michael Welch, *Corrections: A Critical Approach*, McGraw‐Hill, 1996, p. 104.
24) 森下 忠, 앞의 책, p. 98; 송광섭, 앞의 책, p. 47.

영위하기 위해서는 범죄가 발생하였던 그 사회도 변화되어야 한다는 것이다.[25]

이처럼 사회재통합모델은 지역사회의 적극적 참여를 강조하기 때문에 '회복적 사법'(restorative justice)의 이념적 맥락[26] 속에서 제기된 '균형적 접근모델'과 일맥상통한다.[27] 특히 회복적 사법은 형사사법체계에서 그동안 소외되었던 피해자의 입지강화와 감정회복을 중시한다.[28]

이 모델에서는 범죄자의 개인의 변화와 함께 지역사회의 변화도 수반되어 사회가 곧 범죄자처우의 중심이 된다. 따라서 기본적으로 지역사회 중심의 형사정책인 보호관찰제도의 활성화를 지향하고 시설내처우에 있어서도 외부통근제도나 귀휴제도와 같은 개방처우의 확대를 도모한다.

나) 보호관찰처우의 의의

'처우'라는 용어는 연혁적으로 '의료모델'의 영향을 받은 것이다. 따라서 이는 주로 범죄자의 사회복귀 촉진을 위하여 주로 치료적 접근을 강조할 때 사용된다고 할 수 있다. 이때의 처우개념은 '범죄자의 인격을 고려하고 관련학문의 지식을 활용한 전문적 조치'로 이해된다.

한편, '지도감독(supervision)'이 보호관찰 현장에서 사용될 때는 보호관찰관이 대상자와의 대면접촉 등을 통하여 준수사항 이행여부를 확인하고 문제행동을 통제함으로써 재범을 방지하기 위한 여러 활동을 의미한다. 특히 제8장에서 논의한 바와 같이 보호관찰 지도감독의 방법에 대한 법률의 규정(「보호관찰 등에 관한 법률」

---

25) 이를 위해서 범죄자는 지역사회와의 의미 있는 접촉과 유대관계가 필요하며, 이는 그들에게 가족성원으로서, 일반 시민으로서, 직장인으로서 정상적인 역할을 수행할 수 있는 기회를 부여함으로써 충족된다. 이에 따라, 범죄자들에게는 비구금적 환경 속에서 성장할 수 있는 기회가 제공되어야 하며 이를 달성할 수 있는 효과적 대안으로서 사회내처우제도가 권장된다. 즉 이들은 범죄성이 고착된 개선불능의 강력범죄자를 제외하고는 지역사회 내에서 다양한 사회복귀프로그램을 제공하는 것이 필요하다. Bartollas, 앞의 책, pp. 27-28 참조.

26) 회복적 사법의 철학적 이념은 1994년 세인트루이스 교정회의에서 전미교정협회(ACA: American Correctional Association)의 정식적인 강령의 하나로 채택되었다.

27) Anthony Walsh, *Correctional Assessment, Casework & Counseling*, 2nd ed., Lanham, Maryland: American Correctional Association, 1997, pp. 6-7 참조.

28) 회복적 사법에 입각한 모델이 기존모델과 가장 뚜렷한 차이점은 범죄자처우에 있어서 적극적인 지역사회의 참여가 효과적이라는 믿음에 있다. 또한 기존의 사회복귀모델과 정의모델 모두 범죄자를 중심으로 그들에 대한 처우방법에 초점을 맞추었다면, 이 모델은 범죄자, 지역사회, 그리고 피해자를 동시에 강조한다. 이에 따라 범죄자의 사회복귀뿐 아니라 범죄행위를 통해 그들이 피해자와 지역사회에 끼친 해악(harm)을 바로잡는 것이 중요하다는 점을 강조한다. 따라서 회복적 사법에 입각한 범죄자처우는 ① 사회방위(community protection), ② 범죄자의 책임성(offender accountability), ③ 범죄자의 사회적응능력(offender competency)이라는 3가지 교정목표를 동시에 중시하는 '균형적 접근'(balanced approach)을 의미한다.

제33조 참조)이 매우 폭넓다. 이 때문에 '지도감독'이라는 용어는 "대상자의 재범방지를 위한 감시감독과 행동통제뿐 아니라 그들의 건전한 사회복귀(rehabilitation)를 지원하기 위한 다양한 사회적 서비스 제공 활동"을 의미한다고 보는 것이 타당하다.

이론적으로 제8장에서 논의한 바와 같이 이 장에서도 '보호관찰처우'라는 용어를 대신하여 '보호관찰 지도감독'이란 표현을 사용하는 것이 바람직하나, 이 경우에는 지도감독 개념의 광범위성으로 인하여 독자에게 혼란을 줄 우려가 있다.

따라서 여기서는 보호관찰처우에 대하여 다음과 같이 정의하도록 한다. '보호관찰처우'란 다양한 지도감독의 과정의 일환[29]으로서, 보호관찰대상자의 변화 및 성행개선·원활한 사회복귀·당면한 문제 해결 등을 위하여 심리치료 및 상담기법, 사회복지실천(social work)기술 등을 활용한 체계적·전문적 조치를 말한다.

다) 보호관찰처우의 발전방향

(1) 처우와 대상자 유형론의 관계

범죄자에 대한 개별적 처우의 연장선상에서 보호관찰처우에 있어서도 대상자의 유형에 따른 차별적 처우제도를 적용할 필요가 있다. 처우효과에 주목하는 입장에서는 일반적 보호관찰인지 아니면 사회봉사명령이나 수강명령인지, 지도감독의 기법이나 구체적인 프로그램의 내용은 어떠한지, 담당 보호관찰관과 참여하는 외부자원의 전문성 및 역량은 어떠한지, 집행의 시간이나 장소는 어떠한지 등 여러 요소들이 차이가 있기 때문에 각각 어떠한 처우효과의 차이가 나타나는지가 문제될 수밖에 없다.

따라서 보호관찰대상자의 유형[30]을 처우와 연계하여 구분하는 것이 중요하며, '처우측면에서 유용한 대상자의 유형론'이라고 할 수 있다.

여기에 있어서 가장 중요하며 또한 쉽게 생각할 수 있는 기준은 재범예측,

---

29) 여기서는 '처우'라는 개념을 보호관찰 지도감독의 일환으로 정의하였지만, 이 용어는 지도감독보다는 더 큰 의미를 표현하는 경우도 있다. 예를 들면, 사회내처우, 시설내처우 등에서 사용될 때는 해당되는 제도 전반을 지칭하는 것으로 보아야 한다.

30) 이에 대해서는 현재 어느 정도의 연구가 진행되었고 실무현장에 적용하려는 노력이 비교적 활발하게 계속되고 있다. 앞으로는 여기서 한 걸음 더 나아가 보호관찰제도 가운데에서도 일반보호관찰, 사회봉사명령, 수강명령, 전자감독, 약물치료 등 각각의 개별처분이 어떠한 대상자 유형에 부과되는 것이 보다 적합한지에 대하여 제시하는 처우유형론이 필요하다. 이를 위해서는 대상자 유형별로 구체적 처우내용에 따른 처우효과가 어떻게 다른지에 대한 보다 심층적이고 체계적인 연구검토가 필요하다.

또는 재범위험성이라고 할 수 있다. 예를 들어 재범위험성에 따라 고위험대상
자·주요대상자·일반대상자 등으로 구분할 수 있는데, 이를 '대상자의 재범위험성
과 연계된 처우'라고 할 수 있다.[31]

한편, 이와는 다른 각도에서 앞으로의 처우론은 대상자의 개별적 특성이나
욕구(needs)에 따라 구체적으로 어떠한 처우프로그램과 면담기법이 적용되어야
하는지에 대하여도 설명할 수 있어야 한다고 본다. 이것이 앞으로의 새로운 보호
관찰처우론의 중요한 과제라고 할 수 있다. 이러한 논의는 '대상자의 특성 및 욕구
와 연계된 처우'라고 표현할 수 있다.[32]

(2) 처우측면에서 유용한 보호관찰대상자 유형론

(가) 유용한 유형론의 요건

범죄자처우의 측면에서 유용한 범죄자 유형론[33]이 되기 위해서는 ① 가장
넓은 범위의 범죄자에 적용 가능할 것, ② 범죄자의 유형이 쉽고 확실하게 판정
될 수 있을 것 등의 2가지 요건을 필요로 한다.[34] 그러나 이러한 요건을 만족시
키는 범죄자 유형론을 구성하는 것은 매우 어려운 일이다. 스파크스(Sparks)는 서로
다른 유형의 처우에 도움이 되기 위하여 범죄자 유형을 파악하기 위해서는 8내
지 10가지의 방법으로 범죄자를 분류하는 것이 필요하다고 주장한다.[35]

실제로 보호관찰처우에 있어서도 이렇게 많은 방법을 사용하여 다양한 기준
과 관점에서 보호관찰대상자의 유형화를 시도하여 이를 조합하면, 일단 사용가

---

31) 현재 우리나라의 보호관찰 실무 상 보호관찰대상자의 유형구분에 있어서도 이러한 방식을 채택
하고 있다.

32) 즉, 여기서 보호관찰처우의 유형이라고 말할 수 있는 것들에는 처우의 조직, 처우의 방법, 처우
의 내용 등에 관한 유형을 포함하는 것이라고 할 수 있다. 따라서 보호관찰처우가 보다 효과적
이기 위해서는 어떠한 특성을 가진 대상자에게 어떠한 보호관찰프로그램과 기법이 적용되어야
하는지를 추가적으로 검토할 필요가 있다. 森下 忠, 앞의 책, p. 26 이하 참조.

33) '범죄자의 유형'이라는 개념은 범죄원인을 과학적으로 규명하기 시작한 19세기 후반부터 존재해
왔다. 그러나 범죄자의 처우와 연계된 분류방법은 리스트(Franz v. List, 1851–1919)에 의하여 처
음 주장되었다. 1882년 마부르크(Marburger) 강령에 의하면, 범죄자는 기회(우발)범죄자, 개선가
능 및 개선불가능 범죄자 등 3가지 유형이 있으며 기회범죄자에게는 위하(威嚇)로 충분하지만
개선가능범죄자에게는 교육개선이, 개선불가능범죄자에게는 영구격리가 필요하다. 그러나 이러
한 주장은 현대에 이르러서는 너무나 단순한 논의라고 비판받고 있지만, 리스트가 제안한 기본
적인 사상은 아직도 매우 강력한 영향을 미치고 있다. 이렇듯 범죄원인을 규명하는 입장에서의
범죄자 분류는 범죄방지 및 범죄자처우의 목적을 달성하기 위한 분류방법으로 재구성될 필요가
있다. 위의 책, p. 21 이하 참조.

34) 위의 책, p. 25.

35) Sparks, *Relations entre les types de délinquants et les types de traitements.* p. 164(위의 책, p.
25 재인용).

능한 대상자 분류방법을 구성할 수 있을 것이다. 그러나 문제는 그렇게 만들어진 대상자 유형론을 처우의 유형과 어떻게 연계시키고 처우의 효과를 높일 것인지에 있다.

(나) 재범위험성에 따른 유형론의 의의와 관련 연구

이런 측면에서 가장 중요한 것 중의 하나가 재범위험성에 따른 보호관찰대상자의 유형 분류이다. 대상자의 유형을 분류하는 접근방법은 이론적, 경험적, 과학적 방법 등 다양하다. 이 중에서도 처우와 연계되어 중요한 의미를 가지는 분류방법은 재범예측에 따른 유형론이라고 할 수 있다. 왜냐하면 모든 형사정책 및 범죄자처우제도의 궁극적인 목적은 범죄자의 재범을 방지하는 것에 있는데, 이를 위해서는 범죄자의 개별적 재범예측을 반영하여 그 범죄자에 가장 적합한 처우방법을 적용하는 것이 이상적이기 때문이다.

이러한 문제에 대한 실증적 연구가 이미 오래전에 미국과 영국에서 행하여졌는데,[36] 연구결과는 서로 다른 시설에서의 처우방법 차이에 의하여 범죄자들에 대한 일반적 처우효과가 차이날 수도 있지만, 동시에 동일한 범주의 처우가 범죄자의 재범위험성에 따라 효과의 차이가 있음을 보여준다. 그럼에도 불구하고 위와 같은 연구에서는 범죄자 유형과 처우유형의 상호작용이 어떠하며, 어떤 유형의 범죄자에게 어떤 유형의 처우가 효과적일 것인가가 명확하게 나타나 있지는 않다.

(다) 재범위험성에 따른 유형론의 한계

위의 연구결과들에서는 재범예측을 어떻게 분류처우에 활용하여야 처우효과가 나타날 수 있는지에 대한 의문이 제기된다. 또한 단순히 재범위험성만을 기준으로 대상자를 구분했을 때 이것이 보호관찰처우의 실제적인 지침을 줄 수 있

---

36) 비버리(Beverly)는 1959년부터 62년까지 캘리포니아 주의 교정시설에서 가석방된 소년의 성행에 대하여 2종류의 비교연구를 수행하였다. 연구결과 서로 다른 시설에서 가석방된 사람들 사이에 현저하게 재범률의 차이가 나타나는 것을 발견하였다. Beverly, *An analysis of parole performance by institution of release*(1959, 1962). California Department of Youth Authority, Research report no 40, 1965, pp. 147-148(森下 忠, 앞의 책, p. 23 재인용). 한편 1967년 영국에서 코켓(Cockett)은 같은 방법의 연구를 7개소의 호스텔시설을 대상으로 실시하였다. 그는 우선 7개의 각 시설에서 석방된 110명씩의 소년에 대하여 Mannheim-Wilkins의 예측표를 사용하여 재범률을 예측하고 결과적으로 770명 중에서 재범을 저지른 비율을 비교하였다. 그 결과, 7개의 각 시설에서 합계된 재범비율과 예측비율 간의 눈에 띄는 차이가 거의 나타나지 않았다. 그러나 Mannheim-Wilkins의 예측표 중에서 위험정도에 차이가 나는 그룹별로 비교하여 보면, 현저한 차이가 확인되었다. Cockett, "Borstal Training; A follow-up study", *British Journal of Criminology* 150, 1967, p. 148(森下 忠, 앞의 책, p. 23 재인용).

는가도 의문이다. 실제로 우리나라 보호관찰 실무현장에서 재범위험성에 따른 구분은 주로 대상자와의 접촉 빈도를 늘리거나 줄이는 기준으로만 사용되고 있는 실정이다. 따라서 보호관찰대상자의 진정한 변화와 개선을 위해서는 그들로 하여금 범죄를 저지르게 한, '범죄원인적 욕구'(criminogenic needs)를 사정하고 여기에 대응하여 처우를 실시할 필요가 있다.

(3) 새로운 발전방향의 모색

(가) 새로운 처우유형에 관한 연구

지금까지의 범죄자의 유형에 관한 수많은 연구가 존재하는 것에 비하여 상대적으로 보호관찰대상자 처우유형에 관한 연구는 적은 편이다.

범죄자 유형과 처우유형과의 관계를 실증적으로 파악하고자 한 최초의 시도는 1959년 그랜트 부부(J. D. Grant & M. Q. Grant)에 의하여 미국 캘리포니아 해군 캠프를 대상으로 실시되었다. 이 연구에서는 동일한 유형의 처우에서도 "범죄자의 유형이 차이가 나면 그 효과도 차이가 난다."는 점이 처음으로 밝혀졌다. 또한 '사회적 성숙'(social maturity)이라는 새로운 처우이론의 요소가 범죄자의 유형을 고찰할 때에 의의를 가진다고 주장되었다.[37]

이 연구를 뒤이어 수차례 유사한 연구가 미국과 영국에서 수행되었다.[38] 미국 캘리포니아 주의 소년국(Youth Authority)에서는 1966년 이래, 3개 이상의 시설에서 이러한 사회적 성숙감과 유사한 개념인 '대인적 성숙'(interpersonal maturity)의 근거한 처우방법이 시행되었다.

영국에서도 1961년부터 1966년까지 캠브리지 범죄연구소와 내무성이 17세부터 21세까지의 남자 보호관찰대상자의 서로 다른 유형 간에 어떻게 서로 다른 처우효과가 나타나는지에 대하여 수행한 연구에 의하면, 동일한 보호관찰에도 8가지의 처우유형이 존재한다는 사실이 보고되었고, 이는 범죄자 유형과 처우의 상호작용의 중요성을 시사하고 있다.

(나) 보호관찰대상자 위험/욕구에 반응하는 차별적 처우

보호관찰대상자 특성에 따라 처우효과의 차이가 발생한다고 보는 관점에서 처우유형을 생각해 본다면, 예를 들어 초범으로 25세 미만의 청년범죄자로서 2년

---

37) J. D. Grant & M. Q. Grant, "a group dynamics approach to the treatment of non-conformists in the navy", *Politics and Social Science*, 126. 1959, p. 131(森下 忠, 앞의 책, p. 26 재인용).
38) 이들 연구에 대한 자세한 소개는, 위의 책, pp. 26-27 참조.

에서 3년 사이의 보호관찰을 집행할 때는, 어느 정도의 주기로 접촉하여 면담을 실시하고, 어떠한 사회복귀지원 프로그램을 적용하며, 어느 정도의 강도로 준수사항 이행상황을 점검하는 것이 가장 효과적인가에 대한 연구가 필요한 것이다. 이 경우 같은 25세 미만의 청년 보호관찰대상자라고 해도 우발적인 강도미수범과 소년시절 상당한 범죄경력을 쌓아온 상습절도범에 대해서는 각각 다른 처우방법이 적용되어야 할 것이다.

이외에도 보호관찰대상자의 정신의학적·심리학적 징후나 자질을 고려하거나 고유한 개별적 특성에 따라 몇 개의 분류기준을 조합하여 만들어 낸 대상자 유형에 따른 처우의 차별화를 검토할 필요가 있다. 예를 들어, 여성·고령자·정신질환자 등 대상자의 고유한 인적(人的) 특성이나 무직·문제음주 등 개별적 문제 상황, 즉 범죄원인적 욕구에 따라 각각 보호관찰의 처우내용이 달라져야 한다는 것이다. 재범위험성과 함께 범죄원인적 욕구를 고려한 처우모델을 '위험/욕구반응(RNR: Risk Needs Responsivity)모델'이라고 한다.

한편, 이러한 처우의 원칙에 대하여 스웨덴의 뵈르엔손(Börjeson)은 '차별적 처우의 원칙'(principle of differential treatment)이라고 불렀다. 이는 보호관찰대상자의 차이에 따른 처우의 원칙으로 이해할 수 있으며, 개별적 처우원칙의 연장선상에 위치지울 수 있다.

2) 보호관찰처우의 지식체계 개관

일반적으로 정책에는 이론의 뒷받침이 있다. 정책은 가치판단을 수반하기 때문에 이론의 응용 그 자체는 아니지만, 합리적 정책에는 그 정책이 목표달성에 기여하는 것임을 보여주는 근거로서의 이론이 있다.

마찬가지로 범죄자들의 사회복귀를 위한 전문적 대책과 실천기법의 이면에도 이론적 배경이 뒷받침되어야 한다. 특히 합리적이며 효과적인 대책과 기법일수록 탄탄한 이론적 배경을 가지고 있어야 한다. 범죄대책의 전문적 영역으로서의 보호관찰처우, 즉 보호관찰대상자의 사회복귀를 위한 보호관찰관의 개입활동을 살펴보면, 거의 모든 활동장면에서 의식하든 그렇지 않든, 명시적이든 묵시적이든 수많은 전문 지식과 이론의 도움을 받고 있다. 「보호관찰 등에 관한 법률」 제16조 제2항에서는 "보호관찰관은 형사정책학, 행형학, 범죄학, 사회사업학, 교육학, 심리학, 그 밖에 보호관찰에 필요한 전문적 지식을 갖춘 사람이어야 한다."

고 규정되어 있다.

　법률에서 제시되어 있는 여러 학문 분야를 보호관찰처우와 관련하여 그 의
미를 살펴보면, 간접적인 배경지식39)과 직접적으로 처우장면에서 활용될 수 있
는 실천지식으로 구분할 수 있다. 특히 실천지식은 그 적용범위에 따라 개인적,
즉 미시적(micro) 측면에 초점을 두는 경우와 집단과 지역사회 등 중범위적(mezzo)
측면까지 개입의 범위를 확대하는 경우로 다시 구분할 수 있다.40) 한편 각 지식
체계는 그 활용도에 따라서도 구분이 가능한데, 이를 전체적으로 〈표 11-1〉로
정리해 보면 아래와 같다.

┃ 표 11-1 ┃ 보호관찰처우의 지식체계

	지식의 특성	적용범위	활용도
범죄학(형사정책학)41)	배경지식	-	높음
행형학42)	배경지식	-	낮음
교육학	배경지식	-	보통
(임상)심리학: 심리치료 및 상담 이론	실천지식	미시적, 심층적	높음

---

39) 전문적 실천가는 자신이 다루는 현상의 속성을 이해하여야 하는데, 보호관찰관도 범죄자와 범죄의
현상에 대하여 이해할 필요가 있다. 일반적으로 이론은 현상에 대한 조직적 관점을 제공해주는 개
념과 명제의 집합으로서, 전문적 실천가가 현상을 제대로 이해하는 데 도움을 준다. 김혜란·홍
선미·공계순, 『사회복지실천기술론』, 나남출판, 2007, pp. 19-20 참조.

40) 이론은 '유용한 지식'이라는 건축물의 골격이며 경험적 사실은 벽돌로 비유할 수 있다. 전문적
실천가는 그 전문직에서 활용될 수 있는 지식으로 충분히 무장되어야 한다. "이론이 없는 실무
는 말이 없는 마차와 같아서 아무 곳에도 가지 못한다."고 할 수 있다. Anthony Walsh,
Correctional Assessment, Casework & Counseling, 2nd ed., Lanham, Maryland: American
Correctional Association, 1997, 3면. 그러나 이론은 특정한 맥락(context-specific)에서만 설명력
을 가지며 그나마 절대적인 참은 아니다. 결국 "개개의 인간은 모든 다른 사람과 같고, 어떤 사
람들과 같으며 다른 누구와도 같지 않다"는 명제가 성립한다. 김혜란 외, 위의 책, pp. 3-4. 바로
여기에 다양한 실천이론을 습득하고 활용할 필요성이 있는 것이다.

41) 범죄학과 형사정책학은 개념 구분이 모호하다. 학자에 따라서는 형사정책학이 범죄학의 일부라
고 하거나 그 반대로 범죄학을 형사정책학의 일부분이라고 주장하기도 하며, 범죄학과 형사정책
을 같은 의미로 사용하기도 한다. 대체로 양자에 있어서 중첩되는 부분이 많기 때문에 함께 묶
어서 표현할 수 있다고 본다. 한편, 형사정책학이라는 용어보다는 범죄학이라는 용어를 사용하
는 것이 바람직하기 때문에 여기서는 범죄학만을 다루도록 한다. 형사정책과 범죄학의 관계에
대해서는 아래에서 상술한다.

42) 현재 우리나라에서는 '행형'이라는 말을 대신하여 '교정'이나 '수용자 처우'라는 용어를 더 많이
사용하고 있다. 나아가 '행형학'이라는 학문분야가 독립학문으로 인정할 만큼의 양적·질적 수준
을 갖추고 있고 학문적 체계가 이루어져 있는지도 의문이다. 이는 형사정책학 또는 범죄학의 일
부분으로 보는 것이 타당하다고 본다.

	사회사업학[43]	실천지식	중범위적, 종합적	높음
기타 지식	형사법 (형법·형사소송법)	배경지식	-	높음
	사회학	배경지식	-	낮음

  이하에서는 우리나라 보호관찰 실천현장에서 주로 활용되고 있는 전문처우 프로그램의 이론적 배경이 되는 범죄학 이론과 직접적인 처우기법으로 활용될 수 있는 사회복지실천(social work)기술에 대하여 알아보도록 한다.

2. 범죄학과 보호관찰처우

1) 범죄학의 개념과 성격[44]

가) 범죄학의 개념

(1) 범죄학의 생성과 발전

  범죄학이란 범죄의 원인을 구명하고 그 대책을 연구하는 과학적 접근방법이다. 범죄학의 역사는 18세기로 거슬러 올라간다. 1764년 베카리아(Cesare Beccaria)가 「범죄 및 형벌론」(Dei Delliti e delle Pene; On Crimes and Punishment)이라는 제하의 저서를 출판한 때가 범죄학의 맹아기이다. 여기에서 그는 범죄(criminality)의 원인에 관한 일반이론을 제시하고 인본주의적 행형정책과 행형제도개혁의 필요성을 제기하였다.

  범죄학이 관념적 차원에서 과학적 차원으로 진보한 것은 롬브로조(Cesare Lombroso)와 그의 제자 페리(Enrico Ferri) 및 가로팔로의 연구에 의한 것이다. 그 후 범죄학은 주로 사회학자들의 노력에 의하여 학문적 체계를 갖추면서 발전해 왔고, 20세기에 들어서서는 생물학 및 심리학 등 다른 분야의 학자들의 헌신에 힘입어 눈부신 발전을 이룩하였다.

  그러나 그동안 범죄학의 개념과 지위에 대하여는 확립된 정설이 없고, 범죄학이 독립된 학문인가 또는 법학·사회학·심리학과 같은 다른 학문의 일부분인

---

43) 비록 법률에는 '사회사업학'이라고 규정되어 있으나 '사회복지실천(기술)'로 칭하는 것이 바람직하다. 이에 대해서는 후술한다.

44) 이하는 정동기, "범죄학의 성격과 발전방안", 「형사정책연구」 9(1992. 1·2), pp. 6-13의 내용을 일부 발췌하여 요약·정리한 것이다.

가 하는 점에 관하여도 이론이 제기되어 왔다.

(2) 범죄학의 개념과 범주에 관한 논쟁

범죄학의 개념과 범주에 관한 논쟁은 1950년대와 1960년대에 제기되었다. 범죄학의 개념과 범주에 관한 이론은 다음과 같은 5개의 이론으로 나누어 볼 수 있다.

첫 번째 이론은 범죄학을 하나의 독자적인 학문으로 인식하지 않는 것이다. 이는 범죄학을 광의의 형법학의 한 부분으로 인식하는 것으로 1911년 크르치무스키(Edmund Krzymuski)에 의하여 주장된 이래 1950년대에 폴란드에서 이와 같은 경향이 있었으나, 현재는 이와 같은 이론을 찾아볼 수 없고 이는 다만 연혁적 의의가 있을 뿐이다.

두 번째는 범죄학을 범죄의 원인, 진압방법, 형사정책, 행형학 및 형사실체법 및 절차법의 쟁점들을 포괄하는 광의에 있어서 범죄와 관련된 하나의 학문분야로 인식하는 것이다. 이는 1904년 오스트리아의 법률가인 그로스(Hans Gross)가 그의 저서 서문에서 범죄학은 범죄인류학(criminal anthropology), 범죄사회학, 사회심리학(social psychology), 기타 범죄수사학(criminalistics) 및 주관적 범죄심리학(subjective criminal psychology) 등을 포괄하는 것이라고 한데서 비롯된다. 여기에는 그 외에도 형사정책, 행형학, 형사 실체법 및 절차법이 포함된다. 이 이론은 범죄수사학이라는 독립한 학문을 범죄학의 분야에 포함시키는 오류가 있는 등 방법론상의 오류로 인하여 쉽사리 받아 들여질 수는 없는 것이나 이후의 범죄학적 사고의 형성에 적지 않은 영향을 주었다.

세 번째 이론은 범죄학을 전형법학(gesamte Strafrechtswissenschaft)의 체계 내에서 범죄수사학, 형법학, 행형정책(penal policy)과 관련하여 범죄(criminality)의 현상과 원인에 관한 학문으로 보는 폰 리스트(Franz von Liszt)의 이론이다. 리스트는 형법학 분야의 세 가지 주요과제로서 ① 요원에 대한 실용적 범죄수사 훈련, ② 범죄 및 형벌의 원인 해명, ③ 효율적 범죄 진압을 위한 입법의 완전화를 들었는데, 그 첫째 범주에 속하는 것이 형법학이고, 둘째 범주 중 범죄의 원인에 관한 것이 범죄학이라는 것이다. 이 이론은 젤리히에 의하여 전형법학(全刑法學)이라는 하나의 체계 내에 범죄학과 형법학을 모두 포괄하는 것은 옳지 않다는 비판을 받았다. 이 이론도 또한 범죄학과 범죄수사학을 같이 취급한다는 문제가 있다.

네 번째 이론은 현재의 범죄학 연구의 발전 경향과 같이 범죄학을 범죄자와 그 처우에 관한 연구라고 보는 것이다. 이는 미국 범죄학의 경향과 일치하는 것이다. 미국의 범죄학은 주요한 특징으로서 실증주의적 경향을 지닌 사회학적 사고에 기초하고 있다. 1930년대부터 1960년대까지 미국의 주요한 범죄학자 쇼우 (C. Shaw), 맥케이(H. McKay), 버지스(E. Burgess), 셀린(Thorston Sellin), 서덜랜드(Edwin Sutherland), 레클리스(Walter Reckless), 메닝어(K. Menninger) 등이 이 부류에 속한 학자들이다.[45]

다섯째 이론은 범죄학을 협의로 보아 범죄의 원인과 그 발현형식의 연구에 한정하는 접근방법이다. 이는 유럽의 전통적인 접근방법이고 현재 사회주의 국가에서의 지배적인 경향이다.

생각건대 위와 같은 이론 중 네 번째 이론이 타당하다고 본다. 여기에는 범죄학에 있어 매우 중요한 분야인 범죄의 정의를 위한 형법의 발전과 그 활용, 범죄의 원인, 그리고 범죄행동을 통제하기 위하여 활용되는 방법들이 포괄된다. 따라서 범죄학은 범죄의 원인을 구명하고 그 대책을 연구하는 종합과학으로서의 범죄원인론(etiology)뿐 아니라 형사사법제도 및 교정제도에 관한 연구와 범죄예방대책 등을 포괄한다.[46]

나) 범죄학의 성격

(1) 독자성

범죄학은 사회학, 심리학, 경제학, 법학, 교육학, 의학, 통계학 등에 이르기까지 다양한 분야의 지식이 요구되는 학문이다. 실제로 범죄학의 아버지라고 불리는 롬브로조는 의사 출신이다. 탄생 이후 20세기 중반에 이르기까지 범죄학의 경향은 사회학적이었다.

그러나 1980년대에 들어서 이는 여러 다른 분야의 학자들의 헌신에 의하여

---

45) 서덜랜드(Sutherland)와 크레시(Cressey)는 그 저서에서 "범죄학은 하나의 사회적 현상으로서의 범죄에 관한 지식의 총체이다. 이는 그 범주 속에 법의 형성, 법의 위반, 그 법위반이 대한 반응과정을 포괄한다."고 하면서, "범죄학의 대상은 법, 범죄, 그리고 범죄자 처우의 과정에 관하여 일반적이고 검증된(verified) 원칙 기타의 지식의 발전이다."라고 정의하였다. 여기에서 그들은 범죄학의 분야를 형법 형성의 조건을 연구하는 '법사회학'(sociology of law), 범죄의 원인을 연구하는 '범죄원인론' 및 범죄 진압에 관한 형벌체계인 '행형학' 등 세 가지로 나누었다. 한편 셀린에 의하면 범죄학의 독자성은 그것이 지향하는 목적에 따라 결정되는데 범죄행동의 해명, 이에 대한 사회적 반응 및 필요한 예방수단(preventive measures)의 결정이다. Edwin H. Sutherland and Donald R. Cressey., *Criminology*, 9th ed, Philadelphia: J. B. lippincott Company(정동기, 앞의 논문, 1992, p. 9에서 재인용).

46) 한편 범죄학에 대한 학문으로서의 독자성에 회의를 가진 이론들은 1950년대까지 제기되었으나, 현재에는 범죄학의 주제와 범주에 관한 광범한 불일치에도 불구하고 그 독자성을 부인하려는 주장은 제기되지 않고 있다.

커다란 영향을 받았다. 예를 들면, 생물학자와 의사들은 범법행동(law-violating behaviour)을 야기하는 것으로 보이는 특성을 분리시키기 위하여 범죄자들의 신체적 특징을 연구해 왔다. 또한 심리학자와 정신의학자들은 폭력적 행동(violent be-haviour)을 야기할 것으로 생각되는 심리과정(mental process)에 초점을 맞추어 왔다. 역사학자나 정치경제학자(political economist)들은 *法史*와 범죄개념의 발전에 관하여 기여해 왔다.

이와 같이 다양하고 이질적인 성질로 인하여 전술한 바와 같이 범죄학은 한때 사회학이나 심리학과 같은 하나의 체계적이고 독립적인 학문분야로 간주되어야 하는가 하는 점에 의문이 제기된 바도 있고, 어떤 학자들은 범죄학은 아직 독립적인 학문분야로서의 수준에 도달하지 못하였고 다만 여러 분야의 정보나 지식의 합성물(amalgam)에 불과하다고 비판하기도 하였다. 그러나 범죄학은 과학적 접근방법과 조사(research)를 활용하여 조직적인 통계와 논리적 개념화(conceptualization)의 독자적인 한 체계를 집적하였으므로 여러 분야로부터의 지식을 융합한 하나의 독립적인 학문분야라 할 것이다.

(2) 종합과학성

독립과학으로서의 범죄학은 종합과학(interdisciplinary science)이다. 범죄라고 하는 것은 매우 복잡한 사회적 현상인 까닭에 범죄학도 광범한 분야를 포함하지 않을 수 없다.

범죄학은 심리학과 깊은 관련을 맺고 있다. 일반심리학은 인간의 심리과정, 그 유형 및 분류, 그 구조의 분석 및 기본과정 등을 포괄하고 있다. 발달심리학은 심리발달의 일반적 법칙 및 결정요인 등을, 사회심리학은 인간집단 내에서 일어나는 심리과정을, 생리심리학(physiological psychology)은 해부생리학적(anatomical-physiological) 근거에 의한 심리과정의 조건화를 각기 중점적으로 연구한다. 심리학 분야에서 범죄학에 중요성을 갖는 분야는 범죄행위의 동기화(motivation)이다. 동기나 충동과 같은 심리원인적 요소(mental etiological factors)는 범죄행위의 결정과 실행과정에 있어 기본적인 기능을 한다. 재판과정에 있어 충동과 동기의 확정은 형량에 영향을 준다.

범죄학은 또한 사회학과도 밀접한 관련을 갖고 있다. 현재의 사회학은 사회적 현상과 과정에 관한 다양한 측면과 관련된 특수한 분야를 취급하고 있다. 범죄학에 있어서 가장 중요한 분야는 사회병리학(social pathology)이다. 여기에서는 범죄행동으로 이끄는 가정의 파괴 및 다른 환경의 측면이나 대중매체의 부정적 효과와 이민, 실업, 알코올 중독 등의 부정적 효과를 다룬다.

교육학도 범죄학과는 적지 않은 관련을 맺고 있는데, 일탈아동에 대한 양육과 교육적 노력을 다루는 교정교육학(therapeutical pedagogy, orthopedagogy)이 특히 그렇다. 재교육적 교육학(reeducational pedagogy)의 방법은 범죄방지 분야에서 커다란 중요성을 나타낸다. 통계학과 범죄학과의 관계는 다언을 요하지 않는다. 범죄학에 있어서 통계학은 통계자료의 수집, 그 서술과 분석에 기여한다. 통계학은 형벌의 효율성, 교정시설 및 요원규모의 효율적 활용, 범죄학적 예측, 범죄설명에 있어서 이론적 모델의 진보에 기여한다.

정신의학(psychiatry), 신경학(neurology) 및 내분비학(endocrinology) 등과 같은 의학도 특히 범죄학과 깊은 관련이 있다. 지각(perception), 주의(attention), 사고과정 및 정서생활에서의 장애와 같은 다양한 병리증상은 범죄의 원인 요소가 될 수 있다. 현대의 정신병리학(Psychopathology)은 범죄성의 생물학적 원천에 주의를 기울임으로써 범죄학에 크게 기여하였다. 뇌진탕, 후막뇌염(postmeningitis)상태, 뇌의 염증(brain inflammation)이나 신경계통의 변성(變性, degeneration) 등과 같은 신경계통의 변질은 범죄원인론에 있어서 상당한 역할을 차지한다. 내분비학은 정상 및 비정상적 형태학(morphology)의 분석과 내분비선에 관한 생리학 및 생화학과 관련된 것으로 비정상적인 내분비선은 범죄행동에 영향을 미칠 수도 있다는 점에서 범죄학과 관련을 맺고 있다.

범죄학은 범죄와 범죄자를 그 대상으로 하고 있는 까닭에 형사법학과 매우 밀접한 관계를 가짐을 부인할 수 없다. 형법은 어떠한 유형의 행위가 범죄가 되는가를 결정함으로써 범죄학 연구에 있어서의 주된 방향을 지시한다. 이는 또한 범죄학적 연구가 주요하게 적용될 분야에 대하여 해답을 제시한다. 범죄의 동기, 유인(incentive) 및 환경의 결정은 범죄에 대한 형벌의 선택에 있어 중요한 것일 뿐 아니라 올바른 형식의 형집행을 선택하는데 있어 중요한 징후가 된다. 또한 형사법의 규제를 필요로 하는 사회적 또는 경제적 관계의 부정적 변화는 사회현상에 대한 범죄학적 연구가 선행되어야 한다. 범죄학적 연구의 효과는 범죄현상에 대한 이해를 증진시켜 형사법학 분야로 하여금 실제적 범죄상태에 관한 새로운 개념의 형성을 가능하게 하고 죄질에 따른 형벌의 정도를 규정하고 형법전을 정교하게 할 수 있다.

범죄학은 위와 같이 여러 분야와 관련된 것이기는 하지만 다른 분야에서 발전된 조사방법(research methods)을 기계적으로 빌려 쓰지는 않는다. 오히려 그 나름대로의 필요성에 의해 필요한 방법들을 응용하여 활용하고 있을 뿐 아니라 독자적인 방법을 개발하고 있다. 이와 같은 독자적인 연구방법으로 범죄학은 타 분야에서 발전된 이론 및 연구 조사방법을 응용하고 있을 뿐 아니라 스스로의 연구결과를 타 분야에 전파하기도 한다. 이와 같이 범죄학은 독자적인 하나의 학문으로서 확립되어 있을 뿐 아니라 광범한 분야의 학문과 밀접한 관계를 가지고 상호 지식의 전파, 연구방법의 교환을 통하여 관련 제 과학의 발전에 기여하는 종합과학이다.

범죄학과 형사정책학

'범죄학'과 밀접한 관계를 가지고 있고 그 구분이 모호한 학문으로 '형사정책학'이 있다. 형사정책학은 사실로서의 '형사정책'(Kriminalpolitik)을 대상으로 하는 학문이다. 일반적으로 형사정책이란 범죄를 방지함으로써 사회질서를 도모하는 국가기관의 일체의 시책을 일컫는다.

그러나 이러한 형사정책의 개념도 반드시 일치하는 것은 아니어서, 광의와 협의로 다시 나누어 살펴볼 수 있다. 협의의 형사정책은 범죄를 방지함으로써 사회질서의 유지를 도모하는 국가기관의 시책을 의미하고, 광의의 형사정책은 범죄와 관련된 일체의 국가적 대책을 포괄하는 것이다. 그러나 광의로 보는 경우에는 형사정책의 범위가 지나치게 확대되어 사회정책과의 구별이 모호하게 되는 등 형사정책의 의의를 상실케 할 우려가 있어 본래의 의미의 형사정책이라 할 때에는 협의의 형사정책을 일컫는다. 따라서 학문으로서의 형사정책, 즉 형사정책학은 위와 같은 본래의 의미의 형사정책을 대상으로 하는 학문이라 할 것이다.

여기에서 범죄학의 개념을 협의로 해석하여 범죄학을 형사정책학의 일부분이라고 하거나 범죄학과 형사정책을 같은 의미로 사용하기도 한다. 즉, 형사정책학은 범죄현상을 경험적으로 분석하여 범죄원인을 해명하고 이에 기초하여 범죄방지를 통한 사회질서 유지를 도모하는 시책을 연구하는 학문이 된다. 이렇게 보는 경우 범죄학과 형사정책학은 구분이 모호하고 결국 같은 영역을 가지는 학문이 되는 것이다.

그런데 종래와 같은 형사정책학이라는 용어를 사용하지 않고 구태여 범죄학이라는 용어를 사용하려는 것은 범죄학의 학문적 성격을 보다 부각시키고 그 학문적 지위를 확고히 하려는데 그 의도가 있다. 형사정책이라는 용어는 앞에서 본 바와 같이 그 내용이 사실상 지극히 광범위한 것이고, 다양한 여러 학문적 지식과 정보가 요구되는 것임에도 그동안 법률가의 전유물처럼 여겨져 전통적인 독일 개념법학에 사로잡혀 있는 경우가 많았다. 여기에 기존의 형사정책이라는 명칭과 범죄학이라는 용어가 혼용됨으로써 심리학, 생물학, 정신의학 등 관련과학 분야의 지식과 정보의 흡수, 활용이 제대로 되지 않는 것도 문제이다.

　이제는 범죄학의 독자성을 충분히 발휘할 수 있도록 종합과학으로서의 범죄학 분야의 학문적 지위와 성격을 분명히 할 필요가 있다. 따라서 체계적이고도 균형적인 학문적 발전을 도모하기 위하여 형사정책이라는 용어보다는 범죄학이라는 용어를 사용하는 것이 보다 바람직하다.

출처: 정동기, 앞의 논문, pp. 11-12.

2) 범죄학의 관점과 보호관찰처우

가) 범죄학의 2대 관점

　범죄자처우에 대해서는 고전주의 범죄학적 견해에 의거한 **보수주의적 관점**, 즉 응보 또는 정의를 강조하는 관점과 실증주의 범죄학의 이념에 따른 **자유주의적 관점**, 즉 사회복귀(개선)를 강조하는 관점의 2가지가 있다.

　고전주의 범죄학[47]에 따르면, 범죄행동을 통제하기 위해서는 범죄에 따른 이익을 훌쩍 뛰어넘는 고통·공포를 주면 범죄로 인한 이익을 형벌의 고통과 합리적으로 비교·고려하여 범죄행동을 선택하지 않는다고 한다. 이러한 고전주의 범죄학의 사고는 근대 형벌체계의 근간을 이루고 있으며 범죄대책에 관한 보수주의적 관점의 기반이 되고 있다.[48] 이에 따르면 구금형은 물론 보호관찰도 기본

---

[47] 고전주의 범죄학은 통상 18세기 이탈리아의 베카리아를 빼놓고 말할 수 없지만, 그뿐 아니라 종교적 권위와 왕권신수설에 대항하는 것이 점차 우세하게 되었던 당시 사회의 합리주의적 사고방식을 반영하는 것이다. 고전주의 범죄학은 인간이 자연 상태에서 진화하기 위해서는 이성이 필요하며, 이성은 자유로운 의사의 소산이라고 생각한다. 蛭原 正敏, "犯罪學から見た更生保護,"「更生保護の課題と展望」, 1999, pp. 455-456. 참조

[48] 범죄방지대책에 대한 이러한 보수적 관점은 고전주의 범죄학파의 범죄원인론 및 형벌관을 반영한 것인데, 이는 다음과 같은 세 가지 주요한 특징이 있다. ① 범죄의 원인과 관련하여 **인간의 자유의지와 합리적 선택**임을 강조한다. 이는 범죄자가 대체로 범죄행위를 저지르기 전에 합리적 계산의 과정을 통해서 범죄로 인한 혜택(benefit)이 범죄의 비용(cost)보다 클 때 범행을 선택한다고 가정하는 것이다. ② 형벌을 부과할 때의 주안점은 범죄자가 아니라 **범죄행위** 그 자체에 있다. 그들은 범행의 사회적 위해(social damage) 정도에 따라 동일 행위에 대해서는 모든 범죄자에게 동일한 형벌을 부과함으로써 공평하고 정확한 형벌의 집행을 강조하였다. ③ 처벌의 정도

적으로는 범죄자에게 어느 정도 자유를 제약하겠다고 위협함으로써 범죄행동을 통제하려는 것이다.

한편 대체로 실증주의 범죄학파[49]의 출현을 범죄학의 본격적인 출발점으로 간주하고 있지만, 실증주의적 사고는 범죄학 고유의 것은 아니다. 실증주의는 사람은 자기가 뜻대로, 지성이 요구대로 자유롭게 행동할 수 있는 자율적인 주체가 아니라 인간의 행동은 개인의 통제력이 통하지 않는 요인에 의해 결정된다고 생각한다. 심리학과 사회학 등에서 인간 행동을 설명하려는 이론은 모두 실증주의적 사고에 준거하고 있다.[50] 실증주의 범죄학은 범죄행동을 결정하는 요인을 인간의 어떠한 측면에서 찾는지에 따라 대체로 생물학적 범죄이론, 심리학적 범죄이론, 사회학적 범죄이론 등의 3가지로 나뉜다. 보호관찰대상자에 대한 수집하는 기본적인 인적 정보, 가족적·사회적 환경정보들은 모두 범죄행동의 생물학적, 심리학적, 그리고 사회적 요인에 대하여 실증주의 범죄학에서 연구·분석되어 온 내용들 그 자체인 것이 매우 많이 있다.[51]

나) 보호관찰처우의 관점

(1) 사회복귀 관점과 응보 관점

보통 보호관찰은 자유주의적 사회복귀 관점에 준거하고 있다고 할 수 있지만,[52] 경우에 따라서는 보수주의적 응보관점에 입각할 때 이해하기 쉬운 장면들이 있다. 예를 들어, 보호관찰 준수사항을 부과하고 이를 중대하게 위반했을 경

에 있어서는 부과된 처벌의 고통이나 비용이 범죄로부터 얻을 수 있는 혜택보다는 커야 한다. 또한 처벌의 양을 산정하기 위해서는 처벌의 가혹성, 신속성, 그리고 확실성이 동시에 고려되어야 하며, 이 중에서도 범죄는 **처벌의 확실성과 신속성**을 확보함으로서 억제될 수 있다. George B. Vold, Thomas J. Bernard, and Jeffrey B. Snipes, *Theoretical Criminology*. 4th ed., New York: Oxford University Press, 1998, pp. 22–23.

49) 실증주의학파는 범죄란 체계적이고 객관적으로 연구되어야 하고 연구될 수 있는 대상이라는 사실을 강조했다. 실증주의학파의 범죄에 대한 이러한 새로운 이해는 오늘날의 범죄학이 발전하는데 필요한 동기를 제공하고 범죄행위가 복합적인 요인에 의해 야기된다는 점을 많은 사람들에게 인식시켜 주었다.

50) 蛯原 正敏, 앞의 논문, pp. 456–457.

51) 그러나 범죄행동의 실증주의적 이론은 실로 다양하고, 심지어 간혹 서로 모순되기 때문에 어느 한 면만을 강조하는 경우에는 범죄행동을 충분히 설명하는데 불충분하다. 보호관찰처우계획의 수립을 위하여 조사하는 내용들도 단편적이고 정리가 되어 있지 않은 경우가 많다. 또한 대상자의 특성에 따라 적용 가능한 범죄이론도 매우 다양하다.

52) 보호관찰제도의 목적은 대상자의 건전한 사회복귀를 도모하고 재범을 방지함으로써 국민의 복지를 증진하고 사회를 보호하는 것이다(「보호관찰 등에 관한 법률」 제1조 참조). 보호관찰제도의 목적조항을 몇 가지 개념적 용어로 분해하면 사회복귀, 재범방지, 복지증진, 사회보호 등이 실천현장의 직업적 목표로서 도출된다.

우 제재조치를 통하여 보호관찰처분을 취소·변경하는 것은, 기본적으로 대상자 개인의 통제를 넘어선 힘에 의하여 준수사항을 위반하는 일이 없다고 상정하는 것이다. 오히려 제재조치라는 처벌을 제시함으로써 대상자가 자유의사에 의해 준수사항을 지키는 것을 기대하고 있다고 보는 것이 타당하다.

하지만 그러한 준수사항의 부과목적[53]이나 보호관찰대상자에 대한 다양한 개입 및 처우활동은 기본적으로 범죄행위의 인과관계를 상정하고 그 원인을 제거 또는 완화하기 위한 것이므로 사회복귀 관점에 입각하여 1차적으로 보호관찰 처우가 운용되고 있다고 보는 것이 타당하다.

성폭력범죄자에 대한 처우에 있어서 전자감독과 같은 통제적 접근과 성행치료프로그램의 이수 등 치료적 접근을 병행하는 것이나, 보호관찰활동에서 원호조치와 감독조치가 동시에 강조되는 것은 이 두 관점이 병행적으로 강조되는 사례라고 볼 수 있다.

한편, 보호관찰관들은 처우에 있어서 어떠한 관점을 택할 것인지에 대하여 상대적으로 자율적인 입장에 있다. 하지만 보호관찰관들이 채택하는 처우의 관점은 크게 보면 '사회복귀'를 강조하는 입장과 '재범방지'를 지지하는 입장으로 구분할 수 있다.[54] **'사회복귀 담론'**은 자유주의적 사회복귀 관점에 영향을 받은 것으로서 원조적 실천지향과 연결되며, **'재범방지 담론'**은 보수주의적 응보관점에 입각한 것으로서 통제적 실천지향에 연결된다고 할 수 있다.[55]

---

53) 일본에서는 준수사항에 대해서 어떤 내용으로 하는 것이 적절한지를 놓고 여러 가지 논의가 이루어지고 있다. 가장 큰 이슈는 준수사항은 규범성이 강한 것에 한정되어야 한다는 의견과 생활목표적인 준수사항 설정도 가능하다는 의견의 대립이다. 바꿔 말하면 준수사항 위반이 있었을 때 그것을 사유로 보호관찰의 취소가 가능해야 한다는 의견과 보호관찰의 취소와는 무관한 준수사항의 설정도 가능하다는 의견의 대립이다. 일본에서는, 이에 대하여 생활목표적인 준수사항도 부과할 수 있다는 의견이 우세하다. 이 경우 준수사항 위반사실이 있다고 하더라도 곧 보호관찰 취소가 가능한 것은 아니지만, 준수사항 위반행위에서 밝혀진 재범가능성의 증대를 이유로 보호관찰 취소를 검토할 수 있다는 것이다. 蛯原 正敏, 앞의 논문, pp. 464-466. 참조.

54) 2003년에 실시된 한 연구에서 보호관찰관(담당자) 150명에 대한 설문조사를 실시한 결과, '보호관찰의 최우선 목표'를 묻는 질문에서 조사대상자의 31.5%가 '범죄인의 원활한 사회복귀'로 응답한 반면 60.4%는 '재범방지를 통한 사회보호'로 응답하였다고 보고하고 있다(기타 응답은 8% 정도에 불과하였다). 김화수, 「보호관찰제도의 현황과 개선방안」, 한국형사정책연구원, 2003.

55) 이에 대해서는 다음과 같이 그 이유를 설명할 수 있다. 우선 '사회복귀 담론'에서는 행위의 주체가 '대상자' 자신이다. 즉 대상자 자신이 사회에 건전하게 복귀하는 것이기 때문에 대상자가 행위주체이다. 따라서 보호관찰관의 역할은 그러한 행위주체를 돕거나 행위주체가 그러한 행위를 하도록 변화를 이끌어 내는 것이다. 또한 사회에 잘 적응하기 위해서는 원조적인 접근 방법, 즉 자원의 연결, 지지적 상담 등을 필요로 한다. 반면 재범방지의 경우에는 '범죄자들의 재범을 막는' 행위의 주체가 보호관찰관이다. 여기서 대상자는 타자화 되고 그들의 재범과 관련된 위험요소들은 관리의 대상이 된다. 물론 재범방지는 원조적 지원을 통해서도 이루어질 수 있다. 그러나

(2) 보호관찰처우의 관점과 제재조치

제재조치를 실시하고 보호관찰처분을 취소 또는 변경하는 절차를 밟는데 있어서 보호관찰관이 당면하는 가장 큰 고민은 '좀 더 지켜볼 필요는 없는가?'에 대한 것이다.

해당 시점에서 보호관찰을 취소하지 않고 다시 한 번의 기회를 갖는다면 대상자가 이번에는 제대로 사회에 복귀하는 것은 아닌지에 대한 의문과 이번 기회에 취소절차에 들어가지 못하여 재범에 이른다면 보호관찰은 아무 의미가 없다는 의문이 대립하게 되는 것이다.

이때 보호관찰관은 해당 대상자의 재범위험성 정도에 대하여 고민하고 갈등하게 된다. 보호관찰관이 자신의 직업적 일상에서 흔히 겪는 이러한 갈등은, 다르게 보면 사회복귀적 관점과 응보적 관점 중에서 어떠한 입장을 채택할 것인가의 '처우입장 선택의 문제'로 볼 수도 있는 것이다.

원래 보호관찰제도는 개인의 자발적 의사에 의한 노력과 이를 통한 변화를 강조하는 것이다. 따라서 "준수사항을 부과하고 이를 위반할 경우 처벌하는" 보호관찰의 기본적 설계구조는 고전주의 범죄학적 발상, 즉 응보적 관점에 입각한 것으로 볼 수 있다. 다만 보호관찰대상자가 혼자 힘으로 의도했던 변화, 즉 건전한 사회복귀를 이루는 것이 쉽지 않기 때문에 전문적 소양을 갖춘 보호관찰관이 사회복귀적 관점에 입각하여 다양한 개입과 처우활동을 펼치도록 하는 것이다.[56]

따라서 준수사항 위반이 있을 때는 단순히 준수사항 위반사실 여부를 묻는 것이 아니라 거기에 표현되어 있는 재범가능성의 크기를 고려해서 보호관찰의 취소 신청 여부를 판단하여야 한다. 그러나 범죄학적 지식과 소양이 부족한 경우에는 재범가능성의 정도를 정확히 가늠하기 쉽지 않다. 이러한 경우에는 제재조치의 실시에 있어서 형식적 운용에 빠질 우려가 크다.

보호관찰의 기본구조는 준수사항의 위협에 따라 지도감독의 틀(frame)을 확보하고, 이러한 틀 안에서 지도감독을 실시하는 것이므로 기본적으로 고전주의와 실증주의 범죄학 절충적인 형사정책이라고 할 수 있다. 따라서 범죄자에 대

'사회복귀'라는 반대 담론의 존재로 인하여 재범방지는 사회복귀를 위한 노력을 제외한 기타의 활동으로 의미가 축소되는 경향이 있다. 이형섭, 앞의 논문, 2012, pp. 129-130.

56) 이런 측면에서 사회복귀 모델에 입각하여 대상자의 태도 변용을 촉진하는 생활목표적 준수사항을 설정하는 것이 가능하다고 할 수 있다.

한 사회내처우에 대해서는 사회복귀적 관점과 응보적 관점에 준거하는 방안을 균형 있게 도입하는 것이 보호관찰제도의 현실적인 효과를 높이게 된다고 본다.

3) 범죄이론과 보호관찰처우

가) 처우에 유용한 범죄이론의 범위

보호관찰관에게 생물학적 범죄이론에 관한 지식이 필요한 경우가 있다. 생물학적 범죄원인에 관한 연구는 다방면에 걸쳐 이루어지고 있고, 특히 최근에는 대뇌생리학이나 유전학에 관한 연구가 급속히 발전함에 따라 범죄에 대한 생물학적 원인론이 많이 제시되고 있다. 성폭력범죄자나 소수의 강력범죄자의 상습적 범죄행위에 대해서는 이러한 생물학적 접근이 매우 유력하게 활용될 수 있다. 특히 현실의 보호관찰 지도감독에서는 일정한 생물학적 범죄이론의 지식, 예를 들면 마약범죄대상자에 대해서는 약물에 대한 생리적, 정신적 의존에 관한 지식이나 대상자의 이상행동에 대해 정신과 의사가 진단할 종류의 정신이상인지를 판단할 정도의 지식은 반드시 필요하다.

보호관찰관에게는 심리학적 범죄이론에 관한 지식도 필요하다. 이는 실증주의 범죄학이 심리학적 요인에 초점을 맞춘 접근이기 때문이다. 심리학은 범죄자뿐만 아니라 개인 수준의 인간행동을 설명하는 학문이므로 대상자의 개별처우를 원칙으로 하는 보호관찰 지도감독에 있어서 매우 필요한 지식이다. 그러나 범죄자 혹은 범죄에 대하여 단일한 통합적 심리학은 없다는 점에 주의할 필요가 있다.

나아가 현재 보호관찰처우에 대해서는 범죄행동을 범죄자에 초점을 두고 설명하는 기존 심리학에서 조금 분리된 지식 체계로서의 '상담'이 주요 위치를 차지하고 있다. 그 중에는 예를 들면, 시스템이론에 기초한 가족치료와 같이 인과관계의 개념을 포기하고 순환적인 시스템을 제창한 것도 있다. 상담은 심리적 적응상의 문제에 대응해 이뤄질 원조적 과정이다. 기존의 상담기법으로는 로저스의 비지시적 상담(클라이언트 중심 치료)이 주류였지만, 최근에는 행동이론에 기초한 상담(행동치료)도 많이 활용되고 있다. 보호관찰에 대해서는, 이에 구체적인 서비스의 제공과 사회자원의 활용을 더해 '보호관찰 사례관리'(case management)라고도 칭할 수 있다. 여기서 문제는 상담 등의 처우기술 혹은 처우이론이 실증주의 범죄학의 범주 안에 들어가느냐에 대한 것이다. 하지만 범죄자처우에 적용되는 한,

범죄행동의 원인이 되는 심리적 적응상의 문제가 있다고 가정하고 있으니 적어도 실증주의 범죄학의 이론과 겹치는 부분이 있다고 본다.

사회학에 관한 지식은 실증주의 범죄학의 사회적 요인에 관한 부분과 관련이 있지만 이는 각각의 범죄행위의 직접적 원인을 다루는 것이 아니라 범죄자의 사회적 관계의 갈등, 긴장, 문화를 다루는 것이다. 이러한 지식은 범죄자가 처한 사회적 위치나 그 영향을 고찰하고 그에 따른 처우계획을 세우는 데 유용하다. 예를 들어, 불량한 또래집단과 공범관계에 있는 소년대상자에 대하여 분화적 접촉이론으로 분석하여 또래집단과의 단절이 처우목표가 되거나, 부모와의 갈등이 문제라고 생각하는 대상자에 대해서는 부모 자녀 간의 상호이해와 신뢰의 촉진을 도모하는 처우가 고려될 수 있는 것이다.

대상자의 분석이나 처우방침 수립에 있어서의 배경이 되는 이론이 무엇이든 그것이 처우방침에서 단편적으로 기술된 경우에는 그 내용이 결과적으로 '상식적인 처우방향'을 제시하는데 그칠 가능성이 많다. 예를 들면, 불량한 또래집단과 공범관계인 소년대상자에 대하여 분화적 접촉이론으로 설명하려 하면 불량한 친구들과 교제하지 못하게 지도하는 처우방침을 수립할 수는 있지만, 이것은 보호관찰대상자의 범죄성 개선과 관련된 전문적이고, 구체적인 처우방법까지 제시하는 것은 아니다. 따라서 효과적인 보호관찰처우를 위해서는 범죄학의 여러 이론에 대한 깊이 있는 이해와 통찰이 필요하다고 본다.

이하에서는 그러한 다양한 범죄이론의 핵심개념과 보호관찰처우에 있어서의 시사점을 개괄적으로 살펴보도록 한다.

나) 다양한 범죄이론의 시사점

(1) 현대적 억제이론의 시사점

처벌의 확실성, 엄격성, 신속성, 그리고 비례성의 원칙과 특별억제 및 일반억제의 개념은 현대적 형법과 형사사법체계의 철학적 기반이 되고 있다. 더 나아가 현대적 억제이론에서도 핵심적 요소로 남아 있다. 범죄문제에 대한 억제이론의 가장 일반적인 대책은 법정형의 인상, 양형의 가중, 경찰력의 강화 등을 내용으로 한다. 그러나 억제의 잠재력에 대한 믿음은 이뿐만 아니라 사형, 상습범 가중처벌정책 등 거의 모든 형사제재수단의 배경에 항상 존재한다.

미국에서 수행된, 1968년 깁스(Gibbs)와 1969년 티틀(Tittle)의 경험적 연구에서는 다음과 같은 결론이 도출되었다. ① 형벌의 집행이 확실하고 형벌의 정도가 엄격한 경우 살인사건의 발생률이 낮아진다. ② 형벌의 확실성은 모든 범죄에서 중요한 영향을 미치는 것으로 확인되었다.[57] ③ 처벌의 신속성은 측정상의 어려움으로 이들 경험적 연구에서 거의 다루어지지 않았다.

억제에 대한 이러한 경험적 연구에서 밝히고자 하는 중요한 문제는 국가의 공식적인 처벌이 가지는 위협이 가족, 교회, 학교 등의 비공식적 통제체제의 사회화 과정에서 확보된 규범적 억제력을 넘어서는 의미 있는 '한계적 억제'(marginal deterrence)효과를 갖는가 하는 것이다. 이 문제에 대한 해답은 한계적 억제효과가 있기는 하지만 충분하지 않다는 것이다. 억제에 대한 연구는 대부분 처벌의 확실성과 범죄율 간의 부적 관계를 보여주지만, 그 상관관계는 약한 것으로 나타났다. 처벌의 엄격성에 대한 인식 역시 어느 정도 억제효과가 있기는 하지만 전체적으로 볼 때, 이 이론에 대한 경험적 타당성은 제한적이다.

이 이론이 보호관찰 지도감독에 가지는 가장 큰 시사점은 준수사항위반자 등에 대한 제재조치의 신속성과 엄정성, 그리고 확실성이다. 집중보호관찰제도, 위치추적 전자감독제도, 신상공개제도(의도했든 안했든 그 처분의 가혹성으로 인하여) 등도 이러한 억제이론에 근거한다고 볼 수 있다.

한편 현대적 억제이론의 하나인 일상활동이론은 생활양식적 접근이라고도 불리는데, 1970년대 공식범죄율의 증가를 설명하기 위해 로렌스 코헨(Lawrence Cohen)과 마커스 펠슨(Marcus Felson)이 처음 제안하였다. 그들에 의하면 개인이 '직접적 접촉'(direct contact)에 의한 대인범죄나 재산범죄의 피해자가 되기 위해서는 ① 동기화된 범죄자, ② 범행에 적합한 대상물, ③ 사람이나 재산에 대한 감시가능성 등의 '범죄 삼각형'(crime triangle)이 있어야 한다.[58]

이 이론이 보호관찰 지도감독에 가지는 시사점은 야간외출제한명령 또는 대상자들이 밀집하는 공원·유흥가 등 특정장소에 대한 야간불시순찰활동이 효과적일 수 있다는 점 등이다. 그러나 전반적으로 이 이론은 범죄피해와 관련된 이

---

57) 이후 다른 연구에서도 이러한 사실은 지속적으로 지지되었다.

58) 이 이론의 주된 명제는 이러한 세 가지 요소가 한 시간과 공간에 모아졌을 때 범죄가 발생한다는 것이다. 또한 그들은 어떤 사회적 변화는 적당한 대상을 증가시키고 유용한 보호를 감소시킨다고 주장하였다. 1989년 셔먼과 그의 동료들(Sherman et al.)은 일상활동이론을 검증하는 그들의 연구에서 주요 약탈범죄가 도시의 단지 3% 지역에서 집중적으로 발생한다는 사실을 밝혀냈다. 그들에 의하면 이것은 감시가 부재한 상황에서 피해자와 범죄자가 접하게 되는데 관련이 있기 때문에 이 이론과 일치하는 연구결과인 것이다.

론이며, 보호관찰관보다는 경찰관의 방범활동과 그 관련이 깊다.

(2) 현대 생물학적 범죄이론의 시사점

범죄발생에 대하여 생물학적으로 설명하려는 노력은 다양한 측면에서 이루어져 왔다. 이러한 생물학적 원인론은 범죄인과 정상인의 차이를 개인의 신체적 특징이나 유기체적 구성측면에서 찾으려 했다는 점에서 공통점이 있다. 그러나 이러한 주장들에 대한 경험적 타당성은 표본추출, 측정의 문제들로 아직 확정되지 못했다. 롬브로조의 생래적 범죄인설 등 초기의 생물학적 이론들이 소개되는 것은 그 설명력보다는 역사적인 가치에 더 큰 이유가 있다고 할 수 있다.[59]

한편, 최근의 사회생물학적 관점은 생물학적 소질이 범죄발생의 가능성을 높이기는 하지만, 실제 범죄의 유발은 다른 심리적·사회적 요인과 상호작용을 통하여 이루어진다는 사실을 강조하고 있다. 즉 사회 및 환경적 요인과 연결될수록 생물학적 이론에 대한 경험적 지지와 수용가능성은 높아 현대 생물학적 원인론은 그 방향으로 가고 있는 것이다. 생물학적 특성과 환경 간의 상호작용이 있다는 주장에 대해서는 대부분 수긍하는 편이며, 오히려 실제적 쟁점은 "상호작용의 본질과 범죄가 생물학적 요인이나 환경에 의하여 영향을 받는 정도"이다.

생물학적 원인이 제어할 수 없고 변하지 않는다고 보는 이론일수록 범죄와 연관된 생물학적 요소를 통제하려는 정책을 추진할 필요가 있다. 이러한 관점에서는 범죄자의 뇌나 생화학적 기능을 수정하는 의료적·화학적 치료[60]나 뇌수술과 같은 외과적 절차를 사용하는 것이 허용된다. 또한 범죄의 통제를 위해서는 장기간의 격리구금과 무력화만이 효과적인 수단이 된다.

최근 우리나라에서도 시행되고 있는 소위 '화학적 거세'(chemical castration), 즉 성충동약물치료는 성적 활동이나 성욕을 감퇴시킬 목적으로 약물을 투여하는 것이다. 이들 약물은 남성 호르몬인 테스토스테론 생성을 억제해 성충동을 줄여주

---

59) 이러한 논의들이 범죄원인론의 첫머리에 등장하는 것은 단지 역사적인 가치 때문만은 아니라고 한다. 초기의 생물학적 범죄원인론도 나름대로의 매력을 지니고 있다는 것이다. 그것은 우리 모두가 갖고 있는 일반적 선입견과 일치한다는 점이다. 즉 범죄인류학적 가설은 비정상적인, 아마도 덜 개화된 인간이 범죄를 저지르는 것이 당연하다는 선입견이다. 따라서 그는 이러한 이론으로부터 역설적으로 우리의 뿌리 깊은 선입견을 확인하고 이를 경계하는 계기를 얻어야 한다고 주장한다.

60) 예를 들면, 폭력적 성향이 있는 사람들에게 할돌(Haldol), 스텔라진(Stelazine), 프롤릭신(Prolixin), 리스페달(Risperdal) 등 신경전달물질의 조절을 돕는 향정신병약으로 치료하는 경우를 볼 수 있는데, 이를 종종 '화학적 억제'(chemical restraints)라고 부른다.

는 역할을 한다.[61] 그러나 이러한 의료적 조치는 약간의 개인들에게만 효과가 있고 전체적인 범죄인에게 적용하기는 어려우며, 의료적 시술의 돌이킬 수 없는 신체손상이나 다른 고려사항들 때문에 오직 최후 수단으로만 사용되어야 한다.

최근의 생물학적 이론가들은 보다 덜 공격적인 식이치료, 유전학적 상담 및 약물치료를 찬성하며 생물학적 위험을 극복하기 위한 학교 또는 지역사회 프로그램을 추천한다. 이러한 프로그램 중에는 보호관찰처우에 반영할 수 있는 것들이 있다고 본다. 정신보건센터 등과 연계된 정신과적 진단과 치료프로그램, 지적장애 또는 정신장애인의 선별과 그들에게 개별화된 치료적 프로그램, 오토바이 폭주족과 같이 스릴을 추구하는 소년대상자에게 해악이 적지만 흥분되고 도전적인 대안을 제공하는 것, 예를 들면 익스트림 스포츠 프로그램을 실행하는 것들이 여기에 포함된다.

(3) 심리학적 범죄이론의 시사점

범죄에 관한 심리학적 원인론 가운데 정신분석학적 이론은 범죄의 이면에 있는 본질적 원인으로서 비합리적이고 무의식적인 동기를 강조한다. 한편 성격이론, 예를 들어 사이코패스(psychopath) 이론은 상습적 검거, 타인에 대한 학대, 품행장애 등을 진단 기준으로 내세우고 있으나, 이에 대해서는 그 자체가 법위반의 내용을 포함하고 있기 때문에 동어반복의 문제가 있다는 비판을 받고 있다.

범죄원인에 대한 심리학적 접근은 또한 범죄대책에서도 다양한 예방 및 치료프로그램에 영향을 미쳤다. 따라서 보호관찰관은 심리학적 원인론에 근거하여 다양한 범죄예방 프로그램을 기획하고 참여하여 수행할 수 있다. 보호관찰 분야에서의 정신분석이론 또는 성격이론의 치료적·정책적 함의는 분명한데, 이 관점에 의하면 범죄인은 병자로서 근원적 정서장애의 치료가 필요하다. 주로 인간 내면에 있는 정서적 또는 성격적 문제의 증상이 중요하기 때문에 '개별화된 상담치료'가 무엇보다 중요하다.

한편, 보호관찰 분야에서 인지이론과 행동주의이론에 근거한 치료적 개입프

---

61) 화학적 거세에 사용되는 약물은 주로 전립선 암 치료제로 쓰이는 루프롤라이드, 고세렐린, 프립토렐린 등으로서, 전문의의 판단에 따라 1개월, 3개월, 6개월에 한 번씩 투여한다. 화학적 거세는 일반적으로 약물의 투여가 지속되지 않으면 이전의 상태로 되돌아간다고 알려져 있다. 생명을 위협할 정도의 부작용은 적은 것으로 보고되나, 몇몇 사용자들에게는 지방축적, 골밀도 감소 등의 부작용을 보였으며, 장기적으로 심혈관계 질환과 골다공증을 일으킬 위험을 증가시킬 수 있는 것으로 나타났다. 또한 일부는 남성의 유방비대증(gynecomastia)을 일으켜 여성화 효과를 경험하기도 하는 것으로 보고되었다.

로그램들은 다음과 같은 개인의 기술이나 능력을 강화하는 목적으로 운영된다. 대처기술과 문제해결 기술, 또래·부모 등과의 적절한 관계형성능력, 갈등해결과 의사소통 기술, 또래압력에 저항하는 방법, 결과적 사고와 의사결정 능력, 다른 사람과의 협동·존중, 친사회적 행동의 모델링, 공감능력 등이 그것이다. 사회적 기술 학습에 근거한 개입은 상대적으로 새로운 방법이지만 범죄행동을 감소시키는데 장기적인 장점을 보인다.

(4) 사회학습이론의 시사점

사회학습이론에 대한 대부분의 경험적 연구는 차별적 접촉, 모방, 정의, 차별적 강화 등 사회학습변수들과 범죄, 일탈행동 간의 강한 상관관계를 발견하였다. 즉 사회학습이론의 명제들은 일관성 있게 지지되어 왔고 가장 많은 경험적 지지를 받아왔다. 특히 가족이나 또래집단과 같은 일차적 집단에서 차별접촉이 범죄나 일탈행동에 중요한 영향을 미친다는 증거는 충분하다. 가족은 부모의 훈육을 통하여 자기통제력의 발전을 촉진한다. 일탈행위는 일탈적 부모모형과 비효과적이고 변덕스러운 부모의 감독과 훈육, 일탈에 우호적인 가치와 태도의 승인에 의하여 영향을 받는다. 자녀는 부모가 순응행동에 대해 일관되게 긍정적 보상을 할 때, 그리고 잘못된 행동에 대하여 적절하게 부정적 제재를 가할 때 순응행동을 학습하게 된다.

한편 가정에서 학습된 비행성향은 또래집단과의 차별적 접촉을 통하여 더욱 심화되며, 비행행위를 처음 저지를 때 기회를 제공하는 것도 또래집단이다. 거의 모든 또래집단 연구에서 또래집단이 청소년비행과 성인범죄, 알코올 및 약물남용 등과 강한 관련성이 있는 것으로 나타났다. 또한 비행행위가 비행친구와의 교제에 선행하기 보다는 또래와의 교제가 비행행위의 발전에 선행하는 것이며, 비록 반대적 순서도 나타나지만 그러한 과정은 복잡하고 연속적이며 상호적인 것이라고 한다.

보호관찰정책에 사회학습의 원리를 적용하는 범죄 및 비행예방 프로그램의 기본 가정은 범죄행동에 영향을 주는 사회학습과정을 조작하는 만큼 행동을 수정할 수 있다는 것이다. 학습원리에 기반한 행동수정 프로그램은 개인과 집단에 맞춘 프로그램을 모두 포함하며 비행청소년과 성인범죄인 교정에 다양하게 시행되고 있다. 1998년 앤드류와 본타(Andrew & Bonta)는 가족과 동료를 이용하는 사회행태적 전략이 자아존중감 같은 일반적 심리치료보다는 더 효과적이라는 것을 발견하였다. 그들에 의해 수행된 교정치료프로그램 효과성 연구의 메타분석 결과, 인지행동적·사회학습적 접근들이 인간관계를 중심으로 한 상담이나 정신역학적 통찰에 의한 상담보다 효과적이라고 주장하였다.

(5) 사회통제이론의 시사점

허쉬의 사회유대이론은 전체적으로 경험적 연구들에 의해 상당한 타당성을 인정받고 있다. 그러나 사회유대와 일탈행동 간의 관계와 강도는 보통에서 낮은 정도까지의 범위이며 높은 수준의 설명력은 찾아보기 힘들다.[62]

한편, 자기통제이론은 현재 가장 많이 인용되고 검증된 범죄이론의 하나이다. 자기통제이론은 논리적으로 일관성이 있고 간결하며 넓은 영역을 다룬다. 자기통제이론의 전반적인 평가연구는 2000년 프랫과 컬른(Pratt & Cullen)에 의하여 수행되었다. 그들은 21개의 경험적 연구의 메타분석을 통해, 낮은 자기통제력이 범죄행위의 주요 예측인자로 고려되어야 한다고 주장하였다. 낮은 자기통제력은 평균적으로 비행과 범죄가 갖는 변량의 19%를 설명하였다.

보호관찰정책에서 사회통제이론이 가지는 정책적 함의는 사회학습이론의 그것과 비슷하다. 특히 사회유대이론에 입각할 때, 가정과 학교에서의 애착과 관여를 강화시키는 것이 중요한데, 이때 활용될 수 있는 방법은 사회학습이론에서 제안한 긍정적 강화, 모델링, 친사회적 태도와 기술을 학습하는 것이다. 이러한 이론에 기초한 프로그램이 미국 시애틀에서 시작된 사회개발모형(SDM: Social Development Model)이다.[63] 한편, 자기통제이론에 의하면 인생초기에 개입하는 가족프로그램이 충동적 행위를 통제하는 사회화에 영향을 미칠 가능성이 있다.

요약컨대, 이 이론에 입각할 때 친사회적 모델링을 가능하게 하는 멘토링 프로그램, 가족관계 회복을 위한 가족치료프로그램 등이 보호관찰대상자, 특히 소

---

62) 허쉬의 최초 연구에서 비행과 사회유대에 대한 대부분의 연구결과가 이론을 지지하지만, 그 정도는 보통이고 일부는 이론이 기대한 것과 반대방향으로 나타난다. 예를 들면 '애착'의 효과와 관련하여 친구와의 애착은 오히려 비행을 증가시키는 결과를 초래한다. 이는 오히려 비행발생에 있어서 또래집단의 영향력을 강조하는 사회학습이론과 일치하는 것이다.

63) 이 프로젝트의 목표는 어린 시절에 가족과 학교에 대한 강한 유대를 발전시키는 것이다. 이를 위하여 친사회적 기술과 태도, 행동을 습득하게 하여 유년기 후반이나 청소년 전반에 비행유형을 학습하지 않도록 하는 것이다. 시애틀에 있는 8개의 초등학교를 대상으로 특정한 개입 학급을 설정하여 상호작용적 수업과 협력적 학습과 같은 혁신적인 교육방법을 채택하여 학교와의 유대를 강화하고 필요한 경우 부모에게 양육훈련 기술을 제공하는 등 가정의 유대강화를 위한 노력도 병행하였다. 결과적으로 이 프로젝트는 비행, 약물남용, 나쁜 행실의 예방에 어느 정도 성공적인 것으로 나타났다(R. L. Akers and C. S. Sellers., *Criminological Theories: Introduction, Evaluation, and Application* (4th ed). L. A.: Roxbury Publishing, 2004, pp. 201–203.).

년대상자에 대한 처우프로그램으로 권장될 수 있다.

(6) 긴장이론의 시사점

머튼의 아노미이론은 가장 지속적이고 영향력 있는 범죄사회학적 이론 중 하나이다. 그에 의하면 사회적 불평등은 아노미의 이해를 위한 출발점이며, 범죄는 사회구조적으로 하위계층의 문제이다. 일탈행동과 사회적 성공목표를 연결시킴으로써, 아노미이론은 개인적 좌절과 범죄성을 만들어내는 원인을 지적하였다. 하지만 아노미이론은 많은 질문들에 대한 해답을 충분히 제공하지 못하고 있다. 예를 들면, 왜 사람들이 아노미적 상태에서 특정유형의 범죄를 저지르는지 설명하지 못하고 있다. 아노미이론의 비판가들은 사람들이 청소년들이 경제적 성공보다는 교육, 운동, 사회적 성취를 포함한 다른 많은 목표를 추구한다고 주장한다. 또한 운동적 자질, 지능, 성격, 가족생활 등 다른 요인들이 목표달성에 방해나 도움이 될 수도 있다.

한편 애그뉴의 일반긴장이론은 범죄성의 원인에 관한 탄탄한 통찰력을 가진 것으로 지지받고 있다. 그는 범죄성은 분노·좌절·우울과 같은 '부정적 감정'(negative affective states)의 결과라고 본다. 이러한 부정적 감정이 다음과 같은 긴장의 다양한 차원에서 생성된다. ① 긍정적 가치를 주는 목적달성의 실패, ② 기대와 성취 사이의 괴리, ③ 긍정적 자극의 제거, ④ 부정적 자극의 출현 등이 그것이다. 누구나 하나 이상의 이러한 긴장의 유형을 경험하게 되지만, 이것이 실제로 불법적 행동을 야기할 것인지는 개인의 판단에 달렸다. 다만 긴장의 강도가 강하고 횟수가 많을수록 그 충격은 커지고 일탈에 빠질 가능성이 높아진다.

일반긴장이론은 최근 경험적 문헌들에서 상당한 관심을 모았으며, 몇몇 연구들에서는 긴장과 범죄의 다양한 척도 사이의 직접적 관련성이 입증되었다. 하지만 이 이론에서 가장 문제가 되는 것은 다른 이론적 변수들이 비행에 대한 긴장의 효과를 조절하거나 완화시킨다는 특수성이다. 즉, 비행친구와 자주 접촉하거나 사회유대가 약할 때 비행의 발전가능성이 높다는 효과의 증명은 여전히 논쟁적이다.

보호관찰 지도감독의 관점에서는 긴장이론, 특히 일반긴장이론은 부모의 자녀훈육기술 훈련, 보호관찰청소년에 대한 사회적 지원의 강화, 부정적 반응에 대응하는 사회적 기술이나 대처능력 신장 프로그램 등 가족과 학교 차원에서의 개입을 지지한다.

(7) 통합이론모델의 시사점

상당한 범죄학 통합모델들은 경험적 검증을 통해서 개별 이론보다 우수한 설명력을 갖는 것으로 나타났다. 가장 높은 설명력을 보인 경우는 사회통제이론과 사회학습이론이 결합된 것이다. 콘거(Conger)는 비록 사회통제이론의 변수도 중요하긴 하지만 사회학습이론의 변수가 비행행동을 예측하는데 더 중요한 인자라고 주장하였다.

보호관찰정책 차원에서 통합이론모델에는 중요한 정책적 제언들이 내포되어 있다. 특히 근본적인 범죄예방을 위한 초기의 부모양육을 중시하면서, 만약 청소년이 비행을 저지른 경우에는 그들의 사회복귀프로그램을 강조한다. 왜냐하면 사회통제이론과 사회학습이론의 통합모델은 초기 사회화의 중요성을 강조하고 있기 때문이다. 따라서 부모교육을 위한 다양한 활동과 프로그램이 정책적으로 중요하다. 또한 비행청소년의 사회유대를 강화하기 위한 사회복귀프로그램도 정책적으로 중요하다. 여기에는 교육, 직업훈련, 약물의존성 치료를 위한 개별상담 등이 포함된다.

(8) 발달범죄학의 시사점

발달이론은 현재 상당한 정도로 발전하여 범죄학 분야에 희망을 제시하는 미래지향적 연구 분야로 자리 잡았다. 기존의 범죄학 연구범위를 초월하여 인생경로 전체에 초점을 둔 광범위한 연구를 포함하는 새로운 접근방법이 되었다. 한편 인간의 발달을 보는 견해는 차이가 난다. 인생항로이론은 사람이 항상 변화한다는 측면에 초점을 맞춘 반면, 잠재적 속성이론은 사람의 성향이 안정적이고 지속적이라는 점을 강조한다. 이러한 입장 차이는 세상에 두 부류의 범죄인 집단이 존재하고 있음을 암시한다. 하나는 살아가는 동안 발생하는 사건에 영향을 받는 덜 심각한 집단이고, 다른 하나는 어떤 긍정적인 사회지향적 관계의 영향력도 무시하는 만성적인 집단인 것이다.

발달이론의 관점에서 많은 정책적 발의가 있어왔다. 특히 보호관찰 차원에서는 위기에 처한 소년대상자에게 사회적·교육적·가족적 서비스를 제공하는 것의 중요성이 부각된다. 또한 다차원적 전략을 채택한 범죄예방 프로그램의 필요성이 제기된다. 예를 들면 '시애틀 사회발달모델'의 시범실시 결과는 국가가 개인의 인생 여러 시점에서의 다양한 개입프로그램을 실시할 것과 위험요인과 보호요인 모두에 초점을 둔 복합적인 전략을 취할 필요가 있다는 것을 시시하고 있다. 이러한 다차원적 전략은 학교요소, 방과후 요소, 부모참여 요소 등을 포함한다.

한편 보호관찰정책의 관점에서 발달요인의 가장 큰 시사점은 무엇보다도 소년대상자에 대한 초기 예방과 개입전략이 성인기의 범죄를 감소시키는데 매우 효과적이라는 것이다. 또한 교우집단의 중요성도 간과할 수 없다. 따라서 인생 초기에 반사회적 영향력을 끼치는 집단을 와해하고 그에 저항하는 기술을 비행 청소년에게 가르칠 필요가 있다.

3. 사회복지실천(social work)과 보호관찰처우

이하에서는 사회복지실천(social work)의 의의와 역사에 대하여 개괄적으로 먼저 살펴보고 이어서 사회복지의 전문적 실천과 보호관찰의 관계에 대하여 알아보도록 한다. 특히 실제 보호관찰현장에서 사용되고 있거나 사용될 수 있는 '현실적' 사회복지실천기법을 중심으로 살펴보도록 한다.

1) 사회복지실천과 보호관찰의 관계

가) 사회복지실천의 의의

보호관찰 분야에서 사회복지적 처우기법을 말할 때 사회복지실천(social work), 케이스워크, 소셜 케이스워크 등의 용어가 상당히 무차별적으로 혼용되고 있는 것으로 보인다. 그러나 이들 용어는 엄밀히 각기 다른 의미를 가지고 있는 점을 확인할 필요가 있다.

소셜워크(social work 또는 socialwork)는 19세기 후반기쯤 영국에서 싹텄으며, 그 후 주로 미국에서 발전되어 온 사회복지 고유의 전문적 원조기술로서, 한국어로 번역하자면 '사회복지실천' 또는 '사회복지 원조기술'이라는 용어로 표현할 수 있다. 또한 일본에서는, '소셜워크'(social work)라는 원어 그대로 사용되는 경우가 일반적이며,[64] 우리나라에서도 같은 주장을 하는 학자들이 있다.[65] 그러나 이 책에

---

64) 鈴木 美香子, 앞의 논문, p. 242.

65) 김상균 외, 「사회복지학개론」(제3개정판), 서울: 나남, 2011, p. 324에서는, 사회복지실천에 대하여 '소셜웤(social work)'이라는 원어 그대로 사용할 것을 주장하면서, 그 개념에 대해서는 개인이나 집단 혹은 공동체의 사회기능(social functioning) 향상과 회복을 원조하고, 이들의 목적에

서는 〈한국사회복지교육협의회〉의 방침을 참고하여 'social work'에 대하여 '사회복지실천'이라는 용어를 사용하기로 한다.[66]

나) 사회복지실천(social work) 모델이 보호관찰에 미친 영향

사회복지 분야에서는 1920년대 이후 세틀먼트 운동이 전개되었는데, 이와 관련하여 당시 미국에서 최신 이론인 리치먼드의 케이스워크 이론이 일부 선구자에 의해 소개된 것으로 알려져 있다.[67]

당시는 미국에서, 기능주의(문제해결지향적) 사회복지실천(social work)도 대두되고 있었지만, 아직도 진단주의(원인탐구적) 사회복지실천(social work)이 우세한 상황이었다. 사회복지실천방법론 가운데 1900년대 초반 보호관찰 분야에 도입된 기법은 이러한 의료모델에 근거한 진단주의 사회복지실천(social work)이 중심이었음은 쉽게 알 수 있다.

부응하도록 사회 상황을 조성하는 전문적 활동이라고 정의하고 있다. 또한 이는 정확한 과학지식과 기술을 적용하여 개인이나 집단, 공동체를 전문적으로 원조하는 활동이라는 점에서 자선사업이나 사회공헌과 구분된다고 기술하고 있다.

66) 1990년대 이전에는 'social work'가 주로 '사회사업'이라는 한국어로 번역되어 사용되었다. 그러나 이에 대해서는 '사회사업'이라는 전문직의 활동이 민간자원봉사자나 자선단체의 '자선사업'과 혼동을 일으킨다는 문제점이 지속적으로 제기되었다. 1976년 부산에서 개최된 〈한국사회사업대학협의회〉의 워크샵에서는 이에 대하여 최초로 본격적인 논의를 하게 되었다. 이에 따라 사회복지학계에서는 '사회사업'이라는 용어를, 가능한 '사회복지'라는 용어로 대체하여 사용하게 되었고, 결과적으로 많은 대학교의 '사회사업학과'가 '사회복지학과'로 명칭이 변경되었다. 한편, 2000년부터 〈한국사회복지교육협의회〉도 과거의 '개별사회사업(개별지도)', '집단사회사업(집단지도)' 등의 교과목을 폐지하고 '사회사업실천'이라는 용어도 '사회복지실천'이라고 통일하여 변경하였다. 이러한 연혁적 측면을 고려할 때, 이 책에서도 'social work'에 대하여 소셜워크, 소셜웝 등 원어를 발음표기로 표시하거나 과거에 사용하였던 '사회사업'이라는 용어를 사용하기보다는 사회복지학계의 일반적 경향을 따라 '사회복지실천'이라는 용어로 번역하여 사용하도록 한다. 다만, 과거의 '사회사업'(social work)과 '사회복지'(social welfare)가 분명히 다른 개념임에도 불구하고 학문적 측면보다는 사회적·정치적 측면을 주로 고려하여 일괄적으로 용어를 변경하여 사용하는 것은 문제가 있다고 본다. 앞으로 충분한 검토를 통해 발전적으로 시정되어야 할 부분이라고 생각한다. 전재일 외, 「사회복지실천론」(개정판), 서울: 형설출판사, 2003, pp. 16-17 참조.

67) 사회복지실천의 근원을 따지면 19세기 후반 영국의 〈자선조직협회〉(COS)의 활동이나, YMCA등의 청소년 교육단체 활동, 또 세틀먼트 운동 등에 이르는 것으로 알려져 있지만, 이론적으로는 20세기 초에 나타나 '케이스워크의 어머니'라고 불린, M. 리치몬드에 의하여 처음으로 정리되었다. 리치몬드는 그녀의 저서 「소셜 케이스워크란 무엇인가?」(What is Social Case Work?)에서 '소셜 케이스워크'는 "인간과 사회 환경 사이를 개별적으로 의식적으로 조정하는 것을 통해 인성(personality)을 발달시키는 여러 과정으로 구성되었다."고 주장하였다. Richmond, M. E., What is Social Case Work?, 1922, p. 98(鈴木 美香子, 앞의 논문, p. 244에서 재인용). 리치몬드가 지적한 인간과 사회 환경과의 적응·부적응의 문제, 인성 발달의 문제에 대해 당시 발전하고 있던 심리학·정신분석학 등의 지식을 응용하면서 의학에서 질병의 진단 그 치료에 비유한 '의료모델'에 따라 원인과 결과의 직접적 인과관계 파악 및 그 단절·개선 방안의 모색으로 오랫동안 고찰이 계속되어 왔다.

이러한 영향으로 인하여 실제 보호관찰현장에서도 '처우 또는 치료'(treatment)의 개념뿐 아니라, "비행과 범죄를 고친다(치료한다)."거나 "문제의 원인을 진단한다." 등의 표현이 아직도 많이 사용되고 있다. 지금도 보호관찰기법에 있어서 기초적 용어로 사용되는 이러한 말들은 의학 전문용어에서 차용하고 있는 것이며 보호관찰의 내용을 생각하는 틀로서도 이러한 의학적 개념이 현재에 이르기까지 계속하여 사용되고 있다.

그러나 최근에는 일반 시스템이론의 영향을 받고 그런 직접적 일방적 인과관계로서가 아니라 인간과 사회 환경의 순환적 피드백인 '상호작용'에 초점을 맞추고, 그 상호작용을 통해서 일어나게 되는 개인의 성장발달에 주목하는 '생활모델'이 나타나게 되었다. 이러한 생활모델에 근거한 최신 사회복지실천이론으로서 **생태학적**(ecological) **사회복지실천**(social work) 등이 있다.

2) 사회복지실천기술과 보호관찰처우

가) 실천기술의 유형과 처우에의 유용성

(1) 사회복지실천기술의 유형

사회복지실천기술(social work skill)은 접근 차이에 따라 직접 원조기술과 간접 원조기술로 나뉜다.

직접 원조기술은 목표로서의 사회복지를 대상자의 생활 속에 직접, 그리고 개별적으로 실현하기 위한 것으로서 사회복지실천(social work)의 주된 부분이다. 구체적으로는 개인을 중심으로 삼는, '케이스워크'(casework, 개별 원조기술)와 집단을 형성하고 그 집단과정을 활용하고 구성원인 개인의 변화를 꾀하는 '그룹워크'(group work, 집단 원조기술)가 있다. 양자 모두 원래는 '소셜 케이스워크'(social casework), '소셜 그룹워크'(social group work)로 불리던 것으로 사회복지사전에는 이러한 것이 정식명칭으로 등재되어 있다. 그러나 부르기에 길기 때문에 차츰 앞의 '소셜'을 생략하여 칭하는 것이 일반화 되었다.[68]

한편, **간접 원조기술**은 주력인 직접 지원기술이 보다 유효하게 기능하도록 측면에서 지원하는 원조적 방법 또는 기술이다. 여기에는 여러 분류가 있지만, 일반적으로 지역사회복지실천(community work), 사회복지조사(social work research), 사회복지행정(social administration), 사회복지계획(social planning), 사회활동(social action)

---

68) 鈴木 美香子, 앞의 논문, p. 243.

등의 5종류가 있다.

　　이러한 사회복지실천의 여러 기술 이외에도 인접과학의 분야에서 발전하여 사회복지 영역에서 응용되고 있는 기법들, 예를 들어, 사회지지망(social support network)의 형성, 사례관리(case management), 슈퍼비전(supervision), 상담(counselling) 등이 있다.

(2) 보호관찰처우에의 유용성

　　보호관찰제도가 법집행의 일익을 담당하고 있음에도 불구하고 그 이면에는 사회복지적 요소가 있다는 사실을 부인하는 사람들은 드물다. 그러나 법집행적 요소와 사회복지적 요소가 어떻게 결합 또는 융합되어 있는지에 대한 논의는 보호관찰제도가 최초로 시작된 1800년대 중반부터 계속되는 것처럼 보인다.

　　이 논쟁에 대해 합의된 의견을 내놓는 일은 쉽지 않지만, 보호관찰, 특히 대상자의 처우 면에서 그 기법의 대부분이 심리학적인 여러 치료기법과 함께 사회복지분야에서 발전해 온 사회복지실천기술(social work practice skill)에 의거하고 있는 것이 사실이다. 그러나 어디까지나 범죄자에 대한 처우에 있어서 요보호자 본인을 중심으로 삼고 그 행복의 실현을 초점으로 하는 사회복지의 원리를 직접적으로 적용하기는 어렵다고 생각한다. 보호관찰에서 사회복지실천기술을 사용할 때에는, 이상과 현실 사이에 마찰이 생기는 경우도 많이 있다.

　　사회복지실천(social work)을 보호관찰에 접목시키는 방안과 관련해서는, 종래 일본에서는 '**보호관찰관의 이중역할**'(double role) 또는 '유권적 케이스워크'의 개념을 도입하여 해결을 도모하려는 시도가 거듭되어 왔다.[69] 비유하자면, 기성복을 자신의 체형에 맞게 보정하도록 사회복지실천(social work)의 대응기법을 보호관찰 실정이나 목적에 맞춰 이념 간의 모순을 해소, 완화해 나가는 노력인 것이다.

　　보호관찰의 처우과정에서 일반적으로 이용되고 있는 사회복지실천의 개입기법으로는 예를 들면, 면담, 집단지도(상담) 등이 있으며 그 배경에 있는 심리치료 및 대인원조 기법(사고방식)은 카운슬링, 클라이언트 중심 치료, 행동치료 등이 대표적이다.[70]

---

69) 鈴木 美香子, "ソーシャルワークと更生保護", 「更生保護の課題と展望」, 1999, pp. 241-261 참조.

70) 보호관찰관이 대상자에 지도·조언을 실시할 때, 대상자의 변화를 어떻게 생성시키느냐는 점에서 특히 대상자가 스스로 변화하게 한다는 관점과 대상자의 변화를 일으킨다는 관점이 있다. 전자에 속하는 것은 카운슬링이나 그 한 분야인 클라이언트 중심치료 등이 있고, 후자에 속하는 것으로서는 행동치료 등이 있다.

우선 전통적인 케이스워크와 같은 직접 원조기술에 관해서는 일반적인 보호관찰 장면에서 거의 전면적으로 적용하여 대상자에 대한 기본적 개별처우에 적용할 수 있다. 케이스워크는 해결해야 할 문제를 가지고 있지만, 자기능력으로는 해결 못하는 사람에 대해 그 사람이 가진 능력과 가능성에 따른 조언과 지원을 해줌으로써 문제에 대응할 의욕을 주고, 자력으로 환경에 적응할 수 있는 능력과 자신감을 길러주는 일련의 활동이기 때문이다.[71]

또한 보호관찰소에서는 개별처우와 병행하여 대상자 혹은 그 가족을 대상으로 범죄의 원인이나 속성 등의 특징에 따라 분류된 집단을 대상으로 다양한 내용의 그룹워크도 실시하고 있다.

다음으로 '지역사회복지실천'(community work), 사회복지조사 등 간접 원조기술은 보호관찰프로그램을 지역사회와 연계하여 추진할 때, 대상자 원호를 위하여 사회자원을 동원할 때, 기관에 우호적인 여론을 조성할 때 등에 적용할 수 있다. 그러나 전반적으로 이러한 활동이 아직도 체계적으로 이루어지고 있다고 보기 어려운 측면이 있다. 한편 사례관리, 슈퍼비전 등의 인접과학 분야에서 발전하여 사회복지실천에 응용된 기술들과 기술도 현장에서 매우 유용하게 활용될 수 있다고 본다.

이하에서는 개인중심 직접원조기술, 집단중심 직접원조기술, 그리고 간접원조기술의 순서로 보호관찰 처우에의 적용내용과 적용 시 유의점을 살펴보도록 한다.

나) 개인중심 직접원조기술과 보호관찰처우

(1) 사회복지실천의 관계원칙과 보호관찰

보호관찰처우를 위한 방법론으로서 준거한 사회복지실천(social work)의 기본원칙, 특히 비스텍(F. Biestek)의 케이스워크 관계의 7원칙은 보호관찰관과 대상자의 관계에서 다음과 같이 응용될 수 있다.[72]

(가) 보호관찰관(원조자)의 원칙

① 수 용

수용이란 보호관찰대상자(클라이언트)의 현실을 있는 그대로 받아들이려는 전문적 태도이다. 사안을 상식과 객관성에서 가치 평가하지 않고 모순과 불합리성

---

71) 久保 貴, "保護觀察處遇技法の現狀と課題", 「更生保護の課題と展望」, 1999, pp. 403-429 참조.
72) 鈴木 美香子, 앞의 논문, pp. 247-248.

으로 혼란스러워 하는 대상자가 그럴 수밖에 없었던 사연을 이해한다. 여기에는 비스텍의 "의도적인 감정 표현의 원칙" 및 "비심판적 태도의 원칙"이 포함된다.

② 자기인식

자기인식은 원조자가 자신의 편견이나 사정을 의식하고 제거하고 보호관찰 대상자의 문제에 휘말려 감정적 반응을 보이지 않도록 하는 것이다. 원조전문직 으로서의 자기를 객관시하기 위하여, 나아가 슈퍼비전과 자기연마의 기회를 갖 도록 노력하는 것이 요구된다.

(나) 보호관찰관 및 대상자의 관계에 관한 원칙

① 개별화

보호관찰대상자의 문제를 보통화해 일반적으로 일을 처리하는 것이 아니라, 개개인의 대상자를 개별화하여 각자에게 최적의 원조 활동을 제공하려는 것이다.

② 전문적 대인관계

보호관찰대상자가 안고 있는 문제는 사적·정서적인 것이지만, 원조자는 이에 대해 항상 의식적으로 제어된 태도로 임하지 않으면 안 된다는 것이다. 다만 그것은 사무적·기계적 대응을 뜻하는 것이 아니라 대상자의 주도성과 자조를 원조하는 따뜻함을 보유하고 상호 신뢰감에 찬 대인관계가 전개될 수 있도록 하는 것이다. 비스텍의 "통제된 정서적 관여의 원칙" 및 "비밀유지의 원칙"이 여기에 해당된다.

(다) 보호관찰대상자(클라이언트)의 원칙

① 자기결정

자기결정은 보호관찰대상자(클라이언트) 스스로에게 요구되는 과제 해결에 관한 자세에 대한 것이다. 이는 대상자 자신이 스스로의 권리를 자각하고 과제 해결 책임을 진 당사자임을 인식하는 것부터 시작해 과제 해결에 대한 주체적 참여를 통해 독립심을 조장하거나 인격의 성장을 의도하는 교육적 원칙이다.

② 사회적 자율성

사회적 자율성은 케이스워크에서의 개별원조관계를 통해서 대상자 자신이 '자립·자조'라는 가치관을 함양해 나가는 것을 말한다. 오로지 원조를 받을 뿐이라고 알려진 보호관찰대상자(클라이언트)에 대한 사회적 기대를 표명한 원칙이다.

보호관찰에서 '자기결정원리'의 적용문제

(가) 문제 제기

위에서 제시된 사회복지실천의 관계 원칙은 대부분 보호관찰 현장에서 보호관찰관 및 대상자의 관계에서도 거의 그대로 적용될 수 있다고 본다. 그런데 대상자의 원칙 가운데 자기결정의 원칙에 대해서는 어떠한가? 사회복지실천의 맥락에서 원래 '고객'이라는 뜻을 가진 '클라이언트(client)'라는 용어는 일반적으로 "전문가의 도움을 구하기 위하여 스스로 찾아온 내담자에 대한 일반적 호칭"으로 사용되고 있다.73) 그런데 보호관찰현장의 처우와 관련해서 보호관찰대상자를 이런 의미의 클라이언트라고 부를 수 있을 것인가?, 즉 보호관찰대상자에게도 다른 일반적 클라이언트와 같은 자기결정의 원리가 적용될 수 있는가의 문제가 있다.

(나) 견해의 대립

① 보호관찰이 권위적 원조를 할 경우 자기결정의 원리가 적용되지 않는 것이며, 결과적으로 케이스워크가 아니라는 견해

이러한 의문에 대해서는 일본에서도 오래전부터 논의되어 왔다. 1958년 카시와기 아키라(柏木昭)는 "교정보호사업 등의 분야에서 권위적인 원조가 개인적인 차원에서 이루어질 경우에도 이를 케이스워크라고 생각하는 경향이 있지만, 클라이언트가 원조를 요청하는 욕구(needs)와 스스로 문제에 대처하려는 의욕, 즉 자기결정의 특질이 인정되지 않는 경우에는 케이스워크가 성립되지 않는다."라는 주장을 전개한 적이 있다.74)

② 보호관찰은 권위·권력의 틀이 적용되는 특별한 케이스워크이며, 자기결정의 원리도 적용된다는 견해

아가타 시즈오(安形靜男)는 1973년에 발표한 「유권적 케이스워크 서설」에서, 위와 같은 문제에 대하여 '보호관찰 케이스워크에서의 권위·권력의 논점'이라는 차원에서 다루었다. 그에 따르면, 보호관찰은 일종의 케이스워크이지만, 거기에는 '권력·권위'라는 (다른 전통적 케이스워크 분야에서는 적어도 표면화되지 않은) 틀이 존재하고 있다고 한다. 이 때문에 케이스워크의 기본적 원리를 직접적으로 보호관찰처우의 장면에 이식하는 것이 어렵다는 사실을 지적하였다. 그는 보호관찰에 있어서 권위의 여러 측면을 살펴본 후, "과연 케이스워크는 보호관찰 같은 권위적인 장치(setting)에는 익숙해지지 않는 것인가?"라는 의문을 던진다.75) 이에 대하여 그는 결론적으로 "보호관찰처우에 있어서 권위의 존재는 케이스워크

---

73) 仲村優一他, 「現代社會福祉事典」, 東京: 全國社會福祉協議會, 1992, p. 133.
74) 安形靜男, "有權的ケースワーク序說", 「犯罪と非行」 第16號, pp. 77-79.
75) 위의 논문, p. 75.

의 장을 제공하고 그 기회를 확보해 건설적인 결정에 이르는 통제된 경험을 가져오기 때문에, 케이스워크에서 필수적인 원리인 '자기결정'에 대해서도 이를 보장하고 있다."고 주장하였다.

(다) 소 결

위의 두 가지 견해를 비교하여 봤을 때, 보호관찰은 케이스워크의 특별한 유형이며, 이에 따라 자기결정의 원리가 적용된다고 보는 것이 타당하다. 인간의 내면적 변화는 자기 스스로 결정하기 전에는 진정하게 이루어지지 않기 때문이다. 보호관찰과 같이 케이스워크를 받게 된 계기가 자발적이지 않더라도 권위의 기능을 적절히 발휘하여 본인의 자각을 촉구하는 것이 가능하다고 볼 수 있다. 특히, 이는 특정한 법적 권위 또는 권력으로 한 개인이 보호관찰을 받게 되더라도 그러한 권위 또는 권력은 개인을 케이스워크의 장면에 이끄는 것에 불과한 것이며, 일단 케이스워크의 전문적 관계가 적용되면 다른 장면의 사회복지실천의 관계와 마찬가지로 '자기결정의 원리'가 보장되어야 한다는 것을 의미한다. 이러한 점에서 '강제적 권위의 존재'는 클라이언트에게 위협을 주고 신뢰관계를 가로막는 등의 결점은 있지만, 이러한 권위는 동시에 케이스워크가 충분히 작동하기 위한 요소로도 기능하는 것이다.[76] 즉, 보호관찰관을 통하여 대상자가 스스로의 욕구(needs)를 자각함으로써 보호관찰에서 제공되는 취업·의료·교육·주거 등의 복지서비스를 자발적으로 이용하게 된다는 측면에서 보호관찰대상자를 클라이언트라고 말할 수 있는 것이다. 이처럼 보호관찰관의 법률적 권위는 철두철미하게 클라이언트를 지배하려는 것이 아니라 오히려 클라이언트의 잠재된 욕구(needs)를 발굴하거나 그에 대하여 본인이 자각하도록 하는 역할을 할 수도 있으므로, 케이스워크의 원칙을 보호관찰처우에 접목하는 것이 충분히 가능한 것이다.

(2) 사회복지실천의 개별면담기법과 보호관찰처우

면담은 사람과 사람이 일정한 환경에서 대면해 특정 목적에 따라 진행되는 언어적 커뮤니케이션을 주로 하는 상호 교섭과정이며, 면담을 하는 사람의 목적과 입장에 따라 통상 정보·자료 수집을 직접 목적으로 하는 것과 원조·치료를 주목적으로 하는 것으로 대별되고 있다.

보호관찰에 있어서는 대상자에 대한 개별면담을 중심으로 하고 있고, 이에 더하여 필요에 따라, 예를 들면, 약물사범 대상자와 폭주족 대상자 등에 대한 집단적 처우가 병행되고 있다. 보호관찰에서 집단 처우를 실시하는 것은 각종 전문

---

76) 위의 논문, p. 80.

처우 프로그램과 수강명령의 집행 등이 중심이 되고 있다.

또한, 개별면담에서는 정보수집 측면을 중심으로 한 것, 대상자와의 심리적인 연결을 형성하는데 중점을 둔 것, 대상자에게 문제를 인식시키는 데 주안점을 둔 것, 대상자 자신에게 향후 대책에 대해 생각하게 하는 것 등 다양한 목적이 있다. 각각의 면담 장면에 있어서는 대상의 특성과 대상자의 상황, 면담의 목적 등에 따라 해당 면담에서 의도하는 목적을 달성하기 위해서 적당하다고 생각되는 접근방식을 선택해서 면담이 실시되고 있다.

보호관찰 면담에 있어서도 의사소통, 특히 언어적인 의사소통기술은 핵심적인 것이다. 언어적 의사소통은 크게 메시지의 수신과 전달로 구분된다. 보호관찰대상자의 메시지를 수신하는 것과 관련해서는 '경청'하는 자세와 보호관찰대상자의 '정서와 감정을 이해'하는 것이 중요하다. 또한 메시지를 전달하는 방법과 관련해서는 '어투와 어조'에 주의하여야 하며, '나 전달법'(The I-Statement)을 사용하는 것이 바람직하다. 한편 보호관찰관과 같이 주로 비자발적 보호관찰대상자와 일하는 경우에는 '방어적 의사소통에 대응하기'가 중요하다.[77]

(3) 사례관리(case management)와 보호관찰처우

(가) 보호관찰 사례관리의 의의

보호관찰현장에서 사례관리란 생활의 여러 분야에 걸친 복잡한 요구를 가지는 보호관찰대상자에게 그 수요를 적절하게 충족하기 위해 행정 등에 나타나기 쉬운 종적 관계에 주의하며 이에 빠지지 않고 필요한 각종 사회자원을 계획적이고 종횡으로 활용하는 기법이다.

원래 사례관리는 재택요양 노인에 대한 포괄적인 원조방법으로 발달해 온 것이며 그러한 대상자가 안고 있는 복지·의료·보건 등 여러 분야에 걸친 수요를 충족시키기 위한 것이다.[78] 이는 병원과 사회복지 시설 등에의 수용에 의지하지 않고 가급적 긴 시간 동안 재택관리를 계속할 것을 지향하고 있다. 한편 사례관리자(case manager)는 사례관리(case management)에서 중심적 역할을 하는 사람이다. 사례관리자는 클라이언트의 원조과정에서 필요한 사회자원의 연결을 촉진하는 동시에 스스로도 사회자원으로 필요한 서비스를 제공한다.

현장에서 보호관찰대상자를 보면 그들 역시 와병 중인 노인 등과 마찬가지

---

77) 조흥식·이형섭, 앞의 책, pp. 348-352.
78) 鈴木 美香子, 앞의 논문, p. 251.

로 복지·의료·교육·취업 등 여러 분야에 걸친 욕구(needs)를 안고 있는 경우가 많다. 이러한 욕구를 충족하지 않고서는 범죄·비행에서 벗어난 삶, 즉 건전한 사회복귀라는 보호관찰의 최종목표에 도달할 수 없다. 따라서 보호관찰 현장에서 사례관리의 방법을 응용할 여지가 많다고 볼 수 있다.

(나) 사례관리의 단계

사례관리에서는 케이스를 접수한 단계부터 다음의 절차로 그 과정이 진행된다.[79]

① 사례관리는 우선 '사정'단계부터 시작된다. 이는 해당 대상자의 요구, 자신을 둘러싼 인적, 물리적 환경, 동원 가능한 사회자원의 역량 등을 사정하는 단계이다.

② 두 번째 단계는 '케이스 목표의 설정'이다. 보호관찰에 있어서는 '처우계획 작성'으로 표현할 수 있다. 여기에서는 그 대상자가 어떻게 되는 것을 목표로 하는지 정함과 동시에 그 목표를 달성하기 위해 계획을 세운다. 여기에서 대상자가 필요한 원조의 종류·내용과 그것을 위해 동원해야 할 사회자원의 목록이 작성된다.

③ 세 번째 단계는 '처우계획의 실시'이다. 여기에서 실제로 사례관리자 자신을 시작으로 동원 가능한 사회자원의 연계적 활동이 전개된다.

④ 네 번째 단계는 '사후관리(follow up)'이다. 제3단계에서 제공된 원조가 대상자에 어떤 변화를 가져왔는지(가져오고 있는가)를 지켜보고 확인한다.

⑤ 다섯 번째 단계는 '재사정' 단계이다. 제4단계에서 인정된 변화는 제2단계에서 세운 경우 목표에 어느 정도 달성되었는가(효과 측정), 또는 그 케이스의 목표 자체가 타당한 것이었는지(재검토) 등을 실시하고 만족스러운 결과이면 처우를 종결시키고 불만족스럽다면 다시 제2단계의 사이클에 돌아온다.

(다) 사례관리기법 적용시의 유의점

보호관찰관은 보호관찰처우의 경우 일차적으로 케이스워커 혹은 상담가의 역할도 수행하여야 한다. 하지만 현재와 같은 사건담당 시스템 및 케이스 로드와 보호관찰대상자의 다양하고 복잡한 문제 및 욕구(needs)의 상황을 고려할 때, 향후 사례관리자로서 처우의 전체적 계획을 수립하고 과정 전체에 넘나들며, 개별 대상자의 문제 상황이나 욕구(needs)에 대한 전문적 대응능력을 갖춘 지역사회의

---

79) 위의 논문, p. 252.

다양한 사회자원을 조정하는 위치에 서는 것이 바람직할 것이다.

사례관리를 보호관찰에 접목하기 위해서는 기존에 익숙하지 않은 보호관찰의 단계를 새롭게 설정하고 예를 들면, 처우계획의 작성뿐만 아니라 재사정 및 사후관리 등을 새로운 처우의 과정으로 편입시켜야 한다. 또한 관계 기관·단체 등에 대한 연락이나 보호관찰 지도감독(처우) 협의회 등 회의를 설치하는 것 등도 긍정적으로 검토해볼 필요가 있다. 사례관리를 보호관찰에 본격적으로 적용할 경우, 지역사회자원에 대해 정통해야 할 필요성과 실제로 그 기관·단체 등과 연계하여 네트워크를 넓히는 노력은 지금보다 훨씬 많이 요구될 것이다.

다) 집단중심 직접원조기술과 보호관찰처우

(1) 그룹워크(group work)와 보호관찰처우

(가) 그룹워크의 의의

그룹워크는 해결해야 할 문제를 갖고 있는 개인을 집단의 내부에서 행동시킴으로써 집단의 구성원이 서로 영향을 받도록 하여 문제행동의 제거를 자발적으로 할 수 있도록 하는 방법이다.

이미 모든 사람은 집단을 통해 만족할 수밖에 없는 기본적 보편적 욕구를 갖는 것을 전제로 하고 있어 그룹의 내부에서 그 구성원이라는 자각이 개개의 문제 해결에 대한 의욕을 높이게 하고 그 결과, 바람직한 자기통찰이 깊어지는 것에 착안해 고안된 것이다.

(나) 그룹워크와 집단과정

그룹워크(group work)는 집단 내의 협력, 공동 작업에 의해서 얻는 사회적 경험, 학습집단의 형성을 중시하고 구성원 간의 상호작용을 활용해 이뤄지는 처우다. 집단처우에 대해서는 개인 면담 등에서처럼 면담을 실시하는 사람과의 관계에 의해서 지도 과정이 진행될 뿐만 아니라 구성원 상호간의 복잡한 상호 작용 속에서 치료적 공감, 시사(示唆), 개입, 지지 등의 기능을 수행하는 것이 중요하다.

그룹워크에서는 어떻게 집단을 구성하느냐에 따라 효과가 달라지는 경우가 많이 있다. 보호관찰의 처우에 대해서는 대상자의 문제성이나 표출된 문제행동에 따라 그룹을 구성하는 경우가 많다. 표적(target)이 되는 문제에 관해 동질적인 구성원으로 집단을 구성함으로써, 집단에 개입하는 효과를 갖도록 고안되어 있지만 그런 동질적 집단의 경우에는 구성원 사이의 상호작용 또한 균질적이 되어 그룹워크에서 기대되고 있는 다양한 상호작용에 이르지 않을 우려도 있다. 그러나 표적이 되는 문제성을 명확히 하지 않는 그룹 구성은 개입 자체를 애매하게 해준다는 문제가 있다. 따라서 보호관찰의 처우에 대해서는 표적이 되는 문제에 관해서 어느 정도 동질적인 그룹에서 어떻게 다양한 상호 작용을 도출하는 것이 그룹워크를 효과적으로 실시하기 위한 과제라고 할 수 있다.

또한 집단 내 상호작용을 통해 자기 문제점이 집단적 반응으로 가시적·실감적으로 되는 것이 중요하나 집단의 분위기가 자유로운 솔직한 것이 되어 가면 각 멤버가 치료적 자기표현이나 통찰은 현저히 촉진되고, 또한 동질의 사람이 모여 있는 집단에서는 집단 소속감과 남들도 이런 고민을 갖고 있는 것을 알고 도움을 받는 측면도 강조된다.

(다) 그룹워크 적용시의 유의점

앞서 상황을 개관한 부분에서 언급했듯 보호관찰 분야에서도 이른바 그룹워크, 즉 집단처우(집단지도)는 전국적으로 다양한 형태로 활용되고 있다. 그러나 사회복지실천(social work) 분야에서 발달한 '그룹워크 이론'을 바탕으로 전문적인 기법을 적용한 집단처우의 사례는 별로 많지 않은 것으로 보인다.

대상자와 그 가족 등을 그냥 모아 뭔가를 한다고 해서 즉시 그룹워크가 되는 것은 아니다. 그룹워크는 개인을 모아 소집단을 형성하고 그룹워커(group worker)는 적절한 오퍼레이션의 집단과정을 경험시킴으로써 그 소집단 자체 및 구성원 개개인의 문제해결 또는 성장을 촉진하는 것이다. 즉 그룹워크에서 중요한 점의 하나는 집단과정의 경험인데, 여기에는 그룹워커의 역할을 맡는 보호관찰관 개인의 역량이 매우 중요하다. 따라서 전문적인 그룹워크를 실행할 수 있는 인적 자원과 역량의 육성이 전제되어야 한다.

보호관찰 분야에서의 몇 가지 실례를 비롯해 교정시설과 사회복지시설에서의 사례를 보면 적절한 그룹워크는 대상자의 처우 목표달성에 기여하는 것이 분명하다. 다행히 그동안 보호관찰현장에서 대상자와 그 가족 등을 집단으로 처우한 경험이 있으므로, 이를 바탕으로 향후 그 내용을 더욱 강화하기 위해 그룹워크 이론에 뒷받침된 집단처우 프로그램을 본격적으로 개발해 나가는 것이 필요하다.

(2) 가족치료와 보호관찰처우

가족치료는 대상자뿐 아니라 대상자를 둘러싼 가족을 포함해서 가족 전체를 치료의 대상으로 하는 것이다. 가족치료는 가족생활의 유지 및 강화, 가족구성원의 가족 집단에의 적응, 가족관계의 조정 등을 돕는 것으로서, 가정에서의 언어적·비언어적 의사소통 형태에 초점을 둔다. 대상자뿐 아니라 그 가족이라는 복수의 사람을 전체적으로 처우의 대상으로 하는 것이기 때문에 집단처우기법이라고 할 수 있다.

가족은 사람들이 다른 사람과의 관계에서 기능하고 행동하는 방법을 이해하는 맥락이 되는데, 가족치료는 이러한 가족단위에 초점을 둔다. 개인의 장애행동은 가족단위 내의 상호작용에서 발생하고 더 큰 체계에서도 발생한다. 가족 관계에서의 문제는 한 세대에서 다음 세대로 전달되는 경향이 있는데, 이러한 문제증상은 다른 가족 구성원들을 통제하기 위한 의사소통방법으로 간주된다. 가족치료의 중요개념은 구체적인 이론들에 따라 달라지지만 차별, 삼각관계, 권력제휴, 가족기원의 역동, 기능과 역기능의 상호작용 형태, 가족내 의사소통 규칙과 습관, 지금—여기의 상호작용 다루기 등이다. 과거 경험을 탐색히는 것보다 현재를 더 중요시한다.[80]

보호관찰에 있어서 대상자가 일으키는 문제행동은 가족병리의 결과인 경우가 많고 또한 그러한 문제행동에 의해 그 가족병리가 악화되는 악순환 관계에 있는 경우도 적지 않다. 대상자뿐만 아니라 가족 전체를 대상으로 가족관계의 조정을 도모함으로써 가족 자체가 가진 자기 회복력을 높이도록 지원하고 가족이 본래 가지고 있는 기능을 발휘시키려는 것이다. 그래서 가족을 하나의 사회시스템으로서 이해하는 가족의 라이프 사이클에서의 현재의 위치를 생각함으로써 적절한 가족 진단과 그에 근거한 개입이 필요하다.

라) 간접 원조기술과 보호관찰처우

보호관찰 분야에서는 지역사회와의 연계활동이 무엇보다 긴요하다. 따라서 다양한 홍보활동의 기획·실행은 물론 지역주민의 각종 이벤트·집회 등에 적극적으로 참여하고 있다. 또한 지방공공단체가 수행하는 치안 및 방범, 청소년의 복지 및 교육 등 다양한 목적의 여러 활동에 대한 협력을 실시하고 있다. 이런 상황을 볼 때 사회복지실천(social work)의 간접 원조기술을 이용하는 것은 검토할 수 있다.

---

80) Gerald Corey, *Theory and Practice of Counseling and psychotherapy.* (6th eds.)『심리상담과 치료의 이론과 실제』, 조현춘·조현재 공역, 2006, pp. 523.

(1) 사회복지조사방법

사회복지조사방법은 객관적 실태 파악과 학문적 연구를 위한 자료보다는 사회적 요구의 발견과 분석 및 기존의 사회 복지서비스의 효과 측정을 주된 목적으로 한다는 점에서 통상의 사회조사와는 차이가 있다. 보호관찰 활동에서도 이러한 문제의식 하에 조사를 실시해두면 그 지역의 욕구(needs)에 입각한 방향의 그 지역에 가장 적합한 전략으로 보호관찰 업무를 수행할 수 있다.

(2) 지역사회복지실천(community work)의 적용

지역사회복지실천은 지역사회의 여러 가지 목적을 실현할 수 있도록 주민의 생활 욕구와 물적 자원이 균형을 잡도록 하고 인간관계를 조정함으로써 집단과 제도가 그 기능을 적정하게 수행하도록 지역사회를 조직화하는 것이다.

보호관찰 분야에서는 지역의 욕구를 파악하고 필요한 계발, 홍보활동 등을 하는 유형·무형의 사회자원을 통합·조정하는 문제해결을 위해 지역을 조직화하고, 이들의 여러 활동을 통해 지역주민의 태도·가치관의 변화를 도모하는, '범죄예방활동·지역계몽활동' 등이 여기에 해당한다. 지역사회복지실천은 보호관찰의 처우에 있어서의 개별적 기법은 아니지만 보호관찰의 처우를 지원하는 지역적 기반의 창조라는 면에서 각각의 처우기법과 마찬가지로 보호관찰의 처우에 있어서 중요한 것이다.

지역사회복지실천은 다음의 세 가지 영역이 있다.[81]

첫째는 직접 서비스를 제공하는 기관이 지역의 요구를 정확히 파악하거나 적절한 서비스를 제공하기 위해서 필요한 사회자원을 획득·유지하는 것이다. 이는 지역사회 내에 그 기관에 대한 지원 태세를 발전시키는 데 초점을 두는 활동이다.

둘째는 관계 기관·단체의 조정과 공동계획의 책정이다. 여기에서는 각 조직의 횡적 연계를 유지하고 협력하고 원활하게 활동하는 것이 주안점으로 알려져 있다.

셋째는 지역주민 자신이 지역의 문제를 명확히 인식해 수요를 충족하기 위한 활동이다. 여기에는 이를 조직적으로 전개할 수 있도록 원조해 나가는 활동이 포함된다.

---

81) 鈴木 美香子, 앞의 논문, pp. 253-254.

예를 들면 제1의 영역에 대해서는 지역사회의 유관 민간조직에 보호관찰소가 그 지역에서의 범죄 현황과 특징 등의 정보를 제공하고 그 조직의 활동으로서 어떠한가, 어느 것이 가장 기대되고 있는가 등에 대하여 알리는 것이나 필요에 따라 보호관찰소가 가지고 있는 사회자원을 소개하거나, 반대로 계기 모임을 만들고 다른 기관 및 단체 등에 그들의 활동 등을 홍보(PR)하는 활동을 할 수 있다.

제2의 영역에 대해서는 보호관찰소가 요구하는 각종의 연락협의회 등을 실무자 차원에서 가감 없는 의견 교환이 가능하게 만들거나 관계 기관 및 단체 담당자들이 알고 있는 특정사례 연구회 또는 그 처우의 진행 방식에 초점을 맞춘 경우 케이스 컨퍼런스 같은 모임(전술한 사례관리적 요소를 포함)을 의도적으로 자주 개최하는 것 등이다.

또한 제3의 영역에 대해서는 사회복지조사 결과를 지역에 피드백(feedback)하여 지역 주민의 관심을 환기하고, 만약 그에 대한 자원봉사 움직임이 생기면 지방자치단체 등과 협력하여 적극적으로 사회자원을 제공하는 한편, 활동에 대한 조언·지도 등의 지원을 실시하는 것 등이 해당된다.

지금까지 보호관찰의 처우에서 활용될 수 있는 다양한 처우기법에 대하여 개괄적으로 살펴보았지만, 중요한 것은 각각의 처우기법이 대상자의 어떠한 상황에 대해서(적정한 범위) 어떻게 효과가 있는지(기대하는 효과)를 명확히 할 필요가 있다. 각각의 처우기법에는 독자적인 적용 범위와 기대하는 효과가 있으며, 그 틀 내에서만 해당 처우기법은 효과적이며 그 범위를 넘어서 효과성을 따지는 것은 타당하지 않다.

어떠한 처우기법을 사용하는 경우에는 제1단계로서, 해당 처우기법의 적용 범위가 기대하는 효과를 명확히 파악하고 제2단계로서, 해당 처우기법을 적용할 대상자의 (문제)상황이 해당 기법이 효과를 발휘할 수 있는 적용범위 내에 있다는 점을 나타내는 것이 필요하다. 첫 단계는 처우기법 자체의 이해이지만, 제2단계는 실제 처우 과정에서 기법 선택의 타당성에 관한 것이다.

제12장

보호관찰의 처우과정

제12장에서는 보호관찰의 처우과정에 대하여 구체적으로 살펴보도록 한다.

보호관찰의 처우과정에 대해 생각할 경우, 우선 개개의 과정에 대한 배경이론과 그 실천기법의 특징, 적용시 유의점 등을 정리하는 방법이 있다. 한편, 각각의 처우과정에 대해 기술하기 전에 '처우'라는 추상적 개념의 전체적인 적용과정을 먼저 논의하는 방법도 있을 수 있다.

이하에서는 후자의 방법을 중심으로 보호관찰의 처우과정에 대하여 살펴보고자 한다.

1. 보호관찰 처우과정 개관

1) 보호관찰처우의 기본목적

가) 보호관찰처우의 특성

보호관찰처우에 대해 검토하는 경우에는 보호관찰의 목적을 밝힐 필요가 있다. 그러나 보호관찰에 종사하는 사람에게는 보호관찰의 목적은 명백한, 굳이 논할 것도 없는 것처럼 취급되는 경향이 있다. 분명 보호관찰에 종사하는 사람 개개인에 대해서는 보호관찰의 목적은 명백할 수 있지만 이것이 보호관찰에 종사하는 사람의 대다수에서 공통되는 것인지 여부에 대해서는 별도로 검토할 필요가 있다고 생각된다.

보호관찰은 범죄와 비행을 한 사람들에 대한 가정법원의 결정 또는 형사법원의 판결에 따라 기간을 정해 그 사회복귀를 돕는 것이다. 여기에서 요점은 세 가지이다.

첫째는 보호관찰은 이를 이행하여야 할 본인의 의사와는 거의 독립된 법원의 결정 또는 판결에 의한 것이라는 점이다. 보호관찰을 받는 사람은 자신이 원해서 보호관찰을 부과 받은 것이 아니라는 지적은 흔히 있다. 이런 지적은, 예를 들어 의료현장에서의 환자와 비교할 때, 보호관찰의 특이성을 잘 나타내 주는 것이다. 그러나 의료현장에서도 환자는 항상 적극적으로 치료를 받으려는 것은 아니다. 보호관찰을 받는 사람이 보호관찰을 받는 것에 대해서 적극적이지 않을 경우가 많다는 점은 보호관찰의 처우를 생각하는데 중요하지만, 보호관찰에만 특이한 것이 아님에도 주의해야 한다.

둘째는 보호관찰을 실시해야 하는 기간이 미리 정해져 있다는 점이다. 지극히 특수한 예외를 제외하고 보호관찰을 실시할 수 있는 최장기간이 있기 때문에 그 이상은 보호관찰을 계속할 수 없다. 다시 말하면 어떤 이유(예를 들면, 소기의 목적을 달성하지 못한 경우 등)가 있어도 이 기간을 초과해 보호관찰을 해서는 안 된다는 것이며, 그 기간 내에 최대한의 처우를 하는 것이 요구되고 있다. 이 때문에 보호관찰처우는 그 기간을 전제로 하여 진행되는 시간적 제약이 있다.

셋째는 보호관찰을 받는 사람의 사회복귀를 돕는다는 점이다. 「보호관찰 등에 관한 법률」 제1조에서 "이 법은 죄를 지은 사람으로서 재범 방지를 위하여 보호관찰 … 등 체계적인 사회내처우가 필요하다고 인정되는 사람을 지도하고 보살피며 도움으로써 건전한 사회 복귀를 촉진하고, 효율적인 범죄예방 활동을 전개함으로써 개인 및 공공의 복지를 증진함과 아울러 사회를 보호함을 목적으로 한다."고 되어 있다. 또한 같은 법률 제33조는 "보호관찰관은 보호관찰대상자의 재범을 방지하고 건전한 사회 복귀를 촉진하기 위하여 필요한 지도·감독을 한다."로 규정되어 있다. '사회복귀' 자체를 목적으로 하고 있는 것이 아니라 사회복귀를 촉진하여 결과적으로 그 개인의 복지를 증진하고 사회를 보호하는 것을 목적으로 하고 있는 것에 주의해야 한다.

나) 보호관찰처우의 기본목적 검토

(1) 사회복귀와 재범방지

보호관찰의 목적을 대상자의 재범을 방지하는 데 한정하는 견해가 있다. 「보호관찰 등에 관한 법률」 제1조에서도 "개인 및 공공의 복지를 증진하고 사회를 보호하는 것을 목적으로 한다."고 알려져 있고 이른바 사회를 보호하는 것이 보호관찰 제도의 목적이라는 생각이다.

분명, 재범을 방지하는 것은 사회를 보호하는데 관련되어 있지만 재범을 방지하는 것만이 사회를 보호하는 수단이 아니라는 점을 고려할 필요가 있다. 즉, '사회복귀＝재범방지＝사회보호'라는 등식은 옳지만 이 등식이 옳다는 것은 이들 간에 인과관계가 성립되는 것을 바로 의미하지는 않는다.

또한 '사회복귀'를 수단으로, '재범방지'를 목적으로 생각하는 것도 가능하다. 이 경우 사회복귀가 재범방지의 수단이 되지만 '재범방지'라는 목적을 달성하기 위한 수단으로는 '사회복귀 시키는 것'뿐만 아니라 예를 들면 '구인 유치에 의한 신병의 확보' 혹은 '엄격한 제재조치에 의한 위협' 등도 수단이 될 수 있다.

또 재범방지를 수단으로, 사회복귀를 목적으로 생각할 경우에는 재범이 없다고(사회구성원으로서 온전한 역할을 수행하는) 사회복귀가 반드시 항상 성립되는 것은 아니라는 점을 고려하여야 한다. 결국 사회복귀를 위해서는 "재범하지 않을 것이 필요조건에 있지 충분조건은 아니므로," 재범하지 않는 것만으로 대상자의 진정한 사회복귀가 아닌 것은 분명하다.

(2) 보호관찰의 지향점

그렇다면 보호관찰은 무엇을 지향해야 할 것인가? 여기서는 보호관찰제도 전체가 지향하는 것과 개별 대상자에게 개입할 때의 보호관찰 실시 차원의 목표로 나누어서 생각해 볼 필요가 있다. 법률의 규정에 비추어 볼 때, 보호관찰제도 전체의 목적은 보호관찰대상자의 사회복귀와 궁극적으로는 그를 통한 '사회보호', 즉 '공공보호'(public protection)라고 말할 수 있다.

한편, 각각의 대상자에게 개입할 때 보호관찰관이 가지는 목적은 개별 보호관찰대상자의 '사회복귀와 재범방지'이다. 개입의 내용·수단과 그 결과로서의 개선 및 사회복귀가 일대일의 관계로 대응하는 것은 아니다. 왜냐하면 '개별 보호관찰대상자'라는 요소가 존재하기 때문에 같은 개입을 하더라도 꼭 같은 결과가

생기지는 않는 경우가 많다. 이것이 인간의 개성이 가지는 고유성이며 인간을 대
상으로 하는 여러 사회과학·행동과학이 필연적으로 직면할 수밖에 없는 어려움
이다.

여기에 보다 전문적이며 체계적인 보호관찰처우를 실시하고 그 결과를 과학
적으로 평가할 수 있는 처우의 과정론을 정립할 필요성이 제기되는 것이다.

2) 처우과정 개관

가) 처우의 과정[1]

보호관찰관이 대상자를 상대로 수행하는 처우의 내용을 살펴보면, 크게 대
상자의 사회적응상 문제를 인식·파악하기 위하여 사정평가(assessment)하는 과정
과 그 문제를 개선 또는 해결하기 위하여 개입(intervention)하는 과정으로 구분해
볼 수 있다.

먼저, 대상자의 사회적응상 문제를 인식·파악하기 위한 **사정평가**(assessment)
과정은 대상자가 보여주는 다양한 징후나 행동경향 등을 조사하는 절차와 그 결
과로서 얻어진 정보를 대상자의 개선교화를 위하여 활용하는 절차로 구성된다.

한편, 대상자의 문제를 개선 또는 해결하기 위한 **개입**(intervention) **과정**은 다시,
사정평가된 문제에 관하여 어떠한 개선·해결책이 있을지를 구체적으로 검토하여
계획을 세우고(처우계획의 수립), 이를 실천하며(처우의 실시), 그 결과를 되짚어보아 문
제의 해결이 이루어졌는지를 평가하는(처우의 평가) 절차로 나누어볼 수 있다.

이와 같이 보호관찰에 있어서의 처우 과정은 단계적으로 전개시켜 나가는
절차들로 구성되어 있으며, 각각의 절차에서 요구되는 고유한 과제를 달성해나
가는 일련의 '연속적 프로세스'(successional process)이다. 예를 들면, 사정평가단계
에서 처우 대상의 문제를 명확히 하는 것이 어렵다면, 다음 단계인 처우 방법의
선택이 어려워진다. 이는 결과적으로 보호관찰처우과정 전체의 목적인 대상자의
원활한 사회복귀를 곤란하게 만든다. 이와 같이 사정평가, 처우계획, 처우의 실
시, 처우의 평가 등 각 절차에서는 각각의 기능·목적이 무엇이더라도 다른 처우
과정과 어떠한 관계에 있는지를 충분히 이해하는 것이 필요하다. 보호관찰관은
이러한 절차를 순차적으로 수행함으로써 체계적인 보호관찰업무의 실시가 가능
한 것이다.

---

1) 일본 법무성 보호국, 「處遇方針おどう立てるか」, 處遇實習官實務資料3, 1998, pp. 1－3. 참조.

‖ 그림 12-1 ‖ 처우과정의 구성

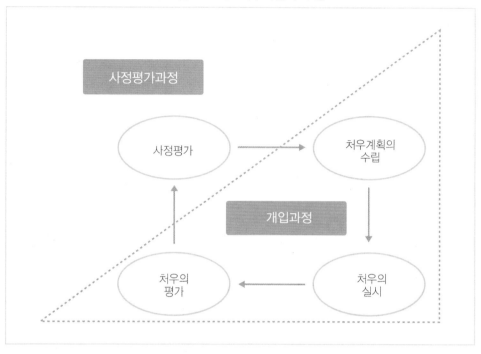

그러나 이러한 일련의 연속과정은 일회적이며 단선적인 것은 아니라, 각 단계의 수행내용에 대한 점검을 통하여 그 이전단계로 회귀하거나 각 단계가 상호영향을 미치는 것이 가능한 순환적·반복적 구조이다. 처우과정을 전개의 순서에 따라 간단히 제시하면, 〈그림 12-1〉과 같다.

나) 처우과정 각 단계의 의의[2]

보호관찰처우과정의 각 단계가 가지고 있는 의미는 대체로 다음과 같다.

첫째, **사정평가**(assessment)는 보호관찰처우과정의 최초의 단계로서, 대상자의 발달적·심리적·신체적·사회적 측면에 대한 정보를 체계적인 방법으로 수집하고 이를 분석하여, 문제를 명확히 하는 것이다. 정보를 수집하는 방법으로는 면담, 관찰, 조사, 관계기관 조회 등이 있다. 수집된 데이터에 대해서는 보호관찰을 실시하는데 있어서의 문제 및 이에 대한 개입방법에 초점을 두고 정리, 분류하여

---

2) 일본 법무성 보호국, 앞의 책, pp. 3-4 참조.

개입에 필요한 정보를 데이터베이스(database)화하는 것이 중요하다. 이러한 작업을 통하여 보호관찰처우계획의 초점과 방향이 정해지게 된다.

둘째, **처우계획의 수립**은 보호관찰 실시상의 목표를 설정하여 그에 대항한 처우활동의 효과적인 방법을 계획하는 것이다. 처우계획의 수립에 있어서는 대상자에 대한 정보가 그의 건전한 사회적응을 위하여 어떠한 의미를 가지고 있는지, 또한 다른 정보와는 어떠한 관계가 있는지를 해석 및 분석하여 그로부터 일정한 판단을 이끌어내는 것이 중요하다. 보호관찰관은 위와 같은 사회적응문제 인식 및 파악 과정을 통하여 보호관찰처우를 어디서 어떻게 시작할지, 즉 '보호관찰 실시의 출발점'을 명확히 할 수 있게 된다.

셋째, **처우의 실시**는 처우계획을 실행에 옮기는 것이다. 즉 보호관찰처우의 실시는 보호관찰관과 대상자 사이의 신뢰관계를 중심축으로 하여 대상자가 가진 문제점의 해결을 목표로 구체적 처우 활동을 수행하는 것이다.

넷째, **처우의 평가**는 실시단계에서 개입목표가 어느 정도나 달성되었는지를 검토하는 것이다. 그 결과 목표에 도달하지 못했다면, 처우계획의 각 단계를 점검하여 각각의 내용을 수정하여 계속적으로 처우과정을 조정하기를 반복하는 것이다.

2. 보호관찰의 처우과정별 주요활동

1) 사정평가[3]

보호관찰 현장에서의 자료수집과 사정은 신고, 초기의 수회의 면담, 그리고 가정방문, 사례회의 등의 연속적 과정을 통해 이루어진다.[4] 이 과정에서의 보호관찰대상자와 그의 환경에 대한 풍부하고 심층적인 정보를 수집하고 현재의 모습을 이해하게 된다. 이를 통하여 재범방지에 연결될 수 있는 다각적인 개입의 방법을 강구할 수 있고 실현가능한 대안들이 도출될 수 있다.

가) 자료수집

(1) 자료수집의 의의

자료수집은 보호관찰관이 보호관찰대상자의 문제에 개입하기 위하여 그의

---

3) 이하의 내용은 조흥식·이형섭, 「교정복지론」, pp. 36-367의 내용을 발췌, 요약 정리한 것이다.
4) 김용일 외, 「사회복지실천론」, 서울: 나남, 2009, p. 220.

상황에 대한 사실을 수집·관찰하는 과정이다.

자료수집은 사실적 자료인 정보를 모으는 것이고, 사정이란 이 보다 한 단계 더 진전된 것으로 자료를 해석하고 의미를 부여하여 개입을 위한 함의를 도출하는 과정을 말한다.[5]

(2) 자료수집의 주요 정보원

보호관찰처우에 있어서 자료수집을 위한 주요 정보원은 신고단계에서 작성되는 신고서, 판결문을 비롯한 재판과 관련된 자료 그리고 기타 조회자료 등이다. 또한 보호관찰대상자의 생각·의견·문제·기분에 관한 이야기, 비언어적 행동에 관한 관찰, 가족과의 상호작용에 대한 관찰, 친구·친척·교사 및 기타 관계인으로부터 수집되는 정보, 심리검사결과, 보호관찰대상자에 대한 사회복지사의 개인적 경험 등이 주요한 자료수집의 정보원이 된다.[6] 특히 자료수집의 핵심이 되는 부분은 신고서와 초기면담을 통해 얻을 수 있는 보호관찰대상자의 기본정보이다. 범죄행위에 관련한 질문은 첫 만남을 통한 면담에서는 다루기가 힘들다. 강요된 형식적 답변은 들을 수 있지만 범죄에 관련된 심층적인 요인들에 관한 솔직한 답변은 기대하기 힘들기 때문이다. 첫 회기의 만남에서는 친화관계형성에 힘쓰며 신고서와 기타 개인적·환경적 요인에 관한 자료를 수집하고, 이후 판결문접수와 범죄경력조회 등의 절차를 거친 후 2회 면담에서 다루는 것도 좋은 방법이다.

(3) 주요 자료수집 내용

보호관찰관은 신고서 이외에 보호관찰대상자에 대한 종합적인 정보를 얻으려는 노력을 기해야 하며, 신고서 이외에 적절한 초기면담용 질문지를 통해 정보를 추가로 수집해야 한다. 보호관찰관이 범죄인 및 비행청소년에 대하여 파악할 필요가 있는 자료는 대체로 다음과 같다.

---

5) 김용일 외, 앞의 책, p. 219.
6) 위의 책, p. 221.

‖ 표 12-1 ‖ 주요한 자료수집 내용

- 기본인적사항
- 문제(범죄행위)에 대한 정보: 보호관찰 보호관찰대상자의 문제는 범죄행위에 관한 것이며 이에 대한 심층적인 파악은 무엇보다도 중요하다. 인간의 사고방식이나 행동성향은 쉽게 수정되지 않는다. 보호관찰대상자의 현재 사건을 비롯한 범죄행동에 관한 전후맥락을 파악하고 이를 통한 범죄로 연결되는 보호관찰대상자 문제에 대한 파악은 재범예방에 있어서는 불가결한 부분이다. 문제파악을 위한 구체적인 질문들은 다음과 같이 서술될 수 있다.
  - 범죄행동이 얼마나 많이 행해졌는가?
  - 범죄행동은 언제 처음 발생하였는가?
  - 어떠한 삶의 상황에서 범죄행동이 촉발되는가?
  - 범죄행동을 취한 대상자는 무엇을 원했나?
  - 범죄행위 전의 대상자의 채워지지 않은 욕구는 무엇인가?
  - 대상자가 범죄를 유발하는 상황에서 대처한 방법은 어떠했나?
  - 범죄행위 당시의 대상자의 정서상태는 어떠했나?
  - 추가범죄를 방지하기 위해 가장 시급한 과제는 무엇인가?
  - 재범의 방지를 위해 대상자에게 필요한 기술, 외적자원은 무엇인가?

- 개인력: 보호관찰대상자가 출생 후 살아온 생의 역사에 대한 정보를 수집한다. 이에 대한 정보수집을 위해서 유용한 도구는 생활력도표(life history grid)이다.
- 가족력: 원가족의 가족상황과 관계, 현재의 가족 구성과 관계, 상호작용과 결속력 등을 파악한다.
- 보호관찰대상자의 자원 및 기능: 보호관찰대상자의 지적·정서적·신체적·행동적 기능, 대인관계능력, 교육정도와 취업경험, 문제해결능력과 의사결정능력, 개인적 자질과 성격, 물리적·재정적 자원소유 등에 관한 정보가 필요하다.
- 환경적 측면: 보호관찰대상자의 문제에 영향을 미치는 환경의 적절함과 부적절함, 긍정적 측면과 취약함을 평가한다. 보호관찰대상자의 환경에는 부부관계나 가족·친구·친족 및 이웃 등 사회지원체계, 가용한 사회적 서비스, 취업구조, 행정조직 등이 포함된다.

출처: 조흥식·이형섭, 앞의 책, pp. 363-364.

나) 사 정

(1) 보호관찰 사정의 의의

보호관찰분야에서의 사정(assessment)의 기본적 목적은 범죄인의 관련특성을 명확히 하여 차별적인 처우를 가능케 하는 것이다.[7] 예를 들면 특정한 범죄인을 약물치료프로그램에 참여시킬지 여부를 결정하고 그들의 처우 및 감독수준을 결정하는 것 등이다. 따라서 다른 분야에 비하여 수집된 정보의 신뢰도(reliability) 측

---

7) 한편 사정과정에서는 기본적으로 얻어야 하는 일반적인 정보가 있지만, 치료적 모델에 따라 특정한 정보를 얻어야 하는 경우도 있다. 이윤로, 「사회복지실천기술론」, 학지사, 2006, p. 148.

면의 정확성과 타당도(validity) 측면의 가치를 검증할 필요성이 크다.[8]

(2) 강점 사정의 중요성

사정에서 주의해야 할 점은 보호관찰대상자의 문제점과 약점에 관해서만 초점을 맞추어서는 안 된다는 것이다. 개입의 방향을 설정함에 있어서도 보호관찰대상자의 자발적 노력이나 강점을 살리는 접근이 필요하다. 보호관찰대상자의 강점은 중요하고 긍정적인 것, 보호관찰대상자가 하고 있고, 할 수 있으며, 하기를 원하는 것으로 정의할 수 있다.[9]

강점관점을 유지하는 것은 보호관찰대상자가 자기문제를 능동적으로 해결하고 새로운 자원을 개발할 수 있도록 동기화시켜주며 변화를 보다 현실화시킬 가능성을 높여준다. 이런 시각이 대상자의 현재적인 부정적 문제점을 간과하자는 맹목적인 낙관론은 아니다. 강점관점에 의한 사정은 원조전문직의 바람직한 태도와 관련되어 있다.

보호관찰실천에 있어서 보호관찰대상자에 대한 강점의 발견은 다음과 같은 질문을 통해서 확인할 수 있다.[10] ① 당신이 이번에는 범죄를 저질렀지만 과거에 비슷한 유혹을 극복했던 때에 대해 이야기해줄 수 있나요? ② 범죄를 다시 저지르지 않기 위하여 당신은 어떻게 관리하고 있나요? ③ 범죄행동과 관련된 문제들을 다룰 용기와 에너지를 어디서 찾으셨나요? ④ 현재의 문제에도 불구하고, 당신 삶의 어떤 부분이 꽤 잘되어 가나요? ⑤ 다른 사람들은 당신의 어떤 부분을 좋아하나요? ⑥ 당신이 살아가는 모습 중에서 다른 사람이 강점으로 보는 것은 무엇이지요? ⑦ 어떤 상황에서도 당신이 지키고자 하는 것은 무엇이지요? ⑧ 힘들 때 당신을 지탱하고 견딜 수 있게 하는 것은 무엇입니까?

한편 보호관찰관은 개인과 가족의 행동을 주의 깊게 관찰함으로써 강점을

---

8) 이러한 맥락에서 객관적 사정도구가 등장하였는데, 이는 보호관찰대상자나 교도소수용자에 대한 적절한 사정의 중요성이 증가함에 따른 것이었다. 객관적 범죄인 사정의 이점은 다음과 같다. 범죄인의 주요한 특성이 서로 다른 교정분야 종사자에 의해서도 일관되게 확정이 가능하다는 점이다. 또한 산출된 결과(outcome)에 따라 그러한 특성을 평가하는데, 사정결과에 따라 적정한 대응과 서비스의 묶음(package)을 제시할 수 있다. 또 다른 이점은 많은 수의 범죄인에 대한 사정결과를 수집하여 활용이 가능하다는 점이다. 이러한 '객관적' 사정도구는 반드시 통계적 방법에 의존하는 것은 아니며, 집합적 경험에 의해서도 추출이 가능하다. 객관적 사정도구의 활용은 자동적이며 차가운 과정이 아니라 다만 주관성을 제거하는 것이 목적이기 때문이다. Walsh, 앞의 책, pp. 105–106.

9) Sheafor & Horejsi, 「사회복지실천기법과 지침」, 남기철·정선욱·조성희 역, 서울: 나남출판사, 2005, p. 343.

10) 위의 책, p. 345.

확인할 수도 있는데, 예를 들면 자기 행동에 대한 책임감, 타인에 대한 동정과 관심, 가족에 대한 존중과 희생정신 등은 개인과 가족차원의 강점이 될 수 있다.

다) 자료수집과 사정을 위한 현장방문

보호관찰실천에 있어서 보호관찰대상자 주거지 등에 대한 현장방문은 중요한 의미를 지닌다. 보호관찰대상자의 가정은 그들의 과거와 현재를 파악하고 미래를 예측할 수 있는 정보의 근원지이다. 상황에 구속되는 존재로서 인간이 가정환경에 얼마나 많은 영향을 받는가는 특별히 강조할 필요가 없다. 문제는 보호관찰 실천현장의 특성 중 하나가 보호관찰대상자 자신의 비자발성에 더하여 가족구성원의 협조도 받기 어렵다는 데에 있다. 특히 보호관찰대상자의 범죄경력이 많으면 많을수록 그들의 긍정적 변화에 대한 가족들의 관심과 기대는 낮아져 간다. 이러한 보호관찰대상자의 가족들은 보호관찰관의 내방 요구에도 소극적으로 대응하는 경향이 있다. 여기에 보호관찰 실천과정에서 적극적인 가정방문 등의 필요성이 강조되는 이유가 있다.

보호관찰관이 보호관찰대상자의 가정을 방문하는 이유는 우선, 보호관찰대상자의 가정방문을 통하여 그들 삶의 실제에 대한 사실정보를 획득하기 위한 것이다. 보호관찰대상자와의 접촉초기단계에서 그들이 내방하여 작성한 신고서 등에 기초하여 초기면담을 실시함으로써 그들에 대한 일차적인 정보는 수집된다. 그러나 보호관찰대상자로부터 획득한 정보는 가정방문을 통한 현장 실사와 가족구성원과의 면담을 통해 그 정보의 진실성과 구체성을 규명할 수 있다.

보호관찰관이 현장에 방문해야 하는 또 다른 이유는 실천과정의 초기단계에서 보호관찰대상자에 대한 처우계획을 수립하는데 있어 가족단위에 대한 접근은 꼭 필요하기 때문이다. 보호관찰대상자의 문제행동과 관련된 그릇된 사고방식이나 무절제한 행동양식, 정서적 불안감 등은 긴장을 유발하는 가정환경에서 기인하는 경우가 많다. 이러한 환경에 대한 개선노력이 병행되지 않고는 보호관찰대상자의 범죄행동을 효과적으로 차단할 수 없다. 가족의 구조와 역동에 대한 세심한 파악은 보호관찰대상자의 변화를 위한 개입계획을 마련하는 기초가 되기 때문에 현장에서의 확인과 관찰이 필요한 것이다.

2) 처우계획의 수립[11]

처우계획의 수립과정은 이전단계인 사정평가에 의하여 명확하게 된, 보호관찰 실시상의 문제점에 대하여 그 개선 또는 해결을 위하여 구체적인 해결책을 선택·결정하는 것이다. 이 과정은 보호관찰처우의 전체적 성패를 좌우할 수 있는 가장 핵심적인 과정의 하나이다. 의사의 진단이 아무리 잘되어도 그에 맞는 적절한 치료방법이 선택되어 실행되지 않는다면 질병의 치료를 기대할 수 없는 것과 마찬가지이기 때문이다.

사정평가에 의하여 보호관찰관이 대상자의 문제점을 관념적으로 인식하는 단계에 있었다면, 처우계획 수립에 의하여 그러한 인식단계가 구체적인 실천을 동반하는 처우활동의 단계로 전환된다고 할 수 있다.

가) 계획의 절차

사정평가 단계에서 확인되는 보호관찰대상자의 문제는 일반적으로 복수인 경우가 대부분이다. 또한 하나의 문제로부터도 다양한 파생문제들이 발생하기 때문에 이러한 여러 문제점들에 대하여 ① 처우의 우선순위를 정하고, ② 해결을 위한 목표를 설정하며, ③ 대책을 검토하는 것이 필요하다. 이와 같은 체계적 순서에 따라 최종적이고 구체적인 계획을 수립하는 것이 바람직하다.

나) 우선순위의 결정

우선순위의 결정에 있어서 보호관찰관은 사정평가 단계부터 명확하게 드러난 문제들의 개선을 위하여 가장 시급한 것은 무엇이며, 또한 다른 문제들을 야기하는 보다 근본적인 문제점은 무엇인지 등에 대하여 판단하고 순위를 정하여야 한다.

그러나 이론적으로는 해당 대상자가 가지고 있는 문제 상호간에 순차적으로 순위를 정하는 것이 가능하지만, 실제에 있어서는 우선순위를 판단하기 곤란한 경우가 상당히 많다. 예를 들면, 취업에 대한 동기를 부여하는 것이 필요한 경우에도 다양한 케이스가 있다. 직업을 가지지 않는 상태가 오래 지속되어 생활의 안정이 저해되고 심리적으로도 불안하여 경미한 절도를 반복하는 것처럼, 무직 상태가 범죄의 동기 및 원인과 밀접히 관련되는 경우가 있다. 반면 다른 가족구

---

11) 일본 법무성 보호국, 앞의 책, pp. 28-34 참조.

성원에 의지하여 상대적으로 생활은 안정은 있지만, 일을 하지 않는 동안 여가시간이 생겨 불량교우와 교제를 단절하지 못하여 비행으로 나아가는 소년대상자도 있다. 이와 같이 '무직'이라는 같은 사항에 있어서도 대상자가 가지고 있는 문제성의 내용에 따라 보호관찰활동과 관련된 의미가 달라지기 때문에 우선순위도 달라질 수밖에 없다. 이처럼 우선순위를 결정한다는 것은 각 개별 케이스가 가지는 구조적 측면을 전체적으로 파악해야 가능한 것이다.

　　또한 우선순위를 결정하는 경우에 보호관찰관의 일방적인 판단에 의할 때는 대상자의 의식과의 차이가 발생할 수 있다. 이 경우 대상자는 보호관찰에 대하여 외부의 강제에 의한 것으로 수동적으로 받아들이며, 변화의 과정에 적극적으로 참여하지 않을 수 있으므로 주의하여야 한다.

　　나아가 처우상의 문제를 일정한 기준에 따라 순위를 정하는 것은 그 순위에 따라 개입을 실행하는 것을 의미하지 않고, 제시된 문제에 대해서는 동시에 처우의 대상이 된다고 보는 것이 바람직하다. 따라서 순위를 결정하는 과정에서는 문제들 사이의 상호작용을 깊이 있게 이해하고 대상자 문제 상황에 대한 전체적인 이미지를 파악하는 것이 매우 중요하다.

　　다) 개입목표의 설정

　　처우의 목표는 보호관찰에 의하여 대상자의 의식·행동에서 나타날 것으로 기대되는 변화내용으로서, 대상자가 현재 가지고 있는 문제가 어떠한 식으로 해결될 것인지에 대하여 구체적으로 표현한 것이다. 목표의 설정에 있어서는 대상자의 문제에 대하여 그 개선 및 해결에 활용할 수 있는 대상자의 시간 및 개별적인 능력이 어느 정도인지 현실적으로 판단하는 것이 매우 중요하다. 이러한 대상자의 능력에 대한 예측 없이 보호관찰관이 기대하는 바를 그대로 목표로 설정한다면, 그 목표달성의 성공가능성은 매우 희박해질 것이다.

　　이와 같이 처우목표는 원칙적으로 대상자의 개별적인 해결능력과의 상대적인 관계 속에서 탐색되는 것으로서, 현실적으로 해결 가능한 것이어야 한다. 또한 대상자의 현실적 해결능력과 관련하여 처우목표를 설정하는데 있어서 유의하여야 할 일반적 사항은 다음과 같다.

　　① 그 목표는 현실적으로 해결 가능한 내용인가?
　　② 그 해결을 위해 배분되는 시간은 충분하였는가?

③ 대상자 개개인의 해결능력에 대한 배려는 충분하였는가?

한편 처우의 목표에는 사정평가 단계에서 선정된 대상자의 문제가 해결된 상태인, '장기적 목표'와 그러한 장기적 목표를 달성하는 과정에서 해결이 필요한 과제로서의 '중간적 또는 '단기적 목표'가 있다. 예를 들면, 부와의 갈등으로 가출을 반복하는 소년의 문제에 있어서 장기적 목표는 부와의 갈등을 해결하는 것이지만, 중간적 목표로는 부와의 의사소통 방식을 바꾸는 것이 될 수 있다.

라) 대책의 검토

대상자의 문제에 대한 우선순위가 결정되면, 개선 및 해결을 위한 구체적인 방법을 검토하여 선정하는 다음 단계로 나아간다. 이것이 처우의 구체적인 대책을 결정하는 것으로서 '처우방침'이라고도 표현할 수 있다.

이러한 처우방침을 수립하는데 있어서는 특히 다음과 같은 3가지 측면에 대하여 고려하여야 한다.

① 그 방법이 현실적으로 실행 가능한 것인가?

② 그 방법이 목표를 달성하는데 있어서 효과적인 것인가?

③ 그 내용이 구체적인가(언제, 누군가, 어떠한 방식으로 수행할 것인지 명확한가)?

3) 처우의 실시

가) 처우기법의 현황

2013년 한 해 동안 보호관찰대상자의 사회복귀 촉진과 재범방지를 위하여 실시한 각종 처우기법의 현황[12]을 살펴보면 다음과 같다.

우선 소년대상자의 경우, 각종 프로그램에 전체 대상자 44,970명 중 11.1%인 4,978명 참가하였고, 일반 성인대상자는 전체 대상자 49,049명 중 0.65%인 321명 참가하였다. 한편 전자감독대상자의 경우, 전체 2,555명 중 41.9%인 1,071명 참가하여 대상자 1인당 연평균 8.33시간 이행하였다.

---

12) 법무부 범죄예방정책국, 보호관찰 원호 및 프로그램 현황(2014년 5월 19일 현재), 법무부 내부
   자료. 이러한 프로그램은 수강명령 등 법원의 명령에 의하여 강제적으로 부과된 것은 제외하고
   협의의 보호관찰 실시과정에서 대상자의 고유한 특성을 고려하여 처우기법 차원에서 실시된 것
   을 말한다.

┃ 표 12-2 ┃ 2013년 실시 보호관찰처우프로그램 유형별 세부 현황

(단위: 개)

구 분		계	전자감독 대상자	소년 대상자	성인 대상자
프로그램 유형		524	213	289	22
법교육	법교육	11	–	9	2
사범별 전문처우프로그램	가정폭력예방	3	–	–	3
	성폭력치료	5		3	2
	약물치료	7	–	2	5
사회성회복	가족관계회복	18	8	8	2
	대인관계회복	17	7	10	–
심성순화 및 심리치료	감정치유	17	3	14	–
	심리치료	55	45	8	2
	심성순화	39	13	26	–
	음악치료	1	–	1	–
	미술치료	2	1	1	–
	명상체험	4	2	2	–
	자아 찾기	23	1	21	1
	리더쉽훈련	2	–	2	–
	극기훈련	3	–	3	–
	템플스테이	8	2	6	–
진로탐색	진로탐색	54	5	47	2
체험프로그램	도예체험	1	–	1	–
	등산프로그램	29	23	6	–
	래프팅체험	3	–	3	–
	마라톤체험	2	1	1	–
	문화체험	144	68	75	1
	봉사프로그램	7	3	4	–
	생태체험	2	–	2	–
	스포츠체험	20	7	13	–
	견학	21	4	17	–
	목욕	18	18	–	–
금주·금연	금연	4	–	4	–
	금주	4	2	–	2

출처: 법무부 범죄예방정책국, 보호관찰 원호 및 프로그램 현황(2014년 5월 19일 현재), 법무부 내부 자료.

처우기법별, 즉 프로그램 유형별 현황을 보면, 전국적으로 법교육프로그램이 11개, 사범별 전문처우 프로그램이 15개, 사회성회복프로그램이 35개, 심리치료 및 심성순화프로그램이 154개, 진로탐색프로그램이 54개, 체험프로그램이 247개, 금주·금연프로그램이 8개 등이다.

나) 처우기법의 선택

(1) 처우기법 선택시 고려사항

일반적으로 클라이언트에 대한 개입기법을 선택함에 있어서는 해당 개입기법이 효과를 발휘하는 문제영역과 실제적인 실행가능성 등을 검토할 필요가 있다. 하지만 보호관찰의 처우기법에 대해서는, 그에 더하여 해당 기법이 보호관찰 처우에 적용될 수 있는지도 살펴볼 필요가 있다.

어떤 개입기법이 다른 어떤 상황에서 효과적이라 할지라도 보호관찰의 현장에서 적용하기 어렵다면 보호관찰의 처우기법으로 이용할 수 없기 때문이다. 예를 들어 보호관찰대상자에 대한 가족치료적 개입은 가족의 동의가 없으면 안 된다. 대상자 가족에 대한 직접적 개입은 아무리 그것이 대상자의 사회복귀에 도움이 되더라도 가족의 승낙이 없으면 실시할 수 없는 것이다.

다음 단계는 각 처우기법을 적용할 수 있는 범위에 대해 명확히 할 필요가 있다. 각각의 처우기법에는 이런 상황에 대해 적용하면 같은 결과가 도출된다(가능성이 높다)는 적용 가능한 범위와 기대되는 결과가 항상 존재한다. 그것은 해당 처우기법을 적용할 수 있는 범위와 한계이며, 해당 처우기법을 활용·평가하기 위해서는 이를 명확히하는 것이 반드시 필요하다.

적용 가능성과 그 한계에 대해 분명치 않은 개입기법을 채택할 경우에는, 결과적으로 기대한 목표를 성취하지 못하였을 때, 그 원인이 처우기법의 실행이 제대로 이루어지지 않았기 때문인지, 아니면 해당 기법이 본래 상정되지 않은 상황에 대해 적용된데 따른 것인지를 판단하기 어렵다. 결과적으로 보호관찰의 처우기법의 유효성 검토가 어렵게 된다. 이러한 관점에서 보면 먼저 앞에서 개관한 처우기법에 대해서는 보호관찰대상자에 대한 적용 가능성의 범위와 한계에 대해 상세한 검토가 필요하다.

(2) 처우기법의 목록

인간의 문제해결이나 변화를 도모하는 다양한 실천현장에서 공통적으로 활

용되는 심리상담·치료 및 사회복지실천의 기법들은 보호관찰 현장에서도 적절
하게 활용될 수 있다. 보호관찰처우에 있어서 주요한 개입기법으로 사용될 수 있
는 다양한 접근방법의 목록은 다음의 〈표 12−3〉과 같다.

‖ 표 12-3 ‖ 보호관찰처우기법의 잠정적 목록

학 자	정 의
심리치료 및 상담기법[13]	아들러학파 치료, 정신분석치료, 실존치료, 게슈탈트(형태)치료, 인간중심치료, 행동치료, 인지행동치료, 현실치료, 자족체계치료, 여성주의 치료
사회복지실천의 주요모델[14]	정신역동모델, 심리사회적(자아심리학) 모델, 행동주의모델, 인지치료모델, 인지행동주의모델, 과제중심모델, 위기개입모델, 강점모델, 문제해결모델
교정복지의 이론 및 실천모델[15]	생태체계이론, 강점이론, 인간관계이론, 정신분석이론, 가족치료이론, 인지행동이론(기법), 여성주의이론, 사이코드라마, 향사회적 모델, 인지행동의 집단지도모델, 가족치료모델, 문제해결모델, 생활기능훈련(SST: Social Skill Training)
일본 법무성 처우기법[16]	카운슬링, 정신분석치료, 행동치료, 교류분석, 현실치료, 자율훈련법, 독서치료, 예술치료, 레크리에이션치료, 가족치료, 집단상담, 심리극, 놀이치료, 미술치료, 감수성훈련, 자극차단치료, 미니어처정원 치료
현재 우리나라에서 시행중인 주요 처우프로그램	법교육, 가정폭력예방, 성폭력치료, 약물치료, 가족관계회복, 대인관계회복, 감정치유, 심리치료, 심성순화, 음악치료, 미술치료, 명상체험, 자아 찾기, 리더쉽훈련, 극기훈련, 템플스테이, 진로탐색, 도예체험, 등산프로그램, 래프팅체험, 마라톤체험, 문화체험, 봉사프로그램, 생태체험, 스포츠체험, 견학, 목욕, 금연·금주교육

13) Gerald Corey, 앞의 책, pp. 522－523 참조

14) 김혜란 외, 앞의 책, pp. 59-128; 이윤로, 앞의 책, pp. 183-255; B. Sheafor & C. Horejsi, 앞의 책, pp. 142-159 참조.

15) 최옥채, 「교정복지론」, 서울: 학지사, 2010, 235-241면. 홍금자·박영숙·문영희, 「보호관찰론」, 학현사, 2009, pp. 228-252.

16) 1983년 일본 법무성 보호국에서 발간한 「보호관찰을 위한 처우기법」에서는 개인 및 집단에 대한 보호관찰처우과정에서 활용될 수 있는 처우기법을 개괄적으로 소개하고 있다. 개인을 대상으로 한 처우기법으로는 정신분석, 행동치료, 카운슬링, 교류분석, 현실치료, 자율 훈련법, 독서치료, 예술치료, 레크리에이션치료 등이 활용되고 있으며, 집단을 대상으로 한 처우기법으로는 가족치료, 그룹워크 등이 거론되고 있다. 한편, 일본 교정협회는 1993년 발간한, 「교정처우기법 핸드북」은 제1분책(심리치료의 원리와 실천)과 제2분책(생활지도의 기술과 실천)으로 나뉘어 있다. 우선 심리치료는 개별 카운슬링, 집단상담, 자율훈련법, 놀이치료, 심리극, 현실치료, 자극차단치료, 행동치료, 회화치료, 미니어처정원 치료, 감수성훈련, 교류분석, 가족치료 등이 거론되고 있으며 생활지도로서는 집회지도, 역할활동, 면담지도, 독서지도, 글쓰기지도, 일기지도, 약물문제지도, 교통문제지도, 교우문제지도, 성문제지도, 가정문제지도, 진로지도 등이 거론되고 있다. 이처럼 교정이나 보호관찰에 있어서 처우는 실시되는 곳이 시설내인가 아니면 사회내인가의 차이는 있지만, 범죄자의 범죄성 개선·변화와 건전한 사회복귀를 도모한다는 목적, 그리고 그 방법으로서 지도와 원조를 중심으로 처우한다는 점에서 유사한 점이 있다.

앞서 처우기법의 현황에서 살펴본 바와 같이 아직 우리나라에서는 처우의 상당부분이 단기체험 또는 집합교육 프로그램 중심으로 이루어지고 있다. 앞으로는 심리치료·상담이나 사회복지실천의 다양한 전문처우모델을 수용한 처우기법을 개발할 필요가 있다.

따라서 여기서는 위와 같은 여러 접근법을 종합적으로 고려하고 현재 실무에서 잘 활용되지 않고 있는 전문적인 처우기법을 중심으로, 클라이언트 중심치료, 정신분석치료, 행동치료, 인지행동치료, 교류분석, 현실치료, 여성주의치료, 독서치료, 예술치료, 레크리에이션치료 등에 대하여 살펴보도록 한다.

(가) 클라이언트 중심치료

상담은 주로 언어적 수단을 매개로 직접 면담에 의한 심리적 상호작용에 의해 문제를 해결할 수 있도록 대상자를 원조하는 것이다. 신뢰감의 확립, 자기 이해의 계발, 행위의 계획과 충고 등을 중시하는 입장과 클라이언트에 의한 장면 구성에 따라 상담과정에의 책임을 갖게 하여 자기통찰과 자기수용의 발전을 원조하는데 중점을 두고 있는 입장이 있다. 클라이언트 중심치료는 상담의 한 분야이며, 대상자의 자기통찰과 자기수용의 발전을 원조하는 입장이다.

클라이언트 중심이론 또는 인간중심이론[17]은 인간적이고 실존적인 철학적 전통을 기반으로 하고 있으며, 모든 사람들의 독특성, 자아인식, 개인적 경험의 의미 등을 강조하며 긍정적이고 낙관적인 관점에 기초한다.[18] 인간은 본래 스스로 적응할 능력을 갖춘 존재임을 전제로, 상담자와 클라이언트와의 일정한 인간관계를 설정하면 클라이언트는 그 본래의 능력을 자체적으로 발휘해 자신의 길을 스스로 선택할 수 있게 할 수 있다는 생각 아래에 설득하거나 가르치거나 지시하지 않고 비지시적으로 클라이언트의 발달에 도움을 주는 것이 강조된다.

따라서 변화는 스스로 부여한 자아의 심리적인 장애물을 확인할 때 긍정적인 성장을 위해 보호관찰대상자의 내적인 잠재성을 자유롭게 펼칠 때 일어난다. 이 이론에 따르면 보호관찰관이 지녀야 할 3가지 속성은 조건 없는 긍정적 관심, 진실성, 감정이입 등이다.[19] 보호관찰관의 진실성(authenticity)은 범죄인이 모방할

---

17) 로저스(Rogers)는 인간중심이론과 관련하여, "상담은 치료자(또는 상담자)와의 안전한 관계에서 내담자가 과거에 부정했던 경험을 다시 통합하여 새로운 자기로 변화하는 과정"이라고 정의하였다. Walsh, 앞의 책, p. 127에서 재인용.

18) Sheafor & Horejsi, 앞의 책, p. 147.

19) 조흥식·이형섭, 앞의 책, 339.

모델을 제시할 수도 있다. 또한 보호관찰관은 범죄인이나 비행청소년의 변화를
위하여 바꿔말하기(paraphrasing), 반영(reflection), 적극적 경청의 기법들을 사용할
수 있다.

(나) 정신분석치료

정신역동이론은 개인, 가족, 사회적 문제를 심리학적으로 설명하고자 하는
개인주의 사회에 잘 적용되고 활용된다.[20] 정신분석치료의 기본철학은, 인간은
기본적으로 생애초기에 정신적 에너지에 의해 결정된다고 보는 것이다. 이는 '정
신적 결정론'으로서, 행위는 단지 유연히 발생한다기보다는 인간의 사고과정으로
부터 일어난다는 원리이다.[21]

한편 현재 행동의 핵심은 무의식적 동기와 갈등이며, 인간은 성적 충동과 공
격적 충동에 의해 동기화된다. 어떤 생각과 정신행위는 우리의 지식으로 알 수
없게 숨겨져 있다는 것이다. 행동의 정신역동적인 해석은 모든 인간의 문제들과
역기능은 인성의 정상적 발달을 왜곡시킨 어린 시절의 경험에서 비롯되는 내적
인 갈등에 주목한다. 따라서 이 입장에서는 후기의 성격적 문제는 아동기 갈등이
억압된 것에 기인하므로 초기 발달이 매우 중요하다고 본다.[22]

한편, 정신분석치료는 정상적인 성격발달은 심리성적 발달단계를 성공적으
로 해결하고 통합하는 과정을 통해 형성된다는 점을 강조한다. 하지만 구체적인
단계를 적절하게 해결하지 못한다면 잘못된 성격이 발달된다. 이드, 자아, 초자아
는 성격구조의 기본이다. 프로이트에 따르면, 인간의 정신은 생물학적 충동을 추
구하는 이드(id), 욕구와 현실 사이를 중재하는 자아(ego), 그리고 사회의 도덕과
가치를 내면화한 초자아(superego)로 구성된다. 이 세 가지 부분이 조화롭고 균형
있게 발전하지 못할 때 신경증적·현실적·도덕적 불안이 나타난다.[23] 불안은 기
본적인 갈등을 억압하는 결과로 발생한다. 무의식적 행동은 현재 행동과 가장 깊
은 관련이 있다.[24]

---

20) B. Sheafor & C. Horejsi, 앞의 책, p. 143.

21) 이윤로, 앞의 책, p. 184.

22) Gerald Corey, 앞의 책, p. 522.

23) 김혜란 외, 앞의 책, p. 62. ① 신경증적 불안: 억압되어 있던 이드의 성적 충동과 공격적 충동이
분출되어 처벌될 것에 대한 불안, ② 현실적 불안: 현실세계에 있는 위협적인 상황에 대한 불안,
③ 도덕적 불안: 도덕, 양심에 위배되는 생각이나 행동을 할 경우 초자아에 나타나는 죄의식에
대한 불안.

24) Gerald Corey, 앞의 책, p. 523.

정신역동이론, 즉 프로이트의 정신분석이론은 1909년 정신치료 목적으로 미국에 소개되면서 1920년대 사회복지실천에서 진단주의학파를 태동시켰다.[25] 또한 사회복지실천은 정신분석이론에 강한 영향을 받아왔다. 실제적으로 정신분석적 접근방법은 거의 모든 사회복지실천의 기저에는 어느 정도 깔려있다고 볼 수 있다.[26]

정신분석(역동)이론에 기초한 보호관찰처우는 범죄인이나 비행청소년의 내적인 사고와 갈등을 보다 더 잘 이해하도록 도움으로써 개인의 사회적 기능을 향상시킬 목적으로 활용될 수 있다.[27]

비행소년에 대한 정신치료에 있어서 아이히호른(Aichhorn)은 정신분석적 이념에 기초한 시설내 치료경험을 통해 다음과 같이 비행소년의 치료방침을 제시하였다. ① 소년의 애정욕구를 충족시킬 것, ② 충분히 수용하고 일관되게 우호적인 태도를 취할 것, ③ 공격성이 표현되어도 벌하지 않고 이야기를 나눌 것, ④ 인간관계가 형성되면 과제를 제공해 책임감을 육성할 것 등이다.[28]

(다) 행동치료

보호관찰처우에서 행동치료적인 사고방식은 보호관찰대상자의 변화를 외적으로 일으키기 위하여 이용되고 있다. 행동치료란 사람사이의 문제 행동 발생을 지속하는 것은 생리적 측면과도 관련된 것을 인정하면서도 그 문제 행동을 학습심리학의 실험적·이론적 지식에 따라 새로이 바꾸려는 체계적인 치료적 접근을 말한다.

행동치료의 기본철학은 행동은 학습의 산물로서, 인간은 환경에 의해 만들어지기도 하고 환경을 만들기도 한다는 것이다. 행동치료에 있어서는 밖으로 드러난 행동, 심리상담 및 치료목표의 구체성과 명확성, 심리상담 및 치료결과에 대한 객관적 평가 등을 중요시한다.[29]

행동치료는 학습이론 원리에 근거한다. 인간에게 학습적 행동이 차지하는 비율은 본능적인 비학습적 행동보다 압도적으로 광범위하다. 또한 정상행동이든

25) 홍금자 외, 앞의 책, p. 188.
26) 이윤로, 앞의 책, p. 184. 특히 심리사회적 치료(Woods & Hollis, 1999), 자아심리학(Goldstein, 1995), 문제해결접근법(Perlman, 1957) 등은 정신분석이론에 영향을 받은 이론이라고 할 수 있다. B. Sheafor & C. Horejsi, 앞의 책, p. 144.
27) B. Sheafor & C. Horejsi, 앞의 책, p. 142.
28) 홍금자 외, 앞의 책, pp. 190-919.
29) Gerald Corey, 앞의 책, p. 522.

문제행동이든 같은 학습행동으로 볼 수 있는데, 정상적 행동이란 강화와 모방을 통해 학습되며 비정상적 행동은 잘못된 학습의 결과이다. 그 중에서 문제행동에는 ① 조건부 부족 또는 결여에서 기인하는 것, ② 조건부 과잉에서 기인하는 것이 있다.

문제행동을 바꾸어 외부 환경에 적응시키기 위해서는 적당량의 조건 반응을 익히게 할 필요가 있다. 그 목적에 따라 조건이 부족한 것에는 증가시키는 절차, 조건이 과도한 것은 감소시키는 절차가 필요한데, 이런 조건반응 형성이 행동치료의 목표이다. 행동치료의 특징으로는, ① 인격의 외부적 측면에서 내부적 측면의 방향으로 효과의 파급을 의도하는 것, ② 목표행동의 정의를 구체적·조작적으로 실시하는 것, ③ 현재에 초점을 맞추고 학습을 중시하는 것, ④ 문제행동의 빈도·회수 등의 측정방법을 구체적으로 규정하는 것, ⑤ 강화물을 해석하고 목표행동의 증감을 위한 기법을 선택하여 단계적으로 실시하는 것 등을 들 수 있다.

(라) 인지행동치료

인지행동주의 이론은 행동주의와 학습이론으로부터 선별된 개념을 통합한 것이다.[30] 사람들은 왜곡된 사고를 통합시키는 경향이 있고, 이러한 경향으로 인해 정서적, 행동적 장애가 발생된다. 인지는 감정과 행동을 결정하는 주요 결정요인이다. 심리상담 및 치료는 인지와 행동을 중요시하고 사고, 판단, 분석, 행동, 재결정 등을 강조한다. 인지행동치료는 심리교육적 모형으로서, 새로운 기술의 습득과 숙련, 새로운 사고방식의 학습, 보다 효과적인 문제대처법 습득과 같은 학습과정을 강조한다.[31]

인지행동적 접근에서는 심리적 문제들은 아동기에서 비롯되었으나 현재 재교육으로 인해 지속되는 것으로 간주한다.[32] 또한 이 접근에서는 드러난 행동뿐 아니라, 상상·사고·감정 등 숨어 있는 행동(covert behavior)에 대한 다양한 차원의 변화목표를 가지고 있다. 사회학습적 관점에서는 행동의 변화는 결국은 사고패턴의 변화를 통해 발생한다고 가정하고 있기 때문이다.[33]

인지행동치료의 하나인 자율훈련법은 인간이 사회에 적응해 나가기 위해서

---

30) B. Sheafor & C. Horejsi, 앞의 책, p. 145.
31) Gerald Corey, 앞의 책, p. 522.
32) 위의 책, p. 523.
33) S. Berlin, "A cognitive behavioral interventions for social work practice". *Social Work 27.* 1982.

는 어느 정도의 긴장은 필요하지만, 지나친 긴장은 노이로제나 사회적 부적응의 원인이 될 수밖에 없기 때문에 그러한 지나친 긴장 상태를 완화하려는 것이다. 자율훈련법은 주의집중 및 자기암시훈련 등에 의해 온몸의 긴장을 풀고 심신의 상태를 스스로 잘 조율하도록 고안된 단계적 훈련법이다.

자율훈련법은, ① 외계로부터의 자극을 최대한 차단하고 일정정도 수동적 자세를 취하도록 하는 것, ② 그 사람의 상황에 따라 어느 특정한 말을 머릿속에서 천천히 반복하는 것, ③ 수동적 주의집중(자연스러운 집중)을 하는 것 등의 원칙으로 되어있다. 이는 대상자의 문제행동을 없애기 위한 직접적인 개입이라기보다는 대상자가 스트레스 관리와 자기통제(self control)를 연습하여 익히도록 하는 것이라고 할 수 있다.

이 접근의 목적은 보호관찰대상자가 자신의 생활경험을 보다 현실적이고 긍정적으로 인식, 사고, 해석하는 방법을 학습하도록 지지함으로써 사회적 기능을 향상시키는 것이다. 인지행동주의 이론은 특히 우울증, 낮은 자존감, 자아가 고갈된 사고와 행동을 가진 보호관찰대상자에게 효과적이다.[34] 따라서 이러한 문제를 가진 범죄인과 비행청소년에게 적용될 수 있다. 또한 개입의 초점도 환경변화를 통한 행동변화에 초점을 두기도 하며, 정서나 문제해결 능력과 구체적인 상황에의 대처기술에 초점을 둘 수 있다.[35]

(마) 교류분석

교류분석은 자기의 사고·감정·행동을 다시 고쳐 생각하고 재검토하는 것에 의해 자기 인식을 높게 하고 주체적 삶이 가능하도록 원조하는 것을 목적으로 하고 있다. 인간에게는 부모, 어른, 아이 등의 세 가지 자아상태가 있지만 이 3개 영역의 균형을 분석하는 구조 분석, 3개의 영역이 대인 상황에서 어떻게 교류할지를 분석하는 교류패턴 분석, 게임을 하는 사람의 숨은 욕구와 동기에서 심리과정을 분석하는 게임 분석, 필요에 따라 사람이 인생에서 연기하는 드라마의 각본을 분석하는 각본 분석 등의 네 가지 분석으로 구성되어 있다.

교류분석에서는 상대의 존재에 대한 자극을 스트로크(stroke)라고 부르는데, 이는 칭찬이나 호의 등 플러스 스트로크와 모멸이나 부정 등 마이너스 스트로크로 나뉜다. 대상자 자신이 어느 정도의 언어적 능력 및 사회적 능력을 가지고 있

---

34) B. Sheafor & C. Horejsi, 앞의 책, p. 145.
35) Berlin, 앞의 논문 참조.

어 분석에 대해 주체적으로 임할 수 있어야 하는 것이 교류분석을 이용하기 위한 전제 조건이다. 보호관찰에서 교류분석을 이용하기 위해서도 이러한 전제조건을 충족시킬 필요가 있다.

(바) 현실치료

현실치료는 인간은 사회적인 본성을 타고나서 행복해지기 위해 양질의 관계가 필요하다고 가정한다. 사람들은 그들의 선택과 행동에 따라서 그들의 감정을 만들어낸다는 전제 하에서, 심리적 문제들은 사람들의 통제에 저항하거나 다른 사람을 통제하려고 해서 발생된다고 본다.[36] 따라서 현실치료는 현실의 행동이 잘 안 되는 사람에 대해 주로 언어적 방법으로 그 사람을 둘러싸고 있는 현실과 그 사람의 행동과의 관계에 초점을 맞춘다. 즉 정확하게 자신을 보고 현실에 직면시켜 자기 자신이나 타인에게 상처를 주지 않으면서도 자신의 욕구를 충족할 수 있도록 현실적으로 잘 행동할 수 있도록 도와주는 것이다.

보호관찰대상자 중에는 현실세계에서 도피하는 경향이 강해 그 때문에 무책임하다고 생각할 만한 행동을 취하는 것이 많다. 그러한 현실 도피의 배경에는 그동안의 성장과정에서 자기 자신의 욕구를 충족하지 못한 경우가 많기 때문에, 자신을 둘러싼 현실을 이해시키고 그 현실인식에 따라 자기 충족적인 행동을 생각해 나간다는 현실치료의 사고방식은 보호관찰의 처우기법으로 효과적일 수 있다.

또한 보호관찰대상자들의 행동과 현재 행동이 그들에게 효과적인지를 평가하는 방법에 관심이 있다. 현실치료는 언어적인 개입을 중심으로 하고 있기 때문에 대상자에 따라서는 자신이 공격당하고 있다고 느껴 자신의 현실을 보는 것이 아니라 자기 안에 갇혀 버리는 경우도 나타날 수 있다. 따라서 현실치료를 적용할 때 대상자의 자질이나 이해력, 대상자를 둘러싼 객관적 상황의 확인이 중요하다. 이 접근은 의학적 모형, 전이, 무의식, 과거의 영향 등의 개념을 거부한다.

(사) 여성주의 치료

여성주의자들은 많은 전통적인 이론들을 비판하는데 특히 성편향 개념에 근거한 점과 남성중심, 성별중심, 민족중심, 이성애, 정신내적 측면 강조 등을 비판하였다. 여성주의 치료의 구성개념은 성별에 구애받지 않고, 융통성 있고, 상호활동적이며, 전생애적 관점을 포함한다.

---

36) Gerald Corey, 앞의 책, pp. 522-523.

여성주의 치료의 근간을 이루는 핵심원리는 사람은 정치적이고 심리상담/치료관계는 평등하며 여성의 경험도 존중해야 되고, 장애 및 정신질환의 정의를 재형성하고 여성과 남성의 평등, 어떤 근거로든 억압하는 것에 직면하는 것들이 포함된다.

(아) 독서치료

독서치료는 독서의 인격에 대한 영향력을 감안할 때 각자의 정신적 발달에 따라, 보다 완전한 자기 개발을 도모하고 보다 균형 잡힌 풍성하고 건강한 정신의 발달을 촉진하거나 자기 문제를 발견하고 그것을 해결해 나가기 위해 그 사람에 따른 책을 읽어 나가도록 지도하는 것이다. 독서치료는 원래 실제 인물과의 교류 체험 속에서 이루어지는 것을, 책 속의 등장인물과의 교류 속에서 얻도록 하는 것이다. 따라서 대상자가 그의 실제 삶의 어느 발달 단계에서 어떤 사람과의 관계가 어떻게 왜곡되어 왔는지를 진단하고 그 체험을 수정하려면 어떤 태도·성격의 사람과 교류할 필요가 있는지에 대하여 고려한 후 독서하는 책의 내용을 선정하는 것이 필요하다. 다만 대상자가 독서에 대한 심리적 저항을 가지고 있는 경우에는 독서치료 자체가 성립하지 않을 수도 있기 때문에 대상자를 파악하는데 주의가 필요하다.

(자) 예술치료

예술치료는 작업치료의 한 분야이며 심신장애인의 정신·심리치료을 위하여 여러 예술활동을 치료의 촉매제로 활용하는 치료법으로서 발전해 온 것이다. 여러 종류의 예술치료의 장르로는, 회화치료·조형치료·사진치료·도예치료·음악치료·무용치료·심리극·서예나 동양예도를 활용한 치료 등이 있다. 이들의 많은 기법 가운데 대상자의 적응을 생각해서 특정 기법을 선택하여 치료적 접근을 하는 비교적 광범위한 개념의 치료기술을 포괄한 것이다.

예술치료의 특징은 반드시 언어적 표현에 의존하지 않고 그림이나 음악, 신체적 활동 등의 비언어적 표현으로 이미지를 표현하려는 것에 있다. 언어적 표현을 하기 위해서는 비교적 고도의 개념화 과정이 필요하여 감정적 측면과 욕구가 억제되는 경향이 있지만 비언어적인 이미지 표현으로는 그런 감정적·정서적 측면을 그만큼 의식하지 않고 표현할 수 있으며, 또한 특별히 의식하여 표현하려고 하지 않아도 저절로 이미지 표현 속에서 표출되는 경우가 많다. 이처럼 예술치료는 대상자의 감정적 정서적 측면을 표출시켜 그런 표현행위를 통해 풍부한 심리적 교류를 꾀한다.

또한 작업치료 중 하나로서, 블록을 이용하여 조형물을 만들거나 다양한 재료를 활용하여 미니어처 정원을 만드는 방법도 고려할 수 있다. 이러한 치료법은 미니어처 가든 등을 자유롭게 만드는 것을 통하여 언어를 이용하지 않고도 이 작업을 통해 내면을 표출시키는 기법이다. 보호관찰대상자들은 일반적으로 자신의 생각을 말로 표현하는 능력이 부족하고, 자기방어적인 자세가 강하여 쉽게 입을 열지 않으려는 경향이 있다. 따라서 언어적 표현에 의존하지 않는 예술치료나 작업치료는 어떻게 대상자를 치료 상황에 끌어들이느냐는 과제는 남지만, 일단 대상자를 끌어들이면 보호관찰에서 대상자의 감정 표출을 도와 심리적 교류를 도모할 수 있다는 의미에서도 효과적인 측면이 있다고 본다.

(차) 레크리에이션치료

레크리에이션치료는 치료와 아울러 정신의학적 재활(rehabilitation)을 도모하는 것으로서, 원래는 치료와 무관한 다양한 레크리에이션 활동을 하게 함으로써 무언가 처우적 효과를 얻는 것이다. '재활'(rehabilitation)은 질병이나 그에 의한 장해37)에 의해 상실 또는 저하된 기능과 권리의 회복을 의미하므로 치료와 재활은 불가분의 관계에 있는 것이다. 레크리에이션을 통한 개입은 도입하기 쉬우며, '놀이'를 통해 마음에 여유를 갖게 되고 대인관계의 방식도 저절로 몸에 익히는 등 기능장애에 대해 치료적 효과가 있다.

레크리에이션 활동 자체는 일반적으로는 언어적 표현에 의존할 필요가 거의 없지만, 레크리에이션 활동은 보통 그룹으로 수행하는 것이 많고 어떤 규칙이 존재하여 참가자는 그런 규칙을 습득하고 따라야 할 필요가 있는데, 이때에는 언어적 표현이 중요하게 활용된다.

참가자가 그룹 속에서 일정한 규칙에 따라 '놀이' 활동을 실시하는 것은 사회적인 세팅을 주고 그 속에서 행동하는 셈이어서 그런 상황에 대상자를 두는 것은 보호관찰처우에도 효과적일 수 있다.

4) 처우의 평가

가) 처우평가의 의의

어떤 처우 또는 처우기법은 효과가 있다는 것은 무엇을 의미하는가? 보호관

---

37) 여기서의 장해는 "질병에 의해 발생한 생활상의 곤란, 부자유, 불이익"을 의미한다.

찰의 처우의 관점에서 보면, 어떤 처우기법이 '효과적'이라는 것은 그 기법을 실시함으로써 대상자의 개선과 사회복귀를 달성한 것을 말한다. 이는 결과적으로 대상자가 더 이상 재범을 하지 않은 것을 의미한다.

그러나 개선과 사회복귀를 달성하느냐 여부와 재범을 막을 수 있는지에 대해서는, 처우기법 자체에 미리 예정되어 있는 것이 아니라는 것은 앞에서 언급했던 바와 같다. 따라서 처우기법을 평가하는 경우에는 특정한 입장·관점에 설 필요가 있다.

처우기법의 효과성은 해당 기법에 의해 보호관찰처우의 목적이 어느 정도 달성되었는지 여부로 판단한다. 구체적으로는, 어떤 상황에 대해 해당 처우기법을 선택한 것이 처우계획 수립시 설정하였던 목표를 달성하는데 있어서 타당한 선택이었느냐 하는 것을 판단 기준으로 할 수밖에 없다. 또한 이는 해당 기법이 지향하는 목표(결과)를 발생시키는 확률에 따라 판단할 수밖에 없다.

그럼 해당 처우기법의 유효성뿐 아니라 다른 선택의 여지가 없었는지 여부도 문제가 되는데, 해당 기법보다 기대하는 결과를 발생시키는 확률이 높은 개입기법이 있다면 선택하는 것이 더 바람직한 일이기 때문이다. 만약 그러한 검토를 거치지 않고 특정 개입기법을 선택한다면 비록 해당 처우기법의 적용에 의한 목적을 달성한다고 하더라도 그것으로 좋다고 할 수는 없다.

나) 처우평가의 방법

보호관찰대상자에 처우기법에 대한 평가를 위해서는 해당 대상자의 변화정도에 대한 측정이 이루어져야 한다. 평가에 있어서 보호관찰대상자의 관점에서 성공과 유용성 여부를 판단하도록 그들을 참여시키는 것도 중요한데, 다음과 같은 평가기법들이 유용하게 활용될 수 있다.[38]

| 표 12-4 | 보호관찰처우 평가기법

① 개별화된 척도(Individualized Rating Scales): 보호관찰대상자의 독특한 행동·사건·정서·태도의 빈도나 기간, 강도 등을 측정할 수 있는 척도를 독특한 상황에 맞추어 개발하여 변화를 측정하는 것이다.
② 표준화된 척도(Standardized Rating Scales): 보호관찰대상자의 다양한 차원의 기능수행을 측정하기 위하여 미리 개발된 표준화된 측정도구를 사용하는 것이다. 예를 들어 사회적·정서적 고립척도(Appendix 4), 대인관계기술척도(Appendix 5) 등을 사용하여 보호관찰대상자의 사회적 기능수행의 변화정도를 측정할 수 있다.

[38] 조흥식·이형섭, 앞의 책, p. 377.

③ 과제달성척도(TAS: Task Achievement Scaling): 보호관찰대상자가 특정과제를 완수했는지 여부를 측정하는 도구이다. 예들 들면, 계약단계에서 보호관찰대상자와 합의된 행동과제에 대한 달성여부를 완전달성, 상당히 달성, 부분적 달성, 최소한의 달성, 진전 없음 등 5점의 서열척도로 평가하는 것이다.

④ 목적달성척도(GAS: Goal Attainment Scaling): 보호관찰과 같은 보호관찰 현장에서는 보호관찰대상자의 재범률이 최종적인 평가기준이 되지만, 개인정보보호 등의 이유로 보호관찰대상자의 재범여부를 파악하는 것은 쉽지 않은 일이다. 따라서 프로그램 참가나 준수사항의 의무이행 등 2~5개의 대리지표를 활용하여 목적달성여부를 평가할 수 있다.

⑤ 보호관찰대상자 만족도 질문지(CSQ: Client Satisfaction Questionnaire): 특정한 상황에서는 개입에 대한 보호관찰대상자의 반응을 아는 것이 중요하다. 이 방법은 개입도중이나 서비스 종결 이후에 다양하게 사용될 수 있고 대부분의 보호관찰대상자들에 손쉽게 사용될 수 있다는 장점이 있다.

출처: 조흥식·이형섭, 「교정복지론」, 학지사, pp. 376-377.

어디까지나 처우기법의 평가는 해당 기법이 기대하는 결과를 발생시키는 확률의 상대적 비교를 통해 이루어지게 된다. 물론 확률의 상대 비교도 처우기법을 실시하기 위한 난이도, 즉 적용가능성에 따라 좌우된다. 결과 발생의 확률이 높아도 실시에 어려움이 따르거나 많은 노력이 필요하다면 상대적 평가는 낮아질 수밖에 없다. 따라서 처우기법의 평가에 있어서는 구체적인 실시 비용에 대해서도 검토해야 할 필요가 있다.

제13장

인적 특성별 처우기법

보호관찰대상자의 유형별 처우기법은 분류처우제도와 함께 보호관찰 실시방법에 있어서 근간을 이루고 있다. 우리나라에서는 지금까지 보호관찰 실시에 있어서 개별처우의 원칙이 강조되는 한편, 대상자를 몇 가지 유형으로 나누어 이해하고, 각 유형에 대응하여 효과적인 처우를 실시하고자 하는 시도가 계속되어 왔다.

그러나 2014년 6월 이후에야, 성폭력·절도·폭력·마약 등의 범죄유형에 따른 지도감독프로그램 매뉴얼과 「소년보호관찰대상자 지도감독안내서」가 발간되어 일선 보호관찰소에 보급되는 등 아직도 우리나라에서는 이러한 처우기법에 대한 본격적인 적용이 시작단계에 있다고 평가할 수 있다.

특히 현장에서 쉽게 활용 가능한 효과적 처우기법이 수립되기 위해서는, 지나치게 이론적이기보다는 보호관찰대상자의 고유한 특성에 대한 연구를 바탕으로 보다 구체적이며 간결한 처우지침이 제시될 필요가 있다. 물론 범죄 및 비행에 대한 최신의 연구결과를 반영하고 새로운 사고방식을 적용하여 보다 효율적·효과적인 처우방법이 고안되어야 하는 것은 물론이다.

이에 따라 제13장과 제14장에서는 기존의 범죄유형별 대상자의 처우기법 이외에 정신질환·여성·고령 등 대상자 고유의 개인적 특성이나 문제음주·무직 등

특정한 문제 상황을 고려한 처우기법을 다루도록 한다.[1]

1. 정신질환대상자 처우기법

정신질환보호관찰대상자(이하 '정신질환대상자'라 한다.)에 대한 보호관찰기법을 논하기 위해서는, 먼저 주요한 정신질환의 유형 및 진단기준을 알아볼 필요가 있다. 이어서 정신질환대상자에 대한 처우의 기본방침과 구체적 처우기법을 살펴보는 순서로 논의를 전개하도록 한다.

1) 개 관

가) 정신질환자에 의한 범죄현상

경찰청 자료[2]에 따르면, 2010년 현재 정신질환자에 의한 연간 범죄건수가 5,680건을 기록하였다. 죄명별로는, 살인(30건)·강간(47건)·폭력(588건) 등 강력범죄가 상당한 비중을 차지하고 있다. 재범률도 32.1%로서 전체범죄자의 재범률 24.3%를 크게 상회하여 국민안전을 위협하는 심각한 요인이 되고 있다.

일부 정신질환자들은 사물을 변별할 능력이 없거나 부족하여 특별한 이유 없이 다중에게 피해를 주는 '묻지마 범죄'와 존속살인, 친족간 상습성폭력 등의

┃ 표 13-1 ┃ 정신질환자 범죄 추이

구 분	2008년	2009년	2010년
전 체 (지적장애 등 각종 정신장애 포함)	7,299건	7,133건	5,680건
정신이상자	1,841건	1,984건	1,879건

출처: 2011년 경찰청 국정감사 제출자료.

---

1) 대상자의 유형을 구분하는 기준은 다음과 같은 3가지가 있다. 첫째, 가장 일반적 구분방법으로서 범죄의 유형에 따라 분류하는 것이다. 약물·가정폭력·성폭력대상자 등으로 나누는 경우이다. 김용우·최재천, 앞의 책, 2006. 둘째, 대상자의 인적 특성을 기준으로 나누는 것이다. 예를 들면 소년·여성·노인·정신장애대상자 등 범죄자의 연령·성별과 같은 인구사회학적 속성이나 정신장애와 같은 특유한 개별적 특성에 따라 구분하는 것이다. 최옥채, 앞의 책, 2010. 마지막은 범죄의 원인과 관련되어 음주문제자·가출청소년 등의 유형으로 나누는 것이다. Walsh, 앞의 책, 1997; 일본 법무성, 앞의 책, 2003. 그런데 첫 번째 유형과 관련해서는 이미 법무부에서 공식적인 처우 매뉴얼을 작성·보급하여 일선의 보호관찰관이 널리 활용 중에 있다. 따라서 이 책에서는 두 번째와 세 번째 유형 중에서 중요하다고 판단되는 일부 유형에 대한 처우기법에 대하여 다루도록 한다.
2) 2011년 경찰청 국정감사 제출자료.

반윤리적인 범죄를 저지르기도 한다.

　　그러나 정신질환을 앓고 있는 범죄자들은 일반 교도소 수용이 불가능한 경우가 많음에도, 국내의 유일한 범죄인 정신치료기관인 국립법무병원(공주치료감호소)도 적정 수용인원이 1천명에 불과한 실정이다. 수용기관 출소 후 범죄인에 대한 관리강화 차원에서도 이 분야에 대한 보호관찰의 역할 강화가 매우 필요한 실정이다.

　나) 정신질환대상자의 의의

　　보호관찰대상자 중에서 '정신질환대상자'라 함은 정신질환을 가지고 있는 대상자를 말한다. 여기서 '정신질환자'라 함은 정신병(기질적 정신병을 포함한다)·성격장애·알코올 및 약물중독, 기타 비정신병적 정신장애를 가진 사람을 의미한다(「정신보건법」 제3조 제1호).

　　정신질환대상자로 구분하는 것은 보호관찰실시에서 특별처우를 위해 필요한 것이지만, 교정시설·소년분류심사원(소년원) 등에서 정신질환자로 분류되어 처우를 받다가 출소(출원)한 경우에는 특별한 사정이 없는 한 여기에 포함된다고 보는 것이 타당하다.

2) 정신질환의 진단과 주요 내용

가) 정신질환의 진단 기준과 방법

　　정신질환은 적응적 기능의 손상, 주관적 불편감, 문화적 규범의 일탈, 통계적 규범의 일탈 등의 다양한 기준에 의해 판별된다.[3]

　　어떤 사람이 정신질환자인지를 분류하는 기준은 여러 가지가 있지만, 대표적인 진단체계에는 ICD-10, DSM-Ⅴ가 있다. ICD-10은 W.H.O.에서, DSM-Ⅴ는 미국정신의학협회에서 만든 것이다.

---

3) 인류의 역사상 거의 모든 문화권에서는 이상행동이나 정신질환에 대한 설명체계가 존재하며 그 치료방법도 제시되고 있다. 고대 원시사회에서는 정신질환을 초자연적 현상(예를 들면, 귀신의 빙의, 신의 저주 등)으로 이해하였다. 서양의 중세에서도 정신병자는 종교재판과 마녀사냥의 대상으로 고문과 화형에 처해지기도 하였다. 그러나 19세기 후반부터 정신질환에 대한 과학적 이해가 빠르게 발전하였고, 특히 20세기 중반 이후부터 이에 대한 경험적 연구가 비약적으로 발달하여 다양한 치료방법이 개발되었다. 이러한 과학적 이해와 다양한 치료방법 개발의 배경에는 정신질환의 심리적 원인론을 제기한 정신분석학의 대두, 실험정신병리학의 발달, 지능검사·성격검사 등 다양한 심리검사의 발전, 이상행동에 대한 학습이론과 행동치료의 발달 등이 자리 잡고 있다.

정신질환을 판별하기 위한 심리검사는 MMPI, SCT, WAIS, HTP, BGT, 로르샤하(Rorschach), TAT와 면담이 있는데, 이런 여러 검사를 사용하여 교차타당성을 상호점검할 수 있다.

나) 주요 정신질환

보호관찰대상자에게서 발견될 수 있는 정신질환의 주요한 진단명으로는 신경발달장애, 조현병, 우울장애, 불안장애, 파괴적 충동조절 및 품행장애, 성격장애 등이 있다.

(1) 신경발달장애

신경발달장애는 발달기에 시작되는 장애들의 집합으로서, 학령전기에 발현되기 시작하여 개인적·사회적·학업적 또는 직업적 기능에 손상을 야기하는 발달 결함이 특징이다. 지적장애,4) 의사소통장애, 자폐스펙트럼장애, 특정학습장애,5) 운동장애, 의사소통장애, 틱장애, 주의력결핍 과잉행동장애(ADHD)6) 등이 여기에 속한다.

---

4) 전체적인 지적 능력의 발달이 늦어져 사회생활 적응력이 낮은 경우를 말한다. 과거에는 '정신박약'으로 불렸다. 지능검사의 득점이 대체로 70 이하일 경우에 지적장애로 간주한다. 지적 기능의 장애 정도에 따라서 경미한(지능지수 50~55에서 약 70까지), 중간(지능지수 35~40에서 50~55까지), 심한(지능지수 20~25에서 35~40까지), 아주 심한(지능 지수 20 또는 25 이하) 지적장애 등으로 나뉜다. 지적장애(정신지체)는 18세 이전에 시작하는 발달 장애 상태로, 지적·인지적 능력에 뚜렷한 제한이 있고 일상생활을 제대로 수행하기 어렵다. 하지만 지적장애 자체가 질병은 아니다. 전 세계적으로 정신과 영역에서 가장 많이 쓰이는 진단 기준인 DSM-IV에 따르면 지적장애의 진단 기준은 다음과 같다. ① 지적인 기능이 뚜렷이 평균 이하로서, 개별적으로 시행한 지능검사에서 대략 70 이하의 소견을 보인다. ② 의사소통, 자기-돌봄, 가정생활, 사회적 기술과 대인관계 기술, 지역 사회 자원의 활용, 자기-관리, 기능적 학업 기술, 직업, 여가, 건강 및 안전 등의 항목 가운데 적어도 두 가지 항목에서 현재의 적응기능의 결함이나 장애를 동반한다. ③ 18세 이전에 발병한다.
5) **특정학습장애**는 지능의 전반적 발달 수준은 정상 범위에 있지만, 듣고 말하기, 읽기와 쓰기, 추리하고 계산하기 등 중에서 어느 쪽의 학습능력에 현저한 어려움을 따르는 장애를 말한다. 학습 면뿐 아니라 행동 면이나 정서적 면에서도 문제가 생긴다. 대인관계나 집단에 대한 부적응, 정서 불안정으로 이어지는 경향이 있다.
6) 이 장애는 부적절한 정도로 한 곳에 집중하지 못하는 '주의산만', 잘 참지 못하는 '충동성', 가만히 있지 못하는 '많은 움직임' 등이 현저하게 드러나는 정신질환이다. 대개 초기 아동기에 발병하여 만성적인 경과를 밟는 특징을 지닌다. 주의의 지속이 요구되는 상황에서 증상이 악화되고 학습장애(LD)와 같이 나타나는 경우가 많다. 주의력결핍 과잉행동장애를 겪는 아동은 학습장애나 다른 발달상의 장애를 겸하는 수가 많고, 고집이 세며 부정적이고 자신감이 부족하고 부모의 말을 안 듣는 경우가 많다. 이런 행동은 주로 남아가 월등히 많이 보이는데, 여아에 비해 4배 내지 10배로 보고되어 있다.

(2) 조현병 스펙트럼 및 기타 정신병적 장애

조현병(調鉉病),[7] 즉 정신분열병은 망상, 환청, 와해된 언어, 정서적 둔감 등의 증상과 더불어 사회적 기능에 장애를 일으킬 수도 있는 질환이다.[8] 청년기에 발병하는 경우가 많고 총 인구당 발병률은 약 1% 내외로 알려져 있다. 조현병은 현실과 비현실과의 구별이 어렵고 치료기간이 오래 걸리며 재발하기 쉽다. 이렇듯 예후가 좋지 않고 만성적인 경과를 보여 환자나 가족들에게 상당한 고통을 준다. 하지만, 최근 약물 요법을 포함한 치료적 접근에 뚜렷한 진보가 있어 조기 진단과 치료에 적극적인 관심이 필요한 질환이다.

조현병과 유사한 증상을 보이나 구분되어야 할 장애로는 조현양상장애, 단기 정신증적 장애, 조현정동장애, 망상장애가 있다. **조현양상장애**는 조현병과 동일한 임상적 증상을 나타내지만 장애의 지속기간이 6개월 이하인 경우이며, **단기 정신증적 장애**는 조현병과 유사한 증상을 1개월 이내로 단기간 나타내는 장애를 말한다. **조현정동장애**는 조현병 증상과 기분장애의 증상이 혼합되어 나타내는 장애를 말한다. **망상장애**는 최소한 1개월 이상 지속되는 명백한 장애를 나타내지만 조현병의 진단 기준에는 해당되지 않는 경우를 말한다. 망상장애는 망상의 내용에 따라 애정형, 과대형, 질투형, 피해형, 신체형 등으로 구분된다.

(3) 우울장애와 양극성 장애

우울장애는 지속적인 기분과 일상생활에 대한 흥미나 즐거움의 현저한 저하를 비롯하여 식욕 및 체중의 변화, 수면의 변화, 피로감과 활력상실, 자살기도 등의 증상을 나타내는 장애이다.[9] DSM − Ⅴ에서는 전편과는 달리, 우울장애를

---

7) 다소 생소할 수 있는 '조현병'(調鉉病)이란 용어는 2011년에 '정신분열병'이란 병명이 사회적인 이질감과 거부감을 불러일으킨다는 이유로, 편견을 없애기 위하여 개명된 것이다. 조현(調鉉)이란 사전적인 의미로 "현악기의 줄을 고른다."는 뜻이다. 조현병 환자의 모습이 마치 현악기가 정상적으로 조율되지 못했을 때의 모습처럼 혼란스러운 상태를 보이는 것과 같다는 데서 비롯되었다.

8) 조현병은 가장 심각한 부적응적 양상을 나타내는 정신장애이다. 미국 정신의학회(American Psychiatric Association)의 DSM − Ⅴ 진단 기준에 따르면, ① 망상, ② 환각, ③ 와해된 사고(언어), ④ 심하게 와해된 또는 비정상적 운동 행동(긴장증 포함), ⑤ 음성적 증상(정서적 둔마, 무논리증 또는 무욕증) 중 2개 이상의 증상이 1개월 이상 활성기가 있어야 하며 6개월 이상 장애의 징후가 있어야 한다. 한편 조현병은 단일질환으로 설명되지만 실제로는, 유사한 증상들을 보이나 다양한 원인을 가진 질환군으로 보는 것이 타당하다. 조현병 환자들은 다양한 임상 양상, 치료 반응, 그리고 병의 경과를 보이는데, 크게, ① 망상이나 환각 등이 현저한 망상형, ② 혼미·흥분·어색한 자세의 유지 등이 현저한 긴장형, ③ 감정의 평탄화나 결말 없는 언동 등이 현저한 해체형(사춘기형) 등의 3가지로 구분되는 것이 일반적이며, 이외에도 감별불능형, 잔류형 등이 있다.

9) 우울장애는 가장 유병률이 높은 정신장애인 동시에 자살을 유발할 수 있는 치명적인 장애로서

양극성 장애와 분리하였다. 여기에는 파괴적 기분조절부전장애, 주요우울장애, 지속성 우울장애, 월경전불쾌감장애, 물질/약물치료로 유발된 우울장애 등이 포함된다.

한편 양극성 및 관련 장애는 우울한 기분상태와 고양된 기분상태가 교차되어 나타나는 장애로서, 제 I 형 양극성장애, 제 II 형 양극성장애, 순환성장애, 물질·약물치료로 유발되는 양극성 및 관련 장애 등이 포함된다.10)

(4) 파괴적, 충동조절 및 품행장애

파괴적, 충동조절 및 품행장애는 정서 및 행동에 대한 자기조절 문제와 관련 있다는 조건을 포함한다. 특히 다른 사람의 권리를 침해하는 것(예를 들어 공격성, 재물손괴)이나 사회적 규준 및 권위를 가진 사람과의 현저한 갈등을 유발하는 행동을 보인다는 점에서 특징이 있다. 이에 속하는 정신질환으로는 적대적 반항장애, 간헐적 폭발장애, 품행장애,11) 반사회성 성격장애,12) 병적 방화 및 도벽 등이다.

일반적으로 남자보다 여자에게 2배정도 흔히 발생한다. 우울장애의 원인은 다양한데, 특히 상실과 실패를 의미하는 부정적인 생활사건에 의해 촉발된다. 우울장애에 대한 가장 효과적인 치료방법은 인지치료와 약물치료이다. 인지치료에서는 우울한 내담자의 사고내용을 정밀하게 탐색하여 인지적 왜곡을 찾아내어 교정함으로써 보다 더 현실적이고 긍정적인 사고와 신념을 지니도록 유도한다. 약물치료제로는 삼환계 항우울제, MAO 억제제, 세로토닌 재흡수 억제제 등이 있다. 우울장애와 관련하여 주목할 것은 자살이다. 자살하는 사람의 약 90%는 정신장애를 가지고 있는 사람이며 이들 중 약 80%는 우울장애를 지니고 있다. 또한 우울장애를 지닌 사람의 1%는 자살로 사망한다.

10) 양극성장애는 유전적 영향을 많이 받는 정신장애이며 흔히 만성적인 경과를 나타내며 재발하는 경향이 높아 지속적인 투약과 더불어 자신의 증상을 지속적으로 관찰하고 생활 스트레스를 관리하는 인지행동적 치료가 병행되어야 한다.

11) 품행장애(conduct disorder)는 지속적으로 타인의 권리를 침범하거나 나이에 걸맞지 않게 사회적 규범을 어기는 행동이 나타나는 장애를 말한다. 18세 이전에 사람이나 동물에 대한 공격성(집단따돌림, 폭력, 무기사용 등), 소유물의 파괴, 거짓말하기나 절도, 중대한 규칙 위반(야간외출, 무단외박, 태학 등), 이른 연령때부터 음주·흡연·약물남용·성행위 등을 경험, 충동적이어서 쉽게 좌절하여 자살 등 극단적 행동 등이 1년 이상 지속적으로 나타나면 품행장애를 의심해야 한다. 미국의 통계에 의하면 18세 이하의 남성 6~16%, 여성 2~9%가 이 장애를 가지고 있는 것으로 보고되어 있다. 한국의 경우 초등학교 4~6학년 어린이 중 남아 5%, 여아 2.3%가 이 장애를 가지고 있는 것으로 보고되었다. 이 장애는 대부분 학습장애, 주의력 결핍 및 과잉운동장애, 우울장애, 불안장애, 약물남용 등과 함께 나타난다. 이러한 행동 수준의 장애는 잘못된 학습 결과로 생긴 것이라 생각하는 행동주의적 입장에서는 행동요법의 대상이 되는 장애이다. 그러나 이러한 장애의 대부분은 생리적·심리적·사회적인 요인이 복잡하게 얽힌 결과 생긴 것이기 때문에 행동 수준에만 주목하여 그 변화를 목표로 할 경우에는 해결되지 않는 것도 많다. 복합적인 장애이기 때문에 개인과 가족, 학교 환경 등에 대해 평가를 한 다음 치료계획을 세우는데, 먼저 주변 환경에 체계적 질서가 있어야 한다는 점과 그 한계를 명확하게 제시해 준다. 심한 경우에는 소아과 전문의 또는 정신과 전문의의 도움을 받아야 한다. 성인이 되면 어느 정도 나아지지만 이중 약 30~50%는 반사회적인 성격장애로 이행하는 것으로 알려져 있으며, 특히 발병 연령이 10세 이전인 경우에는 예후가 더 안 좋다.

12) 종전의 DSM-IV에서는 성격장애 부분에만 기술되었다. DSM-V에서는 파괴적, 충동조절 및 품

(5) 성격장애

성격장애는 부적응적인 성격특성으로 인하여 사회적 기대에 어긋난 이상행동을 지속적으로 나타내는 경우를 말한다. 성격특성이 지나치게 경직되고 다양한 삶의 장면에 광범위하게 나타나서 사회적 또는 직업적 적응에 현저한 문제를 야기하는 경우에 성격장애로 진단될 수 있다.[13]

특정한 계기로 인해 발생하는 임상적 증후군과는 달리, 성격장애는 어린 시절부터 점진적으로 형성되며 이러한 성격특성이 굳어지게 되는 성인기(보통 18세 이후)에 진단된다. 또한 이러한 성격특성이 오랜 기간 지속되는 것이 일반적이다. 성격장애의 치료에는 개인 심리치료가 가장 흔히 적용되는데, 일반적으로 성격장애는 잘 치료되지 않지만 오랜 기간 집중적인 치료를 통해서 개선될 수 있다.

(6) 물질 관련 및 중독장애

물질관련장애는 알코올, 카페인, 대마, 환각제, 흡입제, 아편제, 진정제, 수면제 또는 항불안제, 자극제, 담배 그리고 기타물질 등 10가지 서로 다른 종류의 약물을 포함한다. 물질중독과 관련해서는 이 책의 다른 부분에서 별도로 다루고 있다.[14]

한편 비물질관련장애로는 도박장애가 포함된다. 이는 도박행위와 남용되는 약물이 보상체계를 활성화한다는 것과 장애로 인한 행동 증상이 유사하다는 점을 반영한 것이다. 다만 인터넷게임 중독, 운동이나 쇼핑 중독 등과 같이 연구 결과 행동 증후군이 아직 불확실 것은 여기에 포함되지 않는다.

행장애와 성격장애 두 부분에서 이중으로 분류되어 있다.

[13] 성격장애는 증상의 유사성에 따라서 3가지 군으로 분류된다. ① A군 성격장애는 기이하고 괴상한 행동특성을 나타내는 성격장애로서 3가지 성격장애, 즉 편집성 성격장애, 조현병 성격장애, 조현형 성격장애가 이에 속한다. ② B군 성격장애는 극적이고 감정적이며 변화가 많은 행동이 주된 특징을 지니고 있는 4가지 성격장애, 즉 반사회성 성격장애, 연극성 성격장애, 자기애성 성격장애, 경계성 성격장애가 이에 속한다. ③ C군 성격장애는 불안과 두려움을 지속적으로 지니는 특징을 지니고 있는 3가지 성격장애, 즉 회피성 성격장애, 의존성 성격장애, 강박성 성격장애가 이에 속한다.

[14] 물질관련 정신질환은 '약물정신병'이라고도 한다. 정신작용물질에는, 알코올·각성제·대마초·마약·코카인·LSD 등이 있다. 급성중독이란 물질의 사용에 따른 일과성의 장애를 말한다. 의존은 신체적 및 정신적 의존을 의미한다. 신체적 의존이란 물질을 사용하지 않으면 괴로우며 사용량이 많지 않으면 효력이 없어지는 것을 말하며, 정신적 의존이란 좋지 않다는 것을 알면서도 물질을 섭취하지 않을 수 없는 것을 가리킨다. 또한 남용이란 반복하여 부적절하게 물질을 사용함으로써, 중대한 장애나 고통이 생기는 것을 말한다.

(7) 변태성욕장애

변태성욕장애에는 관음장애, 노출장애, 마찰도착장애, 성적피학장애, 성적가학장애, 소아성애장애, 물품음란장애, 복장도착장애 등이 포함된다. 이러한 변태성욕장애의 일부는 개인의 만족을 위하여 타인에게 실질적이거나 잠재적인 위해를 가하는 범죄로 분류되는 행위를 수반하기 때문에 특히 중요하다.

(8) 기타 주요 정신질환

아래의 〈표 13-2〉는 '정신장애의 진단 및 통계편람 제5편'(DSM-V: Diagnostic and Statistical Manual of Mental Disorder 5th Edition)에서 제시하고 있는 주요 진단명 중에서 앞서 다룬 것을 제외한 것들이다.

‖ 표 13-2 ‖ DSM-V의 주요 진단명

---

① 불안장애: 분리불안장애, 선택적 함구증, 특정공포증, 사회불안장애(사회공포증), 공황장애, 공황발작, 광장공포증, 범불안장애, 물질·약물치료로 유발된 불안장애15)
② 강박 및 관련 장애: 강박장애, 신체이형장애, 수집광, 발모광, 피부뜯기장애, 물질·약물치료로 유발된 강박장애
③ 외상 및 스트레스 관련 장애: 반응성 애착장애, 탈억제성 사회적 유대감 장애, 외상후 스트레스 장애, 급성 스트레스장애, 적응장애
④ 해리장애: 해리성 정체성 장애, 해리성 기억상실, 이인성/비현실감 장애
⑤ 신체증상 및 관련 장애: 신체증상장애, 전환장애, 질병불안장애16)
⑥ 급식 및 섭식장애: 이식증, 되새김장애, 회피적/제한적 음식섭취장애, 신경성 식욕부진증, 신경성 폭식증,17) 폭식장애

---

15) 불안장애는 병적인 불안과 공포를 주된 증상으로 하는 것이다. 불안은 원래 위험하고 위협적인 상황에서 느끼는 적응적인 정서반응이지만 실제적인 위험이 없는데도 과도하게 지속적으로 불안을 느낀다면 병적인 불안이라고 할 수 있다.

16) 신체증상 및 관련장애의 각 하위유형의 구체적 개념은 다음과 같다. ① 신체증상장애: 이는 장기간 지속되어 온 다양한 종류의 신체적 증상을 호소하는 장애로서, 부정적 감정을 억압할 때 생겨날 수 있으며 신체적 증상으로 인한 이차적 이득에 의하여 강화된다. 신체적 장애를 지닌 사람은 신체적 변화에 주의를 많이 기울이고 신체감각을 증폭하여 지각하며 신체적 증상의 원인을 잘못 해석하는 경향이 있다. 신체증상장애는 만성적인 경과를 나타내며 치료하기 어려운 장애로 알려져 있다. ② 전환장애: 신체마비나 감각이상과 같은 주로 신경학적 손상을 시사하는 소수의 신체의 증상을 나타내는 장애이다. ③ 질병불안장애: 질병불안장애는 신체적 감각이나 증상에 근거하여 심각한 병에 걸렸다는 잘못된 집착과 공포를 갖는 장애이다. 이 장애를 지닌 사람은 건강에 대한 불안으로 인해 신체에 주의를 기울이고 증폭되어 지각된 신체감각을 심각한 만성질환에 기인하는 것으로 잘못 해석하는 경향이 있다. 질병불안장애의 치료에는 인지행동치료와 스트레스 관리훈련이 효과적이라는 보고가 있다.

17) 섭식장애 또는 식이장애는 식이 행동과 관련된 이상 행동과 생각을 통틀어 일컫는 것이며 '신경

⑦ 배설장애: 유뇨증, 유분증
⑧ 수면-각성장애: 불면장애, 과다수면장애, 기면증, 호흡관련 수면장애 등
⑨ 성기능부전: 사정지연, 발기장애, 여성극치감장애, 조기사정 등
⑩ 성별불쾌감
⑪ 신경인지장애(NCD):[18] 섬망, 주요 NCD, 경도 NCD, 알츠하이머병으로 인한 NCD, 혈관성 NCD, 기타 NCD

3) 처우의 이론적 배경과 기본방향

가) 처우의 이론적 배경

정신질환자가 일으키기 쉬운 범죄는, 방화·살인·기물손괴 등이 있지만, 대부분 가정내에서, 또는 주거지 인근에서 범죄를 저지르는 경우가 많고 무차별적·우발적으로 범행에 나아가는 경우는 오히려 드물다.[19]

또한, 정신질환대상자의 특질은 다양하기 때문에, 본 유형에 해당하는 사람 모두에 대해 특정의 처우방침이 하나같이 효과적이라고 하는 것은 아니다. 따라서 처우에 있어서는 정신질환대상자의 처우에 공통하는 방법을 우선 검토한 다음, 구체적으로 각 정신질환의 특징에 따른 방법의 적용을 고려할 필요가 있다.

정신질환대상자가 보이는 이상행동과 정신장애는 신체적·심리적·사회적 원인에 의해 복합적으로 작용하여 영향을 미치는데 여기에서는 심리적 원인론에 국한하여 요약하고자 한다. 심리적인 원인론은 정신분석적 이론, 행동주의 이론, 인지적 이론, 인본주의적 이론 등이 있다.[20]

성 식욕부진증'(거식증)과 '신경성 과식증'(폭식증)으로 대별되는데, 압도적으로 여성에게 많은 장애이다. 미국정신의학회의 DSM−IV에 의하면, 신경성 식욕부진증은 최소한의 체중을 유지하는 것을 거부하고 마르면 마를수록 아름답다고 생각하는 등, 비만에 대한 병적인 공포, 신체이미지의 왜곡, 무월경 등을 특징으로 한다. 한편, 신경성 과식증은 음식을 과식하고 먹는 것을 제어할 수 없는 감각을 가진다. 3개월 동안, 평균적으로 1주 2회 이상 폭식과 부적절한 보상행동을 하면 이 증상을 의심해야 한다. 또한 체중증가를 막기 위해 부적절한 행동(무리한 구토 유도, 관장제 등의 사용, 과도한 절식 등)을 반복한다.

18) 신경인지장애(neurocognitive disorders), 즉 NCD는 발당상의 장애라기보다는 후천적인 정신질환이다. 인지 결손은 비록 여러 정신질환에서 보이지만, 핵심적인 특징이 인지적 장애이어야 한다. 일단 일정 수준에 달했던 인지 능력이 어떤 원인에 따라 현저히 저하된 상태를 말한다. 원인에 따라 알츠하이머병, 혈관성, 루이소체, 파킨슨병, 전두측두엽, 외상성 뇌손상, HIV, 물질·약물중독, 헌팅턴병, 프라이온병, 다중변인 등으로 인한 NCD가 있다. 추상적 사고력과 판단력의 쇠퇴나, 실어, 행동이나 인식의 상실 등도 생긴다. 중증화하면 일상생활이 어려울 수 있고, 타인의 감독이 필요하다.

19) 日本 法務省, 「類型別 處遇マニュアル」, 保護觀察官版, 2003, p. 126.

20) 조현병을 예로 들어 원인을 분석해보면, 다음과 같은 다양한 원인론이 제시되고 있다. ① 생물학

(1) 정신분석적 입장

이상행동의 근원적 원인을 어린 시절의 경험에 그 뿌리를 둔 무의식적 갈등에 의해서 설명된다. 정신분석이론에 따르면, 인간의 성격은 원초적 욕구로 구성된 원초아(Id), 환경에 대한 현실적 적응을 담당하는 자아(ego), 사회의 도덕적 가치와 윤리적 규범이 내면화 된 초자아(super-ego)로 구성되며 이들 간의 역동적 관계에 의하여 행동이 결정된다.

성격특성은 어린 시절의 경험에 의하여 형성되는데, 어린 아이는 입(구강기), 항문(항문기), 성기(남근기)의 신체 부위를 중심으로 성적 욕구를 충족시키며, 6세 이후의 잠복기와 사춘기 등의 심리 성적 발달단계를 나타낸다.

이러한 발달과정에서 욕구의 과잉충족이나 과잉좌절이 성격적 문제나 갈등의 원인이 될 수 있다. 또한 자아가 이드(Id)의 통제에 어려움을 겪게 될 때 신경증적 불안을 경험하게 되는데, 이러한 불안을 감소시키기 위하여 다양한 방어기제(억압, 부인, 반동형성, 합리화, 대치, 투사, 분리, 신체화, 퇴행, 승화)를 사용한다. 미숙한 유형의 방어기제를 과도하게 사용하면 이상행동이나 정신장애가 나타날 수 있다.

정신분석치료는 자유연상, 꿈의 분석, 저항 분석 등의 다양한 방법을 통하여 내담자가 자신의 무의식적 갈등을 통찰하고 현실생활에서 통찰내용을 실천하게 하는 훈련과 습득의 과정으로 구성된다.

적 입장: 조현병을 뇌의 장애로 간주하고 있다. 조현병은 유전적 요인의 강력한 영향을 받으며 전두엽과 기저핵과 관련된 것으로 보이며 가장 밀접한 관련을 지닌 신경전달물질은 도파민(dopamine)이다. ② 인지적 입장: 조현병을 기본적으로 주의기능 손상에 기인한 사고장애로 본다. 주의기능 손상으로 인해 부적절한 정보가 억제되지 못하고 의식에 밀려들어 정보의 홍수를 이루게 되어 심한 심리적 혼란을 경험하고 와해된 언행을 나타내게 된다. 조현병 환자는 심리적 혼란을 경험하고 와해된 언행을 지나치게 단순한 논리로 혼란스러운 현상을 설명하기 위해 망상을 발달시키거나 외부자극에 대해 무감각한 태도를 취하며 사회적 관계를 회피하게 된다. ③ 정신분석적 입장: 조현병의 근원을 자아가 발달하기 이전의 초기발달과정에서 찾는다. 조현병은 강한 심리적 갈등으로 인해 초기단계의 미숙한 자아상태로 퇴행한 것이라는 갈등모델과 심리적 에너지가 내부로 철수되어 외부세계와 단절된 자폐적 상태에서 적응기능이 손상된 것이라는 결손모델이 제기되었다. ④ 환경적 요인: 조현병에 영향을 미치는 중요한 환경적 요인은 가족관계이다. 부모의 부적절한 양육태도, 자녀에 대한 부모의 이중적인 의사소통 양식, 가족 간의 심한 갈등과 부정적 감정의 과도한 표출, 부모의 편향적 또는 갈등적 부부관계가 조현병의 발병과 경과에 영향을 미친다는 주장이 제기되었다. ⑤ **취약성-스트레스 모델:** 이 모델은 조현병에 영향을 미치는 여러 가지 요인을 통합적으로 설명하고 있다. 조현병에 대한 취약성의 정도는 개인별로 다르며 이는 유전적 요인과 신체적-심리적 요인에 의해 결정된다. 이러한 취약성을 지닌 사람에게 스트레스 사건이 발생하여 그 적응부담이 일정한 수준을 넘게 되면 조현병이 발병한다는 것이다.

(2) 행동주의적 입장

엄격한 과학적 입장에 근거하며 인간의 행동을 환경으로부터 학습된 것으로 본다. 인간의 행동을 자극과 반응의 관계로 설명하며 행동이 학습되는 원리와 과정에 주된 관심을 갖는다. 이상행동이 형성되고 유지되는 과정을 고전적 조건 형성, 조작적 조건 형성, 사회적 학습 등의 학습 원리로 설명한다. 조작적 조건 형성은 어떤 행동의 빈도가 감소하면 그 행동이 증가하는 반면 그 결과가 처벌적이면 행동의 빈도가 감소하는 학습과정을 의미한다. 인간은 사회적 상황에서 타인의 행동에 대한 관찰과 모방을 통해 새로운 행동을 학습한다.

행동치료에는 이러한 학습 원리를 적용해서 부적응적 이상행동을 수정하는 치료기법으로 소거, 처벌, 혐오조건 형성, 체계적 둔감법 등이 있으며, 적응행동을 학습시키는 방법으로는 행동조성법, 환표이용법, 모방학습법 등이 있다.

(3) 인본주의적 입장

인간은 근본적으로 자기실현을 추구하는 성장지향의 존재로 보아 인간이 이상행동과 정신장애를 나타내는 이유를 자기실현적 성향이 차단되었기 때문이라고 본다. 부모가 어린 아이의 욕구와 달리 자신들의 가치나 기대를 강조하면 아이들이 부모의 애정을 얻기 위하여 자신을 왜곡하게 되고 이것이 확대되면 아이는 점차 더 심한 불안을 경험하여 부적응하게 된다.

인본주의적 치료는 무조건적인 긍정적 존중, 공감적 이해 등을 통하여 내담자가 그동안 왜곡하고 부인해왔던 자신의 진정한 모습을 자각하고 수용하게 하여 자기실현을 활성화하게 한다.

(4) 인지적 입장

인간이 고통 받는 주된 이유는 객관적 환경 자체보다도 그에 부여한 의미 때문이라고 가정하고, 이상행동과 정신장애는 자신과 세상에 대하여 부정적이고 왜곡된 의미를 부여하는 부적응적인 인지적 활동에 기인한다고 본다.

따라서 인지적 입장은 정신장애를 유발하는 부적응적 인지도식, 역기능적 신념, 인지적 오류, 부정적인 자동적 사고에 초점을 맞추고 있다. 인지적 심리치료에서는 이상행동을 초래는 부적응적인 사고내용을 포착하여 다각적으로 평가함으로써 보다 더 현실적이고 적응적인 사고로 전환시키는 작업이 이루어진다.

나) 정신질환대상자의 예후[21]

(1) 정신질환의 재발가능성과 자살비율

조현병(정신분열병)의 경우에는 2년 이내의 재발가능성이, 투약 계속의 경우 약 40%, 투약하지 않는 경우 약 80% 정도라고 한다. 조현병 환자의 경우 자살기도의 비율이 약 50% 정도이며, 실제 자살에 이르는 비율도 전체의 약 10%라고 한다.

우울장애 환자의 예후는 전체적으로 양호한데, 약 50%가 회복되어 약 30%가 부분적으로 회복되어 나머지 20%는 만성적 증상이 출현한다. 또한 치료를 받지 않은 경우에는 평균 10개월 정도 증상이 계속된다. 우울장애 환자의 자살비율은 전체의 약 15%, 조울병 환자의 자살비율은 전체의 약 10% 정도라고 한다.

성격장애(반사회성 성격장애 및 경계선 성격장애) 환자의 예후는 다양하다, 몇 년 후에 상당히 나아지는 경우도 있다. 성격장애 환자의 자살비율은 전체의 약 10% 정도라고 한다.

(2) 재범위험성[22]

① 살 인

조현병(범행 시에 정신과 치료를 중단하고 있던 사람에게 많다.) 및 물질관련 장애가 가장 많다. 양자 모두 망상과 관련된 동기로 인하여 살인을 감행하는데, 주로 망상적 박해자에 대한 공격과 복수형태로 이루어진다. 피해자는 가족이나 친척이 압도적으로 많다. 조울병과 우울장애에서는 드물며, 우울장애에서의 자살과 연결된 살인(무리 속에서 자신만 살아남은 경우 등)에 한정된다.

② 폭행·상해·재물손괴 등의 폭력 행위

조현병(망상이 형성되어 있거나, 폭력을 명령하는 환청이 들리는 등의 양성 증상을 보이고 있는 경우), 우울장애(초조감이 강한 경우), 조울병, 물질관련 장애, 성격장애 등에서 많이 나타난다.

③ 절도 및 방화

이들은, DSM−Ⅳ에서 '충동조절장애'로 분류되며, 충동을 제어할 수 없고, 또한 그 충동이 충족된 경우는 쾌감을 느끼는 것을 특징으로 하기 때문에 이러한

---

21) 日本 法務星, 앞의 책, pp. 138-139 참조.

22) 손외철, "치료감호 가종료자의 재범요인에 관한 연구", 동국대학교 대학원 범죄학 박사학위논문, 2010에 의하면, 치료감호소에서 가종료한 정신질환 보호관찰대상자의 연간 재범률이 25%로 일반대상자의 11%에 비하여 높고, 3년 보호관찰기간 중 재범률이 45%에 이르는 것으로 나타나고 있다. 자세한 내용은 p. 73 참조.

범죄행동이 반복된다.

절도의 습벽은 조현병(양성 증세를 보이고 있는 경우), 반사회성 성격장애, 조울병, 우울장애(상점에서의 물품절도로 여성에게 많이 나타난다.), 행위장애 등에서 많이 나타난다. 방화벽과 관련해서는, 이외에도 지적장애, 물질관련장애 환자 등에서도 많이 나타난다.

④ 약물 남용

당연한 것이지만, 물질관련장애(약물정신병) 환자에게서 많이 나타나고 있고, 이외에도 경계선 성격장애 환자들에게서도 나타나고 있다.

다) 처우의 기본방향[23]

(1) 보호관찰 실시상의 문제점[24]

① 의료적 또는 복지적 조치의 필요성

본 유형의 대상자 중에는 정신병원에 입원했거나 통원 경력이 있는 사람이 많다. 정신병원 등에서 약물치료를 받기에 따라 질환의 증상이 경감되는 경우도 상당수 있다. 하지만 자신의 병에 대한 인식이 부족하여(예를 들면, 조현병의 경우), 통원치료 등을 태만하게 하고 의사의 처방대로 약물을 복용하는데 소홀한 사람도 많이 있다. 그런 경우에는 다시 범죄·비행을 저지르기 쉽다고 알려져 있다.

② 적절한 인간관계 및 신뢰관계 구축의 곤란

정신장애로 인하여 인간관계를 구축하는 것이 어렵고 사회활동에 장애가 발생하는 경우가 많다. 이에 따라 처우를 하는 사람과도 적절한 의사소통을 하지 못하고, 말의 의미를 이해 못하거나 신뢰감을 가지지 못하는 등 감정의 교류와 의사소통 면에서 어려운 문제를 가지고 있다.

③ 약속이행의 태만

약속을 지키지 않는 사람이 많은 것으로 본 유형의 특징이다. 이는 자발적으로 지도를 받고 사회복귀를 하고자 하는 의식이 낮을 뿐 아니라 위에서 언급한 것처럼 적절한 인간관계를 구축하는데 서투르기 때문이다.

반대로, 처우를 하는 사람에게 지나치게 의존하여 매일 전화를 걸거나 찾아

---

23) 이하의 내용은 日本 法務省, 앞의 책, pp. 128-131 참조.
24) 보호관찰대상자 중 치료감호 가종료자에 대해서는 특별한 관리가 절실함에도 전체대상자 중 비율이 1%에 미치지 못하고, 일선직원들의 과중한 업무부담으로 대상자관리에 어려움이 있다. 손외철, 앞의 논문, 2010, pp. 73-74.

오기도 하고, 경우에 따라서는 아침저녁으로 시간을 묻는 전화를 걸어오는 경우
도 있다(특히 경계선 성격장애).

④ 행동예측의 곤란 및 돌발적 자해·타해 행위

정신질환대상자는 돌발적으로 재범하거나 자해 또는 타해 행위를 할 우려가
있다.

자해 행위 중에 가장 문제가 되는 것은 자살이다. 가장 위험한 경우는 우울
장애 환자이지만, 피해망상·(명령성)환청을 동반하는 조현병이나 알코올 의존증
등의 정신질환을 가지고 있는 대상자도 자해 행위의 가능성이 높다. 특히, 이러
한 자해 행위는 사별·이혼·별거 등 가정생활의 부정적 변화나 퇴직·실업·승진
누락 등 직업적 지위의 부정적 변화를 경험했을 때 많이 발생한다.

타해 행위와 관련해서는 주로 폭행·상해·기물손괴 등이 많이 나타나지만,
최악의 경우 살인까지 발생한다. 본 유형의 대상자는 돌발적으로 재범 및 재비행
하는 경우가 많고 행동의 예측 및 재범의의 전조를 판별하는 것이 어렵다. 타해
행위의 경우에는 조현병, 물질관련 약물정신병, 반사회적 성격장애, 품행장애 등
의 정신질환을 가진 대상자가 특히 위험하다.

(2) 처우의 기본방향

① 의료적·복지적 조치의 실시

보호관찰관이나 처우를 하는 사람은 정신질환대상자에 대하여 의료적 조치
나 복지적 조치의 적부를 검토하고 그 조치가 필요한 경우는, 대상자와 관계 기
관과의 연계를 실시하여야 한다. 특히 매번 면담 때마다 의사의 처방에 제대로
따르고 있는지 체크하며, 특히 복약을 게을리하고 있거나 약을 억지로 복용하고
있지 않은지 주의를 기울인다.[25] 통원 치료, 치료약의 복용 등이 심신의 상황을
개선시킴을 알도록 하여, 계속적으로 동기화하는데 집중하는 것도 중요하다. 만
약 대상자가 처방되고 있는 약물에 불만이 있을 경우에는 부담 없이 담당 의사
에게 질문하도록 조언한다. 또한 대상자에게 당분간 무리하게 직업에 종사하기
보다, 병 치료에 전념하도록 지도하고 이용 가능한 정신보건시설에 대하여 중개
활동을 하며, 정신보건과 관련된 사회복지서비스의 활용을 검토하는 것이 필요

---

25) 치료감호 가종료 보호관찰대상자는 보호관찰기간 중 약물순응도가 낮을수록 재범률이 증가하는
   것으로 나타나고 있다. 자세한 내용은 손외철, 앞의 논문, 2010, p. 126, 또, 재범자와 비재범자간
   의 비교분석에서도 유의미한 차이를 보였다. 위의 논문, p. 119.

하다.

② 신뢰관계의 구축

신뢰관계 구축을 위해서는 대상자의 언동에 화를 내거나 따지지 않고, 대상자가 안심하고 이야기할 수 있는 분위기 조성에 힘쓴다. 또한 격려와 질책 등 통상적인 지도가 역효과를 초래하는 경우가 있다는 점을 인식하고, 성급하고 자극적인 제의를 삼가는 것이 중요하다.

③ 지도방법의 검토 및 약속준수[26]의 강조

보호관찰관이나 처우를 하는 사람은 대상자와 방문일정 및 전화통화 시간대를 미리 정해 놓는 등 처우와 관련된 명확한 행동계약을 하고 면담의 날짜와 시간에 대한 명확한 제한을 설정하는 것이 바람직하다. 또한 대상자가 이해하기 쉽게 구체적이고 명확하며, 알기 쉬운 말로 지도를 실시하는 것이 중요하다. 지적 장애가 보이는 소년대상자의 경우에는 대학생 등의 멘토링 프로그램이나 다양한 사회활동에 적극적으로 참여하도록 하여 사회성의 신장을 도모하며 지시나 약속을 실행했을 때는 칭찬하여 자신감을 갖게 한다.

④ 자살위험의 경감과 폭력에 대한 엄정한 대응

대상자가 자해 또는 타해 행위로 나아갈 우려가 있을 때는 가족 등 보호자에게 통보하고 적절한 의료적·보호적 조치를 검토한다. 특히 자살 가능성이 있을 때에는, 신속하게 정신병원 등에 입원시킨다. 대상자가 보호관찰관이나 처우를 하는 사람에게 폭력을 휘두르거나 그러할 위험성이 농후한 경우에는 즉시 경찰에 통보하거나 적극적으로 제재조치를 실시한다.

⑤ 가족에 대한 개입

대상자의 가족을 대할 때는 그들이 겪는 심리정서적·경제적·사회적 어려움에 대하여 공감하고 이를 적절하게 표명한다. 대상자의 정신적 장애의 원인을 가족에게서 찾지 않으며, 가족의 대응이 대상자 본인의 증상을 좋게도, 나쁘게도 할 수 있다는 것을 이해시키는 것이 중요하다.

---

26) 치료감호가종료자는 보호관찰관과의 정기접촉 횟수, 준수사항 준수여부가 재범자와 비재범자 집단간의 유의미한 차이를 보였다. 손외철, 앞의 논문, 2010, p. 117.

4) 처우의 기본자세 및 주요기법

가) 처우에 있어서의 기본자세

본 유형의 대상자에 대해서는 전반적으로, 아래의 사항을 유의하여 지도하고 감독할 필요가 있다.

① 인간으로서의 존중과 인권 배려

이러한 유형의 대상자를 처우하는 사람은 "이 사람은 머리가 이상하다.", "무엇을 지도해도 소용없다.", "무엇을 하는지 알지 못해." 등의 선입관을 가져서는 안 된다. 또한, 모든 대상자에게도 공통되는 것이지만, 특히 비밀보장의 의무에 대해 철저할 필요가 있다.

② 신뢰관계의 형성

경청의 자세를 나타내고 신뢰 관계를 만드는데 있어서 일반대상자 이상으로 유의하여야 한다.

③ 전이·역전이 유의

처우를 하는 사람과 대상자가 사이에서 전이·역전이가 일어나기 쉽다는 인식을 할 필요가 있다. 일반대상자의 경우에도, 장기간 또는 밀도 높은 처우를 실시할수록 소위 서로 '정이 드는' 현상이 종종 발생한다. 특히 본 유형 대상자의 경우에는 그러한 현상을 주의할 필요가 있다. 예를 들어 대상자가 이성의 보호관찰관에 대해서 연애감정을 갖는 전이가 일어나거나 거꾸로 보호관찰관이 대상자에 대해 친근감 이상의 감정과 혐오감을 갖는 등의 역전이가 일어나기도 한다. 이러한 현상은 정신의료현장에서도 흔히 나타나는 것이다.

④ 장애에 따른 면담기법 사용

정신질환의 유형이나 지적 능력 등에 따른 말이나 질문 형식을 이용할 필요가 있다. 예를 들어, 지적 능력이 낮은 경우나 정신병 증상이 출현하고 있는 경우에는 '예 또는 아니오'를 답할 수 있는 정형적인 질문을 사용한다. 말을 너무 많이 하는 성격장애대상자의 경우에는 일방적인 대화의 흐름을 부드럽게 제지하고, 이야기를 전환하는 기법을 잘 사용하여야 한다. 망상 상태나 정조 상태, 공격적인 경우에는 단시간에 면담을 종료하는 것이 바람직하다. 또한 우울장애 대상자 면담은, 아침 일찍이 아닌 오후가 낫다.

망상(특히 조현병)에 대해서는 반박하거나 설득하고 수정을 시도하지 말아야 한고 동조하거나 사실이라고 속이거나 할 필요는 없다. 다만, 대상자가 하는 말을 그대로 듣는 것이 중요하며, 그의 생각이 이해되었다는 취지를 전달하면 좋다. 또한, 지리멸렬하고 황당 무계한 대화내용이라도 결코 비웃거나 해서는 안 된다.

대상자가 울음을 터뜨린 경우에는 공감을 가지고 경청하며, 그 의미를 이해하기 위하여 힘쓸 필요가 있다. 특히 우울장애나 조현병으로 고통 받는 대상자의 경우에는 자살시도 가능성이 있으므로 이에 대하여 주의해서 관찰할 필요가 있다.

나) 처우의 주요기법

정신질환대상자를 크게, 의료적 조치가 필요한 경우, 복지적 조치가 필요한 경우 및 의사의 진단에 따라 유동적인 경우 등 세 가지 유형으로 구분하고, 각 유형에 따라 처우의 주안점을 달리 둔다.

(1) 의료적 조치가 필요한 경우

대상자의 정신질환 진단 명이 조현병(정신분영별), 우울장애 또는 조울병, 물질관련 장애 등인 경우에는 의료적 조치가 필수적이다. 특히 조현병으로 대표되는 정신병 증세를 보이는 때에는 자해나 타해 행위가 종종 나타나기 때문에 각별한 주의가 요구된다.[27]

이러한 유형의 대상자에 대해서는 정신병원 등에서 약물요법과 정신요법(심리치료, 카운슬링 등)을 시행하는 것이 가장 효과적이다. 따라서 항상 의료적 조치를 염두에 두고 정신과 의사와 보호관찰 관계자가 정보교환을 긴밀하게 하고, 협력하여 대상자의 생활 전반을 지원할 필요가 있다. 만약, 자해 및 타해 행위가 우려되는 때에는 신속히 입원조치를 검토한다.

---

[27] 조현병의 경우, 첫 입원 치료 후 5년에서 10년 추적 관찰한 연구들의 결과를 보면 10–20% 정도의 환자들이 좋은 결과를 가지는 것으로 보고되고 있다. 절반 정도의 환자는 결과가 좋지 않아 반복적인 입원, 증상의 악화, 우울 삽화의 경험 등을 하는 것으로 알려져 있다. 결과적으로 20–30%의 환자들은 어느 정도 정상적인 삶을 살 수 있는 것으로 추정된다. 항 정신병 약물을 중심으로 한 약물 치료가 치료의 중심이지만, 정신 치료를 포함한 정신사회적 치료 접근이 통합될 때 더 나은 치료 성과를 가져온다고 보고되고 있다. 따라서 사회 재적응과 재발 방지를 위한 심리치료가 병행되어야 하는데, 정신분석적 치료는 환자의 자아기능 강화와 의미 있는 관계형성에 초점을 두고 있다. 인지행동치료에서는 적응적 행동과 사고를 증가시키기 위한 기법이 활용된다.

① 조현병(정신분열병) 대상자

이러한 정신질환을 가지고 있는 대상자에게는 통원치료와 치료약 복용이 필수적이다. 특히, 음성증상(감정의 평탄화, 사고의 빈곤, 의욕의 해이)보다는 환각(환청을 포함)·망상 등의 양성증상을 보이는 경우에 보다 적절하게 대응할 필요가 있다.

대상자와의 면담에서, 이들 증상에서 기인한 발언이 나왔을 때는, "그런 것은 기분 탓이다.", "그것은 당신이 마음대로 믿고 있는 것이다." 등의 반론을 제기하거나 생각의 수정을 섣불리 시도하거나 하는 것은 적당하지 않다. 이러한 태도는 대상자와의 인간관계를 악화시킬 수 있다. 또한 망상·환각의 내용에 동조하여 장시간 이야기를 들어주는 것도 적절한 태도라고 할 수 없다. 있는 그대로 듣고, "당신의 생각은 잘 알게 됐다."라는 의미를 전달하면 그것으로 충분하다.

특히 망상적 사고는 일반인에게서도 나타날 수 있다. 예를 들면, "그 사람과는 자주 시선이 마주치는군. 분명 나에게 호의를 갖고 있어." 등의 생각도 객관적 정보가 뒷받침되지 않는 한 넓은 의미에서는 망상이 될 수 있다. 조현병이든 우울장애이든, 열등감·자신감부족·자신에 대한 무가치한 느낌 등을 특징으로 하고 있다. 다만 우울장애 환자는 그 원인을, "나 자신에게 책임이 있다(나는 열등하다. 그것은 나에게 결점이 있기 때문이다.)"라고 생각하는데 비하여, 조현병 환자는 그 원인을, "다른 사람의 책임이다(나는 열등하다. 그것은 누군가가 나에게 뭔가를 했기 때문이다.)"와 같이 생각하는데, 이를 '망상(妄想)'이라고 한다. 이렇게 생각함으로써 조현병 환자는 자신의 자존심에 상처를 입지 않고, 나아가 자기 자신은 사람들로부터 무엇인가 음해를 당할 만큼 중요한 존재라고 자신의 가치를 높일 수 있게 되는 것이다.[28]

② 우울장애 대상자

우울장애 환자의 경우에는 자살 기도가 가장 큰 특징이라고 할 수 있다. 이 때문에 자살 기도에 대한 메시지에 주의하고 이에 대하여 적절히 대응할 필요가 있다. 예를 들면, 지금까지 여행 등을 간 적이 없는 대상자가 갑자기 여행을 하겠다고 하는 경우, 대상자가 중요한 물건을 처분하는 등 신변정리를 하는 경우, "선생님, 저 때문에 번거로울 일이 앞으로 길지 않을 거예요." 등 자살을 암시하는 발언을 하는 경우 등에는, 자살가능성이 높다고 판단하는 것이 좋다. 이때에는 병원치료와 항우울제·신경안정제 등의 복약이 불가결하다.

---

28) 下山晴言·丹野義彦 編, 「講座臨床心理學4 異常心理學Ⅱ」, 東京: 東京大學出版會, 2002.

③ 약물정신병 등(물질관련 장애) 대상자

현저한 망상이나 환각이 출현하기 때문에, 조현병(조현증)의 증상과 비슷하다. 이 경우에는 심각한 자해 및 타해 행위로 나아갈 위험성이 있기 때문에 약물 사용에 대한 각별한 지도가 필요하다.

④ 정신의료기관 등에의 입원조치

의료적 조치가 필요한 정신질환대상자의 경우, 그 정도가 심할 때에는 가족 등 보호의무자[29)]와 협의하여 정신의료기관 등에 입원시키는 조치를 적극적으로 검토할 필요가 있다. 이는 대상자의 재범을 방지하기 위한 것은 물론, 대상자 본인의 건강과 안전을 위해서도 적극적으로 취해야 할 조치이다.

'정신의료기관'이라 함은 의료법에 의한 의료기관 중 주로 정신질환자의 진료를 행할 목적으로 보건복지부령이 정한 시설기준 등에 적합하게 설치된 병원과 의원 및 병원급 이상의 의료기관에 설치된 정신과를 말한다. 한편 '정신요양시설'이라 함은 정신보건법에 의하여 설치된 시설로서 정신의료기관에서 의뢰된 정신질환자와 만성정신질환자를 입소시켜 요양과 사회복귀촉진을 위한 훈련을 행하는 시설이다(「정신보건법」 제3조 참조).

정신질환대상자가 정신의료기관 등에 입원하는 절차는 크게 자의입원, 보호의무자에 의한 입원, 시장·군수·구청장에 의한 입원, 응급입원 등의 4가지 종류가 있다(「정신보건법」 제23조 내지 제25조).

우선 자의입원은, 정신질환자가 입원 또는 입소신청서를 제출하고 정신의료기관 등에 자의로 입원하는 것으로서, 정신의료기관 등의 장은 입원환자로부터 퇴원 신청이 있는 경우에는 지체 없이 퇴원시켜야 한다(같은 법 제23조).

보호의무자에 의한 입원은, 정신질환자의 보호의무자 2인의 동의가 있고 정신건강의학과전문의가 입원이 필요하다고 판단한 경우에 한하여 당해 정신질환자를 입원시키는 것이다. 이 경우 입원기간은 6개월 이내로 하며, 이 기간이 지난 후에도 계속하여 입원치료가 필요하다는 정신건강의학과전문의의 진단이 있고 보호의무자가 입원동의서를 제출한 때에는 6개월마다 시장·군수·구청장에게 입원치료에 대한 심사를 청구하여 입원을 계속시킬 수 있다(같은 법 제24조).

---

29) 정신질환자의 민법상의 부양의무자 또는 후견인은 정신질환자의 보호의무자가 된다. 보호의무자는 피보호자인 정신질환자로 하여금 적정한 치료를 받도록 노력하여야 하며, 보호하고 있는 정신질환자가 자신 또는 타인을 해치지 아니하도록 유의하여야 하고, 정신건강의학과전문의의 진단에 따라 정신질환자가 입·퇴원할 수 있도록 협조하여야 한다(「정신보건법」 제21조 참조).

한편, 정신질환으로 자신 또는 타인을 해할 위험이 있다고 의심되는 자를 발견한 정신건강의학과전문의 또는 정신보건전문요원은 시장·군수·구청장에게 당해인의 진단 및 보호를 신청할 수 있다. 정신건강의학과전문의가 정신질환자로 의심되는 자에 대하여 자신 또는 타인을 해할 위험이 있어 그 증상의 정확한 진단이 필요하다고 인정한 때는 시장·군수·구청장은 당해인을 국가나 지방자치단체가 설치 또는 운영하는 정신의료기관 또는 종합병원에 2주 이내의 기간을 정하여 입원하게 할 수 있다(같은 법 제25조).

응급입원이라 함은, 정신질환자로 추정되는 자로서 자신 또는 타인을 해할 위험이 큰 자를 발견한 사람이 그 상황이 매우 급박한 때에는 의사와 경찰관의 동의를 얻어 정신의료기관에 당해인에 대한 응급으로 의뢰하는 입원이다. 정신의료기관의 장은 위와 같이 입원 의뢰된 사람에 대하여 72시간의 범위 내에서 응급입원을 시킬 수 있다(같은 법 제25조).

(2) 복지적 조치가 필요한 경우

주로 지적 장애를 가진 대상자의 경우에는 복지적 조치가 필요한데, 지적능력 정도에 따라 구체적인 조치의 필요성과 그 정도가 판단된다. 경미한 지적장애가 있고 일상생활에 특별한 지장이 없는 경우에는 굳이 복지기관과 연결할 필요성은 없다고 본다.

① 지적장애인 사회복귀시설

지적장애인의 경우에는 정신장애인 사회복귀시설을 활용할 필요가 있다. 「정신보건법」 제15조에 의하면, 국가 또는 지방자치단체, 위탁받거나 신고한 사회복지법인 또는 비영리법인 등은 사회복귀시설을 설치·운영할 수 있는데, 이 시설에서는 정신질환자에 대하여 사회복귀를 위한 훈련을 실시하여야 한다. 같은 법률 제16조는 정신질환자 사회복귀시설을 생활시설, 지역사회재활시설, 작업재활시설, 기타시설 등 4가지로 규정하고 있다.[30]

---

30) '정신질환자사회복귀시설'이라 함은 정신보건법에 의하여 설치된 시설로서 정신질환자를 정신의료기관에 입원시키거나 정신요양시설에 입소시키지 아니하고 사회복귀촉진을 위한 훈련을 행하는 시설을 말한다(「정신보건법」 제16조 및 「정신보건법 시행령」 제4조의2 참조).
  1. 정신질환자생활시설: 정신질환자가 필요한 기간 동안 생활하면서 재활에 필요한 상담·훈련 등의 서비스를 받아 사회복귀를 준비하거나 장애로 인하여 장기간 생활하는 시설
  2. 정신질환자지역사회재활시설: 정신질환자복지관, 의료재활시설, 체육시설, 수련시설, 공동생활가정 등 정신질환자에게 전문적인 상담·훈련 등을 제공하거나 여가활동 및 사회참여활동 등에 필요한 편의를 제공하는 시설
  3. 정신질환자직업재활시설: 일반 고용이 어려운 정신질환자가 특별히 준비된 작업환경에서 직

② 지적장애 대상자에 대한 처우기법

　지적 장애가 있는 보호관찰대상자는 대부분 중간 정도 또는 경도의 지적장애이므로 지역의 정신질환자 지역사회재활시설 등과 연계하여 사회성을 촉진하는 조치를 취하는 것이 바람직하다. 그룹 활동은 사회성을 촉진하는데 도움이 되는데, 특히 소년대상자에게 적절한 여가활동의 기회를 제공하고 지역사회재활시설이나 지역복지기관에서 실시하는 각종 운동이나 레크리에이션 프로그램에 참여하도록 하는 방법도 고려할 만하다. 이외에도 문화체험·생태체험 등 보호관찰소가 시행하는 다양한 체험활동프로그램에 적극적으로 참여시키거나, 대학생 등의 멘토를 연결하는 멘토링프로그램을 실시하는 것도 효과적이다.

(3) 의사의 진단에 따라 의료적·복지적 조치가 유동적인 경우

　주로 성격장애, 해리성 장애, 주의력결핍 과잉행동 증후군(ADHD) 등의 경우가 여기에 해당한다. 외견상 이러한 유형의 정신적 문제가 있는 것으로 의심되더라도 의사에 따라 정신질환을 판정하지 않는 경우도 있다. 그 경우는 본 유형 해당자가 될 수 없으나, 정신질환으로 판정되어 의료적·복지적 조치의 대상이 된 경우는 본 유형으로 인정하게 된다.

① 성격장애 대상자의 특징

　인간은 누구나 성격상에 문제되는 요소를 가지고 있다. 결국 성격적 문제에 있어서 건강한 것인지 아니면 병적인 것인지의 차이는 정도의 문제이다. 성격장애 여부의 기준은 그 사람이 소속된 문화가 결정할 것이다. 그의 행동이나 사고는 본인에게는 자연스러운 것이지만, 생활하는 문화나 사회의 기준에서 크게 일탈하고 있다면 본인도 생활상의 기능장애를 일으키고, 주위의 사람도 피해를 입게 된다.

　보호관찰대상자에게 특히 많이 나타나는 증상으로는 반사회성 성격장애 및 경계선 성격장애 등이 있다. 이러한 유형의 정신질환은 반사회적 성향으로 인하

　　업훈련을 받거나 직업생활을 영위할 수 있도록 하는 시설
　4. 중독자재활시설: 알코올, 약물 등 유해약물이나 도박, 인터넷 게임 등 유해행위에 의존하거나
　　그 유해약물이나 유해행위를 남용하여 중독된 정신질환자를 치유하거나 재활을 돕는 시설
　5. 정신질환자생산품판매시설: 정신질환자가 생산한 생산품을 판매하거나 유통을 대행하고, 정
　　신질환자가 생산한 생산품이나 서비스에 관한 상담, 홍보, 마케팅, 판로개척, 정보제공 등을
　　지원하는 시설
　6. 정신질환자종합시설: 정신질환자에게 생활지원, 주거지원, 재활훈련, 심신수련 등의 기능을
　　복합적·종합적으로 제공하는 시설

여 보호관찰관의 지도에 불응하는 경우가 많아 처우의 적용이 어려운 편이다. 중대한 재범에 이르지 않더라도 지속적으로 사소한 문제 행동이나 규칙위반, 주변인과의 갈등 등을 일으키기 쉬운 유형이다.

② 성격장애 대상자에 대한 처우기법

반사회성 성격장애 등의 경우에는 공격성이 높은 사람도 많기 때문에 이러한 성격장애가 의심되는 대상자에 대해서는 외부의 민간 자원봉사자에게 감독이나 처우를 위탁하는 것은 바람직하지 않다.

성격장애, 특히 경계선 성격장애 환자가 치료 상의 계약사항을 준수하는 것은 일반적으로 어렵다고 알려져 있다. 성격장애가 의심되는 보호관찰대상자도 보호관찰관의 지도감독에 순응하지 않고 준수사항을 위반하는 사례가 많을 것이다. 따라서 이들에게는 면담 약속 등을 명확하게 하고 그들이 취해야 할 행동에 대해서도 구체적으로 알려주는 것이 좋다. 경우에 따라서는, 의료적 조치를 권하는 것이 바람직하다. 불안과 우울장애 증세가 생겼을 경우는 단기간의 약물요법에 의한 치료로도 증세 완화가 가능하므로, 신경정신과의원 등에 방문할 것을 권할 필요도 있다.

(4) 가족에 대한 개입

(가) 가족과 접촉할 때의 기본자세

정신질환자의 가족은, 지금까지 대상자의 말과 행동에 의하여 상처받거나 곤란한 상황을 많이 경험하면서, 삶에 지쳐 있는 경우가 많다. 특히 소년대상자 부모들의 경우에는 "아이가 정신질환자가 된 것이 유전적 요인이나 우리의 육아방법이 나쁘기 때문이다."라고 자책하는 경우가 많다. 가족과 접촉하는 경우에는, 그동안의 보살핌에 대하여 노고를 위로하고, 보호관찰관은 "이제는 함께 아이를 지켜보고 갑시다."라는 자세를 보여주는 것이 좋다.

"육아방법 때문에, 아이가 정신질환을 갖게 된 것은 아니다."라고 강조하는 것은 매우 중요하다. 동시에, 가족의 대응에 따라 대상자 본인의 병세가 개선될 수도 있고 악화될 수도 있다는 것을 이해시킬 필요가 있다.

(나) 가족 내부의 역기능 점검

조현병 환자의 경우는 가족의 기능이 특히 중요하다. 정신병원 등에서 퇴원하고 집으로 돌아온 조현병 환자 중, 재발의 위험성이 높은 것 경우는 다음과 같다. 환자에게 가족이, ① 적의를 가지고 있는 경우, ② 지나친 불안감을 보이고 있는 경우, ③ 과도하게 간섭하는 경우, ④ 과도하게 방어적인 경우 등이다.

또한, 조현병 환자의 가족의 병리로 기묘하고 병적인 커뮤니케이션이 특징이라는 조사 결과가 있다. 특히, 이중구속(double bind)이 있는 의사소통이 문제인데, 예를 들어 말로는 "그렇게 해도 좋아"라고 말하면서 눈으로는 거꾸로 "그렇게 해서는 안 된다."라고 은연 중에 전달하는 것과 같은 커뮤니케이션이 문제이다.

(다) 가족모임 및 가족교실 프로그램 운영

정신질환자의 가족은 그동안 대상자의 증상에 대해서 누구에게도 상담하지 못하고 혼자서 고민하다가 점점 사회에서 고립되어 온 경우가 많다. 그런 가족에 대해 보호관찰소에서 가족모임이나 가족교실 프로그램 등을 개최하여 같은 고민을 가진 가족끼리, 정보를 교환하거나 서로 도와주는 기회를 줄 필요가 있다. 이러한 프로그램은 환자 가족의 정신적 부담을 경감하는데 도움이 될 것이다.

각 지자체의 정신보건센터, 보건소 등에서 운영하는 각종 프로그램 등을 활용하도록 정보를 소개하고 참여를 권장하는 것도 한 방법이다.

다) 정신질환대상자 처우관련 정책 제언

(1) 정신질환자 전담보호관찰관제도 도입 검토

향후 정신보건에 관한 전문인력을 확보하여 정신보건 전담보호관찰제도를 운영할 필요가 있다. 미국, 영국, 일본 등 사회내처우 선진국에서는 전문자격을 갖춘 인력에 의한 '정신치료 전담 보호관찰관'제도를 운영하고 있다. 정신질환 범죄의 예방과 범죄인 관리감독에 철저를 기하기 위해서는 우리나라에도 유사한 제도의 도입이 시급하다.

전담 보호관찰관제도의 도입이 당장 어렵다면, 지역사회내의 국립정신병원, 정신보건센터 등의 전문기관과 연계하여 정신질환보호관찰대상자를 관리하는 방안도 적극 검토해야 할 것이다.[31]

---

31) 서울보호관찰소에서는 2013년 7월부터 서울국립정신병원과 연계하여 소 내에 사법정신건강증진팀(부칭 동그라미팀)을 개설하여, 정신과 전문의 1명, 간호사 2명, 사회복지사 1명이 근무하면서 정신질환자 선별 및 정신건강서비스를 제공하고 있다.

‖ 표 13-3 ‖ 외국의 정신질환자 전담보호관찰제도

MAPP제도(미/영)	정신보건관찰관(일본)
• Mobilizing for Action through Planningand Partner(지역사회보건프로그램) • 전문자격을 갖춘 보호관찰관이 주도하여 지방정부, 병원 의사, 사회복지사 등과 함께 정신이상 대상자 처우에 대하여 구체적으로 논의 • 각각의 CASE에 대하여 각 기관의 역할을 전문성을 갖춘 보호관찰관이 지정하고 치료 상황의 진전 여부 점검 • 전국 보호관찰소에 2~5인의 전문 의료 보호관찰관이 근무	• 1980년대 왕따로 인해 정신이상 증세를 보인 10대 청소년 버스 탈취 및 승객 살해사건을 계기로 정신이상자 전담 보호관찰관 채용 및 육성 ※「정신건강보호관찰에 관한 법률」제정, 시행 • 일정한 자격을 갖춘 보호관찰관을 정신보건 관찰관으로 지정하고, 정신이상여부를 진단하고 전문적인 치료를 직접 전개 • 전국 보호관찰소에 1~3인으로 구성된정신보건관찰실 설치

(2) 정신질환대상자에 대한 특별준수사항

정신질환자에 대한 특별준수사항으로 다음과 같은 내용들이 적극 활용될 필요가 있다. 보호관찰관은 법원 등에 정신질환대상자에 대한 판결(결정)전조사서의 작성, 처분변경 및 특별준수사항 추가(변경) 신청 시에 다음과 같은 특별준수사항의 부과를 요청할 수 있다.

정신질환대상자 특별준수사항의 예

① 의사의 지시에 따라 질병의 치료에 전념할 것
② 의사의 지시에 따라 통원치료와 치료약의 복용을 계속할 것
③ 심신의 상태가 나쁠 때는 병원에 가서 전문의와 상담하고 그 결과를 보고할 것
④ 화를 삼가고 폭력적인 언행을 하지 않을 것
⑤ 여성에 대하여 음란한 행위를 하지 않을 것
⑥ 칼 등 위험한 물건을 가지고 다니지 말 것
⑦ 규칙적이고 바른 생활을 계속할 것
⑧ 보호자가 하는 말을 잘 듣고 그에 따를 것
⑨ 낭비를 하지 않을 것
⑩ 도박을 하지 않을 것

2. 여성대상자 처우기법

그동안 여성보호관찰대상자(이하 '여성대상자'라 한다.)는 보호관찰기관 내에서 남성대상자에 비하여 다루기 쉬운 대상으로 간주되어 왔다. 왜냐하면 수적으로도 적을 뿐 아니라 재범률이 남성대상자에 비하여 현격하게 떨어지기 때문이다.

그러나 비록 낮은 재범률에도 불구하고 여성대상자가 가지고 있는 정신적·신체적·사회경제적 문제는 오히려 남성대상자에 비하여 훨씬 심각하거나 복잡한 경우가 많다. 여성대상자들은 성(性) 그리고 임신 등과 관련하여 남성대상자에 비하여 훨씬 취약하고 불리한 환경에 놓여 있는 경우가 많다. 그들은 가해자이면서 동시에 피해자인 경우가 많다. 이에 따라 여성대상자에 대한 보호관찰처우에 있어서는 '재범방지'의 이면에 있는 '사회복귀'라는 측면에 보다 초점을 맞출 필요가 있다.

이하에서는 이러한 관점에서 여성대상자의 특성을 살펴보고, 외국에서의 여성대상자 보호관찰프로그램을 검토해봄으로써, 여성대상자를 처우함에 있어서 보호관찰관에게 특별히 요구되는 역할에 대하여 정리해보도록 한다.

1) 개 관

가) 여성범죄자의 현황 및 특성

(1) 여성범죄자의 현황

우리나라 전체 범죄자 중 여성범죄자는 지난 10년간 16% 내외를 점유하여 왔다. 2004년에 373,833명이던 여성범죄자의 수는 2013년에는 349,846명을 기록하여 최근 10년간의 변동폭은 크지 않음을 알 수 있다. 여성범죄자가 전체 여성인구 중에서 차지하는 비율을 보면 2013년의 경우 여성인구 10만 명당 1,394.5명으로서 전년과 거의 유사하였다.

한편, 여자 비행청소년은 2008년에는 26,510명, 전체 소년범 중 19.6%를 기록한 이래 감소하여, 2012년에는 17,342명을 기록하였다. 전체 소년범 중 여자 소년범이 차지하는 비율은 2008년 19.6%에서 2012년 16.9%로 감소하였다.[32]

여성범죄를 유형별로 살펴보면, 재산범, 그 중에서도 사기범죄가 가장 높은 비중을 차지하고 있다.[33] 연령별로는 40대의 비율이 전체의 29.4% 정도로 가장

---

32) 2014년 범죄백서, p. 127.

33) 지난 5년간의 여성범죄자의 주요 죄명별 발생현황을 살펴보면, 2012년의 경우 형법범 중에서는

┃ 표 13-4 ┃ 여성범죄자 현황(2004년~2013년)

(단위: 명)

구분 연도	전체	여성		
		인원	여성비(%)	인구비
2004	1,792,583	373,883	20.9%	1,566.1
2005	1,965,571	308,443	15.7%	1,288.0
2006	1,932,729	301,366	15.6%	1,524.1
2007	1,989,862	305,325	15.3%	1,266.2
2008	2,472,897	381,241	15.4%	1,542.4
2009	2,519,237	408,111	16.2%	1,642.7
2010	1,954,331	314,755	16.1%	1,248.8
2011	1,907,641	314,865	16.5%	1,243.2
2012	2,117,737	354,854	16.8%	1,394.6
2013	2,006,682	349,846	17.4%	1,394.5

출처: 법무연수원, 「2014년 범죄백서」, p. 488.

높고 다음으로 50대(29.4%), 30대(19.8%)의 순이다.[34] 참고로 2012년 12월 말 현재 전국의 여성수형자는 총 1,571명으로서, 이 중에서 사기·횡령범이 649명으로 전체의 41.3%를 차지하고 있다. 다음으로 살인범이 236명(15.0%), 절도범이 156명(9.9%), 폭력·상해범이 67명(4.3%), 마약류사범이 45명(2.9%) 등의 순이다.[35]

여성범죄자의 교육정도는 고등학교 졸업 또는 중퇴자가 전체의 31.1% 정도로 가장 높고, 대학 이상 학력자는 15.4%로 그 다음을 차지하고 있다.[36] 여성범죄자의 생활환경으로는 하류가 전체의 39.3%로 가장 높은 비율을 점하고, 결혼여

사기(60,915명)가 가장 많고 그 다음으로 폭행(25,172명), 절도(21,146명), 폭력행위등처벌에관한법률위반(20,205명), 상해(13,571명)의 순으로 나타나고 있다. 특별법범 중에는 교통사고처리특례법위반(35,872명), 도로교통법위반, 즉 음주운전(21,058명), 식품위생법위반(8,381), 성매매법위반(6,518명)의 순으로 발생빈도가 높다. 연도별 발생 현황을 살펴보면, 절도, 교통사고처리특례법위반의 비율이 점차 높아지고 있는 반면에, 간통은 감소하는 추세로 보인다. 법무연수원, 「2013년 범죄백서」, pp. 129-130.

34) 2012년 전체인원대비 연령대별 여성범죄자 비율을 분석해보면, 41세 이상 50세 이하가 104,384명으로 전체의 29.4%를 차지하여 가장 큰 비율을 차지하였으며, 그 다음으로 51세 이상 60세 이하 22.0%, 31세 이상 40세 이하 19.8%, 19세 이상 30세 이하가 15.8%, 기타 13.0%를 각 차지하였다. 위의 책, p. 130.

35) 위의 책, p. 341.

36) 위의 책, p. 131.

부로는 기혼자가 81.9%를 차지하고 있다.[37]

한편, 2012년도 여성수형자의 형기별 인원분포를 보면, 1년 이상 3년 미만이 전체의 37.2%를 차지하여 가장 높은 비율을 나타내고 있다. 10년 이상의 장기수 (무기 포함)도 전체의 9.7%를 차지하고 있다.[38]

(2) 여성범죄자의 특성[39]

여성범죄자는 형사사법 내에서 남성에 비해 수적으로 적고 비교적 다루기 쉬운 대상으로 간주되어 왔고, 이에 따라 "남성을 통제하기 위해 만들어진 형사 사법 체계 내에서 여성은 보이지 않는(invisible) 존재에 불과하다."고 언급되기도 하였다.[40] 특히 유죄가 확정된 여성범죄자에 대한 교정 처우는 남성 재소자에 비해 폭동, 난동, 도주 등의 준수사항 위반 관련 사고발생이 낮다는 이유로 남성 중심의 교정 정책의 작은 한 부분에 불과한 것으로 여겨졌다.

그러나 미국의 경우 20세기 후반에 접어들어 여성범죄에 대한 관심이 폭발적으로 증가하였는데, 보호관찰 비율도 1990년과 1998년 사이 여성대상자 수치가 무려 40%나 증가하였다.[41] 보호관찰 분야에서 여성에 대한 관심이 보다 절실히 요구되는 이유는 여성범죄 수치의 양적인 증가 외에 여성범죄자의 독특한 욕구와 특성에서 비롯된다.

여성범죄자는 임신, 출산, 부인과 질환, 아동양육과 관련된 어려움을 호소하는 경우가 많으며 부적절한 관계형성, 특히 이성과의 경험으로 타인에 대한 부정적인 신념을 보이는 경우가 많다. 여성은 남성과는 다른 생물학적, 심리적, 사회적 특성을 가지고 있으므로 범죄행위에 있어서도 남성과는 다른 특성을 나타내는 것으로 볼 수 있다.[42] 여성의 욕구와 특성에 적합한 사회복귀 교정 정책이 절

---

37) 2012년의 경우 생활정도를 보면 하류가 39.3%, 중류가 22.8%, 상류가 0.6%로 나타나고 있으며 2011년과 대체로 비슷하다. 한편 결혼관계를 보면 2012년의 경우 기혼자가 81.9%, 미혼자가 18.1%로서 역시 2011년과 비슷한 것으로 나타나고 있다. 법무연수원, 앞의 책, pp. 132-133.

38) 위의 책, p. 342.

39) 조윤오, 「여성범죄자에 대한 보호관찰 전문화 방안」, 법무부 보호관찰기획단 보고서, 2004, pp. 1-2 참조.

40) M. Chesney-Lind & N. Rodriguez, *Women Under Lock and Key: A View From the Inside*, *Girls, women and crime*, Sage Publications, Inc, 2003, pp. 197-200.(조윤오, 앞의 논문, p. 1에서 재인용).

41) M. Chesney-Lind, "Girl's crime and woman's place: Toward a feminist model of female de-linquency", *Crime & Delinquency*, 35, 1989, pp. 5-29.(조윤오, 앞의 논문, p. 1에서 재인용)

42) 최인섭, "여성범죄의 실태에 관한 연구", 「형사정책연구」 제4권 제1호 통권 제13호, 서울: 한국형사정책연구원, 1993, p. 60.

실히 요구되는 이유가 여기에 있다.

여성범죄 자체도 범죄유형 면에서 남성의 그것과 분명히 구분된다. 여자청소년의 폭력범죄 증가율이 심각한 상황에 있으나 절대적인 수치에서 여성은 분명 남성 보다 덜 폭력적이다. 1998년 미국의 한 연구에서 여성범죄자들이 남성보다 폭력범죄를 덜 저지르는 것으로 밝혀졌고 오히려 약물이나 재산범죄에 관여하는 경우가 더 많은 것으로 나타났다. 그리고 경미한 수준의 재산범죄와 약물범죄를 저지르는 여성들은 지역사회에 커다란 위험을 초래하지 않는 것으로 간주되었다.[43]

나) 여성대상자의 의의 및 현황

(1) 여성대상자의 의의

'여성보호관찰대상자(여성대상자)'라 함은 여성이면서 보호관찰 중인 대상자를 말한다. 여기서 '여성'인지의 여부는 법적 판단기준을 따르지만, 처우에 있어서 필요한 경우에는 예외적으로 생물학적·의학적 측면을 고려할 필요가 있다.

(2) 여성대상자의 현황

2014년 10월 말 현재, 전국의 보호관찰대상자(사회봉사명령 및 수강명령 단독부과자 제외) 현재원은 총 53,049명이며, 이 중에서 여성대상자는 5,245명으로 전체의 약 9.9%를 차지하고 있다.

연령별로 살펴보면, 10대인 여자청소년대상자가 3,030명으로 전체의 약 57.8%인 압도적 다수를 차지하고 있다. 한편 성인인 여성대상자 중에는, 40대가 643명(12.3%), 50대가 538명(10.3%), 30대가 453명(8.6%) 등으로 앞서 살펴본 바와 같이 성인 여성범죄자의 전체적 현황과 유사한 추이를 보이고 있다.

여성대상자의 죄명별 현황을 살펴보면, 폭력사범이 1,321명으로 전체의 25.2%로서 가장 높은 비율을 차지하고, 이어서 절도사범이 946명(18%), 사기·횡령사범이 567명(10.8%), 풍속사범이 342명(6.5%), 마약사범이 335명(6.4%), 교통사범이 258명(4.9%) 등의 순이다. 그런데 이 중에서 폭력사범의 대부분인 697명(전체 보호관찰 폭력사범 중 약 73.7%)은 10대 여자청소년으로서 이를 제외하면 앞서 살펴본 여성범죄자의 전체적 현황과 유사하여 절도 및 사기·횡령 등 재산범의 비중이 높은 편이다. 다만 특이한 것은 보호관찰 중인 풍속사범과 마약사범의 비중이 전체

---

43) L. T. Morris & K. George, *Topics in Community Corrections, Annual Issue 2000*, National Institute of Corrections, 2000, pp. 10–12. (조윤오, 앞의 논문, p. 1에서 재인용)

‖ 표 13-5 ‖ 전국 보호관찰 여성대상자 죄명 및 연령대별 현황

(2014. 10. 23. 현재원 기준)

구 분	인 원	사범별 현황									
		강력	경제	교통	기타	마약	사기횡령	성폭력	절도	폭력	풍속
10대	3,030	64	11	41	841	79	190	69	697	987	51
20대	421	22	2	13	85	48	57	12	81	68	33
30대	453	23	3	45	28	117	86	3	43	52	53
40대	643	46	18	98	69	66	108	2	49	111	76
50대	538	34	19	54	77	21	95	2	50	79	107
60대	137	7	7	6	12	4	36	2	22	21	20
70대	21	2	1	1	4	0	4	0	4	3	2
80대	2	0	0	0	2	0	0	0	0	0	0
총인원	5,245	198	61	258	1,118	335	576	88	946	1,321	342

주) 1. 형사사법 통합정보시스템(KICS) 다중조회 자료.
　　2. 단독대상자, 벌금대체사회봉사대상자 제외.

적 여성범죄자 추이에 비하여 상대적으로 높다는 점이다.

　　2004년의 여자대상자에 대한 조사연구[44])에 따르면, 여자대상자의 직업별 현황은, 당시 조사대상 여자대상자 현재원 5,069명 가운데 무직이 2,067(40.8%)명으로 가장 많고 다음으로 학생이 1,166(23.0%)명, 조리 및 서비스업[45])이 627명 (12.4%), 주부가 469명(9.3%) 등의 순으로 보고된 바 있다. 여자 소년원 수용자들 중에도 학생을 제외하고 상당 부분이 무직자이고 또한 유직자 가운데에서도 접객업소와 같은 서비스업에 종사하는 이가 많다.[46])

44) 조윤오, 앞의 논문, p. 22.

45) 조리·서비스업은 식당 배달 및 기타 음식점, 술집 종업원, 아르바이트 등이 모두 포함하는 것이다.

46) 이춘화, 「여자청소년 문제행동 예방과 대책 연구」, 한국청소년개발원, 2003, p. 99.

2) 처우의 이론적 배경과 기본방향

가) 여성대상자 처우의 이론적 배경[47]

(1) 여성범죄의 이론적 배경

(가) 관계이론

관계이론(relational theory)은 관계형성이야말로 개인의 성장과 정상적인 생활, 정체성을 확립시키는 핵심요인이 되는 것으로 본다. 그리고 여성의 발달과 성장은 남성 중심사회에서 흔히 성공적인 성인의 가치라고 인정되는, '자율과 독립'보다는 '관계'(relation)라는 측면에 있다고 본다.

그러나 여성범죄자들에게서 보이는 특징은 긍정적인 관계형성, 성장경험이 아니라 관계단절과 소외, 배척을 통한 불신 경험이 주를 이룬다. 여성들은 남성들보다 더욱 관계적 요인에 영향을 받는다. 따라서 중요한 타인과의 관계에서 실패한 경우 남성 보다 더 심각한 정신적 상실감을 경험하여 범죄에 대한 상황적 압력을 받게 되고, 한 번 범죄를 저지른 여성들은 자신의 범죄행동과 관련된 정치적·사회적·문화적 요인들로 인하여 주변인으로 전락하게 될 가능성이 더욱 크다.[48]

(나) 경로이론

페미니스트 이론에 속하는 경로이론(pathway theory)은 여성범죄를 설명하기 위해 일정한 변수를 범죄행위와 연결된 하나의 경로(pathway)로 간주한다. 경로의 구체적인 내용은 연구자들의 표본대상과 범죄유형에 따라 상이하나 여성범죄의 경우 범죄로 향하는 일정한 과정을 밟게 된다는 점에서 1990년 이후의 여성범죄 관련 연구들이 경로이론을 포함하고 있다.

이 이론을 주장하는 학자들은 가정 내에서, 그리고 대인관계에서의 학대가 여성범죄로 연결된다고 한다.[49] 특히 매춘여성들이 일반여성들보다 어린 시절 더 심각한 성적 학대경험을 갖고 있다고 하거나 여성수형자들이 대부분 가정 내에서 심각한 신체적·언어적·정서적 학대를 경험하였다고 보고하고 있다.[50]

---

47) 이하의 내용은 조윤오, 앞의 논문 참조.

48) 조윤오, 「여성범죄자의 사회내처우에 관한 연구: 사회봉사명령을 중심으로」, 동국대학교 대학원 경찰행정학과 박사학위논문, 2004, p. 37.

49) M. Chesney-Lind, *The female offender: girls women and crime*. Thousand oaks CA: Sage, 1997, p. 15(조윤오, 앞의 논문, p. 6에서 재인용).

50) 1983년에 발표된 Chesney-Lind와 Noelie Rodriguez의 연구이다. 16명의 구금여성을 상대로 집중인터뷰를 실시한 결과, 신체적·언어적 학대를 경험한 여성이 10명이었고 학대 경험과 동시에

(2) 여성범죄자에 대한 '성별-적합' 교정모델

(가) 성별-적합 교정모델의 의의

'성별－적합 교정(gender－specific correction)'은 여성범죄자의 인생경험에 근거하여 개발된 처우모델로서, 보호관찰 분야에서 여성에 대한 개별화된 교육·원호 및 지원·감독의 지도 원리로 사용될 수 있는 것이다.[51]

'성별－적합 교정'은 "여성범죄자의 독특한 욕구를 충족시키기 위하여 여성의 시각과 과거 경험, 그리고 잠재적 가능성에 가치를 두고 여성의 태도변화를 꾀하는 처우의 일체"라고 하거나, "남성과는 다른 여성의 관계형성 방식과 생활여건 면에서의 전혀 다른 학습방법을 반영한 교정프로그램"을 말한다.[52]

(나) 성별-적합 교정모델의 배경이론

성별－적합 교정 모델은 범죄자의 문제를 개인적·의료적 차원이 아닌 사회적·정치적·환경적 요인에서 찾는 총체적 모델(holistic model)이다. 그리고 관계이론에 근거하여 여성의 독특한 심리발달이론을 기본이념으로 삼아 분리·독립을 가치로 보는 남성과 달리, 여성은 긍정적인 관계유지에서 성장의 원동력을 찾는 것으로 본다. 성별－적합 프로그램을 통해 여성범죄자는 다른 여성들과 상호작용을 경험하게 되고 창조적이고 활동적인 태도를 갖게 되며 심리적인 안정감을 경험하게 된다고 보았다.[53]

앞서 살펴본 관계이론에 입각할 때, 여성의 발달과 성장이 관계(relation)라는

치명적인 정서적 학대를 경험한 것으로 확인되었다. M. Chesney-Lind and N. Rodriguez, "Women under Lock and Key", Prison Journal 63, 1983, pp. 47-65.(조윤오, 앞의 논문, p. 7에서 재인용)

51) 조윤오, 앞의 논문, p. 8.

52) 1992년 미국의 〈소년사법 및 비행예방국〉(OJJDP: Office of Juvenile Justice and Delinquency Prevention)은 성별－적합 교정에 대하여, "여성범죄자의 독특한 욕구를 충족시키기 위해 고안된 것으로써 여성의 시각을 중요하게 다루고 여성의 과거 경험에 의미를 두며 여성의 발전과 성장을 존중하며 여성의 잠재적 가능성에 가치를 두고 여성의 태도변화를 꾀하는 처우의 일체이다."라고 정의하였다. 한편 1995년 미국 오레건(Oregon)주 〈여성범죄자 중간처벌 정책단〉(The Oregon Intermediate Sanctions for Female Offenders Policy Group)에서는 성별－적합 교정을 여성과 남성이 관계형성 방식(relationship style)과 생활여건(life circumstance) 면에서 전혀 다른 방법으로 학습한다는 사실을 반영한 교정프로그램으로 보았다. 이것은 단지 여성만을 위한 것도 아니며 남성프로그램을 반복 적용한 것도 아니라고 설명하였다. 위의 논문, pp. 8-9.

53) 여성의 경우에는 그들의 최고 상위 동기가 타인과 관계되는 느낌으로 전통적으로 여기에 해당하는 타인은 부모와 가족, 아이, 동거하는 파트너가 해당한다. 여성들이 학습해 가는 형태는 대인관계적 측면에서 과정을 중시해가는 경험의 하나로 볼 수 있다. S. Covington & J. Surrey, *The relational model of women's psychological development*, New Brunswick, NJ: Rutgers University Press, 1997, pp. 335-351(조윤오, 앞의 논문, p. 8에서 재인용).

측면에서 다루어지기 때문에 그것이 여성의 강점으로 부각된다. 즉, 남성이 갖고 있지 않은 관계성과 연계성(relatedness and connection)을 이용하여 효과적인 재범방지, 사회복귀 전략을 수립할 수 있다는 것이다.

(다) 성별-적합 교정의 주요 내용

성별－적합 교정은 기존의 형사사법 체계가 여성범죄자 고유의 욕구에 관심을 가지지 못했다고 보고 남녀의 차이가 교정 프로그램에 충분히 반영되어야 하는 것으로 본다. 오레건(Oregon) 주의 〈여성범죄자 중간처벌 정책단〉은 성별－적합 교정모델이 필수적으로 지녀야 할 내용으로 여성범죄자와 그 자녀들을 위한 일시 거주시설, 아동양육 지도에 관한 지역사회 프로그램, 건강한 관계형성을 지원하는 지역사회 관계지원 프로그램, 개인의 강점과 성장을 자극하는 멘토 연계, 약물·알코올 문제와 관련된 재범방지 지도 프로그램을 꼽았다.

나) 여성대상자 처우의 기본방향

(1) 여성대상자 특별처우의 필요성

여자청소년의 폭력사범 비율이 증가하고 있음에도 불구하고 보호관찰처우 현장에서는 분명 여성대상자는 대체적으로 대다수의 남성대상자 보다 순응적이고 공격성도 덜한 것으로 여겨지고 있다. 특히 일반적으로 여성대상자가 준수사항 위반이나 재범가능성도 더 낮기 때문에 보호관찰관은 여성대상자에게 특별한 관심을 가지지 않는 경향이 있다. 보호관찰관이 여성대상자의 특별한 관심과 욕구, 문제를 진지하게 다루지 못한 채 보호관찰 기간이 종료될 가능성이 크기 때문에, 아직까지 여자대상자에 대한 실질적인 처우시스템을 구축하기 어려운 상황이다. 특히 지역사회 자원을 동원하고 여성에 적합한 보호관찰모델을 적용하여 처우한다는 것은 몇 배의 더 큰 노력이 필요하다.

그러나 전체 보호관찰대상자의 약 10%를 차지하고 있는 여자대상자에 적합한 전문적 처우기법의 개발을 더 이상 외면할 수는 없는 상황이다. 여성대상자는 남성과는 범죄경로·범죄유형 및 죄질·전과경력 등의 측면에서 서로 다른 특징을 갖고 있고, 대부분 독특한 과거경험으로 인하여 복합적인 문제를 안고 있기 때문이다. 따라서 그들의 원활한 사회복귀와 재범방지를 위해서는 여성에게 적합한 보호관찰처우모델이 개발되고 실시되어야 할 것이다.[54]

---

54) 교정시설 내에서의 여성수형자에 대한 처우는 여성가석방자 등 여성보호관찰대상자의 처우와 관련하여 참고가 될 수 있다. 우리나라 여성수형자는 전체 수형자의 약 5% 이내를 차지하고 있

(2) 처우의 기본방향

여성대상자에 대한 보호관찰처우는 여성고유의 특성과 문제점, 그리고 여성범죄자의 범죄성향과 범죄경로 등에 이해를 기반으로 한다. 특히 여성대상자에 전문화·개별화된 보호관찰처우가 필요하다는 명확한 인식에서 시작한다.

(가) 여성의 관계적 특성을 고려한 처우

관계이론의 입장에서 볼 때, 상처를 입은 여성은 새로운 행동 선택을 시도하는데 망설일 가능성이 크다. 따라서 여성범죄자에 대한 사회복귀 프로그램 내용은 여성들이 자신의 선택결과 보다 긍정적인 대가를 얻게 되었다고 느낄 수 있게 만들어야 한다. 특히 보호관찰 단계에서 여성의 생활방식을 변화시키기 위해서는 여성들이 과거에 경험한 상실감이나 학대경험 등을 반복하지 않도록 도와주어야 하며 보다 긍정적인 관계형성을 처우현장에서 느끼도록 만들어야 한다.55)

(나) 여성처우프로그램의 양적·질적 수준의 확보

무엇보다도 양적으로 다양하고 질적으로 우수한 여성보호관찰 프로그램을 만들어내는 것이 중요하다.56) 이를 위해서는 여성대상자 프로그램에 대한 조직

다. 여성수형자의 특성 및 처우 등을 고려하여 독립된 여자교도소가 설치·운영되고 있다. 또한 여성수형자에게는 의료 및 모자보건 등 처우에 특별한 배려를 하고 있는데, 특히 임신 중이거나 출산 후 60일 이내의 산모는 모성보호와 건강유지를 위하여 특별한 처우를 하고 있다. 또한 여성수용자가 자신이 출산한 유아를 교정시설에서 양육할 것을 신청한 때에는 특별한 사유가 없으면 생후 18개월에 이르기까지 이를 허가하여야 한다.

55) 관계의 역할(the role of relationship)과 인간관계의 연결(connections)을 이해한다는 것은 여성범죄자를 이해하고 그들에 대한 개별화 교정 모델을 수립한다는 의미가 있다. B. Bloom & S. Covington, op. cit., p. 56(조윤오, 앞의 논문, p. 7에서 재인용) 만약 보호관찰관이 여성이 갖고 있는 관계형성의 의미를 고려하지 않는다면 효과적인 사회내처우를 실현할 수 없음은 물론 여성이 범죄를 저지른 이유도 명확히 이해하지 못하는 피상적인 지도·상담을 하게 되는데 그치고 말 것이다. 미네소타 주 헤니핀(Hennepin) 카운티 보호관찰소에서 독자적으로 실시하고 있는 '여성범죄자 인격성장 집단'(Personal Growth Group) 프로그램은 주로 상습적인 여성절도사범 등을 대상으로 실시된다. 이 프로그램은 집행유예(probation) 중인 여성 보호관찰대상자에 대하여 치료서비스를 제공하는 것이다. 따라서 프로그램의 내용은 절도사범의 심리적 측면을 강조하고 기본적인 여성범죄자의 생존욕구를 직면하는데 초점을 두고 있다. 인격성장 집단 프로그램은 일 년 동안 진행되는 서비스로서, 매주에 1회씩 집단 모임을 갖는 방식으로 운영된다. 참가자들은 자신의 절도행위 결과와 그에 대한 책임을 다양한 심리적·실제적 관련 요인 측면에서 검토하여 인격적 성장을 도모하게 된다.

56) 우수한 여성보호관찰 프로그램의 한 가지 사례로서, 디트로이트에서 실시되고 있는 'A.R.I.S.E'라는 여성범죄자를 위한 포괄적(comprehensive) 보호관찰 프로그램을 들 수 있다. 이 프로그램의 참여 대상은 주로 웨인(Wayne) 카운티 순회법원에서 유죄확정 판결을 받은 여성범죄자로서 보호관찰을 받고 있는 사람들이다. 이 프로그램이 특히 강조하는 것은 실질적인 여성범죄자 지원·지지 서비스인데, 여성의 생존기술 개발, 교육지원 등을 주요 내용으로 하고 있다. 이 프로그램은 여성범죄 개인의 개별적인 욕구를 충족시키기 위해 다양한 자원이 동원되는 통합 지원체

적 지원(support)이 필요하다. 이는 또한 여성범죄자 처우원칙에 대한 보호관찰관 개개인의 적극적 참여 약속을 의미한다.

(다) 자원의 동원과 홍보

여성대상자에 대한 처우프로그램의 개발과 적용을 위해서는 무엇보다 자원 (resources)의 적절한 동원이 중요하다. 자원은 여성범죄자에 적합한 처우프로그램을 위해 재정적 지원을 마련하고 인적 자원을 최대한 동원하여 실제 프로그램 운영에 기운을 불어넣는 것이다. 자원의 확보와 관련하여 내부의 예산은 한정되어 있으므로, 지역사회의 유관기관 및 단체, 비영리조직(NGO), 민간 기업이나 독지가 등으로부터 기금을 조성하는 전략도 유효하다.

한편 여성대상자 처우에 대한 지역사회의 관심을 환기하기 위하여 학계와 지역사회에 여성대상자에 대한 자료·정보를 적극적으로 배포·홍보하는 보호관찰 활동을 실시해야 한다.

(라) 여성처우프로그램에 대한 체계적 평가

여성 고유의 특성에 맞는 개별화된 보호관찰 프로그램을 개발함과 동시에 체계적이고 지속적으로 여성대상자 보호관찰처우의 내용을 평가하는 것이 필요하다. 평가(evaluation)는 여성전담 보호관찰관의 태도와 처우기법, 기술 및 지식 등을 지속적으로 평가·사정하여 여성대상자에 대한 보호관찰 환경여건이 변화되지 않고 유지되도록 하는 것이다. 이를 위하여 여성대상자 프로그램에 대한 별도의 평가 항목을 개발해 두는 것이 좋다.

(마) 여성전담 인력의 양성

여성전담 보호관찰관의 교육·양성과 프로그램 운영기법 전문화를 지속적으로 실시하여야 한다. 여성에 적합한 보호관찰처우를 실시하기 위하여 전담 보호관찰관에게 운영 실무에 대한 지속적 훈련(training)을 제공할 필요가 있다. 또한 이들 여성전담 보호관찰관이 여성대상자에 대한 보호관찰처우프로그램을 운영

계를 유지하고 있다. 구체적으로는, 지역사회에서 여성범죄자에게 일상적인 작은 도움을 제공하여 그들이 효과적으로 지역사회에 적응할 수 있도록 하는 것이다. 프로그램에 참여하기 위한 교통비를 제공하거나 아동양육 기술을 가르치거나, 응급 위기 상황에 신속한 도움을 제공하는 것이 여기에 해당한다. 프로그램 참가자들은 또 지속적으로 상호간에 감정적인 지지를 주도록 교육받는다. 부수적으로 이 프로그램은 여성범죄자들에게 생존적응기술을 훈련시키고 학교 정규 의무교육을 마치도록 장려한다. 또한 여성범죄자들이 자녀양육 기법과 폭력 문제 등에 대한 개별상담을 받도록 하고 취업, 거주 문제를 해결하도록 알선한다. 법무부, 「외국의 여성 보호관찰 프로그램 사례」, 법무부 범죄예방정책국 내부자료 부분 발췌.

원리에 맞게 적용하고 있는지, 정규 절차를 따르고 있는지, 그 과정이 적합한지 등을 확인하는 것도 필요하다.

3) 처우의 기본자세 및 주요기법

가) 처우에 있어서의 기본자세

외국에서 '여성'이라는 성별에 적합한 보호관찰 프로그램의 기본원칙으로 제시된 것은 우리나라에서 여성대상자에 보호관찰처우에 있어서 보호관찰관이 취해야 할 기본자세에 대한 시사점을 준다.

성별―적합 보호관찰 프로그램의 6가지 기본원칙과 관련되어 있는 요소들은, 성별(gender), 환경, 관계, 원호·감독, 사회경제적 지위, 지역사회 등이다.[57] 이를 참조하여 여성대상자에 대한 보호관찰처우의 기본자세를 제안하면 다음과 같다.

(1) 성별(gender)을 고려한 처우를 실시할 것

이는 바로 남녀 성별 특성 자체가 형사사법 운영 전반에 서로 다른 영향력을 행사해야 한다는 것을 의미한다. 즉, "성별이 차이를 일으킨다(gender makes a difference)."는 뜻으로 요약될 수 있다. 보호관찰관은 반드시 여성범죄자를 다룸에 있어 남성과 완전히 다른 여성의 고유한 특징을 인식해야 하며 상이한 기준에서 여성대상자를 판단하고 적절히 원호·지원해야 한다.

(2) 여성대상자 처우의 환경(environment)을 관리할 것

여성에 적합한 보호관찰프로그램의 또 다른 핵심 요인은 여성대상자의 처우의 환경적 요인이다. 이는 여성에 대한 보호관찰이 반드시 대상자의 신체적·심리적 안전(security)을 담보하여야 하고 여성에 대한 존중을 기반으로 진행되어야 함을 의미한다.[58] 보호관찰 기간 동안에 여성대상자의 안전을 담보로 하지 못하

---

57) Barbara. Bloom, Stephanie. Covington, *Gender―Responsive Strategies―Research, Practice, and Guiding Principles for Women Offenders*, National Institute of Corrections, 2003, p. 76(조윤오, 앞의 논문, pp. 58―59에서 재인용).

58) 여성대상자 처우의 환경적 특성에 대해서는 세 가지 측면이 특히 강조된다. 첫 번째 환경적 특성은 안전성(safety)이다. 여성에 적합한 보호관찰 프로그램은 어떠한 신체적·정서적 위험도 없는 안전한 상태에서 진행되어야 하며 여성은 이전에 직·간접적으로 경험했던 신체적·정서적·성적 학대의 경험을 떠올리지 않고 최대한 안정감을 느낄 수 있어야 한다. 두 번째 환경적 특성은 관계성(connection)이다. 여성범죄자를 처우하는 보호관찰관은 여성 스스로가 자신이 보호관찰관과 깊은 상호의존적 신뢰관계를 유지하고 있고 자신의 경험과 욕구에 대한 이야기가 경청되고 있음을 인식하도록 해주어야 한다. 세 번째 환경적 특성은 여성의 강점(empowerment)과 관련

고 여성을 범죄피해자로 전락시킨다면 사회복귀와 재범방지 목적의 각종 프로그램 운영은 모두 공허한 외침에 불과할 뿐이다. 여성들은 특히 이미 오래 전부터 부정적인 관계형성의 피해 경험을 갖고 있는 경우가 많아 쉽게 성폭력이나 가정폭력, 약물남용의 악순환에 빠져들 가능성이 많다.

(3) 긍정적 관계(relationship)를 유지할 것

이는 여성에 대한 보호관찰이 반드시 긍정적 관계에서 진행되어야 함을 의미한다. 여기에는 여성대상자의 가족과 아이들, 중요한 관계인들, 그리고 지역사회 일반시민과의 연계가 모두 포함되어 있다. 특히 여성전담 보호관찰관은 여성대상자 가족구성원과 긴밀히 접촉하여야 하고 그들의 자녀양육에도 실질적인 도움을 주도록 관심을 가져야 한다. 보호관찰관은 여성의 관계이론과 성장이론에 근거하여 관계가 여성의 건전한 정체성 형성의 근간을 이루고 있음을 인식해야 할 것이다.

(4) 원호(services)와 감독(supervision)의 조화를 이룰 것

원호와 감독은 여성범죄자가 주로 갖고 있는 약물남용과 정신적 외상, 심리적 문제, 신체질병과 관련된 것으로 포괄적이고 통합된 서비스를 제공하며 적절한 감시감독 체제를 운영함을 의미한다. 지역사회 약물·알코올 치료 서비스 체계와의 연계를 시도해야 하고 관련부처와 긴밀한 유대관계를 형성하여 적절한 거주시설, 상담소 인계, 의료지원 등의 종합적 서비스를 제공해야 할 것이다.

(5) 대상자의 사회경제적 지위(socioeconomic status) 향상에 노력할 것

여성대상자의 경제상황과 주거환경에 대한 2004년의 조사연구[59]에 따르면, 전체 여성대상자의 40%가 불안정한 거주지 형태를 가지고 있고, 약 64%가 무직 등 취업에 있어서 불안정한 상태에 있다고 한다. 즉, 직장과 거주지 형태를 통하여 추정할 때, 최소한 전체 여성대상자의 40% 이상이 어렵게 생활하는 하류계층에 속하는 것이다. 이는 복학주선, 취업알선, 직업훈련 등 보호관찰관이 여성범죄자의 사회경제적 상황을 개선시킬 수 있는 적절한 기회·수단을 제공하는 것이 중요하다는 것을 의미한다.

따라서 여성대상자에 대한 보호관찰은 여성의 생계유지를 위한 기술 교육,

된 것으로 여성 스스로 자신이 가진 강점을 명확히 인식하고 그 힘을 타인을 위해 긍정적으로 사용할 수 있도록 만드는 것을 의미한다. 조윤오, 앞의 논문, p. 8.

59) 위의 논문, p. 53.

직업훈련 및 취업알선 등과 직접 연관되어야 한다. 보호관찰관은 주유소, 식당, 술집 등에서 아르바이트를 하고 있는 여자청소년대상자의 상황에 대해 특히 관심을 갖고 그들의 취업경로와 아르바이트 업무내용 등에 대해 파악하여 적절히 개입할 수 있어야 한다.

(6) 지역사회(community)와의 원활한 파트너십을 수립할 것

여성대상자에 대한 보호관찰처우향상의 문제는 현재 여성이 가지고 있는 문제에 대한 정확한 이해와 그에 대한 광범위한 개입에 의해서만 가능하다. 이는 여성대상자의 복잡한 사회경제적, 심리정서적 문제에 대응하기 위해서는 지역사회의 다양한 사회자원과 체계적인 연계를 통한 개입이 필수불가결하다는 것을 의미한다. 즉 여성대상자의 필요에 적합한 보호관찰 프로그램은 건강·복지·교육 등 다른 서비스체계와의 협력을 전제로 한다. 보호관찰은 이러한 서비스전달체계의 중심에서 지역사회자원을 효과적으로 연결하는 체제를 갖추어야 할 것이다.

특히 여성대상자에 대한 처우는 그 대상자가 범죄행위 이전에 경험했던 피해자로서의 위험요인도 중요하게 다루어야 한다. 즉, 가출과 학대경험, 열악한 교육·가정환경 등이 있다. 여성범죄자의 피해경험 극복을 핵심 처우 문제로 다룰 필요가 있다.

나) 처우기법의 주요내용

(1) 초기면담 시의 고려사항

보호관찰 지도감독의 각 단계에서 여성이라는 성별 특성은 주요한 처우기준으로 영향을 미치게 된다. 특히 신고 이후 초기면담 단계에서 여성의 건강상태나 여성의 임신여부, 질병치료 상황, 부양가족, 아동양육 등의 상황을 반드시 점검하여야 한다.

그러나 현재는 여성대상자에 대하여도 일반 보호관찰 지도·감독 방법과 같이 대상자의 일방적인 자기보고식 진술에만 의존하고 있다. 또한 그들의 특별한 욕구와 문제, 건강상태, 개인상황 등을 파악하기 위한 사실 확인 과정과 심층적인 면담 환경이 마련되지 않은 상태이다.

따라서 여성대상자를 대하는 보호관찰관은 개별상담 초기부터 해당 대상자의 보호관찰처우와 관련하여 고려해야 할 특이사항이 있는지 면밀히 확인하는

것이 중요하다. 특히 동거상태에 있거나 미혼모인 여자청소년대상자의 경우에는 해당 대상자의 건강상태나 임신, 수유 상황 등에 대해 확인하고 적절한 방법을 교육하며 이에 대한 보호관찰처우계획을 별도로 수립하여야 한다.

(2) 여성대상자에 대한 일반적 처우기법

여성범죄자에 대한 보호관찰처우기법에 있어 일반 남성범죄자와 뚜렷이 구분되는 목표, 기준, 운영방법, 평가항목 등이 마련된 것은 아니다. 또한 여성대상자를 전담하는 전담팀이 설치되거나 전담직원이 지정되어 있는 것도 아니다. 따라서 여성대상자도 남성과 동일한 개시신고 절차를 거치고, 평균 월 1-2회 정도의 면담 기회를 갖게 되며 남성과 동일한 대상자 분류지침에 적용을 받아 출석지도 및 현장지도, 교육 및 상담프로그램 참여 등이 개별적으로 정해지게 된다.

그러나 일반 남성 보호관찰관이 여성대상자 내면의 욕구를 심도 있게 분석하고 처우하는 데는 한계가 있다. 특히 여자청소년대상자 중 성매매범죄를 저지른 경우에는 남자직원이 담당하기 어려운 면이 있는 것으로 조사되었다.[60] 그리고 여자대상자는 유죄가 확정된 범죄자이면서 보호관찰 기간에 오히려 범죄피해를 당할 가능성이 많아 적극적인 보호·지원이 요구되는 상황이다.

따라서 여성대상자에 대한 별도의 지도감독 매뉴얼이 마련되어 있지 않고 성별을 고려한 전문적 처우프로그램 연구가 활발히 이루어지지 않고 있지만 우리나라 실무에서 여자대상자에 대한 특화된 보호관찰활동이 완전히 부재한 것은 아니다. 여성대상자에 대한 2004년의 한 연구에 따르면, ① 여성대상자 성폭력피해 응급구조, ② 여성대상자 성년의식, ③ 여자청소년 멘토링프로그램, ④ 여성대상자 건강검진, ⑤ 여성무연고자 거주시설 위탁, ⑥ 정신질환 치료위탁 등 여성대상자만을 위한 별도의 보호관찰 활동과 집단처우프로그램이 각 보호관찰소 특색에 따라 유지되어 왔다고 한다. 이러한 보호관찰활동은 현재도 여성대상자에 대한 주요한 보호관찰처우기법으로 활용되고 있고 또 앞으로도 보다 적극적으로 활용할 것을 권장할 만하다.[61]

여성대상자에 대한 특별한 보호관찰처우는 이와 같이 비정기적인 단기 프로

---

60) 이춘화, 앞의 논문, pp. 162-163.

61) 물론 이외에도 전체 보호관찰대상자를 대상으로 한, 교육·복학·직업훈련·각종 체험학습 프로그램 등에 여성인원들도 추가적으로 참여시킬 수 있다. 다양한 프로그램들이 때에 따라 동성 혹은 이성간의 혼합으로 구성되어 운영되고 있는데 성별을 기준으로 한 프로그램 효과성 평가가 이루어진 이후에 성별에 따른 보호관찰 집단 운영이 프로그램 목표에 따라 세분화되어야 할 것이다. 조윤오, 앞의 학위논문, pp. 87-88.

그램인 경우나 성폭력·가정폭력 등의 피해상황 또는 임신·출산 등의 긴급상황에 의해 보호관찰관이 일시 개입하는 방식으로 이루어지는 것이 대부분이다. 앞으로는 여자대상자에 특화된 이러한 원호·지원이, 사고발생 이후의 위기대처에 그치는 소극적 차원이 아니라 사전에 면밀히 계획되고 필요한 시기에 적정한 방식으로 제공되는 체계를 갖출 필요가 있다.

(3) 여자청소년대상자에 특화된 처우기법

전체 여성대상자 가운데에서 약 60%에 육박하는 여자청소년에 대한 보호관찰처우기법에 대해서는 일반 성인여성대상자와 별도로 연구하여 적용할 필요가 크다. 일반 남성대상자의 경우에도 소년과 성인을 구분하여 연령에 따른 개별화된 보호관찰이 필요한 것과 마찬가지로 이유이다.

앞서 여성범죄자의 특성에서 살펴보았듯이 보호관찰 중인 여자청소년은 가해자 이전에 심각한 신체적(성적)·정서적 학대에 노출되었거나 그럴 가능성이 농후한 대상자 집단이다. 특히 이들 중 상당수는 학업을 중도에 탈락하고 무직상태에서 사회경제적으로 열악한 상황에 있으며, 이에 따라 성매매 등 성적 착취의 대상이 될 개연성 역시 매우 높다.

여자청소년에 대한 특화된 개입의 한 사례는, 볼티모어(Baltimore)시의 보호관찰당국이 여성개입팀(FIT: Female Intervention Team)을 창설하여 여자청소년대상자를 위한 다양한 프로그램을 운영한 것에서 찾을 수 있다. FIT의 목표는 어린 여자청소년이 찾지 못하는 인생목표와 삶의 방향을 제시해주는데 있다. 여자청소년의 특성에 맞는 개별화된 프로그램과 서비스 제공이 FIT가 꾀하는 궁극적 목적이다. 1993년 FIT는 먼저 여자청소년의 개별 욕구와 문제에 대한 조사 작업에 착수하였다. 10명의 보호관찰관이 볼티모어에서 400명의 여자청소년을 선발하여 그들의 욕구를 평가하고 여자청소년에게 필요한 처우 내용을 정리·요약하였다. 여기서는 이러한 프로그램 내용을 참고하여 다음과 같은 처우기법을 제안하기로 한다.[62]

(가) 학교복학 및 취업장려 프로그램

2003년 보호관찰 여자청소년과 가출청소년쉼터 여자청소년을 대상으로 한 욕구조사에서 여자청소년들이 가정불화 문제 다음으로 자신의 불안한 미래에 대해 가장 심각하게 고민하고 있다고 응답하였다. 이를 통하여 학업중퇴 여자청소

---

62) 조윤오, 앞의 논문, pp. 50-53 참조.

년에 대한 복학주선 프로그램 운영이 특히 사회내처우 단계에서 중요하게 다루어져야 함을 알 수 있다.[63]

학교복학 및 취업 장려(Academic Career Enrichment) 프로그램은 여자청소년들에게 일반대학 및 전문대학을 방문하여 진학에 대한 동기를 부여하거나 직업훈련 프로그램을 통하여 실습경험을 쌓도록 하는 것이다. 이 프로그램은 여자청소년으로 하여금 복학에 대한 동기를 부여하고 취업에 대한 준비를 해나가도록 도와주는데 그 목적이 있다.

여자청소년들이 원하는 다양한 분야의 직업을 먼저 대학 견학이나 실습 등을 통해 간접 경험토록 하고 한 달에 한 번 발표회를 통해 실습을 통해 느낀 것을 표현하도록 한다. 발표회에서 취업을 준비하는 여자청소년에게 복장 입는 법과 취업을 위한 기본 에티켓, 자기소개서 작성법, 나를 표현하는 방법 등을 훈련시킨다. 나아가 여자청소년대상자가 처한 경제적 어려움의 악순환을 인식하고 채무상황과 신용불량 여부를 점검하며, 경우에 따라서는 잘못된 소비습관 등을 고치기 위해 경제 학습과 가계부쓰기 등의 프로그램 적용을 검토할 수 있다. 한편, 여성취업 준비를 위한 직업학교와 여성복지시설의 적극적인 활용도 필요하다.

(나) 성인통과의례 프로그램

'성인통과의례(Rites of Passage) 프로그램'은 여자청소년이 긍정적인 방식으로 성인 여성으로 발전하도록 돕는 것이다. 친사회적 성인역할모델이 될 수 있는 여성 멘토와의 결연사업과 병행하여 실시하면 효과적일 수 있다. 이 프로그램을 통하여 여성으로 성장해가는 징후와 그 문화적 의미, 의식적 행사 과정 등을 이해하도록 하여 자신이 올바르게 성인으로 변화되어야 하는 이유를 진지하게 고민하도록 한다. 성년의식과 동일한 이 프로그램에서 여자청소년은 다른 성인 어른이나 멘토에게 자신을 소개하는 단계를 거치게 된다. 일부 아이들에게 이런 행사는 자신이 처음으로 경험한 긍정적인 기억으로 남게 된다.

(다) 임신예방 프로그램

'임신예방(Pregnancy Prevention) 프로그램'은 여자청소년들은 자기 성별이 가진 특성을 바르게 이해하게 되고 올바른 선택을 위한 유익한 정보를 제공하는 것이다. 이 프로그램은 아이들에게 실제로 자신이 부모가 될 준비가 되어 있는지 생각해 보도록 하고 만약 그렇다면 아이를 어떻게 양육하며 생활할 것인지 기증 받

---

63) 이춘화, 앞의 논문, p. 74.

은 가짜 모형 유아 인형을 갖고 직접 모의실험을 하게 한다. 필요한 경우 현재 미혼모 생활을 하고 있는 여자청소년이나 임신, 출산, 낙태 경험이 있는 여자청소년이 집단 프로그램에 참여하여 자신이 학교에 다니면서 겪었던 어려움이나 남자 친구에게 받았던 상처 등을 솔직히 털어놓기도 한다.

(라) 갈등해결 프로그램

청소년범죄의 폭력화 경향은 비단 남자청소년에게만 국한하는 현상이 아니며, 여자청소년의 경우에도 동일하게 발견되는 문제이다. 일례로, 미국의 폭력범죄 지수(Violent Crime Index)에 따르면 1981년에서 1997년 사이 남자청소년 폭력범죄가 27% 증가한데 반해 여자청소년 폭력범죄는 103%가 증가한 것으로 나타났다.[64]

'갈등해결(conflict resolution) 프로그램'은 여자청소년 범죄자들의 폭력성과 연관된 것이다. 폭력사범 여자청소년의 수치가 증가함에 따라 갈등해결 프로그램의 의미가 특히 중요하게 여겨지고 있다. 일정기간 동안 프로그램 내의 여자청소년들은 자신의 분노와 좌절, 갈등 감정을 어떻게 조절하고 해결하는지에 대하여 배우게 된다. 약물남용 집단 프로그램과 같이 범죄유형에 관계없이 모든 여자청소년에게 이 프로그램을 적용할 수 있다.

(4) 어린 자녀가 있는 여성대상자에 특화된 처우기법

(가) 좋은 엄마 되기 프로그램

이 프로그램은 미국 여성범죄자와 그들의 자녀를 위한 보호관찰 프로그램인 '제2의 여성 탄생'(Genesis Ⅱ for women)을 참조한 것이다.[65] 이 프로그램은 좋은 엄마가 되기 위하여 부모로서의 양육기술과 가정유지 서비스를 강조한다. 또한 이와 병행하여 정신치료학적 상담, 교육과정을 중요하게 다룬다. 프로그램에 참가하는 여성을 위해 과학적인 사정·평가(assessment)절차가 이루어지고 이에 따라 구조화된 사례관리(case-management)가 실시된다.

이 프로그램은 여성의 문제를 모두 가정 단위에서 논의하고 개개인의 처우

---

64) A. Leslie, "Investing in Girls: A 21st Century Strategy", *Juvenile Justice* Vol. 6, U.S Department of Justice, 1999. p. 3(조윤오 앞의 논문, p. 54에서 재인용).

65) '제2의 여성 탄생'(Genesis Ⅱ for women)은 미국 여성범죄자와 그들의 자녀를 위한 보호관찰 프로그램으로서, 일종의 범죄자 수강명령(day treatment) 프로그램에 속한다. 여성을 위한 최초의 수강명령으로 1976부터 15년 동안 매년 200명의 여성범죄자와 자녀 200명이 이 프로그램에 참가해왔다. A. James, B. Barbara, ibid, 1992, p. 53(조윤오, 앞의 논문, p. 13에서 재인용).

목표가 결국 가정을 기점으로 해결되어야 함을 강조한다. 즉, 알코올, 약물중독과 가정폭력, 성적 학대, 관계형성 등 여성이 가진 심각한 상황이 가정 기능에 중대한 영향을 미치는 것으로 해석하는 것이다. 모든 문제해결은 일상의 활동 계획과 연관되어 있다. 프로그램의 핵심은 개인적 처우와 집단상담 처우를 실시하는 것과 생존기술 훈련, 자녀양육 기술, 기본 의무교육, 경력개발 기회 제공을 포함하고 있다.

(나) 성인 여성대상자의 자녀보호

여성대상자 중에서 특히 취약한 경우, 예를 들면 지적장애 대상자 등의 자녀에 대해서는 그들이 출산한 아동에 대한 보호도 매우 긴요하다. 여성범죄자가 출산한 아동에 대한 발달 교육을 실시할 필요가 있다. 또한 지역사회 내에서 여성범죄자와 아동이 함께 참여하는 다양한 프로그램을 제공할 수도 있다.

(5) 성매매 여성대상자에 특화된 처우기법

보호관찰 중인 여성대상자, 그 중에서도 여자청소년의 경우에는 성매매의 위험에 노출된 가능성이 상대적으로 높다. 특히 어린 시절 성적 학대 및 추행 경험을 가진 여성대상자의 경우, 피해자로서의 자신의 위치를, "나의 성(性)은 여성으로서 보호받을 가치가 없다."는 식으로 생각하며 자기파괴적 사고를 갖고 범죄적 자아상을 만들어낼 가능성이 있다. 이러한 성매매 여성대상자의 재활을 위해서는 체계적인 사례관리(case management)가 무엇보다 중요하다.[66]

이 프로그램은 다음과 같은 단계로 구성할 수 있다. 첫째는 강력한 집중 개별상담(intensive counseling)을 실시하고 둘째는 회복집단을 구성(recovery groups)하며 셋째는 적극적인 옹호단계(advocacy)를 밟는 것이다. 프로그램 마지막 단계에서는 실질적인 지지·지원(practical support)을 제공함으로써 궁극적으로 탈성매매 여성이 안정적인 상황에서 새롭게 성장하여 다시 스스로 다른 탈성매매 여성의 좋은 멘토가 될 수 있게 만든다.

또한 이 프로그램은 알코올·약물치료와 성적 학대 문제, 생활 적응 기술과

---

66) 미국 오레건(Oregon) 주의 〈성매매대안 교정협회〉(CPA: The Council on Prostitution Alternatives)는 성매매 또는 매춘의 굴레에서 벗어난 여성을 위한 실질적·정서적 교정 지원 프로그램을 말한다. 프로그램 참가자의 85%가 실제 중범죄로 유죄 확정 판결을 받은 여성범죄자이며 이들에 대한 사례관리(case management)가 프로그램 운영의 주를 이루게 된다. 본 프로그램의 핵심은 탈성매매 여성을 장기간의 학대 피해자로 보고 피해자를 장기간의 학대 현장에서 살아남은 강한 생존자로 간주한다는 것이다. 조윤오, 앞의 논문, p. 14.

관련된 교육, 자녀양육 기술, 의료 건강 문제 등을 주요한 여성대상자의 문제로 함께 다룰 수 있다. 본 프로그램에서는 특히 여성의 경제적 긴급원호와 쉼터 등 일시 거주공간의 제공이 필요한 경우가 대부분이다. 이 프로그램의 성공 여부는 참여대상이 되는 성매매여성의 자발성이다.

(6) 약물남용 여성대상자에 특화된 처우기법

약물남용의 경우 여성이 남성에 비해 더 많은 심리적·의료적 문제를 경험하고 남성보다 수입이 낮고 구직에 필요한 기술이 부족한 것으로 보고되고 있어서, 그들에 대한 재발을 예방하기 위해 개별화된 약물치료 프로그램이 필요하다.[67] 특히 미국의 경우 장기간의 약물남용으로 인한 신체질병이 많이 발견되고 있으며 임신 중인 여성에게서 약물과 알코올 남용 및 우울증 증세가 심각한 것으로 보고되고 있다.

'약물남용집단(Substance Abuse Group) 프로그램'은 여자청소년의 약물남용 예방을 위한 것이다. 여자 청소년들은 프로그램 과정 중에 약물의 폐해에 대해 자연스럽게 이야기하고 약물경험이 자신의 몸과 마음에 어떠한 영향을 끼쳤는지 서로 이야기하게 된다. 이 프로그램은 범죄예방 차원에서 약물사범 이외의 모든 여자 청소년범죄자에게 실시된다.

(7) 미혼모 여성대상자에 특화된 처우기법

'미혼모'는 합법적이고 정당한 결혼절차 없이 아기를 임신 중이거나 출산한 여성을 말하며, '미혼모가족'은 미혼의 여성이 임신을 하여 자녀를 출생시킴으로서 가족을 구성한 경우를 말한다.[68] 보호관찰 중인 여성대상자 가운데, 미혼모의 실태가 어떠한지에 대해서는 정확한 통계가 아직 없다. 그러나 여자청소년대상자 가운데에서는 상당수가 남자친구 등과 혼전동거를 하거나 잦은 성관계를 맺고 있는 사례가 많다. 특히 여자청소년대상자의 경우 성인에 비하여 임신예방 등에 상대적으로 소홀할 가능성이 있으므로 이들 가운데 미혼모가 상당한 비중을 차지할 가능성이 있다.

미혼모, 또흔 미혼모가족의 문제는 사회적 편견과 지원의 부족, 가족 등 기존의 사회적 관계의 단절 및 갈등, 죄책감 등 심리·정서적 혼란, 경제적 어려움,

---

67) 김용석, "여성 약물사범 수강명령 프로그램의 효과분석", 「한국보호관찰학회 2004년 추계학술대회자료집」, 한국보호관찰학회, 2004, pp. 59-61.
68) 송다영·김미주·최희경·장수정, 「새로 쓰는 여성복지론: 쟁점과 실천」, 양서원, 2012, p. 259.

임신과 출산에 따른 모자의 건강문제 등 매우 폭넓고 심각하다. 보호관찰관은 미혼모의 이러한 다차원적이고 심층적인 문제들을 다루는데 있어서 가능한 많은 사회자원을 동원하고 연계하기 위하여 체계적인 사례관리(case management)를 펼쳐야 한다. 즉 지역사회 내에 존재하는 미혼모 관련 시설이나 복지서비스의 내용을 파악하고 필요한 경우 이를 적절히 활용할 필요가 있다.

우선 미혼모 관련시설은 모자보호시설과 모자자립시설, 미혼모자시설과 미혼모자공동생활가정 등이 있다.[69] 모자보호시설과 모자자립시설의 미혼모세대는 전체 세대의 10.9%로 추정되는데 비하여, 미혼모자시설과 미혼모자공동생활가정은 전적으로 미혼모와 그 자녀를 위한 것이다.[70]

한편, 현재 우리나라에서 미혼모의 복지와 관련된 단일 법령은 없는 상황이다. 다만, 2007년 개정된 「한부모가족지원법」은 미혼모자시설의 설치 및 운영에 관한 사항뿐 아니라, 재가미혼모(부)에 대한 서비스에 대하여 규정하고 있다. 이에 따라 미혼모는 시설에 입소하지 않더라도 응급지원, 정서적 지원, 자녀양육과 경제적 기반에 필요한 상담과 교육, 정보제공 등에 이르는 재가서비스를 받을 수 있게 되었다. 또한 한부모가족으로서 미혼모세대는 아동교육지원비, 직업훈련비, 아동양육비 및 생계비 등을 지원받고 의료비, 주택자금 등 복지자금과 취업지원, 아동에 대한 교육·부양·가사·가족관계 증진서비스 등의 복지서비스의 수혜대

---

69) 이외에도 모자보호시설이 있으나 배우자 학대의 피해여성과 자녀를 위한 일시 피난처이므로 미혼모는 거의 없을 것으로 추정된다. 송다영 외, 앞의 책, p. 270.

70) 위의 책, p. 270. 이러한 미혼모시설에 거주하는 미혼모들은 거주하는 동안 한시적으로 국민기초수급권자로 지정받고 있으며, 의료보호의 혜택도 받게 된다. 아래의 〈표〉는 미혼모 지원시설의 현황에 대한 것이다.

〈표〉 미혼모 지원시설의 현황 및 개요

유 형	수	대 상	내 용	기 간	해당 세대
미혼모자 시설	27	미혼의 임신여성 및 출산 후 6월 이내로서 보호를 요하는 경우	한시적 국민기초수급권자 지정/숙식 제공/분만의료혜택/자립 직업교육	1년 (6개월)	577 세대
미혼모자 공동생활가정	19	2세 미만의 영유아 양육 미혼모로서 보호를 요하는 경우	아동양육비 지원(한무모가족지원법 대상자)/숙식 무료제공/자립 프로그램 실시/직업·양육·인성교육과 상담서비스 제공	1년 (1년)	236 세대
미혼모 공동생활가정	2	출산 후 아동 비양육 미혼모로서 숙식지원, 자립지원이 필요한 경우	숙식보호, 자립지원 프로그램 제공	2년 (6개월)	26 세대

상이 된다.[71]

(8) 여성대상자 건강증진 프로그램

교정시설에 수용된 경험이 있는 여성들은 남성수형자들 보다 더 심각한 질병을 갖고 있는 것으로 알려져 있고, 특히 17세 이전에 성적 학대를 당한 여성범죄자는 학대를 당하지 않은 여성범죄자보다 6배나 더 자궁관련 질환에 걸릴 위험이 높다고 한다.[72] 우리나라 보호관찰대상자를 남녀 두 집단으로 표본 추출하여 성별에 따른 차이를 조사한 2004년의 연구[73]에서도, 집단 간 질병력에 차이가 있으며 성병에 대한 두려움에서도 차이가 있는 것으로 나타났다.

따라서 보호관찰관은 여성대상자를 지도·감독하기 위해 여성가족부, 보건복지부, 서울시 등과 연계하여 지역사회에서 생활하고 있는 여성의 건강과 건전한 이성관계를 위한 성교육, 질병치료·예방검진 등의 프로그램을 정기적으로 실시할 필요가 있다.

특히 흡연문제와 관련해서는 2004년의 연구[74]에서는 여자대상자의 75% 이상이 1회 이상의 흡연 경험을 갖고 있는 것으로 보고하고 있다. 따라서 여성대상자, 특히 여자청소년에게 흡연의 폐해와 위험을 알려 보호관찰 기간 동안에 금연하도록 유도하는 금연지도 프로그램을 계획·실시할 필요가 크다.

다) 여성대상자 처우관련 정책 제언

(1) 여성 전담 보호관찰관제도 운영

여성범죄자는 남성과 구분되는 독특한 범죄경로를 통하여 형사사법 체계내로 들어오며, 남성범죄자와는 상이한 욕구·특성·문제들을 안고 있다. 보호관찰 단계에서 이러한 여성범죄자를 보다 효과적으로 다루기 위해 미국의 각 주는 여성범죄자 전담특별팀(The Female Offender Task Force)을 구성하여 운영 중에 있다.[75]

---

71) 송다영 외, 앞의 책, pp. 268-267.
72) B. Bloom, S. Covington, op. cit., pp. 6-7.; A. L. Coker, N. J. Patel, "Childhood forced sexed and cervical dysplasia among women prison inmates", *Violence Against Women*, 4(5), 1998, pp. 595-608.(이상 조윤오, 앞의 논문, p. 67에서 재인용)
73) 조윤오, 앞의 논문, p. 67.
74) 위의 학위논문, p. 133.
75) 한 예로 미국 오클라호마(Oklahoma) 교정국은 여성범죄특별팀이 수행해야 할 최소 강령을 발표했는데 여기에는 여성범죄자 전담 보호관찰관(일반 교정공무원 포함)에 대한 지속적인 교육·훈련과 여성범죄자에 대한 불법·직권남용 행위, 여성범죄자의 사생활 보호, 프로그램 운영에서의 여성평등, 의료적·심리적 건강치료 제공, 특별 분류체계 도입, 제재조치 수준 설정이 포함되어 있다. 조윤오, 앞의 논문, p. 57.

2016년 현재 우리나라의 일부 보호관찰기관에서는 통상 여성인 보호관찰관을 대상으로, 여성대상자를 전담하도록 업무를 지정하는 사례가 있다. 그러나 이는 아직 기관장의 재량에 따른 임의적 조치로서 제도적으로 운영되고 있는 것은 아니다. 앞서 살펴본 바와 같이 여성대상자의 고유한 특성을 고려하였을 때, 우선 '여성전담 보호관찰관제'를 시급히 도입할 필요가 있다.

나아가 장기적으로는 장기적으로 미국의 미국 메릴랜드(Maryland)주 소년사법국에서 실시했던 〈여성대상자 전담팀〉(FIT: Female Intervention Team)[76]과 같은 전담부서를 각 대도시 중앙 보호관찰소에 신설하여 여성보호관찰대상자를 지도·감독하는 프로그램을 시범 실시하도록 해야 할 것이다. 이를 통하여 여자청소년의 올바른 성장방향을 제시해 주고 인생목표 수립을 도와주는 목표를 수립하여 그에 적합한 다양한 프로그램을 개발할 필요가 있다.

(2) 여성대상자 처우에 관한 교육·훈련 강화

여성대상자 처우에 관하여 보호관찰관을 대상으로 한, 별도의 교육과정이나 교과목의 개설이 필요하다. 미국 FIT에서도 보호관찰 직원의 교육·훈련을 특히 강조한다. 특히 여성에 적합한 보호관찰처우모델의 기준과 내용, 목적을 수립하는 일을 교육받는 것이 중요하다.

또한 여자청소년에 대해서는 어떻게 그들의 욕구에 적합한 보호관찰을 실시할 것인지에 끊임없이 직원 간 토론을 통해 고민하도록 하고 관련 자원을 발굴하는 것이 필요하다. 임신관련 문제 등 여성대상자와 관련된 정보를 공유하여 새로운 프로그램을 지속적으로 개발해 나가도록 직원들을 교육·훈련시키는 것이 핵심이다.

---

76) 1992년 미국 Maryland의 소년사법부(Department of Juvenile justice)는 여자청소년의 문제를 분석하기 위한 특별조사반을 구성하였다. 특별조사반에서 증가하는 여자청소년 문제에 대응하기 위해 단기 거주시설 위주의 치료프로그램을 지양하고 대신 장기 지역사회 보호관찰 프로그램에 관심을 가지게 되었다. 1992년 FIT가 만들어진 이후 먼저 300명의 여자청소년 사건이 여성개입팀에 할당되었다. 이러한 대상자 할당은 여자청소년을 위한 지역사회 자원이 남자에 비해 부족하다는 현실적인 보호관찰의 한계와 여성에 대한 심층적인 이해가 부족하다는 이론적인 한계에서 고려된 것이다. 당시 직원들을 모집하면서 FIT는 여자대상자 1명의 업무량이 남자대상자 10명의 업무량에 해당하는 것으로 가정하였다. FIT는 13명의 보호관찰관(상담가 포함)과 1명의 감독자로 구성되었는데 담당자 중 10명의 직원은 평균 35명의 여자청소년을 감독하도록 하였다. 이것은 평균 남자 대상자의 경우 보호관찰관 1인이 50명을 담당하는 것과 비교하여 그 업무 부담이 매우 적은 것이었다. 담당자 중 2명은 감독자로 조사·관리자 업무를 맡고 모든 사건에 대한 보고서를 준비하며 FIT를 조직화하고 관련 프로그램과 서비스를 발굴·기획하는 업무를 맡았다.

3. 고령대상자 처우기법

우리나라에서는 고령화가 급속히 진행되고 있어, 2013년 현재 전체인구에서 65세 이상 고령자가 차지하는 비율, 즉 고령화 비율이 12.2%에 이르고 있다. 문제는 이러한 고령화가 선진국에서도 유례없이 빠른 속도로 진행되고 있다는 점이다.

고령화 비율이 7%를 넘어서 고령화 사회에 진입한 2000년 이후, 그 비율이 20%를 넘어서는 초고령화 사회로 진입하는 데는 불과 25년 남짓한 2026년이 될 것으로 예측되고 있다. 이에 따라 우리나라의 고령화율과 노년부양비는 향후 2040년에는 일본 다음 수준으로 높아질 전망이다.

전체 사회시스템의 하위영역인 형사사법시스템도 사회전체의 구조적 변화를 반영할 수밖에 없다. 최근 10년간 교정시설 수용인원의 연령별 구성은 급격히 고령화되어 왔으며, 이는 보호관찰제도의 경우에도 예외가 될 수 없다고 본다. 따라서 아직은 전체 보호관찰대상자 중에서 높은 점유율을 보이고 있지는 않지만, 고령보호관찰대상자(이하 '고령대상자'라 한다.)에게 특화된 보호관찰처우기법의 체계적인 연구논의 및 시행준비가 필요한 시점이라고 할 수 있다.

1) 고령대상자의 의의

가) 개관

(1) 고령자의 의의

(가) 고령자의 정의

국제연합 전문기관인 WHO(세계보건기구)에서는 고령자를 65세 이상의 사람으로 규정하고 있다. 하지만 국제기구의 통계 등에서 개도국의 고령화를 다룰 때는 60세 이상을 고령자로서 다루는 사례도 많이 있다.

우리나라의 통계청 인구조사에서도 고령자의 기준은 65세 이상으로 하고 있다.[77] 이와 관련하여 「노인장기요양법」 제2조 제1호는 '노인'에 대하여 65세 이상이라고 정의하고 있다. 한편 「노인복지법」 제25조(생업지원), 제26조(경로우대), 제27조(건강진단 등), 제28조(상담·입소 등의 조치) 등도 국가 또는 지방자치단체가 65세 이상의 자에 대하여 필요한 보건 및 복지조치를 실시하도록 규정하고 있다.

---

77) 통계청, "2013 고령자통계", 2013. 9. 30, 통계청 보도자료 참조.

(나) 고령화 사회의 진전

선진 국가에서 인구 구조를 비교하는 경우에는, 15세 미만 '연소인구', 15-64세 사이를 '생산연령인구', 65세 이상을 '고령자(노년)인구'라고 구분하는 것이 일반적이다. 65세 이상자 인구에서 차지하는 비율은 '고령화율'로 표현하며 그 나라의 고령화 정도를 나타내는 것으로 주로 활용되고 있다.

우리나라에서는 저출산 고령화가 급속히 진행되고 있어, 고령화 사회에 진입한 2000년(고령화율 7.2%) 이후 고령인구는 해마다 크게 늘어 2013년 고령자는 전체 인구의 12.2%를 차지하게 되었다.[78] 이는 1970년 3.1%에서 지속적으로 증가한 것인데, 향후 2030년 24.3%, 2050년 37.4% 수준에 이를 것으로 전망된다. 국제적으로 보면, 2010년 고령화율과 노년부양비는 주요 선진국 수준보다 낮으나 향후 2040년에는 일본 다음 수준으로 높아질 전망이다.[79] 특히, 85세 이상 초고령인구 비율은 2013년 0.9%에서 2030년 2.5%로 늘어나고, 2050년에는 7.7%로 크게 증가할 전망이다.[80] 이에 따라 사회 각 분야에서 고령자에 대한 관심이 증가하고 있으며, 고령자복지관련 정책도 다양하게 요구되고 있다.

(2) 고령자의 일반적 특징

고령자의 특징은 다음과 같은 것을 들 수 있지만 기능저하 등의 진행 속도는 개인에 따라 상당히 차이가 있다.[81]

첫째, 신체적 측면에서 고령자는 운동동작 기능, 감각기능, 생리기능의 모든 부분이 저하된다. 고령자에게서 많이 볼 수 있는 신체상의 질병으로는, 암, 뇌혈관성 질환, 심장질환, 폐렴, 당뇨병 등을 특징으로 볼 수 있다.[82] 더구나 여러 질환을 복합적으로 가지고 있는 사람이 많다. 또한 시력·청력의 노쇠현상이 나타나고, 특히 청력은 일상 회화 듣기에 차질이 생기게 된다.

---

78) 이를 구체적으로 살펴보면, 고령자의 성비는 70.7이고 노년부양비는 16.7로 생산가능인구(15~64세) 6명이 고령자 1명을 부양하는 꼴이며, 2011년 기준 65세 고령자의 기대여명은 남자 17.4년, 여자 21.9년, 2030년에는 81.1로 높아질 전망이다. 한편, 고령가구의 비율도 19.5%로 매년 증가하는 추세이다. 통계청, 앞의 자료. p. 4.

79) 위의 자료. p. 5.

80) 위의 자료, p. 6.

81) 日本 法務省, 앞의 책, pp. 188-190 참조.

82) 2012년 고령자의 사망원인 1위는 암으로 인구 10만명당 852.9명이 사망하였고, 다음 사망원인은 뇌혈관질환(372.9명), 심장질환(367.1명) 폐렴(166.4명) 등의 순으로 나타났다. 참고로 연령별 3대 사망원인을 살펴보면, ① 10대-20대: 자살, 운수사고, 암, ② 30대: 자살, 암, 운수사고, ③ 40대: 암, 자살, 간질환, ④ 50대: 암, 자살, 심장질환 등이다. 통계청, 앞의 자료, p. 13.

둘째, 정신적 측면에서 고령자들은 절반 이상이 '전반적인 생활'에서 스트레스를 느끼는 경향이 있다.[83] 이외에도 일부 고령자들에게는 우울증, 환각망상상태, 신경증, 성격장애, 치매 등 정신병리적 문제가 나타날 수 있다.[84]

셋째, 지적·성격적 측면에서 고령자 중에는 학습 속도가 느려지고 새로운 것에 직면했을 때에는 특히 이해를 잘 못하는 사람도 적지 않다. 또한 사람에 따라서는 이야기 도중에 침묵하거나 상황에 맞지 않는 엉뚱한 말을 꺼내기도 한다. 고령자의 성격적 측면에 대해서는 사고의 경직성, 감정의 협소함, 의지력 감퇴, 고집과 독선 등이 일반적으로 거론되기도 한다. 그러나 어떠한 부정적인 특징이 지나치게 두드러진 경우에는 고령 때문이라기보다는 원래의 인격 특징이 고령화에 따라 첨예화한 것으로 보는 것이 타당하다.

넷째, 경제적·사회적 측면에서 고령기의 가장 중요한 점은, 퇴직, 자녀의 독립, 배우자와의 사별 등 속속 '상실'을 경험하는 것이다. 특히 사회적 역할을 부여하여 인생에 의미를 갖게 해주던 사회관계에서 이탈한다는 것이 고령기의 가장 큰 특징 중 하나이다.[85]

---

83) 통계청 자료에 의하면, 2012년 현재 65세 이상 고령자 중 '전반적인 생활'에서 스트레스를 느낀다가 52.9%로 나타났는데, 이는 2008년 43.0%, 2010년 48.6%로 계속 증가하는 것이다. 위의 자료, p. 17.

84) 일부 부적응적 고령자들에게 나타날 수 있는 정신병리적 문제들로는 다음과 같은 것이 있다. ① 우울증: 노년성 우울증은 다른 세대에 나타나는 우울감정 외에도 불안·초조, 신체의 위화감 및 불쾌감, 죄책·빈곤·피해 등의 망상이나 의식장애가 나타나는 특징을 보인다. ② 환각망상상태: 노화에 더하여, 성(性)을 둘러싼 심신상태, 사회적 고립, 감각장애, 기질성 뇌병변 등 여러 요인이 얽혀 환각 망상이 생길 수 있다. ③ 신경증: 신체적인 쇠약이나 죽음에 직면하고 자립하고 사는 것이 어려워지기 때문에 비애감과 불안, 죽음에 대한 공포, 자신을 노인으로 인정하고 싶지 않은 갈등 등이 일어나며 신경증적인 경향이 강해진다. 그 대부분은 자율 신경 증상이다. ④ 성격장애: 젊은 시절의 인격의 편향이 노년기가 되어 표면화하는 타입과, 고령이 되어 새로운 생활환경과 인간관계에 적응할 수밖에 없는 상황에서 생기는 노년기 특유의 타입이 있다. ⑤ 치매: 뇌의 기질적 장애 때문에 정상적으로 발달한 지능이 지속적으로 저하된 상태가 되며, 일상생활에 지장을 초래하게 된다. 알츠하이머형 치매, 뇌혈관성 치매 등이 있는데, 어느 쪽이든 현저한 지능장애, 기억장애가 있고 의욕저하, 망상경향, 화를 쉽게 내는 경향, 불면 등의 증상이 있다.

85) 취업에 대해서는 그 의욕과 능력에 따라 65세까지 일하도록 하는 것이 고령자 고용대책의 목표이지만, 현실적으로 65세 미만이라도 고용이 어려운 상황이어서 그 이상의 연령의 재취업은 매우 어렵다고 할 수 있다. 2012년 기준으로 고령층(55~79세) 중 향후 취업하기를 희망하는 비율은 59.0%였으나 같은 해 실제 고령자의 경제활동참가율은 30.7%에 불과하였다. 성별로 보면, 남자 고령자는 41.6%로 여자 고령자 23.0%보다 18.6%p 높았다. 2000년 이후 고령자의 경제활동참가율을 살펴보면, 2003년 28.7%로 가장 낮았던 이래 계속 증가하다가 2008년 31.3%를 정점으로 다시 하락하였으나 2010년 29.4%에서 최근에 다시 증가하여 2012년에는 30.7%를 기록하였다. 통계청, 앞의 자료, pp. 23-24.

나) 고령대상자의 의의 및 특징

(1) 고령대상자의 의의

고령보호관찰대상자는 보호관찰을 받는 65세 이상의 고령자를 의미한다. 고령범죄자 또는 노인범죄자의 정의에 대해서는 학자에 따라 55세부터 65세 이상에 이르기까지 다양한 연령적 범위를 주장[86]하고 있다. 그러나 '고령범죄자'는 '고령자'인 범죄자를 의미하는데, 이 때 형사사법체계에서 고령자를 별도로 정의할 특단의 사유가 없는 한 '고령자'에 대해서는 국제적 기준과 사회의 일반적 정의에 따르는 것이 타당하다. 이러한 논리는 '고령자'인 보호관찰대상자의 경우에도 동일하게 적용된다.

한편 고령수형자는, 상습화된 범죄행동, 정신적·신체적 쇠약함, 친족관계의 소원함 등 복합적인 문제를 가지고 있고 귀주처가 확보되지 않은 채 만기석방되는 비율이 높다. 고령수형자와 고령보호관찰대상자는 질적으로는 약간 다르지만, 수적으로는 일반사회의 고령화를 반영하여 보호관찰대상자도 향후 큰 폭의 증가가 전망된다. 65세 이상 고령대상자의 처우적인 문제점은, 병약·빈곤·생활능력의 결여·음주·잦은 전직 등이다.

(2) 고령대상자의 현황

2014년 10월 말 현재 전국의 65세 이상 고령보호관찰대상자는 총 994명으로서, 성별로는 남자가 933명으로 전체의 약 93.9%를 차지하고 여자는 61명으로 약 6.1%에 불과하다.

연령별로 살펴보면, 65~69세는 585명(남자 547명, 여자 38명)으로 65세 이상 전체 고령대상자의 58.8%를 차지하고, 70~79세는 385명(남자 364명, 여자 21명)으로 38.7%를, 80세 이상도 24명(남자 22명, 여자 2명)으로 약 2.5%를 차지하고 있다. 죄명별로 폭력사범 235명(23.6%), 교통사범 198명(20.9%), 성폭력사범(12.2%), 사기·횡령사범(8.7%), 강력사범(6.1%) 등의 순이다.

---

86) 연구에 따라 노인범죄자의 정의는 55세(Doyle 1990; Long, 1992), 60세(Inciardi, 1987), 65세(Covey & Menard, 1987; Steffensmeier, 1987)로 다양하다. 이와 같이 연령에 대한 규정이 다르기 때문에 노인범죄에 관한 기존의 연구 결과들을 서로 비교하거나 일반화하는 것은 쉬운 일이 아니다(Bricdfield, 1982; Foesyth & Gramling, 1988; Sunderland, 1982).

‖ 표 13-6 ‖ 65세 이상 고령보호관찰대상자 성별·죄명별 현황

(2014. 10. 23. 현재원 기준)

구분	성별			사범별 현황									
	소계	남	여	강력	경제	교통	기타	마약	사기횡령	성폭력	절도	폭력	풍속
65~69세	585	547	38	33	10	127	61	11	56	106	21	143	17
70~79세	385	364	21	24	4	67	41	4	19	102	25	89	10
80~89세	24	22	2	4	0	4	2	0	1	7	2	3	1
계	994	933	61	61	14	198	104	15	86	115	48	235	28

주) 1. 형사사법통합정보시스템(KICS) 다중조회자료.
　　2. 사회봉사·수강명령 단독대상자, 벌금대체사회봉사대상자 제외.

　　참고로 교정시설에 수용 중인 60세 이상 고령수형자는 2003년 907명에서, 2005년 1,032명, 2007년 1,269명, 2009년 1,495명 등으로 꾸준히 증가하다가 2012년에는 2,000명을 돌파하여 2,150명을 기록하였다. 특히 2007년 들어서는 40대가 9,849명으로 9,348명인 30대보다 많아졌고, 2008년 이후 그 격차가 더 벌어졌다. 그리고 50대와 60대 수형자도 늘어나는 등 수형자 연령이 전체적으로 고령화되어가는 추세이다. 한편, 교정시설에서는 65세 이상 고령자를 '노인수형자'(A급: Aged prisoner)의 기본수용급으로 분류하여 처우하고 있다.[87] 참고로 독일에서는

---

[87] 참고로 분류급은 분류심사시 개별특성에 따라 일정한 유형으로 나누어 처우할 수 있도록 개별수형자에 대하여 부여하는 것으로, 기본수용급·경비처우급·개별처우급으로 나누어 진다. 기본수용급은 성별·국적·나이·형기 등에 따라 수용할 시설 및 구획 등을 구별하는 기준으로 ① 여성수형자(W급: Woman prisoner), ② 외국인수형자(F급: Foreign prisoner), ③ 금고형수형자(I급: Imprisonment sentenced prisoner), ④ 19세 미만의 소년수형자(J급: Juvenile prisoner), ⑤ 23세 미만의 청년수형자(Y급: Young prisoner), ⑥ 65세 이상의 노인수형자(A급: Aged prisoner), ⑦ 형기가 10년 이상인 장기수형자(L급: Long-term prisoner), ⑧ 정신질환 또는 장애가 있는 수형자(M급: Mentally Handicapped prisoner), ⑨ 신체질환 또는 장애가 있는 수형자(P급: Physically handicapped prisoner) 등으로 구분한다. 경비처우급은 도주 등의 위험성에 따라 수용할 시설과 계호의 정도를 구별하고, 범죄성향의 진전과 개선정도, 교정성적에 따라 처우수준을 구별하는 기준으로 개방처우급(S1), 완화경비처우급(S2), 일반경비처우급(S3), 중(重)경비처우급(S4)으로 구분한다. 개별처우급은 수형자의 개별적인 특성에 따라 중점처우의 내용을 구별하는 기준으로 ① 직업훈련(V급: Vocational training), ② 학과교육(E급: Educational curriculum), ③ 생활지도(G급: Guidance), ④ 작업지도(R급: Regular work), ⑤ 관용작업(N급: National employment work), ⑥ 의료처우(T급: Medical treatment), ⑦ 자치처우(H급: Halfway treatment), ⑧ 개방처우(O급: Open treatment), ⑨ 집중처우(C급: Concentrated treatment) 등으로 구분한

60세 이상 고령자에 의한 범죄가 전체범죄와 대비하여 볼 때, 그 점유비율이 뚜렷한 증가세를 나타내고 있다고 한다.[88]

(3) 고령대상자의 특징

우리나라에서는 고령범죄자나 고령수형자 및 고령보호관찰대상자의 특징에 대한 전문적인 연구가 희소하다. 왜냐하면 앞에서 살펴본 바와 같이 지금까지 우리나라에서 65세 이상의 고령범죄자 수는 절대적으로 많지 않았기 때문이다. 이렇듯 노인의 절대인구와 범죄를 비교할 때 전체범죄에서 차지하는 비율이 상대적으로 낮은 것은 다음과 같은 다양한 원인에 근거한다고 한다.[89]

① 노인의 경우 육체적·정신적으로 노화되어 범죄를 행할 에너지가 낮기 때문에 폭력을 수반하는 다양한 범죄보다는 단순절도, 단순성범죄와 같이 단순한 범죄를 행하는 경우가 많다.[90]

다. 2013년 범죄백서, p. 306. 참조.

88) 독일에서는 전체범죄가 2002년의 2,326,149건에서 2012년 2,094,118건으로 전반적으로 감소하고 있고, 특히 2012년에는 전년도에 비해 0.9% 감소하였다. 이처럼 전체범죄의 감소추세와는 달리 60세 이상 고령자범죄의 경우 2002년의 141,297건에서 2012년에 152,290건으로 오히려 늘어났으며, 전체범죄에서 노인범죄가 차지하는 비율도 꾸준히 증가하고 있다. 이러한 통계에 근거하여 독일에서의 노인범죄 증가현상이 심각하다는 주장에 대해서는 노인범죄가 증가한다고 하여 이러한 현상이 사회적으로 심각한 사회문제라고 결론짓기는 어렵다는 반대의 주장도 제기되고 있다. 왜냐하면 독일의 경우 전체 잠재적인 범죄자 중에서 60세 이상의 고령자가 차지하는 비율이 1/4정도에 해당하는데, 2012년 60세 이상의 고령자 범죄비율은 7.3%에 불과하기 때문이라는 것이다. 이처럼 고령자의 범죄비율이 일반 성인에 비하여 현저하게 낮은 것이기 때문에, 단순히 상대적 범죄비율이 높아졌다고 해서 고령자의 범죄문제가 심각해지고 있다고 결론짓기 어렵다고 보는 것이 타당하다. 원혜욱, "노인범죄자에 대한 적절한 처우-독일 노인교도소를 중심으로", 「2014 한국교정사회복지학회 추계학술대회 발표자료집」, 2014, pp. 19-20.

89) Laubenthal, *Alterskriminalität und Altenstrafvollzug, in: Festschrift für Seebode*, Berlin 2008, S. 501-502(원혜욱, 앞의 논문, p. 22에서 재인용).

90) 노인범죄에 관한 연구는 1980년대 이후 미국을 중심으로 진행되었다. 노인범죄의 연도별 변화를 분석한 연구들은 대체로 노인범죄의 증가율에 관해 일관된 결과를 제시하고 있다. 지난 20-30년 동안 노인범죄는 크게 늘어났으며, 증가속도가 다른 연령집단에 비해 상대적으로 빠른 편이다. 범죄유형별로는 살인, 강도, 절도, 자동차 절도 등의 주요 형법범죄가 크게 늘어났으며, 이에 반해 알코올 중독이나, 부랑자 등의 사소한 무질서 범죄는 감소하였다. 뿐만 아니라 노인층이 저지르는 범죄는 젊은 층의 범죄와 뚜렷한 차이를 보인다. Wilbanks와 Murphy(1984)는 강도범죄의 경우 젊은 층에 집중되어 있으며, 노인층과 젊은 층에 걸쳐 두루 나타나는 범죄는 단순절도임을 보여주고 있다. Shichor와 Kobrin(1978)은 노인범죄의 대다수는 단순폭행범죄이며, 재산범죄는 주로 단순절도에 국한되어 있다고 하였다. Covey와 Menard(1987)는 노인범죄는 단순절도가 가장 빈번하고, 다음으로 폭행과 살인, 강도, 절도 순임을 지적하였다. 한편 1980년대에는 노인들의 폭력범죄와 재산범죄의 상대적 변화를 비교한 연구가 다수 발표되었다. 노인과 다른 연령집단을 비교한 Covey와 Menard(1987)는 노인범죄율은 절도, 주거침입절도, 단순절도의 재산범죄가 빠르게 증가하고 있는 데 반해, 젊은 층에서는 살인, 강도, 강간, 폭행의 폭력범죄가 빠르게 증가하는 것으로 제시하였다. 그 밖에도 1960년대에서 1980년대의 공식범죄통계를 분석한 연구들은 대체로 노인 폭력범죄에 비해 노인재산범죄의 상대적 증가를 제시하였다. 원혜욱, 앞의

② 노인의 경우 퇴직으로 인하여 사회전반에서 생산과정에 참여하는 기회가 감소 혹은 단절됨에 따라 사회적인 역할도 축소되는데, 이는 타인과의 갈등관계와 범죄행위 기회가 감소되는 것을 의미하기도 한다.

③ 노인의 경우 가족관계에서는 아버지로서의 역할이 강해지고 거주지에서의 오랜 생활로 인하여 규범적 행동을 요구하는 사회구조의 영향을 받는 등 대부분의 노인은 사회적 관계에서 비공식적 조절기능이 강해지므로 범죄행위에 대한 억제기능이 강해진다.

참고로 일본에서 1998년에 수행된 조사[91]에 따르면, 65세 이상의 재소자의 죄명은 절도·사기·약물·강도 순이다. 재산범인 절도범과 사기범에 대해서 보면, 청년기부터 단독으로 단기간에 재범을 거듭해온 상습범죄자로서, 주거불특정·무직·가족관계 미약 등의 특징으로 인하여 인수인이 없고 귀주예정지가 미정인 사람과 갱생보호시설에 의뢰되는 사람이 많았다. 본인이 생각하는 범죄의 원인으로서는, 헤픈 씀씀이, 생활고, 무직, 게으른 생활습관, 노는 버릇 등이 꼽혔고, 어느 정도는 자신에게 책임이 있다고 시인했다. 이러한 유형의 고령수형자는 시설에서의 생활에는 순응하지만 생활 의욕은 낮았다. 이들은 출소 이후에 돈이나 직업이 없고 기댈 곳이 많지 않기 때문에 향후 생활에 대한 걱정이 많은 특징을 보였다. 한편 이와는 대조적으로, 살인범이나 마약사범들은 입소 전에는 학력도 비교적 좋은 편이고 그런대로 사회에 적응하여 생활해온 사람이 많았다. 그 중 살인범은 초범이 많았으며 범죄의 초발 연령이 늦은 편이었다. 피해자는 면식이 있는 자로서 범죄의 원인으로는 원한 등이 추측된다. 출소 후의 불안으로서는 사회에서 자신을 도와 줄 사람이나 기다려주고 있는 사람이 없다는 것 등 대인관계를 비관적으로 보고 있음이 꼽혔다. 마약사범은 공범이 있는 경우가 많았으나, 사회에서의 대인관계가 실질적으로는 활발하지 않은 경우가 많았다. 본인은 생활고가 범죄의 원인으로 보고 있으며, 자기 자신의 책임에 대해서는 별로 느끼지 못한다. 출소 후의 걱정은, 건강이 좋지 않은 것을 드는 사람이 많았다.

논문, 2014, p. 22.

91) 法務省保護局編, 「更生保護 特輯高年齡對象者の處遇」, 1998年 1月号.

2) 처우의 이론적 배경과 기본방향

가) 고령대상자 처우의 이론적 배경

고령자범죄의 원인에 대하여 노년기 은퇴과정에 대한 사회학적 이론인, '이탈이론'과 '활동이론'의 입장에서 설명하는 견해가 있다.[92] 한편으로는 전통적인 범죄이론의 입장에서 아노미, 사회학적 학습, 사회통제, 경제적 합리성의 개념으로 고령자범죄의 원인을 설명하기도 한다.[93]

(1) 고령자범죄의 사회학적 설명

(가) 이탈이론

노년기에는 다른 사람들과의 사회적 교류와 활동의 범위가 축소되는데, 이것이 바로 이탈이다. 이탈이론(Disengagement theory)에 의하면, 이러한 이탈과정은 인간의 삶의 경로에서 불가피하고 보편적인 것이며 개인이나 사회를 위해서 바람직한 것이라고 한다.[94] 즉 은퇴라는 것은 사회의 기능적 역할에서 고령자가 배제되는 것인데, 이를 통하여 젊은 사람들에게 노동시장 참여기회가 주어져서 생산적 노동역할이 자연스럽게 세대 간 전승될 수 있는 것이라고 한다.

그러나 이 과정에서 고령자는 사회활동과 대인관계에서 비사교적이 되어갈 수밖에 없다. 이러한 은퇴의 과정이 자연스럽고 만족스러운 경우에는 순기능적이지만, 고령자 자신이 희망하지 않았거나 강제로 은퇴된 경우에는 불만을 갖게 되거나 심리적·경제적 타격을 입게 되어 범죄행위로 나아갈 가능성이 있다는 것이다.

(나) 활동이론

활동이론(Activity theory)은 이탈이론과 반대로, 노년기에 접어들어서도 활기찬 노후를 보내고 생활의 만족을 느끼기 위해서는 고령자도 은퇴 이후의 기존의 사회적 역할을 대신하는 다른 사회적 활동을 해야 한다는 것이다.

이 이론의 입장에서는 고령자들이 노년기에 그동안의 사회적 역할을 대체할 수 있는 적절한 자기실현활동을 찾지 못했을 때, 그 상실감에 대한 보상심리로

---

92) 김승용, "노인범죄의 실태분석과 사회복지적 대책에 관한 일 연구", 「노인복지연구」, 9(2000. 9), pp. 129–130.

93) 이현희·원영희·구자숙, "노인범죄의 추이 및 관련요인에 관한 연구", 「학국노년학」, 2003. Vol. 23, No. 2. p. 127.

94) 고영복, 「현대사회문제」, 사회문화연구소, 1988, p. 314.

범죄행위로 나아갈 수 있다고 본다.

(2) 고령자범죄의 범죄학적 설명

(가) 아노미 이론

고령자범죄의 원인을 분석한 많은 연구들이 고령자범죄가 실업, 사회적 고립과 지위상실로 인한 아노미 등과 관련되는 것으로 논의하였다. 아노미 이론에서는 개인의 열망과 현실적인 기대치와의 불일치가 아노미 상태를 초래하는데, 이것이 곧 범죄나 일탈의 원인이 된다고 본다. 고령자의 경우, 배우자의 죽음, 건강악화, 은퇴, 빈곤, 사회적 고립 등 삶의 위기나 노년기의 특정한 사건들이 스트레스를 유발시키고 아노미 상태를 가져온다고 해석한다. 노년기에 은퇴, 배우자의 상실, 이전역할의 상실과 새로운 역할의 부재 상태 그리고 노년기에 대한 낮은 가치평가와 지위 등 삶의 변화를 겪게 되는데, 이러한 변화된 삶의 환경이 노인들에게 스트레스 및 좌절을 경험하게 한다고 설명하였다.[95]

(나) 사회학습이론

사회학습이론의 입장에서는 범죄행위도 다른 행위와 마찬가지로 학습의 결과라고 본다. 배우는 내용은 범죄의 수법뿐 아니라 범죄와 법에 대한 태도까지 포함된다.

이 이론은 특히 고령자의 음주문제와 그에 따른 일탈행동을 설명하는데 사용되고 있다.[96] 은퇴 이후에 여가시간이 많아지는 고령자들이 다른 술꾼들과의 접촉이 늘어나고 음주의 부정적 결과 혹은 처벌보다는 사회적·신체적 보상을 더 많이 인식하여 음주를 더 많이 하게 될 것으로 설명하고 있다.

(다) 사회통제이론

사회통제이론에서는 범죄란 개인의 사회적 결속이 약화되거나 붕괴되었을 때 발생한다고 보며, 개인은 직업이나 좋은 평판을 통해서 사회규범에 대한 순응상태를 유지하게 된다. 또한 개인을 결속시키는 요인은 연령에 따라 다양하다고 보는데, 청소년의 경우에는 부모와의 애착관계나 학교생활이 중요할 수 있으며, 성인의 경우에는 결혼관계나 직업 활동이 중요할 수 있다. 그런데 노년기의 경우에는 배우자의 사망이나 가족해체, 은퇴나 실업으로 인한 역할과 지위상실을 갖

---

95) 이현희 외, 앞의 논문, p. 127.
96) 박숙완, 「노인범죄의 원인 분석 및 대책에 관한 연구」, 경상대학교 대학원 법학과 박사학위논문, 2003, p. 82.

게 될 가능성이 많아지면서 노인들의 사회적 결속감이 저하될 수 있다고 유추하여 해석할 수 있다.[97]

(라) 경제적 원인론

고령자범죄에 관한 연구들은 대체로 은퇴, 실직과 같은 경제적 요인의 중요성을 지적하고 있다. 은퇴 이후의 지위상실, 그리고 이에 따른 무력감과 좌절은 고령자범죄의 원인이 된다. 이밖에도 노동시장의 변화나 기술발전과 조기은퇴가 노인의 사회적 변화를 촉진하고, 고령자들이 범죄를 저지르는 등의 불법적인 대안을 찾도록 한다.[98]

범죄유형별로 살펴보면 고령자의 상대적 빈곤은 고령자범죄의 대다수를 차지하는 생계 범죄인 단순절도나 상점절도의 직접적인 원인이 된다. 또한 빈곤이나 직업적 지위상실로 인한 좌절과 무력감은 노인들의 잦은 폭력행사의 원인이 된다는 것을 알 수 있다. 나아가 실업률이 높아지면 노인의 재산범죄가 늘어난다는 연구 결과도 있다. 이것은 실업률이 높아지면 합법적인 일자리가 줄고, 심리적 불안 등이 증가하므로 고령자들이 일탈적 행동이나 범죄활동을 할 가능성이 많아지기 때문으로 해석된다.[99]

한편 고령자에 의한 살인범죄의 분석결과를 보면 고령자는 다른 연령집단에 비해 친구집단과 경제상황의 영향을 덜 받으며, 오히려 은퇴나 배우자의 죽음과 같은 개인적인 요인이 크게 작용하는 것으로 나타난다. 또한 고령자일탈의 대표적인 유형인 알코올 중독의 경우에도 고령자의 금전적 스트레스와 사회적 고립감이 크게 작용하는 것으로 설명된다.[100]

나) 고령대상자 처우의 기본방향

(1) 고령자에 적합한 처우의 제공

현재의 대부분의 보호관찰 프로그램은 주로 청소년대상자에게 맞추어져 있다. 일반 성인에 대한 보호관찰처우는 이에 비하여 양적, 질적 수준이 크게 미치지 못하는 상황이며 더욱이 고령자에 대한 특별한 대책은 찾아보기 어렵다.

그러나 앞에서도 살펴보았듯이 고령범죄자가 지속적으로 증가해왔고 앞으

---

97) 이현희 외, 앞의 논문, p. 127.
98) 위의 논문, p. 127.
99) 위의 논문, p. 127.
100) 위의 논문, p. 128.

로도 크게 늘어날 것으로 예상되며, 사회경제적으로 열악한 지위에 놓여있는 경우가 많아 고령자의 특별한 상황을 고려한 별도의 처우기법 및 맞춤형 프로그램의 개발이 필요한 시점이다.

(2) 고령대상자의 유형구분 및 유형별 처우 실시

고령대상자라고 모두 동일한 성향을 가진 것은 아니다. 특히 고령의 상태에서 우발적으로 범죄를 저지른 초범자가 있는 반면, 오랜 기간 직업적으로 범죄행위를 해온 누범자도 있을 수 있다. 이들에 대한 처우는 서로 다른 방향에서 접근할 필요가 있다. 특히 고령대상자 가운데에서는 신체적·정신적·경제적 상태에 따라 긴급한 보호가 필요한 경우도 있을 수 있다. 따라서 이러한 특성에 따라 고령대상자의 유형을 구분하고 그 유형에 적합한 처우를 실시하는 것이 중요하다.

(3) 노인복지서비스의 연계 강화

고령자범죄의 원인에 관한 우리나라의 1995년 조사연구[101]에 따르면, 조사대상 고령자의 61%가 빈곤하거나 생활보호대상자로 나타났다. 또한 고령자의 범죄도 주로 대도시 지역에서 발생하였는데 그들의 직업은 무직인 경우가 많았다고 한다. 범죄원인별로 보면, 원한 등 인간관계의 갈등이 전체의 43.1%였으나 생계비 마련 등 경제적인 문제가 원인이 된 경우도 24.8%에 이른다. 따라서 고령대상자의 재범을 방지하기 위해서는 이들의 경제적 빈곤 등의 문제를 다룰 수 있는 사회복지서비스의 연계 및 제공이 긴요하다.

나아가 노년기의 질병과 건강상의 문제에 대한 건강보장서비스와 노년기의 고립감과 무력감, 인간관계에서의 부적응 등을 다룰 수 있는 심리사회적 서비스의 연계 및 제공도 필요하다고 본다.

3) 처우의 기본자세 및 주요기법

가) 처우에 있어서의 기본자세

(1) 고령자의 페이스에 맞춘 면담을 실시할 것

고령대상자는 공통적으로 심신의 쇠약 등으로 인하여 어떤 일에 대해서도 느릿한 경향이 있다는 점을 배려하여 면담에서는 상대가 이해할 수 있도록 천천히, 분명히, 거듭 말하는 것이 중요하다. 또한 고령대상자와 면담을 할 때는 커다

---

101) 이건종, 전영실, 「한국의 노인범죄 실태분석과 대책에 관한 연구」, 형사정책연구원, 1995, pp. 59-60.

란 목소리로 천천히 정중하게 말하는 것이 중요하다. 상대가 이해되어 있는지 확인하면서 상대의 페이스에 맞춘 면담을 한다.

(2) 수용적 태도를 유지할 것

고령대상자를 대할 때는 수용적 태도로 상대방의 말에 차분히 듣고 심정의 안정, 신뢰감 조성을 도모하는 것이 필요하다. 특히 동양적인 '장유유서'의 사상을 고려하여, 언행에 배려할 필요가 있고, 자기결정과 자립능력을 손상하지 않도록 주의한다.

(3) 신체적·인지적 상태에 따라 개별화할 것

고령대상자의 건강상태에 따라서는 면담에 응하는 것 자체가 신체적으로 큰 부담이 될 수도 있음을 고려하여 면담이 지나치게 장시간이 되지 않도록 한다. 본인이 이해하기 어려운 일에 대해서는 써서 알려주거나 동반자에게 귀가 후 대상자에게 찬찬히 설명해주도록 협조를 요청한다.

(4) 경제적 원조에 대하여 특별히 고려할 것

경제적 원조가 필요한 경우에는 고용안정센터에 동행하거나 취업관련 정보를 제공하여 구직활동을 지원할 필요가 있고 노령연금이나 장기요양급여의 수급자격과 금액 등에 대해 확인시켜 그것을 활용하도록 조언한다.

나) 처우기법의 주요내용

(1) 초기면담 시의 고려사항

치매 등 노인에게 흔한 병 외에, 불면증, 우울증, 스트레스에 대한 고령자의 반응 등, 청년과 달리 특유의 증상이 있음에 유의하고 그 심신의 상황을 정확히 파악한다. 취업이 가능한지 여부를 확인하고 가능하지 않으면 취업에 의한 것 이외에 다른 수입이 어느 정도 있는지, 혹은 생활보호가 필요한지 등 본인의 경제상황을 파악한다. 연금 수급 자격의 유무를 확인하고, 자격자에 대해서는 그 급부 금액에 대해 파악한다. 본인이 이해하지 못하는 경우에는 그 확인하는 방법에 대하여 조언한다.

가족과 동거하면 가족과의 관계, 독거생활이면 친지나 친구 등 본인의 생활상의 원조자가 될 수 있는 사람이 있는지 등을 조사하여 연락처를 파악한다. 누범자에 대해서는 범죄에 빠지기 쉬운 상황, 그 징후 등을 조사한다. 중대 범죄자에 대해서는 그 범죄의 동기나 당시의 생활 형편 등을 조사하여 자질 측면에서의 큰 편향이나 감정조절의 문제가 없는지 등을 파악한다.

　(2) 고령대상자 유형구분 및 유형별 처우기법

(가) 고령대상자의 유형구분

　독일에서는 고령(노인)수형자를 크게 ① 초범, ② 재범(누범), ③ 장기수/무기수 등 3가지로 분류하고 있다.[102) 초범인 경우 형량이 장기인 유형과 초범이면서도 1년 미만의 단기 자유형을 선고받고 복역하는 유형으로 다시 구분할 수 있다. 고령(노인)수형자를 이와 같이 3가지로 분류하는 것은 각각에게 적합한 프로그램을 시행하는데 필요하기 때문이다.

　위와 같은 점에 착안하여 고령대상자에 대한 보호관찰 실시에 있어서도 단순히 노령 또는 노화에 따른 병약·빈곤만을 고려할 것이 아니라, 이외에도 다음과 같이 분류를 추가하여 각각의 경우에 특별한 배려를 할 필요가 있다.

　① **초범고령대상자**: 초범으로서 보호관찰부 집행유예를 부과 받았거나 비교적 단기 자유형을 복역하고 가석방된 대상자

　② **누범고령대상자**: 젊은 때부터 비교적 경미한 범죄를 반복하며 교도소와 사회를 오가다가 고령이 된 대상자

　③ **중범고령대상자**: 중년기 이후에 비교적 큰 범죄를 저지르고 장기간 복역한 뒤 가석방된 고령대상자[103)

　④ **요보호고령대상자**: 고령으로 자립적 생활유지가 곤란하게 되어 공적인 생활원조를 필요로 하는 대상자

(나) 고령대상자 유형에 따른 처우 상의 어려움

　고령대상자는 공통적으로 단독생활이 많으며, 이에 따라 사회적 고립감에 빠져 있는 경우가 많다. 외로움으로 인하여 과음하거나, 몸이 아프고 경제적으로 곤궁하기 쉽다.

　① **초범고령대상자**

　초범인 고령대상자는 상대적으로 가족관계가 원만하고 사회적 지지망이 탄탄한 편이다. 범죄 이전의 학력적·사회적·경제적 배경이 좋고 정규적인 직업에 종사했던 경우가 많다. 다만, 초범인 고령범죄자는 자신의 범죄행위에 대하여 '심각한 심리적 충격'을 받게 되고 특히 수형자의 경우에는 사회에서는 자유롭게 유

---

102) 원혜욱, 앞의 논문, pp. 26-27.
103) 무기형 가석방자는 상당한 장기간 보호관찰을 실시할 필요가 있다.

지하던 프라이버시의 부족으로 많이 불편해하고 괴로워하며 가족과 단절될 것에 대한 우려로 인하여 우울증이 많이 발병한다고 한다.[104] 이러한 심리적 충격은 집행유예를 선고받은 보호관찰대상자의 경우에도 마찬가지라고 할 수 있다.

② 누범고령대상자

상습절도(무전취식, 약물사용 등)를 반복하는 사람이 많고 재범까지의 기간도 짧은 편이다. 청년기부터 범죄를 거듭하고 있어서 일반적 사회생활에 적응하기가 어렵다. 또한 취업의욕이 떨어져 있고 잦은 전직의 경향이 있어서 무위도식하는 기간이 길다. 노숙생활을 하는 경우도 있고 무기력하여 눈앞의 욕구 충족만 추구하는 경향이 있다. 특히 이런 유형의 대상자는 수동적이며 종속적인 편이어서 보호관찰관 앞에서 자기주장은 별로 하지 않지만, 마음속에는 불만이 있고 규범의식도 결여된 편이다. 이들은 기본적인 생활습관과 상식적인 사고방식이 익숙하지 않아서 생활기반이 불안정하고 인간관계가 희박하고 가족과 지역사회로부터 고립되어 있는 특징이 있다.

③ 중범고령대상자

장기수는 오랜 수감생활로 인하여 가족관계 등 외부세계와 단절되고 사회에서의 직장생활의 경험부족으로 출소 이후 사회에 적응하는데 많은 어려움을 느끼게 된다. 또한 교도소에서 죽음을 맞는 것에 대한 두려움으로 인하여 자살충동을 느끼게 되기도 한다.

경우에 따라서는 인격적 자질에 심각한 문제가 있으며 감정조절이 나쁘고, 충동성·폭발성의 기질을 가지고 있다. 장기간의 수형생활로 인하여 그동안의 사회상황의 변화가 현저한 현실과 일상생활에 부적응할 우려가 크다. 또한 시설 내에서 타율적, 수동적인 생활을 오래 해왔기 때문에 자립적이고 계획적인 생활을 하는 것이 곤란한 경우가 많다.

특히 수형생활 기간 동안 친족과 사이가 악화하는 등 생활이 불안정하게 될 우려가 있고, 사회생활의 경험이 부족하기 때문에 일상생활에서의 사소한 갈등 장면에서도 대응을 잘못하여, 문제상황으로 발전할 가능성이 있다. 또한 이들은

---

104) 초범인 경우 자유박탈의 경험이 처음이기 때문에 교도소에의 수감은 "인생에서의 재앙(biographische Katastrophe)"에 해당하고 이로 인하여 젊은 수형자와 비교할 때 항상 부정적이고 '화가 난 상태'로 생활하는 경우가 많다고 한다. Görgen/Greve, "Alte Menschen in Haft: der Strafvollzug vor den Herausforderungen durch eine wenig beachtete Personengruppe", *Bewährungshilfe* 2005, Heft 2, S. 123(원혜욱, 앞의 논문, pp. 26-27에서 재인용).

사회생활에 대한 불안감이 강하고, 좌절하기 쉬우며 협조성이 부족하여 대인관계에서 문제를 발생시킬 가능성도 있다.

④ 요보호고령대상자

신체적 질환 등으로 인하여 취업하기가 곤란하다. 일할 의욕은 있으나 고령으로 인하여 취업이 곤란한 경우가 많으며, 특히 신체적 질환이 있는 경우는 취업이 거의 불가능하다. 자립하여 생활하는 것이 어렵지만, 거주지가 일정하지 않아 생활보호를 받기 어려운 경우가 많다. 특히 과거로부터의 채무 등이 악화되어 있어 노숙생활을 하는 경우도 있다. 대인관계가 좋지 않아 고립되기 쉬우며, 자신에게 닥친 새로운 환경변화를 용납하지 않고 이를 받아들이기까지 시간이 걸린다. 타인과 협조하는 자세가 부족하고 정보량이 적어서 소외감을 느끼기 쉽다.

(다) 유형별 처우기법

① 요보호고령대상자

본인의 상황에 맞춰 어떤 가정적, 사회적, 경제적 지원 등을 실시할 수 있을지를 파악해 둔다. 심신 면의 문제점과 불안에 주의를 기울이고, 필요한 원조를 하거나 적당한 복지기관에 중개를 한다. 관계기관 특히 사회복지사 등과 제휴하여 본인의 생활상황의 파악과 원조에 노력한다.

요보호고령대상자에게는 생활보호와 장기요양급여 등의 적용을 받도록 대상자를 원조하는 복지적 서비스의 중개를 하는 것이 중요하다. 이를 위하여 지역사회 관계기관의 사회복지사와 연락하거나 협력하며, 필요에 따라 관련 전문가나 자원봉사자의 도움을 얻는다. 친족 등과의 관계에서 감정적인 응어리가 있고 소원한 경우에는 그 관계의 조정을 도모하고 외부 출입이 줄어들면 심신의 쇠약이 가속되므로 건강관리에 필요한 지도를 한다.

② 초범고령대상자

초범인 경우에는 가족과 관계를 유지하면서 사회에서 배제되었다는 생각을 극복할 수 있는 프로그램 시행이 중요하다. 특히 가족 및 친지 등 기존의 지지체계를 확인하고 최대한 이를 활용한다. 이들에게는 노인 사교클럽, 봉사활동이나 취미동아리 등 참여를 권장하여 생활의욕을 끌어낼 필요가 있다. 또한 초범고령대상자가 겪게 되는 심리적·정서적 스트레스를 관리하고 우울증 등에 대한 정신과적 치료 등을 자문한다. 경우에 따라서 위기개입기법을 활용하거나 위기개입을 하는 관계기관에 중개를 한다.

고령기는 인간의 라이프 사이클 안에서 다른 곳에서 확연히 구별되는 특색을 지닌 인생 단계의 하나이며, 노인 특유의 문제나 과제를 앉고 있다. 여기에는, 은퇴·신체적 쇠약·죽음의 공포 등의 위기를 뛰어넘는 자신의 인생을 받아들이고 그것이 자기 책임으로 수행된다. 확신에 도달하고 자아통합감을 확립하는 것이 중요한 과제이다. 초범인 고령의 보호관찰대상자들에게도, 죄를 저지른 것, 또한 그렇게 인생을 보낸 것을 스스로의 책임으로서 받아들이는 것이 매우 중요하다. 따라서 대상자와 함께 그의 삶을 돌아보고 과제를 수행하는 것이 바람직하다. 고령자라고 하더라도, 각각의 사람 중에는 새로운 가능성이 있기 때문에, 지금까지와는 다른 새로운 삶의 보람과 즐거움을 찾는 적극적인 삶을 살도록 조언한다.

③ 누범고령대상자

누범고령대상자는 재범위험이 높은 편이므로 주거지 등에 적극적으로 방문하고 생활실태를 파악하고 음주나 도박 등 문제행동 발생 여부에 주의하여 감독하는 것이 중요하다. 이와 함께 본인에게 적합한 직업의 확보 등 생활기반 확립을 위한 지도와 원조를 실시할 필요가 있다. 누범고령대상자는 처우하기 상당히 곤란하지만, 누범에 이르게 된 만성적 범죄성향과 환경적 원인을 개선하여 이후 다시 범죄를 저지르지 않도록 하는 프로그램의 시행이 필요하다.[105]

교도소 입소 횟수가 거듭됨에 따라 사회적응력과 생활의욕이 상실되고 범죄행위가 습관화된다. 정신적으로 약하고, 사소한 일에도 좌절하기 쉬운 대상자의 상황을 이해하고, 생활 측면의 원조나 심정적인 지원을 하면서 서서히 대상자의 자립을 꾀한다.

단기간에 재범을 반복하는 것에 주의하고, 본인과의 접촉 빈도를 높인다. 특히, 독거생활자나, 가족과 동거하더라도 그 관계가 악화된 사람이 많으므로, 적극적으로 방문하는 등 생활 실태 파악에 노력한다.

생활에 곤란을 당하거나 어려움에 직면했을 때 상담하기 쉬운 관계 맺기에 노력한다. 일을 그만두고 가족 등 친밀한 사람과의 관계가 악화되어 노숙생활에 빠져들 징후가 보이면, 곧바로 이에 대응하여야 한다.

④ 중범고령대상자

장기간 수형생활로 인하여 사회적 관계가 상당부분 단절된 경우가 많기 때

---

105) Görgen/Greve, aaO, S. 120(원혜욱, 앞의 논문, p. 27에서 재인용).

문에 출소 이후 사회 재적응을 위한 프로그램의 시행 및 출소 이후 거주할 수 있는 시설의 알선 등이 필요하다.106) 재범률이 높은 가석방 이후 1년간을 중점적 처우 기간으로 하고, 이후 이어지는 1년이 경과할 때까지 요주의 기간으로 하여 보호관찰관이 적극적으로 관리할 필요가 있다. 자신의 죄를 어떻게 받아들여 그것을 앞으로 피해자나 사회에 대해 어떻게 보상할 지에 대하여 상담하고, 그 보상을 행동으로 밝혀 나가도록 지도한다.

가족 등에 전과를 숨기고 있는 경우에도 접촉방법을 궁리하고 방문을 적극적으로 하여 생활실태를 정확히 파악할 필요가 있다 주민등록의 이전, 운전면허증 갱신, 국민건강보험이나 국민연금의 가입 등에 관한 제반절차를 숙지하고 이에 대한 처리를 지원하고 상담을 하는 등 적절한 조언, 지도를 실시한다.

중범고령대상자 중에는 강한 열등감 등으로 인하여, 특정인이나 금전에 이상한 집착을 하거나 감정의 처리나 통제가 나쁜 사람이 있을 수 있다. 특히, 이성관계나 금전의 채무관계에 따른 시비로 인하여 재범에 이르는 사례가 있기 때문에 주의를 요한다.

표면적으로는 어느 정도 안정된 생활을 하는 것 같아도, 자질적인 면에서 편향된 부분이 있을 경우에는 그 심정 파악에 특단의 배려가 필요하다. 접촉을 긴밀히 하고 작은 변화나 징후를 놓치지 않도록 주의한다.

겉으로는 드러내지 않으나, 권력에 대해 강한 증오감을 보이는 사람도 있다. 대상자에게 지도 및 규제를 하는 경우는 그의 심정을 파악하면서, 그것이 부당한 권력의 행사가 아닌 것과 대상자와 동시에 처우를 하는 사람이 협력하여 보호관찰을 해 나간다는 점을 이해시키도록 노력한다. 가족에게 전력을 숨기고 있는 사람에 대해서는, 방문의 방법 등을 본인과 잘 상의해야 한다. 면담이나 처우에 있어서는 대상자의 상황 변화에 따른 처우 방침의 재검토하는 등 탄력적인 처우를 할 수 있도록 배려한다.

경우에 따라서는 피해자에 대한 원한을 계속 가지고 있는 사람도 있다. 이 원한의 배경에 있는 자신의 심정 등에도 귀 기울이며, 비록 그것이 어떤 것이라도 본인의 행위가 얼마나 중대한 결과를 야기했는지를 인식시킨다.

(3) 고령대상자의 욕구조사와 노인상담기법의 적용
고령대상자의 욕구(needs)를 파악하기 위해서는 노인상담의 기법을 적용할

106) 원혜욱, 앞의 논문, p. 27.

필요가 있다. 상담을 통하여 표출되지 못한 욕구를 표현하게 하여 문제의 근원을 파악할 수 있다. 노인상담이란 도움을 필요로 하는 노인과의 대면관계를 통하여 사회적·경제적·신체적 문제해결과 감정·사고·행동 측면의 인격적 성장을 도모하여 의미 있는 노후생활을 영위할 수 있도록 원조하는 과정이다.107) 이러한 상담과정은 고립되고 소외된 고령대상자들에게 1차적 사회관계망의 역할을 해준다. 또한 고령대상자의 욕구를 사실에 근거하여 정확하게 파악할 수 있고 그들을 보다 잘 이해할 수 있게 된다.

고령대상자들에 대한 상담의 목적은 노년기의 발달과업과의 관계 속에서 찾을 수 있는데, 구체적으로 다음과 같이 정리할 수 있다.

① 사회적 관계망이 구축되지 못하여 적절한 지지와 보호를 받지 못하는 고령대상자에게 필요한 의료적, 사회적, 정서적, 지원을 효과적으로 동원하고 이용할 수 있도록 원조한다.

② 고령대상자마다 개별적인 신체적 특성에 따라 다양하게 나타날 수 있는 건강상의 문제를 해결하여 기능을 회복하고 건강을 되찾을 수 있도록 원조한다.108)

③ 주거부정 상태에 빠지지 않도록 보호 및 주거에 대한 욕구가 충족되도록 원조한다.109) 주거부정자에 대해서는 원칙적으로 적정한 지도감독과 처우가 이루어지기 어렵기 때문이다. 주거부정의 상태에 있는지 여부는 주택임대차 계약 등의 문서와 담당 보호관찰관의 현장방문 등 사실조사에 의하여 확인할 수 있다.

④ 고령대상자로 하여금 적극적인 사회참여를 통하여 새로운 역할을 획득하고 자신을 생산적이고 가치 있는 존재로 느끼게 하여 지속적인 개인성장을 이룰 수 있도록 지원한다.

⑤ 고령대상자가 가족관계에서 가지는 갈등문제를 진단하고 이에 대하여 적절히 개입함으로써 보다 원만한 가족 내 상호작용이 이루어지고 이를 통하여 안정적으로 사회에 복귀할 수 있도록 지원한다.

---

107) 강용규, 「현대케어복지개론」, 교육과학사, p. 299.

108) 강용규, 위의 책, pp. 301~312의 '노인상담의 목적'을 응용하여 재구성한 것이다.

109) 따라서 주거부정의 문제를 일차적으로 해결하는 것이 긴요하다. 일시적인 긴급조치로 적당한 여관 등에 숙박시키고 그 숙소를 일시적인 거처로 하는 방법이 있다. 또한, 갱생보호시설의 입소 자격이 있는지를 확인하여 적극적으로 활용할 필요가 있다. 주거부정자의 경우에도 의료보호가 필요한 때에는 의사의 진단을 받게 한다. 입원의 경우는 이러한 업무를 관할하는 지자체 사회복지부서 등과 정보를 공유하고 협력할 필요가 있다.

⑥ 배우자나 친구 등 중요한 사람들의 상실, 직업적 은퇴나 소득의 감소 등 삶의 주요한 변화에 적응하도록 원조하고 이와 관련된 슬픔, 상실감, 고립감 등의 정서적 문제를 다룰 수 있도록 지원한다.

(4) 고령자에 특화된 처우프로그램의 개발 및 적용

앞서 살펴본 바와 같이, 고령자범죄의 원인 중에서 상당부분은 원한관계에 의한 것이다. 이러한 범죄는 피해자에 대한 증오심과 복수심에서 자신에 대한 불이익을 범죄행위를 통하여 보상받으려는 동기가 작용한 것이다.

고령자의 이러한 분노감정은 특정인, 특히 가족 등 가까운 지인에게 자주 나타난다. 따라서 특정인에 대한 왜곡된 복수심 등을 보호관찰관의 면담과정에서 적절하게 다룰 필요가 있다. 보다 전문적인 문제해결을 위해서 경우에 따라서는 노인복지관 등의 전문적 상담인력에게 의뢰하거나 그러한 기관에서 개설된 프로그램에 참여시키는 방법도 고려할 수 있다.

한편, 이성과의 접촉 기회가 늘어나고 발기부전치료제 등의 등장으로 노년기의 성범죄가 새롭게 부각되고 있다. 따라서 적절한 이성관계의 형성 및 발전과 성문제를 합리적으로 해결할 수 있는 대안의 모색 등을 내용으로 하는 이성관계 향상프로그램이나 노년기 성(性)상담 등의 프로그램을 시행할 것을 검토할 수 있다.

(5) 고령대상자에 대한 소득보장서비스 연계

고령대상자의 경우에는, 우리나라의 소득보장[110]체계 중에서 피보험자의 기여, 즉 보험료를 기준으로 급여를 제공하는 공적 연금제도인 사회보험의 경우에는 해당사항이 많지 않을 것으로 보인다. 최저 수준 이하의 생활을 하는 고령대상자는 '공적 부조'의 수급권자가 될 수 있다. 또한 2008년부터 도입된 사회수당인 '기초(노령)연금제도'의 수급 대상이 된다.

(가) 공적 부조(국민기초생활보장)

공적 부조는 생존권과 최저생활을 보장하기 위하여 최저생계비 미만의 수입을 국가가 무기여로 보조하는 소득보장 방법이다. 우리나라에서는 2000년부터 과거의 '생활보호제도'를 대폭 수정하여 '국민기초생활보장제도'를 제정하여 시행

---

110) 소득보장은 사회보장의 가장 핵심적인 영역으로서, 빈곤문제의 예방과 해결을 위한 사회보험, 공적 부조 또는 사회수당 등과 같은 국가의 직접 소득이전 프로그램을 통한 최저한도 이상의 소득을 보장해주려는 사회적 노력을 의미한다. 권중돈, 「노인복지론」, 학지사, 2014, p. 369.

하고 있다. 수급자 선정기준을 기준을 살펴보면, 수급권자 가구의 소득인정액이 가구별 최저생계비 이하인 경우에 해당한다. 급여의 종류는 생계급여, 주거급여, 교육급여, 해산급여 등이 있다. 이 중에서 가장 중요한 생계급여는 수급자에게 의복, 음식물 및 연료비, 기타 일상생활에 기본적으로 필요한 금품을 지급하는 것으로 현금급여기준[111]에서 가구의 소득인정액을 차감하여 산정한 금액 중 주거급여액을 제외한 금액을 지급한다.[112]

국민기초생활보장의 수급권자가 되기 위해서는 부양의무자가 없거나 부양의무자가 있어도 부양능력이 없거나 또는 부양을 받을 수 없는 경우에 해당하여야 한다.[113]

(나) 기초(노령)연금

기초노령연금제도는 국민연금에 가입이 어려운 저소득 노인 및 기초생활보장대상 노인에게 소득보장 차원에서 지원하여 노후생활의 안정을 도모하는 제도이다. 만 65세 이상 노인으로 소득인정액이 선정기준액 이하인 사람이 지원대상이다.[114]

공무원연금, 사립학교교직원연금, 군인연금, 별정우체국연금 수급권자 및 그 배우자는 원칙적으로 기초연금 수급대상에서 제외된다. 다만, 기존의 기초노령연금 수급자는 소득인정액이 선정기준액 이하인 경우 최대 10만원의 기초연금 수급이 가능하다.

지급액은 월 최대 20만 원으로서, 상대적으로 여유가 있는 고령자는 최소 2만 원에서 20만 원까지 차등지급한다. 신청일이 속한 달부터 지급하는데, 수급자 선정이 지연되면 신청일이 속한 달을 기준으로 소급하여 함께 지급한다. 신청방법은 주소지 읍·면·동 주민센터 및 가까운 국민연금공단 지사를 방문하거나 인터넷으로 신청이 가능하다.

---

111) 현금급여기준은 최저생계비에서 현물로 지급되는 의료비·교육비 및 타법지원액(주민세, TV수신료 등)을 차감한 금액으로, 소득이 없는 수급자가 받을 수 있는 최고액의 현금급여수준을 말한다.

112) 참고로 2014년 1인 가구의 최저생계비와 현금급여기준은 각각 603,403원과 488,063원이며, 4인 가구의 경우에는 각각 1,630,820원과 1,319089원이다(보건복지부 홈페이지, www.mw.go.kr. 참조).

113) 이때 부양의무자의 범위는 수급권자의 1촌의 직계혈족(부모, 아들·딸 등) 및 그 배우자(며느리, 사위 등) 부양능력 유무로 판정한다.

114) 2014년 현재 선정기준액은 단독가구의 경우, 이 870,000원, 부부가구의 경우 1,392,000원 이하이다. 소득인정액은 월 소득평가액과 재산의 월 소득환산액의 합산으로 구해진다.

(6) 고령대상자에 대한 고용보장서비스 연계

현행 고령자에 대한 고용보장체계는 「고용상 연령차별금지 및 고령자고용촉진에관한법률」(이하 「고령자고용촉진법」)에 의한 고용촉진대책과 「노인복지법」에 의한 '노인취업지원사업'이 있다.[115]

(가) 「고령자고용촉진법」에 의한 고용촉진대책

「고령자고용촉진법」에서는 55세 이상의 고령자, 그리고 50−55세 미만의 준고령자에 대한 고용보장을 위하여 고령자 고용촉진사업과 취업지원사업을 규정하고 있다.

먼저, 고령자 고용촉진사업으로 ① 고용상 연령차별금지, ② 고령자 기준고용률, ③ 고령자 우선고용 직종, ④ 고령자 고용촉진을 위한 지원 시책을 실시하고 있다.[116] 한편, 고령자에 대한 취업지원사업으로는 ① 직업능력개발훈련, ② 취업알선기관운영, ③ 창업지원 및 기타 취업지원사업 등이 있다.[117]

(나) 「노인복지법」에 의한 고용보장

「노인복지법」 제23조와 제23조의2에서는 노인의 사회참여와 취업활성화를 위하여 노인인력개발기관, 노인일자리지원기관, 노인취업알선기관을 설치·운영하고 이에 대한 지원을 할 것을 규정하고 있다.[118]

또한 이와 관련하여 보건복지부에서는 '노인일자리사업'을 추진하고 있다. 이 사업은 「노인복지법」에 근거하여 일하기를 희망하는 노인에게 맞춤형 일자리

---

115) 권중동, 앞의 책, p. 379.

116) 이를 구체적으로 살펴보면, 우선 채용, 임금, 교육훈련, 전보 및 승진, 퇴직 및 해고 등 모든 분야에서 고용상 연령차별을 금지하고 있다. 고령자 고용촉진을 위하여 300인 이상 사업장에 대해서는 고용기준율을 제시하고, 고령자 우선고용 직종을 공공 및 민간분야에서 총 130개를 지정하여 고시하고 있다. 또한 고용촉진을 위하여 고령자 고용연장 지원금, 정년퇴직자 재고용지원금 등의 다양한 고령자 고용촉진장려금제도도 실시하고 있다. 위의 책, p. 380−382.

117) 고령자 직업능력개발훈련으로는 50＋새일터 적응지원사업, 고령자 취업능력 향상프로그램, 성공실버프로그램, 내일배움카드 등이 있고, 고령자의 취업을 지원하기 위한 취업알선기관으로는 고용노동부의 고용센터가 대표적이다. 한편 중소기업청에서는 40세 이상의 고령자를 위한 시니어 창업지원사업을 시행하고 있다. 위의 책, pp. 383−384.

118) 노인취업알선기관으로 대표적인 기관은 〈대한노인회〉에 설치된 노인취업지원센터이다. 이 센터에서는 노인인력의 일자리 알선 및 상담, 인력관리 및 수요처 발굴, 직업교육, 공동작업장 운영 등의 업무를 담당한다. 노인인력개발기관으로 대표적인 것은 〈한국노인인력개발원〉이다. 이 기관은 노인일자리 개발 및 보급, 관련 조사업무, 교육 및 홍보 등의 업무를 담당하며 산하에 6개의 지역사업본부가 있다. 노인일자리지원기관으로 대표적인 것은 시니어클럽(senior club)이다. 이 기관은 지방자치단체에서 관장하는데 노인일자리 개발 및 보급과 관리업무를 담당하고 있다.

를 공급하여 노인에게 소득창출 및 사회참여의 기회를 제공하기 위하여 시행하는 대책이다.[119] 이 사업에 참가하는 노인은 월 36~40시간 내외의 활동을 하며, 월 20만 원의 보수(사업유형 및 활동기간에 따라 변동될 수 있음)를 받는다. 노인일자리 신청방법은 시군구 등 기초자치단체 및 민간일자리 수행기관에 방문하여 신청할 수 있다.

(7) 고령대상자에 대한 건강보장 및 사회서비스 연계

(가) 건강보장서비스 연계

우리나라의 노인 건강보장체계는 건강보험, 의료급여, 노인 건강지원서비스, 노인장기요양보험제도, 그리고 장사서비스 등으로 구성되어 있다. 이 중에서 보호관찰 중인 고령대상자에게는 의료급여, 노인 건강지원서비스, 장기요양보험제도 등이 특히 유용할 것으로 보인다.

의료급여제도란 생활유지능력이 없거나 생활이 어려운 저소득 국민에 대하여 국가 및 지방자치단체 재정으로 의료문제 해결을 보장하는 제도로서, 2001년부터 기존의 의료보호제도가 변경되어 시행된 것이다.[120] 한편, 노인건강지원사업은 ① 노인건강진단사업, ② 노인실명예방사업, ③ 치매치료 및 관리사업, ④ 결식노인 무료급식사업 등이 있다.

2008년부터 시작된 노인장기요양보험제도는 질병의 치료보다는 고령이나 노인성 질환 등으로 일상생활에 어려움을 겪는 노인에게 신체활동 및 일상생활 지원 등의 서비스를 제공하여 노후 생활의 안정과 그 가족의 부담을 덜어주기 위한 사회보험제도이다.[121]

---

119) 노인일자리는 공익형, 교육형, 복지형, 이력파견형, 시장형 등으로 구분된다. 만 65세 이상 노인 일자리사업 참여 희망자가 신청대상이나 사업유형에 따라 만 60-64세도 참여가 가능하다. 공익형·복지형사업은 원칙적으로 만 65세 이상, 기초노령연금수급권자가 대상이며, 교육형·시장형·인력파견형은 만 60세 이상 선발기준표에 의해 선발한다.

120) 2010년 현재 노인 의료수급자는 약 47만명으로 전체 수급자의 약 28%를 차지하고 있다고 한다. 권중돈, 앞의 책, p. 369.

121) 노인장기요양보험의 적용대상은 소득수준과 상관없이 노인장기요양보험 가입자(국민건강보험 가입자와 동일)와 그 피부양자, 그리고 의료급여수급권자로서 65세 이상 노인과 65세 미만의 노인성 질병이 있는 자 등이다. 급여의 대상은 65세 이상 노인 또는 치매, 중풍, 파킨슨병 등 노인성 질병을 앓고 있는 65세 미만인 자 중 6개월 이상의 기간 동안 혼자서 일상생활을 수행하기 어려워 장기요양 서비스가 필요하다고 인정받은 자에 한한다. 장기요양등급은 1등급(最重症), 2등급(重症), 3등급(中等症) 등으로 구분된다. 주요 급여내용은, ① 시설급여: 요양시설에 장기간 입소하여 신체활동 지원 등 제공, ② 재가급여: 가정을 방문하여 신체활동 및 가사활동 등 지원, 목욕, 간호 등 제공, 주간보호센터 이용, 복지용구 구입 또는 대여, ③ 특별현금급여: 장기요양 인프라가 부족한 지역, 전염병 질환자 등 특수한 경우 가족요양비 지급 등이다.

(나) 사회서비스 연계

고령대상자에게 적용될 수 있는 사회서비스는 크게 '노인돌봄기본서비스'와 '노인돌봄종합서비스'가 있다. 전자는 「노인복지법」에 근거하여 요보호 독거노인에게 복지서비스 자원 발굴/연계, 생활교육, 정기적인 안전 확인 및 정서적 지원 등의 기본서비스 제공하는 것이다.[122]

한편, 후자는 「사회서비스 이용 및 이용권 관리에 관한 법률」 및 「노인복지법」에 근거하여 혼자 힘으로 일상생활을 영위하기 어려운 노인에게 가사 및 활동지원서비스를 제공하여 안정된 노후생활을 보장하기 위한 제도이다.[123]

다) 고령대상자 처우관련 정책 제언

(1) 특별조정제도의 도입 검토

일본의 경우, 고령수형자에 대한 갱생보호제도의 대표적인 것으로서 '특별조정제도'(特別調整制度)가 있다.[124] 이 제도는 2009년부터 일본의 법무성과 후생노동성이 연계하여 고령 및 장애가 있으며 적당한 귀주예정지가 없는 교정시설 수형자가 석방 이후 신속하고 적절하게 노인장기요양 등 필요한 의료 및 복지서비스를 받을 수 있도록 실시하는 제도이다.

특별조정제도는 사법과 복지의 다기관연대에 의한 지원을 목표로 하고 있다. 고령수형자 등이 고령(65세 이상) 또는 신체적·정신적 장애, 적당한 귀주지의 부재, 복지서비스 수급 필요성, 본인의 희망 등의 요건에 모두 해당할 경우, 교정시설에서는 특별조정이 필요한 수형자에 대하여 관할 보호관찰소에 통지한다. 통지를 받은 보호관찰소에서는 수형자와의 면담 등을 통하여 특별조정대상자로

---

122) 지원대상은 만 65세 이상으로 요양서비스가 불필요한 독거노인이다. 소득, 건강, 주거, 사회적 접촉 등의 수준을 평가하여 서비스 욕구가 높은 순으로 대상자를 선정한다. 선정기준을 구체적으로 살펴보면, 주민등록상 동거자 유무에 상관없이 실제 혼자 살고 있는 만 65세 이상 노인으로서, ① 일상적 위험에 매우 취약하여 정기적인 안전 확인이 필요한 경우, ② 소득, 건강, 주거, 사회적 접촉 등의 수준이 열악하여 노인관련 보건복지서비스 지원이 필요한 경우, ③ 안전 확인이 필요한 대상은 아니지만 정기적인 생활상황 점검 및 사회적 접촉기회 제공이 필요한 경우 등이다.

123) 지원대상은 만 65세 이상인 노인 중에서 ① 가구 소득, 건강상태 등을 고려하여 돌봄서비스가 필요한 자, ② 장기요양보험 등급 외 A, B의 노인, ③ 전국 가구 월 평균소득 150% 이하 등의 요건을 갖추어야 한다. 주요한 지원내용을 살펴보면, ① 방문서비스, ② 신변 및 활동지원: 식사도움, 세면도움, 체위변경, 옷 갈아입히기, 구강관리, 신체기능의 유지, 화장실 이용도움, 외출동행, 목욕보조 등, ③ 가사 및 일상생활지원: 취사, 생활필수품 구매, 청소, 세탁 등, ④ 주간보호서비스: 기능회복, 급식 및 목욕, 송영서비스 등이다.

124) 일본의 특별조정제도에 관해서는 강은영·권수진·원혜욱, 앞의 책, pp. 213-217 참조.

선정할지를 판단한다. 보호관찰소에서 특별조정대상자로 선정된 사람에 대해서는 그 사람이 사회복지시설로의 입소, 장애인수첩의 발급 등 적절한 복지서비스를 받도록 후생노동성 산하 〈지역생활정착지원센터〉에 협력을 의뢰한다.

우리나라의 경우에는 〈지역생활정착지원센터〉와 같은 전문기관이 설치되어 있지 않지만, 보호관찰소가 이러한 역할을 수행할 수 있을 것으로 본다. 즉 보호관찰관이 고령대상자 등에 대하여 필요한 복지서비스의 제공을 위한 코디네이터(coordinator)의 역할을 수행할 수 있다고 본다. 대상자와의 면담을 통하여 본인의 복지적 욕구와 복지적 지원을 받는 것에 있어서의 문제점 등을 파악하고 대상자에 대한 체계적 지원계획서를 작성한다. 이후 출소자가 입소할 시설 등의 확보를 위한 조정과 복지서비스의 신청지원 등을 행하는 것이다.

나아가 보호관찰관은 고령대상자의 지역생활 정착을 위한 서비스제공에 있어서 사후관리(follow−up)와 상담지원의 업무도 수행할 수 있다. 사후관리 업무는 고령수형자 등이 출소 이후에 보호관찰소에서 알선한 시설 등의 이용을 시작할 때, 그 시절 등에 있어서 처우와 복지서비스 이용에 대한 조언을 대상자에게 하는 것이다. 한편 상담지원업무는 대상자 본인이나 관계기관 등과의 상담을 통하여 복지서비스 이용 등에 대한 조언을 하는 것이다. 이러한 업무수행에 있어서는 지자체의 사회복지부서나 의료기관 및 사회복지시설 등과의 긴밀한 업무협의와 연계가 중요하다.

(2) 고령자 시설구금의 대안으로서 가택구금제도 도입

미국에서는 오랫동안 교정시설 과밀화 현상에 대한 대안으로서 '선택적 탈구금화(selective decarceration)'에 대한 논의가 활발하게 진행되어 왔다. 현재에는 이러한 대안선택의 필요성에 반론이 거의 없기 때문에, 어떠한 범죄자들을 탈구금화의 대상으로 선택할 것인가에 대한 주제로 논의의 초점이 옮겨왔다.

선택적 탈구금화의 유력한 대상으로 고령수형자에 대하여 찬성하는 견해들은, ① 고령수형자는 의료비 등으로 인하여 젊은 수형자에 비하여 교정비용이 더 많이 소요되고, ② 고령범죄자의 재범률이 현저히 낮으며, ③ 현실적으로 고령수형자에 대한 시설내처우에 대한 투자보다는 사회내처우를 활용하는 것이 예산절감 차원에서 유리하다는 점을 근거로 내세우고 있다.[125] 그런데 미국에서 이러한 선택적 탈구금화의 사례로서 거론되는 것 중에 유력한 것이 바로 고령범죄자에

---

125) 강은영·권수진·원혜욱, 앞의 책, p. 248.

대한 연방차원의 가택구금 프로그램이다. 미국에서 고령수형자에 대한 가택구금은, 연방교도소에 수감 중이거나 연방법원에서 유죄판결을 받은 65세 이상의 사람들에게 사정평가를 거쳐 대상자로 선정하는 것이다. 가택구금의 기간은 6개월로 하며 보험금이나 의료비용, 그리고 가택구금의 비용은 대상자 본인이 부담한다.126)

---

126) 강은영·권수진·원혜욱, 앞의 책, p. 249.

제14장
문제 상황별 처우기법

이 장에서는 보호관찰대상자의 특성과 연계된 처우의 일환으로 대상자의 개별적 문제 상황에 따른 처우기법에 대하여 알아보도록 한다.

보호관찰대상자가 개별적으로 안고 있는 문제는 수도 없이 많으며, 그 양상 또한 매우 다양하므로 모든 문제 상황을 열거하여 다룰 수는 없는 상황이다. 따라서 이하에서는 그동안 보호관찰대상자의 재범과 관련하여 주요한 원인으로 논의되었던 '무직 상황'과 '문제적 음주상황'을 중심으로 다루도록 한다.

1. 무직대상자 처우기법

'일한다는 것'은 일반적으로는 생활유지, 자기실현, 사회공헌 등의 의의가 있다고 알려져 있다. 보호관찰에 있어서 대상자의 취업은 이러한 일반적인 의미 이상으로 처우에 있어 매우 중요한 위치를 차지하고 있다.

보호관찰대상자가 무직상태로 있게 되면 단기적으로는 취업을 통한 사회참여의 기회를 잃게 되어 건전한 생활의 리듬이 깨지게 된다. 무직상태가 장기화되면, 경제생활이 불안정하게 될 뿐 아니라 직업경력 계발 등 사회적 성장이 늦어지게 되는 등 사회적응을 저해하는 여러 문제가 발생한다.

나아가, 규범의식은 사회적으로 일정한 역할 및 책임을 다하는 것을 통하여 배양되는데, 무직상태는 이러한 규범의식 배양의 기회를 훼손하기 때문에 비행과 범죄를 유발하는 요인이 될 수 있다.

이처럼 '재범방지와 사회복귀'라는 보호관찰의 목적을 달성하기 위해서는 취업실현과 그 지속을 위한 노력이 처우의 매우 중요한 포인트가 된다. 따라서 이하에서는 보호관찰대상자의 다양한 문제 상황 가운데에서도 위와 같은 중요한 의미를 가지는 직업과 관련한 문제를 다루기로 한다.

1) 개 관

가) 무직의 의의

일(work)에 대한 정의는 시대와 사회마다 다양하지만, 일반적으로 어떤 목표를 수행하기 위하여 지출된 노력을 의미한다.[1]

실업(unemployment)은 취업의 욕구는 있으나 직업이 없는 상태를 의미하고, 아직 한 번도 취업하지 못한 미취업자와 취업했다가 기존의 직업을 잃은 실직자를 포함한다. 이에 비하여 무직(joblessness)은 직업이 없는 경우를 의미하는 좀 더 포괄적인 개념으로서 실업자와 학업에서 중도 탈락된 학생 등을 포함한다.

무직상태 중에서도 기존의 직업을 가지고 있던 사람이 실직한 경우에 그에 따른 변화를 보다 많이 겪게 된다. 미취업은 처음부터 직업을 구하지 못한 상황이기 때문에 생활양식에서 큰 변화가 없으나 실직은 이미 정착된 기존의 가정경제구조와 삶의 기회 및 양상에 큰 영향을 주기 때문이다.[2]

---

1) 일에 대해서는 긍정적 해석과 부정적 해석이 공존한다. 서구에서는 종교개혁 이후 일은 하나님이 부여한 '소명(calling)'으로 인식되었으며, 이에 따라 캘빈(Calvin)은 정당한 일을 통한 부의 획득과 사회적 명성은 개인들이 하나님에 의하여 선택되었음을 알리는 징표라고 보았다. 반면 마르크스(K. Marx) 등은 자본주의사회에서 일, 즉 노동은 탈인간화·파편화·단순화·타율화되며, 노동은 노동자를 생산품과 동료로부터 소외시킨다고 주장하였다. 기광도·최영신, 「실직자의 일상활동 및 범죄행동에 대한 연구」, 한국형사정책연구원, 1999, pp. 23-24.

2) 실직이 개인에게 미치는 주된 영향은 다음과 같다. 첫째, 실직은 소득의 상실과 사회적 노동의 상실을 의미한다. 소득의 상실은 실직을 통한 경제적 소득원이 사라진 것을 의미하며, 사회적 노동의 상실은 직업을 통한 사회적 관계와 개인의 정체성에 부정적 영향을 받는 것을 말한다. 경우에 따라서는 경제적 측면보다는 사회적 측면의 상실감이 더 큰 문제가 될 수 있다. 둘째, 실직은 개인의 신체적, 정신적 상태에 부정적인 변화를 야기할 수 있다. 실직을 겪는 과정에서의 정신적 고통이 신체적 건강상태에도 부정적 영향을 줄 수 있다. 또한, 무직상태가 장기화되면 만성적인 불안이나 스트레스를 겪으며 규칙적인 생활습관이 무너지고 알코올이나 약물 등에 의지하게 되어 개인의 삶이 피폐해질 수 있다. 셋째, 실직은 가정 내의 지위 및 관계구조의 변화를 뜻한다. 실직은 개인이 이전에 가정 내에서 가졌던 가구소득원으로서의 지위 상실을 의미하고 이에 따라 가정 내에서 역할 및 지위의 하강을 가져온다. 이에 따라 실직자는 가정 내의 역학관계에 따라 복잡한 심리적·가족관계적 변화를 겪게 된다. 넷째, 실직은 개인뿐 아니라 그가 부

나) 무직대상자의 의의 및 취업의식

(1) 무직대상자의 의의

보호관찰대상자 중에서 '무직대상자'라 함은 특별한 이유가 없이 현재 취업하지 않은 상태에 있거나 가까운 장래에 취업할 구체적인 전망이 없는 대상자를 말한다. 여기서 '특별한 이유'라 함은 질병·취학·가사·자녀양육·고령 등 불취업에 대한 객관적·합리적 이유를 말한다. 한편, 장래의 취업전망에 대해서는 단기간 내에 취업이 확실하게 기대되는지 여부를 기준으로 판단한다.[3]

따라서 일단 취업의욕이 있고 구직활동도 하고 있으나 본인의 사회적 기술부족 등의 이유로 취직이 곤란한 경우, 본인의 요구수준이 높으나 구직조건은 한정되고 있어 취업이 어려운 경우 등은 본 유형에 속한다.

무직대상자에는 특별한 이유 없이 단기간에 이직·전직을 반복하는 사람도 포함된다. 다만, 고용형태가 당초부터 임시적 일자리인 경우나 고용주의 사정에 따라 해고된 것과 같이 이직·전직에 특별한 이유가 있다고 인정되는 경우는 본 유형에 해당하지 않는다. 대우 측면에서의 불만, 직장에서의 인간관계의 문제 등 개인적 사정에 의한 자발적 이직의 경우에는 본 유형에 해당한다.

또한 아직 취업할 연령에 도달하지 않은 청소년에 있어서, 학업 중도탈락이나 비진학의 경우에도 여기에 해당된다. 따라서 이들 비진학 청소년의 복학 및 진학문제와 관련된 처우도 함께 다룰 필요가 있다.

(2) 무직대상자의 취업의식

최근 어려운 경제 상황 아래에서 기업은 정규직의 고용을 최대한 축소하고, 아르바이트생이나 파견 및 계약사원을 늘리는 등 그때그때의 수요에 걸맞은 고용방안을 채택하는 경향을 보이고 있다. 2014년 8월 기준으로 우리나라 취업자 수는 2,588만여 명이며 실업자는 약 85만 4천여 명으로서, 실업률은 3.3%를 나타냈다. 그러나 15세부터 29세까지의 청년층 실업률은 이를 훨씬 웃도는 8.4%이

양하는 가족구성원 전체, 즉 가구의 사회경제적 지위와 활동에 많은 영향을 미친다. 가구의 소득원이 감소하면서 가정환경 전체의 변화가 초래된다. 실직에 대처하는 가정의 유형은 온전한 (unbroken), 인내하는(resigned), 절망적(despairing), 반감적(apathetic) 가정 등으로 구분된다. 기광도·최영신, 앞의 책, pp. 27-34.

3) 예를 들어, 구체적인 취업이 미리 정해져 있다면 취업전망이 확실한 것이지만, 단지 "지인에게 취업을 부탁해 놓고 있다."는 정도의 수준이라면 무직대상자로 보는 것이 타당하다. 日本 法務省, 앞의 책, 2003, pp. 213-214 참조.

다.[4] 또한, 과거에는 일단 취업하면 종신고용으로 안정이 보장되고 있었지만 사회경제적 상황과 산업구조의 변화에 따라 고용형태도 다양화되어 종신고용제도도 이미 거의 붕괴되었다. 그 때문에 취직한 회사에서 평생 근무하겠다는 직업관을 가진 사람은 점점 적어지고 전직에 대한 저항감도 약해져 있다.

보호관찰대상자 중에서 중도에 학업을 탈락하거나 직업능력이 부족한 소년 및 청년대상자의 경우는 무직상태에 있거나 취업하더라도 '프리터'로서의 직업관을 가지는 경우가 상당수이다.[5] 이러한 취업상황의 배경에는 직업능력과 사회적 기술의 부족이라는 개인적 사정도 있지만, 사회 전체적으로 청년실업의 증가와 파트타임, 즉 소위 '알바'를 중심으로 고용시장이 재편되고 있는 상황도 자리 잡고 있다.

이러한 비정규직 생활의 문제점으로는, 그 취업형태에서 이직·전직을 되풀이하다 직업생활이 불안정하게 되기 쉬운 점, 직업기능 획득의 기회를 제대로 얻지 못하는 점, 직업적 경력형성이 되지 않은 채 나이가 들고 정규직으로 이행하는 기회를 잃어버리는 점, 장래의 생활설계를 계획적으로 할 수 없다는 점 등이 지적되고 있다. 따라서 보호관찰대상자의 취업지도에 있어서는 정규직의 일자리를 찾는 것보다는 전체적인 사회상황의 변화를 충분히 인식하고 현실적인 지도방안을 실시할 필요가 있다.

다) 무직대상자의 특징과 유형

(1) 무직대상자의 일반적 특징과 문제점

(가) 일반적 특징

무직대상자의 일반적 특징에 대해서는 다음과 같이 몇 가지 측면으로 나누어 살펴볼 수 있다.

---

4) 통계청, "2014년 8월 고용동향"(2014년 9월 12일 발표) 참조.
5) '프리터'(freeter)는 15~34세의 남녀 중 아르바이트나 파트타임으로 생활을 유지하는 사람들을 가리키는 말이다. 이는 자유(free)와 아르바이터(arbeiter)를 합성한 신조어로 일본에서 1987년에 처음 사용됐다. 우리나라의 경우에도 최근 한 조사 결과에 따르면 취업난으로 2~3개의 아르바이트로 생활하는 프리터들이 급증하고 있는 것으로 나타났다. 프리터는 경제 불황과 평생직장의 문화가 깨지면서 나타난 새로운 생활 방식이지만 몇 가지 유형이 있다. '프리터'를 추구하는 청년의 유형으로는, ① 하고 싶은 것이 다른 데 있다는 '이상추구형', ② 자신에게 적합한 일을 찾을 때까지의 '잠정형', ③ 자유나 가벼움을 추구하며 취직을 연기하고 있다는 '모라토리엄형' 등으로 나뉜다. 전체적으로 볼 때, 자아실현의 지향이 있는 한편, 편안함과 자유로움을 요구하는 의식도 강하다. 전문가들은 프리터의 증가가 기술 습득을 지연시키는 등 기업의 생산성을 떨어뜨리고 결혼기피와 출산율 저하 등으로 사회 전체의 활력을 저하시킨다고 지적한다.

① 능력·자질 측면: 무직대상자는 사회성의 미숙, 인내력의 결여, 협조성의 부족, 인간관계 능력의 취약, 사회적 스킬부족 등의 특징을 보이며, 대체적으로 사회적응능력 떨어지는 편이다.

② 사고·가치관 측면: 무직대상자는 대체로 일확천금을 기대하며 어렵고 힘든 일을 기피하는 경향이 있다. 직업을 경제적 이득을 취하는 수단으로만 생각하기 때문에 직업에 대한 장기적 전망을 가지고 삶의 의미나 보람으로 연계시키는 노력이 부족한 경우가 많다.

③ 심리정서 측면: 무직대상자는 미취업 상태와 그로 인한 사회생활의 참여 기회의 부족으로 인하여 일반적으로 자신감의 결여·좌절감·무기력·낮은 자존감 등의 심리정서적 특징을 보인다. 전체적으로는 긍정적인 자기이미지가 부족한 편이며, 일부는 사회와 타인에 대한 적개심과 공격적 성향을 표출하는 경우도 있다.

(나) 문제점

보호관찰대상자가 무직상태에 있게 되면 특히 다음과 같은 문제점이 나타나게 된다.

① **생활의 불안정**: 경제적 수입이 없어 생활이 불안정하게 되는데, 경제생활뿐 아니라 파급적으로 가정 및 사회생활을 포함한 전체 생활이 불안해질 가능성이 높다.

② **불건전한 생활태도**: 생활의 중심이 되는 것이 없기 때문에 야간에 유흥을 추구하는 생활을 하거나 도박이나 기타 불법적·불건전한 활동에 빠지게 될 가능성이 높다. 특히 부정기적이고 예측 불가능한 생활패턴으로 인하여 불건전한 생활태도가 고착화되는 경향이 있다.

③ **불량교우관계 형성**: 무직의 사람끼리는 서로의 처지가 동일하고 시간적 자유가 있기 때문에 친하게 지내면서 항상 행동을 함께 하거나, 폭주족 등의 불량집단을 형성하기 쉽다.

④ **사회적 성장 및 적응의 지연**: 취업을 통해 사회에 참여하면서 일정한 역할·책임을 다하는 가운데 사회규범이 내면화되는 기회가 얻을 수 없기 때문에, 사회적 성장과 적응이 뒤쳐질 수밖에 없다.

(2) 무직대상자의 유형

무직자와 잦은 전직자의 각 원인과 양태로부터 유형을 구분하면 대체로 다

음과 같지만, 실제로는 대상자 문제와 특성이 복수의 유형에 중복되어 해당하는
것이 적지 않다.

(가) 취업의욕이 없는 대상자

이 유형에 해당하는 대상자는 장기간에 걸쳐 무직상태이거나 한 가지 일을
지속적으로 하지 못하는 경우가 많다. 표면적으로는 구직활동을 하는 것처럼 보
이지만, 진지하게 일을 할 의욕이 없어서 취업이 이뤄지지 않은 채 무위도식하는
생활에 빠지기 쉽다. 생활의 중심이 되는 것이나 삶의 목표가 없어서 불규칙한
생활태도가 습관화되며, 그러한 가운데 재범의 위험성이 높아져 간다.

한편, 취업의욕 결여의 배경에는 불량교우, 불규칙한 생활, 유흥지향, 향락적
가치관, 미숙한 직업관과 같은 문제가 있다. 또한, 대상자 개인의 성격적 특징으
로는 비사교적 성향으로 사회참여를 피하는 경우가 많지만, 경우에 따라서는 내
성적 유형과 반대로 불량교우 지향이 강하며 활동성이 높은 외향적 유형도 있다.
전체적으로는 사회와의 관계라는 점에서 무기력한 사람이 많다고 할 수 있다.
가정환경으로는 가족구성원이 대상자 본인의 무직상태를 용인하는 경우가 적지
않다.

(나) 잦은 전직을 하는 대상자

일단 취업의욕이 있어 일을 시작하지만 단기간에 이직·전직을 반복하는 유
형이다. 이 유형의 경우는, ① 취업의욕이 지속되지 않은 것, ② 직장에서 대인관
계가 원만하지 않은 것, ③ 일의 내용이나 대우 면에 불만을 품는 것 등이 주된
원인으로 작용하는데, 이들 원인이 복합적으로 겹쳐 있는 경우도 많다.

이 유형의 배경에 있는 문제는 불규칙한 생활, 미성숙한 직업관 등 '취업의
욕이 없는 대상자'의 경우와 거의 같다. 이직·전직을 반복하는 사람은 생활이 불
안정하게 되기 쉬우며, 나아가 직업기능의 습득이 착실하게 되지 않아 직업의 경
험을 장래의 일에 살릴 수 없다는 문제가 있다.

이 유형의 대상자는 취업해서 단기간이나마 일할 수 있기 때문에 일단 사회
성과 사회적 능력은 갖추고 있는 것으로 보이지만, 정작 본인 자신에게 명확한
직업관과 생활목표가 없는 것이 공통의 문제점이라고 지적할 수 있다. 그리고 일
반적으로 전직을 반복할 때에 수입이나 대우가 악화되는 경향이 있기 때문에, 점
차 경제생활이 나빠져 재범의 우려가 높아질 가능성이 있다.

(다) 취업하지 못하는 대상자

취업의욕이 있고 일단 구직활동하고 있으나, 취직을 못하는 대상자가 있다. 취업이 안 되는 원인으로는, ① 효과적인 취업활동의 방법을 모르거나, 알고 있어도 실행에 옮기지 못하는 것, ② 능력적인 제약이나 직업적성의 문제 때문에 채용되지 못하는 것, ③ 능력에는 문제가 없지만, 요구 수준이 높고 구직 조건을 지나치게 까다롭게 하는 것 등을 생각할 수 있다.

이 유형의 무직상태는 취업경험 부족, 필요한 직업능력이나 사회적 스킬 미흡, 비현실적인 상황인식 등이 원인이 되어 있어 비교적 해결가능성이 높지만, 장기간에 걸쳐 무직상태가 지속된다면 자기 스스로 체념하거나 무기력에 빠져 취업의욕마저 잃을 우려가 있다.

2) 처우의 이론적 배경과 기본방향

가) 처우의 이론적 배경

실업과 범죄에 대한 논의는 개인적인 차원과 사회구조적인 차원으로 나누어 살펴볼 수 있다. 후자의 경우에는 사회전체적인 경제지표인 '실업률'을 기준으로 범죄율, 범죄정책, 양형 및 교정 등의 변화추이를 연관 지어 살펴보는 것이 대부분이다. 이에 비하여 전자의 경우에는 주로 개개인의 실직상태가 그의 범죄동기에 어떻게 영향을 미치는지를 알아보는 것으로서 아직까지 많이 논의되고 있지는 못한 상황이다.

실업, 즉 무직상태는 경제적 소득원의 상실이라는 단순한 차원을 넘어서 사회적 관계를 약화시키고 개인의 신체 및 정서양상, 그리고 일상활동까지도 변화시키는 중요한 요인이다.[6] 따라서 이하에서는 다양한 범죄이론들이 개인의 사회경제적 지위가 그의 범죄기회나 범죄동기의 형성과 증가에 어떠한 영향을 두는지 살펴보도록 한다.[7]

(1) 경제적 원인론

경제적 원인론은 경제적 빈곤이 범죄발생에 영향을 미친다는 점을 강조한다. 즉, 저소득층이 범죄를 저지르는 것은 경제적 수준의 유지, 사회경제적 상승이동 등과 같은 경제적 요인이 작용하기 때문이라고 한다. 또한 저소득층은 아니

---

6) 기광도·최영신, 앞의 책, p. 34.
7) 위의 책, pp. 38-43 참조.

지만 중간계층의 사람들에게도 주거나 수입에 대한 상대적 박탈감이 범죄유발요인의 하나라고 볼 수 있다. 범죄는 이러한 어려운 경제적 상황을 극복하기 위한 대안이나 부업(second job)으로 여겨지게 된다.

2003년 우리나라에서 사회계층별 범죄발생의 정도에 대하여 공식통계를 바탕을 분석한 연구8)에 따르면, 전체범죄자의 절대다수인 약 68.9%가 경제적으로 하층계층 출신이다. 특히 절도, 사기, 강도, 살인의 경우에 하층계층의 비율이 높은 것으로 나타났다.

(2) 아노미이론과 차별적 기회이론

아노미이론(anomie theory)은 사회계층과 범죄간의 관계를 명시적으로 다루고 있으며, 도시빈곤지역뿐 아니라 하층민과 소수집단의 높은 범죄율을 설명하는데 유용하다. 머튼은 사회체계 내에서 문화적으로 정의된 목표와 그 목표를 이루기 위한 수단의 불일치로 범죄발생을 설명하였는데, 자본주의사회에서의 사회적 목표는 경제적 성공과 부의 축적 등과 밀접한 관련이 있다. 따라서 실직 등은 자본주의사회의 사회적 성공목표를 성취하는 합법적 수단을 차단시키기 때문에 이로 인하여 범죄가 발생할 가능성이 높아질 수 있다.

한편 클로워드와 올린(Cloward and Ohlin)은 머튼의 아노미이론과 서덜랜드의 차별적 접촉이론을 종합하여 '차별적 기회이론'(differential opportunity theory)을 제시하였다. 이 이론에 따르면, 범죄는 개인이 접할 수 있는 합법적이거나 불법적 기회구조에 의하여 영향을 받는다. 불법적 기회구조에 의하여 형성된 하위문화유형 중에서 재산범죄를 주로 저지르는 하위문화를 '범죄적 하위문화'(criminal sub-culture)라고 한다.

(3) 사회긴장이론

사회긴장이론(social strain theory)은 애그뉴(Agnew)에 의하여 주창된 것으로서, 그는 '기대와 현실가능성의 괴리'라는 전통적 긴장개념을 확대하여 스트레스와 다양한 정서적 현상으로 범죄발생을 설명하였다. 그의 이론에 따르면, 범죄는 스트레스에 따른 것으로서, ① 목표성취의 실패, ② 긍정적이고 바람직한 자극의 소멸, ③ 부정적 자극에의 직면 등이 범죄를 유발하는 긴장의 3가지 유형이라고 한다.

---

8) 한국형사정책연구원, 「범죄발생의 추세분석」, 2003.

이 이론을 실직 또는 무직상태에 적용해 보면, 취업이라는 목표성취의 실패, 그에 따른 경제적 수입이나 사회적 인정과 같은 바람직한 자극의 소멸, 나아가 가족구성원의 불평이나 비난 등 부정적 자극에 직면할 때 스트레스가 발생하고 이로 인하여 범죄로 나아갈 가능성이 높다고 할 수 있다.

나) 처우의 기본방향

(1) 문제 유형에 따른 처우

무직대상자의 문제 유형은 그 성격에 따라 크게 진학문제, 취업문제, 직업적 응문제 등의 3가지로 나눌 수 있다. 이 중 직업적응문제는 직업선택의 문제라기 보다는 취업 후 발생하는 적응의 문제이나 직업전환으로 연결될 수 있으므로 함 께 다룰 필요가 있다.

진학문제에 대한 개입은 상급학교 진학을 목표로 하는 소년대상자에게 해당 되는 문제이다. 그러나 이 경우에도 졸업 후의 취업 문제를 염두에 두고 처우를 실시하는 것이 바람직하다. 보호관찰관은 소년대상자의 진학계획이 합리적·현실 적으로 수립되었는지를 판단하여 조언해주고, 이를 조정할 수 있도록 도와야 하 며, 자기와 직업세계에 대한 이해를 확장할 수 있도록 촉진시켜야 한다. 이를 위 해 각종 심리검사를 이용하여 대상자가 자신의 적성이나 성격 등을 올바로 이해 할 수 있도록 도와야 한다.

(2) 대상자의 자기결정 존중

직업에 대한 처우는 대상자 본인이 이미 결정한 직업적인 선택과 계획을 확 인하는 과정으로 이해하는 것이 바람직하다. 이는 개인의 직업적 목표를 명백히 해주는 과정으로서, 대상자에게 진로의사결정능력을 길러주고 직업선택과 직업 생활에서의 능동적인 태도를 함양하는 내용을 포함하여야 한다.

(3) 직업적응능력의 함양

무직대상자에 대한 처우에 있어서는 대상자 적성의 탐색, 취업에 필요한 지 식 및 기능 습득, 취업과 관련된 인간관계의 문제점 해결 등 취업적응능력을 배 양하는데 초점을 두어야 한다. 취업 자체에 급급하여 대상자의 희망이나 적성 등 을 고려하지 않고 무리하게 취업시킨다면 오래 지속될 수 없기 때문이다. 따라서 직업 자체의 알선보다는 직업적응능력을 키워주는 것이 보다 근본적인 해결책이 된다. 취업과 관련된 지도에 있어서는 특히, 직업에 대한 훈련기회를 보장하고 직업정보가 부족한 부분을 메워주는 역할이 중요하다.

(4) 취업성공패키지 사업의 적극적 활용

다기관 협력을 통한 무직대상자 취업지원프로그램으로서 고용노동부 산하 고용지원센터와 법무부 산하 한국법무보호복지공단, 보호관찰소, 교정기관 등이 체계적으로 연계하여 추진하는 '출소자 등 취업성공패키지 사업'이 있다. 새로운 처우기법을 개발하고 적용하는 것도 중요하지만 기존의 다기관 협력의 성공적인 사업모델인 취업성공패키지를 깊이 이해하고 무직대상자 처우에 보다 적극적으로 활용할 필요가 있다.

3) 처우의 기본자세와 주요기법

가) 처우의 기본자세

일반적으로 보호관찰대상자의 취업상황이 안정되어 있을 때는 생활도 안정되고 행태도 차분한 경우가 많다. 이러한 의미에서 취업지도는 보호관찰처우에 있어서 가장 핵심적인 것이라고 말할 수 있다.

취업 관련 처우에 있어서도 '대상자와의 신뢰관계 형성'과 같은 처우의 일반원칙이 적용되는 것은 물론이다. 일반적인 처우원칙과 별도로 본 유형에서 특히 고려해야 할 보호관찰처우의 기본자세는 다음과 같다.

첫째, 무직이나 잦은 이직·전직의 원인에 대하여 자신이 성찰하도록 해서 문제를 자각하고 자기결정에 따라 구직활동이나 직업선택을 하도록 유도한다.

둘째, 무직 또는 이직 이유에 대하여 본인이 말하는 변명에 대해서는 그 심정을 받아들인다고 하더라도, 객관적인 인상을 본인에게 솔직히 말해서 현실적인 감각을 유지시킨다.

셋째, 취업에 대한 본인의 노력이 조금이라도 보이면, 이에 대하여 상담자가 적극적으로 평가하고 칭찬하는 등 긍정적인 관심을 가지고 있음을 전하여 취업의욕의 유지와 향상을 도모한다.

넷째, 대상자는 일반적으로 자신감 결여, 좌절감, 낮은 자존감 등의 특징을 가지고 있으므로, 구직활동이 잘 되지 않거나 이직을 하였을 때에는 그 심정을 염두에 두어 자신을 잃지 않도록 배려하면서도 실직의 원인을 생각해 나갈 수 있도록 한다.

다섯째, 취업의 동기를 부여하는데 있어서는 취업의 중요성을 단순히 설명하기보다는 일단 일을 하도록 하여 그 체험 속에서 성취감을 얻고 책임감을 익히면서 본인이 직접 취업의 의미를 찾도록 하는 방법을 고려한다.

여섯째, 취업의 의의를 이해시키는데 있어서는 관념론적인 훈시가 되지 않도록 유의하고 본인의 이해력에 맞춘 알기 쉽고 현실적인 지도방법을 생각한다.

일곱째, 상담자가 가지고 있는 직업관이나 인생관을 일방적으로 밀어붙이지 않고 적절한 조언을 해서 본인 나름의 직업의식이 성장할 때까지 지켜보는 자세를 유지한다.

나) 처우기법의 주요내용

(1) 초기면담의 기법[9]

(가) 관계형성

상호존중에 기초한 개방적이고 신뢰 있는 관계(rapport)를 형성하는 것이 중요하다. 즉 보호관찰관과 대상자 사이에 서로 믿고 존경하는 감정의 교류에서 이루어지는 조화로운 인간관계와 상호적인 책임, 즉 보호관찰관과 대상자 간의 친근감 형성이 중요하다. 대상자로 하여금 편안하고 자연스럽게 표현하고 행동할 수 있게 하는 허용적인 분위기를 조성해야 한다. 이를 위해서는 인간 존중의 가치관을 가지고 대상자를 대해야 하며, 대상자의 표현이나 행동에 면박을 주거나 비판하지 않으며, 대상자가 처한 현실과 감정을 거부하지 않고 그대로 수용해야 한다.

(나) 케이스의 진단

무직 및 전직이 반복되는 원인은 다양하다. 윌리암슨(Williamson)의 직업선택 문제유형에 대하여, ① 직업의 무선택(선택하지 않음), ② 불확실한 선택(확신이 없는 결정), ③ 현명하지 못한 선택, ④ 흥미와 적성 간의 모순 등의 4가지로 구분하였다. 또한 보딘(Bordin)은 직업선택의 문제유형에 대하여, ① 의존성, ② 정보의 부족, ③ 자아갈등(내적갈등), ④ 선택의 불안, ⑤ 확신의 결여 등으로 나누어 설명하였다.[10]

여기서 무직대상자 케이스의 진단을 하는데 있어서 핵심적인 포인트가 되는 3가지 사항을 중심으로 살펴보도록 한다. 처우 방침을 세울 때는, 각각의 상황에 대하여 더 구체적인 이유와 원인을 찾고 문제점을 밝혀 나갈 필요가 있다.

---

9) 日本 法務星, 앞의 책, pp. 218-219 참조.
10) 직업상담연구소, 앞의 책, p. 15.

① 취업 의욕이 없는 이유를 파악한다.

② 일이 계속되지 않는 원인을 밝힌다.

③ 취직할 수 없는 원인을 생각한다.

(다) 무직대상자 취업관련 문제점의 원인

무직대상자 케이스 진단을 통해 분석해보면, 해당 보호관찰대상자가 취업과 관련하여 가지고 있는 문제점의 구체적 원인은 대체로 다음의 하나 이상에 해당한다.

무직대상자 취업관련 문제점의 원인

① 취업의욕에 관한 문제점

- 야간 유흥이 습관화되어 있고 심지어 불규칙한 생활태도가 고착되기 때문에 취업에 대해 관심이 없다.
- 품행이 불량한 친구나 무직의 친구의 영향을 받음으로써 건전한 가치관이 길러지지 않아 취업 의욕이 생기지 않는다.
- 도박 등으로 안이하게 돈을 벌 생각이 강하며, 착실하게 일하고 생활하는 자세가 부족하다.
- 직업관이 미숙하고, 취업의 의의와 필요성을 실감하지 못한다.
- 가족이 무직으로 있는 자신을 용납하거나, 경제적 원조를 하고 있기 때문에 본인이 출근할 필요성을 느끼지 못한다.

② 취업이 지속될 수 없는 것에 관한 문제점

- 인내심이 없고, 업무상 다양한 이유로 불만을 품기 쉽다.
- 취업 의욕 자체가 낮아 취업은 하지만 일은 지속하지 않는다.
- 불량교우와 어울려 밤낮이 뒤바뀐 생활 습관을 가지고 있어, 이 때문에 무단 지각이나 태업이 반복되다가 이직하고 다시 고용되는 패턴을 반복하고 있다.
- 유흥 지향이 강하며, 취업 목적도 유흥비를 얻는 것이기 때문에 어느 정도 돈이 모이면 이직하는 경향을 보인다.
- 직장에서 인간관계의 갈등을 빚기 쉬워 대인관계 면의 문제에서 이직하기 쉽다.
- 자기평가가 실력 이상으로 높기 때문에 직장에서 평가나 대우에 불만을 품기 쉬우며, 재취업의 전망도 없이 이직하기 쉽다.

③ 취직이 안 되는 것에 관한 문제점
- 취업경험 부족 등으로 인하여 적절한 취업활동의 방법을 모르거나 그 실행이 어렵다.
- 능력적인 문제에서 자력으로 구직 활동을 할 수 없다.
- 능력적인 제약이나 직업적성 문제 때문에 채용되지 못한다.
- 요구 수준이 높고 구직 조건을 한정하기 때문에 쉽게 취업할 수 없다.

(2) 처우계획 수립 시 참고사항

무직대상자에 대한 보호관찰 실시에 있어서 해당 보호관찰대상자의 취업관련 문제점에 따른 처우계획 수립의 예는 다음과 같다.

(가) 취업의욕을 높이기 위한 처우계획

① 유흥중심의 생활을 바꾸도록 하고, 일하는 것의 필요성과 의의를 생각하게 한다.

② 무직자와의 교제에 의해 자신이 어떤 영향을 받고 있는지 생각하게 하고, 교우관계 개선을 도모함으로써 취업을 위한 의욕을 고조시켜 나간다.

③ 도박 등에 의하여 안이하게 금전을 얻고자 하는 생각을 고치고 자신의 장래를 위하여 꾸준히 일하는 것의 소중함을 자각시킨다.

④ 가까운 일상생활 목표를 찾게 하여 취업의 필요성을 느끼도록 한다.

⑤ 취업 체험을 통해 일하는 의의를 인식하고 바른 직업관을 기르도록 지도한다.

⑥ 본인의 무직상태를 용인하거나 안이하게 경제적으로 지원하여 자립을 저해하고 있는 가족에 대해 그 문제의 인식을 촉구한다.

⑦ 취업하는 것이 "생업에 종사한다."라고 하는 보호관찰 준수사항을 지키는 것이 되며, 임시해제 등 은전조치에 연결된다는 것을 설명하여 취업 동기를 부여한다.

(나) 취업을 지속시키기 위한 처우계획

① 업무상의 불평불만에 대해 그 심정을 받아들임으로써 본인의 일에 의한 스트레스를 경감시켜, 취업을 지속하고자 하는 의욕을 유지시킨다.

② 일에 대한 불만의 내용이 자기중심적인 생각에 따른 것이 아닌지 검토하

고, 넓은 시야로 직업을 보려는 자세를 갖도록 지도하다.

③ 이직에 따른 불이익을 생각하도록 함으로써, 구체적인 계획 없이 안이하게 이직·전직을 하지 않도록 한다.

④ 과거의 이직·전직의 상황과 그 이유를 구체적으로 들어 직업생활을 되돌아보아 이직·전직의 원인이 어디에 있는지 확인하는 동시에 자신의 문제점을 자각시켜 나간다.

⑤ 현재 맡고 있는 일에 대해 어떻게 느끼는지 묻고 가까운 장래에 직업을 변경할 가능성이 있는 경우에는 구체적인 계획 없이 이직하지 않도록 지도한다.

⑥ 불량 교우와 유흥 중심의 생활이 이직과 해고의 원인이 되는 일을 납득시키고 스스로의 의사로 생활태도를 개선하도록 도모한다.

⑦ 일하는 것의 의의(목적)는 경제적 수입에만 있는 것이 아니라, 삶의 보람이나 자신에 대한 평가로도 이어지는 것임을 납득시키고 유흥 지향의 생각을 시정하도록 유도한다.

⑧ 직장 내 인간관계에 기인하는 불만이나 스트레스의 호소를 들어주면서, 원활한 대인관계를 위한 구체적인 방법에 대해 조언하는 등 대상자가 직장에서 정착하도록 지원한다.

⑨ 과도한 고수입과 높은 대우를 요구하고 안이하게 이직하는 것의 비현실성과 불이익성을 이해시켜 이를 방지하도록 한다.

(다) 구직활동에 대한 처우계획

① 구체적인 구직활동 상황을 보고하도록 하고, 적극적이고 효과적인 활동을 하고 있는지를 확인하여 필요하면 적절한 구직활동의 방법을 조언한다.

② 본인의 능력이나 취업경험을 고려하여 자구노력을 촉구하면서도, 고용노동부 고용센터 등에 동행하는 등 필요한 원호를 실시한다.

③ 조기 취업을 실현하기 위해 가족에게 필요한 협조를 구하고 고용노동부 고용센터 등을 이용하여 본인의 직업능력이나 적성을 확인한 다음, 자신에게 맞는 직장을 찾도록 조언한다.

④ 스스로 직업능력이나 적성을 잘 이해하게 하여 현실적인 조건 하에 구직활동을 진행하도록 조언하고 지도한다.

(3) 취업의욕을 높이기 위한 처우기법

무직의 원인이 취업의욕 결여에 있는 경우에는 그 이유를 파악하는 동시에

604 제4부 보호관찰처우의 이론과 기법

본인의 생활실태를 확인하여 문제점을 정리할 필요가 있다. 특히 무위도식의 생활태도, 불량교우, 유흥지향 및 향락문화의 탐닉 등과 같은, 취업의욕 부족 배경에 있는 문제점을 본인에게 자각시키고 스스로 그 문제를 고치도록 계속적으로 지도한다.

또한 본인이 무직상태에 있다는 것을 어떻게 생각하고 있는지, 그 심정을 이해하도록 힘쓰며 대상자 본인의 마음속에서 "남들처럼 일을 하여 자립하고 싶다. 일하여 수입을 올리고 싶다."는 취업에 연결되는 의욕을 이끌어내고 강화하여 취업의욕의 향상을 꾀한다.

취업동기를 부여하려면, 우선 취업의 의의를 이해할 필요가 있다. 그러나 취업경험이 부족한 소년 등의 경우, 일하는 것의 의미를 실감하면서 이해하는 것은 어렵기 때문에 취업관련 자격증이나 운전면허 취득과 같이 친밀하고 달성 가능한 구체적인 생활목표를 설정하여, 알기 쉬운 형태로 취업에 대한 동기를 부여하는 것이 현실적이다.

(4) 구직활동에 대한 지원

(가) 구직활동의 확인

무직의 대상자는 매월 생활보고에서 구직활동을 보고하도록 하는 것이 바람직하다. 그러나 장기간에 걸쳐 취직 못하는 대상자의 경우, "구직활동을 계속하고 있으나 마땅한 취업처가 없다."거나 "취업을 위하여 노력중이다." 등의 정형적인 보고로 끝나기 쉽다. 구직활동을 계속하고 있다고 하지만 실제로는 가끔 인터넷 구인사이트를 검색하거나 지인이나 친구에게 부탁해 있을 뿐, 적극적인 구직활동을 하지 않는 경우가 적지 않다. 어떤 직장을 얻기 위해 얼마나 노력했는지, 언제 어디서 면담을 봤는지 등에 대하여 구체적으로 확인할 필요가 있다.

(나) 구직활동에 대한 지도

구직활동에 문제가 있을 경우에는 적절한 방법을 가르치는 것이 중요하다. 계획적이며 효율적인 구직활동의 구체적 방법에 대해 본인과 충분히 상의하여 방침을 정하고 그에 따라 노력하도록 지도한다. 능력이나 직업적성 문제로 인하여 좀처럼 채용되지 못하는 경우나 본인의 요구수준이 높고 구직조건을 한정하는 경우에는, 본인의 능력과 자질에 맞는 취업 가능한 직장을 찾기 위한 현실적 대응을 하도록 조언할 필요가 있다.

(다) 구직활동에 대한 원호

구직활동은 본인 자신이 해야 하고 자구노력이 원칙이다. 본인에게 취업의 욕이 없다면 일을 소개해도 일방적인 원조가 될 뿐이며 그 취업이 오래 지속될 수가 없다. 그러나 일을 할 의욕이 있는데도 불구하고 주로 능력적 문제나 직업 경험이 부족해서 자력으로 구직활동이 잘 되지 않는 대상자도 있다. 그러한 사람에 대해서는, 예를 들어 지역의 구인정보를 제공하거나 (가족이나 본인의 요청에 따라) 담당 보호관찰관이 고용센터에 동행 방문하여 지원할 필요가 있다. 또한 취업알선의 능력이 있는 민간자원봉사자의 협력을 받는 등 사회자원의 활용도 적극적으로 고려하여야 한다.

> **〈참고〉 출소자 및 보호관찰대상자 취업성공패키지**
>
> 2011년 3월 14일부터 법무부는 고용노동부와 함께 출소자의 일을 통한 성공적인 사회정착을 위하여 취업성공패키지 사업을 실시하고 있다. 전국의 한국법무보호복지공단 18개 지부가 고용노동부의 취업성공패키지 위탁사업자로 지정되어 '출소(예정자) 맞춤형 통합 취업지원서비스'를 제공하는 것이다.
>
> (1) 사업의 의의 및 경과
>
> 취업성공패키지 사업은 어느 하나의 서비스만으로는 취업하기 어려운 취업애로계층이 원하는 일자리를 찾을 수 있도록 직업상담·훈련·일 경험·취업알선 등의 서비스를 통합 제공하는 프로그램이다. 이 사업은 기초생활수급자, 차차상위(최저생계비 150% 이하) 저소득 취업애로계층의 취업 촉진을 위해 2009년에 처음 도입되었다. 이후 위기청소년·신용회복지원자·고령자·여성가장·북한이탈주민·건설일용 등으로 지원대상을 확대, 대상별 맞춤형 취업서비스를 제공하게 되었다.
>
> 2010년 10월 27일 행정안전부(현 행정자치부), 법무부, 고용노동부, 농업진흥청, 중소기업청 등이 『출소예정자 등 취업·창업 지원을 위한 범정부 융합행정 추진 업무협약』을 체결하였다. 이후 고용노동부는 법무부와 함께 출소자의 일을 통한 성공적인 사회 안착을 위해 전국의 한국법무보호복지공단 18개 지부(소)를 취업성공패키지사업 위탁사업자로 선정하고, 2011년 3월 14일부터 '출소(예정)자 맞춤형 통합 취업지원서비스'를 제공하게 되었다.
>
> (2) 대상자선정과 주요 지원내용
>
> (가) 참여대상자 선정 및 추천
>
> 우선 교정시설에 재소중인 '출소예정자'에 대해서는 법무부 소속 교정기관에서 출소예정

일 3개월 미만인 18세 이상 60세 미만의 자 중에서 사업의욕이 있는 참여자를 추천자 선정기준에 따라 선정한다. 한편, 이미 출소한 자에 대해서는 한국법무보호복지공단 각 지부에서 선정한다. 출소자로서 일정한 거주지가 없어 공단에서 거주하는 자, 출소 후 공단을 통하여 취업성공패키지 사업에 참여하고자 하는 자 중에서 선정기준11)에 따라 선정 후 고용센터에 추천한다. 추천 대상자가 결정되면, 추천대상자의 의사를 재확인 후 지정고용센터에 추천한다. 이때 추천인원 및 추천시기에 대해서는 고용센터와 협의한다.

(나) 주요 지원내용

취업성공패키지의 단계별 서비스 내용을 살펴보면, 우선 1단계 서비스는 심층상담, 직업적성검사 실시, 집단상담프로그램 운영, 취업지원계획 수립 등이다. 2단계 서비스는 직업훈련, 디딤돌일자리, 창업지원프로그램 지원 등이고, 3단계 서비스는 동행면담 등 집중취업알선이다.

취업성공패키지에 위탁의뢰가 완료된 참여자를 대상으로 법무보호복지공단은 1단계 서비스를 제공하며, 재소자에 대해서는 교정기관에 방문하여 서비스를 실시한다. 한편, 재소자에게는 2~3단계 서비스 제공이 불가능하므로 출소 후 이관되는 공단지부에서 서비스를 제공한다. 출소(예정)자의 직업능력 향상을 위해 직업훈련비를 전액 지원하고, 훈련기간 중 최대 6개월간 월 20만원의 생계보조수당도 지급한다. 이들이 주당 소정근로시간 30시간 이상 일자리로서 고용보험에 가입하는 경우 취업성공수당을 최대 100만원까지 지급한다. 또한 이들을 고용한 사업주에게는 최대 650만원의 고용촉진지원금을 지급한다.

사업 1차 년도(2011년)에는 총 3,658명의 출소자 등에 대한 취업성공패키지 사업이 추진되었다. 동 취업패키지에 참여하는 출소자 등에 대해서는 빠른 시일 내 일자리를 찾을 수 있도록 출소 전 3개월, 출소 후 9개월의 총 1년 동안 집중 지원하고 있다.

(5) 취업의 안정을 도모하는 처우기법

무직대상자가 취업했을 때는 일단 당초의 지도목표는 달성한 것이지만, 일반적으로 이들 대상자 중에는 취업의욕과 사회적응력에 문제를 가지는 사람이 많기 때문에 실직할 가능성도 비교적 높다. 또한 잦은 이·전직 경향이 인정되는 대상자의 경우에는 과거 이·전직의 원인과 같은 이유로 재차 이직할 가능성이

---

11) 공단지부는 다음과 같이 취업성공패키지 추천자 선정 기준을 마련하여 운용하고 있다. 추천자 선정기준은, ① 객관적인 취업여건(출소자의 특성 집중적 감안): 자격증 보유여부, 퇴사경력, 학력정도, 안정된 거처확보, 사회와의 단절 기간 등으로 구분하여 평가, ② 취업의 절실함(근로의욕 등 정신상태 점검): 일하고자 하는 의지, 프로그램 참여의사 등 마음가짐 점검, ③ 자립노력(자립의지 평가): 대상자 개인의 자립노력 점검으로 가중치 집중 부여 등이다. 또한 이러한 선정기준의 객관성을 확보하기 위하여 규격화된 '선정기준 심사표'를 활용하고 있다.

여전히 남아있다. 이러한 경우에는 모두 안이한 이직을 방지하고 취업을 지속시키기 위한 지도가 필요하다. 취업의 안정을 도모하기 위한 지도상의 유의사항으로는 다음과 같은 것이 있다.

(가) 취업상황에 대한 정확한 파악

현재의 직업에 대하여, 그 업무내용이 본인의 적성이나 희망과 관계에서 문제가 없는지, 또한 본인이 일의 내용·보수 및 대우·직장의 인간관계 등에 대하여 불만을 품지 않았는지 등을 주의 깊게 살필 필요가 있다. 이를 통하여 취업실태를 정확하게 파악하고 취업을 계속하는데 따르는 문제점 여부를 확인한다.

(나) 생활상 문제점 개선을 위한 지도의 지속

불량교우·불규칙한 생활 습관·유흥중심의 생활태도 등이 과거의 무직이나 이·전직의 원인이 되었던 경우에는, 취업지도에 덧붙여 그러한 생활의 문제점을 개선하기 위한 지도를 계속한다. 특히 무단결근이나 지각 등의 태업에 따라 해고되지 않도록 일을 중심으로 한 규칙적인 생활유지에 대해 각별히 지도할 필요가 있다.

(다) 본인의 노력에 대한 평가 및 격려

무직대상자가 단기간이라도 취업한 경우에는 그 취지를 적극적으로 평가하고 칭찬하며, 좋지 않은 노동조건에서 일하고 있는 대상자에게는 그 노력을 높이 평가하고 격려함으로써 본인의 자존감과 취업의욕을 높여가도록 배려한다.

(라) 직업관련 불만에 대한 적절한 조언

일의 내용이나 대우, 직장의 인간관계 등에 대한 불만과 그 호소가 오로지 대상자 본인의 인내력이 없음에 기인하는 것일 때에는, 일단 그 심정을 받아들인 다음에 인내심을 갖고 참아내도록 조언한다. 직장의 인간관계에 관한 불만의 원인이 본인의 성격·자질 면에 있다고 생각한 때에는, 대인관계의 어떻게 해 나가야 할지에 대해 시간을 가지고 상담할 필요가 있다. 케이스에 따라서는 사회기술훈련(SST)기법을 포함하는 대인관계 능력향상 프로그램을 실시하여 직장에의 정착을 도모한다.

(마) 생활목표와 직업생활을 연계하도록 지도

특히 소년대상자의 경우에는 놀이와 유흥에만 관심이 있어서 단기간 일하여 어느 정도의 금액만 모으면 안이하게 이직하는 경우가 적지 않다. 이러한 소년대상자를 지도하는 경우에는 장기적 취업에 연결될 수 있는 운전면허나 자격증 취득 등 친밀하고 달성 가능한 구체적 목표를 설정할 필요가 있다. 나아가 하나의 목표를 달성하면 다음의 목표를 정하게 하여 지속적으로 취업의 동기를 부여하는 것이 중요하다.

(바) 장래 직업생활의 이미지 형성을 통한 직업관 함양

올바른 직업관 함양을 위해서는 대상자의 실제 취업체험 속에서 본인 자신이 그 속에 담긴 보람과 성취감 등을 얻게 하고 이에 대하여 공감적 이해를 표현할 필요가 있다. 또한 장래의 직업생활상의 목표나 이미지를 그리도록 조언하여 서서히 본인 나름의 직업관을 키워가도록 지도하는 것이 중요하다.

(6) 직업적응능력의 함양

취업도 중요하지만 잦은 이직의 문제를 극복하기 위해서는 직업에의 적응능력을 함양할 필요가 있다. 따라서 무직대상자 등의 처우에 있어서 직업적응이론 및 직업적응척도를 활용한 기법을 개발하여 활용하는 것이 바람직하다.

(가) 직업적응이론의 이해

직업적응이론(TWA; Theory of Work Adjustment)[12]은 요인이론의 성격을 지니는 복잡한 이론으로서, 개인의 특성에 해당하는 욕구와 능력을 환경에서의 요구사항과 연관 지어 직무만족이나 직무유지 등의 진로행동을 설명하고 있다. 직업적응이론의 근간을 이루는 기본 가정은 "인간은 생존과 안녕을 위한 요구조건, 즉 욕구를 지니고 있으며, 이러한 욕구를 만족시키려는 행동을 하려 한다."는 것이다.[13]

이 이론은 개인과 환경 간의 상호작용을 통한 욕구충족을 강조한다. 즉, 개

---

12) 이 이론은 미네소타 대학의 다비스(Dawis)와 로프퀴스트(Lofquist)가 1950년대 후반부터 지속적으로 수행해온 직업적응 프로젝트의 연구성과를 바탕으로 정립된 이론이다. 최근에는 미네소타 직업분류(Ⅲ)와 연결되어 사용할 수도 있는데, 미네소타 직업분류체계(Ⅲ)는 능력수준과 능력유형 및 다양한 직업이 제공하는 강화자 등에 대한 지표를 제공한다. 이하의 내용은 직업상담연구소, 앞의 책, pp. 168-169 이하 참조.

13) 개인은 나름대로의 욕구를 지니고 있는데, 이러한 욕구는 생물학적 욕구와 심리학적 욕구로 구분할 수 있다. 개인의 욕구를 충족시켜 주는 것이 강화요인인데, 이러한 강화요인은 대체적으로 개인을 둘러싸고 있는 환경으로부터 제공받게 된다. 이러한 기본 가정은 환경에도 똑같이 적용되어 환경도 나름대로의 욕구 즉 요구조건을 지니고 있다고 보고 있다. 개인의 욕구(생리적 욕구나 사회적 인정 등)는 환경에서 제공하는 강화요인(보수나 승진, 양호한 작업환경 등)에 의해 만족되며 환경의 요구조건(직무나 과업, 집단구성원으로서의 역할 등)은 개인이 제공하는 강화요인(주어진 과업을 위한 개인의 능력 발휘 등)에 의해 충족된다. 이러한 상호작용을 통해 개인과 환경의 욕구가 모두 만족되면 조화(Correspondence) 상태에 이르게 된다.

인과 환경은 상호작용하면서 자신의 욕구를 만족(또는 충족)시켜 줄 수 있는 강화 요인을 서로 얻게 된다.[14] 그런데 개인의 욕구와 환경 간에 '조화롭지 못한' (Dis-correspondence) 상태가 나타나면 개인은 환경의 요구조건을 변화시키거나 자신의 욕구구조를 변화시켜 조화 상태에 이르려고 한다. 이러한 행동을 적응이라고 하며 직업적응은 개인과 직업 환경의 조화를 성취하고 유지하는 과정으로 이해된다. 특히 직업적응은 고용유지의 형태로 나타나는데 개인이 어느 직업을 유지하는 시간의 길이로 정의되는 재직은 만족과 충족의 수준에 의해 결정된다.

(나) 직업적응척도의 활용

직업적응능력은 크게 직업성격적 측면과 적응방식적 측면으로 나누어 살펴볼 수 있다.[15] 우선 직업 성격적 측면은 민첩성, 역량, 리듬, 지구력 등이 중요하다.[16] 한편, 개인이 비슷한 직업 성격을 가지고 있다고 하더라도 적응양식에 따라 적응과정이 달라질 수 있다. 이러한 적응양식의 중요한 측면은 융통성, 끈기, 적극성, 반응성 등이 있다.

위와 같은 직업적응에 있어서의 다양한 능력 요인들을 제대로 진단하고 이를 바탕으로 무직대상자의 직업상담(지도)에 적절히 활용하는 것이 그들의 원활한 사회복귀와 재범방지를 위하여 매우 중요하다고 본다. 무직대상자 직업적응능력 진단에 활용될 수 있는 대표적 척도들은, ① MIQ, ② MJDQ, ③ MSQ, ④ MSS, ⑤ 미네소타 직업분류체계 Ⅲ 등이 있다.[17]

---

14) 그래서 이 이론을 개인-환경 조화 상담(Person-environment Correspondence Counseling)이라고 칭하기도 한다. 이는 직업적응이론이 개인과 환경 간의 상호작용을 강조하고 있음을 나타내기 위한 것이라고 볼 수 있다.

15) 이하의 내용은 직업상담연구소, 앞의 책, pp. 168-169 참조.

16) 즉 직업적응능력의 주요한 측면은, ① 과제를 얼마나 일찍 완성하느냐와 관계되는 '민첩성', ② 근로자의 평균 활동 수준 및 개인의 에너지 소비량을 의미하는 '역량', ③ 활동에 대한 다양성을 의미하는 '리듬', ④ 개인이 환경과 상호작용하는 다양한 활동수준의 기간을 의미하는 '지구력' 등이다.

17) 이들 척도의 주요 특성은 다음과 같다. ① MIQ(Minnesota Importance Questionnaire): 개인이 일의 환경에 대하여 지니는 20가지의 욕구와 6가지의 가치관을 측정하는 도구이며, 190개의 문항으로 구성되어 있다. ② MJDQ(Minnesota Job Description Questionnaire): 일의 환경이 MIQ에서 정의한 20개의 욕구를 만족시켜 주는 정도를 측정하는 도구로서, 하위 척도는 MIQ와 동일하다. ③ MSQ(Minnesota Satisfaction Questionnaire): 직무만족의 원인이 되는 일의 강화요인을 측정하는 도구로 능력의 사용, 성취, 승진, 활동, 다양성, 작업조건, 회사의 명성, 인간자원의 관리체계 등의 척도로 구성되어 있다. ④ 기타 환경의 충족 정도를 측정하는 MSS(Minnesota Satisfactoriness Scales), 심리학적인 직업분류체계인 미네소타 직업분류체계 Ⅲ(Minnesota Occupational Classification System Ⅲ) 등도 개발되었다.

(7) 가족 등에 대한 개입

(가) 소년대상자의 경우

중·고등학교 중퇴자들의 보호자 중에는, "같은 또래의 아이는 학교에 가고 있는데, 내 자녀만 일하는 것은 딱하다." 등과 같은 의식을 가지고 있는 사람이 있다. 그런 의식에서 안이하게 용돈을 주기도 하며 물건을 사주고 결과적으로는 본인의 자립을 해치고 있는 보호자도 많다.

또한, 성인이 되어서도 정규적인 직업생활을 하지 못하고 가벼운 아르바이트 등을 하면서 부모에게 의존하여 생활하는 청년층도 증가하고 있다. 이러한 사실에서 보듯, 전체적으로 보호자가 자식에게 자립심을 키우지 못하는 가정환경이 문제가 되는 경우가 많다. 이러한 보호자에게 개입하는 포인트로서는 다음과 같은 것이 있다.

① 안이하게 용돈이나 생활비를 주는 것이 본인에 취업의 필요성을 느끼지 못하게 하는 것, 결과적으로 무직 상태를 진행시키는 것으로 이어짐에 대해 이해를 요구한다.

② 일을 갖지 않는 본인의 빌미를 안이하게 받아들이고, 무직 상태를 용인하지 않았는지 검토하고 본인의 적절한 대응 방식에 대해 재고하라고 조언한다.

③ 본인의 사회적 성장을 촉진하기 위해서는 취업 체험에 더 많은 관심을 키우는 것이 불가결하다 것에 대해 이해를 요구한다.

(나) 성인대상자의 경우

성인대상자가, 배우자나 동거자 등에 기대어 그 경제적 수입에 의존한 채 생활하고 있는 경우가 있다. 일할 의욕은 있다고는 하지만 뚜렷한 구직활동도 하지 않고, 한량처럼 살아가는 생활이 고착된 사람도 적지 않다. 이러한 대상자 가족 등에게는 소년의 경우처럼 친권자로서의 입장에서 협조를 구하는 것이 쉽지 않다. 하지만, 대상자 본인이 일해서 생계를 유지하는 것이 가정 내 역할 차원에서 중요할 뿐 아니라 대상자의 개선갱생을 위해서도 중요하다는 점을 가족에게 적극적으로 알리고 가능한 협력을 받도록 개입할 필요가 있다. 즉 대상자가 취업하여 사회적으로 자립을 하는 것이 그가 범죄로부터 멀어지는데 있어서 불가결한 점에 대하여 가족에게 이해시키는 것이 중요하다.

다) 무직대상자 처우관련 정책제언

(1) 직업능력개발 사례관리체계 구축

무직대상자 등의 직업능력개발을 위하여 체계적인 사례관리를 실시할 필요가 있다. 구체적으로는 각급 보호관찰기관에 직업상담자격 등을 보유한 보호관찰관을 취업전담관 또는 직업능력개발전담관으로 지정하여 운영하고, 이들이 무직대상자 등의 취업지원과 관련된 업무를 전담하여 처리하는 방안이다.

전담관은 체계적인 사례관리를 위하여 의뢰된 무직대상자의 경력관리, 직능개발, 취업알선, 교육훈련과정 중의 생계비 지원 등의 업무를 통합하여 담당하는 것을 검토해볼 수 있다.

(2) 무직대상자에 대한 특별준수사항

무직대상자에 대한 특별준수사항으로 다음과 같은 내용들이 적극 활용될 필요가 있다. 한편 보호관찰관은 법원 등에 무직대상자에 대한 판결(결정)전조사서의 작성, 처분변경 및 특별준수사항 추가(변경) 신청 시에 다음과 같은 특별준수사항의 부과를 요청할 수 있다.

무직대상자 특별준수사항의 예

① 가능한 빠른 시간 내에 취업하여 지속적으로 일할 것
② 정규적인 직업에 취업하도록 노력할 것
③ 조기에 취직 가능하도록 적극적인 구직활동을 할 것
④ 구직활동의 상황에 대하여 보호관찰관에게 보고할 것
⑤ 야간 유흥이나 불규칙한 생활을 바꿔 지각이나 결근을 하지 않도록 노력할 것
⑥ 일에 지장이 없는 교우관계를 유지할 것
⑦ 안이한 이직·전직을 하지 않을 것
⑧ 이직·전직을 할 때는 보호관찰관과 미리 상담할 것
⑨ 일에 도움이 되는 자격을 취득하는 것을 목표로 하고, 직업기능 습득을 위해 노력할 것
⑩ 직업기능 습득을 위해 직업기술 전문학교에 다니는 등 노력을 계속할 것

---

2. 문제음주대상자 처우기법

기독교의 성서는 물론, 그리스나 로마의 신화에서도 술에 대한 이야기가 빠

지지 않는 것에서 잘 알 수 있듯이, 술은 예로부터 축제와 회식 등 많은 분야에서 음용하는 등 생활문화의 일부로서 사랑받고 있다. 특히 우리나라에서는, 담배 등 다른 기호식품과는 달리, 술에 대해서는 외국과 비교해 허용적인 문화를 가지고 있다. 과거에는 음주 후에 남에게 폐를 끼치는 행동을 하더라도 술자리에서의 행동이니까 평소보다 너그럽게 받아들이는 경우도 많았다고 할 수 있다.

그러나 최근에는 음주 후의 폭력이나 성범죄 등이 사회적으로 이슈가 되면서 음주에 대한 국민적 인식이 크게 바뀌고 있다. 상당수의 범죄행위 이면에는 문제가 있는 음주행태가 있다. 즉 범죄자가 범죄행위를 결심하고 실행하는데 있어서 음주가 직·간접적인 영향을 미치고 있는 것이다.

많은 보호관찰대상자도 문제가 있는 음주행태를 보이고 있다. 따라서 이하에서는 이러한 문제음주대상자에 대한 전문적 처우기법에 대하여 논의하도록 한다. 다만 그러한 논의를 위해서는 "어떠한 경우에 문제음주라고 할 수 있으며, 이를 어떻게 진단하는가?"에 대하여 먼저 살펴볼 필요가 있다.

1) 개 관

가) 문제음주대상자의 의의

(1) 문제음주의 정의

음주로 인하여 인간의 신체적·심리적·사회적·경제적 기능에 문제가 생기게 되는 것을 문제음주로 정의할 수 있다.[18] 이런 문제음주를 하는 사람들은 사회적인 목적으로 음주를 하기 보다는 병리적 원인, 즉 현실도피나 우울 및 불안 감정의 완화 등의 목적으로 과도하고 부적절한 음주행태를 보인다.

문제음주와 관련해서, 술을 자주 마시는 것이 일반적으로 더 해롭고 알코올 중독으로 발전할 위험성을 높인다. 하지만 문제음주는 술의 양과 음주 빈도만을 기준으로 하지는 않는다. 문제음주자는 음주에 대한 강박적인 집착, 사회적인 문제의 유발과 내성 및 금단 증상을 보인다. 술을 적게 마시는 경우라고, 그와 동반된 문제가 있다면 문제음주자가 될 수 있다.

(2) 문제음주대상자의 정의

문제음주 보호관찰대상자(이하 '문제음주대상자'라 한다.)는 해당 보호관찰사건이

---

18) 김명석 외, "문제음주가 범죄 행위 여부에 미친 영향", 「한국알코올과학회지」, 제3권 제2호, 2002, pp. 234-243.

나 과거의 범죄 및 비행사건이 음주가 주요한 또는 부분적인 원인이 되어 발생한 대상자를 말한다.

문제음주대상자인지 여부는 문제음주의 범위와 진단 기준에 따라 달라질 수 있다. 또한 음주문제를 가지고 있다는 것만으로 문제음주대상자로 구분하기도 어렵다. 문제음주대상자의 경우에는 음주와 관련된 문제를 가지고 있으면서, 동시에 그러한 음주문제가 범죄 및 비행사건에 직·간접적으로 영향을 주는 경우로 제한하여 보는 것이 타당하다.

따라서 지능범에 속하는 사기범죄나 화이트칼라의 경제 범죄의 경우에는, 비록 해당 범죄자가 음주문제를 가지고 있다고 하더라도 이들을 바로 문제음주대상자로 구분하는 것은 바람직하지 않다. 반면에 주취폭력 등 음주가 직접적인 원인이 되거나 범죄의 결행을 용이하도록 하는 수단으로 알코올이 활용되는 패턴을 보이는 성폭력 또는 가정폭력범죄자의 경우에는 문제음주대상자에 속한다고 할 수 있다.

나) 문제음주의 범위와 단계

(1) 문제음주의 범위

음주에 의한 영향에 관해서는 개인차이가 있어 문제음주에 대한 명확한 양적인 기준을 제시하는 것은 어렵다. 우리나라에서는 사람들이 술을 마실 때, 흔히 스스로가 충분히 취할 정도껏 마시는 것이 일반화되어 있고, 이러한 최대치의 음주량을 자신의 '주량'이라고 표현한다. 하지만 이렇게 양껏 술을 마시는 것은 자신의 신체와 정신에 모두 해로운 영향을 준다. 세계보건기구(WHO: World Health Organization)에서는 하루에 남성의 경우 4잔, 여성의 경우 2잔 이상 음주를 하는 경우 음주로 인한 문제가 발생할 위험이 높다고 말하고 있다.[19]

(2) 문제음주의 단계별 이해

처음에는 그만큼 다량으로 알코올을 섭취하지 않더라도, 저녁 반주 등 습관적인 음주를 지속하고, 가정이나 사회에서 받은 스트레스 해소를 목적으로 한

---

[19] 개인 차이는 있지만 보통 평균적으로 1시간 동안 분해되는 알코올의 양은 10g 정도이다. 나라마다 알코올의 양이 8g에서 14g까지 차이가 있지만 보통 1 표준잔이란, 알코올 10g이 포함되어 있는 술 한 잔을 의미한다. 하지만 우리나라에는 아직 정부 차원의 공식적 기준은 없으며, 세계보건기구(WHO) 기준에 따라 약 10g을 1표준잔으로 정의하고 있다. 한편 미국의 알코올 남용 및 알코올 의존 연구소(National Institute of Alcohol Abuse and Alcoholism)에서는, 남성 경우 하루에 2잔, 여성의 경우 하루에 1잔 미만의 음주를 권고하고 있다.

음주를 계속함으로써 서서히 주량이 늘어가게 된다. 개인차가 있지만 단계별로 여러 문제가 생기게 되는데, 이런 문제 상황에 대해서는 다음과 같이 분류할 수 있다.[20]

(가) 의존 초기 상태

특별히 두드러진 신체 증상은 없지만 정신적 의존은 그만큼 진전되어 있다. 표면적으로는 통상의 삶을 살고 있는 것처럼 보이지만, 이미 음주에 의해서 어떤 문제가 발생한 단계이다. 술을 원인으로 한 난폭한 언동, 일의 결근, 채무의 증가 등의 징조가 나타난다.

이러한 상태에서 음주로 인하여 생기는 문제를 인식하고 음주량을 조절하면 문제가 없지만, 남보다 많이 마시고 이전보다 주량이 늘어나는 등 추세가 이어지면 새롭게 문제가 악화되어 간다.

(나) 알코올 관련 문제가 표면화한 상태

의존의 초기 상태에서 진행하게 되면, 아직 금단(이탈) 증상 등의 신체적 의존은 심각하게 나타나지는 않지만 정신적 의존은 더욱 진행되어 나쁜 음주습관이 계속되고 다양한 알코올 관련 문제가 표면화하기 시작한다. 간이나 위 등 각종 장기의 기능장애, 잦은 결근 또는 장기 결근, 가정폭력, 음주운전의 반복 등 통상적 사회생활을 계속하는 데 큰 차질이 생긴다.

세계보건기구(WHO)에서는, 1979년 제32회 총회에서 알코올 관련 문제로서 다음과 같은 문제를 내걸고 있다; ① 건강 문제: 궤양, 위장장애, 태아장애, 간경변증, 뇌장애, 암, 심장질환 등, ② 사고: 음주운전에 따른 것 등, ③ 가족 문제: 아동 학대, 배우자 학대, 이혼, 부부간 폭력 등, ④ 직업 문제: 산업 사고, 단기 및 장기 결근, ⑤ 범죄: 살인, 강도, 상해·폭행 등이다.

(다) 알코올 중독 상태

알코올 관련 문제가 표면화한 상태에서 더욱 의존이 진행한 결과, 정신적인 의존에 더해 금단 증상 등 신체적으로 의존하게 되는 단계이다. 알코올 의존증은 통상 10년 이상 장기간 대량 음주의 결과로 발생하는 만성 질환이며 또한 음주 시작이 빠를수록 중독이 될 확률이 높아진다.

구체적인 증상으로는, 스스로 음주를 조절할 수 없거나 마시기 시작했다면

---

20) 이하의 내용은 日本 法務省, 앞의 책, pp. 47-48 참조.

멈출 수가 없게 되는 등 연속 음주나 제어상실 상태가 되는 것이다. 이 상태가 되면 증상을 관리하여 통상의 사회생활로 되돌아가는 '회복'은 있지만, 근본적인 '치유'는 어려워진다고 한다. 따라서 상황이 호전되어도 개입을 계속하여야 한다.

(3) 알코올 의존증의 진단 기준

알코올 의존증은 기존에는 '알코올중독'이라고 불려 왔다. 그러나 중독이라고 하면, 약이나 독 등에 '당한 상태'를 의미하는데, 이는 인체에 유독물질이 들어가 증상이 나타난다는 것과 같은 개념이다. 알코올의 경우에는 스스로 원하고 섭취하는 것이 습관화되어 의존하여 가는 상태라고 보는 것이 적절하다.[21] 이와 같은 알코올 의존증의 진단 기준은 아래와 같이 다양하다.

(가) ICD-10의 진단 기준

ICD는 〈질병 및 보건문제의 국제통계 분류〉(International Statistical Classification of Diseases and Related Health Problems)의 약자이다. 세계보건기구(WHO)가 작성한 분류체계로서, 1990년 제43회 세계보건총회에서 채택되었다. 이후 10회 개정판인 ICD-10에서는 6개 항목 가운데 3개 항목 이상 해당되면 알코올 의존증이라고 진단하고 있다. 이 진단기준의 6개 항목은, ① 음주에의 강한 욕망 또는 강박감, ② 음주 시작·종료와 주량의 조절 장애, ③ 알코올을 중단·감량 시의 금단증상, ④ 내성의 증거, ⑤ 취미와 다른 즐거움 등 음주 이외의 관심 저하, ⑥ 명백히 해로운 결과가 발생하는 상태에서의 음주 등이다.

(나) DSM-V의 진단 기준

DSM은 「정신질환의 진단 및 통계편람」(Diagnostic and Statistical Manual of Mental Disorders)이며, 미국정신의학회에 의해 작성된 진단기준이다. 그 제5판인 DSM-V의 기준에서는 임상적으로 현저한 손상이나 고통을 일으키는 문제적 알코올 사용 양상이 지난 12개월 사이에 다음의 항목 중 최소한 2개 이상으로 나타난 것을 '알코올관련장애'(Alcohol-Related Disorders)로 진단한다.

---

21) 하지만 아직까지는 '알코올 중독자'라는 호칭이 많이 사용되고 있는데, 지금까지의 알코올 중독자의 이미지는 "의지가 약하고 야무지지 못하다."는 이미지가 일반적이다. 그러나 실상은 음주를 통제할 수 없는 것은 질병이며, 의지의 약한 것이 원인인 것은 아니다. 이렇듯 알코올 중독에 대해서는, 잘못된 인식이 많기 때문에 바른 이해가 필요하다.

┃ 표 14-1 ┃ DSM-Ⅳ의 진단 기준 11개 항목

1. 알코올을 종종 의도했던 것보다 많은 양, 혹은 오랜 기간 사용함
2. 알코올 사용을 줄이거나 조절하려는 지속적인 욕구가 있음. 혹은 사용을 줄이거나 조절하려고 노력했지만
   실패한 경험들이 있음
3. 알코올을 구하거나, 사용하거나 그 효과에서 벗어나기 위한 활동에 많은 시간을 보냄
4. 알코올에 대한 갈망감, 혹은 바람이나 욕구
5. 반복적인 알코올 사용으로 인해 직장, 학교 혹은 가정에서의 주요한 역할 책임 수행에 실패함
6. 알코올의 영향으로 지속적으로, 혹은 반복적으로 사회적 혹은 대인관계 문제가 발생하거나 악화됨에도
   불구하고 알코올 사용을 지속함
7. 알코올 사용으로 인해 중요한 사회적, 직업적 혹은 여가 활동을 포기하거나 줄임
8. 신체적으로 해가 되는 상황에서도 반복적으로 알코올을 사용함
9. 알코올 사용으로 지속적으로, 혹은 반복적으로 신체적·심리적 문제기 유발되거나 악화될 가능성이 높다
   는 것을 알면서도 계속 알코올을 사용함
10. 내성, 다음 중 하나로 정의됨
    a. 중독이나 원하는 효과를 얻기 위하여 알코올 사용량의 뚜렷한 증가가 필요
    b. 동일한 용량의 알코올을 계속 사용할 경우 효과가 현저히 감소
11. 금단, 다음의 하나로 나타남
    a. 알코올의 특징적인 금단 증후군.
    b. 금단 증상을 완화하거나 피하기 위해, 알코올(또는 벤조디아제핀 같은 비슷한 물질)을 사용

출처: APA, 2015, *Diagnostic and Statistical Manual of Mental Disorders* 5th edition. 「정신질환의 진
     단 및 통계편람」(제5판) 권준수 외 역, 학지사, 2015, pp. 537－538.

(다) CAGE테스트

영국에서 개발된 방법으로 음주로 인한 간 등 소화기의 상태가 나빠진 환자
를 내과의사나 알코올 전문의사가 진찰할 때, 필수적으로 실시하는 테스트의 하
나이다. 항목은 4개 항목으로 적지만, 진단에 유효한 2개 항목 이상 해당되면 알
코올 의존증을 의심한다. 질문의 문항은 다음과 같다.

┃ 표 14-2 ┃ CAGE테스트의 질문문항

• 음주량을 줄이지 않으면 안 되겠다고 느낀 적이 있습니까(Cut down).
• 남에게서 음주를 비난 받거나 비위가 건드려진 적이 있습니까(Annoyed by criticism).
• 자신의 음주에 대해 나쁘거나 미안하다고 느낀 적이 있습니까(Guilty feeling)
• 신경을 가라앉히거나 숙취를 고치기 해소하기 위하여 해장술을 마신 적이 있습니까(Eye-opener)

2) 처우의 이론적 배경과 기본방향

가) 처우의 이론적 배경

(1) 알코올 중독의 원인과 폐해

(가) 알코올 중독의 원인

알코올 중독의 원인이 무엇인지에 대해서 아직 명확히 알려져 있지 않다. 동물 실험을 통하여 보면, 쥐나 원숭이에서 술을 마시게 하는 경우 알코올 의존과 유사한 증상이 발생하며 뇌의 변화가 동반되는 것으로 보아, 뇌의 변화가 수반되는 질환인 것은 분명하다. 그러나 한 개인의 성장배경, 심리상태, 현재의 사회 환경 등도 알코올 중독에 영향을 중요한 미친다.

① 유전적인 원인

알코올 의존자의 집안을 조사해 보면, 술 문제를 가지고 있던 부모나 형제자매들이 유독 많은 것을 알 수 있다. 쌍둥이를 대상으로 시행한 연구들에서도, 실제 부모가 알코올 중독자인 경우, 건강한 집안에 입양되어 가더라도 알코올 중독에 걸릴 가능성은 높다고 한다. 최근에는 뇌에서 신경전달물질인 도파민의 신호를 주고받는 부분을 담당하는 유전자의 차이가 알코올 의존의 발생에 영향을 주는지에 대한 연구가 활발하게 진행되고 있다.

② 생물학적 원인

우리 뇌 속에는 '보상회로'라는 부분이 있는데, 보상회로란, 사람이 살아가는데 있어 필요한 동기를 조절하는 역할을 하는 부분이다. 이 보상회로는 자신이 살아가고 종족을 보전하는데 있어 기본적으로 필요한 조건이 충족되었을 때 쾌락과 같은 기분을 느끼게 하여, 향후에도 반복적으로 그 행동을 하도록 유도한다.

알코올이나 담배, 마약과 같은 중독성 물질은 이 보상회로에 영향을 주어, 비정상적인 쾌락을 유발하며, 지속적으로 마시고 싶은 갈망을 유발한다. 보상회로를 담당하는 뇌 세포[22]들은 도파민이라고 하는 신경전달물질에 의하여 자극을 받게 되어 작동한다. 또한 알코올 중독은 변연계를 포함하는 기억 담당 체계의

---

22) 이 세포는 또한 기억과 관련된 세포, 감정적인 기능을 담당하는 세포, 스트레스와 연관되어 기능을 하는 세포, 뇌의 전반적인 활성을 조절하는 주변의 신경 세포들과 항상 상호 작용을 하고 있다. 그렇기 때문에 약물 자체에 의한 자극 이외에도 약물과 연관된 기억, 기분 및 스트레스 등의 자극으로 알코올 중독이 일어나게 되거나 재발이 유발되는 것으로 알려져 있다.

잘못된 적응방식에 의해 매개되는 학습의 형태로 생각되고 있다.

③ 심리적인 원인

알코올 중독자들은 일반인에 비해 우울증이나 열등감, 불안증상, 과민한 경향 등을 보인다. 정신분석학적으로는 알코올 중독은 불안한 느낌이 들 때, 무엇을 섭취함으로써 이를 극복하고자 하는 구강기적 욕망과 관련이 있다. 또한 어린 시절 부모의 애정이 부족하거나 충분한 만족을 얻지 못한 경우, 부모에 대한 적대감 등이 자기파괴적 욕구를 일으켜 알코올 중독으로 발전한다는 학설도 있다.

④ 사회문화적 요인

술을 마심으로써 불안·스트레스·긴장 등을 해소한 경험이 있는 사람은, 이후 유사한 갈등이 있을 때 쉽게 술을 찾게 되며, 이러한 선택이 알코올 중독으로 이어지게 된다는 학습 이론 또한 설득력이 있는 학설이다.

(나) 알코올 중독의 정신적 폐해

① 불면증

많은 알코올 중독자들이 잠을 잘 자지 못한다. 이러한 불면증으로 인하여, 잠을 자기 위해 술을 마시는 경우도 흔하다. 그러나 분명한 것은 잠을 못자는 문제가 술 때문에 생기는데, 술은 잠을 들게는 하지만, 일반적으로 술에서 깨어남과 동시에 잠에서도 깨어나게 되기 때문이다. 술은 일단 잠이 드는 것에는 도움이 될 수 있지만, 깊은 잠을 자는 것은 오히려 방해한다. 더욱이, 잠을 청할 목적으로 술을 지속적으로 마시게 되면 이후 술을 마시지 않고서는 잠이 들지 않게 되는 상황에 빠지게 된다.

② 우울증과 불안장애

알코올 중독자들 중에는 우울증이나 불안장애를 앓는 사람이 많다. 우울증이나 불안증 때문에 술을 많이 마시다가 알코올 중독에 이르는 경우도 있으며, 반대로 알코올 중독 상태가 지속되다 보니 우울증이나 불안장애가 야기된 경우도 있다. 음주가 우울증상이나 불안증상을 단기간에는 호전시키는 듯한 착각을 들게 만들지만, 술이 깨는 것과 함께 이러한 증상들은 더욱 악화된다. 알코올 중독은 가족과의 관계, 직장에서의 사회 활동 등에 전반적인 문제를 야기하며, 자신의 삶을 피폐하게 만들기 때문에 중독자들의 우울증상이나 불안증상을 더욱 심각하게 만든다.

또한 알코올 중독자들은 자신의 정서적인 상태를 충분히 통제하지 못하고 충동적으로 변하여, 주위 사람들에게 공격적인 행동을 하기도 하며 경우에 따라서는 자신에게도 폭력적으로 변한다. 따라서 알코올 중독자들의 자살률은 일반인의 두 배 이상 높다고 한다.

③ 알코올성 치매

음주자 중 반 수 이상의 사람들이 과음 후 '필름이 끊김'이라고 하는 현상을 경험한 바가 있다고 한다. 블랙아웃(black-out)이라고 하는 이 현상은, 알코올성 치매의 초기 증상으로 알려져 있다. 과음 자체가 뇌신경 세포에 독성 영향을 주게 되는데, 이러한 독성 영향이 많아지면, 신경세포가 손상되어 블랙아웃이 나타난다. 이러한 현상이 장기간 반복되면 알코올성 치매로 이어지게 된다.

알코올 중독자는 흔히 술 이외의 안주나 음식을 골고루 챙겨 먹지 못한다. 또한 알코올이 위에서 비타민이 흡수되는 것을 방해하기 때문에 알코올 중독자에서 영양결핍이 흔히 발생한다. 비타민 결핍과 같은 영양 부족은 알코올성 치매 발생에 악영향을 준다.

(다) 알코올 중독의 신체적 폐해

① 알코올과 간질환

과다한 알코올 섭취는 지방간을 야기하는데, 알코올 자체가 지방 성분으로 변하여 체내에 쌓여 지방간이 발생하게 된다. 지방간 자체는 특별한 증상을 일으키지 않지만, 지방간이 오래 지속되면 알코올성 간염으로 진행된다. 알코올성 간염의 경우 메스껍고 식욕이 떨어지며 구토 증상이 발생하거나, 황달 혹은 열이 나기도 한다.

간경화로 알려져 있는 간경변은 알코올에 의한 염증이 장기간 지속되어 발생한다. 간경변은 이미 간 조직이 그 역할을 잃어버린 상태로, 정상적인 간으로 회복되지 못하며, 복수·복막염·간성 뇌증·정맥류·암 등으로 진행되는 일이 흔하다.

② 알코올과 심혈관계 질환

알코올은 심장 근육 자체에 병을 일으키는데, 이 경우 심장이 제대로 뛰지 않아 생기는 위급한 심장 질환이 발생할 수 있다. 알코올 중독자에 있어서 혈관 자체의 동맥경화증상이 심한 경우가 많으며, 고혈압 등의 질환도 일반인에 비해 많이 발생한다.

③ 알코올과 췌장질환

췌장은 음식물의 소화에 필요한 효소를 만들어 내는 곳인데, 반복된 과도한 음주는 췌장 세포를 파괴하고, 췌장 주변의 염증을 유발한다. 알코올 중독자에서 췌장염은 드물지 않게 발생하며, 췌장이 반복적으로 손상을 당하면 만성 췌장염으로 발전하기도 한다. 췌장 세포가 술에 의해 직접적으로 손상을 받으면 인슐린 생산에 영향을 받아 당뇨병이 발생할 수 있다.

④ 알코올과 위장질환

알코올은 섭취 후 구강과 식도 점막에 염증을 유발하여 위궤양이나 위염을 일으키기도 하고, 이는 향후 암 발생의 위험을 높인다. 알코올은 점막의 손상뿐 아니라 위 및 장의 원활한 운동을 방해하여, 소화가 잘 되지 않고 영양분 섭취에 문제를 유발하는 경우도 발생한다.

⑤ 태아 알코올 증후군

임산부가 임신 중에 알코올을 섭취한 경우, 알코올은 탯줄을 통해 뱃속의 아이에게 전달된다. 소량의 알코올이라도 탯줄을 통해 아이에게 전달되면 아이의 발육에는 치명적인 영향을 주는데, 이를 태아 알코올 증후군이라고 합니다. 임신한 여성이 지속적으로 음주할 경우 태아에서 소뇌증, 낮은 지능, 심장의 이상 등을 일으킬 수 있다.

(2) 알코올과 범죄의 관련성에 관한 이론적 논의[23]

(가) 음주폭력의 하위문화

우리 사회에는 음주행위를 다양한 상황에서 광범위하게 용인하고, 장려하고, 심지어 요구하는 특수한 형태의 하위문화가 존재한다. 음주는 학교·직장·군대·사교모임 등 성인남성들이 주도하는 거의 대부분의 조직에서 활발히 이루어지고 있다. 음주행위는 구성원의 가입·탈퇴·축하·위로·업무의 성공과 실패, 또는 아무 이유 없이 이루어진다. 만일 성인 남성이 이 문화적 행위규범을 어길 시 상당히 심각한 제재를 감내해야 한다.

또한, 우리 사회에서는 음주 후에 저지르는 실수, 특히 폭력행사에 대해 다른 문화에서와 다르게 용인하는 경향이 있다. 즉, 일반적인 상황에서는 폭력의 사용이 요구되거나 용인되는 일은 거의 없지만, 술에 취한 상황에서는 약간의 폭

---

23) 이하는 조흥식·이형섭, 앞의 책, pp. 414~415에서 주로 음주 이후 폭력범죄, 즉 주취폭력의 이론적 배경으로 언급된 내용을 부분적으로 발췌하여 인용한 것이다.

력행사가 있을 수 있는 실수 또는 '주사'로서 이해되는 경향이 있다. 따라서 이러한 음주문화에 익숙한 사람들은 그렇지 않은 사람들에 비해 보다 많은 상황에서 폭력을 행사하는 경향이 있다. 이들은 매우 심각한 폭력행사가 아닌 경우에는 사회적 처벌을 걱정하지 않고 큰 죄의식도 갖지 않는다. 이러한 현상은 우리 사회의 일부에 존재하는 음주폭력의 하위문화를 반영하는 것으로 풀이된다.

(나) 음주에 의한 긴장의 증폭

폭력행위의 원인을 미시적으로 설명할 수 있는 이론으로 로버트 애그뉴(Robert Agnew)가 발표한 일반긴장이론(General Strain Theory)을 들 수 있다. 이 이론에 의하면 범죄행위의 원인은 자신이 원하는 대로 대우받지 못해 받게 되는 스트레스 또는 긴장에서 찾을 수 있다.

애그뉴에 따르면, 사람들이 스트레스를 받게 되는 요인은 크게 세 가지이다. 자신이 원하는 일을 성취하지 못했거나 그럴 것이 예상될 때, 자신이 소중히 여기는 대상물이 사라지거나 그렇게 예상될 때, 그리고 자신에게 부정적 자극이 주어지거나 예상될 때이다. 만일 누군가 자신에게 욕설을 하거나 밀치거나 폭력을 행사한다면 그런 행위는 전형적인 부정적 자극이 되는 것이다. 이런 스트레스 유발요인들은 여러 가지 부정적 감정을 초래하는데, 그중에서도 분노와 좌절 같은 반응들은 특히 범죄행위로 이어질 가능성이 높은 것들이다.

폭력은 상대방과의 상호작용 속에서 일어나는 범죄로 보는 것이 더 타당하기 때문에 상대방으로부터 어떤 형태로든 좋지 못한 자극을 받을 때 폭력사용의 가능성이 높아질 것이다. 이런 자극의 구체적인 유형은 자신에 대한 언어적 또는 물리적 도발일 수 있고, 자신의 영역에 대한 침범 등 다른 요인이 될 수도 있다. 그런데 술에 취한 사람이 많고 인구도 밀집해 있는 우리나라의 밤거리에서는 부딪치거나 밀치는 등 원하지 않는 신체적인 자극이나 멸시·욕설·모욕과 같은 언어적 자극을 받은 경우가 흔히 발생한다. 특히 주취상태에서는 이런 자극에 대해 폭력적으로 대응하는 경향이 있는데, 이는 음주상황이 되면 판단력과 통제력이 약화되어 부정적 자극이 더욱 크게 느껴질 수 있기 때문이다. 이런 현상을 '음주에 의한 긴장의 증폭'이라 할 수 있다.

(3) 알코올과 범죄의 관련성에 관한 실태조사

(가) 전체 범죄자 중에서 문제음주자의 비율

1970년대 후반 미국의 한 조사연구에서는, 86%의 살인사건, 72% 이상의 폭력사건, 30% 이상의 강간사건들이 음주와 관련되어 있다고 주장되었다.[24) 1990년 미국 시카고대학의 조사연구에 따르면, 폭력사건의 경우 미국은 24~26%, 스칸디나비아에서는 45~75%가 음주 후 범행한 것으로 나타났다.[25) 음주상태에서 폭력적인 행동으로 나아가는 것을 주취폭력이라고 한다. 최근 우리사회에서도 주취(酒臭)폭력의 문제가 새롭게 부각되고 있다.

우리나라에서는 전체 범죄자 중에서 문제음주자가 차지하는 비율에 대한 전국적인 통계조사는 아직 이루어지지 않고 있다.

이와 관련하여 가장 참고할 만한 조사연구는 2000년 및 2001년 경기지역 구치감의 수용자를 대상으로 한 것이다.[26) 이 연구에 따르면, 2000년과 2001년 조사대상 구속자 각 3,140명과 3,295명 중에서 문제음주자는 각 1,329명(42.3%)과 1,436명(43.5%)이었다. 2년간 조사대상 전체 구속자 중에서 문제음주자 비율 평균은 약 42.9% 정도로 추산된다.

한편 경기지역 한 교도소의 재소자 900명에 대하여 음주와 범죄행동과의 관련성에 대한 주관적 인식도를 측정한 연구[27)에서는 AUDIT 12점 기준으로 볼 때, 일반 남자성인의 35.2%가 문제음주자인 반면, 재소자의 경우에는 그 비율이 51.1%에 이른다. 이는 범죄자의 경우 일반인에 비하여 문제음주의 정도가 더욱 심각한 것을 나타낸다.

한편 2007년에는 청소년의 경우, 음주 후 범죄를 저지를 가능성이 8.5배나 높아지는 것으로 조사된 바도 있다.[28) 같은 연구에 따르면 청소년들이 음주 후에 하는 범행은 폭력범죄의 위험치가 14.58배가 높아지고 무면허운전이나 보호관찰

---

24) Austin, G. A. Alcohol, United States, 1869-1933. "In Perspective on the History of Psychoactive Substance Abuse", *National Institute on Drug Abuse*, 1978, pp. 106-133(김명석 외, 앞의 논문에서 재인용).

25) 김명석 외, 앞의 논문.

26) 박영일 외, "문제음주로 범죄발생률 조사 및 재소자 문제음주 예방프로그램의 개발", 「한국알코올과학회지」, 제2권 제2호, 2001. pp. 52-59.

27) 고명숙 외, "범죄유형별 음주기여율 비교연구", 「한국알코올과학회지」, 제3권 제1호, 2002, pp. 159-167.

28) 김광기·제갈정, 「음주와 청소년 범죄와의 상관성 조사」, 국가청소년위원회 연구용역보고서, 2007.

법 위반 등이 12.61배, 절도 등 재산범이 9.9배 증가하는 것으로 나타났다.

(나) 범죄유형별 문제음주자의 비율

2000년 및 2001년 경기지역 구치감의 수용자를 대상으로 한 연구를 통해 죄명별로 문제음주자의 분포를 살펴보면 다음과 같다.[29] 우선 2000년에는, 강도범의 64.0%, 폭력범의 62.2%, 살인범의 58.3%, 강간범의 57.2%가 문제음주자였다. 2001년에는 교특법위반자의 63.7%, 폭력범의 62.4%, 강도범의 62.2%, 강간범의 53.8%, 강도범의 40.2% 순으로 문제음주자가 분포하였다.

또한 2001년 교도소의 재소자에 대한 주관적 인식도 측정 연구[30]에서는, 특가법위반자의 52.3%, 약물사범의 43.5%, 폭력사범의 40.9%가 자신의 범죄행동이 음주와 전적으로 관련되어 있다고 응답하였다.

2012년 언론보도에 따르면, 같은 해 살인 범죄의 37.1%, 강간·추행의 30.6%, 폭력의 35.7%가 주취자에 의해 벌어졌다고 하며, 특히 공무집행방해의 경우 주취 상태에서 발생한 사건이 73.2%에 달했다.[31]

나) 처우의 기본방향

(1) 유형 구분 및 유형별 처우실시

문제음주대상자의 경우, 음주의 양태 및 상황, 음주와 범죄행동의 관련성, 대상자의 인적 특성 등에 따라 다양한 유형으로 구분할 수 있다. 따라서 이들에 대하여 일률적으로 처우할 것이 아니라 유형을 세분화하고 그에 따라 개별적으로 처우를 실시하도록 노력하여야 한다.

(2) 다양한 처우방법의 복합적 실시

알코올 중독자에 대한 치료는 아직까지 상담치료이든 약물치료이든 한 가지 방식으로 완벽한 성과를 내지는 못한다. 어떠한 치료를 통하여서도 결과적으로는 도움을 받고 회복되는 알코올 중독자도 있는 반면에 또 한편으로는 재발과 악화를 반복하는 알코올 중독자도 있다. 그러므로 대부분의 알코올 치료 임상 현장에서는 여러 치료 방법 중에 각 현장에서 동원할 수 있는 모든 치료 방법을 복합적으로 동원하고 있다. 보호관찰 현장에서 처우하는 문제음주대상자의 경우에도 관련 전문기관과 연계하여 다양한 처우기법을 복합적으로 사용할 필요가 있다.

---

29) 박영일 외, 앞의 논문.

30) 고명숙 외, 앞의 논문.

31) 뉴시스, 2012. 6. 2.

3) 처우의 기본자세와 주요기법

가) 처우의 기본자세

문제음주대상자에 대한 처우에 있어서는 유형별 분류를 통한 개별적 접근이 필요하다. 그럼에도 불구하도 모든 문제음주대상자 처우에 있어서 공통되는 사항들도 있다. 음주 관련 처우에 있어서도 '대상자와의 신뢰관계 형성'과 같은 처우의 일반원칙이 적용되는 것은 물론이다. 일반적인 처우원칙과 별도로 본 유형에서 특히 고려해야 할 보호관찰처우의 기본자세는 다음과 같다.

첫째, 초기면담 시부터 음주문제에 대해 충분히 인식시킨다. 특히 단주에 관한 준수사항이 있는 경우에는, 다른 사람보다 음주에 관해 엄격한 조건이 부과되어 있음을 이해시킨다.

둘째, 보호관찰 기간 동안 지속적으로 음주에 대한 대상자의 인식을 점검하고, 기본적인 인간관계에서 음주의 유혹을 거절하는 방식 등에 대하여 개별지도나 집단처우프로그램을 실시한다.

셋째, 문제음주대상자의 처우에 있어서는 지역사회 관련기관과의 연계가 필수불가결하다. 따라서 대상자의 처우에 있어서 필요한 경우에는 알코올상담센터 등 전문기관에 상담할 것을 적극적으로 권한다. 나아가 심각한 음주문제의 해결을 위해서는 병원에서의 약물치료 등을 병행할 필요가 있음을 인식시킨다.

넷째, 가족과의 관계나 가족의 상황에 대해 본인에게 생각하도록 하는 한편, 가족으로부터도 정기적으로 이야기를 듣고 정보를 수집하며, 필요한 경우에는 가족체계에도 개입한다.

다섯째, 보호관찰 기간 중에 음주와 관련된 중대한 문제가 생긴 경우에는 즉시 보호관찰관이 면담을 실시하고 필요한 지도와 조치를 실시한다. 문제가 그만큼 중대하지 않은 경우에도, 정기적으로 음주와 관련된 상황을 반드시 확인하고 필요한 지도를 실시한다.

나) 처우기법의 주요내용

(1) 초기면담의 기법

(가) 알코올 의존성의 진단

알코올 의존(중독) 선별검사를 통하여 해당 대상자가 문제음주대상자인지를 먼저 확인하여야 한다.

알코올 의존성 진단을 위하여 보호관찰관은 먼저 '한국형 알코올 의존선별 도구'(NAST)와 '알코올 중독 자가진단검사'(AUDIT)를 대상자에게 나눠주고 작성하도록 한 후 검사 해석을 해줌으로써 대상자 스스로 자신의 알코올 의존도를 알 수 있게 한다. 보호관찰관은 대상자의 음주 유형을 파악, 정리하여 준 후 클라이언트 스스로 음주습관을 이해하도록 돕는다.

(나) 초기면담 시 확인사항

본 유형 대상자의 처우에 있어서는, 각각의 대상자의 구체적 문제 상황을 이해하는 것이 필요하다. 이를 위해서는 알코올 남용·의존의 정도, 현재 생기는 구체적 문제 및 본인의 상황, 주위 환경 등에 대해 파악할 필요가 있다.

위와 같은 점에 대해서는 사전에 관련 기록을 정밀 조사하는 동시에 초기 면담에서 확인하여야 한다. 자신의 문제를 이해하기 위해 필요하다고 생각되는 항목은 〈표 14-3〉와 같다.

‖ 표 14-3 ‖ 문제음주대상자 초기면담 시의 확인사항

① 기본 항목: 나이, 성별, 직업, 가족·동거인의 상황(공동의존[32]의 경향이 있는지, 본인 및 가족이 AC[33]인지). 생애 경력, 가족의 문제음주 여부 등
② 음주 관련 항목
　• 음주 개시 연령: 첫 음주 연령, 습관적 음주가 시작된 연령, 문제적 음주가 시작된 연령.

---

32) 알코올 의존과 같이 반복되는 문제가 있는 사람의 행동이 자신에게 영향을 미치도록 내버려 두는 동시에 자신은 그 사람의 행동을 묵인하든, 강압적으로 다루든, 전적으로 희생하는 식으로 통제하고자 하는 관계 역동을 말한다. 공동 의존의 핵심 문제는 다른 사람의 행동이 나에게 영향을 미치도록 놔두는 방식에, 내가 그들에게 영향을 미치는 방식에 있다. 이를테면 집착, 통제, 지나친 도움, 보호, 자기혐오와 자기억제, 엄청난 분노와 죄책감에 가까울 만큼 낮은 자존감, 특정한 사람에 대한 지나친 의존, 자신에 대한 방치, 의사소통 문제, 친밀감 조성 문제 등이다. 1970년대 후반 미네소타의 여러 중독 치료 현장에서 거의 동시에 이 단어가 쓰이기 시작한 것으로 추정되는데, 초기에는 공동 의존자에 대해 "알코올 의존자와 헌신적인 관계를 맺음으로써 그 결과 자신의 삶을 제대로 관리하지 못하는 사람"이라고 인식하였다. 그러나 전문가들은 알코올 의존 외에도 폭식증, 거식증, 도박 중독, 특정한 성적 행위와 같이 자신이나 타인에게 폐해가 되는데도 그것을 조절하지 못하고 강박적으로 하게 되는 행동 중독에 대해 공동 의존의 역동을 파악하기 시작하였다. 또한 정서적 또는 정신적으로 장애가 있는 사람과 관련된 주변 사람이라든가, 장기간 병을 앓고 있는 환자의 가족, 행동 발달에 문제가 있는 자녀의 부모, 책임감 없는 자들과 관련된 사람들, 간호사나 사회복지사 등 남을 돕는 직종에 있는 사람들에게서 공동 의존성을 의심할 만한 증상을 발견하였다. 요약컨대, 공동 의존은 반복적인 문제(예: 알코올 의존)를 가진 사람과 밀접한 관계를 맺고 함께 생활한 결과, 친밀감, 경계선, 주체성과 감정 표현 등에서 어려움을 경험하는 역기능성이다. 이때 반복적인 문제가 있는 사람은 어린아이가 될 수도 있고, 어른, 연인, 배우자, 형제, 자매, 조부모, 부모 또는 가장 친한 친구가 될 수도 있다.
33) Adult Children. 알코올 의존증의 부모를 둔 가정 등의 기능 부전 가족에서 성장한 어른을 말한

- 음주 양과 빈도: 대상자 본인은 축소하여 진술하는 경향이 있으므로 대상자의 가족들에게도 확인이 필요
- 음주 형태: 혼자서 마시는지 여부, 마시는 장소, 필름 끊어진 적이 있는지
- 음주에 대한 인식: 병이 있다는 의식이 있는지, 음주를 그만두려고 한 적이 있는지 등
③ 음주로 인하여 현재 나타나고 있는 문제: 신체 증상(장기손상, 외상), 정신상황, 타자와의 트러블의 상황, 연속적 음주 및 컨트롤 장애의 유무, 금단증상의 유무 등
④ 음주로 인한 범죄행동의 특징: 폭력행위, 절도, 무전취식, 음주운전 등
⑤ 치료, 상담 및 교육 경력: 병원 등의 진료 및 입원 경력, 전문기관 상담 및 자조그룹 참여 경력, 교정기관 및 보호관찰소에서의 음주 관련 교육 경력 등
⑤ 기타: 알코올 이외의 물질의존 여부 및 빈도, 취업상황, 채무액 등

(다) 문제음주대상자의 유형구분 및 유형별 문제점[34]

초기면담에서 케이스에 대한 진단을 통하여 문제음주대상자의 유형을 구분하고 보호관찰 실시 상의 문제점을 파악할 필요가 있다. 이렇게 파악된 유형별 문제점을 바탕으로 대상자에 대한 개별화된 처우를 하는 것이 중요하다.

문제음주대상자라고 하더라도 각 대상자에게 발생하는 문제의 상태는 서로 다르다. 여기서는 공통된 문제점과 유형의 분류에 따른 특징적 문제점에 대해서 별개로 서술하기로 하지만, 어느 특정 유형에 해당하는 대상자에게 다른 유형에서 제시된 문제가 나타날 수 있음은 물론이다.

문제음주대상자의 유형별 문제점

〈 공통된 문제점 〉

① 알코올이 인체에 미치는 영향에 관한 지식이 부족하다.
② 자신의 문제를 인정할 수 없다.
③ 지금까지 몇 번이나 알코올 문제의 해결에 실패하고 있다.
④ 가족과의 관계에 무언가 문제가 있다.

〈 문제 상태별 유형과 그 문제점 〉

① 의존 초기 상태
- 통상적 사회생활을 하는 과정에서 음주가 원인이 되어 난폭한 언동, 직장 결근 등의

다. 삶의 힘듦과 대인관계 문제에 고민하는 사람이 공동 의존성에 빠져들기 쉽다.
34) 日本 法務星, 앞의 책, pp. 56–58.

문제가 나타난다.
- 음주 때문에 다액의 금전을 빌리는 경우가 있다.
- 음주의 권유를 받을 것이 예상되는 곳에 스스로 찾아간다.
- 음주의 권유를 거절하지 못한다.

② 알코올 관련 문제가 표면화한 상태
- 다양한 알코올 관련 문제가 발생하였으며, 통상의 사회생활을 영위하는 것이 어려운 상황에 있다.
- 음주를 컨트롤할 수 있다고 과신하고 있다.
- 현재 자신이 가지고 있는 문제에 대한 인식이 부족하다.
- 알코올 문제는 진행성의 것이라는 인식이 부족하다.

③ 알코올 중독 상태
- 연속적 음주나 제어 상실 상태가 보인다.
- 관계기관, 병원에 상담과 자조모임 참여가 필요하다.
- 다시 음주 및 이에 따른 문제가 일어날 가능성이 높다.
- 가족도 큰 고민을 안고 있어, 가족에 대한 원조가 필요하다.

〈 인적 특성에 따른 유형과 그 문제점 〉

① 미성년자
- 조기에 음주에 의존하기 쉽고 지능의 저하를 일으키는 경우도 있다.
- 건전한 취미와 관심사가 없다.
- 음주의 배경에 복잡한 문제가 인정된다.
- 가정 내에서 심각한 문제가 발생하고 있다.

② 노인
- 취업이 어렵다.
- 자신의 생활을 바꾸겠다는 의욕이 부족하다.
- "인생의 즐거움은 술밖에 없다."고 한다.
- 알코올 섭취가 치매를 진행시킬 가능성이 높다.

③ 여성
- 가정 내에 문제가 있는 경우가 많다.
- 남성보다도 간 기능 장애의 진행이 빠르다.

④ 단신생활(주거부정)자
- 음주의 제동 역할을 해주는 사람이 없어 연속 음주 및 제어 상실 상태에 빠지는 경향이 높다.

• 생활 상황 파악이 어렵다.

〈 범죄행동의 유형과 그에 따른 문제점 〉

① 주취폭력을 반복하고 있는 대상자

• 음주하면 난폭하게 되는 것은 인식하고 있어도, 실제로 음주를 통제할 수 없다.

• 감정을 표현하기가 서투르며, 표현 수단으로 폭력을 긍정하고 있다.

• 평소 욕설과 거친 언동이 많다.

② 음주운전을 일삼는 대상자

• 취업활동 등 다른 문제가 현재화되어 있지는 않지만, 음주운전만은 지속적으로 반복
   한다.

• 음주운전은 법률에 위반하는 행위라는 인식이 부족하다.

• 음주운전으로 인한 교통사고를 냈을 때, 형사상·민사상 책임에 대한 인식이 불충분
   하다.

③ 음주 목적의 절도(도둑질), 사기(무전취식)를 반복하고 있는 대상자

• 음주에 의해 취업을 못하는 경우가 많다.

• 생활이 파탄에 이른 경우가 많다.

(2) 처우계획 수립 시 참고사항

문제음주대상자에 대한 보호관찰 실시에 있어서 해당 보호관찰대상자의 음주관련 문제점에 따른 처우계획 수립의 예는 다음과 같다.

처우계획 수립의 예

(가) 공통된 처우계획

① 알코올이 몸에 미치는 영향에 대해 이해시킨다.

② 지금까지 알코올의존(중독)에서 벗어나는데 실패한 경험을 되새겨서 앞으로 어떻게
해야 같은 실패를 되풀이 하지 않을까를 생각하게 한다.

③ 음주에 대해 현재 생각하고 있는 것을 확인하고 여기에 대하여 조언·지도한다.

(나) 문제상황별 처우계획

① 의존 초기 상태

- 음주의 유혹을 거절하는 방법에 대해 생각하게 한다.
- 가족 관계, 취업 상황 등을 중심으로 한 생활 실태 파악에 노력한다.

② 알코올 관련 문제가 표면화한 상태
- 절주는 실패하는 경우가 많은 것을 인식시키고, 단주를 유도한다.
- 지금까지 지속적으로 음주하면서 스스로 음주를 컨트롤하지 못했던 상황을 이해시킨다.
- 현재 자신이 안고 있는 문제에 대해 인식시키고 조기에 병원치료나 전문상담기관의 도움을 받을 것을 촉구한다.
- 알코올 의존은 진행성이 있는 증상임을 인식시킨다.

③ 알코올 중독 상태
- 연속적 음주나 제어 상실에 대해 인식시켜 확실히 단주하도록 한다.
- 관계기관, 병원에 상담이나 자조그룹 참여를 강력히 권유, 그 상황을 확인한다. 일단 치료를 시작하는 것으로서 문제해결이 시작되는 것을 이해시킨다.
- 다시 음주하는지를 확인하고, 다시 음주할 경우 면담을 실시하여 관계기관에의 의뢰를 검토한다.
- 가족의 상황에 대해 확인하고, 가족에 대한 지원을 실시한다.

(다) 인적 특성에 따른 처우계획
① 미성년자
- 조기에 음주를 시작하면 의존으로 진행되기 쉽다는 것을 이해시킨다.
- 본인의 심정에 충분히 귀를 기울이고 음주의 배경에 있는 문제를 파악한다.
- 음주 이외의 방법으로 스트레스를 해소할 수 있도록, 건전한 취미를 갖고 여가활동을 하도록 유도한다.

② 고령자
- 지금까지의 경험이나 현재의 심정을 받아들이면서 생활을 바꾸겠다는 의욕을 갖도록 한다.
- 고령인 상태에서 알코올 섭취는 치매를 진행시키는 것을 인식시키고 병원치료 및 단주를 결의하도록 유도한다.
- 음주 이외의 활동으로 시간을 보내는 방법에 대해 조언한다.

③ 여성
- 연령, 직업과 가정환경 등에 있어서, 여성 특유의 문제가 있음을 인식하고 조언·지도한다.
- 일반적 자조모임 참가에 당혹감을 느끼는 경우에는 여성을 대상으로 한 자조모임을 소개하여 참가를 촉구한다.

④ 단신생활(주거부정)자

- 신뢰관계 수립에 노력하고 고민이 있을 때에는 곧 상담할 수 있도록 여건을 조성한다.
- 출석과 방문의 빈도를 높여 생활실태 파악에 노력한다.
- 대상자의 연락이나 내방이 끊겼을 때는 바로 상황을 확인한다.

(라) 범죄행위의 유형에 따른 처우계획

① 주취폭력을 반복하고 있는 대상자

- 음주하면 타인에게 위해를 가할 가능성이 높은 것을 인식시킨다.
- 폭력으로 문제를 해결하려 하지 말고, 자신의 감정을 말로 전하도록 조언·지도한다.

② 음주운전을 일삼는 대상자

- 음주 운전은 중대한 범죄임을 인식시킨다.
- 소량의 음주로도 운행에 중대한 영향을 미친다는 것을 인식시킨다.
- 음주운전 교통사고나 피해자 및 그 가족에 관한 신문기사, 수기 등의 자료를 활용하여 음주운전 사고의 비참함을 구체적으로 인식시킨다.

③ 음주 목적의 절도(도둑질), 사기(무전취식)를 반복하고 있는 대상자

- 음주에 따른 생활이 파탄되고 있음을 인식시키고 가능한 한 조기에 취업시키도록 노력한다.
- 우선, 최소한의 생계비를 확보하기 위해서는 어떻게 해야 하는지 생각하게 한다.
- 필요에 따라 필요한 복지서비스의 연계 및 조정을 실시한다.

(3) 주취폭력 대상자에 대한 개입기법

문제음주대상자, 특히 그중에서도 음주로 인한 충동성 조절의 실패 및 공격성이 발현되는 특성이 있는 대상자의 문제 해결을 위해서는 무엇보다 대상자 스스로 알코올 의존도를 알고 절주방법을 학습하는 것이 중요하다. 또한 대상자로 하여금 알코올이 충동적 행동에 미치는 영향을 이해하고 충동조절의 방법을 배울 수 있도록 한다.

(가) 알코올 영향에 대한 올바른 이해

비록 합법이지만 알코올도 약물로서, 다른 의존성 약물과 마찬가지로 의존을 발생시키는 물질이라는 인식을 갖는 것이 중요하다. 의존하게 되면 자신의 뜻으로 음주를 컨트롤할 수 없게 된다. 자신의 정신 및 신체뿐만 아니라, 가족·직장·사회적 측면에서 다양한 영향이 생기는 것을 이해할 필요가 있다. 의존이 진

행되고 있는 경우에는, '절주'로는 사태의 개선이 어려운 점을 납득시키고 '단주'를 하도록 촉구하는 것이 바람직하다.

특히 보호관찰관은 대상자에게 알코올이 신체에 미치는 영향을 알려줄 필요가 있다. 음주는 시각, 청각, 미각, 촉각, 언어감각, 균형감각, 집중력에 장애를 일으키며, 숙면방해, 소화기 장애 등을 일으키는 원인이 된다. 특히 지나친 음주는 간, 위, 근육, 심장 등 신체기관에 손상을 주고 기억력 감퇴, 정신질환, 성기능 장애까지 유발할 수 있다는 점을 강조한다.

(나) 대상자 자신의 현재 상태에 대한 인식

현재 생긴 문제 상황을 정확히 인식시키고 그 원인에 알코올이 있는 것을 이해시킨다. 본인은, 직면한 사태를 부인하는 일이 많은데 이 경우에도 본인이 받아들이기 쉽도록 배려하면서 자신의 음주 모습을 그대로 바라볼 수 있는 올바른 지식을 제공한다.

(다) 범죄행위와 음주와의 관계에 대한 인식

초기면담 과정에서도 범죄행위와 음주의 관계를 인식시키고 알코올의 해악에 대해 올바로 이해시킬 필요가 있다. 대상자가 저지른 범죄행동의 양태와 그 반성여부를 확인하면서, 자신의 범죄행동과 음주의 관계에 대해 생각하게 하는 것이 필요하다. 음주로 인하여 자신에게 어떤 부정적 영향력이 생겼는지를 돌아보고, 음주가 원인이나 기회가 되어 사건이 일어나지 않으려면 어떻게 해야 하는지 생각하게 한다. 또한, 알코올이 인체에 미치는 영향이나 적정한 주량에 대한 이해를 촉구할 필요가 있다.

보호관찰관은 문제음주대상자에게 술은 신체, 정신 및 행동 모두에 심각한 영향을 미친다는 것을 요약 정리해주면서 특히 음주와 폭력의 관련성을 인정하게 한 후 변화에 대한 책임감을 가지도록 한다.[35]

(라) 음주 이후 폭력적 충동의 조절

보호관찰관은 문제음주대상자에게 '문제되는 충동을 정리'하고, '이겨내기 힘든 이유 찾기(충동조절의 방해요소 찾기)'와 '충동을 이기기 위한 방법'을 작성하도록 한다. 보호관찰관이 사용한 경험이 있는 방법이나, 다른 프로그램에서 경험한 방법(이완요법, 긍정적 해결책 찾기, 주의전환, 이전의 부정적 결과 생각하기, 약물치료 등에 있어서 전문가의 도움받기, 즉각적 도움을 줄 수 있는 사람의 연락처 및 활동지역을 파악하기, 주변사람

---

35) 조흥식·이형섭, 앞의 책, p. 429.

의 도움받기) 등을 정보제공차원에서 언급해주는 것도 좋다. 하지만 답이라고 강요
하기 보다는 대상자 자신만의 방법을 찾을 수 있도록 격려해야 한다.[36]

(4) 가족에 대한 개입

(가) 가족과의 관계 형성

대상자의 문제해결을 위하여 가족과의 신뢰관계 형성이 무엇보다 중요하다.
가족에 대하여 올바로 이해하고 그들의 불안을 경감시키기 위하여 노력할 필요가
있다. 대상자 본인이 음주로 인한 여러 가지 문제를 안는 상태에서는, 일반적으로
그 가족도 고통받고 있으며 정신적·경제적으로 피폐한 상태에 있기 때문이다.

따라서 가족에게는 수용적인 태도로 대하고, 현재의 문제 상황에 이른 것은
본인의 책임이지만 본인의 회복을 위해서는 가족의 협력이 필수적이라는 뜻을
전달하여, 협력을 얻기 쉽게 해두는 것이 바람직하다. 가족의 태도에 문제가 있
더라도, 초기 면담 등 개시단계에서 비판적인 반응을 보이는 것은 신뢰관계 구축
에 걸림돌이 되어, 이후의 협조를 얻는 것을 어렵게 하므로 피하는 것이 좋다.

(나) 가족에 대한 원조 및 개입

가족에게서 (가능하면 본인이 동석하지 않는 기회를 마련하여) 문제음주 상황 등에 대
해 이야기를 들을 필요가 있다. 최대한 신속히 가족과의 면담 등을 통해 정보를
수집하는 동시에 가족이 안고 있는 문제를 밝혀야 한다. 특히 가족이 가지고 있
는 아픔을 이해하고, 향후 대응책을 논의할 필요가 있다. 이와 관련하여 문제음
주대상자 자녀들에 대한 특별한 배려가 필요하다. 비록 보호관찰처우가 대상자
본인을 중심으로 이루어져야 하는 것이지만, 이러한 상처를 치유하지 않고 그
들의 자녀가 청소년기를 지날 때 부모의 알코올중독과 범죄문제 또한 세습될 가
능성이 높기 때문이다.[37] 또한 가족관계의 기본 방향에 대해 조언하는 등, 가족
역시 변화한다는 의욕을 갖도록 지원하고 가족관계 개선을 도모하는 것이 중요
하다.

가족에 대한 원조 및 개입을 위해서는, 가족과의 관계를 만들고 가족에 대한

---

36) 조흥식·이형섭, 앞의 책, p. 430.
37) 문제음주로 인하여 대상자의 가정 내에서 폭력이 발생하거나 갈등상황이 증폭되는 경우가 많다.
   이러한 문제음주대상자 가정 내의 자녀들은 심각한 정신적 상처를 받을 수 있다. '알코올중독자
   자녀들'(COA: Children of Alcohlics)은 공통적으로 두려움, 분노, 죄의식, 수치심 등을 경험한다.
   최근 서구에서는 이러한 알코올중독자 자녀의 정서적·행동적 문제에 대하여 관심을 가지고 이
   에 대한 프로그램 개발이 활발하게 이루어지고 있다. 김용진, "알코올중독자 자녀의 상처회복을
   위한 프로그램", 「한국알코올과학회지」, 제6권 제2호, 2005, pp. 77-98.

면담도 적극적으로 실시하여 정기적으로 가족의 상황에 대해 청취하는 것이 필요하다. 또한, 관계기관과 자조모임에서는 가족의 불안 해소를 위한 상담 접수와 가족교육 등을 실시하고 있으므로, 가족구성원에 대해서도 필요한 경우 관련 전문기관의 알코올 관련 교육프로그램 등에 참가 등을 권장하도록 한다.

(5) 처우가 곤란한 경우에 대한 대응기법

(가) 음주를 부인하는 경우

보호관찰 실시 과정에서, 술 냄새를 풍기고 있음에도 불구하고 음주를 부인하거나 이탈증상을 막기 위해 어쩔 수 없이 마셨다고 핑계를 하는 등 대상자 본인의 음주문제에 대하여 인정하지 않으려는 경우가 종종 있다.[38]

보호관찰처우현장에서는 객관적으로 보면 잘 이해되지 않는 이러한 변명을 실제로는 자주 접하게 된다. 이런 부인의 배경에는 대상자가 본인의 알코올 의존에 대한 인식이 충분하지 않거나, 문제를 인정하면 불이익한 결과를 초래할 가능성이 있기 때문이다. 또한 보호관찰관이 대상자 본인으로 하여금 다시 음주를 하지 못하도록 하게 할까봐 우려하여 완고하게 부인하기 쉽다.

따라서 어떻게든 다시 음주를 막기 위하여 처우를 실시하는 측에서 설득을 계속한다고 하더라도, 대상자는 이를 완고하게 거절하거나 오히려 자신을 믿지 못하는 것에 대하여 화를 낼 수도 있다. 그러나, 여기서 처우를 실시하는 측이 대상자 본인의 이야기를 맞춰 문제를 덮어버리면 결과적으로 대상자의 부인을 허용하는 것이 되어 버리고, 반면에 단주에 대한 지나친 강요나 설득은 대상자를 자극하여 음주에 대한 변명거리를 줄 수도 있기 때문에 주의를 요한다.

이러한 상황에서는 대상자의 언동에 영향을 받지 않도록 유의하면서 음주에 의해 대상자 본인에게 문제가 생긴다는 점을 강조하고 이를 우려하는 뜻을 인내를 갖고 전달하여 대처해 나가는 것이 중요하다. 덧붙여 단주를 하는 상황이 이어지더라도, "나는 음주에 대해서는 문제가 없다."라고 손쉽게 생각해 버리면, 알코올 의존에 빠지기 쉬운 상황에 노출되는 경우가 있다. 그러므로 단주가 이어지

---

38) 음주부인은 문제의 과소평가나 합리화 등을 통해 이루어진다. 구체적인 음주부인의 사례는 다음과 같다. ① 문제의 과소평가: 술을 마셔도 일은 제대로 하고 있다. 음주를 해도 사람들에게 피해를 끼치지는 않는다. 음주를 하면 컨디션이 좀 안 좋아지는 것뿐이다. 언제든지 음주를 그만둘 수 있다. 이전에도 음주를 그만 두었던 적이 있다. 술을 마시지 않더라도 별로 상관없다. ② 문제의 합리화: 술을 마시지 않으면 컨디션이 나빠지니까 약을 대신해서 마신다. 스트레스가 있어서 술을 마신다. 잠을 잘 수가 없어서 술을 마신다. ③ 기타: 자신보다 많이 마시는 사람도 많이 있다. 자신의 일은 자신이 알아서 한다. 日本 法務省, 앞의 책, p. 63.

고 있어도 방심하지 않고 계속 음주와 관련된 자신의 문제점에 대해서 생각하도록 배려하는 것이 필요하다.

(나) 알코올 치료프로그램 중의 음주

음주문제로 인하여 수강명령 등을 부과 받은 대상자나 보호관찰처우방법의 일환으로 단주를 위한 치료프로그램에 참여하는 대상자가, 이러한 프로그램 과정 중에도 다시 음주를 하고 참석하는 경우도 있다.

이러한 경우 본인의 문제해결에도 장애가 될 뿐 아니라, 특히 같은 프로그램에 참여하고 있는 다른 대상자들에게 매우 부정적인 영향을 주게 된다. 따라서 보호관찰관 등은 최대한 신속하게 이러한 문제에 개입할 필요가 있다.

대응방식은 대상자의 상황에 따라 차이가 있지만, 기본적으로 해당 대상자를 참여하고 있던 프로그램 등에서 즉시 하차시키고 개별 면담 등을 통해 재발 방지를 위하여 엄중하게 경고할 필요가 있다. 만약 음주와 관련된 준수사항이 부과되어 있는 경우에는 이를 준수사항 위반사실로 다루며 제재조치에 대하여 검토하여야 한다. 특히 준수사항에 단주에 관한 사항이 있을 경우에는 음주 및 음주에 따른 문제행동이나 상황뿐만 아니라, 이후 음주에 의해 예상되는 문제 상황과 그간의 음주시의 상황 등에 대하여 종합적으로 검토하여 준수사항 위반정도를 파악할 필요가 있다.

(6) 알코올 중독자 상담치료기법의 적용[39]

(가) 동기강화 치료

문제음주대상자에 대한 치료에서 가장 먼저 부딪히는 어려움은 대상자 스스로 병에 대한 인식이 부족하다는 것이다. 대부분의 대상자는 자신이 알코올 중독자임을 부정하고, 술을 조절해서 마실 수 있는 능력이 본인에게 있다고 주장한다.

하지만, 알코올 중독자들은 사실 어느 정도는 자신의 문제를 인식하고 있고, 문제를 해결해야 한다는 생각도 품고 있다. 즉, 겉으로는 자신의 문제를 부인하지만, 속으로는 감추어져 있는 변화의 의지가 있다는 것이다. 이러한 자발적인 변화의 의지를 끌어내어 실제 삶을 변화시키고자 하는 것이 동기 강화 치료이다.

동기강화 치료를 설명하는데 있어 중요한 것은 프로체스카(Prochaska)의 변화단계 모델이다. 이 모델에 의하면, 사람이 자신의 행동을 수정하고 변화하는 과정이 여러 개의 단계로 이루어진 연속선상에 있으며 그러한 단계별 변화를 거

---

39) 대한신경정신의학회, 앞의 자료 참조.

쳐 결국 보다 연속적으로 유지되는 상태로 발전된다는 것이다.

(나) 인지행동 치료

문제음주대상자에 대한 인지행동 치료의 기본적인 배경은, 인간의 행동은 학습된 것이며, 학습된 행동을 변화시키기 위해서는 새로운 학습이 필요하다는 것이다.

외로울 때 술을 마신 사람은 외로울 때마다 술을 먹고 싶은 생각이 날 것이며, 슬플 때 술을 마신 사람은 슬픔을 느낄 때마다 술을 마시고 싶을 것이고, 즐거울 때 술을 마신 사람 또한 즐거움을 느낄 때마다 술을 마실 것이다. 즉, 대상자가 중독적 증상으로 학습한 이러한 행동을 학습 이전의 상황으로 다시 돌려놓고자 하는 것이 인지행동 치료의 목표이자 치료 방법이다.

(다) 12단계 치료

12단계 치료를 언급하는 데 있어서 익명의 알코올 중독자들 모임(Alcoholics Anonymous, AA)을 빠뜨릴 수 없다. 익명의 알코올 중독자들 모임은, 1935년 미국의 빌 이라는 알코올 중독자가 특별한 경험을 하며 치료에 대한 원리를 깨달은 후 단주에 성공하였고, 본인이 깨달은 원리를 다른 많은 중독자들에게 가르쳐 주어 그들을 단주에 이르게 한 것에서부터 시작되었다. 이후 빌은 단주성공자들과 힘을 모아 하나의 단체를 만들었으니 그것이 바로 AA이다. 자신들의 단주성공원리를 체계화시켜 한 권의 책으로 만든 것이 바로 「익명의 알코올중독자들」이라는 책으로 이 책의 핵심이 바로 '12단계'이다.

12단계 치료의 핵심은 알코올 중독으로부터 벗어나는 과정이 어느 한 순간 완벽하게 이루어지는 것이 아니며, 차근차근 단계를 밟아 가면서 실천해 나아가야지만 온전한 회복으로 이루어진다는 것이다.

12단계 치료법이라고 하는 것이, 알코올의 과량 섭취만이 아니라 삶에 임하는 태도 및 살아가는 방식 등에 대한 보다 근본적인 의문을 제시하기 때문에 많은 치료자들에 있어 의미 있는 치료 방법으로 인식되고 있다. 최근에는 AA 모임에서만이 아니라 알코올 전문병원이나, 알코올 상담센터의 각종 프로그램에서도 12단계의 일부 혹은 전부를 활용하고 있다.

(라) 개인상담 치료

알코올 중독자의 특성에 따라 개인 정신 치료(개인 상담 치료)를 우선적으로 시행할 수도 있다.

개인 정신치료에서 알코올 중독은, 그 사람이 태어날 때부터 가지고 있던 기질과 더불어 자라난 환경에 따른 심리적 변화가 결국 지속적인 음주라는 현상으로 이어진 결과라는 것이다. 즉, 알코올 중독증에까지 이르게 된 심리적인 취약성이 각 환자들에게 존재하며, 이러한 심리적 취약성을 깨닫게 하고 변화하도록 이끌어나감으로써 알코올 중독으로부터 벗어나게 할 수 있다는 것이다.

(마) 가족상담 치료

알코올 중독자 못지않게 알코올 중독자의 가족에 대한 상담도 무척 중요하다. 알코올 중독자가 있는 대부분의 가족들은 부부갈등, 가정폭력, 자녀갈등 등의 문제가 있다. 특히 알코올 중독자의 부인들은 남편의 음주와 관련하여 불안과 사회적 고립감, 죄의식, 자기 연민, 우울 등의 증상에 시달리는 '공동의존' 상태에 있다.

알코올 중독자들을 회복으로 이끄는 다양한 상담 치료의 과정 중에는 알코올 중독자의 가족들을 위한 다양한 개입도 필요하다.

(7) 문제음주대상자에 대한 약물치료

문제음주대상자가 심각한 금단증상을 겪고 있거나 알코올남용으로 인하여 영양결핍이 나타날 때는 약물치료가 필요하다. 또한 알코올 의존증을 치료하기 위한 전문적 치료제도 있다. 문제음주대상자의 상태에 따라서는 알코올 전문병원 등에 의뢰하여 약물치료를 병행할 필요가 있다.

(가) 금단증상의 치료

과도한 술에 대한 비정상적인 적응 과정이 가장 두드러지는 것이 알코올에 대한 금단 증상이다. 알코올은 기본적으로 우리 신경계의 활성을 저하시키는 작용을 하게 되는데, 알코올 중독자의 뇌는 술의 작용에 맞서 뇌의 활성을 비정상적으로 높여 균형을 맞추고 있다.

이러한 비정상적인 균형 상태가 유지되는 상태에서 갑자기 술을 중단하면, 과도하게 활성화된 신경계 작용에 의한 불균형으로, 알코올 의존자는 맥박이 빨라지고 불안감이 증가하며 환각을 경험하거나 난폭해지기도 하는 등의 금단증상이 발생한다.

이 때 술을 대신하는 약물로써 뇌 활성의 균형을 되찾고, 점차적으로 정상적인 뇌의 활성으로 돌아오도록 하는 약물치료를 시행해야 할 필요가 있다. 이러한 약물치료를 위해서는 반드시 병원을 방문해야 하므로, 보호관찰관은 문제음주대상자의 상태를 확인하고 약물치료가 필요한 경우 병원과 긴밀하게 협력할 필요가 있다.

(나) 영양결핍의 치료

알코올 의존자들의 대부분은 균형 잡힌 식단에 맞추어 식사를 하지 않는데다가, 에탄올 자체가 비타민 B1의 흡수를 억제하므로, 많은 알코올 의존자들은 비타민 B1 결핍증을 겪게 된다. 비타민 B1 결핍증은 기억력 저하, 걸음걸이 이상, 뇌 손상 등을 유발할 수 있으므로, 만성 알코올 의존자의 경우 비타민 B1의 보충은 필수적이다.

경우에 따라서는 치매와 유사한 인지 기능의 저하나 뇌 기능 이상으로 인한 합병증 등이 발생하기도 하므로, 이에 대한 약물 치료를 시행하는 경우도 있다.

(다) 알코올 의존증 치료제의 투여[40]

알코올 의존 환자의 술에 대한 집착을 약물로써 해소시키기 위해서는 알코올 의존증 치료제, 즉 항갈망제를 사용할 수 있다. 알코올 의존증 치료제는 체내 신경전달물질인 아편유사제(opioids), 글루탐산염(glutamate), 그리고 세로토닌(5-HT)의 작용을 변화시켜 음주에 대한 욕구를 변화시켜 알코올 의존을 치료하는 약제이다.

대표적인 알코올 의존 치료제로는 날트렉손(naltrexone), 아캄프로세이트(acamprosate) 등이 있다. 두 약물 모두 뇌에서 술을 강박적으로 섭취하도록 작용하는 신경 부위에 직접 작용하여 술에 대한 갈망을 감소시킨다고 알려져 있다.

음주자를 대상으로 이 두 약물의 효과를 연구한 결과, 과도한 음주를 줄이고 알코올 의존자에서 술 마시는 기간을 감소시키는 등의 효과가 있다고 입증된 바 있다. 또한 이 약물들의 투여는 알코올로 손상된 뇌신경 세포의 회복에도 도움을 주고 음주의 재발 가능성을 줄이며 재발의 기간도 줄인다고 알려져 있다. 다만, 약물치료 단독으로 치료를 시행하는 것 보다는 약물 치료와 함께 알코올 의존에 대한 사회심리적 치료를 동반하는 경우 그 효과가 증대된다고 알려져 있다.

날트렉손과 아캄프로세이트 모두 연구 결과 신체에 대한 부작용은 거의 없는 것으로 여겨지고 있다. 알코올 의존 치료제의 대표적인 부작용으로 보고된 것은 ① **위장관계 부작용**: 오심, 복통, 구토, ② **중추신경계 부작용**: 불면, 두통 등이

---

40) 이하의 내용은 식품의약품안전청 홈페이지(www.kfda.go.kr) 참조.

있다.

다) 문제음주대상자 처우관련 정책제언

(1) 지역사회 알코올 전문기관과의 상설적·체계적 협력체계 구축

문제음주대상자에 대해서는 관계기관 및 전문적 사회자원을 연계하고 이를 활용하여 처우를 하는 것이 불가결하다. 따라서 문제음주대상자에 대하여 보다 전문적이고 효과적인 처우를 위해서는 이러한 주요 관계기관과의 상설적이고 체계적인 협력체계를 구축하는 것이 필요하다.

(가) 행정기관

지방자치단체 단위로 설치된 정신보건센터나 보건소에서는 알코올 의존증 상담 및 지도, 재발방지 대책 등을 실시하고 있다. 특히 전국 보건소가 주관하여 지역별 음주폐해 예방대책을 시행하는데, 구체적으로는 음주폐해 예방 캠페인, 절주상담, 알코올문제선별을 위한 검사를 실시한다.

한편 경찰청에서는 음주운전예방캠페인 및 음주운전단속을 실시하고 있다. 음주운전 단속활동과 예방캠페인의 경우에는 경찰청과 시민단체가 함께 연합캠페인으로 진행하는 경우가 있다.

(나) 알코올치료 전문기관

2012년 11월 현재 전국에는 47개소의 알코올상담센터가 있으며, 알코올사업기술지원단이 설립되어 있다. 알코올상담센터에서는 음주폐해 예방 캠페인, 절주상담, 알코올 사용장애자의 선별을 위한 검사 등을 실시한다. 또한 전국적으로 약 150개 이상의 알코올치료전문병원에서는 음주문제 진단검사 및 상담을 제공한다.

(2) 문제음주대상자에 대한 특별준수사항

음주 자체는 합법적이어서 음주에 대해서 준수사항 등으로 제한할 때에는, 범죄 등의 문제 행동과 생활파탄의 원인이 음주에 있다고 인정되는 것이 전제조건이라고 할 수 있다. 대상자가 갖는 구체적인 문제점으로 음주에 기인하는 폭력, 근로의욕 상실, 경제적 파탄, 신체적 증상의 발현 등을 들 수 있지만, 특별준수사항을 정하는 경우에는, 제한 범위를 좁혀, 그것을 극복하기 위한 구체적인 내용의 항목으로 하는 것이 타당하다.

문제음주대상자에 대한 특별준수사항으로 다음과 같은 내용들이 적극 활용될 필요가 있다. 한편 보호관찰관은 법원 등에 문제음주대상자에 대한 판결(결정)

전조사서의 작성, 처분변경 및 특별준수사항 추가(변경) 신청 시에 다음과 같은 특별준수사항의 부과를 요청할 수 있다.

문제음주대상자 특별준수사항의 예

(가) 문제 상태별의 특별준수사항

① 의존의 초기 상태

- 과도한 음주를 삼갈 것
- 음주의 권유를 거절하도록 노력할 것
- 음주로 경제적 낭비를 하지 않도록 노력할 것

② 알코올 관련 문제가 표면화한 상태

- 음주를 삼갈 것
- 질병의 치료에 노력하고, 취업을 중심으로 한 생활에 힘쓸 것
- 가족의 조언을 듣고 단주하도록 노력할 것

③ 알코올 중독 상태

- 음주를 하지 않을 것
- 알코올 의존(중독)의 치료를 위하여 정기적으로 의사의 진찰을 받아 치료에 힘쓸 것
- 단주 자조모임에 참가할 것
- 단주 프로그램에 참가할 것
- 보호관찰관에게 음주문제의 치료 상황과 단주프로그램 참가상황을 보고할 것

(나) 범죄행동의 유형별 특별준수사항

① 음주 운전을 반복하는 대상자

- 음주 운전을 하지 않는 것
- 교통 법규를 지키고 안전운전을 위해 노력할 것

② 주취폭력을 반복하는 대상자

- 타인에게 난폭한 행위를 하지 않을 것
- 불만 등이 있으면, 대화나 상담 등 폭력 이외의 수단으로 해결하도록 노력할 것
- 사람이 많이 모이는 장소에서는 음주를 삼갈 것

③ 음주 목적의 절도(도둑질), 사기(무전취식)를 반복하고 있는 대상자

- 타인의 금품을 훔치지 않을 것
- 무전취식을 하지 않을 것
- 성실하게 취업하고 자기 수입의 범위 내에서 생계를 유지할 것

공저자 약력

정 동 기

한양대학교 법과대학 학사, 영국 케임브리지(Cambridge) 대학 방문학자과정 수료, 한양대학교 대학원 법학석사, 한양대학교 대학원 법학박사

주요 경력

제18회 사법시험 합격, 법무부 검찰 제4과장, 국제법무심의관, 법무부 보호국장(검사장), 대구고등검찰청 검사장, 법무부 차관, 대검찰청 차장검사, 제17대대통령직인수위원회 인수위원(법무행정분과위 간사), 대통령실 민정수석비서관, 정부법무공단 이사장
(現)법무법인(유한) 바른 고문 변호사

저서 및 논문

보안처분제도론, 국제형사사법공조의 기본원칙, 형사소송법 개정경과, 사회봉사명령제도의 연구 (박사학위 논문), 보호관찰제도 10년의 평가

이 형 섭

서울대학교 사회복지학과 학사, 일본 국립사이타마대학 정책분석학 석사, 서울대학교 대학원 사회복지학 박사

주요 경력

제38회 행정고시, 법무연수원 교수, 수원보호관찰소 성남지소장, 영국 포츠머스(Portsmouth)대학교 형사사법연구소(ICJS) 객원연구원, 위치추적중앙관제센터장, 서울북부보호관찰소장
(現)수원보호관찰소장

저서 및 논문

한국전자감독제도론(공저), 교정복지론(공저), 보호관찰관의 역할정체성 형성과정에 관한 연구 (박사학위 논문)

손 외 철

영남대학교 경영학과 학사, 영국 헐(Hull)대학교 형사법과 석사, 동국대학교 대학원 범죄학 박사

주요 경력

제34회 행정고시, 제주보호관찰소장, 인천보호관찰소장, 부산보호관찰소장, 치료감호소 서무과장, 대구보호관찰소장, 법무부 보호관찰과장
(現)서울보호관찰소장

저서 및 논문

사회봉사·수강명령에서의 회복적 사법 적용방안, 보호관찰과 경찰의 업무공조 방안, 한국 전자감독제도의 재범방지 성과와 실효성 강화방안

이 형 재

부산대학교 사회복지학과 학사, 미국 텍사스주립 샘 휴스턴(Sam Houston)대학교 형사사법대학원 수학, 가천대학교 대학원 경찰안보학 석사

주요경력

제34회 행정고시, 법무연수원 교수, 미국 텍사스주 교정연구소(CMIT) 객원연구원, 춘천보호관찰소장, 캐나다 사회안전부 연방교정청 Fellow Director, 의정부보호관찰소장, 수원보호관찰소장, 법무부 특정범죄자관리과장
(現)법무부 보호관찰과장

저서 및 논문

외국의 성인보호관찰제도 연구(공저), 미국 보호관찰제도론(공역), 캐나다 성폭력범에 대한 형사사법적 대응과 감독제도 연구, 한국 보호관찰제도의 발전과 향후 과제

보호관찰제도론

초판인쇄   2016년 3월 15일
초판발행   2016년 3월 30일

지은이   정동기 · 이형섭 · 손외철 · 이형재
펴낸이   안종만

편 집   한두희
기획/마케팅   강상희
표지디자인   권효진
제 작   우인도 · 고철민

펴낸곳   (주) **박영사**
          서울특별시 종로구 새문안로3길 36, 1601
          등록 1959. 3. 11. 제300-1959-1호(倫)

전 화   02)733-6771
f a x   02)736-4818
e-mail   pys@pybook.co.kr
homepage   www.pybook.co.kr
ISBN   979-11-303-0259-1   93350

정 가   38,000원